기본 동사 표현 사전 3300

Basic Verb Expression Dictionary

E&C

MENTORS

초단기완성 영어회화비법노트
기본동사 표현사전 3300

2022년 04월 19일 인쇄
2022년 04월 26일 발행

발행인 Chris Suh
발행처 MENTORS
경기도 성남시 분당구 분당로 53번길 12 313-1
TEL 031-604-0025 FAX 031-696-5221
www.mentors.co.kr
blog.naver.com/mentorsbook

등록일자 2005년 7월 27일
등록번호 제 2009-000027호
ISBN 979-11-91055-11-5
가 격 25,000원

Preface

"이렇게 쉬운 동사로 영어회화가 가능할 줄 몰랐다!"

영어회화를 좀 하다보면 네이티브들은 어려운 단어보다는 아주 쉬운 단어로 특히 쉬운 동사로 화려하게 문장을 만들어내는 것을 깨닫게 되는 순간이 있다. 그래서 이렇게 쉬운 동사로 그렇게 많은 영어회화가 가능할 줄 몰랐다라는 감탄을 절로 하게 된다. 자연 쉬운 동사로 만들어지는 다양한 표현을 정리하고 싶은 생각이 들게 되는데 이는 기본동사로 영어회화를 네이티브처럼 할 수 있다는 사실을 알았기 때문이다.

"네이티브처럼 쉽게 말하고 싶어"

네이티브처럼 말하고 싶은 우리 '욕망'을 가장 현실적으로 실현시켜 줄 '희망'은 바로 이 「기본동사」에 있다고 해도 과언이 아니다. 왜냐면 모든 언어는 편리함을 추구하고 따라서 네이티브도 알고 보면 일상생활에서 많은 부분 기본동사로 거의 다 해결하기 때문이다. 실제 회화에서 기본동사를 바탕으로 파생되는 표현들은 우리 예상을 훨씬 뛰어 넘는다. examine 대신 go over를, return 대신 give back을, improve 대신 get better 등 기본동사를 활용해 말하지 못하는 표현이 없을 정도이다. 기본동사는 다시 말해서 영어회화의 중추적 역할을 하는 아주 핵심적인 단어들인 것이다.

"기본동사 표현사전 3300"

이책 『기본동사 표현사전 3300』은 영어회화의 기초를 닦을 뿐만 아니라 영어회화의 핵심이자 본류에 접근하는 아주 현명한 방법이 될 것이다. 이제 기본동사를 익히고 여유있게 영어회화를 즐겨본다. 영어회화는 멀리 있지 않다. 가까운 데서 해답을 찾아야 한다. 이책이 그 해답을 찾는데 큰 보탬이 되었으면 하는 바람이다. 이책의 메인에는 get, go, take, come, bring부터 feel, wait, try, 그리고 hope/wish 등 주요한 기본동사 50개를 집중 탐구하고 있으며 부록에는 추가로 27개의 탈락하기 아까운 기본동사를 정리하였다. 네이티브들은 주로 기본동사를 자유자재로 활용하면서 영어를 한다는 사실에 다시한번 감탄하면서 우리도 그들처럼 쉽게 영어를 할 수 있게 되도록 열심히 기본동사 탐험을 시작해보도록 한다.

이 책은 무엇이 다른가~

"네이티브가 이렇게 쉬운 동사로 영어회화를 하는 줄을 정말 몰랐던 핵심기본동사 50개와 중요기본동사 27개를 바탕으로 만들어지는 가장 많이 쓰이는 동사구표현 1,000개 이상을 집중해서 모았다."

1. 실제회화에서 많이 쓰이는 기본동사들이 만들어내는 빈출 동사구 표현들에 마구마구 감탄한다.
2. 각 동사구 표현 밑에 위치한 친절한 우리말 설명을 통해 동사구의 의미와 용법을 잘 익힌다.
3. Point를 통해 각 동사구의 실제 응용 및 활용표현을 완전히 숙지한다.
4. 예문과 다이알로그를 통해 동사 표현을 완전히 자기 것으로 만든다.
5. 부록까지 다 녹음된 MP3 파일을 홈피나 어플에서 바로 듣거나 다운로드 받아서 듣고 또 듣는다.

이 책은 어떻게 구성되었나~

1. 네이티브가 즐겨쓰는 핵심기본동사(Basic Verbs) 50

   네이티브가 주로 먹고 사는 핵심기본동사 50개를 바탕으로 다양하게 실제 일상생활에서 이용되고 있는 동사표현들을 일목요연하게 정리하였다.

2. 네이티브가 애용하는 중요기본동사(More Basic Verbs) 27

   핵심기본동사 50개 외에도 네이티브가 자주 사용하는 동사들을 선별하여 역시 실제 활용빈도수가 높은 동사표현들을 모았다.

3. More Expressions

   기본엔트리 선정에서 아깝게 떨어졌지만 그래도 알아두면 영어회화하는데 도움이 될만한 표현들을 각 동사별 마지막 부분에 추가로 정리하여 영어회화학습을 풍요롭게 하였다.

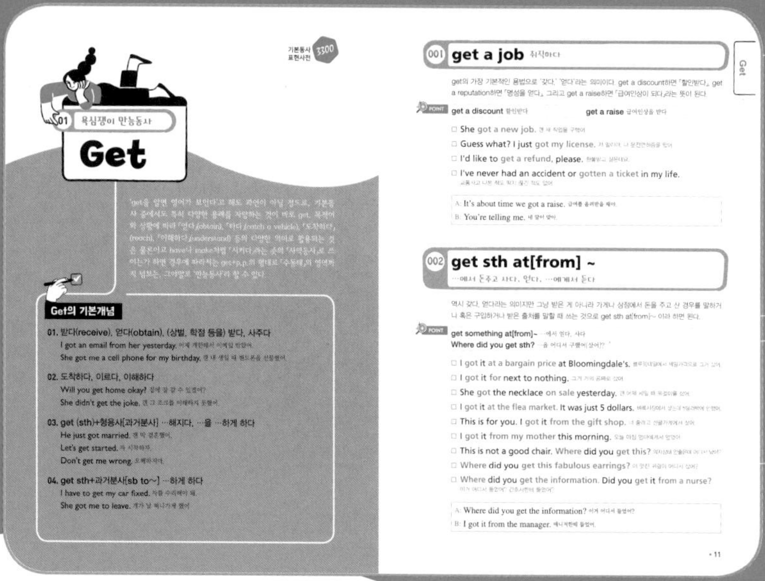
기본동사 표현사전 3300

01 욕심쟁이 만능동사

Get

get을 알면 영어가 보인다고 해도 과언이 아닐 정도로, 기본동사 중에서도 특히 다양한 용례를 자랑하는 것이 바로 get. 목적어와 상황에 따라 「얻다(obtain)」, 「타다(catch a vehicle)」, 「도착하다(reach)」, 「이해하다(understand)」 등의 다양한 의미로 활용되는 것은 물론이고 have나 make처럼 「시키다」라는 뜻의 「사역동사」로 쓰이는가 하면 경우에 따라서는 get+p.p.의 형태로 「수동태」의 영역까지 넘보는, 그야말로 「만능동사」라 할 수 있다.

Get의 기본개념

01. 받다(receive), 얻다(obtain), (상벌, 학점 등을) 받다, 사주다
I got an email from her yesterday.
She got me a cell phone for my birthday.

02. 도착하다, 이르다, 이해하다
Will you get home okay?
She didn't get the joke.

03. get (sth)+형용사[과거분사] …해지다, …을 …하게 하다
He just got married.
Let's get started.
Don't get me wrong.

04. get sth+과거분사[sb to~] …하게 하다
I have to get my car fixed.
She got me to leave.

001 **get a job** 취직하다

get의 가장 기본적인 용법으로 「갖다」, 「얻다」라는 의미이다. get a discount하면 「할인받다」, get a reputation하면 「명성을 얻다」, 그리고 get a raise하면 「급여인상이 되다」라는 뜻이 된다.

POINT get a discount 할인받다 / get a raise 급여인상을 받다

- She got a new job.
- Guess what? I just got my license.
- I'd like to get a refund, please.
- I've never had an accident or gotten a ticket in my life.

A: It's about time we got a raise.
B: You're telling me.

002 **get sth at[from] ~** …에서 돈주고 사다, 얻다, …에게서 듣다

POINT get something at[from]~ …에서 얻다, 사다 / Where did you get sth?

- I got it at a bargain price at Bloomingdale's.
- I got it for next to nothing.
- She got the necklace on sale yesterday.
- I got it at the flea market. It was just 5 dollars.
- This is for you. I got it from the gift shop.
- I got it from my mother this morning.
- This is not a good chair. Where did you get this?
- Where did you get this fabulous earrings?
- Where did you get the information. Did you get it from a nurse?

A: Where did you get the information?
B: I got it from the manager.

• 11

기본동사 빈출동사구 엔트리 표현
네이티브가 특히 즐겨쓰는 핵심기본동사 50개에서 파생되는 동사구 표현들.

우리말 설명
동사구 표현의 의미와 용법을 친절하게 설명.

POINT
동사구 표현의 실제 활용표현 및 응용표현정리.

예문과 다이알로그
실제 동사구 표현들이 어떻게 쓰이나 예문과 생생한 대화를 통해 동사구 표현의 이해도를 높히는 곳.

More Expressions

Get

- **get ahead** — Don't get ahead of yourself.
- **get by** — Could I get by please?
- **get at** — I don't know what you are getting at.
- **get on one's nerves** — It's getting on my nerves.
- **get up** — I got up at 6:30, like I usually do to feed Mary.
- **get the sack** — Do you think he'll get the sack?
- **get wind of** — I got wind of it.
- **get a crush on** — I 've got a crush on you.
- **get[have] a thing for** — He has (got) a thing for her.
- **get a move on~** — I'd better get a move on it.
- **get help** — We've got to get help.
- **get out of hand** — Listen, this is totally getting out of hand.
- **get back on one's feet** — I'm getting back on my feet.
- **get the hang of** — You'll get the hang of it.

• 39

MORE Expressions
아쉽게 엔트리에는 채택되지 못했지만 알아두면 좋은 표현들 추가 정리.

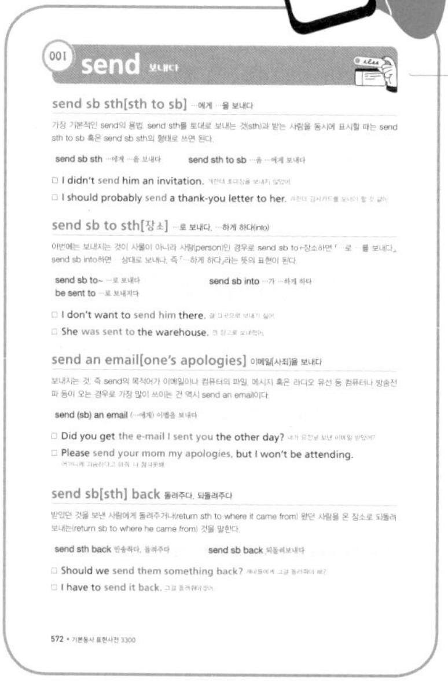
001 **send** 보내다

send sb sth[sth to sb] …에게 …를 보내다

send sb sth …에게 …을 보내다 / send sth to sb …을 …에게 보내다

- I didn't send him an invitation.
- I should probably send a thank-you letter to her.

send sb to sth[장소] …로 보내다, …하게 하다(into)

send sb to~ …로 보내다 / send sb into …가 …하게 하다 / be sent to …로 보내지다

- I don't want to send him there.
- She was sent to the warehouse.

send an email[one's apologies] 이메일[사죄]을 보내다

send (sb) an email (…에게) 이메일 보내다

- Did you get the e-mail I sent you the other day?
- Please send your mom my apologies, but I won't be attending.

send sb[sth] back 돌려주다, 되돌려주다

send sth back 반송하다, 돌려주다 / send sb back 되돌려보내다

- Should we send them something back?
- I have to send it back.

572 • 기본동사 표현사전 3300

More Basic Verbs 27
기본동사 50에서 탈락했지만 역시 네이티브가 일상생활에서 애용하는 동사 27개를 중심으로 다양한 동사구 표현들을 정리함.

Contents

네이티브가 즐겨쓰는 핵심기본동사 Basic Verbs 50

01 욕심쟁이 만능동사 **get** • 010
02 뭐든지 줘야 직성이 풀리는 **give** • 041
03 가지고 멀리 가는 **take** • 056
04 잡아도 가고 마는 **go** • 080
05 내게 오고 너에게 가는 **come** • 099
06 뭐든지 하고 마는 **do** • 117
07 존재감 팍팍 풍기는 **be** • 128
08 가져도 또 갖고 싶은 맘 **have** • 147
09 평생 이것저것 만드는 **make** • 168
10 알건 다 알아 **know** • 187
11 좋은 걸 어떻해 **like/prefer** • 201
12 허락해주거나 받는 **let** • 216
13 계속 복지부동하는 **keep** • 227
14 어느 장소나 상태에 놓는 **put** • 236
15 꼬~옥 잡아줘요 **hold** • 247
16 이리로 언능 갖고 오는 **bring** • 256
17 전화만 하면 만사 오케~ **call** • 265
18 안보고 어떻게 알아 **see** • 273
19 들리는 걸 어떻해 **hear/listen** • 283
20 원하는 걸 하고 싶을 땐 **want** • 291
21 말하고 싶은 거 다 말해봐 **say** • 301
22 네게 말하고 싶어 **tell** • 315
23 이야기를 해봐 **speak** • 327
24 너와 톡톡튀는 대화를 나누고 싶어 **talk** • 334
25 잡아도 떠나고야 마는 **leave** • 343
26 걷지 말고 뛰어라 **run** • 352
27 사람이든 기계든 하던 일 멈추는 **break** • 361

28 시작이 반이래 **start/begin** • 369
29 어려울 때 도와줘야 **help** • 378
30 모르면 물어봐야 **ask/answer** • 384
31 머리를 써야 되는 **think** • 394
32 쉬지 말고 일하는 **work** • 406
33 그래 이 느낌이야 **feel** • 417
34 돌고 도는 세상 **turn** • 427
35 확인할 건 확인해봐야 **check** • 436
36 난 네가 필요해 **need** • 443
37 그게 무슨 말이야 **mean** • 449
38 앉아있지 말고 어서 일어나 **stand** • 457
39 넘어지고 미끄러지고 **fall** • 466
40 그만할 때 그만해야 쥐 **stop** • 474
41 가지 말고 남아줘 **stay/move** • 482
42 믿어서 남주나 **believe** • 495
43 확실하게 정해주는 **set** • 501
44 이것저것 생각이 많은 **mind** • 510
45 무엇이든 찾아내고야 마는 **find/lose** • 519
46 잊어버리면 어떻해 기억해야지 **forget/remember** • 526
47 맘아프지만 낼 때 내야지 **pay** • 539
48 되든 안되든 시도해보는 **try** • 546
49 기다릴 때까지 기다려보는 **wait** • 555
50 마지막 희망을 쏘는 **hope/wish** • 562

Supplements More Basic Verbs 27

01 **send** 보내다, 발송하다 • 572
02 **finish/end** 끝내다/ 마치다 • 574
03 **use** 이용하다 • 576
04 **hand** 건네주다, 도움 • 578

05 **meet** 만나다 • 580
06 **hang** 매달다, 놀다 • 581
07 **show** 보여주다 • 583
08 **play** 놀다, 운동(연주)하다 • 585
09 **save/spend** 절약[저축]하다/ 소비하다 • 587
10 **teach/learn** 가르치다/ 배우다 • 589
11 **drop/catch** 떨어지다, 떨어뜨리다/ (붙)잡다 • 591
12 **cut/hit** 베다, 자르다/ 때리다, 치다 • 594
13 **charge/cost** 부과[청구]하다/ 가격이 …이다 • 596
14 **worry/care** 걱정하다/ 걱정하다, 좋아하다 • 598
15 **eat/drink/cook** 먹다/ 마시다/ 요리하다 • 601
16 **pass/follow** 지나가다, 건네주다/ 따라가다 • 603
17 **plan/prepare** 계획을 세우다/ 준비하다 • 605
18 **pick/choose/decide** 고르다/선택하다/결정하다 • 607
19 **buy/sell/deal/afford/belong**
사다/ 팔다/ 거래해다/ …할 여유가 있다/ …에 속하다 • 610
20 **apologize/excuse/thank/appreciate**
사죄하다/ 변명하다/ 고마워하다/ 감사하다 • 612
21 **change/remain** 변화하다/ 여전히 …이다 • 614
22 **lend/borrow/owe** 빌려주다/ 빌리다/ 신세지다 • 617
23 **fill/file/fit/fix** 채우다/ (파일)철하다/ 적합하다/ 고치다 • 619
24 **lie/lay** 눕다, 거짓말하다/ 놓다, 눕히다 • 621
25 **pull/draw** 잡아당기다/ 그리다, 끌다 • 623
26 **ruin/risk/hurt** 망치다/ 위험에 빠트리다/ 아프게 하다 • 626
27 **expect** 기대하다, 예상하다 • 628

MEMO

01 욕심쟁이 만능동사

Get

'get을 알면 영어가 보인다'고 해도 과언이 아닐 정도로, 기본동사 중에서도 특히 다양한 용례를 자랑하는 것이 바로 get. 목적어와 상황에 따라 「얻다」(obtain), 「타다」(catch a vehicle), 「도착하다」(reach), 「이해하다」(understand) 등의 다양한 의미로 활용되는 것은 물론이고 have나 make처럼 「시키다」라는 뜻의 「사역동사」로 쓰이는가 하면 경우에 따라서는 get+p.p.의 형태로 「수동태」의 영역까지 넘보는, 그야말로 '만능동사'라 할 수 있다.

Get의 기본개념

01. 받다(receive), 얻다(obtain), (상벌, 학점 등을) 받다, 사주다

I got an email from her yesterday. 어제 걔한테서 이메일 받았어.

She got me a cell phone for my birthday. 걘 내 생일 때 핸드폰을 선물했어.

02. 도착하다, 이르다, 이해하다

Will you get home okay? 집에 잘 갈 수 있겠어?

She didn't get the joke. 걘 그 조크를 이해하지 못했어.

03. get (sth)+형용사[과거분사] …해지다, …을 …하게 하다

He just got married. 걘 막 결혼했어.

Let's get started. 자 시작하자.

Don't get me wrong. 오해하지마.

04. get sth+과거분사[sb to~] …하게 하다

I have to get my car fixed. 차를 수리해야 돼.

She got me to leave. 걔가 날 떠나가게 했어

001 get a job 취직하다

get의 가장 기본적인 용법으로 '갖다,' '얻다'라는 의미이다. get a discount하면 「할인받다」, get a reputation하면 「명성을 얻다」, 그리고 get a raise하면 「급여인상이 되다」라는 뜻이 된다.

POINT

get a discount 할인받다 **get a raise** 급여인상을 받다

- ☐ She **got a new job.** 걘 새 직업을 구했어.
- ☐ Guess what? I just **got my license.** 저 말이야. 나 운전면허증을 땄어.
- ☐ I'd like to **get a refund,** please. 환불받고 싶은데요.
- ☐ I've never had an accident or **gotten a ticket** in my life.
  교통사고 나본 적도 딱지 끊긴 적도 없어.

A: It's about time we got a raise. 급여를 올려받을 때야.
B: You're telling me. 네 말이 맞아.

002 get sth at[from] ~
…에서 돈주고 사다, 얻다, …에게서 듣다

역시 갖다, 얻다라는 의미지만 그냥 받은 게 아니라 가게나 상점에서 돈을 주고 산 경우를 말하거나 혹은 구입하거나 받은 출처를 말할 때 쓰는 것으로 get sth at[from]~ 이라 하면 된다.

POINT

get something at[from]~ …에서 얻다, 사다
Where did you get sth? …을 어디서 구했어[샀어]?

- ☐ I **got** it **at a bargain price** at Bloomingdale's. 블루밍데일에서 세일가격으로 그거 샀어.
- ☐ I **got** it **for** next to nothing. 그거 거의 공짜로 샀어.
- ☐ She **got** the necklace **on sale** yesterday. 걘 어제 세일 때 목걸이를 샀어.
- ☐ I **got** it **at the flea market.** It was just 5 dollars. 벼룩시장에서 샀는데 5달러밖에 안했어.
- ☐ This is for you. I **got it from the gift shop.** 너 줄려고 선물가게에서 샀어.
- ☐ I **got it from my mother** this morning. 오늘 아침 엄마에게서 얻었어.
- ☐ This is not a good chair. **Where** did you **get this?** 의자상태 안좋은데 어디서 났어?
- ☐ **Where** did you **get this fabulous earrings?** 이 멋진 귀걸이 어디서 샀어?
- ☐ **Where** did you **get the information.** Did you **get it from a nurse?**
  이거 어디서 들었어? 간호사한테 들었어?

A: Where did you get the information? 이거 어디서 들었어?
B: I got it from the manager. 매니저한테 들었어.

003 get a cold 감기에 걸리다

get이 have의 영역을 많이 잠식해가는 모습을 볼 수 있는 곳으로 'get+병명'의 형태로 쓰이면 「…로 아프다」, 「…에 걸렸다」라는 의미가 된다.

POINT

get a stomachache 배가 아프다
get a headache 머리가 아프다
get a flu 독감에 걸리다
get a sore throat 목이 아프다

- □ **I've got the runs.** 나 설사해.(= I have diarrhea)
- □ **I've really got a sore throat.** Let's get together later. 목이 정말 아파. 나중에 만나자.
- □ **I've got the flu.** Keep away from me. 유행성 감기에 걸렸어. 가까이 오지마.
- □ Don't touch me. I**'ve got a really stiff neck.** 나 손대지마. 목이 너무 뻣뻣해.
- □ **I've got a pain in my side** since the last weekend. 지난 주말부터 옆구리가 아파.

A: Where does it hurt? 어디가 아프세요?
B: I've got a pain in my side since the last weekend. 지난 주말부터 옆구리가 아파요.

004 get some rest 휴식을 취하다

get 다음에 휴식이나 잠 등의 추상명사가 오는 경우로 get some rest하면 「잠시 휴식을 취하다」가 되고, 마찬가지로 get any sleep하면 「눈 좀 붙이다」라는 의미가 된다.

POINT

get some rest 좀 쉬다
get some sleep 잠 좀 자다
get enough sleep 충분히 자다

- □ Why don't you **get some rest?** 좀 쉬지 그래.
- □ I didn't **get any sleep** last night. 어젯밤에 잠을 한숨도 못잤어.
- □ **Get some rest** and we'll talk more about this tomorrow. 좀 쉬고 이 문제는 내일 더 얘기하자.
- □ I always **get enough sleep.** 난 항상 숙면해.

A: What do you say we go for a walk? 우리 산책가는게 어때?
B: Sorry, I need to get some rest. 미안, 좀 쉬어야겠어.

005 get sb 전화로 바꿔달라, 체포하다, 혼내다, 연락을 취하다

get 다음에 사람이 오는 경우 또한 뜻이 다양하다. give처럼 전화를 바꿔달라고 할 때 뿐만 아니라 연락을 취하다, 혼내다, 그리고 체포하다 등 그때 그때 상황에 맞게 의미를 적용해야 한다.

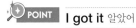

POINT You got Chris (전화로) 크리스입니다.

- □ You can **get me** on the phone. 나한테 전화로 연락해.
- □ Please **get me** Susan. 수잔 좀 바꿔줘요.
- □ **Give me** Rick in sales please. 영업부의 릭 부탁합니다.
- □ The police finally **got her.** 경찰이 마침내 걜 체포했다.

A: Sam wants help with his computer. 샘이 컴퓨터 때문에 도움이 필요하대요.
B: Get Helga on the phone. She'll help him. 헬가에게 전화해. 걔가 도와줄거야.

006 get it[me, you] …을 이해하다

get이 「…을 이해하다」(understand)란 의미로 쓰인 경우. I don't get it은 I don't understand it을 좀 더 구어적으로 표현한 것이다. it 대신 you를 써서 I don't get you라고도 한다.

POINT I got it 알았어

- □ I need to be with someone who **gets me.** 날 이해해주는 사람과 있어야 돼.
- □ I don't **get it.** Why are you late again? 이해가 안돼. 왜 또 늦은거야?
- □ Did you **get it?** 이해했어?
- □ You **got it[that]** (right) 맞아, 바로 그거야, 알았어
- □ You **got it[that]?** 알았어?, 알아 들었어?
- □ You **got that right.** It's the best restaurant in town.
  네 말이 맞아. 시내에서 가장 좋은 식당야.

A: Let me know if she likes me, okay? 걔가 날 좋아하는 지 알려줘, 알았지?
B: You got it. 알았어.

007 get the point 무슨 말인지 이해하다

역시 '이해하다'라는 의미의 get이 사용된 표현. get the point 혹은 get one's point하면 상대가 무슨 말을 하는지 잘 이해하고 알아들었다는 말.

POINT get one's point …의 말을 이해하다

- ☐ I **get the point.** I won't do that. 알겠어. 안 그럴게.
- ☐ I **get your point.** 무슨 말인지 알아들었어. 알겠어.
- ☐ All right, I **get your point.** 그래. 알겠어.
- ☐ Clearly you'**re not getting the point.** 넌 분명히 무슨 말인지 모르고 있어.

A: What's the point? 무슨 소리야?

B: The point is that we're paying too much. 문제는 우리가 돈을 너무 많이 내고 있다는거지.

008 get the picture 알다, 이해하다

picture는 그림이나 사진으로 get the picture하면 「전체적인 문맥이나 상황을 이해한다」(understand the whole situation)는 뜻이다.

POINT (Did) You get the picture? 너 이해했어?　I got the picture 알았어, 이해했어

- ☐ Now you'**re getting the picture.** 이제 이해했구만.
- ☐ I'm not sure if he'**s getting the picture.** 걔가 이해하고 있는지 잘 모르겠어.
- ☐ I got it, Jill. I **get the picture.** I know what it means.
  알겠어, 질. 알겠어. 그게 무슨 의미인지 알아.

A: Do you see what I'm trying to say? 내가 무슨 말을 하려고 하는지 알겠니?

B: I get the picture. 알겠어.

009 get the idea 이해하다, 아이디어를 얻다

단독으로 get the idea하면 「이해하다」, 「알아듣다」라는 뜻으로 쓰이지만 get the idea from~ 등으로 쓰일 경우에는 「…에서 아이디어를 얻다」라는 뜻으로 사용되기도 한다. 또한 get the wrong idea하면 「오해하다」란 뜻.

POINT

I get the idea 알겠어 **get the idea that~** …라는 생각을 하다

You get the idea 너도 이해할거야, 너도 이제 알겠지

- □ I'm beginning to **get the idea.** 서서히 알 것 같아.
- □ Where did you **get the idea** to do this? 이 방법은 어디서 배운 거니?
- □ She seems to **get the idea.** 걔에게 생각이 있는 것 같아.
- □ I just never **got the idea** that they were really happy.
  걔네들이 행복하다는 생각을 해본 적 없어.

A: Did you understand what I said? 내가 말한 것을 알아들었니?

B: Oh sure, I got the idea. 그럼, 알아들었지.

010 I'll get it 내가 받을게

집에 초인종이 울릴 때 "내가 가볼게"하거나 사무실에서 전화벨 소리가 울리고 옆의 동료가 "전화 좀 받아줄래?"(Will you answer the phone?)라고 부탁할 때 쓰는 답변으로 "내가 받을게"라는 뜻.

POINT

get+telephone or door 전화를 대신 받거나 문을 대신 열어주다

- □ Don't touch the phone! **I'll get it.** 전화기 손대지마! 내가 받을게.
- □ **I'll get it.** I guess it's for me. 내가 받을게. 내 전화일거야.
- □ Honey, I'm taking a shower. **Would you get that?**
  자기야, 샤워중인데 전화 좀 받아줄래?
- □ **Would you get that please?** People have been calling to congratulate me all day. 전화 좀 받아줄래? 사람들이 종일 축하전화해서 말야.

A: I think I hear the phone ringing. 전화 울리는 소리가 들리는 것 같은데.

B: I'll get it. You stay here and relax. 내가 받을게. 넌 여기서 쉬고 있어.

011 get me[you] sth 내[네]게 …을 가져다주다

get은 「…에게 …을 (가져다)주다」라는 뜻으로 단순히 「물건을 가져다주다」 혹은 물건을 「사서 가져다준다」라는 의미로도 쓰인다. get sth for me[you]라 쓸 수도 있다.

POINT

Please get me ~ …을 주세요	**I will get you~** …을 (사)줄게
Can you get me~? …을 줄래요?	**Can I get you~ ?** …을 가져다 줄까요?

- ☐ Please **get me** some coffee. 커피 좀 주세요.
- ☐ Would you **get that for** me? It's on the table. 내게 그거 좀 가져다줄래? 탁자위에 있어.
- ☐ What did you **get her** for her birthday? 걔 생일 선물로 뭘 줬어?
- ☐ I will **get you** a present as soon as I get some money. 돈이 생기는 대로 너한테 선물을 사줄게.
- ☐ Tomorrow is my birthday. I want you to **get me** a present. 내일 나 생일인데 선물사줘.
- ☐ Can you **get me** a glass of water, please? 물 한잔 주실래요?
- ☐ Can you **get me** a taxi, please?(= Can you call a cab for me?) 택시 좀 불러줄래요?
- ☐ Can I **get you** something to drink? Some coffee or something? 뭐 좀 마실거 사다줄까? 커피나 뭐 다른거?
- ☐ Can I **get** a steak sandwich and a Coke? 고기 샌드위치랑 콜라 한잔 주실래요?
- ☐ What can I **get for you?** 뭘 갖다 드릴까요?
- ☐ I('ve) **got something** for you. 네게 줄 게 있어.

A: Would you get me a Diet Coke? 다이어트 콜라 좀 가져다줄래요?
B: Okay. I'll be right back. 예, 바로 가져올게요.

A: Oops! I just spilt coffee on my new dress. 이런! 새 드레스에 커피를 쏟았어.
B: Let me get you a towel. 수건 갖다줄께.

A: I've got a terrible headache. 머리가 아파 죽겠어.
B: Can I get you some aspirin? 아스피린 좀 줄까?

012 get one's act together 기운[정신] 차리다

one's act를 서로 모이게(get together) 한다는 뜻으로 다시 말해 '집중한다'는 의미. 나아가 기운 차리다, 정신 차리다 등의 의미로 많이 쓰이는데 Get a grip, Get a life, Get real과 같은 맥락의 뜻이다.

POINT

Get a life 정신차려(Get real)

- □ **Get your act together.** 기운차려.
- □ Let me **get my act together.** 내가 정신 좀 차릴게.
- □ You have got to **get your act together.** 넌 똑똑하게 굴어야 돼.

A: Come on, get your act together. 야, 정신 좀 차려라.
B: But I'm just so tired today. 그런데 오늘 그냥 너무 피곤해.

013 get a minute[second] 시간이 있다

잠깐(a minute) 시간이 있다는 표현으로 a minute 대신 a second[sec]를 써도 된다. 주로 상대방에게 시간 좀 낼 수 있냐고 물어볼 때 많이 쓰인다. 참고로 (for) a minute[second]하면 '잠시'라는 의미.

POINT

(You) Got a minute[second]? 시간있어?
when you get a minute [chance] 혹시 가능하다면, 여건이 된다면

- □ Hey, Sam, you **got a minute?** I really need to talk to you.
  야, 샘, 시간있어? 너하고 얘기 좀 해야 돼.
- □ When you **get a minute** I'd like to talk about the case.
  네가 시간되면 그 사건 이야기하고 싶어.
- □ **Got a sec?** We need to discuss the meeting schedule.
  시간돼? 회의 일정 논의 좀 해야 돼.
- □ Can I talk to you outside **for a second?** 밖에서 잠깐 이야기 좀 할까?

A: Can I speak to you privately? 조용히 얘기 좀 할 수 있을까?
B: I'll be over when I get a minute. 시간 날 때 나갈게.

014 get the feeling …라는 느낌이 들어

get the feeling은 「…라는 느낌이 든다」라는 표현으로 그냥 I get the feeling하면 "그런 느낌이 들었어"가 되고 느낌의 구체적인 내용을 적으려면 get the feeling that 주어+동사라 하면 된다.

POINT **get the feeling that S+V** …라는 느낌이 들어

- □ I **got a feeling** he'll be back. 걔가 돌아올 것 같은 느낌이야.
- □ I've **got a feeling** she will not show up. 걔가 오지 않을 것 같은 느낌이 들어.
- □ I **get the feeling** that he's more interested in the computer games than me. 걘 나보다 컴퓨터 게임에 더 관심있는 것 같아.
- □ I started to **get the feeling** that my secretary's coming on to me. 비서가 날 유혹한다는 느낌이 들기 시작했어.

A: I get the feeling she is upset. 그녀가 쇼크를 받은 것 같아.
B: Yeah, she's been crying all day. 그래. 하루 종일 울고 있어.

015 get a hold of …을 잡다, 연락하다, 입수하다

「…을 잡다」 혹은 「…와 연락을 취한다」라는 뜻의 숙어로 a hold는 ahold라 쓰기도 한다. 또한 get a hold of oneself는 스스로를 잡는다는 뜻으로 「진정하다」(take it easy, calm down)라는 의미이다.

POINT **get a hold[ahold] of** …을 잡다, 연락하다 **get a hold of oneself** 진정하다

- □ Let's get her to the hospital. **Get a hold of** her parents. 걜 병원으로 데려가자. 부모한테 연락해.
- □ I can't **get hold of** him. 걔 연락 정말 안되네.
- □ Would you **get a hold of** yourself? 좀 진정 좀 할래요?

A: Can you get a hold of an umbrella? 우산 한 개 챙겨줄래?
B: I have one in my briefcase. 내 가방 안에 한 개 있어.

016 get to~ …하게 되다

get 뒤에 to+동사가 오면 「점점 …하게 되다」(do sth gradually)라는 의미로, 시간의 흐름에 따른 점진적인 변화를 나타낸다. 특히 자주 쓰이는 표현인 get to know는 「알게 되다」라는 뜻.

POINT

get to+동사 …하게 되다　　**get to know** 알게 되다

□ Did you **get to** know the boss at the retreat?
회사 연수에서 사장님을 알게 됐나요?

□ Do you **get to** travel a lot? 여행은 많이 다니시나요?

□ So when do we **get to** meet the guy? 그럼 우리는 언제쯤 그 사람을 보게 되는거야?

A: Did you get to know the boss at the retreat? 회사 연수에서 사장님을 알게 됐나요?
B: Yes, he is a very nice man. 네, 정말 좋은 분이시죠.

017 get to sb …을 짜증나게 하다

좀 난이도가 높지만 sth gets to me의 형태로 「…때문에 짜증난다」는 의미로 쓰인다. 물론 get to sb 하면 「…에 접근하다」, 「다가오다」라는 의미로도 쓰인다.

POINT

Sth gets to me …때문에 내가 짜증나다
Sb gets to me …가 내게 접근하다, 오다

□ I guess the stress **is getting to me.** 스트레스 때문에 짜증나는 것 같아.

□ It's **really getting to me.** 진짜 짜증나게 하네.

□ I'm stuck in traffic, and it is really starting to **get to me.**
교통이 막히자 정말 짜증나기 시작했어.

□ We've got plenty of time before they **get to me.**
걔네들이 내게 오기까지 시간이 많아.

A: The noise really gets to me. 소음으로 정말 짜증난다.
B: It's from the construction site. 건설 현장에서 나는 소리야.

018 get to somewhere …에 도착하다

get to+장소명사는 「…에 다다르다[도착하다]」라는 의미. 특히 get there[here]가 무척 많이 쓰인다. 하지만 What have you got there?에서 there는 상대방 쪽을 가리키는 것으로 "뭘 갖고 있냐?"고 물어보는 문장.

POINT

get there 그곳에 도착하다, 거기에 가다 **get here** 여기에 오다

□ How can I **get there?** Do you know the way? 거기 어떻게 가? 길 알아?

□ Can I **get there** by bus? 거기 버스로 갈 수 있어?

□ What's the best way to **get there?** 거기 가는 최선의 방법은 뭐야?

□ I need to **get to** the Intercontinental Hotel. 인터콘티넨탈 호텔로 가려고 하는데요.

□ How long does it take to **get to** the stadium?
경기장에 가려면 시간이 얼마나 걸리죠?

□ Can you tell me how to **get to** the nearest subway station?
가장 가까운 지하철 역 어떻게 가는지 알려줄래요?

□ When I **got there,** she had already left. 내가 도착했을 때 걘 벌써 떠났어.

□ What (have) you **got there?** Is that an apple pie? 그거 뭐야?, 애플파이야?

A: I need to get to the Hilton Hotel. 힐튼 호텔로 가려 하는데요.
B: Just go two blocks and turn right. 그냥 곧장 2블록 간 후 우회전하세요.

019 get nowhere 아무 효과도 못보다, 소득이 없다

「get+장소명사」형태인 get nowhere는 「어디에도 도착하지 않다」라는 의미. 비유적으로 「별 성과를 보지 못하다」라는 뜻으로 주로 「사물주어+will get you[us]+nowhere」 혹은 I(You) get nowhere (with~)의 형태로 쓰인다.

POINT

Sth will get you[us] nowhere …해봤지 아무 효과가 없을거다
I[You] get nowhere with~ …일에 성과를 내지 못하다, …을 잘 못하다

□ That kind of flattery will **get you nowhere.**
그런 식의 아부는 아무런 효과 없을거야.

□ This **is getting us nowhere!** 이래선 아무 결말도 안난다!

□ I'**m getting nowhere** with this report. 보고서를 작성하는 게 잘 안돼.

□ We **are getting nowhere** with this project. 이 프로젝트 건은 아무런 진전이 없어.

A: I got nowhere asking Jane out. 제인에게 데이트 신청했지만 소용이 없었어.
B: She just doesn't want to date you. 그녀는 너와 데이트하고 싶지 않은거야.

020 get mad[angry, upset] 화나다

get이 become의 뜻으로 사용된 경우. get 다음에 형용사가 오는데 그 의미는 '형용사하게 되다'라는 뜻을 갖는다. get 대신 be를 써도 된다.

POINT

get mad at us 우리에게 화내다
get angry with[at] sb …에게 화내다
get upset about[with] …에게 화나다
get busy 바쁘다
get sick 아프다
get fat 살찌다
get full 배부르다
get serious 진지해지다, 진심이다

- □ Don't **get mad at** me! 나한테 화내지마!
- □ Don't worry, I'm not going to **get mad.** 걱정마, 화 안낼게.
- □ I promise I won't **get angry** anymore. 정말이지 더는 화 안낼게.
- □ I think you**'re still angry with** me. 너 아직 내게 화났지.
- □ I know you**'re still upset with** me. 너 아직 나한테 화나있지.
- □ Why **are you upset with** me? What did I do wrong? 왜 내게 화내? 내가 뭘 잘못했는데?
- □ I**'m getting fat.** I'm going on a diet. 살이 쪘어. 다이어트 할거야.

A: Don't get mad at your kids. 애들에게 화내지마.
B: They aren't studying hard enough. 애들이 공부를 안해.

021 get better 나아지다

아프고 나서 조금씩 좋아지거나 사업이 부진하다 조금씩 회복된다고 말할 때 쓰는 것으로 주로 진행형 형태인 getting better가 선호된다. 반대는 be getting worse로 점점 더 악화되고 있다.

POINT

keep getting better 점점 계속 좋아지고 있다 keep getting worse 점점 계속 나빠지고 있다

- □ I know it's tough now, but things will **get better.**
  지금 힘들지만 상황이 좋아질거야.
- □ I kept hoping things would **get better.** 상황이 좋아질거라 계속 희망하고 있었어.
- □ We think the baby**'s getting better.** 아기가 점점 좋아지는 것 같아.
- □ You hear that? I**'m getting better.** 들었지? 난 점점 좋아지고 있어.
- □ I was too depressed. It just **kept getting worse and worse.**
  넘 실망스러워. 난 계속 나빠지고만 있어.
- □ I**'m getting better** every day. 난 매일 나아지고 있어.

A: I will let you know if she's getting better. 걔가 좀 나아지면 알려줄게.
B: I hope she gets better soon. 걔가 빨리 나아지면 좋겠어.

022 get lost 길을 잃다, 사라지다

「get+p.p.」 형태인 get lost는 「길을 잃다」(lose one's way)라는 뜻 외에도, Get out of here!처럼 꼴 보기 싫으니 「꺼져라!」(Go away!), 그만 좀 괴롭히고 「사라져라!」(Stop bothering me!)라는 의미로도 사용된다.

POINT

get hurt 다치다
get dressed 옷을 입다
get tired 피곤하다
get drunk 술취하다
get screwed 망신당하다, 망하다
get caught in traffic 교통체증에 꼼짝달싹 못하다

□ Why don't you **get lost?** I don't want to see you anymore.
좀 사라져 줄래? 더 이상 널 보고 싶지 않아.

□ Would you please **get lost?** 좀 사라져 주시겠어요?

□ If you **get lost,** just give me a call anytime. 혹시 길을 잃으면 언제든 내게 전화해.

□ I have to stop drinking. I **got drunk** easily. 난 술 그만 마셔야 돼. 쉽게 취해.

□ I **got screwed.** I lost all the money I had. 망했어. 수중에 있는 돈을 다 날렸어.

□ Now **get dressed,** we're going to the gym. 체육관에 가게 옷입어.

A: Would you please get lost? 좀 사라져 주시겠어요?
B: Why are you upset with me? 왜 나한테 화를 내는거야.

023 get caught ~
들키다, 붙잡히다, …를 (원치 않게) 만나다, 휘말리다(~up in)

get caught up in~하게 되면 체포되듯 뭔가 원치 않는 상황에 맞닥뜨린 것을 말한다. 주로 소나기나 교통체증과 만났을 때 사용된다. 한편 get stuck은 꼼짝달싹 못하는 것을 말한다.

POINT

get caught (for) ~ing …하다 잡히다, 들키다
get stuck ~ing …하느라 꼼짝달싹 못하다
get stuck with …을 떠나지 못하다
get caught (up) in~ …를 만나다
get stuck in~ …로 꼼짝달싹 못하다

□ My son **got caught** watching porns on the internet. 아들이 넷으로 포르노보다 들켰어.

□ I **got caught for** speeding. 속도위반으로 걸렸어.

□ I **got caught** cheating in the class. 수업중에 컨닝하다 들켰어.

□ We **got caught in** the storm at the lake. 호수에서 폭풍을 만났어.

□ I **got stuck in** traffic this morning. 아침에 교통체증에 걸렸어.

A: How come you're late? 어쩌다 이렇게 늦은거야?
B: I got caught in traffic. 차가 밀려서.

024 get married 결혼하다

「…와 결혼하다」라고 할 때는 get[be] married to sb를 쓰면 되며 또한 get past sth은 「…을 뒤로 한다」는 의미로 「…을 통과하거나 힘들고 기억하기 싫은 것들을 잊다」라는 뜻으로 쓰인다.

POINT

get married[divorced] 결혼[이혼]하다
be[stay] married to …와 결혼하다, …와 결혼을 유지하다

□ **Are** you really **getting married?** 너 정말 결혼해?

□ I don't want to **get married** yet. 아직 결혼 안할거야.

□ I **was married to** Barbara for 30 years. 바바라와 결혼한지 30년 됐어.

□ Jim wants to **stay married to** her because he loves her.
짐은 걔 사랑하기 때문에 결혼을 계속 유지하고 싶어해.

A: Why don't we get married? 우리 결혼하면 어떨까?
B: Never. That's out of the question. 싫어. 그건 절대 안돼.

025 get going[started] 시작하다, 착수하다

get going[started]은 「출발하다」(start), 「떠나다」(leave) 혹은 「착수하다」(start work on)의 의미. 주로 Let's get going 혹은 I have to get going 등의 형태로 「시간이 늦어서 서둘러야 된다」는 표현에서 자주 쓰인다.

POINT

get started on[with] sth …을 시작하다
Let's get started 자, 시작하자
I should get going 서둘러 가봐야겠어.
get sth going …을 시작하다(start sth)
I don't know what you've got going 네가 뭘 하는지 모르겠어, 너의 계획이 뭔지 모르겠어.

□ Come on, honey! Let's **get going.** 서둘러, 여보! 출발하자구.

□ I should **get going.** 서둘러 가봐야겠어.

□ Let's **get started on** the wedding plans! 결혼식 계획짜기 시작하자!

□ I've got to **get started on** my speech! 연설을 시작해야겠어!

A: Let's get going. 출발하자구.
B: Where do you want to go? 어디 가려고?

026 get past 통과하다, 뒤로 하다, 잊다

get past sth은 …을 뒤로 한다는 의미로 …을 통과하거나 힘들고 기억하기 싫은 것들을 잊다라는 뜻으로 쓰인다.

POINT

get past sth …을 잊다, 뒤로 하다

- □ How did you **get past** security? 경비를 어떻게 통과했어?
- □ Can we please **get past** this? 제발 이거 지나간 일로 치면 안될까?
- □ I just can't **get past** it. 그걸 잊을 수가 없어.

A: Are you still missing the relationship with your former girlfriend?
전 여친과의 관계를 아직도 못잊는거야?

B: Yeah. I just can't get past it. 어. 그냥 잊을 수가 없네.

027 get sb[sth]+전치사구 …을 …상태로 하다

만능동사 get의 위력을 볼 수 있는 경우. get sb[sth] 다음에 부사나 전치사구가 오면 sb[sth]를 「…의 상태로 만들다」라는 의미가 된다. 문맥과 상황에 따라 의역을 많이 해야 한다.

POINT

get sb[sth] to+장소 …을 …로 데려가다
get sb[sth] in trouble …을 어려움에 처하게 하다

- □ I can't **get** the table **through the door.** 테이블을 문으로 갖고 못 들어가겠어.
- □ We have to **get** her **to a hospital.** 걜 병원에 입원시켜야 돼.
- □ She **got** me **in this room.** 걔가 이 방에 들어오게 했어.
- □ I promise to **get** you **out of here** as quickly as possible.
가능한 빨리 널 빼내줄게.
- □ She can **get** you **in trouble.** You'd better stay away from her.
걔 때문에 네가 곤경에 처할거야. 걔를 멀리하는게 좋을거야.
- □ He really wants to **get** you **into bed.** 걘 정말 너하고 자고 싶어해.
- □ The subway will **get** you **to** the museum. 전철을 타면 박물관에 가.

A: Get Tina to a hospital quickly. 티나를 빨리 병원에 데려가라.

B: Did she have an accident? 사고를 당했니?

028 get sth straight

「…을 바로 잡다」, 「…가 사실인지 확인해보다」(make sure sth is true)란 의미. Let me get sth straight라는 형태로 많이 쓰이는데, 상대방의 말을 잘 이해하지 못했거나 다시 한 번 확인하고 싶을 때 사용하면 된다.

POINT **Let me get this straight** 그러니까 지금 말씀은, 정리하자면

□ **Let me get this straight...** you are not going to college?
한마디로 말하자면, 대학에 가고 싶지 않다는 얘기지?

□ So **let me get this straight.** You got divorced again?
그러니까 네 말은 또 이혼했다는거야?

□ So **let me get this straight.** You didn't know I loved you?
다시 말해 넌 내가 널 사랑하는 걸 몰랐다는거야?

□ **Get this straight,** okay? I'm not a whore. 바로 잡으라고, 알았어? 난 창녀가 아냐.

□ **Let me just get this straight.** You're actually stealing my purse?
정리해보자고. 너 정말 내 지갑을 훔칠거야?

□ **Let me get this straight man.** You hit your brother?
정리해보자고. 네 동생을 쳤다는거야?

A: Let me get this straight, you need money? 그러니까 돈이 필요하다는거지?
B: I promise that I'll pay it back. 약속하는데 꼭 갚을게.

029 Don't get me wrong 오해하지마

자신의 의도와는 상관없이 어쩔 수 없이 상대방 기분을 상하게 했을 때 혹은 상대방이 오해할 수도 있는 상황을 만들었을 때 「오해하지마」(Don't misunderstand me)라는 뜻으로 쓸 수 있는 말.

POINT **get sb wrong** …을 오해하다　　**get sb upset with~** …로 …을 열받게 하다

□ **Don't get me wrong,** but you look awful.
오해는 하지 마세요. 얼굴이 아주 안 좋아 보이네요.

□ **Don't get me wrong,** I'd love to work with you.
오해하지마. 너랑 같이 일하고 싶어.

□ He **got me upset with** her. 걔 때문에 내가 너한테 열받았어.

A: Do you really hate my shoes? 내 신발이 그렇게 싫어?
B: Don't get me wrong. I think they're OK. 오해하지마. 괜찮은 것 같아.

030 get it done 그것을 끝내다

사역동사 용법. get+sth+pp는 「…을 …하게 만들다」라는 의미. 그 중 대표적인 get it done은 주로 목적어로는 it 또는 this가 와서 「언제까지 …을 끝내다」는 의미로 Please get it(this) done by~의 형태로 많이 쓰인다.

POINT

Please get it done by~ …까지 …을 끝내
Don't get me started on[about]~ …을 하게 하지마, …얘기 또 시작하게 하지마
get the car started 차시동을 걸다 **get one's hair cut** 머리를 자르다

- □ Please **get it done** right away. 지금 당장 이것 좀 해줘.
- □ Please **get it done** by the afternoon. 오후까지는 이거 끝내.
- □ We'd like to **get this thing done** today. 우리는 이것을 오늘 끝내고 싶어.

A: Please get it done right away. 지금 당장 이것 좀 해줘.
B: Don't worry, you can count on me. 걱정마. 나만 믿어.

031 get sth going on ~
…을 …하게 하다

…을 돌아가게 하다, …을 시작하다. get sth going on하면 …을 벌이다, 그리고 get sth going with하면 …와 사귀다.

POINT

get sth going on~ …가 벌어지게[일어나게] 하다
I don't know what you've got going 무슨 일이 벌어지고 있는지 모르겠어

- □ Why? **What have you got going on?** 왜? 무슨 일이 벌어지는거야?
- □ She's really interested in **what you got going on.**
  걘 네가 벌이는 일에 정말 관심있어.
- □ **Whatever you got going on,** fill me in. 무슨 일을 벌이든 내게 알려줘.
- □ **What have we got going on** up there? 거기 무슨 일이 벌어지는거야?

A: What have you got going on, Sam? 샘, 무슨 일이야?
B: I figured that I would do some skiing this afternoon. 오후에 스키 좀 타볼까 하고.

032 get sb to …에게 …하도록 시키다

역시 사역동사 용법으로 get sb to do 하게 되면 「…로 하여금 …하게 시키다」라는 의미가 된다. 사역동사 have와 달리 동사 앞에 to가 들어가는 거에 주의해야 한다.

POINT
get sb to+V …에게 …하도록 시키다

□ You can't **get her to** understand it. 넌 걔에게 그걸 이해시키지 못할거야.

□ I'm going to **get you to** talk to her. 네가 걔랑 얘기하게끔 할거야.

□ I **got her to** go to sleep. 난 걔를 잠자게 했어.

A: Can you get her to fix the computer? 걔한데 컴퓨터 좀 고쳐달라고 할 수 있니?
B: I think she can do it after lunch. 점심 먹고 해줄 수 있을 것 같아.

033 go get~ …을 가지러(사러) 가다

go and[to]+동사가 구어체에서 and[to]를 생략하고 go+V로 쓰인 경우. Let's go get~은 그 대표적인 경우로 「배가 출출할 때」 혹은 「목이 마를 때」 쓸 수 있는 표현. 물론 get 다음에 사람이 오면 「…을 잡으라」는 표현.

POINT
go have …하러 가다
go do 가서 …하다
come see 와서 …하다
go see …을 만나러 가다
go take 가서 …하다

□ Let's **go get** some ice cream. 아이스크림 먹으러 가자.

□ Do you want to **go get** something to eat? 밖에 나가서 뭘 좀 먹을래?

□ Do you want to **come see** a movie with us? 와서 우리랑 같이 영화볼래?

A: Let's go get some ice cream. 아이스크림 먹으러 가자.
B: I can't. I have to study. 안 돼. 공부하러 가야돼.

034 have got~ …가 있어

have got은 구어체 표현으로 have와 같은 의미. have+명사가 「…을 갖고 있다」라는 뜻이 되듯 have got+명사는 「갖고 있다」는 의미가 된다. 다만 갖고 있다라는 의미 외의 딴 의미의 have는 have got으로 대체할 수 없다.

POINT **I've got+명사** …가(이) 있어 **You've got+명사** 네게 …가 있어

- □ I have to run. I've got so much to do. 빨리 가야 돼. 할 일이 너무 많아.
- □ I can't stay with you. I've got other plans. 너랑 같이 못있어. 다른 계획이 있어.
- □ I've got a date. Wish me luck. 나 데이트가 있어. 행운을 빌어줘.
- □ Hey, you've got a boyfriend! 야, 너 남친있구나!

A: Why are all the kids so excited? 왜 모든 애들이 좋아하니?
B: I have got cookies for them. 내가 애들에게 과자를 가져왔거든.

035 have got to~ …해야 한다

마찬가지로 have got to+동사 또한 have to+동사와 같은 의미. have는 축약되어 I've got~ 혹은 아예 생략되기도 한다. 그래서 I gotta go를 복원해보면 ⇒ I've gotta go ⇒ I've got to go ⇒ I have got to go가 된다.

POINT **I've got to+동사** 난 …을 해야 해 **You've got to+동사** 넌 …을 해야 해

- □ I've got to run. I will call you later. 서둘러 가봐야겠어. 나중에 전화할게.
- □ I have (got) to go. 이제 가봐야겠어. (전화) 이제 끊어야겠어.
- □ You've got to be kidding! 농담말아!, 웃기지마

A: I've got to tell you something. 얘기할 게 있어.
B: No, no. You don't have to explain yourself to me. 아냐. 내게 설명할 필요는 없어.

036 get together 만나다

meet와 다름없지만 특히 친한 사이에 술이나 식사를 하기 위해(to have a drink or meal) 만나는 것을 get together라고 한다. 명사형은 get-together.

POINT

get together (with) (…와) 만나다
get together on+요일 …요일에 만나자
get-together 만남

□ Are we going to **get together** this weekend? 이번 주말에 만날까?

□ I have to **get together with** my mother. It's her birthday.
우리 엄마 만나야 돼. 엄마 생신이거든.

□ Let's **get together** sometime. 조만간 한번 보자.

A: Let's get together at 3 o'clock in my office. 3시에 내 사무실에서 만납시다.
B: That'll be fine. See you then. 그게 좋겠군요. 그때 봐요.

037 get in touch with …와 연락을 취하다

「…와 연락을 취하다」, 혹은 「전화/편지를 하다」라는 의미. keep을 쓰기도 하는데 이때는 「계속 연락을 취하다」라는 지속성에, get은 「실제 동작」에 초점을 둔 표현이다. 단, with+사물의 경우는 접촉해서 「잘 알다」라는 뜻.

POINT

get in touch with …와 연락하다
keep in touch with …와 계속 연락을 취하다
be in touch with …와 연락하고 지내다
put sb in touch with …을 …에게 연락시켜주다

□ Let's **get[keep] in touch!** 연락하고 지내자!

□ Where can I **get in touch with** her? 어디로 연락해야 걔와 연락이 될까요?

□ Where can I **get in touch with** you tomorrow? 내일 네게 어디로 연락할까?

□ I tried to **get in touch with** you. 네게 연락하려고 했어.

A: I heard you talking on the phone. 네가 전화하는 것을 들었어.
B: Your mom was trying to get in touch with you. 네 엄마가 너랑 연락하려고 했었어.

038 get in the way 방해되다

get in the way는 가는 길에 끼어들거나 막는다는 의미로 「방해를 하다」라는 뜻으로 be in the way라고 해도 된다. 무엇이 방해되는지를 말하려면 get in the way of 이하에 말해주면 된다.

POINT
get in the way of+명사 …의 방해가 되다　**stand in the way** 방해가 되다
be in the way 방해가 되다

☐ I don't want to **get in the way.** 방해되고 싶지 않아.

☐ It won't **get in the way of** anything we're doing here.
그건 여기서 우리가 하는 어떤 것도 방해하지 않을거야.

☐ I think they'**re getting in the way of** our friendship.
난 그것들이 우리 우정에 방해되는 것 같아.

A: There are too many items in this room. 이 방에 물건이 너무 많아.
B: Yeah, they always get in the way. 그래. 막혀서 다닐 수가 없어.

039 get used to …에 익숙해지다

get used to+명사[~ing]는 새로운 장소, 직업, 생활 방식 등에 「적응하다」(be accustomed to) 「…에 익숙해지다」라는 의미. get 대신에 be를 써도 된다. 과거에 「…하곤 했다」는 used to와는 헷갈리기도 한다.

POINT
get[be] used to+명사/~ing …에 익숙해지다　**used to+동사** …하곤 했다
be used to+동사 …하는데 이용되다

☐ Did you **get used to** the weather in Canada? 캐나다의 날씨에 적응했나요?

☐ I'**m getting used to it.** 익숙해지고 있어.

☐ It happens a lot. You'd better **get used to it.** 많이 그래. 거기에 익숙해져야 해.

☐ You need to **get used to** being alone. 혼자 있는거에 익숙해져야 해.

A: Well, the first snowfall is here. 이것 참, 첫눈이 왔군.
B: We better get used to winter. 우린 겨울에 익숙해지는 게 좋아.

040 get carried away …에 몰입하다, 빠지다

carry away는 뭔가 「멀리 데리고 가다」, 「빼앗아 가다」라는 뜻으로 비유적으로 「…에 빠지게 하다」, 「…에 넋을 잃게 하다」, 「…에 도취시키다」가 된다. 보통 수동태 get carried away의 형태로 「…에 몰입하다」, 「…에 넋을 잃다」라는 뜻이 된다.

POINT
get carried away 몰입하다, 빠지다

- ☐ Let's not **get carried away.** 감정적으로 되지 말자고.
- ☐ I'm understanding, but let's not **get carried away.** 난 이해하지만, 너무 빠지진 말자고.

A: Make sure that Jim doesn't get carried away with this scheme.
짐이 이 계획에 너무 몰두하지 않도록 확실히 해.

B: I'll do my best. 최선을 다할게.

041 get along with …와 잘 지내다

get along with는 「…와 좋은 관계를 유지하다」(have a friendly relationship with)라는 뜻으로, along 뒤에 well을 넣어 의미를 강조하기도 한다.

POINT
get along with~ 와 잘 지내다   get along well with~ …와 잘 지내다

- ☐ Do you two **get along well?** 너희 둘 잘 지내고 있지?
- ☐ We don't **get along** any more. We fight a lot. 우리 더 이상 잘 지내지 못해. 많이 싸워.
- ☐ I want to **get along with** everyone. 사람들 모두와 다 잘 지내고 싶어.
- ☐ I don't **get along well** with her. 난 걔랑 잘 못 지내.

A: Do you like your little sister? 여동생을 좋아하니?

B: No, I could never get along with her. 아니. 사이가 아주 좋지 않아.

042 get around

돌아다니다, 돌아서가다, 피하다, 시간을 내서 하다(to~)

익숙하지는 않지만 실제 많이 쓰이는 표현. get around~는 돌아다니거나, 모이는 것을, 혹은 피하는 것을 뜻한다. 그리고 get around to~는 하려고 했지만 못하고 있던 일을 「시작한다」는 의미이다.

POINT
get around sb[sth] 돌아다니다, 피하다
get around to sth[~ing] 시간을 내서 …을 시작하다

□ Word **gets around.** 소문은 널리 퍼져.

□ Is there any way to **get around** it? 그걸 피해서 가는 방법이 있어?

□ When are you going to **get around to** asking me that?
언제 시간 내서 그걸 내게 물어 볼거야?

□ I was going to **get around to** telling you the truth.
시간내서 진실을 말하려고 했었어.

A: I heard you'll be busy this weekend. 네가 이번 주말 바쁠거라고 들었어.
B: I'm planning to get around to painting the house.
시간을 내서 집 페인트를 칠하려고 계획 중이야.

043 get away (from)

(…에서) 멀어지다, 벗어나다

「직장이나 일상에서 벗어나 쉬다」(get away from one's work or daily routine), 즉 「휴식을 취하다」라는 의미. 명령형으로 상대방에게 소리치며 Get away!하면 "Get lost!"나 "Beat it!"처럼 「꺼져라!」라고 말하는 것.

POINT
get away (from~) (…에서) 멀어지다, 벗어나다 Get away! 꺼져!

□ I'm glad you were able to **get away** today. 네가 오늘 쉴 수 있어 다행야.

□ Hey, get back! **Get away from** her! 야, 물러서! 걔한테서 꺼지라고!

□ Why are you trying to **get away from** me? 왜 나를 멀리하려는거야?

□ Everybody, **get away from** her! She farted again!
다들 그녀에게서 멀어져! 또 방귀를 뀌었어!

A: What's wrong with you? Why're you so angry? 무슨 일야? 왜 그렇게 화났니?
B: Just get away from me! 날 좀 내버려둬!

044 get away with it ···하고도 무사하다, 벌받지 않다

get away with는 특히 「나쁜 짓을 하고도」(do sth wrong) 「벌을 받지 않는」(without being caught or punished) 것을 말한다. with 이하에는 주로 it이 오거나 murder가 온다.

POINT
get away with it 나쁜 짓을 하고도 벌을 받지 않다

- □ You'll never **get away with it.** 넌 그걸 절대 피할 수 없어.
- □ I will not let you **get away with this.** 네가 그걸 피할 수 없게 할거야.
- □ Trust me, she'll never **get away with it.** 날 믿어. 갠 무사하지 못할거야.
- □ You can't let him **get away with that.** 넌 걔를 그냥 놔두면 안돼.

A: Did they catch the men who robbed the bank? 은행을 턴 강도들 잡았어?
B: No, they got away with stealing a lot of money. 아니. 강도들이 많은 돈을 훔쳐 달아났어.

045 get sb[sth] back ···을 되돌려 받다 , 되찾다

get sb[sth] back은 다시 돌려 받는다라는 뜻으로 「···을 되돌려 받다」, 「···을 되찾다」라는 의미로 쓰이는 숙어이다. 참고로 get back to+장소가 되면 「···로 되돌아가다」라는 뜻.

POINT
get A back (to+장소) ···을 되찾다, ···로 다시 데려오다 **get back** (장소) ···로 돌아가다
get back at sb ···에게 복수하다

- □ She wants to **get** her boyfriend **back.** 갠 남친을 되찾고 싶어해.
- □ I need to **get back to** the office. 사무실로 돌아가야 돼.
- □ She is using you to **get back at** me! 갠 나한테 복수하려고 널 이용하는거야!
- □ I miss Susan. I'll definitely **get** her **back.** 수잔이 보고 싶어. 결단코 걔를 되찾을거야.

A: I lent my cell phone to my brother. 내 휴대폰을 동생에게 빌려줬어.
B: Let's go get it back from him. 이제 가서 돌려받자.

046 get back to sb[sth] …나중에 얘기하다

전화상에서 지금 바쁘거나 기타의 이유로 상대방과 얘기를 할 수 없으니 「나중에 얘기를 다시 하자」(speak or write to again later), 그리고 get back to sth하면 「잠시 처음의 화제로 다시 되돌아가서 토의하자」는 의미.

POINT

get back to sb first thing in the morning 내일 아침 일찍 …와 얘기하다
get back to sb on sth …와 …에 대해 나중에 얘기하다
get back to sth …나중에 얘기하다, 되돌아가다

- □ I'll **get back to** you when you're not so busy. 안 바쁘실 때 연락할게요.
- □ Let me **get back to** you tomorrow on that. 그 건으로 내일 내가 연락할게.
- □ I'll **get back to** you first thing in the morning. 내일 아침 바로 연락할게.
- □ You can come here if you want to **get back to** me on that. 그거 얘기하고 싶으면 여기로 와.

A: What is going on around him? 그에게 무슨 일이 있는 거야?
B: I'll find out and get back to you. 알아보고 연락할게.

047 get back to work 다시 일하러 가다

get to work는 일하기 시작하다(start working)라는 뜻으로 여기에 back이 삽입된 get back to work는 잠시 쉬거나 외출 등으로 쉬었던 일을 다시 시작할 때 쓰는 표현. 사장의 18번 구호가 바로 이 "Get back to work!"

POINT

get back to work 다시 일하다 **Get back to work!** 다시 일해!

- □ I'm sorry but I can't talk now. I have to **get back to work.** 미안하지만 얘기는 이제 그만 해야겠어. 다시 일을 시작해야 하거든.
- □ I'd like to **get back to work** as soon as I can. 가능한 한 빨리 다시 일하고 싶어.
- □ I should **get back to work.** See you. 나 일하러 돌아가야 돼. 잘 가.
- □ We were just taking a quick break. We'll **get back to work.** 잠시 쉬고 있었어요. 다시 일하러 갈게요.

A: Hey Frank, have a beer with us. 야, 프랭크, 우리랑 맥주 한잔 하자.
B: I'd like to, but I have to get back to work. 그러고는 싶지만 다시 일하러 가봐야 해.

048 get down to 진지하게 …을 하기 시작하다

get down to는 to 이하에 「진지한 관심(serious attention)을 기울이다」는 의미로 to 이하에는 business나 work 등의 명사가 온다. 따라서 get down to business[work]라고 하면 「진지하게 일에 착수하다」란 의미.

POINT
get down to business 일에 착수하다　　get down to work 일을 시작하다
get down to+장소 …로 내려가다

- □ We need to **get down to** business. 본론으로 들어가야겠어요.
- □ Let's **get down to** business. 자 일을 시작합시다.
- □ Well, why don't we **get down to** business? 자, 본론으로 들어갈까요?
- □ Let's **get down to** business. We have a lot to do today.
  일을 시작하자. 오늘 할 일이 아주 많아.

A: Let's get down to business. 자, 일을 시작합시다.
B: Great, let's start. 좋아. 시작하자구.

049 get into
…에 들어가다, 입학하다, …에 관심갖다, …을 하다, (논쟁을) 하다

「…에 들어간다」라는 기본적 의미에서 옷을 입거나 뭔가 관심을 갖거나 혹은 무슨 일을 시작하는 것을 말한다. get into 다음에 학교가 나오면 「…학교에 들어가다」라는 의미가 된다.

POINT
get into …에 들어가다, …을 하다　　get into+학교 …에 입학하다, 학교에 들어가다

- □ Can we **get into** this another time? I was sleeping.
  나중에 얘기하면 안될까. 자던중이었어.
- □ I can't **get into** this with you now. 지금은 당신과 이 문제를 따질 수 없어.
- □ What **are** you **getting into**? 무슨 일을 하려는 거야?
- □ I will never **get into** medical school. 난 절대로 의대에 안 갈거야.
- □ Did you guys **get into** a fight? 너희들 싸웠니?

A: Several workers got into a fight last night. 몇몇 직원들이 어젯밤 싸웠어.
B: I heard the police arresting them. 경찰이 그들을 잡아갔다고 들었어.

050 get off …에서 떨어지다, 그만두다, …에서 나오다

기본적으로 「…에서 떨어지다」, 「벗어나다」, 「그만두다」라는 의미를 갖는다. get off (of)~ 는 「…에서 떨어지다」라는 것으로 get off (of/from) work는 「퇴근하다」, 「결근하다」라는 뜻.

POINT

- **get off (of) sb/sth** …에서 떨어지다, 그만두다
- **get off (of/from) work** 퇴근하다, 결근하다
- **get sb off (of)~** …을 …에서 벗어나게 하다
- **get off on the wrong foot** 잘못 시작하다
- **get sb off the hook** 책임 등에서 벗어나게 하다
- **get off one's back** …을 그만 괴롭히다

- □ Would you please **get off** the phone? 전화 좀 그만 쓸래?
- □ We **got off on the wrong foot.** 우린 잘못 시작했어.
- □ I've just finished work. I just **got off work.** 일을 끝내서 퇴근했어.
- □ I need a rest. Will you **get off** my back? 나 쉬어야 돼. 그만 나 좀 내버려둘래?

A: This is the subway station where I get off. 여기가 내가 내리는 지하철역야.
B: I'll see you at the office tomorrow morning. 내일 아침 사무실에서 보자.

051 get on 지내다

get on은 지내다(get along)의 의미로 get on with sb는 「…와 지내다」, get on with sth은 「…을 계속하다」라는 뜻. 또한 get it on은 「…을 시작하다」, 그리고 get right on it은 「…을 바로 시작하다」라는 의미이다.

POINT

- **get on** …지내다(get along)
- **get on with sth** …을 계속하다
- **get on with sb** …와 (잘) 지내다
- **get right on sth** …을 바로 시작하다

- □ How're you **getting on?** 어떻게 지내?
- □ You **get on with** it. I quit. 넌 계속해, 난 그만둔다.
- □ Never mind. Let's **get on with** the game. 신경쓰지 말고 게임이나 계속하자.
- □ I'll **get right on it.** 당장 그렇게 하겠습니다.

A: Has Shelia met your cousin Andy? 쉴라가 너의 사촌 앤디를 만났니?
B: Sure, she gets on with him very well. 그럼. 서로 잘 지내나봐.

052 get on[off], get in[out]

…을 타다, …에서 내리다

버스나 기차처럼 차체가 큰 경우에는 그 표면 「위」에 실린다는 의미에서 전치사 on, 반면 소형차의 경우 그 공간 「안」으로 들어간다는 개념에서 in을 쓴다. 물론 get in[out]은 차 이외에도 「들어가다」, 「나오다」라는 뜻으로도 쓰인다.

POINT

get on[off]~ (버스나 기차 등을) 타다, 내리다
get in[out]~ (택시나 승용차 등을) 타다, 내리다

□ Excuse me, is this where we **get on** the train to Chicago?
실례합니다만, 시카고행 기차 여기서 타나요?

□ Could you tell me where to **get off?** 어디서 내리는지 알려줄래요?

□ Let's **get in** a cab. 차에 타자.

□ Take the subway for one stop and **get off** at Sunae Station.
전철로 한 정거장가서 수내역에서 내리세요.

A: Let's take a ride downtown today. 오늘 시내로 나가자.
B: Do you know where we can get on the bus? 우리가 버스를 어디서 타야 되는지 아니?

053 get out of~ …에서 나가다

「…에서 벗어나다」, 「…를 떠나다」(leave)라는 의미로 특히 Get out of here!하면 「꼴도 보기 싫으니 꺼져라」(Go away!), 혹은 어처구니없는 소리를 늘어놓는 사람에겐 「웃기지마라」는 비아냥거림으로도 사용할 수 있다.

POINT

get out of the way 비키다
get out of one's face …의 면전에서 사라지다, 꺼지다

□ I'm **getting out of** here. 여기서 나가야겠다.

□ I saw them **get out of** the car. 난 걔네들이 차에서 내리는 걸 봤어.

□ **Get out of** the way! 비켜!

□ **Get out of** my face right now! 당장 내앞에서 꺼져!

A: How can I get out of going to that party? 어떡하면 파티에 빠질 수 있을까?
B: Tell them that you're not feeling well. 몸이 안 좋다고 말해.

054 get over (어려움, 병을) 극복하다, 이겨내다, 끝내다, 오다

뒤에 사람이 올 경우에는 「…을 잊다」라는 뜻이 되며, get over (with sth) 혹은 get sth over with는 「…을 끝내다」, 「결론을 내리다」라는 의미이다. 한편 get over (to+장소)는 「…에 오다」라는 뜻이다.

POINT
get over sb[sth] …을 극복하다, 이겨내다, …을 잊다
get over with sth[get sth over with] …의 결론을 내다, 끝내다
get over (to+장소) (…에) 오다

□ I can't **get over** something. 정말 놀라웠어요, 놀랍군.

□ Let's **get it over with.** 끝내자.

□ **Get over** here! I need to talk to you. 이리와! 너랑 얘기해야 돼.

□ I will never **get over her.** 난 그녀를 결코 잊지 못할거야.

A: The people got over next to the train. 사람들이 기차 옆으로 왔지.
B: They were trying to get onto it. 그들은 기차를 타려고 했었어.

055 get through …을 이겨내다, 해내다

「(어려운 일이나 시기를) 이겨내다」, 혹은 「…일을 끝내다」라는 의미로도 쓰이는데 이때는 get through (with) sth, 사람과의 관계를 끝낸다고 할 땐 ~with sb라고 한다. 또한 get through to는 「…에(와) 연락이 닿다」라는 의미가 된다.

POINT
get through~ 이겨내다
get through with sth …을 끝내다
get through with sb …와 관계를 끝내고 있다
get through to …와 연락이 닿다

□ I don't think I can **get through** the night. 밤을 무사히 보낼 수 없을 것 같아.

□ I'm not sure we can **get through** this difficult time.
우리가 이 어려운 시기를 헤쳐나갈 수 있을지 모르겠어.

□ I'll never **get through** this. 난 결코 이 일을 해낼 수 없을거야.

□ I'd like to **get through to** Mr. James. 제임스 씨와 연락하고 싶은데요.

A: I'll never get through this. 난 절대 못해낼거야.
B: You need to try harder. 더 열심히 해야 돼.

More Expressions

get ahead 앞서다, 앞서가다, (일, 책임) 맞춰가다, 승진하다

☐ Don't get ahead of yourself. 너무 섣부르게 판단하지마.

get by …으로 겨우 살아가다(on~), …을 지나가다

☐ Could I get by please? 지나갈 수 있게 길 좀 비켜주세요.

get at 도달하다, 공격하다

☐ I don't know what you are getting at. 무슨 말을 하려는 건지 모르겠어.

get on one's nerves …의 신경을 거스리다

☐ It's getting on my nerves. 신경이 거슬려.

get up 일어나다

☐ I got up at 6:30, like I usually do to feed Mary.
항상 그렇듯 메리 먹이주려고 6시 반에 일어났어.

get the sack 해고 당하다

☐ Do you think he'll get the sack? 걔가 해고될 것 같아?

get wind of …의 소문을 듣다

☐ I got wind of it. 그 얘기를 들었어.

get a crush on …에게 반하다, 좋아하다

☐ I 've got a crush on you. 난 네가 맘에 들어.

get[have] a thing for …을 좋아하다

☐ He has (got) a thing for her. 걘 그 여자를 맘에 두고 있어.

get a move on~ …을 서두르다

☐ I'd better get a move on it. 빨리 서둘러야겠어.

get help 도움을 받다

☐ We've got to get help. 도움을 받아야 해.

get out of hand 상황이 걷잡을 수 없게 되다

☐ Listen, this is totally getting out of hand. 이 사태는 걷잡을 수 없게 됐어.

get back on one's feet 자립하다, 재기하다

☐ I'm getting back on my feet. 난 다시 재기하고 있어.

get the hang of 요령을 익히다

☐ You'll get the hang of it. 요령이 금방 붙을거야.

More Expressions

get[take] the hint 눈치채다

□ I get the hint. 눈치챘어.

get+교통수단 타다

□ Please get an ambulance. 앰뷸런스 불러줘.
□ Where can I get a taxi? 택시 어디서 잡아요?

get cold feet 겁먹다, 긴장하다

□ What's the matter? Are we getting cold feet? 왜 그래? 긴장돼?

get one's own way 자기가 하고 싶은 대로 하다

□ What a bitch! She always gets her own way.
나쁜 것 같으니라구! 그 앤 항상 자기 맘대로라니까.

get even with 복수하다, 되갚다

□ Did you get even with him yet? 걔에게 복수했어?

□ **The cat got your tongue?** 왜 말이 없어?

□ **I haven't got all day.** 여기서 이럴 시간 없어.

□ **Come and get it.** 자 와서 먹자, 자 밥먹게 와라.

□ **I'm sorry, you've got the wrong number.**
미안하지만 전화 잘못하셨어요.

□ **Don't let it get you down.** 그거 때문에 괴로워하지마.

□ **Go get them.** 이겨라, 힘내라.

□ **You get what you pay for.** 땀을 흘린 만큼 얻는 거야.

□ **You have got to help me get Josh.**
조쉬의 마음을 사로잡을 수 있도록 도와줘.

□ **He got worked up.** 걔 열 받았어, 걔 대단했어.

02 뭐든지 줘야 직성이 풀리는

Give

give는 get과 달리 단순하게 주로 「…을 주다」라는 의미로 쓰인다. 물론 get에게 많은 영역을 빼앗기긴 했지만 give sb sth의 수여동사 형태로 많이 쓰인다. 특히 두 목적어가 바뀔 때는 to를 써서 give sth to sb라고 한다는 점에 주의해야 한다. 또한 give는 give a call 처럼 give 다음에 동작동사의 명사형을 목적어로 취해 다양한 숙어를 만들어 내기도 한다.

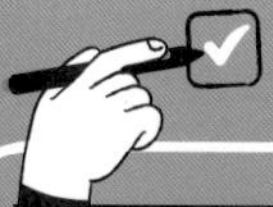

Give 기본개념

01. (…에게) …를 주다, 수여하다

I gave Susan the necklace. 수잔에게 목걸이를 줬어.

That gives me an idea. 그러고보니 좋은 수가 떠올랐다.

02. give+동작명사 = …하다

Could you give me a hand? 나 좀 도와줄래?

I'll give her a chance. 걔에게 한번 기회줄거야.

03. (파티, 회의 등을) 열어주다

Let's give a party for her. 걜 위해 파티를 열어주자.

Shouldn't we give a party for him? 그를 위해 파티를 열어줘야 하지 않을까?

001 give sb sth …에게 ~을 주다

give sb sth은 give의 가장 대표적인 표현. 두 개의 목적어 순서를 바꿀 때는 to를 써서 give sth to sb라고 하면 된다.

POINT
give sb sth ⇒ give sth to sb …에게 …을 주다
I'll give you a chance ⇒ I'll give a chance to you 네게 기회를 줄게

- □ Your aunt **gave you this shirt.** 숙모가 너한테 이 셔츠를 주셨어.
- □ **Give me a Coke,** please. 콜라 한 잔 주세요.
- □ Can you **give me $10 worth of gas?** 10달러치 기름 주세요.
- □ Can you **give me a discount?** 좀 깍아줄래요?
- □ Can you **give me a discount** for paying cash? 현금 낼텐데 좀 깍아줄래요?

A: Did you get a discount? 할인은 받았니?
B: Yeah, she gave me 20% off. 응, 20% 깎아줬어.

002 give my love[regards] to~ …에게 안부를 전하다

제 3자에게 안부를 전하는 말을 하고 싶을 때 유용하게 쓸 수 있는 표현. give 다음에 my regards, my love 등을 써서 'Give my regards to sb,' 'Give my love to sb'로 하면 된다.

POINT
give my love[regards] to sb …에게 안부를 전하다

- □ **Give my love to** Karen! 카렌에게 안부전해줘!
- □ **Give my best regards to** him when you see him. 걜 만나면 안부 좀 전해 주세요.
- □ Make sure you **give my love to** Cindy. 신디에게 안부 꼭 좀 전해 주세요.
- □ **Give my best to** your folks. 가족들에게 안부전해주세요.

A: Give my love to your mom when you see her. 네 엄마 만나면 안부 전해줘.
B: Of course. I'll tell her you said hello. 물론, 네 안부 전해줄게.

003 give (sb) a call[ring, buzz] 전화하다

give 다음에 어떤 「행위」명사가 와 'give sb a(an)+명사'의 꼴로 되면 「(행위를) 해 주다」, 「하다」라는 의미가 된다. 특히 이 경우엔 give sb a call(=call sb)에서 보듯 동사의 명사형이 목적어가 된다.

POINT

give (sb) a ride[lift] 차를 태워주다
give (sb) a hand 도와주다
give (sb) a kiss 키스하다
give (sb) a raise 월급을 올려주다
give (sb) a party 파티를 열다
give (sb) a call 전화하다
give (sb) an answer 대답하다

- ☐ I'll **give you a call** later tonight. 오늘 밤 늦게 전화할게.
- ☐ If you have any questions, **give me a call.** 혹 물어볼 거 있으면 전화하고.
- ☐ **Give me a call** when you get a chance. 시간나면 전화 줘.
- ☐ I have got your cell phone number. I'll **give you a call.** 네 핸드폰 번호 있으니까 내가 전화할게.
- ☐ Aren't you going to **give me a kiss?** 내게 키스 안 해줄거야?
- ☐ Have a good day! **Give me a kiss.** 잘 지내고! 키스해줘.
- ☐ We need to **give the secretary a raise.** 비서 급여를 올려줘야겠어.
- ☐ Why didn't you **give me an answer** to my question? 왜 내 질문에 답을 하지 않았어?
- ☐ I will **give you an answer** as soon as I get in. 들어오는 대로 답을 줄게.
- ☐ Could you **give me an answer** by tomorrow? 내일까지 알려주시겠어요?

A: I'm going to work on this stuff at home tonight. 오늘밤 집에서 이 일을 할거야.
B: If you have any problems, give me a call. 문제가 생기면 나한테 전화해.

A: Aren't you going to give me a kiss? 키스 안해줄거야?
B: Okay, I will. 그래, 해줄게.

A: I can't believe they didn't give us a raise. 급여를 안올려주다니 너무하네.
B: I guess we'll all be on strike tomorrow. 낼 모두 파업해야 할 것 같아.

004 give (sb) a hand (…을) 도와주다

역시 앞 유형에 속하는 표현. a hand는 「일손」이란 의미로 give sb a hand하면 「…을 도와주다」라는 뜻이 된다. 도와주는 내용은 give sb a hand 다음에 ~ing나 with+명사를 붙이면 된다.

POINT
Can you give me a hand (with+명사) ~? (…을) 도와줄래?
Give me a hand (with+명사) (…을) 도와줘
Let me give you a hand (with+명사) (…을) 도와줄게

- □ Do you think you can **give me a hand** today? 오늘 저 좀 도와주실 수 있으세요?
- □ **Give me a hand with** this, Tom. 탐, 이것 좀 도와줘.
- □ Can you **give me a hand with** this box? 이 박스 옮기는 거 도와줄래?
- □ **Give me a hand with** the homework or I'm dead! 숙제 좀 도와줘 아님 나 큰일나!

A: Could you give me a hand? 나 좀 도와줄래?
B: What do you need? 뭐가 필요한데?

005 give (sb) a chance …에게 기회를 주다

역시 같은 유형으로 give (sb) a chance하면 「…에게 기회를 주다」라는 표현으로 chance 대신 opportunity를 써도 된다. 구체적으로 기회의 내용을 언급하려면 ~chance[opportunity] to+동사의 형태로 사용하면 된다.

POINT
give (sb) a chance[opportunity] (to+동사) …할 기회를 주다
give (sb) one more[another] chance 기회를 한번 더 주다

- □ Won't you **give me just one more chance?** 내게 한 번 더 기회를 주지 않을래요?
- □ I'll **give you another chance.** 한번 더 기회를 주지.
- □ I'm going to **give you an opportunity** to do that. 그거 할 기회를 줄게.
- □ You have to **give me a chance** to explain. 내게 설명할 기회를 줘.

A: Bob did a poor job while working. 밥이 형편없이 일을 했어.
B: Give him a chance. He'll improve. 기회를 줘봐. 잘 할거야.

006 give (sb[sth]) a try …을 시도해보다

성공 여부는 확실치 않더라도 「한번 해보다」라는 의미로 give it a try란 표현을 쓸 수 있다. 이때 try는 「시도」란 뜻으로 shot이라 해도 된다.

POINT

give it a try[shot] 한번 해보다

- □ I'll **give them a try.** 그것들을 시도해볼게.
- □ Why don't you **give it a try** right now? 지금 당장 한번 해 보는 게 어때?
- □ **Give it a try[shot]!** 한번 해봐!
- □ Let's **give it a try.** 해보자구.

A: My stomach is always hurting these days. 요즘 배가 항상 아파.
B: Give this medicine a try. 이 약 한번 복용해봐.

007 give (sb) a ride …을 태워주다

give (sb) a ride는 차로 다른 사람을 태워준다는 의미로 a ride 대신 a lift라 해도 된다. 또한 give 대신 get을 쓰면 얻어타다라는 뜻이 되고 offer를 쓰면 태워주겠다는 제안을 뜻한다.

POINT

give (sb) a ride (home/to+장소) (집에/…에) 차로 데려다 주다
get a ride (with sb to+장소) (…까지 누구의) 차를 얻어 타다
take sb for a ride …을 데려가 드라이브 시켜주다 **go for a ride** 드라이브하다

- □ How about I **give you a ride home?** 내가 집에까지 데려다 줄까?
- □ I'll **give you a ride** on my way home. 집에 가는 길에 태워다 줄게.
- □ Do you think you could **give me a ride home?** 집까지 좀 태워다 줄 수 있어?
- □ Can I **get a ride** with you to the hospital? 병원까지 네 차 좀 타고 가도 돼?
- □ Do you **want a ride?** 태워다 줄까?
- □ Where are you going? I **need a ride.** 어디 가? 차 좀 얻어타야 돼.
- □ **Need a ride?** Get in. I'll drop you off wherever you want. 태워다 줄까? 타. 원하는 곳 어디든 내려다줄게.
- □ Do you want to **go for a ride** in my Porsche? 내 포르셰로 드라이브 시켜줄까?

A: How did they get to the theater? 그들이 어떻게 극장에 갔어?
B: Rob gave them a ride in his car. 롭이 자기 차로 데려갔데.

008 give sb[sth] a break

a break는 뭔가 하다가 잠시 쉬거나 멈추는 것을 말하는 것으로 give ~ a break하게 되면 말도 안되는 소리나 행동을 하는 사람에게 「그만 좀 해라」 혹은 「좀 사정 좀 봐줘라」 등의 의미로 회화 빈출 표현이다.

POINT

give sb a break 1. 그만 좀 해 2. 좀 봐줘
give me a break = give it a break = give it a rest 그만 좀 해

- □ **Give me a break.** 좀 봐줘요, 그만 좀 해라.
- □ **Give me a break.** I haven't done this before. 좀 봐줘요. 이런 적 처음이잖아요.
- □ Oh, **give me a break.** I had only 10 minutes to prepare for this.
  좀 봐줘요. 이거 준비하는데 겨우 10분 밖에 없었어요.
- □ **Give it a break[rest]!** 그만 좀 하지 그래!
- □ You have to **give it a rest.** 그만 좀 해야지.

A: Can I see your license please? 면허증 좀 봅시다.
B: Please give me a break. 한번만 봐주세요.

009 give (sb) one's word

give sb one's word는 「약속하다」란 뜻으로 주로 I give you my word(내 약속하지)의 형태로 쓴다. 다시 말해 I'll promise you와 같은 뜻. 약속한 말을 받아 믿어보는 건 take one's word라고 한다.

POINT

I will give you my word (that S+V) (…을) 내 약속할게

- □ I will **give you my word** I'll do what I can. 내 약속하는데 내 할 수 있는 건 할게.
- □ I will **give you my word** I will not touch her. 내 약속하는데 걜 만지지 않을게.
- □ Can you **give me your word** that Jack can be trusted?
  잭이 믿을 만하다고 약속할 수 있어?

A: Do you think Ralph finished the report? 랄프가 보고서를 끝냈다고 생각해?
B: He gave me his word it would be completed. 그가 끝낼거라고 내게 약속했어.

010 give sb a hard time

…을 힘들게 하다, …을 못살게 굴다

말 그대로 「…에게 어려운 시기(hard time)를 주는」 것으로 「…을 힘들게 하거나 못살게 구는」 것을 말한다. 스스로를 힘들게 하는 give oneself a hard time은 「자책하다」라는 뜻.

POINT

give sb a hard time …을 힘들게 하다 give oneself a hard time 자책하다

- □ Please don't **give me a hard time.** 나를 곤란하게 하지 마세요.
- □ Why did you **give me such a hard time?** 왜 날 그렇게 힘들게 한거야?
- □ Don't **give yourself too hard a time.** 너무 자책하지마.
- □ I guess you like to **give me a hard time.** 넌 날 괴롭히는 것을 좋아하는 것 같아.

A: Your clothes are really ugly today. 네 옷은 오늘 진짜 흉하다.
B: Come on, don't give me a hard time. 무슨 소리야. 괴롭히지마.

011 give sth some thought …을 좀 생각해보다

역시 give A B의 표현법으로 어떤 문제에 생각을 좀 해본다라고 할 때 쓸 수 있는 표현이다. "내가 그거 좀 생각해봤는데"라고 할 때의 I've been giving[I've given] it some thought가 대표적인 예이다.

POINT

I've given it some thought and I think~ 좀 생각해봤는데 …라 생각해

- □ Maybe you should **give it some thought.** 넌 그거에 대해 생각 좀 해봐야 될지 몰라.
- □ You should **give it some thought.** 그거 생각 좀 해봐.
- □ I'll **give it some thought.** 그거 생각 좀 해볼게.
- □ I've **been giving it some thought.** I think it'd be best for me to leave. 생각 좀 해봤는데. 내가 떠나는게 최선인 것 같아.

A: I can offer you a job in London. 자네에게 런던에 일자리를 제안할 수 있네.
B: I must give it some thought before I take it. 제가 받아들이기 전에 좀 생각해보아야 합니다.

012 give sb some time …에게 시간을 좀 주다

「…에게 시간을 주다」라는 표현으로 그냥 막연한 시간인 some time, more time, 혹은 구체적으로 a few week, a month 등이 올 수도 있다. 시간이 필요한 이유를 말하려면 시간 다음에 to+동사 형태로 써주면 된다.

POINT
give sb some time+V …할 시간을 좀 주다 **give sb time to+V** …할 시간을 주다

□ **Give me more time.** I'm not a miracle worker.
시간 좀 더 줘. 난 기적을 행하는 사람이 아니야.

□ I just need you to **give me some time.** 내게 시간을 좀 더 줘.

□ You're just going to have to **give me some time** to think about it.
그거 생각할 시간을 좀 더 줘야 될거야.

□ You've got to **give me a few more minutes.** 시간을 좀 더 줘야 돼.

A: I haven't heard from Annie in a few days. 며칠간 애니한테 소식 못들었어.
B: Give her some time to send you an e-mail. 걔에게 이메일 보낼 시간을 조금 줘봐.

013 not give a damn 상관하지 않다

슬랭으로 not give a damn[shit, fuck]하면 「…에 전혀 신경쓰지 않다」는 표현. 단어가 단어인 만큼 함부로 써서는 안된다. I don't give a damn[shit, fuck] 담에 about~/의문사 S+V형태로 신경안쓰는 것을 말할 수 있다.

POINT
not give a damn[shit] about[what~] …에 관해 신경쓰지 않다, …을 신경안쓰다
I don't give a damn[shit] 내 알 바 아냐

□ You **don't give a damn about** me! 넌 내 생각은 하지도 않는구나!

□ I **don't give a shit** what they think. 난 걔네들이 무슨 생각하던 상관없어.

□ I **don't give a damn** who slept with your wife. 누가 네 마누라하고 잤는지 난 알 바 아냐.

□ I **don't give a damn** what the boss says. 상사가 뭐라하든 난 신경안써.

A: I quit. I don't give a damn about this company. 난 회사 그만둬. 회사는 알바 아냐.
B: But you need a job to pay your bills. 그래도 청구서 돈을 내려면 직업이 필요하잖아.

014 Don't give me that!

그런 말 마!, 정말 시치미떼지마!

말도 안되는 설명이나 핑계를 대는 상대방에게 하는 말로 「그런 말 마라!」라는 의미. 상대방의 설명이나 변명을 믿지 못할 때 사용하면 된다. 또한 Give me that! 하면 "내놔!"라는 의미.

Give

POINT

Don't give me that face[look] 그런 얼굴[표정] 짓지 말라
I'll give you that 네 말이 맞아

□ **Don't give me that.** I know all the details. 그런 말마. 속속들이 다 알고 있다고.

□ **Don't give me that look.** It's written all over your face.
그런 표정 짓지마. 네 얼굴에 다 쓰여있다고.

□ She's so sexy. **I'll give you that.** 걘 정말 섹시해. 네 말이 맞아.

□ **Don't give me that look.** It wasn't my fault. 그런 표정 짓지마. 내 잘못이 아녔어.

A: Wendy was too full to eat your food. 웬디는 넘 배불러 네 음식을 먹을 수 없었어.
B: Don't give me that. She hates my cooking. 그런 말 하지마. 그녀는 내 요리를 싫어해.

015 give it to sb straight 단도직입적으로 말하다

give it to sb straight는 「…에게 단도직입적으로 말하다」라는 뜻. 하지만 straight없이 give it to sb하면 속어로 「…을 혼내다」 혹은 「섹스하다」가 된다. 하지만 가장 많이 쓰이는 give it to sb는 앞서 배운 give sth to sb가 쓰인 경우로 「…에게 …을 주다」라는 의미이다.

POINT

give it to sb straight 단도직입적으로 말하다
give it to~ …을 혼내다, 섹스하다
give it to sb …에게 그것을 주다

□ **Give it to me straight.** 솔직하게 말해줘.

□ They really **gave it to me** at the meeting!
회의에서 그들은 날 정말 호되게 질책하더라구!

□ **Give it to** someone else. I don't want it. 다른 사람에 줘. 난 필요없어.

□ Mike **gave it to** me as a gift. 마이크가 선물로 내게 그걸 줬어.

A: How can I break up with my boyfriend? 내 남친과 어떻게 헤어지지?
B: Be honest with him. Give it to him straight. 솔직해지라고. 단독직입적으로 말해.

016 I'd give anything to[for]~

…위해서라면 무엇이든 하겠어, 기필코 …하고 말거야

I'd는 I would의 축약으로 가정법 표현이다. to[for] 이하가 일종의 조건으로 「…을 할 수 있다면 난 뭐라도 주겠다」라는 의미. anything 대신에 소중한 my right arm 등을 써도 된다.

POINT
I'd give anything to[for~] 기필코 …하다
I'd give my right arm[the world] to[for~] …하는데 뭐든지 다하다

- □ **I'd give anything to** have her back. 걔를 되찾을 수 있다면 무엇이든 하겠어.
- □ **I'd give anything to** be with you again. 다시 너랑 있을 수 있다면 뭐든지 하겠어.
- □ **I'd give the world to** go out with Jane. 무슨 일이 있어도 제인과 데이트하고 싶어.
- □ **I'd give my right arm to** see my family again.
  우리 가족을 다시 만날 수 있다면 무슨 짓이라도 하겠어.

A: You look so sad today. 너는 오늘 무척 슬퍼 보이는군.
B: I'd give anything to be with my girlfriend. 내 여친과 함께 할 수 있다면 무엇이든 하겠어.

017 give or take+시간(수량) 대략, 약

시간[수량]이 정확하지 않다는 것을 말하는 것으로 "give or take+일부시간[수량]"이라고 말하면 된다. 앞서 말한 시간[수량] 등에서 시간[수량]을 일부 더하거나(give) 혹은 빼거나(take)라는 의미. or 대신 and를 쓰면 그 유명한 주고받는다는, 즉 타협, 협조라는 의미의 give and take가 된다.

POINT
give or take 대략, 약　　**give and take** 타협, 협조

- □ He is three feet tall, **give or take** an inch. 걔 키는 약 3피트야.
- □ I have been waiting here for two hours, **give or take** 5 minutes.
  대략 2시간 여기서 기다렸어.
- □ I don't know. Six hours, **give or take** a few minutes.
  몰라. 대략 6시간 정도야.

A: I think we'll arrive at 9:30, give or take a few minutes.
대략 9시 30분 경에 도착할 것 같아.
B: I'll be very happy to get off this airplane. 이 비행기에서 내리면 아주 기분 좋을거야.

018 give birth to …을 낳다

아이를 낳거나 어떤 문제를 야기했다는 의미로 쓰이는 것으로 give birth to sb처럼 to 다음에 자기가 낳은 아이를 넣으면 된다.

POINT
give birth to (아이)를 낳다, 야기하다 She gave birth to you 그분이 널 낳으셨어

□ You and Jill will **give birth to** a very smart baby.
너와 질은 영리한 애를 낳을거야.

□ His wife recently **gave birth to** a beautiful baby daughter.
걔 아내는 최근에 예쁜 딸을 낳았어.

□ You think it's easy **giving birth to** seven children?
일곱 애를 낳는 게 쉬운 일이라고 생각해?

□ I just **gave birth to** three children. 내가 세 쌍둥이를 낳았어.

A: Gina gave birth to twins last Saturday. 지나가 지난 토요일 쌍둥이를 낳았어.
B: Her husband must be so happy! 남편이 무척 행복하겠네!

019 give away 거저주다, 기증하다, 비밀을 말하다

돈을 받지 않고 그냥 줘버린다는 것으로 「기증하다」, 혹은 「기회 등을 놓치다」 등의 의미를 갖는다. 또한 어떤 비밀[비결]을 누설하는 것을 말하기도 한다. 참고로 giveaway는 명사로 공짜로 주는 경품 등을 뜻한다.

POINT
give away 줘버리다, 기부하다, 비밀을 말하다 giveaway 공짜 경품

□ I don't want it and I'm going to **give it away.** 난 그게 필요없어서 줘버릴거야.

□ Oh, come to think of it, maybe we don't have that much to **give away.** 생각해보니, 우리가 줄게 별로 없는 것 같아.

□ Don't **give away** your thoughts so easily. 그렇게 쉽게 네 생각을 말하지마.

□ This is mine. I don't want to **give it away.** 이건 내꺼야. 난 주지 않을거야.

A: What will you do with the items in your apartment? 네 아파트 물건들 어떡할래?
B: I'll give away most of them to my friends. 대부분 내 친구들에게 줘버릴거야.

020 give back 되돌려주다

원래의 주인에게 「되돌려주다」(return)라는 의미. 특히 give me back sth(내게 …을 돌려주다), give you back sth(네게 …을 돌려주다) 형태가 쓰인다.

POINT give me back sth 내게 …을 돌려주다 give you back sth 네게 …을 돌려주다

- □ **Give back** the money you owe me. 내게 줄 돈 돌려줘.
- □ You **give me back** my sweater. 내 스웨터 돌려줘.
- □ **Give me back** the dress. 드레스 돌려줘.
- □ I came to **give you back** your stuff. 네 물건 돌려주러 왔어.

A: John is going to give back the money he took. 존은 받은 돈을 갚을거야.
B: He shouldn't have taken it in the first place. 그는 처음부터 그 돈을 빌리지 말았어야 해.

021 give in (to)

(반대하던 걸) 받아들이다, …에 따르다, 항복하다, 제출하다(hand in)

처음에 반대하던 걸 다른 사람의 설득 등으로 받아들이는 것을 뜻하는 표현. 만약 싸우는 상황 하에서라면 항복하는 것을 말한다. 또한 hand in 처럼 「…을 제출하다」고 할 때도 give in이 쓰인다.

POINT give in 항복하다, 받아들이다 give in to sth …에 따르다, 받아들이다

- □ You're going to **give in** eventually. 너도 결국에는 받아드릴거야.
- □ I am not going to **give in to** this. 난 이거에 따르지 않을거야.
- □ We **gave in to** our basic instincts. 우리는 원초적 본능에 따랐다.
- □ She will not **give in to** the idea that she will never get married. 걘 자기가 결코 결혼하지 않으리라는 생각을 받아들이지 않을 것이다.

A: Why are you going on a date with Tim? 왜 팀하고 데이트를 하냐?
B: He asked me so many times that I had to give in. 너무 여러 차례 요구해서 받아줘야했어.

022 give off sth (냄새, 빛, 소음 등을) 발하다

냄새, 빛, 열, 소리 등이 난다라는 의미. 냄새나 빛 등을 발산하는 것이라면 사람이든 사물이든 주어로 나올 수 있다.

POINT
give off sth …을 발하다

- □ A woman **gives off** a certain scent when she breathes.
  여자는 숨 쉴 때 특정한 향을 발한다.
- □ The flowers **gave off** a nice smell. 꽃은 좋은 향기를 내뿜는다.
- □ The bathroom **was giving off** a terrible stink. 화장실은 지독한 악취가 났다.
- □ Your food **is giving off** a delicious aroma. 네 음식은 맛난 향이 나.

A: What is that terrible smell? 저 끔찍한 냄새는 뭐야?
B: That factory is giving off a strong odor. 저 공장에서 강한 악취가 나고 있어.

023 give sth over …에게 …을 내주다, 넘겨주다

give sth over (to sb)는 「…에게 …을 건네주다」라는 뜻으로 hand over와 같은 의미의 표현이다. 참고로 give oneself over는 「…에 몰두하거나 굴복하는」 것을 뜻한다.

POINT
give sth over to sb …에게 …을 건네주다(hand over)
give oneself over sth …에 몰두하다
be given over to sth …의 특별한 목적으로 사용되다

- □ I'll **give the money over to** Charles. 찰스에게 돈을 건네줄게.
- □ **Give it over to** your mother. 네 엄마에게 가져다드려라.
- □ Why don't you **give this book over to** Tom? 이 책을 탐에게 건네줘라.
- □ He regrets that he **gave himself over to** gambling in his youth.
  걘 젊은 시절 도박에 몰두한 것을 후회하고 있어.

A: Where did your new computer go? 네 새로운 컴퓨터는 어디로 갔니?
B: I had to give it over to my brother. 내 동생에게 넘겨야만 했어.

024 give out 배포하다, 발표하다, 고장나다

give out은 기계 혹은 우리의 신체기능이 다해 「작동을 멈추는」(stop working) 것, 즉 「고장나다」(break down)란 의미. 물론 가장 일반적인 뜻은 「…에게 …을 배포하다」(distribute)란 의미이다.

POINT
give sth out (to~) (…에게) …를 나누어주다, 배포하다
Sth gives out …이 다 닳다, 망가지다

- □ We can **give out** one to everyone who comes into the store.
  우리 가게에 오는 사람들에게 모두 한개씩 나눠주면 되죠.
- □ The hospital won't **give out** any information.
  병원은 어떠한 정보도 발표하지 않을 겁니다.
- □ The tire **gave out** and completely exploded. 타이어가 다 닳아서 완전히 터졌어.
- □ We're not supposed to **give out** information on members.
  우리는 회원정보를 내주지 않기로 되어 있어.

A: There're a lot of ways to celebrate Christmas. 성탄절 기념방법은 여러가지야.
B: Many people give out Christmas presents. 많은 사람들은 크리스마스 선물을 나누어.

025 give up 포기하다

포기하거나 그만둔다는 의미로 give up 단독으로 쓰이거나 혹은 포기하는 것을 구체적으로 말하려면 give sth up 혹은 give up sth이라고 한다. 그리고 어떤 행위를 그만둔다고 할 때는 give up ~ing라 하면 된다

POINT
give up (sth) (…을) 포기하다 **give up ~ing** …하는 것을 그만두다

- □ It's not impossible. Don't **give up** yet. 그건 불가능하지 않아. 아직 포기하지마.
- □ I won't **give up** without a fight. 순순히 물러나진 않을거야.
- □ Don't **give up** too easily. 너무 쉽게 포기하지마.
- □ I **gave up** smoking for my health. 건강을 위해 담배를 끊었어.

A: You mean, I should never give up? 네 말은 포기하면 안 된다는 거지?
B: Exactly! Get out there and try again. 바로 그거야! 가서 다시 한 번 해봐.

More Expressions

give (sth) priority …에 최우선권을 두다

☐ I want you to give this top priority. 이거에 최우선권을 두도록 해.

give sth one's OK …에 승낙하다, 동의하다

☐ The boss refuses to give it his OK. 사장은 그거를 승인하지 않아.

give way to 양보하다

☐ We will have to give way to the new method of production.
새로운 생산 방식으로 바꿔야 되겠어요.

give rise to 어떤 결과를 낳다, 일으키다

☐ This decision will give rise to a lot of negative publicity.
이 결과는 부정적인 선전 효과를 많이 낳을 거예요.

What gives? 어떻게 된거야?(What happened?, What's wrong?)

☐ What gives with that new contract they offered us?
그들이 제안했던 그 새 계약은 어떻게 된거죠?

☐ Hey, what gives? 이봐, 왜 그래?

give ~ pleasure[trouble] …에게 기쁨(고통)을 주다

☐ It gives me great pleasure to introduce Mr. Carter.
카터 씨를 소개하게 되어 무척 기뻐요.

give oneself a treat …의 일에 몰두하다, 즐겨보다

☐ I think I'm going to give myself a treat! 큰 맘 먹고 한번 즐겨볼까 해!

☐ **Don't give it a second[another] thought** 걱정하지마

☐ **Give me five!** 손뼉을 마주 치자!

☐ **Don't give an inch!** 한치도 양보하지 마라!

☐ **Give me a bite! I'm starving.** 한 입만! 배고파 죽겠단 말야.

☐ **I can't give specifics.** 세세하게 설명하고 싶지 않아.

03 가지고 멀리 가는 Take

뭔가 잡거나 혹은 다른 곳으로 뭔가를 가지고 간다라는 뜻을 갖는 take는 뭔가 가지고 이리로 온다라는 뜻의 bring과 대조되는 동사로 종종 설명된다. 먼저 뭔가 잡는다는 뜻에서 선택하다, 받아들이다라는 뜻이 파생되고 가지고 간다라고 할 때 그 목적지를 말할 때는 부사나 to+장소명사를 써주면 된다. 또한 give처럼 동작동사의 명사형을 목적어로 받아 다양한 숙어를 양산한다는 걸 알아둔다.

Take 기본개념

01. 잡다, 획득하다, 선택하다, 받아들이다

She took my arm. 걘 내 팔을 잡았어.

I'll take this one. 이걸로 할게요.

02. 데리고 가다, 가져가다(take~ to~)

I'm just taking my carry-on. 비행기에 들고 탈 짐밖에 없습니다.

I'll take it to my grave. 무덤까지 가져갈게.

03. (시간, 돈, 노력 등이) 걸리다, 필요하다

It took me 5 hours to get here. 여기 오는데 5시간 걸렸어.

It will take about one week to get the job done. 그 일을 끝내는데 약 일주일 걸릴거야.

04. take+동작명사 …하다

Are you going to take a shower right now? 지금 바로 샤워할거야?

Why don't you take a walk with me? 나랑 산책하자.

001 take 받아들이다(accept), 선택하다(choose)

자기 앞에 놓인 것들 중에서 하나를 잡는다는 의미. 상점에서 뭔가 최종 선택할 때 혹은 상대방의 충고를 받아들일 때(take sb's advice), 직장을 결정할 때(take the job) 등에 쓸 수 있는 표현이다.

POINT
take sb's advice …의 충고를 받아들이다 **take the job** 일[직장]을 잡다

- ☐ **I'll take it.** 그걸로 할게요.
- ☐ Please **take anything** you like from the dessert tray.
  디저트 아무거나 원하는 거 고르세요.
- ☐ **Whichever way you take,** you will find yourself in front of the station. 어느 쪽으로 가던지 역으로 갑니다.
- ☐ **Take your pick,** whatever you want. 원하는 거 뭐든 맘대로 고르세요.

A: What did you say to him? 그 남자한테 뭐라고 했니?
B: I told him he can take it or leave it. 이걸 받아들이든지 아님 그만 두라고 했어.

Take

002 take one's word word for it
…의 말을 믿다

…의 말(sb's word)을 받아들이다」, 즉 「…의 말을 믿다」라는 뜻이다. take it from sb라 말해도 되며 또한 have one's word (for it) 또한 같은 의미. 참고로 give one's word하면 「약속하다」라는 의미가 된다.

POINT
take one's word (for it) …의 말을 믿다 **take it from sb** …의 말을 믿다
have one's word (for it) …의 말을 믿다 **give one's word** 약속하다

- ☐ We'll have to **take your word for it.** 우리는 네 말을 믿어야 돼.
- ☐ **I'll take your word for it.** 네 말을 믿을게.
- ☐ **Take it from me,** Mom loves you. 내 말을 믿어. 엄만 널 사랑하셔.
- ☐ **Take my word for it,** he's the best in the business.
  내 말 믿어. 그가 업계에서 최고야.

A: Take my word for it. He's a real idiot. 내 말을 믿어. 그 사람은 정말 바보야.
B: I'll keep that in mind. 명심할게.

003 Don't take it personally

기분 나쁘게 생각하지마

take it personally는 개인적으로(personally) 그것을(it) 받아들이다(take)라는 뜻으로 상대방의 말이나 행동을 사적인 감정이 있는 것으로 받아들이다라는 뜻. Don't take it personally는 뭔가 솔직하게 이야기할 때 혹은 상대가 기분 나빠할 수도 있는 말을 꺼낼 때 사용하면 된다.

POINT
take it personally 사적인 감정이 있는 것으로 받아들이다, 기분 나쁘게 받아들이다
Don't take it personally, but ~ 기분 나빠하진 말고…

- □ **Don't take it personally,** but I don't like your new haircut.
  기분 나쁘게 생각하지마 하지만 네 새 머리스타일이 맘에 안 들어.
- □ He'll **take it personally.** 걘 개인적으로 받아들일거야.
- □ I can't help but **take it personally.** 기분나쁘게 받아들이지 않을 수 없어.
- □ **Don't take it personally,** but I won't take your word for that.
  기분 나쁘게 생각하지마, 하지만 네 말을 믿지 않을거야.

A: Jerry told me that I'm fat. 제리는 내가 살쪘다고 말했어.
B: Don't take it personally. He's unkind. 기분나쁘게 받아들이지마. 고약한 친구거든.

004 I can't take it anymore

더 이상 못 참겠어, 더 못 견디겠어

그것(it)을 더 이상(anymore) 받아들일 수 없다(can't take)라는 뜻. 참고 참다가 더 이상 참을 수 없는 지경에 이르렀을 때 던질 수 있는 표현. 거의 굳어진 표현으로 I can't take it anymore라는 형태로 가장 많이 쓰인다.

POINT
can't take it anymore 더 이상 못참다

- □ Okay, that's it. **I can't take it anymore.** 그래, 됐어. 더 이상 못 참겠어.
- □ **I can't take it anymore!** I'm putting an end to this!
  더 이상 못 참겠어! 이거 그만 끝내자고!
- □ **I can't take it anymore.** I am out of here! 더 이상 못 참겠어. 나 간다!
- □ He **couldn't take it anymore** so he quit the job.
  걘 더 이상 견딜 수가 없어 회사를 그만뒀어.

A: Everyone lies to me. I can't take it anymore. 다들 내게 거짓말해. 더 이상 못참아.
B: That's not true. I am always honest with you.
그건 사실이 아냐. 나는 언제나 너에게 정직했어.

005 take the blame 비난을 받아들이다

역시 「…을 받아들이다」라는 의미의 take로 이번에는 어떤 비난(blame)이나 책임(responsibility)을 목적어로 받아 take the blame이나 take the responsibility라는 표현을 만들어낸다.

POINT

take the blame (for~) (…에 대한) 비난을 받다
take responsibility (for/of~) (…에 대한) 책임을 지다

□ You might **take the blame for** something you didn't do.
하지도 않은 일에 대한 비난을 뒤집어 쓸 수도 있다.

□ I **take full responsibility for** that. 그에 대한 모든 책임을 지겠어.

□ We need to **take some of the responsibility** here.
우린 여기 일정 부분 책임을 져야 돼.

□ Don't expect her to **take the blame for** that.
걔가 거기에 대한 비난을 받을거라는 생각은 하지마.

A: Oh boy, our boss is really angry about the report. 맙소사, 사장이 그 보고서로 열받았어.
B: Well, I'm not going to take the blame for it. 글쎄요, 내가 그 책임을 지지는 않을거야.

006 take credit for
…에 대한 공을 인정받다, …의 공을 가로채다

책임이 아니라 어떤 일을 잘 마친 공(credit)을 받아들이는(take) 경우이다. 좀 어렵지만 실제 회화에서 자주 쓰인다. take 대신 have, get을 써도 된다. 반대로 give credit for하면 「…의 공으로 인정하다」라는 의미이다.

POINT

take credit for …의 공을 인정받다 give credit for …의 공으로 인정하다

□ I can't **take credit for** this. We both know that this wasn't me.
내가 이 공을 가로챌 수는 없어. 우리 둘 다 내가 아니라는 걸 알잖아.

□ You **took credit for** my work, Peter! 피터, 넌 내 공을 가로챘어!

□ I am sorry I **took credit for** your work. 네 공을 가로채서 미안해.

□ I can't **take credit for** that. I wasn't part of the project.
내 공이라고 할 수 없어. 난 그 프로젝트에 관여하지 않았거든.

A: Allison took credit for buying the gift. 앨리슨이 선물 산 티를 다 냈어.
B: She should because she paid for it. 걔가 돈을 냈으니까.

007 take chances[a chance]

위험을 무릅쓰다, 운에 맡기고 해보다

운(chance)에 맡기고 한번 해보다라는 뜻으로 take a chance[chances] 혹은 take the chance 혹은 take one's chances로 쓰인다. 참고로 take a risk (of~) 또한 위험을 무릅쓰다라는 의미이다.

POINT
take a chance[chances] 위험을 무릅쓰다, 운에 맡기고 해보다
take one's chances 운에 맡기고 해보다
take the chance 기회를 잡다, 운에 맡기고 해보다

- ☐ I want you to **take a chance** and trust me. 운에 맡기고 날 믿었으면 해.
- ☐ I'll **take my chances.** 난 모험을 해보겠어.
- ☐ Sometimes you have to **take chances.** 때론 위험을 감수해야 돼.
- ☐ Let's **take a chance.** We might have some good weather. 운에 맡겨보자. 날씨가 좋을지도 모르잖아.

A: Have you ever gone bungee jumping? 번지 점프를 해 본적이 있니?
B: No, I don't like to take chances. 아니. 나는 위험을 무릅쓰지 않아.

008 take the opportunity 기회를 잡다

앞의 경우와는 좀 달리 take the opportunity하면 「…할 기회를 갖다」라는 뜻으로 특히 「이 기회를 빌어 …하겠다」고 할 때 I'll take this opportunity to~ 라는 표현을 즐겨 사용한다.

POINT
take the opportunity to do~ …할 기회를 갖다
have[get] the opportunity to do~ …할 기회가 있다

- ☐ I'm happy I'm able to **give you this opportunity.** 네게 이런 기회를 줄 수 있게 돼 기뻐.
- ☐ I'd like to **take this opportunity to** say I'm getting married next month. 이번 기회를 빌어 담달에 결혼한다는 사실을 말하겠습니다.
- ☐ You may not **get an opportunity to** do that research. 넌 그 연구를 할 기회가 없을지도 몰라.
- ☐ You can **take this opportunity to** get to know her well. 이 기회를 통해 걜 잘 알도록 해봐.

A: Randy has a chance to start his own business. 랜디는 사업할 기회가 생겼어.
B: I hope he takes the opportunity. He might get rich. 그가 그 기회를 잡기를 원해. 부자가 될 수도 있을거야.

009 take a rain check 다음으로 미루다

rain check는 우천으로 인한 야구경기 중단시 관객들에게 나눠주던 다음 경기를 볼 수 있는 교환표(check). 거기서 시작되어 take a rain check하면 표를 받는 것으로 약속이나 초대 등을 다음으로 미룰 때 사용한다.

POINT

take a rain check (약속 등을) 다음으로 미루다
give a rain check 다음에 초대하겠다고 약속하다

□ I'll **take a rain check.** 이번에는 다음으로 미룰게.

□ You mind if I **take a rain check?** 다음으로 미루어도 돼?

□ My head's going to explode. Can I **take a rain check?**
머리가 터질 것 같아. 담으로 미뤄도 돼?

□ Can I **take a rain check?** I'm so tired today.
다음으로 미룰 수 있을까? 오늘 너무 피곤해서.

A: Would you like to come up and see my apartment? 올라와서 내 아파트볼래?
B: I would, but I'm going to have to take a rain check.
그러고 싶은데, 다음 기회로 미뤄야겠어.

010 take one's time 서두르지 않다

「시간을 갖고 해」라는 의미로 주로 서두르는 상대에게 천천히 하라는 뜻의 Take your time이 많이 쓰인다. 같은 의미로 쓰이는 표현에는 Relax, Take it easy 등이 있다.

POINT

take one's time with sth …하는데 천천히 하다
take one's time ~ing …하는데 천천히 하다

□ Please **take your time.** It's an important decision.
시간을 갖고 해. 중요한 결정이니까.

□ **Take your time.** There's no rush. 천천히 해. 서두르지 않아도 돼.

□ **Take your time.** It's no big deal. 천천히 해. 별 일도 아닌데 뭘.

□ **Take your time.** I'm in no rush. 천천히 해. 난 급하지 않아.

A: I'll be back in ten minutes. 10분 후에 돌아올게.
B: Take your time. It's not that busy. 천천히 해. 그렇게 바쁜 일은 아냐.

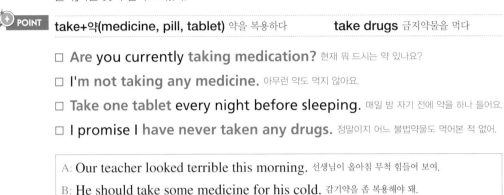

011 take medicine 약을 먹다

take 다음에 medicine이나 pill, tablet이 오면 약을 먹다, 복용하다라는 뜻. medication 또한 약물이란 뜻으로 take와 어울려 쓰인다. 한편 take drugs하면 상황에 따라 「금지된 불법약물을 먹는다」라는 뜻이 될 수도 있다.

POINT
take+약(medicine, pill, tablet) 약을 복용하다 take drugs 금지약물을 먹다

- □ **Are** you currently **taking medication?** 현재 뭐 드시는 약 있나요?
- □ **I'm not taking any medicine.** 아무런 약도 먹지 않아요.
- □ **Take one tablet** every night before sleeping. 매일 밤 자기 전에 약을 하나 들어요.
- □ I promise I **have never taken any drugs.** 정말이지 어느 불법약물도 먹어본 적 없어.

A: Our teacher looked terrible this morning. 선생님이 올아침 무척 힘들어 보여.
B: He should take some medicine for his cold. 감기약을 좀 복용해야 돼.

012 take a bus 버스를 타다

이번에는 take 다음에 교통수단(a bus, a taxi) 등이 오면 「…을 타다」, 그리고 take 다음에 길(road)이 나오면 「…길로 가다」라는 의미가 된다.

POINT
take a bus[train, taxi] 버스[기차, 택시]를 타다 take the road …길로 가다

- □ The easiest way is to **take a taxi.** 가장 빠른 방법은 택시를 타는거야.
- □ **Which train** should I **take** to Gangnam? 강남까지 가려면 어떤 지하철을 타야 돼?
- □ You should **take a bus.** 버스를 타.
- □ I'm going to **take a cab** home. 난 집에 택시타고 갈거야.

A: What is the best way to get to Shinsaegae Department Store?
신세계 백화점에 가는 가장 좋은 길은 뭐야?
B: Take the bus. You'll be there in twenty minutes. 버스를 타. 20분이면 도착할거야.

013 take a lesson 수업을 받다

take+수업과목하면 「…과목을 듣다」, 그리고 take+시험이 되면 「…을 시험을 보다」라는 뜻. 참고로 teach sb a lesson하면 수업을 가르킨게 아니라 본때를 보여줬다, learn a lesson하면 교훈을 배웠다라는 뜻이 된다.

POINT

take ~ lesson …수업을 받다
give sb ~lesson …에게 …을 가르키다

□ **I've been taking dancing lessons.** 댄스교습을 받고 있어.

□ **I'm taking tennis lessons** three times a week. 일주일에 세 번 테니스 수업을 받아.

□ Why don't you **take a yoga class?** 요가 수업을 받아봐.

□ My son **is taking private piano and English lessons.**
내 아들은 피아노와 영어 과외를 하고 있어.

A: You can take a lesson in drawing for free. 넌 무료로 그림 레슨을 받을 수 있어.
B: I'll try it. I like creating art. 그럴게. 나는 미술 그리는 것을 좋아해.

014 take a look (at) (…을) 쳐다보다

give에서도 살펴봤듯이 take 다음에도 동사의 명사형인 동작명사가 와서 '동작명사하다'라는 뜻이 된다. look (at)도 많이 쓰이지만 take+동작명사 형태인 take a look (at)을 매우 선호한다.

POINT

take a shower 샤워하다
take a walk 산보하다
take a vacation 휴가가다
take a seat 자리에 앉다
take a bath 목욕하다
take a nap 낮잠자다
take a rest 쉬다
take a picture 사진찍다

□ Would you **take a look at** this paper? 이 신문 좀 봐봐?

□ **Take a breath.** We have a lot of time before we start.
진정해. 시작하기까지 시간이 많이 있어.

□ Can I **take a bath?** It won't take long. 목욕해도 돼? 금방이면 돼.

□ Please **take your seat.** Can I get you something to drink? 자리에 앉아. 뭐 마실래?

□ Can you **take a picture of** us? 우리 사진 좀 찍어줄래요?

□ You should **take a rest.** Get some sleep in your room.
너 좀 쉬어라. 방에 들어가서 잠 좀 자.

□ Do you want to **take a nap** before dinner? 저녁 먹기 전에 낮잠 잘래?

A: Take a look at Angela tonight. 오늘 밤 안젤라를 한번 봐.
B: Wow, I can't believe how beautiful she is. 와, 믿을 수 없을만큼 아름답구나.

015 take a break 잠시 쉬다

역시 take+동작명사 중 하나. break는 하던 일을 멈추고 잠시 쉬는 것을 말하는 것으로 take a break하면 「잠시 휴식을 취하다」란 의미. 회화에서 무척 많이 쓰이는 표현이다.

POINT

take a break 잠시 쉬다
be taking a break 지금 쉬고 있다

- □ I need to **take a break.** 나 좀 쉬어야 돼.
- □ Let's **take a ten-minute break.** We've been working hard. 10분 간 쉽시다. 우리 열심히 일해잖아.
- □ I can't **take a break** right now. 지금은 쉴 수 없어요.
- □ Maybe we should **take a break.** 우리 쉬는 게 어때.
- □ Time to **take a break.** How about some coffee? 쉴 시간이야. 커피 어때?
- □ Well, we're kind of **taking a break.** 저기, 지금 좀 쉬고 있는 중이야.

A: Shall we take a break now? 지금 잠시 좀 쉴까?
B: No, let's keep going. 아니, 계속하자.

016 take care of 돌보다, 처리하다

「…을 돌보다」라는 뜻으로 익숙한 숙어. 그밖에 take care of sth하게 되면 「…의 일처리를 하는」 것을 말하며 그냥 Take care하면 헤어지면서 "잘 가"라고 하는 인사표현이 된다.

POINT

I will[Let me] take care of ~ …을 내가 처리할게
(Please) Take care of~ …을 처리해줘
take a good care of~ …을 잘 돌보다, 처리하다

- □ **Let me take care of it.** Don't worry about that. 나한테 맡겨. 걱정말고.
- □ **Let me take care of** the bill. 내가 낼게.
- □ Can you **take care of** my work while I'm away? 내가 없는 동안 내 일 좀 처리해줄래?
- □ It's important to **take care of** your health in the summer. 여름에는 건강을 신경쓰는게 중요해.

A: Could you take care of my dog this week? 이번주 내 강아지 좀 돌봐줄 수 있니?
B: Why? Are you going on vacation? 왜. 휴가 가니?

017 take ~ for ~ …을 …로 여기다

take가 「간주하다」, 「여기다」라는 뜻으로 쓰여 take A for B가 되면 「A를 B로 착각하다」(believe wrongly that A is B)라는 의미가 된다.

POINT

take A for B A를 B로 여기다

□ How could you **take** Sue **for** Mary? 너 어떻게 수를 메리로 착각할 수가 있어?

□ **What do you take me for?** 날 뭘로 보는거야?

□ Do you **take** me **for** an idiot? 날 바보로 아는거니?

A: What do you take me for? I'm not a whistleblower. 날 뭘로 보는거야? 내부고발자아냐.

B: Then how did they know that? 그럼, 걔네들이 그걸 어떻게 알게 된거야?

018 take sb to~ …을 …로 데리고 가다

take가 이동의 의미로 쓰인 경우로 take sb to~ 하면 「…을 다른 곳으로 데리고 가다」라는 의미가 된다. to+장소가 오는 경우가 태반이지만 to+동사가 와서 「…을 데리고 가서 …하다」로 쓰이는 경우도 있다.

POINT

I'd like to take you to~ …널 데리고 …로 가고 싶어

Take me to~ …로 데려다 줘

□ I'd like to **take you to** the restaurant to try some Indian food.
널 식당에 데려가서 인도음식을 먹고 싶어.

□ I'd like to **take her out for** dinner on the weekend.
걜 주말에 저녁 사주러 데리고 나가고 싶어.

□ Please **take me to** the airport. 공항까지 가주세요.

□ **Take me to** lunch. 점심 사줘.

□ The train will **take you to** Kimpo airport. 이 전철을 타면 김포 공항까지 가.

A: Where are you going with Elise? 엘리제와 함께 어디로 가는데?

B: I have to take her to a subway station. 걔를 지하철 역까지 데려다 줘야해.

019 take action 조치를 취하다

어떤 문제를 다루기 위해 필요한 행동이나 조치를 취한다는 의미로 take steps라 해도 된다. 조치를 취하는 목적은 action이나 steps 다음에 to+동사를 붙여서 말하면 된다.

POINT
take steps to~ …할 조치를 취하다
take a legal action 법적조치를 취하다
take follow-up measures 후속조치를 취하다

□ They decided to **take action.** 걔네들은 조치를 취하기로 결정했어.

□ We have to **take steps** to protect ourselves.
우리 스스로를 보호하기 위해 조치를 취해야 한다.

□ We **are** certainly **taking steps to** resolve them.
그것들을 해결하기 위한 조치를 분명히 취하고 있어.

□ We'**re taking some steps** towards stopping this kind of action.
이런 행동을 중단시키기 위한 일종의 조치를 취하고 있어.

A: Sometimes I feel scared when I walk home at night. 가끔 밤에 집에 갈 때 두려워.
B: You need to take action to protect yourself. 스스로 보호할 조치가 필요해.

020 take advantage of~ …을 이용하다

take advantage of sb하면 남의 약점을 교묘히 파고들어 자신이 원하는 걸 얻는 것을 말하고 take advantage of sth하면 …을 활용한다는 긍정적인 의미이다.

POINT
take advantage of sb …을 이용하다
take advantage of sth …을 활용하다

□ We're not going to **take advantage of** the situation.
우린 이 상황을 이용하지 않을 거야.

□ Many people **are taking advantage of** the day off.
많은 사람들이 휴가를 활용하고 있다.

□ You should feel guilty about **taking advantage of** young people.
젊은 사람들을 이용하는 것에 죄책감을 느껴야 돼.

□ I was hoping to **take advantage of** your expertise.
난 너의 전문지식을 활용하길 바랐어.

A: This is a great price for a new TV. 신형 TV로는 무척 좋은 가격이다.
B: You should take advantage of it while it's so low. 가격이 저렴할 때를 이용해야 해.

021 take place 생기다, 발생하다

take place은 기본 숙어로 어떤 일이 일어나거나 발생한다는 의미로 happen의 동의어로 잘 알려져 있다.

POINT

take place = happen 생기다, 발생하다

- □ Most exchanges **take place** by e-mail, text message, or IM.
  대부분 주고받는 것은 이메일이나, 문자메시지 혹은 메신저를 통해 이루어진다.
- □ There's a charity dinner **taking place** downstairs.
  아래층에서 자선파티가 열리고 있어.
- □ The robbery **took place** in a bank downtown.
  시내 은행에서 강도사건이 발생했어.
- □ Our date will **take place** next Saturday. 다음 토요일 우리가 데이트를 할 예정이야.

A: What's going to take place in arena? 경기장에서 무슨 행사가 개최될거야?
B: There is a pop music concert tonight. 오늘밤 팝 콘서트가 있을거야.

022 take part in 참여하다

역시 take part in 하면 participate라고 해서 잘 알려진 숙어로 take part in sth하면 …에 개입하다, 참여하다 등의 의미를 갖는다.

POINT

play a part in …에 참여하다 have no part in …에 관여하지 않다

- □ You're going to **take part in** the camping trip? 이번 캠핑 갈거야?
- □ My mother **is taking part in** a political protest.
  어머니는 정치적 시위에 참가하고 계신다.
- □ Our friends are going to **take part in** our wedding.
  친구들이 우리 결혼식에 참석할 예정이야.
- □ The students like to **take part in** science class.
  학생들이 과학수업에 참석하기를 좋아해.

A: Did you take part in the festival? 축제에 참가했었니?
B: No. I just stayed at home. 아니. 나는 집에 남아 있었어.

023 take notes 받아적다, 기록하다, 주목하다

take note of는 「…을 주목하고 주의를 기울이다」(pay attention)라는 의미이고 note를 복수로 써서 take notes하면 메모를 해둔다는 의미이다.

POINT
make a note of …을 메모하다
leave a note 쪽지를 남기다

- □ Please **take notes** whenever I tell you to. 내가 시킬 땐 항상 받아 적어라.
- □ Can you **take some notes** for me? 내 대신 노트 좀 해 줄테야?
- □ I was so busy **taking notes.** 난 메모하느라 너무 바빴어.
- □ You **left Jill a note** to meet her here. 넌 질에게 여기서 만나자고 쪽지를 남겼어.

A: I won't be able to make it to the presentation. 발표회에 못갈 것 같아.
B: That's okay. I'll take notes for you. 걱정 마. 내가 대신 노트해 줄게.

024 take the call 전화를 받다

주로 전화기 화면에 보이는 전화번호를 보면서 난 이 전화받아야 돼라는 의미로 I gotta take this call이라고 많이 쓰인다. 반대로 전화를 하다는 make the call, 여러군데 전화를 돌려보다는 make some calls라고 한다.

POINT
take this call 걸려오는 전화를 받다
make the call 전화를 하다
make some calls 전화를 여러군데 돌려보다

- □ I'll be right back. I just gotta **take this call.** 금방 돌아올게. 이 전화 받아야해서.
- □ He's not gonna **take my calls.** 걔는 내 전화를 받지 않을거야.
- □ He won't **take my calls.** He'll only talk to you.
  걘 내 전화 안받으려고 해. 너하고만 얘기할거야.
- □ I'm down with you. I'm not gonna **take your call.**
  너에게 실망했어. 네 전화는 받지 않을거야.

A: Why don't you just apologize to Cindy? 그냥 신디에게 잘못했다고 사과하지 그래.
B: I tried. She won't take my calls anymore.
그랬는데. 더 이상 내 전화를 받지 않으려고 해.

025 take time …만큼의 시간이 걸리다

take 다음에 시간관련 명사가 오면 「…만큼의 시간이 걸린다」라는 뜻으로 It takes+시간+to~(…하는데 '시간'이 걸린다), How long does it take to~?(…하는데 시간이 얼마나 걸려?)라는 걸출한 표현들을 만들어 낸다. 물론 시간 명사외에 courage 등의 일반명사가 올 수도 있다.

POINT

It takes (sb)+시간+to do ~ (…가) …하는데 …의 시간이 걸리다
How long does it take to do~ ?…하는데 시간이 얼마나 걸려요?
How long does it take to get to+장소? …까지 가는데 시간이 얼마나 걸려요?

- □ It **takes around 1 hour** for me to get there. 거기 가는데 1시간 정도 걸려.
- □ It **took me a long time** to find it. 그거 찾는데 시간 많이 걸렸어.
- □ It looks like it'll **take a lot of time.** 시간이 많이 걸릴 것 같아.
- □ Hold on a minute. It won't **take long.** 잠시만 기다려. 오래 안 걸려.
- □ Be patient. **It takes time to** get what you want.
  인내심을 가져. 원하는 것을 얻으려면 시간이 걸려.
- □ It will **take a lot of courage** to do that. 그거 하려면 많은 용기가 필요할거야.
- □ **How long does it take to** get this done? 이거 끝내는 데 얼마나 걸립니까?
- □ **How long does it take to** get to the airport? 공항까지 가는데 얼마나 걸려요?
- □ **What took you so long?** 뭐 때문에 이렇게 오래 걸렸어?

A: It took David a long time to graduate. 데이빗은 졸업하는데 오랜 시간이 걸렸어.
B: Yeah, he was in college for seven years. 그래. 7년이나 대학에서 공부했지.

A: I haven't cleaned my room this week. 이번주에 방청소를 안했어.
B: Take time to do that on Sunday. 일요일날 시간내서 해.

A: How long does it take to cook a turkey? 칠면조 요리하는데 시간이 얼마나 걸려?
B: That depends on how heavy the bird is. 칠면조 크기에 따라 다르지.

026 ~will take a second 잠깐이면 된다

take a second[minute]는 잠깐의 시간이 걸린다라는 의미. 주로 상대방에게 부탁할 때 "잠깐이면 된다"라고 할 때 This[It] will just take a minute 형태로 쓰인다. 물론 사람이 주어로 나오면 「잠깐 시간내서 …하다」라는 뜻.

POINT

It[This] will take a minute[second] 이건 잠깐이면 된다
Sb takes a minute[second] to+동사 …가 잠깐 시간내어 …하다

- □ It[This] **will just take a second.** 잠깐이면 돼.
- □ It[This] **will only take a minute.** 금방이면 돼.
- □ It really is only going to **take a minute.** 정말이지 금방이면 될거야.
- □ I have to **take a minute** to check it out. 잠깐 시간내서 그걸 확인해봐야겠어.
- □ You want to **take a minute** to think again? 잠깐 다시 생각할래?

A: Aren't you finished in the bathroom yet? 화장실 사용이 아직 안 끝났니?
B: Almost. It will take a second for me to get ready. 거의. 조금 있으면 나올거야.

027 (have) what it takes 성공하는데 필요한 자질, 소질

그것(it)이 필요로 하는(takes) 것(what)을 갖고 있다는 것으로 what it takes하면 주로 뭔가 성공하는데 필요한 것을 의미한다.

POINT

have what it takes 소질이 있다 **~what it takes to+동사** …하는데 필요한 것[소질]

- □ He doesn't **have what it takes,** does he? 걘 소질이 없지, 그지?
- □ I didn't **have what it takes** to be a doctor. 난 의사가 되기엔 갖춰야 할 게 부족해.
- □ I'll do **whatever it takes.** 어떻게 해서라도 할게.
- □ She will fail. She doesn't **have what it takes.** 걘 실패할거야. 소질이 없어.

A: Chris has been very disappointing. 크리스는 정말 실망스러웠어.
B: He doesn't have what it takes, does he? 걘 소질이 없어, 그지?

028 Take it easy 진정해, 천천히 해

일을 서두르지 않고 천천히 하다라는 뜻으로 Take it easy 형태의 명령문 형태로 많이 알려져 있으나 "I'll take it easy"처럼 일반 동사구로도 많이 쓰인다.

POINT
Take it easy 진정해, 천천히 해
take it easy on~ …을 천천히 하다, 심하게 하지 않다

□ Just **take it easy** and try to relax. 걱정하지 말고 긴장을 풀어봐.
□ **Take it easy.** We have a lot of time. 진정하라고. 우리 시간이 많잖아.
□ Why don't you **take it easy** on your girlfriend? 네 여친에게 심하게 하지마.

A: I'm looking forward to getting to know you. 널 빨리 알게 되고 싶어.
B: Take it easy. We have a lot of time. 진정하라고. 우리 시간이 많잖아.

029 take it slow 천천히 하다

앞의 표현처럼 뭔가 서두르지 않고 천천히 하는 것을 말한다. 어떤 동작을 서두르는 것뿐만 아니라 어떤 관계 등에서 신중하게 나아가다 등으로 자주 쓰인다.

POINT
take it slow 천천히 하다

□ He wants to **take it slow.** 걔는 천천히 하기를 바래.
□ I think it's good to **take it slow.** 천천히 나아가는게 좋을거야.
□ Seriously, we'**re taking it slow.** 진지하게 우린 천천히 나아가고 있어.
□ She wants to **take it slow** in this relationship.
갠 나랑 사귀는거 서두르고 싶지 않은가봐.

A: There's a lot of snow on the roads tonight. 오늘밤 도로에 많은 눈이 쌓여 있어.
B: You'd better take it slow when you drive home.
집으로 운전해 갈 때 천천히 가는 것이 좋을 것 같아.

Take

030 take away 없애다, 줄이다

가지고(take) 멀리(away) 간다는 것으로 「…을 빼앗아가다」, 「없애다」 정도의 의미이다. 또한 take sb's breath away는 「…의 숨을 앗아간다」는 말로 의역하면 「…을 놀라게 하다」라는 뜻이 된다.

POINT
take away 빼앗아 가다
take one's breath away …을 놀라게 하다, 숨 넘어가다

□ I still can't believe they **took away** my key.
걔네들이 내 키를 가져가다니 믿기지 않아.

□ Please, Jimmy, don't **take away** my hope. 제발 지미야, 내 희망을 앗아가지마.

□ She **took it away** and gave it to somebody else.
갠 그걸 뺐어서 다른 사람에게 줬어.

□ Surprise me. **Take my breath away.** 날 놀래켜봐. 놀라게 해봐.

A: What are those men in the truck doing? 트럭에서 그 사람들이 뭘 하는거야?
B: They are taking away the school's garbage. 학교 쓰레기를 처리하고 있는 중이야.

031 take back
돌려받다(from~), 돌려주다, 반품하다(to~), 자기 말을 취소하다

자기가 준 것을 되돌려 받는다(take sth back from~)는 뜻이 있고 또한 반대로 자기가 가져온 것을 되돌려준다(take sth back to~)라는 의미로도 쓰인다. 또한 비유적으로 자기가 한 말을 취소한다는 뜻도 있다.

POINT
take back from …로부터 되돌려 받다 take back to …에게 되돌려 주다

□ **Take back** what you said! 네가 한 말 취소해!

□ I just **took back** what was mine. 내 것이던 걸 가져왔을 뿐이야.

□ I **took back** my money from her. 난 걔로부터 돈을 다시 가져왔어.

□ You have to **take the book back** to the library. 넌 책을 도서관에 반납해야 돼.

A: I heard you had a fight with your girlfriend. 네가 여친과 싸웠다고 들었어.
B: She took back the ring that I gave her. 그녀가 내가 준 반지를 돌려주었어.

032 take down …을 내리다, 넘어뜨리다

「…을 잡아서 밑으로 내리다」라는 뜻으로 말 그대로 「밑으로 내려놓다」 혹은 비유적으로 「넘어뜨리다」, 「기를 꺾다」라는 뜻으로 쓰인다. 또한 어떤 정보를 「받아적는다」라는 의미로도 쓰인다.

POINT

take down …을 밑으로 내리다, 넘어뜨리다, 콧대를 꺽다, 받아적다
take[bring] sb down a notch …의 콧대를 꺽다, 자존심 상하게 하다

- □ I'm ready to fight for the little people. **Take down** some bad guys. 힘없는 사람들을 위해 싸울 준비가 되어 있어. 나쁜 놈들을 때려잡자.
- □ Fine. **Take her down** for the next test. 좋아. 다음 검사를 위해 내려 보내.
- □ Could you **take it down** just a notch? 좀 조용히 해줄래요?
- □ If the wall is weak, we can **take it down** easily. 벽이 약하면 우리는 쉽게 허물 수 있어.

A: Take down those posters on the wall. 벽에 있는 이 포스터들을 없애버려라.
B: OK, I'll get to work right away. 예. 바로 작업에 착수하겠습니다.

033 take from …에서(…로부터) 빼앗다, 빼다

「…로부터(from) 가져가는(take)」것을 기본적으로 하나 문맥에 따라 「…로부터 받아들이다」라는 뜻이 되기도 한다. 그래서 Take it from me하면 "내가 한 말을 받아들여라," 즉 "내 말을 믿으라"는 말이 된다.

POINT

take from …에게서 빼앗다
take it from sb …의 말을 믿다
take it from here 여기서부터 받아들이다, 맡다
take it from there 그 뒤부터 맡아 하다

- □ You can't **take my money from** me and just go away. 내 돈을 빼앗아 그냥 가면 안되지.
- □ Don't **take my girl from** me. 내 여자를 빼앗아 가지마.
- □ Why don't you guys go home. I can **take it from** here. 너희들 집에 가. 여기서부터 내가 할게.
- □ Someone in the class **took it from** my bag. 반학생중 누군가가 내 가방에서 그걸 가져갔어.

A: What do you have in your bag? 네 가방 속에 무엇이 있니?
B: I took snacks from the kitchen this morning. 오늘 아침 부엌에서 스낵을 가져왔어.

034 take in 받아들이다, 묵게 하다, (옷의 치수) 줄이다, 속이다

안에(in) 받아들이다(take)라는 뜻에서 새로운 멤버로 받아들이거나 혹은 집에 묵게 해주는 것을 뜻한다. 또한 옷에 관련되어서는 사이즈를 줄이다라는 뜻으로 쓰인다.

POINT take sb in 받아들이다, 묵게 하다, 속이다 take sth in …의 치수를 줄이다

□ They didn't **take her in** as a new member of the club.
걔네들은 그녀를 클럽의 신입회원을 받아들이지 않았다.

□ I'm sorry but I can't **take you in** tonight. 미안하지만 오늘밤 재워줄 수가 없어.

□ Can you **have these pants take in?** 이 바지 길이 좀 줄여줄테야?

□ I think it needs to **be taken in.** 그거 길이 줄여야 될 것 같아.

A: Your mom is the kindest woman I know. 네 엄마는 내가 아는 가장 친절한 분야.
B: Yeah, she takes in people who need help. 그래. 도움이 필요한 사람들을 받아주시지.

035 take on …을 떠맡다, 맞서다

take on은 다양한 의미로 사용되는데 「(특히) 어려운 일이나 책임을 떠맡다」(accept a job or responsibility), 「고용하다」(hire), 「…한 모습을 띠다」란 뜻으로 사용된다. 때로는 「싸움을 벌이다」란 의미로도 쓰인다.

POINT take on 입장, 태도

□ I'm really ready to **take on** more responsibility around here.
난 여기서 더 많을 책임을 질 준비가 정말 되어 있어.

□ Illness can **take on** many forms. 병은 여러가지 모습을 띠어.

□ You must be a pretty tough guy to **take on** him.
걔한테 맞서다니 너 무척 터프한가봐.

□ So, **what's your take on this?** 그래 이거에 대한 너의 입장은 뭐야?

A: That was an exciting fight. 아주 흥미진진한 싸움이었어.
B: One guy took on two others and won. 한 명이 다른 두 명에 맞서서 이겼지.

036 take off 옷을 벗다, (비행기)이륙하다, 쉬다, 가다(leave)

off는 본체에서 떨어져나가는 것을 의미한다. 활주로에서 떨어져 이륙하는 것을, 옷을 벗는 것을, 그리고 휴가를 내서 쉬는 것을, 그리고 좀 낯설지만 take off (to)하면 「…로 가다」라는 뜻이 되기도 한다.

POINT

take one's eyes off …에서 눈을 떼다 **take one's hands off** …에서 손을 떼다, 놔주다

- □ You'll have to wait until the plane **takes off.** 비행기가 이륙할 때까지 기다려야 해.
- □ Would it be all right if I **took a week off** starting tomorrow? 내일부터 일주일간 휴가내도 괜찮겠어요?
- □ I'd like to **take the day off** on Friday. 금요일에 휴가가고 싶어요.
- □ I'm already late. I'm going to **take off.** 벌써 늦었네. 그만 일어서야겠어.
- □ You're so amazing. I couldn't **take my eyes off** you. 넌 넘 멋져. 눈을 뗄 수가 없어.

A: It seems to me that the room became hot. 방이 더워지는 것 같아.
B: I know. I had to take off my jacket. 알아. 내 웃옷을 벗어야겠어.

037 take out
데리고 나가다, 꺼내다, (돈을) 인출하다, (책을) 대출하다, (음식을) 포장해가다

다양한 의미의 동사구. 밖으로(out) 가지고 간다(take)는 의미. 「…을 밖으로 데리고 가다」, 은행에 가서 「돈을 인출하다」, 도서관에 가서 「책을 대출하다」 혹은 식당에서 「음식을 포장해가다」 등의 뜻으로 사용된다.

POINT

take sb out (for/to~) …을 데리고 나가 …을 하다
take it[anger...] out on sb[sth] 다른 사람한테 분풀이하다
take the words out of sb's mouth …가 말하려는 걸 먼저 말하다, 말을 가로채다

- □ So who's going to **take me out** to dinner? 그래 누가 날 데리고 나가 저녁먹을거야?
- □ You're going to **take me out** for ice cream? 데리고 나가서 아이스크림 사줄거야?
- □ Let me **take you out** to dinner tonight. 오늘 밤 저녁 사줄게.
- □ They **took me out** for some drinks. 걔네들이 날 데리고 나가서 술을 마셨어.
- □ Eat here or **take it out?** 여기 드시겠어요 아니면 포장이예요?
- □ Don't **take it out on** me because you feel guilty. 죄의식 느낀다고 내게 화풀이 하지마.
- □ Just because you got mad, don't **take it out on** me. 화났다고 내게 분풀이하지마.

A: Take out these bags and put them in the garage. 이 가방들 꺼내 차고 속에 넣어.
B: Are you planning to store them? 보관할 계획이세요?

Take

038 take over 일을 떠맡다, 회사 등을 양도받다

일을 떠맡거나 책임을 진다는 의미. 대상이 회사일 경우 take over는 회사를 차지하는 것을 뜻한다. take over for sb는 「…을 대신해서(…을 위해서) 맡다」가 된다. I'll take over now하면 이젠 "내가 맡을게"라는 말.

POINT

take over 일을 떠맡다, 책임을 지다, 회사 등을 차지하다
take sth[sb] over to~ …에게 …을 가져다주다

□ So then you just **took over** his business?
그래서 그냥 그 사람의 사업체를 양도 받은거야?

□ Sam, **take over** until she gets here. 샘, 걔가 올 때까지 좀 맡아줘.

□ I **took it over** to the office this afternoon.
오늘 오후에 그걸 사무실에 갖다 놓았은데요.

□ You're getting tired. Let me **take over.** 너 피곤해 보인다. 내가 할게.

A: Why're those businessmen in the office? 왜 저 비즈니스맨들이 사무실에 있는거야?
B: They plan to take over the company. 회사를 인수할 계획이래.

039 take to sb[sth]
…을 좋아하기 시작하다, 규칙적으로 …하기 시작하다

take to~하면 좀 생소하지만 …을 좋아하기 시작하거나 운동 같은 것을 규칙적으로 시작하는 것을 말한다. 또한 take a liking to sb/sth이라고 하면 역시 …을 좋아하기 시작하다라는 뜻이다.

POINT

take to sb[sth] …을 좋아하다, …하기 시작하다
take a liking[shine] to sb[sth] …을 좋아하기 시작하다

□ He seems to **take to** the new secretary. 걘 새로운 비서를 마음에 들어하는 것 같아.

□ They'**ve really taken a liking to me.** 걔네들이 나를 정말 좋아하기 시작했다.

□ Looks like the boss **has taken a shine to** you.
사장이 널 좋아하기 시작하는 것 같아.

A: Even though I've lived in this big city for a few years now, I can't seem to take to city life. 몇년간 대도시에 살아왔지만, 도시생활을 좋아하지 않는 것 같아.
B: Maybe you would be happier living in the country. Why don't you transfer to a small town. 시골에서 사는게 더 행복할 수도 있겠네. 조그만 마을로 옮겨봐.

040 take up (일이나 취미생활을) 시작하다, …을 주제로 채택하다, (시간, 공간)차지하다, 시간을 빼앗다

뭔가 새롭게 시작하거나, 채택하거나 혹은 시간이나 공간을 차지하는 것을 말한다. 그래서 be taken up with하면 시간이나 공간이 「…로 차지되다」, take up a challenge하면 「도전에 응하다」라는 뜻이 된다.

POINT

take sb up on~ (초대나 제안을) 받아들이다 **take up sb's time** …의 시간을 낭비하다

- □ She **has taken up** tae kwondo these days. 걘 요즘 태권도를 배워.
- □ Thank you for seeing me. I won't **take up** much of your time. 만나주셔서 감사해요. 시간 많이 빼지 않겠습니다.
- □ Being a lawyer must **take up** a lot of time. 변호사가 되려면 많은 시간이 걸려.
- □ I'll **take you up on** that. 네 제안을 받아들일게.

A: Have you tried any new hobbies lately? 근래 새로운 취미를 시작해봤니?

B: No, but I plan to take up golf soon. 아니, 다만 곧 골프를 시작하려고해.

Take

More Expressions

take checks 수표를 받다

☐ Do you take [accept] credit cards? 신용카드 받아요?
☐ Do you take checks? 수표 받나요?

take after …을 닮다

☐ You must take after your father. 넌 네 아버지를 닮았구나.

be taken ill 병에 걸리다

☐ He's taken ill. 병에 걸렸어.

be taken with[by] …에 깜짝 놀라다

☐ He was taken by surprise. 걔는 깜짝 놀랐어.

be taken aback (by~) (…에) 당황하다

☐ She looked a little bit taken aback by the question.
걘 그 질문에 약간 당황해보였어.

take a message 메시지를 받다(↔ leave a message 메시지를 남기다)

☐ Could I take a message? 메시지를 전해드릴까요?

take the place of …을 대신하다

☐ Nothing can take the place of good health. 건강보다 더 좋은 것은 없어.

take a hint 눈치채다

☐ I can take a hint. 알겠다.

take it for granted …를 당연하게 여기다

☐ Don't think I take it for granted. 내가 당연히 여긴다고 생각하지마.

take a shot 겨누다, 시도하다

☐ I will take a shot in the dark. 막연하게 추측을 해볼게.
☐ Who's going to take the first shot? 누가 제일 먼저 할거야?

take a bite (먹고있는 행위) *have a bite(입안에 먹을걸 갖고있는 행위)

☐ She started to take a bite of a sandwich. 걘 샌드위를 먹기 시작했어.

take the lead 앞장서다, 앞서다

☐ Right after we started getting into it, I took the lead.
우리가 그걸 하기 시작하자 바로 내가 앞섰어.

take part in …에 참여하다

☐ You're going to take part in the camping trip? 이번 캠핑갈거야?

take pity (on) (…을) 동정하다

□ Does she often take pity on you? 걔가 가끔 널 동정하니?

take one day at a time 너무 서두르지 말고 차근차근하다

□ I'm just taking one day at a time because I'm so tired.
너무 피곤해서 좀 천천히 하고 있는거야.

Point well-taken 무슨 말인지 잘 알았어

□ Point well taken. I'm going to talk with my wife.
무슨 말인지 잘 알겠어. 아내와 상의해볼게.

take A as B A를 B로 받아들이다

□ I'll take that as a compliment. 칭찬으로 알게.

□ **What do you take in your coffee?** 커피에 뭐 타먹어?

□ **It takes money to make money.** 돈놓고 돈먹기.

□ **I take an interest in you.** 나 너한테 관심있어.

□ **Take it or leave it.** 선택의 여지가 없어, 받아들이든지 말든지 알아서 해.

Take

04 잡아도 가고 마는 Go

가만히 있지를 못하고 여기서 다른 목적지로 움직여야 되는 동사. 쉬운 표현에 약한 우리로서는 어딜 간다고 할 때의 I'll go to~, 갔(었)다라는 I went to~, 그리고 어디 가(갈거야)라는 I'm gong to~ 등에 익숙해져 본다. 또한 사람이 아니라 어떤 일이 가는 것(진행)을 뜻하기도 해 How's it going?하면 "어떻게 지내?"라는 뜻이 되기도 한다. 마찬가지로 움직임을 특징으로 기계(car, watch 등)가 움직이는 것을 말하기도 한다.

Go 기본개념

01. (…에) 가다, …하러 가다, (길이) 통하다

I have to go now. 나 지금 가야 돼.

I went to the post office. 우체국 갔었어.

Does this road go to the station? 이리로 가면 역이 나오나요?

02. (일, 상황이) 진행되다, 되어가다

How are things going? 잘 지내?

How did the game go? 게임 어떻게 됐어?

03. go+형용사 …해지다

She went mad. 걘 화났어.

04. (움직이는 기계 등이) 작동되다

The car won't go. 차가 작동안돼.

I can't get the watch going. 시계를 제대로 돌아가게 못하겠어.(work well)

001 go to …에 가다(+명사), …하러 가다(+동사)

목적지를 말하려면 go to+장소를 그리고 왜 가는지 그 목적을 말하려면 go to+동사를 쓴다. 또한 go ~ing는 「…하러 가다」라는 뜻이며 한편 go to+학교가 되면 진학하다, …학교에 가다라는 의미가 된다.

POINT

go to+장소명사 …에 가다 **go to+동사** …하러 가다
go ~ing …하러 가다(go shopping, go skiing, go fishing)

- □ **I'm going to** a concert tomorrow. 난 낼 콘서트보러 가.
- □ **I'm going to** Florida for a couple of weeks. 몇 주간 플로리다에 갈거야.
- □ She **went to** jog in the park. 걘 공원에 뛰러 갔어.
- □ **I'm going** shopping today. Want to come along? 나 오늘 쇼핑가는데 같이 갈래?

A: I think it would be better if you went to bed. 자는 게 좋을 것 같은데.
B: I'm not tired yet. I think I will watch TV. 아직 피곤하지 않아. TV볼래.

Go

002 go (well, fine~) (일이나 상황이 …하게) 되어가다

일이나 상황이 어떻게 되어가고 있다는 의미의 표현으로 ~go well(…이 잘 되다) 형태 및 How ~ go?(…가 어떻게 됐어?)가 주로 쓰인다.

POINT

~ go well …가 잘 되다 **How's ~ going?** …가 어때?
How did ~ go? …가 어땠어? **How's it going?** 잘 지내?
That's (just) the way it goes 다 그런 거지

- □ The meeting **went well.** Good job. 회의가 잘 됐어. 잘했어.
- □ Well, that **went well.** 어. 그거 잘 됐어.
- □ **How's** your business **going?** 하는 일 어때?
- □ **How's it going?** Did you make any good friends? 잘 지내? 새론 친구 사귀었어?
- □ **How** did the date **go?** Was it good? 데이트 어땠어? 좋았어?
- □ **How did it go with** Caroline last night? 지난 밤 캐롤라인하고 어땠어?
- □ **That's (just) the way it goes.** 다 그런 거지 뭐. 어쩔 수 없는 일이야. 사는 게 다 그렇지.
- □ **That's the way these things go.** 일이 다 그렇게 되는거죠.

A: How's it going with your new job? 새로운 일은 어떠니?
B: I have to admit that it's pretty tough. 정말이지 상당히 힘들어.

003 be going to …할거야

be going to는 마치 조동사처럼 앞으로의 일을 말하는 것으로 'will'과 같은 의미이다. 따라서 be going to+동사에서 'going'에는 '가다'라는 의미는 없다.

POINT
be going to+동사 …할거야　　be not going to+동사 …하지 않을거야

□ Everybody, get ready! We **are going to** start now.
다들 준비하세요. 우리 이제 시작할겁니다.

□ Finally, we'**re going to** get married this winter. 마침내 이번 겨울에 결혼할거야.

□ I'**m not going to** take your word for that. 네 말을 믿지 않을거야.

□ I'**m going to** go do the laundry. 가서 세탁할거야.

□ Come on, or we'**re going to** be late. 서둘러. 안그러면 우리 늦어.

□ **Are** you **going to** the Halloween Party? 할로윈 파티에 갈거야?

□ Can you tell me where you'**re going to** stay? 어디서 머물지 말해줄래?

A: Living with you would make me happy. 너랑 살면 행복할텐데.
B: That isn't going to be possible! 꿈도 꾸지마!

004 be[get] going 출발하다, 가다(leave)

어떤 장소에서 떠나가는 것을 말하는 것으로 특히 be going 혹은 get going의 형태로 많이 쓰인다. 가야되는 상황을 말하는 것으로 주로 앞에는 should, must, had better 등의 표현이 오게 된다.

POINT
be[get] going 출발하다, 가다

□ I guess I better **be going.** 나 가야 돼.

□ It's time we should **be going.** 그만 일어나자.

□ I must **be going.** See you in the morning. 그만 가봐야 될 것 같아. 내일 봐.

□ I think I should **be going.** 그만 가봐야 될 것 같아.

A: Well, I think I'd better be going now. 저, 그만 가봐야 될 것 같아.
B: Okay, then I'll see you tomorrow at the office. 좋아. 그럼 내일 사무실에서 봐.

005 go wrong 잘못되다

get의 경우처럼 go 또한 형용사를 바로 받아서 「…해지다」라는 의미로 쓰인다. 음식이 상하는(go bad) 것처럼 현 상태에서 다른 상태로 변화되는 것을 말한다. go wrong은 「잘못되다」란 뜻.

POINT

go bad 상하다
go mad 미치다
What went wrong? 뭔가 잘못됐어?
go grey 머리가 희어지다
go blind 눈이 멀다
Something went wrong. 뭔가 잘못됐어.

- □ I couldn't take calls. The phone **went dead.** 전화를 받을 수가 없었어. 폰이 죽었어.
- □ Time flies so fast. My hair's **going gray.** 세월이 유수같아. 머리가 하얗게 돼가고 있어.
- □ Where did we **go wrong?** 우린 어디서 잘못된 거지?
- □ I will try to figure out what **went wrong.** 뭐가 잘못되었는지 알아낼거야.

A: Should I buy this new cell phone? 내가 이 새로운 휴대폰을 사야하니?
B: It's very cheap. You can't go wrong. 아주 값이 싸고 전혀 문제가 없을거야.

Go

006 go get …하러 가다

「가서 …을 하다」라는 뜻인 go and(to)+동사 형태에서 and(to)를 생략한 경우. come+동사 또한 「와서 …하다」라는 뜻이다.

POINT

go get+동사 가서 …하다
go take+동사 가서 …하다
go have+동사 가서 …하다
go see+동사 가서 …을 만나다, 하다

- □ **Go get** some rest. 가서 좀 쉬어.
- □ You'd better **go see** a doctor as soon as possible. 가능한 빨리 가서 진찰받아봐.
- □ It's so hot. Let's **go get** some ice cream. 넘 덥다. 가서 아이스크림 좀 먹자.
- □ I have to **go take** a shower. 가서 샤워해야겠어.

A: What would you like to do tonight? 오늘 저녁에 뭐하고 싶어?
B: Let's go see a movie. 영화 보러 가자.

007 go for a walk 산책가다

앞서 배운 take a walk와 같은 의미로 산책하다라는 표현. 이처럼 go for a+명사 형태로 쓰면 「…하러 가다」라는 의미가 된다.

POINT
go for a walk[drive, swim] 산책[드라이브, 수영]하러 가다
go for a drink[coffee] 술[커피] 마시러 가다

- □ Do you want to **go for a walk?** 산책 갈래?
- □ Want to **go for a ride** on my boat? 내 배 타볼래?
- □ Would you two girls like to **go for a drink?** 두 여자분들 술 한잔 할래요?
- □ I'm going to **go for a walk** in the pouring rain. 비가 쏟아져도 산책을 할거야.

A: I'm bored. Shall we go for a walk? 따분해. 우리 산책할까?
B: Yes. It will be good exercise. 그래. 운동이 꽤 될거야.

008 go on a trip 여행가다

이번에는 go on a+명사의 형태로 「…하다」라는 뜻으로 쓰인다. 대표적인 go on a trip은 「여행을 하다」, go on a ride는 「드라이브하다」, 그리고 go on a vacation하면 「휴가가다」라는 의미가 된다.

POINT
go on a trip[cruise] [크루즈] 여행하다[가다] **go on a date[diet]** 데이트[다이어트]하다

- □ I wanted to **go on a little trip.** 가까운데 여행을 가고 싶어했어.
- □ I've always wanted to **go on a cruise.** 항상 크루즈 여행을 해보고 싶어했어.
- □ Would you like to **go on a date** sometime? 언제 한번 데이트할래요?

A: Let's go on a date. What do you say? 데이트하자. 어때?
B: I don't think it would be a good idea. 좋은 생각 같지는 않아.

009 go too far 너무 지나치다

어떤 사람의 행동이 정도를 넘어서 지나치게 했을 때, 하지 않았으면 좋았을 행동을 했을 때 던질 수 있는 말. 야단을 치거나 너무 한다고 불만을 토로할 때 애용하면 된다. 비슷한 표현으로 go overboard가 있다.

POINT

go too far 너무 지나치다 go overboard 너무 하다

□ You've **gone too far.** You have to apologize to her.
넌 너무 지나쳤어. 걔한테 사과해야 돼.

□ Her joke **went too far.** She's so mean. 걔 농담은 지나쳤어. 너무 야비해.

□ I know, I **went too far.** I won't let it happen again.
알아. 내가 넘 지나쳤어. 다시는 그러지 않을게.

□ He **went overboard.** 그 사람이 좀 너무했어.

A: Jim always does dangerous things. 짐은 항상 위험한 일을 해.
B: One day he is going to go too far. 언젠간 그가 도를 넘을거야.

Go

010 ~to go 더 남은, 포장인

(have)+명사+to go의 형태로 쓰여서 「아직 해야(가야) 할게 …만큼 남았다」라는 의미로 사용된다. 식당에서 쓰이면 포장해달라는 의미로 take out과 같은 맥락의 표현이 된다.

POINT

(have)+명사+to go 아직 …가 남았어, 더 …을 해[가]야 돼
(I'd like)+음식+to go …을 포장해주세요

□ We **have** another 10 miles **to go.** 우린 아직 10마일 더 가야 돼.

□ Just one week **to go** to my birthday. 내 생일까지 단 일주일 남았어.

□ (I'd like) Two sandwiches and one orange juice **to go.**
샌드위치 두 개하고 오렌지 주스 하나 포장해주세요.

□ (Will this be/Is that) For here or **to go?** 여기서 드실거예요 아니면 포장예요?

□ Will that be **to go?** 가져가실 건가요?

□ Can I get it **to go?** 포장 되나요?

□ (Do you want to) Eat here or **take it out?** 여기서 드실래요 아니면 포장요?

□ **To go**[For here], please. 가져갈 거예요.[여기서 먹을게요]

A: I'd like two hamburgers and a Coke. 햄버거 2개하고 코카콜라 하나 주세요.
B: No problem. Is that for here or to go? 예. 여기서 드시나요 아니면 가져가시나요?

011 Here[There] ~go 여기(저기) …가

Here와 There는 go와 어울려 특이한 표현들을 몇몇 만들어낸다. 단순히 누가 가는 것을 말하기도 하지만 아래 표현들처럼 물건 건네줄 때나 상대가 뭔가 또 시작할 때 등 다양하게 쓰인다.

POINT

Here goes 한번 해봐야지, 자 이제 간다
Here we go 1. 자 간다 2. 여기 있다
Here we go again 또 시작이군
Here you go 자 여기 있어
There you go 1. 자, 받아 2. 거봐, 내 말이 맞지 3. 그래 그렇게 하는 거야
There you go again 또 시작이군
There goes sth/sb …가 멀어져가다, 사라지다, 놓치다

□ Oh no! **Here we go again!** 맙소사! 또 시작이군!

□ **There you go again.** Don't be critical of yourself.
또 시작이군. 그만 네 신세 타령해라.

□ **There you go again!** Always looking for a girl!
또 시작이군! 맨날 여자나 찾아다니고!

□ Well, **there goes that theory.** 말도 안 되는 이야기 시작하네.

A: Can I borrow five dollars from you? 5달러 빌려줄래?
B: Sure you can. There you go. 물론이지. 자 여기 있어.

012 I'm going 나 가, 나 참석해(↔ I'm not going)

I'm going은 나 이제 간다(I'm leaving)라는 의미 또는 어떤 모임에 나 참석할게(I will join)라는 뜻. 반대로 참석 못할 땐 I'm not going하면 된다. 반대로 상대에게 넌 갈거니라고 하려면 You're going?이라고 하면 된다.

POINT

I'm going 갈거야, 나 참석해
I'm not going 나 안갈거야
You're going? 너 갈거야?

□ **I'm going.** I'll see you tomorrow. 나 가. 내일 보자.

□ **I'm not going.** I don't want to see her. 난 안가. 걔 보기 싫어.

□ I promise. **I'm going.** I'll meet you out there. 정말 갈게. 거기서 보자.

□ **I'm gone.** 나 간다.

A: I'm going. You'll never see me again. 나 간다. 다시는 나를 볼 수 없을거야.
B: Why are you so upset with me? 왜 그렇게 나에게 화나있니?

013 go easy on 살살 다루다, …을 적당히 하다

go easy on 다음에 사람이 오면 「심하게 다루지 않다」, 다음에 사물이 오면 「…을 너무 많이 하지 않다」라는 의미. 예로 Go easy on the whisky하면 "위스키 좀 적당히 마셔"라는 뜻.

POINT

go easy 서두르지 않다, 여유를 갖다, 침착하다 **go easy on sb** …을 살살 다루다
go easy on[with] sth …을 적당히 하다
easy-going (person) 여유가 있는, 각박하지 않은 (사람)

□ **Go easy,** Michael. You don't even know him.
천천히 하자고, 마이클. 넌 아직 걜 알지도 못하잖아.

□ **Go easy on** me. This is my first time. 살살해 줘. 나 처음이거든.

□ You've got to **go easy on** butter and cheese. 버터하고 치즈를 적당히 먹어야 돼.

□ He's **an easy-going** person. 성격이 좋은 사람야.

A: Go easy on the hot sauce please. 매운 소스를 너무 많이 넣지마.
B: I forgot that you don't like spicy food. 네가 매운 음식을 좋아하지 않는다는 것을 깜박했어.

Go

014 go about …을 풀어가다, …을 시작하다, 자기 일을 계속하다

go about one's business하면 「…의 일을 계속하다」, go about one's lives라고 하면 「하던 방식대로 살아가다」라는 뜻이 되는 것처럼 뭔가 늘상 하던 방식대로 일을 하거나 살아가는 것을 뜻하기도 한다.

POINT

go about one's business …의 일을 계속하다
go about one's lives 하던 방식대로 살아가다

□ I don't even know how I would **go about** it.
난 그걸 어떻게 풀어나가야 할지도 모르겠어.

□ How are you going to **go about** doing that? 그거 어떻게 시작할거야?

□ Well maybe you'**re going about** this the wrong way.
아마도 네가 이걸 잘못 풀어나가는 것 같아.

□ She watches the students **going about** their daily business.
걘 학생들이 자기 일들을 하고 있는 걸 보고 있어.

A: So, you're getting a divorce from your husband? 그래, 남편과 이혼할거야?
B: Yeah, but don't go about telling everyone. 그럼. 하지만 동네방네 소문내지마.

015 go against …에 반하다, …에 거슬리다, …에 불리해지다

가긴 가되 「…에 반해서」(against) 간다는 뜻으로 「…에 반대하다」, 「거슬리다」는 뜻이 된다. 즉 어떤 상황이 …(에)게 불리하게 돌아가거나 반하는 것이라는 의미의 표현이다.

POINT
go against …에 반하다, 거슬리다

- □ Everything **went against** her. 걔에겐 모든 일이 안되었다.
- □ **It goes against** everything that I believe to be good. 이건 내가 좋다고 생각한 모든 것에 반하는 거야.
- □ **This goes against** her Catholic beliefs? 이게 걔의 카톨릭 신앙에 반하는거지?
- □ **Never go against** your basic instincts. 본능에 절대 거스리지마.

A: Why don't you like that politician? 그 정치인을 왜 싫어하니?
B: He goes against everything I believe in. 그는 내가 믿는 모든 것에 반대하거든.

016 go ahead 1. (재촉하며) …해, 계속해 2. (어떤 일) 시작하다(with) 3. 앞서가다(of)

구어체에서는 상대방에게 「…하라고 허락하거나」 혹은 「말을 하라」고 재촉할 때 쓰인다. 본래는 「…보다 앞서다」 또는 계획하던 일을 시작하거나 계속하는 것을 뜻한다.

POINT
go ahead (재촉하며 혹은 허락하며) 어서 해, 계속해
go ahead with~ …을 시작[계속]하다 go ahead of~ …을 앞서가다

- □ **Go ahead,** I'm still listening. 어서 해봐. 듣고 있어.
- □ **Go ahead and** tell them about that. 어서 걔네들한테 그거 말해줘.
- □ I don't think I can **go ahead with** it because it's wrong. 그걸 계속 못하겠어. 잘못됐으니까.
- □ You guys **go ahead.** I'll catch up. 너희들 먼저가. 따라잡을게.

A: Please let me explain why I did that. 내가 왜 그랬는지 설명할게요.
B: I'm listening. Go ahead, but make it short. 말해. 어서 말해 짧게.

017 go after …을 뒤쫓다, 추적하다

go after 다음에 사람이 오면 …을 따라 잡거나 체포하는 것을 말하며 go after 다음에 사물이 오면 뭔가 얻으려고 시도하는 것을 뜻한다.

POINT go after sb/sth …을 잡으려고 쫓다, 얻으려고 시도하다

- □ I had to **go after** her to the airport. 난 공항까지 걜 뒤쫓아야 했어.
- □ Do you want to **go after** her? 넌 걜 쫓아가고 싶어?
- □ I see something, I like it, I **go after** it. 난 뭔가를 보고 좋아하면 얻으려고 해.
- □ Why did you **go after** another woman's husband? 넌 왜 유부녀를 쫓아다니는거야?

A: Why did Carl leave the party early? 왜 칼이 일찍 파티장을 떠났지?
B: He went after his girlfriend. She left early too. 여친 따라간거야. 걔가 일찍 떠났거든.

018 go along (with)

1. (…에) 찬성(동의)하다 2. 나아가다, 해 나가다

「…을 따라」(along with) 가는 것에서 연상할 수 있듯이 「…에 찬성하는」 것을 말하며 그냥 단독으로 go along하면 준비나 계획 없이 그냥 해 나가는 것을 뜻한다.

POINT go along 계속하다, 나아가다 go along with …에 동의하다

- □ I'm learning about it as we **go along.** 그냥 해 나가면서 그걸 배웠어.
- □ Although I do not agree with your plan, I'll **go along with** it anyway. 네 계획에 동의는 안하지만 어쨌건 따르기로 했어.
- □ I'll **go along with** that. 그 점에 동의해.
- □ Is she going to **go along with** this? 걔가 이거에 찬성할까?

A: Is it OK if we hold a party on Friday? 금요일 파티를 해도 좋겠니?
B: No, I can't go along with that. 아니. 나는 반대야.

019 go around
돌아다니다, (소문, 소식 등이) 퍼지다, 잠깐 들르다, 끊임없이 …하다

주위(around)를 돌아다닌다(go)는 의미. 뉴스나 소문 등이 퍼지거나 혹은 사람이 「잠깐 …에 들르는」 것을 말한다. 특히 go around ~ing 형태로 「끊임없이 …하다」라는 뜻으로도 많이 쓰인다.

POINT
(News or rumors) go around …가 돌아다니다, 퍼지다 **go around ~ing** 끊임없이 …하다
be plenty of+명사+to go around 골고루 차례가 돌아갈 만큼 많다

□ **Go around** town and see what you can pick up.
시내를 돌아다니면서 뭐 고를게 있나봐.

□ I don't ordinarily **go around** kissing guys at parties.
난 보통 파티에서 남자애들에게 키스나 하며 돌아다니지 않아.

□ There's plenty of fruit and fish to **go around.**
다들에게 돌아갈 만큼 과일과 고기가 많아.

□ You can't **go around** suing people every time they call you names. 사람들이 너에게 욕을 할 때마다 그들을 고소할 수는 없어.

A: Go around and ask for a cigarette. 돌아다니면서 담배를 빌려봐.
B: Why? Have you run out of them? 왜? 담배가 다 떨어졌니?

020 go away 가버리다, 사라지다, 떠나다(~for+기간)

멀리(away) 간다는 의미. 주로 명령문 형태로 상대방에게 꺼져(Go away!)라는 뜻으로 많이 쓰인다. 또한 어떤 문제나 아픔이 사라지는 것을 말하기도 하고 go away for+기간하면 「…동안 잠시 떠나다」라는 표현이 된다.

POINT
go away 가다, 가버리다, (고통, 아픔 등) …가 사라지다
go away for+기간 …동안 떠나다(leave for a period of time)

□ **Go away!** I don't want to see anybody. 꺼져! 아무도 보고 싶지 않아.

□ Will the pain ever **go away?** Will I feel better?
아픔이 없어지긴 할까요? 나아질까요?

□ We should **go away** for the weekend together. 우리 함께 주말동안 떠나자.

□ I've had a long day. **Go away.** 힘든 하루였어. 저리가.

A: I need you to help me with my homework. 숙제하는데 네 도움이 필요해.
B: Go away. I'm too busy to help you. 꺼져 버려. 너무 바빠서 도울 수가 없어.

021 go back (to) (…로) 돌아가다, …로 거슬러 올라가다

다시 돌아간다는 의미는 go back to+장소를 쓰고, 잠시 멈추었다가 다시 뭔가를 할 때는 go back to+명사/~ing를 쓰면 된다. 그래서 Go back out there하면 「다시 뛰어야지」라는 말이 된다.

POINT

go back to some place …로 돌아가다 **go back to+sth[~ing]** 다시 …하기 시작하다
~ go back+시간 …는 …시간만큼 되었다

☐ **Go back to** your seats. 너희들 자리로 돌아가라.

☐ We'll have to **go back to** eating meat. 우린 다시 고기를 먹기 시작해야 될거야.

☐ Our relations **go back** at least 20 years. 우리들 관계는 적어도 20년으로 거슬러 올라가.

☐ We **go way back**. 우리 알고 지낸지 오래됐어요.

A: Can you join us for a few drinks? 우리랑 같이 술이나 몇 잔 마실래?
B: No, I've got to go back to my office. 아니, 사무실로 돌아가봐야 해.

Go

022 go by 시간이 흘러가다, …가 지나가다, 들르다, …을 흘려보내다

「…의 옆을 지나가다」라는 의미로 …의 옆을 지나가거나, as time goes by처럼 시간이 흘러가는 것을 의미한다. 또한 stop(drop) by처럼 「…에 잠깐 들르다」, 혹은 「…의 이름으로 알려져 있다」라는 의미로 쓰인다.

POINT

go by 흘러가다, 들르다 **go by the name of~** …의 이름으로 통하다
go by+이름 …라는 이름으로 불리다

☐ Nine months **go by** fast. 9개월이 금방지나가네.

☐ I worked ten hours today. I'll **go by** tomorrow. 오늘 10시간 일했어. 내일 들를게.

☐ You used to **go by** the name of "Sam." 넌 '샘'이란 이름으로 통했었어.

☐ Let's **go by** the grocery for a little while. 잠시 식료품점에 들르자.

A: Wow, it seems like summer just started. 야아. 여름이 방금 시작한 것 같은데.
B: Now it's autumn. It went by fast. 이제 가을이야. 시간이 빨리 흘러갔어.

023 go for …을 얻으려 노력하다, …을 하고 싶어하다, …을 좋아하다

for 이하를 하기 위해 간다는 것으로 어떤 목적이나 목표를 달성하기 위해 노력하는 것을 말한다. Let's go for it이 대표적인 경우. 좀 응용하여 I would(could) go for~ 하면 「…을 원한다」라는 뜻이 되기도 한다.

POINT

go for …을 얻고자 최선을 다하다, …을 좋아하다 I would[could] go for sth …을 원하다
That goes for sth/sb …마찬가지이다

- □ Let's **go for** it. I guess we can do it. 한번 시도해보자. 우리가 할 수 있을 것 같아.
- □ **The same goes for** you. 너도 마찬가지야.
- □ I never thought you'd **go for** me. 네가 나를 원하는지 생각 못했어.
- □ I just decided to **go for** it. 난 한번 해보기로 결심했어.

A: I want to apply to law school. 내가 법대에 지원하고 싶어.
B: Go for it. You're smart enough to succeed. 한번 해봐. 너는 똑똑하니까 합격할거야.

024 go into
…에 들어가다, (일, 직업) …을 시작하다, …을 자세히 조사[설명]하다

「…의 안으로 들어간다」는 뜻으로 방이나 사무실 등 내부로 들어간다는 의미로 가장 많이 쓰인다. 또한 어떤 일이나 직업을 시작하거나 …에 푹 빠져보는, 즉 「자세히 설명하거나 조사한다」는 뜻으로도 사용된다.

POINT

go into details 자세히 검토하다 go into labor 진통을 시작하다

- □ I **went into** the store and he got me a soda.
  내가 가게에 들어갔더니 걔가 음료수를 주었어.
- □ I have to **go into** intensive therapy right now. 지금 강력한 치료를 받아야 해.
- □ Never **go into** business with somebody you're sleeping with.
  함께 자는 사람하고는 절대로 함께 일하지마.
- □ Why don't you **go into** your room and try this on? 방에 들어가서 이거 입어봐.

A: I saw a man try to steal some jewelry. 보석을 훔치려는 사람을 봤어.
B: Go into details. What did he look like? 자세히 말해봐. 어떻게 생겼니?

025 go off …을 하기 위해 가다, (일)그만두다, (총) 발사되다, (경보) 울리다, (기계, 전등) 작동되지 않다

분리되어(off) 나가다(go)라는 말로 「…로 출발하거나 가는」 것을 뜻한다. 또한 「총이나 알람 시계 등이 울리는」 것을 말하기도 한다.

POINT

(The gun, The alarm, The airbag) go off …가 발사되다, 울리다, 터지다
go off to~ …로[…하기 위해] 가다
go off with sb …와 함께 가다(go away with)
go off with sth …을 허락없이 가지고 가버리다

- □ I don't want to be 70 when our kids **go off** to college.
  애들이 대학갈 때 70살이긴 싫어.
- □ He **went off to** Chicago. 갠 시카고로 갔어.
- □ I was late again today because the alarm clock didn't **go off.**
  알람이 안울려서 오늘 또 늦었어.
- □ She **goes off to** pick fruit. 갠 과일 갖으러 갔어.
- □ You **went off** with her and you never called. 넌 걔랑 가버리더니 전화도 안했어.

> A: What do you have planned for this weekend? 이번 주말에 무슨 계획을 세웠어?
> B: We're going to go off on a camping trip. 캠핑 여행을 하려고 해.

026 go on 계속하다(~with), 진행되다, 일어나다(happen), (시간) 지나가다

What's going on?이나 As time goes on으로 익숙한 go on의 가장 기본적 의미는 「계속하다」 이다. 'on'은 off와 달리 계속 지속되는 걸 의미한다.

POINT

Go on! 계속해!
go on with/~ing …을 계속하다
go on to sth/do~ 다음으로 넘어가다, 계속해서 …하다
go on (and on) about sth/sb …관해 이야기를 늘어놓다

- □ You don't look well. What's **going on?** 너 안좋아 보여. 무슨 일이야?
- □ What's **going on** with him? 그 사람 무슨 일 있어?
- □ As time **goes on,** I'm getting weaker. 시간이 감에 따라, 몸이 약해지고 있어.
- □ Shall we **go on to** the next item on the agenda? 다음 안건으로 넘어갈까요?
- □ She **went on about** her sexual adventures. 갠 자신의 섹스경험을 늘어놓았어.

> A: You look really tired, Karen. 상당히 피곤해 보여, 캐런.
> B: I know, but I need to go on with this race. 알아, 그래도 이 경주는 계속해야 해.

027 go out (with) …와 데이트하다(go out on a date)

「…와 함께 외출하다」는 것으로 주로 「남녀 간에 데이트하다」, 「사귄다」라는 의미로 많이 쓰인다. 비슷한 표현으로는 앞서 나온 go (out) on a date가 있다. 참고로 데이트를 신청하다는 ask sb to go out (with~).

POINT

go out with = go out on a date　　ask sb to go out (with) 데이트 신청하다

- □ He's **going out with** Jane. 그 사람은 제인하고 사귀어.
- □ Jennifer's going to **go out with** a millionaire. 제니퍼가 백만장자와 데이트할거야.
- □ Would you **go out with** me? 나랑 데이트할래요?
- □ I can't believe Jim **went out with** my wife!
  짐이 내 아내와 데이트했다는 게 안 믿겨져!

A: You should go out with us on Friday night. 금요일 밤엔 우리랑 같이 나가자.
B: I'd love to, but I have other plans. 그러고는 싶지만 다른 계획이 있어.

028 go out (to[for]) 외출하다, (…하러) 나가다

이번엔 글자 그대로 밖으로 외출 나가는 것을 말하며 그 목적은 다음에 to~ 혹은 for~로 이어주면 된다. 점심먹으러 나가다는 go out for lunch, 술마시러 나가다는 go out for a drink라고 하면 된다.

POINT

go out for[~ing] ~ …하러 나가다
go out to do/go out and do~ …하러 나가다

- □ Let's **go out** tonight If you're free. 너 시간되면 저녁에 외출하자.
- □ I can't **go out** tonight. Something's come up. 오늘 밤 못 가. 일이 좀 생겨서.
- □ How about **going out for** a drink tonight? 오늘 밤에 나가서 술한자 어때?
- □ We **went out for** a movie last night. 우리는 어젯밤 저녁에 영화보러 갔어.

A: I'd like to go out for lunch on Friday. 금요일에 점심 먹으러 갔으면 하는데.
B: Sounds good to me. 나야 좋지.

029 **go over** 검토하다(think over), 들여다보다(examine)

go over의 대표적 의미는 「검토하거나」(think over) 혹은 「면밀히 조사하다」(examine)이다. 하지만 go over there나 go over to+장소 형태로 쓰이면 「거기로 혹은 …로 가는」 것을 말한다.

POINT

go over to+장소 …쪽으로 건너가다   **go over sth** …을 검토하다

- □ I'll **go over** there and take a look. 거기 가서 한번 볼게.
- □ You want me to **go over** there now? 나보고 거기 가라고?
- □ We'll **go over** your idea during lunch. 점심먹으면서 네 생각을 검토해볼게.
- □ Let's **go over** it again. 다시 한번 생각해보자.

A: I don't know if my report is good or bad. 내 보고서가 좋은지 나쁜지 잘 모르겠어.
B: Let's go over it and see if there are mistakes. 무슨 잘못이 있는지 한번 검토해보자.

Go

030 **go through**

(어려움) 겪다, 경험하다, 통과하다, 뒤지다, 하다(~with)

「…을 통과하여(through)」 간다는 것으로 비유적으로 겪다, 경험하다 그리고 뭔가 찾기 위해 뒤지는 것을 뜻하는 표현. go through with sth하게 되면 원래 계획하거나 약속한 일을 마음이 변해도 해야 되는 것을 말한다.

POINT

go through sth 어려움 등을 겪다, …을 경험하다
go through with sth (내키지 않는 일을) 끝내다, 하다
go through the roof 격노하다(= hit the roof = hit the ceiling)

- □ I'm sorry you had to **go through** that. 네가 그 일을 겪게 돼서 안됐어.
- □ I don't think I could **go through** that pain again.
  난 저 고통을 다신 못 겪을 것 같아.
- □ In order to get the information, I have to **go through** all the files.
  정보를 얻기 위해 모든 파일을 뒤져야 해.
- □ I'm not going to let you **go through** this alone.
  너 혼자 이 일을 겪도록 하지 않을거야.

A: Why do I need to empty my pockets? 왜 주머니를 다 비워야 해요?
B: We must go through a metal detector. 금속 탐지기를 통과해야하거든.

031 go (well) with

…와 (잘) 어울리다, …로 선택하다, …와 함께 가다

go with는 여러 가지 뜻이 있다. 기본적으로 「…와 함께 가다」, 「동반하다」, 그리고 「…와 잘 어울리다」가 있으며 끝으로 좀 어렵지만 I'll go with it(난 그것으로 할게)처럼 「…을 선택하다」라는 뜻도 있다.

POINT

go well with …와 잘 어울리다
사물+go well …가 잘 되다, 잘 풀리다
go with the flow …에 순응하다
That went well 잘 됐어

- □ Is it all right if I **go with** you? 함께 가도 돼?
- □ This skirt and this blouse **go together well.** 이 치마와 이 블라우스가 잘 어울려요.
- □ I'**m going with** it. 난 그것으로 하겠어.
- □ If things **go well,** I'm going to be out with her all night.
  일이 잘 풀리면 밤새 그녀와 함께 있을거야.

> A: Do you like the dress I am wearing? 내가 입은 옷 괜찮니?
> B: Yes, it goes well with your jacket. 그래. 네가 입은 상의하고 잘 맞아.

032 go without

…없이 지내다, …없이 해나가다

단순히 「…없이 지내거나 해나가는」 것을 말하는 표현. 이를 응용한 「…라는 건 말할 것도 없다」라는 표현인 It goes without saying that~ 이 유명하다.

POINT

It goes without saying that ~ …라는 건 말할 것도 없다
let sb go without a fight …을 그냥 보내주다

- □ Just **go without** me. 나 없이 혼자 가.
- □ Don't let her **go without** a fight! 걜 그냥 보내주지마!
- □ I think it **goes without** saying. 두말 할 필요도 없지.
- □ **That goes without saying if** you are recommeding him.
  당신이 그 사람을 추천한다면 두말 할 필요도 없지요.

> A: I have no money this week. 나는 이번주에는 무일푼이야.
> B: You'll have to go without beer then. 그렇다면 맥주없이 지내야 할거야.

More Expressions

go for the day 퇴근하다

☐ He's gone for the day. 그 분은 퇴근했습니다.

go to the trouble 사서 고생하다

☐ Please don't go to any trouble for me. 일부러 나 때문에 애쓰지마.

go down …로 (내려)가다(to~), 내리다, 떨어지다

☐ I told you not to go down there! 거기 가지 말라고 했잖아!

☐ It went just down the drain. 헛수고가 됐어. 그냥 날라갔어.

go in for …을 좋아서 해보다, …에 참가하다

☐ My sister went in for a nose job in the past.
내 동생은 과거에 코성형수술에 열중했었어.

go together 함께 가다

☐ We can all go together. 우린 모두 함께 갈 수 있어.

go behind one's back 뒤통수치다

☐ Don't go behind my back. 뒤통수치지마.

go under (사업이) 파산하다, 실패하다

☐ Now my business is probably going to go under.
내 사업이 아마 파산할거야.

go up 오르다, 올라가다

☐ What goes up must come down. 오르막이 있다면 내리막도 있는거야.

Don't go there (그 얘기) 생각하기 싫어, 말하기 싫어

☐ Look, Michael, can we not go there? 있잖아, 마이클, 그만하면 안될까?

go Dutch 각자 내다

☐ Let's go Dutch. 자기가 먹은 건 자기가 내자.

let sb go …을 가게 하다, 해고하다

☐ My boss let him go. 우리 사장이 그 사람을 해고시켰어.

let go of …을 놔주다

☐ Let go of me. 날 가게 냅둬요.

go nuts …을 좋아하다

☐ She's going to go nuts for it. 그 여자가 엄청 좋아할 거예요.

More Expressions

go abroad 해외로 가다

☐ I go abroad on business several times a year.
난 일년에 수차례 해외출장을 가.

Way to go 잘한다 잘해!

☐ Way to go, Peter. I owe you. 잘했어, 피터. 내가 신세졌어.

go all the way 갈데까지 가다

☐ They went all the way the other night. 걔들은 요전날 갈데까지 갔다.

go from bad to worse 설상가상이다

☐ The situation went from bad to worse. 사태가 설상가상이야.

(go) in one ear and out the other 한 귀로 듣고 한 귀로 흘리다

☐ (It went) In one ear and out the other. 한 귀로 듣고 한 귀로 흘렸어.

go out of one's way to~ …하기 위해 애를 많이 쓰다

☐ He goes out of his way to help me. 그는 날 돕기 위해 애를 많이 썼다.

go beyond 능가하다, 넘다

☐ Your fraud goes beyond that. 너의 사기행각은 그걸 능가해.

☐ **Have a go at it.** 한번 해봐

☐ **Are you going my way?** 혹시 같은 방향으로 가니?,

☐ **Anything goes.** 뭐든지 돼.

☐ **It's gone.** 다 끝났어.

☐ **I couldn't go forward and go back.** 이러지도 저러지도 못했어.

☐ **I'm going in that direction.** 저도 그쪽으로 가는 중이야.

☐ **It was touch and go there for a while.** 한동안은 심각한 상황이었어요.

☐ **I'd be the first to go.** 가장 먼저 내가 갈거야.

☐ **It's a go. / (It's) no go.** 결정됐어. / 이젠 틀렸어.

☐ **He really made a go of it!** 걔 정말 성공했어!

☐ **The relationship has gone to pot.** 관계가 엉망이 됐어.

☐ **The story goes that ~** (이야기 등이) …라는 말이야

☐ **This piano would go for $ 50,000.** 이 피아노는 5만 달러 합니다.

05 내게 오고 너에게 가는

Come

go와는 반대로 '오다'라는 뜻으로 사람이나 사물이 실제로 오는 것뿐만 아니라 어떤 상황이 「…하게 되다」라는 의미로도 쓰인다. 한편 I'm coming에서처럼 come은 내게로 오거나 상대방에게 가는 것(상대방의 입장에서는 오는 것)을 말한다는 점에 주의해야 한다. 그래서 출근 못한다고 회사에 전화할 땐 I can't go to work로 하는 게 아니라 I can't come to work라고 해야 한다.

Come 기본개념

01. 오다, (말하는 사람쪽으로) 가다, …하러 오다

Can I come see you? 찾아가도 돼?

Please come this way. 이쪽으로 따라 오세요.

Will you be able to come? 올 수 있어요?

02. …에 닿다, 이르다, 도착하다, 나오다

The email hasn't come yet. 이메일이 아직 도착하지 않았어.

The bill comes to $100. 계산서가 100달러에 달해.

My order hasn't come yet. 주문한 게 아직 안 나왔어요.

03. …출신이다, …에서 발생하다, 생기다

Where do you come from? 어디 출신이예요?

001 I'm coming 가요

말하는 사람 쪽이나 듣는 상대방이 있는 쪽으로 이동하는 경우에는 come, 그 외 제 3의 장소로 이동할 때는 go를 쓴다. 그래서 누가 불러서 내가 그 사람에게 이동할 때는 I'm going이 아니라 I'm coming을 써야 한다.

POINT

I'm coming 가요

- □ It's going to be okay. **I'm coming.** 괜찮아. 내가 갈게.
- □ **I'm coming.** What is it? 갈게. 뭔데?
- □ **I'm coming. I'm coming.** Just hang on. 가. 간다고. 좀 만 기다려.
- □ Hold on! **I'm coming.** 기다려! 갈게.

A: If you don't hurry up we'll be late. 서두르지 않으면 늦는단 말이야.
B: Okay, okay, I'm coming. Hold your horses! 알았어, 알았어, 지금 가잖아. 좀 기다리라구!

002 come to + 동사 …하게 되다, …하러 오다

come to+동사하면 「…하게 되다」라는 표현으로 문맥에 따라서는 come의 의미가 살아서 「…하러 오다」라는 뜻이 될 수도 있다. 또한 come here를 이용한 I came here to~, Did you come here to~? 등도 알아두자.

POINT

come here 이리로 오다
come here to+동사 …하러 여기에 오다
come close to …에게 가까이 오다
come close to ~ing 하마터면 …할 뻔 하다

- □ You'll **come to** understand me. 날 이해하게 될거야.
- □ She **came to** realize that she was stupid. 걘 자기가 멍청하다는 걸 깨닫게 되었다.
- □ I **came to** apologize to you. 네게 사과하러 왔어.
- □ I **came here to** let you know that I love you. 널 사랑한다는 걸 말하려고 왔어.

A: I came to see your new car. 네 새 차를 보려고 왔어.
B: This is it. Do you like it? 바로 이거야. 맘에 들어?

003 How come ~? 어떻게 … 된거야?

How come?은 상대방이 처한 상황이 「어떻게 일어났느냐」(How did it happen?), 즉 「어쩌다 그렇게 됐냐?」고 「이유」를 묻는 표현. "How come you were late?"과 같이 절을 연결해 좀 더 구체적으로 물어볼 수도 있다.

POINT

How come? 어째서?, 왜? **How come S+V?** 어째서…한거야?

- □ **How come?** Do you have a schedule conflict?
  어째서죠? 다른 약속이랑 겹쳤나요?
- □ **How come** she didn't show up last night? 걔는 왜 어젯밤 안 왔대?
- □ **How come** you didn't tell me about that? 어째서 내게 그걸 말하지 않았어?
- □ **How come** you're still at a job that you hate?
  넌 왜 아직도 싫어하는 직장에 다니고 있는거야?

A: How come you're late? 어쩌다 늦은거야?
B: I got caught in traffic. 차가 밀려서.

004 Here~ comes 여기 …가 온다

「여기에 …이 온다」는 의미로 강조하기 위해서 Here가 도치된 경우. Here~ comes 혹은 Here comes~ 라 쓰면 된다. 한편 There comes a point(time, moment) when S+V는 「…한 때도 있다」라는 의미.

POINT

Here it comes 1. 자 여기 있어 2. 또 시작이군
There comes a point[time, moment] when S+V …한 때도 있어

- □ **Here he comes.** 걔가 여기 오네.
- □ **Here comes** the cocktail waitress. 칵테일 웨이트리스가 오네.
- □ Hey, look! **Here comes** my airplane. 야, 저기 봐! 내 비행기가 오고 있어.
- □ **There comes a time when** you take that next important step.
  다음 중요한 단계로 넘어가는 때가 있어.

A: Here the bus comes. Is your money ready? 버스가 온다. 차비 준비했어?
B: Yeah. Is it still a dollar to ride downtown? 그래. 시내가는데 아직도 1달러이야?

005 Come again? 뭐라고?

상대의 말을 못 알아들었거나 뜻밖의 얘기를 들었을 때 「뭐라고 했죠?」(What did you say?), 「다시 말해줄래요?」(Can you say that again?)라고 되묻는 표현. 물론 (I'm) Sorry?나 Excuse me?를 쓰기도 한다.

POINT
Come again? 뭐라고? **(I'm) Sorry?** 뭐라고?
Excuse me? 뭐라고?

- □ Good night. **Come again.** 잘 가. 또 오고.
- □ **Come again?** I didn't hear you well. 뭐라고? 잘 못들었어.
- □ I'm sorry? **What did you say?** 뭐라고? 뭐라고 했어?
- □ **Come again?** Say it once more, please. 뭐라고? 한번 더 말해줘.

A: I plan to quit going to university next week. 담주 대학을 그만두려고 해.
B: Come again? How will you ever get a good job?
뭐라고? 그럼 어떻게 좋은 직장을 잡으려고?

006 come true 실현되다, 이루어지다

come true는 꿈이나 소망 따위가 '현실(true)로 다가오는(come)' 즉 「이루어지는」 것을 말한다. 학교에서 배운 기본 숙어이지만 실제 회화에서도 무척 많이 쓰이는 표현이다.

POINT
come true 이루어지다

- □ Did your wish for a promotion **come true?** 승진하고 싶다던 소망은 이루어졌니?
- □ I hope all your wishes **come true.** 네 모든 소망이 이루어지길 바래.
- □ I'm sure your wish is going to **come true.** 네 소망이 실현될 거라고 확신해.
- □ But some dreams just don't **come true.** 하지만 실현되지 않는 꿈도 있어.

A: Many people want to find true love. 많은 사람들은 참사랑을 찾기를 원하지.
B: Well, for some people that dream will come true.
일부 사람들에게는 그 꿈이 이루어질 거야.

007 **come first** …가 우선이다

come first는 '첫째로 온다'라는 말로 주어가 가장 소중하다는 의미. 워커홀릭이라면 Work comes first, 의사는 Patients come first라고 하면 된다. 반대로 상대에게 뭐가 가장 소중하냐고 물어볼땐 What comes first?

POINT
My kids come first 내 자식들이 최우선이야
You come first 네가 더 중요해

- □ You have a family. Home has to **come first** for you.
  넌 가정이 있잖아. 집이 가장 소중해야지.
- □ You always **come first** with me. Do I still **come first** with you?
  나한테 넌 언제나 제일 소중해. 아직 나도 네게 가장 소중한 사람이니?
- □ I mean, for me, the client **comes first.** 내 말은, 내게는 고객이 최우선이야.

A: His children are always successful in school. 걔네 애들은 항상 학교에서 잘한단 말야.
B: The children's education comes first. 애들 교육을 최우선시하지.

008 **come here to+V~** …하러 여기에 오다

come here 자체는 무척 쉬운 표현이지만 이를 바탕으로 I came here to~, Did you come here to~? 등의 응용표현을 알아두자. 함께 가까이 오다라는 뜻의 come close도 기억해둔다. 참고로 come close to ~ing하게 되면 하마터면 …할 뻔 했다라는 뜻이 되니 구분해야 한다.

POINT
come here 이리로 오다
come here to do …하러 오다
come close to ...에게 가까이 오다

- □ **Come here.** I'm going to show you something. 이리와. 뭐 보여줄게.
- □ I **came here to** let you know that I love you. 널 사랑한다는 걸 말하려고 왔어.
- □ Did you really **come here to** tell me about that? 정말 그거 말하려고 온거야?
- □ She put her coat on a chair and **came closer to** him.
  걘 코트를 의자에 놓고 걔한테 다가갔어.

A: How often do you come here? 여긴 자주 오세요?
B: Actually, this is my first time. 실은 이번이 처음이예요.

009 come and go

오고가다, 들락날락하다, 오락가락하다, 왔다가다

좀 낯설어 보이기도 하지만 알아두면 요긴하게 써먹을 수 있다. 자유롭게 들락날락하는 것 혹은 영원하지 않고 스쳐 지나가는 것을 말할 때 애용하면 된다. have come and gone으로 완료형 형태로도 쓰인다.

POINT come and go 오고가다

□ This is my home and I want to be able to **come and go** whenever I want! 내 집이야. 원할 때마다 들어왔다 나갔다 할 수 있고 싶어!

□ Boyfriends and girlfriends **come and go,** but our friendship is for life! 애인들이야 있다가도 없지만 우리 우정은 영원한거야!

□ I have stomachaches. They **come and go** like every few minutes. 배가 아픈데 몇 분마다 통증이 왔다갔다해.

□ There's no chance my mother's already **come and gone.** 엄마가 벌써 왔다가셨을리가 없어.

A: Has Janet been over to see you today? 재넷이 오늘 너 보러 왔었니?
B: No, she comes and goes when she has free time. 아니, 걔는 비는 시간 있을 때 들락날락해.

010 when it comes to + 명사 …에 관한 한

회화에서 무지무지 많이 쓰이는 부사구중 하나로 when it comes to+명사[~ing]하게 되면 「…에 관한 한」이라는 의미로 주로 나의 의견이나 생각을 피력할 때 사용하면 된다.

POINT when it comes to+N[~ing] …에 관한 한

□ Believe it or not, **when it comes to** meeting men, I am shy. 믿을 지 모르겠지만 남자 만나는 게 부끄러워.

□ **When it comes to** the law, there is absolutely nothing I can do. 법에 관한 한 내가 할 수 있는 게 아무것도 없어.

□ I've had some bad luck **when it comes to** relationships. 관계맺는 것에 관한 한 난 운이 없었어.

□ I'm not good **when it comes to** breaking up with girls. 여자랑 헤어지는 것을 난 잘하지 못해.

A: Are you sure you can fix my notebook computer? 내 노트북 고칠 자신있어?
B: Trust me. I'm the best when it comes to computers. 나를 믿어봐. 컴퓨터에 관한 한 내가 최고잖아.

011 come to think of it 생각해보니

앞의 when it comes to와 더불어 아주 많이 쓰이는 부사구로 come to think of it은 뭔가 갑자기 새로운 생각이 머리에 떠올랐을 때 던질 수 있는 표현이다.

POINT come to think of it 생각해보니

- □ **Come to think of it,** you should take a day off.
  생각해보니, 너 하루 좀 쉬어야겠어.
- □ **Come to think of it,** I don't need it anymore.
  생각해보니, 난 그게 더 이상 필요하지 않아.
- □ **Come to think of it,** I left my cell phone in the office.
  생각해보니, 내가 사무실에다 휴대폰을 두고 왔어.
- □ **Come to think of it,** she doesn't want you to know that.
  생각해보니, 걔는 네가 그것에 대해 모르고 있기를 원해.

A: Darn it! I forgot my glasses today. 제기랄! 오늘 안경을 잊고 왔어.
B: Come to think of it, I forgot my glasses too. 생각해보니, 나도 안경을 놓고 왔네.

Come

012 come across
우연히 만나다(run across, bump into), 우연히 보다

길에서 혹은 예상치 못한 장소에서 아는 사람을 만났을 때 쓸 수 있는 대표적인 표현이 come across. 물론 우연히 만나는 건 사람 뿐만 아니라 사물일 수도 있다. run across, bump into라고 해도 된다.

POINT come across 우연히 만나다, 우연히 보다

- □ How did you **come across** this information? 이 정보는 어떻게 찾은거야?
- □ I **came across** one of his baby pictures last weekend.
  지난 주말에 걔의 어렸을 적 사진을 우연히 봤어.
- □ I **bumped into** him on the stairs. 걔를 계단에서 우연히 봤어.
- □ Going through her mail, she **came across** her invitation.
  걔 우편물을 보다가, 우연히 초대장이 있는 것을 봤어.

A: Let me know if you come across a diamond ring. 다이아반지를 보게 되면 알려줘.
B: Did you lose the ring in my house? 내 집에서 그 반지를 잃어버렸니?

013 come along 일이 진행되다, 함께 가다(~with sb)

어떤 일이 「잘 되어가다」, 「진행되어가다」는 의미. 「…와 함께 가다」라는 뜻일 때는 come along with sb라고 한다. Come along!하면 서두르거나 격려하는 것으로 "자, 어서!" 혹은 "따라와!" 정도의 의미가 된다.

POINT
be coming along (with~) …가 진행되다, 잘 되어가다
come along with sb 함께 (따라)가다

- ☐ Wow, it's really **coming along.** It looks great. 야, 정말 잘 되고 있네. 멋져.
- ☐ How **are** you **coming along** with your project? 네 프로젝트 어떻게 돼가?
- ☐ Can you **come along with** me to the post office? 우체국까지 같이 갈테야?
- ☐ Why don't you just **come along?** 그냥 따라와.

A: My little sister wants to go to the museum. 내 여동생이 박물관 가는 것을 원해.
B: She can come along if she wants to. 원한다면 걔도 같이 갈 수 있어.

014 come around 들르다, 의식을 되찾다, 결국 …에 동의하다

눈에 익숙하지는 않지만 come around는 come over와 같은 뜻으로 「…에 들르다」, 혹은 의식을 되찾거나 마음을 바꿔 「…에 결국 동의하다」라는 뜻으로 쓰인다.

POINT
come around to+장소/to[for]~ …에 들르다　　come around 의식을 되찾다
come around (to ~ing) 결국 (…하는데) 동의하다

- ☐ How come you never **come around** anymore? 왜 넌 더 이상 들르지 않는거야?
- ☐ She **came around** here before? 걔 전에 여기 와본 적 있어?
- ☐ Just give her some time. She'll **come around.**
  걔에게 시간을 더 주자고. 오게 될거야.
- ☐ Be patient. Your husband will **come around.** 기다려봐. 네 남편은 돌아올거야.

A: I heard Beth likes to visit your mom. 베스가 네 엄마를 방문하고 싶다고 들었어.
B: She doesn't come around here any more. 엄마는 더 이상 이곳에 들르지 않어.

015 come back 돌아오다, …에게 돌아가다, 회복되다

어떤 상황이 예전으로 다시 회복된다라는 뜻이지만 회화에서는 그냥 단순히 돌아오다라는 의미로 많이 쓰인다. come back to+장소[sb] 하면 「…에게로 돌아가다」, come back to+V~하면 「…하기 위해 돌아가다」라는 뜻.

POINT

come back 돌아오다, 회복되다　　come back to+동사 …하기 위해 돌아가다

□ **Come back** and see me. 또 놀러오세요.

□ I'll **come back** in a couple of hours. 몇 시간 후에 돌아올게.

□ He didn't **come back to** help you. 걘 널 도와주기 위해 돌아오지 않았어.

□ You will leave and never **come back.** 떠나서 다신 돌아오지마.

A: I'm really tired of working. 일하는데 정말로 질렸다.

B: Okay. It's possible to come back tomorrow. 알았어. 내일 다시와도 돼.

016 come by 잠깐 들르다(drop by, stop by), 손에 넣다

by하면 옆을 지나간다는 의미로 come by하게 되면 drop by나 stop by처럼 어떤 장소에 잠시 들르다라는 의미로 많이 쓰인다. 또한 …을 얻다, 입수하다라는 뜻도 있다는 걸 알아둔다.

POINT

come by = drop by = stop by = swing by 잠시 들르다

□ **Come by** first thing in the morning if you can. 가능하면 내일 아침 일찍 들러.

□ I'll **come by** for a consult in the morning. 아침에 상의하러 들를게.

□ Good things are rare and hard to **come by.** 좋은 것들은 드물고 얻기가 어려워.

A: I'd appreciate it if you could go over these figures with me.
나와 함께 이 수치들을 검토해 준다면 정말 고맙겠는데.

B: I have to finish something right now, but I'll come by after I'm done.
지금 당장 뭘 끝내야 하거든. 하지만 이걸 마치면 너에게 들릴게.

017 come down 떨어지다, 혼내다, (병에) 걸리다

come down은 여러 의미가 있는데 기본적으로 위에서 밑으로 향한다는 걸 생각해야 한다. 회화에서는 「…을 혼내다」라는 의미로 사용된다. 또한 come down with하면 감기 등의 가벼운 병에 「걸리다」라는 중요 표현이 된다.

POINT

come down (to) (수치 등) 떨어지다, 내려오다, …로 가다, 들르다
come down (hard) on sb/sth 혹독히 비난하다, 혼내다
come down to~[with+병] …로 줄어들다, …로 요약되다, …병에 걸리다

- ☐ Did you **come down** here to tell me that? 그거 말하려고 내려온거야?
- ☐ If you don't **come down,** I'm coming up. 네가 내려오지 않으면 내가 올라간다.
- ☐ He's **coming down with** a really bad cold. 걘 정말 심한 독감에 걸렸거든요.
- ☐ You've got to **come down** now. We might be late. 빨리 내려와. 우리 늦겠어.

A: I need to go to the third floor of the library. 도서관 3층으로 가야해.
B: We'll go for lunch when you come down. 네가 내려오면 우리 같이 점심하러 갈거야.

018 come forward 앞으로 나서다, 정보, 생각 등을 가져오다

앞으로(forward) 나선다(come)는 것으로 뭔가 이야기하거나 건네주기 위해 가만히 있지 않고 「앞으로 나선다」는 뜻이다.

POINT

come forward 앞으로 나서다
come forward with sth 나서서 …을 이야기하다

- ☐ Why don't you just **come forward** and tell the police about that?
  앞으로 나서서 경찰에 그걸 말하지 그래.
- ☐ The boys **came forward** one by one and gave Kate gifts.
  소년들은 차례차례 앞으로 나서서 케이트에게 선물을 주었어.
- ☐ Thank you for **coming forward** with this. 이 문제를 말해줘서 고마워.
- ☐ Everybody knew it, but nobody **came forward.**
  다들 알고 있지만 아무도 나서지 않았어.

A: How did the police find the criminal? 경찰이 어떻게 범인을 찾았대?
B: Someone came forward with information about him. 누군가 그에 대해 제보했어.

019 come from …의 출신이다, …로부터 오다[생기다]

be from과 함께 「출신」이나 「출처」를 나타내는 대표적인 동사구. 하지만 아래 예문에서 볼 수 있듯이 실제 구어체 영어에서 come from은 「사물이나 생각의 출처」를 나타낼 때도 널리 사용된다.

POINT

be from …의 출신이다 | come from …의 출신이다, …로부터 생기다

- □ Where did this cake **come from?** 이 케익 어디서 났어?
- □ This is a great bed. Where did it **come from?** 멋진 침대네. 이거 어디서 난거야?
- □ Where does it **come from?** 왜 그런 말을 하는거야?
- □ I know where you**'re coming from.** 네가 왜 그런 말을 하는지 알아.

A: I come from a small town in the northern US. 미국 북부 작은 마을 출신이야.
B: You must have had cold winters there. 그곳에서 매우 추운 겨울을 지냈겠구나.

020 come in 들어오다, 유행하다

안으로(in) 들어온다는 의미로 어떤 공간에 들어가거나, 도착하다 혹은 어떤 일에 참여하거나 유행이나 신상이 나오는 것처럼 추상적인 개념이 들어오는 것도 말한다. 또한 come into는 들어가다, …상태가 되다라는 뜻.

POINT

come in handy 유용하게 되다
come in sight 보이다
come in for 들어오다, …을 받다
come into effect 효력이 발생하다

- □ **Come in** and eat with us. 들어와서 우리랑 같이 먹자.
- □ The shirts **came in** many colors. 이 셔츠는 여러 색깔로 나와.
- □ You've recently **come into** a great deal of money.
  넌 최근에 많은 돈을 물려받았지.
- □ I didn't **come into** your room. 난 네 방에 들어가지 않았어.

A: The new rules will come into effect Monday. 새 규칙은 월요일 시행될거야.
B: Many people are going to be confused. 많은 사람들이 혼란해할거야.

021 come off 떼어내다, 떨어지다, 예정대로 되다, 성공하다

「…에서 떨어지다, 나오다」라는 면에서는 get off와 같은 의미. 하지만 come off만 갖는 뜻은 계획했던 일이 예정대로 잘되는 것을 뜻한다. 회화에서 많이 보이는 Come off it!은 상대에게 "그만 두라"고 호통치는 표현.

POINT
come off well[badly] 잘[잘못]되어 가다　　come off as …처럼 보이다(appear to)

- □ I didn't **come off well.** 난 잘 되지 못했어.
- □ But somehow you **came off as** the bad guy. 하지만 어쨌든 넌 나쁜 놈이 되었어.
- □ I came across the boss when I **got off** the elevator.
  엘리베이터에서 나올 때 사장과 만났어.
- □ I saw my husband **come off** the plane with a young girl.
  난 남편이 젊은 여자와 비행기에서 나오는 것을 봤어.

A: I really enjoyed talking to your brother. 나는 네 동생과 얘기하는게 무척 즐거웠어.
B: He comes off well to the people he meets. 걔는 만나는 사람들에게 좋은 인상을 남겨.

022 come on (어떤 일이) 닥치다

「힘내!」(Cheer up!)라고 기운을 북돋거나 늑장을 부리는 사람에게 「자, 어서!」, 「서둘러!」(Hurry up!)라고 재촉할 때 혹은 심한 말이나 행동을 하는 사람에겐 억양을 깔아서 「그러지 마!」(Stop it!)라는 의미.

POINT
come on in …에 들어가다　　come on strong 강하게 나가다
come on to sb …을 유혹하다

- □ **Come on!** Let's go or we'll be late. 자, 어서! 지금 가자, 그렇지 않으면 늦을거야.
- □ Why don't you **come on in?** 들어와.
- □ **Are you coming on to** me? 지금 날 유혹하는거예요?
- □ **Come on,** you know how much work I have.
  그러지 말라고, 내가 일이 얼마나 많은지 알잖아.

A: Come on! We'll be late! 서두르란 말이야! 늦겠어!
B: I'm doing the best I can. 최선을 다 하고 있다구.

023 come out (사정, 결과) 밝혀지다, 출간되다, 나오다

어떤 것이 '세상 밖으로 나와' 「알려지는」(be made public) 것이 바로 come out. 그래서 영화나 책의 경우에는 「출간되다」, 비밀은 「밝혀지다」라는 뜻이 된다. 또한 어떤 「입장(의견)을 밝힐」 때도 come out을 쓴다.

POINT

come out (well, badly) 결과가 (안)좋다
come out of~ …에서 나오다, 어려운 상황에서 벗어나다
come out wrong 일이 잘못되다

- ☐ When is that movie going to **come out?** 그 영화는 언제 나오는 거야?
- ☐ Just **come out** and say it. 솔직하게 털어놔 봐.
- ☐ There's no way we will **come out of** this. 우리가 여기서 벗어날 길이 없어.
- ☐ **Come out** here and get some fresh air. 이리 나와서 신선한 공기를 마셔.

A: Will you come out to the school's festival? 학교 축제에 올래?
B: Of course. I love attending festivals. 물론. 축제에 참석하기를 좋아해.

Come

024 come over 잠시 들르다[방문하다]

come over+사람[장소]라고 하면 되고 또한 Something comes over somebody하면 「…가 …를 엄습한다」는 뜻.

POINT

come over to some place …에 들르다, 방문하다
come over for~ …하러 오다
Sth come over sb …가 …를 엄습하다

- ☐ **Come over** to my place. 우리 집에 와.
- ☐ Do you want to **come over** for dinner? 저녁 먹으러 올래?
- ☐ What's **come over** you? 대체 왜 이러는거야?

A: Do you want to come over to my place tonight? 오늘밤 우리 집에 올래?
B: Sure, what time is good for you? 그래, 몇 시가 좋아?

025 come through

통과하다, 해내다, (위기, 병)극복하다, 기대에 부응하다

「…을 통해서(through) 들어오다」는 뜻으로 비유적으로 「…을 승인하다(승인되다)」, 「성공하다」, 혹은 어떤 어려운 상황 등을 「극복하다」라는 의미로 쓰인다.

POINT

come through 잘 해내다, 지나가다

- □ Our approval didn't **come through.** 우리 승인이 안 났어요.
- □ She will **come through** this. 걘 이겨낼거야.
- □ Excuse me. **Coming through.** 실례합니다. 좀 지나갈게요.
- □ You're going to **come through** this operation just fine. 이 수술 잘 될거예요.

A: Maybe your dad will lend us some money. 아마 네 아버지가 우리에게 돈을 빌려줄거야.
B: He's always come through for me in the past. 그는 과거에도 항상 나를 구해주었어.

026 come to …에 오다, …상황에 이르다

come to+장소하게 되면 원래 「…에 오다」라는 뜻이지만 come to+명사는 비유적으로 「…(상황(위치))에 이르다」라는 의미로 사용된다. 특히 come to an end는 「끝나다」, come to a close는 「끝내(나)다」라는 뜻이 된다.

POINT

come to that[this] …(지경)에 이르다
come to an end 끝나다
come to a close[stop] 끝내(나)다
come to a[the] conclusion[decision] 결론에 이르다
If worse[worst] comes to worst 최악의 경우라 해도, 아무리 어려워도

- □ People **come to** Vegas to get rich. 사람들은 부자가 되려고 베거스에 와.
- □ Well, let's hope it doesn't **come to** that. 저렇게 되지 않도록 희망하자.
- □ I don't know how it'**s come to** this. 그게 어떻게 이렇게 되었는지 몰라.
- □ The game **is coming to a close.** 게임이 끝나가고 있어.

A: The presidential election is almost over. 대선이 거의 끝났어.
B: It will come to a close on Thursday night. 목요일 저녁에 끝날거야.

027 **come up** 올라오다, 다가가[오]다, 발생하다, (어떤 일이) 일어나다

물론 기본적으로 위로 올라가는 것을 뜻하지만 주로 누가 내게 얘기하려고 하거나 혹은 뭔가가 근접하면서 다가오는 것을 말한다. 또한 Something's come up으로 알려진 어떤 일이 발생하다, 일어나다라는 뜻도 함께 알아둔다.

POINT

come up 올라오다, 발생하다, 일어나다 **Come right up!** (음식) 나갑니다!

- ☐ Can you **come up** to my office for a second? 잠시 사무실로 올라올래?
- ☐ She has a birthday **coming up.** 걔 생일이 다가와.
- ☐ Something's **come up.** 일이 좀 생겼어.
- ☐ Cindy, don't you have a birthday **coming up?** 신디, 네 생일이 다가오지 않니?

A: Are you going back to your hometown? 고향으로 돌아갈거니?
B: I am, but you should come up and visit me. 그래, 그렇지만 너는 나를 찾아와야 해.

028 **come up with** …을 고안해내다, …을 따라잡다

come up with는 생각이나 계획 따위를 생각해내거나 제안해서(suggest or think of an idea or plan) 「끄집어 올리는」 것을 말한다. 한편 앞서가고 있는 사람을 「따라잡는」 것도 come up with.

POINT

come up with 고안해내다, 따라잡다

- ☐ I've tried and tried, but I can't **come up with** a solution.
  계속 해봤는데, 답이 안 나와.
- ☐ So how did you **come up with** this? 그래 이건 어떻게 생각해냈어?
- ☐ You'll **come up with** something else. 다른 것 좀 생각해내.
- ☐ I promise we'll **come up with** something. 뭔가 생각해내겠습니다.

A: Why haven't you started your report yet? 왜 아직 보고서를 시작하지 않았니?
B: I need to come up with some ideas for it. 먼저 아이디어를 생각해낼 필요가 있어.

029 come with …와 함께 나오다, …와 함께 가다

come with sb는 「…와 함께 가다」라는 쉬운 표현이지만 음식이나 제품 등의 경우에 Sth comes with~ 하게 되면 이 제품(음식)에는 「…이 달려 나온다」라는 의미가 된다.

POINT

come with …와 함께 오다, …와 함께 가다　　**What comes with~ ?** …와 함께 무엇이 나와?

□ Who's coming with me? 나랑 같이 갈 사람?

□ I'm coming with you. 너랑 갈게.

□ What comes with that? 그거하고 달린게 뭐야?

□ Does it come with soup or salad and dessert?
수프하고 샐러드 그리고 디저트가 함께 나오나요?

A: Do you want to come with us for drinks? 우리랑 같이 한잔 하러 갈래?
B: Why not? 그러지 뭐.

More Expressions

come right out and say 놀라울만한 이야기를 직설적으로 말하다

☐ I'm going to come right out and say it. 얘기를 직설적으로 할게.

(have) come a long way 크게 발전하다, 출세하다, 성공하다

☐ We've come a long way. 우린 장족의 발전을 했어.

come to terms with 타협하다, 체념하고 받아들이다

☐ Hey, I've come to terms with it, you have to too.
야, 나 그거 받아들였어. 너도 그래야 돼.

☐ I had come to terms with my looks by the time I turned 30.
30이 되는 해에 내 외모를 받아들이기로 했어.

come as a[no] shock[surprise, relief] 충격으로 다가오다

☐ This might come as a shock to you. 당신에게는 이게 충격일지 몰라.

☐ Did that come as a shock to you? 이게 네게 충격이었어?

come clean (with) (…에게) 자백하다, 사실을 말하다

☐ You've got to come clean with me! 나한테 실토해!

for years to come 앞으로도 계속

☐ It will be okay for years to come. 앞으로도 계속 괜찮을거야.

come close 거의 …할 뻔 하다

☐ The knife came close to touching her cheek.
칼이 하마터면 걔의 볼에 닿을뻔했어.

☐ His advice comes close to home. 그 사람의 충고가 가슴에 와닿았다.

come loose 풀리다, 느슨해지다

☐ The wires have come loose in your head! 네 머리줄의 선이 느슨해졌어!

come apart 산산히 찢어지다, 실패하기 시작하다

☐ The right front tire started to come apart.
오른쪽 앞 타이어가 찢어지기 시작했어.

come at …에 도달하다, 접근하다, 위협하다

☐ Let's come at this a different way. What are his interests?
다른 방법으로 다가가자고. 걔의 관심이 뭐지?

come away …로부터 떨어지다(from~), …와 함께 떠나다, 가다(with~)

☐ Will you please come away from that window?
그 창문에서 좀 떨어져 있을래?

More Expressions

come between 이간질하다, …사이에 끼어들다, 간섭하다

□ If you try to come between me and my husband, I will take you down. 나와 남편 사이에 끼어들면 혼내줄거야.

come for somebody[something] …을 가지러(데리러) 오다

□ We had to come for you. 널 데리러 왔어야 했어.
□ We've come for her things. 걔 물건 가지러왔어.

be yet to come …는 아직 오지 않았다

□ Just remember that the best is yet to come.
아직 좋은 때가 오지 않았다는 걸 명심해.

□ **I'll come to that.** 나중에 얘기할게.

□ **I'll come to the point.** 단도직입적으로 말씀드릴게요.

□ **I don't want to wear out my welcome.** 너무 번거롭게 하지 않을게.

□ **You're (very) welcome.** 천만에요.

□ **Welcome aboard.** 함께 일하게 된 걸 환영해.

□ **Welcome home.** 어서 와.

06 뭐든지 하고 마는

Do

동사의 대표격으로 뭔지는 모르지만 '하다'라는 뜻을 갖는다. 기본적으로 하다, 지내다 등의 의미로 쓰이며 또한 do 다음에 목적어가 와서 do one's job, do one's best 등 빈출 표현을 만들어내며 특정한 명사(do the dishes, do the laundry, do one's hair)를 붙여 요긴한 생활표현이 생기기도 한다. 또한 조동사로 부정문이나 의문문을 만들고, You do?, You did what?에서 보듯 앞의 동사를 대신할 때도 쓰인다.

Do 기본개념

01. 하다, 행하다, 지내다, 살아가다

What are you doing here? 여긴 어쩐 일이야?
What do you do for a living? 직업이 뭐예요?
I'm doing OK. 잘 지내고 있어.

02. 충분하다, 알맞다, 쓸모있다

That will do for me. 그거면 난 충분해.

03. (…행위를) 하다 : do+특정명사

I hate to do the dishes. 설거지하는거 정말 싫어.
Don't forget to do the laundry before you go out. 외출전 세탁하는거 잊지마.

04. (…에게 손해나 이익을) 주다, 끼치다

Could you do me a favor? 부탁 좀 들어주시겠어요?

001 **do well** 잘하다

do well은 잘하다, 성공하다라는 뜻으로 잘한 내용을 말하려면 do well with~를 사용하면 된다. 「괜찮다」, 「잘하다」라는 뜻의 do fine, 「잘 지내고 있다」라는 do okay, do great 등을 함께 기억해둔다.

POINT
do well (with) (…을) 잘해내다, 성공하다
do fine 괜찮다
do okay 괜찮다, 잘 지내다
do great 잘 지내다

- ☐ You **did it very well.** 아주 잘 했어요.
- ☐ I'm sure you'll **do fine.** 분명 잘 할거야.
- ☐ I'**m doing great** with Julie. 난 줄리랑 잘 지내고 있어.
- ☐ You'**re doing great!** Don't you give up! 너 잘하고 있어! 포기하지마!

A: David, how's it going? 데이빗 어때?
B: I'm doing okay. 잘 지내고 있어.

002 **will do** 족하다, 쓸만하다

사물주어가 와서 ~will do하면 그런대로 …로 족하다, 받아들일 수 있다라는 의미. That will do 하면 "그거면 됐어"라는 뜻으로 That'll be fine, That's fine과 같은 의미이다. 식당 등에서도 이 표현이 쓰이는데 주로 웨이터가 다 선택을 했냐고 물어보는 것으로 "That will do?"(이거면 충분하겠습니까?)라고 한다.

POINT
That will[won't] do 그거면 됐어, 그렇게 해서는 안돼
Anything will do 뭐든 됐어
Either will do 아무거나 괜찮아

- ☐ Say some words. Any words **will do.** 뭐라 말해봐. 아무 말도 좋아.
- ☐ **Will do.** I'll call you on your cell phone. 좋아. 네 핸드폰으로 전화할게.
- ☐ I don't need much. One of those **will do.** 많이 필요없어. 그것들중 하나면 돼.
- ☐ Don't be shy, any suggestion **will do.** 부끄러워말고 어떤 제안이든 하세요.

A: Whatever you ask, I will do. 뭐든지 부탁만 해, 내가 다 들어줄게.
B: You are a very loyal friend. 너 정말 의리있는 친구로구나.

003 do a good job 일을 잘 하다

일을 잘한 상대방에게 칭찬할 때 쓰는 표현. good 대신 nice, great, super, excellent 등으로 바꿔 써도 된다. 그냥 간단히 Good job!이라고 해도 되는데 좋은 일이 생긴 상대에게 던지는 Good for you!(잘됐다!)와 헷갈리면 안 된다.

POINT
do a good[great] job 일을 잘 하다　　**Good for you!** 너 잘 됐다!

- ☐ You **did a good job!** I was very impressed. 정말 잘 했어! 매우 인상적이었어.
- ☐ You **did a good job** here, Michael. 마이클 이 일 잘했어.
- ☐ I'm sure you **did a great job.** 네가 잘 했을거라 확신해.
- ☐ Your interior designer **did a great job.** 니네 인테리어 디자이너가 일을 아주 잘했네.

A: I'm baking a cake for Kevin's birthday. 케빈 생일을 위해 케익을 굽구있어.
B: Do a good job. He deserves something nice. 잘 만들어봐. 그는 좋은 것을 받을 만해.

004 do one's job …의 일을 하다

do가 job이나 homework를 목적어로 받아서 「…일(숙제)을 하다」라는 뜻으로 쓰인 경우. 참고로 I'm just doing my job하면 누가 자기 일을 칭찬할 때나 방해할 때 쓸 수 있는 말로 "내 일을 할 뿐인데"라는 의미이다.

POINT
I'm just doing my job 내 일을 할 뿐인데요　**Do your job right** 일에 차질없이 제대로 해

- ☐ I **do my job,** you do yours. All right? 난 내 일을 하니까 넌 네 일을 해. 알았어?
- ☐ You can just **do your job.** 넌 그냥 네 일이나 해.
- ☐ I **was doing my homework** when you called me.
  네가 전화를 걸었을 때 난 숙제를 하고 있었어.
- ☐ I'm not an angel. I'**m just doing my job.** 난 천사가 아냐. 그냥 내 일을 할 뿐이야.

A: He doesn't do his job very well. 그는 일을 잘 하지 못해.
B: I know. He's going to be fired soon. 알아. 조만간 해고될거야.

005 do (sb) a favor …에게 호의를 베풀다

부탁할 때 꺼내는 말. Could you do me a favor?라고 한 다음 부탁내용을 말해도 되지만 Could you do me a favor and+동사~?로 바로 이어 말할 수도 있다. 같은 형태인 do sb good[harm] 등도 함께 알아둔다.

POINT

do (sb) a favor …에게 호의를 베풀다
do (sb) a favor and+동사 부탁인데 …해주다
do sb good[harm, damage] 도움이 되다, 해를 끼지다

- ☐ Could you **do me a favor?** 제 부탁 좀 들어주시겠어요?(Can I ask you a favor?)
- ☐ Could you **do me a favor** and bring me a drink?
  부탁인데 마실 것 좀 갖다 줄테야?
- ☐ **Do yourself a favor.** Get back home today at least 8 o'clock.
  네 자신을 생각해야지. 오늘은 적어도 8시까지 집에 돌아와라.
- ☐ Let's go for a walk. Fresh air will **do you good.**
  산책을 하자. 신선한 공기가 도움될거야.
- ☐ **No harm (done).** 잘못된 거 없어.

A: Will you do me a favor? 부탁 하나 들어줄래?
B: Certainly. 물론이지.

006 do+특정명사 …을 하다

do는 잡식성으로 다양한 목적어를 받아 많은 표현을 만든다. 물론 아주 많이 쓰이지 않는 표현들도 있지만 알아두면 편리한 일상표현들이다.

POINT

do lunch 점심먹다
do the laundry 세탁하다
do one's time 복역하다
do the dishes 요리하다
do one's hair 머리손질하다
do 100 km 100킬로로 달리다

- ☐ Why don't you let her **do the dishes?** 걔가 설거지하게 해.
- ☐ Just go **do the laundry.** 가서 세탁해.
- ☐ Let's **do lunch** (sometime). 언제 점심이나 같이 하자.
- ☐ You **did the crime.** You'll be in trouble. 넌 죄를 지었어. 곤란해질거야.

A: Do you have any plans for tomorrow night? 내일 밤 무슨 계획 있니?
B: I really need to do my laundry then. 그때 진짜 세탁을 해야 돼.

007 do one's best 최선을 다하다

친숙한 표현으로 즐겨 사용할 수 있는 것 중의 하나. 좀 더 잘 활용하기 위해서는 최선을 다하는 혹은 다한 내용을 do one's best 다음 to+동사로 연결해 쓰면 된다는 것이다. I did my best to do my homework처럼.

POINT

do one's best 최선을 다하다 do one's best to+V 최선을 다해 …하다

- □ I'm doing my best! And she is doing her best! 나도 걔도 최선을 다하고 있다고!
- □ I did my best under the circumstances. 이 상황에서 난 최선을 다했어.
- □ I'll do my best to remember your birthday next year. 내년에 생일 안잊게 최선 다할게.
- □ Now you go do your best. 자 이제 가서 최선을 다해라.

A: I want you to study very hard in school. 네가 학교에서 아주 열심히 공부했으면 해.
B: OK. I'll do my best. 알겠어요. 최선을 다할게요.

008 do something 뭔가를 하다

뭐라 딱부러지게 말할 수는 없지만 뭔가 해야 한다고 말할 때 사용하는 표현. 반대로 아무것도 하지 않는다고 할 때는 do not anything. I'd do anything for you는 널 위해서라면 뭐든지 하겠다는 말.

POINT

do something about+명사/to+동사 …에 대해[…하기 위해] 뭔가 하다
do something+형용사 …한 것을 하다
do not do anything+형용사 …한 것을 하지 않다
would do anything for~ …을 위해서라면 뭐든지 하다

- □ Tom, can you do something about this? 탐, 이거 좀 어떻게 해볼래?
- □ You guys! Let's go out. We have to do something! 얘들아! 나가자. 우린 뭔가 해야 돼!
- □ You have to do something about him. 걔 좀 어떻게 해봐.
- □ It's boring. Do something fun. 지루하다. 뭐 좀 재밌는 거 좀 해봐.
- □ Don't get me wrong. I didn't do anything. 오해마. 난 아무 짓도 안 했어.
- □ It's not my fault. I didn't do anything wrong. 내 잘못이 아냐. 난 잘못한 게 없어.
- □ I'd anything for you, if you marry me. 나랑 결혼해준다면 널 위해서라면 뭐든지 할게.
- □ I did everything in my power to get you out of trouble.
  널 어려움에서 구해내기 위해 난 힘껏 다했어.

A: Look, can you do something for me? 저기 날 위해 뭐 좀 해줄테야?
B: Sure, what? 그래 뭐야?

Do

009 do this[that, it] …을 하다

말을 하다 보면 앞서 얘기한 것이나 서로 알고 있는 것은 this, that 그리고 it으로 표현하게 된다. 여기서는 동사의 성격을 대표하는 do와 이런 것들이 어울려 만드는 빈출표현들을 알아보기로 한다.

POINT

do it better 그걸 더 잘하다
do this to sb …에게 이것을 하다
do it all over again 그것을 다시 다 하다
You did it! 해냈구나! I did it! 해냈어!

- □ I can't **do this.** 나 이건 못해.
- □ I can **do that[it, this].** 내가 할 수 있어.
- □ I can **do it better.** 내가 더 잘 할 수 있어.
- □ Let's **do it.** 자 하자. 그러자.
- □ Please **do it all over again.** 다시 다 해.
- □ You can't **do that!** 그러면 안되지!
- □ I'll **do that.** 그렇게 할게.
- □ You'll **do that.** 그렇게 해.
- □ You **do that.** 그렇게 해라.
- □ How could you **do this[that]?** 어쩜 그럴 수가 있니?
- □ Let's **do it** again. 또 만나자.
- □ Why did you **do this[that]?** 왜 이런 일을 한 거야?
- □ You can't **do this** to me. 나한테 이러면 안되지. 이러지마.
- □ I **do this** all the time. 이런 일엔 이골이 났다.
- □ What **have** you **done** to me? 나한테 무슨 짓을 한거야?

A: If you have any questions, give me a call. 질문이 있으면 나한테 전화해.
B: I'll do that. 그럴게.

A: Sorry, I'm seeing a guy. 미안해, 다른 애 만나고 있어.
B: What! You can't do this to me! 뭐라고! 내게 이러면 안 되지!

A: Let me show you how to do this. 이거 어떻게 하는지 알려줄게.
B: Yeah! That would be great! 야! 그럼 좋지!

010 be done with …을 끝내다

아주 많이 활용해야 하는 표현. 「…을 끝내다」라는 의미로 finish보다도 많이 쓰인다. be done with 다음에는 일이 오거나 사람이 올 수도 있다. with없이 I'm (not) done((못) 끝냈어), You done?(끝냈어?)라고 할 수도 있다.

POINT

It's (all) done (다) 됐어
(Very) Well done (아주) 잘했어
What's done is done 이미 끝난 일이야
We're done for the day 그만 가자, 그만 하자
be done ~ing …하는 걸 끝내다
It's done now 벌써 끝난 일이야
All done! 모두 다했어!

- □ I'**m done with** the work. 일 끝냈어.
- □ I'**m done with** my choices. Now it's your turn. 난 선택했어. 이제 네 차례야.
- □ I think I'**m done with** you. Don't call me again. 너랑 끝난 것 같군. 다신 전화하지 마.
- □ **Are** you **done with** this? 이거 끝냈어?
- □ That can't **be done** overnight. You have to look for someone else. 저건 밤새 마칠 수 없는 일이예요. 다른 사람 찾아 보시죠.
- □ Can it **be done?** If you can't do it, you're fired. 끝낼 수 있겠어? 못하면 넌 해고야.
- □ She'**s not done with** you. She wants you back. 걘 너하고 안 끝났어. 네가 돌아오길 바래.
- □ Don't worry. I'**m done with** those plans. 걱정마. 계획 다 세웠어.

A: Can I take away your plate? 그릇을 치워도 될까요?
B: No, I'm not done with my snacks. 아니요. 아직 스낵을 다 먹지 않았어요.

A: Are you done with the Internet? 인터넷 사용이 끝났나요?
B: Yeah, you can shut off the computer. 예, 컴퓨터를 꺼도 돼요.

A: Are you done with your class today? 오늘 수업은 끝났니?
B: No. I have another class this afternoon. 아니. 오후에 또 다른 수업이 있어.

011 ~ I can do 내가 할 수 있는…

do가 can과 어울려 만드는 표현. ~(that) I can do로 여러 다양한 표현을 만들어낸다. 내가 할 수 있는 건 다했다 혹은 내가 더 이상 할 수 있는 게 없다든가 등의 표현을 만들어 낸다.

POINT

be[do] all sb can do …가 할 수 있는 모든 것이다[모든 것을 하다]
be the least[best] sb can do …가 할 수 있는 최선[최소]야
It's the best I can do 그게 내가 할 수 있는 최선야

□ I did all **I could do.** I'll just wait and see. 내가 할 수 있는 건 다했어. 이젠 지켜볼거야.

□ That's all **I can do.** Don't expect too much. 그게 내가 할 수 있는 다야. 넘 기대마.

□ I just wanted to give you some gifts. **It's the least I can do.**
네게 선물을 좀 하고 싶었을뿐이야. 최소한의 내 성의야.

□ **It's the best I can do.** 그게 내가 할 수 있는 최선야.

□ It's too late. There's not much **I can do.** 너무 늦었어. 내가 할 수 있는게 별로 없어.

□ There's nothing more **I can do.** 내가 더 이상 할 수 있는게 없어.

A: Doctor, is my father going to die? 의사 선생님, 아빠가 돌아가실까요?
B: Yes. I did all I could do for him. 그래. 나로서는 할 수 있는 것은 다했어요.

012 Neither did I 나도 안그랬어

나도 안 그랬다고 말하는 Neither did I는 상대방의 말을 받아서 하는 말로 여기서 did는 앞서 상대방이 말한 동사를 뜻한다. 반대로 나도 그렇다라고 말하려면 So do I라고 하면 된다.

POINT

So do I 나도 그래 **Neither did I** 나도 안그랬어

□ Apparently **so do I.** It's OK. 정말이지 나도 그래. 좋아.

□ Honey, **so do I.** I love you too. 자기야. 나도 그래. 나도 널 사랑해.

□ You don't go to school? **Neither do I.** 학교 안 간다고? 나도 안 가.

□ You think Tammy's lying? **So do I.** 태미가 거짓말한다고 생각해? 나도 그래.

A: He never lied to his mother or father. 걘 자신의 부모를 절대로 속이지 않았어.
B: Neither did I. I was a very honest kid. 나도 안 그랬어. 난 정말로 정직한 아이였어.

013 do without

…없이 지내다, …은 없어도 좋다(can do without)

do without은 「…없이 지내다」라는 뜻. I don't know what I would[am going to] do without~의 형태로 많이 쓰인다. 또한 can(could) do without은 「…은 없어도 무방하다」라는 뜻.

POINT
do without …없이 지내다, …없이 해나가다 **can[could] do without** …은 없어도 무방하다

- ☐ I don't know what I'd **do without** him. 걔없이 어떻게 살지 모를 정도라니까.
- ☐ What **would I have done without** you? 당신이 없었더라면 어쩔뻔 했어?
- ☐ I mean, what am I going to **do without** you? 너 없이 뭘 해야하지?
- ☐ What would you **do without** me? 나없으면 어떻게 할거야?

A: Smoking is a very unhealthy habit. 흡연은 건강에 매우 안 좋은 습관이야.
B: I know, but I can't do without cigarettes. 알지, 그런데 담배없이는 못지내.

014 do with (어떻게) …을 처리하다, 다루다, …으로 때우다, …가 필요하다(could do with)

「…을 다루다」(deal with)라는 뜻으로 많이 사용되는데 with 이하에는 사람[사물]이 올 수 있다. 모두 with 이하를 어떻게 할거야, 어떻게 한거야, 어떻게 하는거야 등으로 시제에 따라 뉘앙스가 바뀌진다.

POINT
What should I do with~? …을 어떻게 해야 할까?
I don't know what to do with …을 어떻게 해야 할지 모르다
What have you done with~?/What did you do with+명사? …을 어떻게 했니?
What are you doing with~ ? …갖고 뭐해?, …을 어떻게 하는 거야?

- ☐ I don't know what to **do with** that. 어떻게 해야 할지 모르겠어.
- ☐ I know what to **do with** a woman. 여자를 어떻게 다루는 지를 알아.
- ☐ What **have** you **done with** Cindy? 신디를 어떻게 한거야?
- ☐ I really love your place. I really love what you**'ve done with** it. 네 집 멋지다. 집 해놓은 거 정말 멋져.
- ☐ What the hell **are** you **doing with** my client? 내 고객하고 도대체 뭐하는 거야?
- ☐ I don't know what I'm going to **do with** myself now. 어떻게 해야 할지 정말 모르겠어.

A: What did you do with my history book? 내 역사책을 어떻게 한 거야?
B: I put it on the shelf above the desk. 책상 위 책꽂이에 놓아두었어.

015 Why don't you~? …하자

Why don't you~?는 무늬는 의문문이지만 실제로는 상대방에게 뭔가 제안하는 문장. I want you to~와 의미가 비슷하다. 또한 변형된 Why don't I ~?는 Let me~와, Why don't we~?는 Let's~와 각각 같은 뜻.

POINT
Why don't you ~? ~하는 게 어때? Why don't we ~? …하자
Why don't I~? 내가 …할게

- □ **Why don't you** stay here and just hang out with me? 여기 남아 나랑 놀자.
- □ **Why don't you** ask him to help you? 걔보고 좀 도와달라고 하지 그래.
- □ **Why don't we** get together on Saturday? 토요일에 좀 만나자.
- □ **Why don't you** come over for a cup of coffee? 이리와서 커피 한잔 하자.

A: I am feeling so tired right now. 나는 지금 무지 피곤해.
B: Why don't you go to bed and get some sleep? 누워서 잠을 좀 청해 봐.

016 You did what? 뭘했다고?

상대방 말의 일부분을 못 들었을 경우 혹은 믿기지 않는 이야기를 들었을 경우에 사용하는 표현. 반면 You did?나 You do?는 상대방의 말에 맞장구치는 것으로 "그랬어?," "그래?"라는 의미이다.

POINT
You did what? 뭘했다고? You did? 그랬어?
You do? 그래?

- □ **You did what?** I can't believe it. 뭘했다고? 안 믿어져.
- □ **You did what?** How come you always hit your friends? 뭘 했다고? 어째 넌 항상 네 친구들을 때리니?
- □ **You did?** What was he talking about? 그랬어? 걔는 뭐랬는데?
- □ **You do?** That's fantastic! 그래? 정말 멋져!

A: I bought a new computer for us to use. 우리가 쓸 새 컴퓨터를 샀어.
B: You did what? We can't afford that. 뭘 했다고? 우린 그럴 형편이 안 돼.

More Expressions

do something over 다시 하다(do again)

☐ Do it over again. 일을 제대로 해.

do business (with~) …와 거래를 하다

☐ It's been a pleasure doing business with you.
당신 회사와 거래하게 되어 기뻐요.

do the math 계산하다, 생각해보다

☐ You do the math. 어떻게 될지 뻔하잖아.

Don't do~ …하지 마라

☐ Don't do that anymore. 더 이상 그러지마.
☐ Don't ever do that again. 다신 그러지마.

the best thing to do 최선의 할 일

☐ What is the best thing to do for it? 그거에 최선의 방법은 무엇입니까?

do a number on …을 사기치다, 속이다

☐ You did a number on me. 내가 당했구만.

☐ **Easy does it** 1. 천천히 해, 조심조심 2. 진정해
☐ **Consider it done.** 그렇게 해줄게, 그렇게 조치해줘.
☐ **How do you do that?** 어쩜 그렇게 잘하니?
☐ **That does it.** 더는 못 참아, 이제 그만.
☐ **Easier said than done.** 말이야 쉽지.
☐ **(It's a) Done deal.** 그러기로 한거야, 이미 합의가 이뤄졌어요.
☐ **That is how it's done.** 이렇게 하는거야.
☐ **Please do as you like.** 당신의 뜻대로 하세요.(Do as you please)
☐ **What do we do now?** 이제 어쩌지?
☐ **What can I do?** 내가 (달리) 어쩌겠어?
☐ **I did it wrong.** 내가 틀렸어.
☐ **do's and don'ts.** 지켜야 될 일들.

07 존재감 팍팍 풍기는 Be

be는 A=B처럼 「…이다」라고 신분이나 정체를 말해줄 뿐만 아니라 be+부사구처럼 「…에 있다」라는 의미로 쓰인다는 것이 기본 개념. 회화에서는 뻔질나게 사용되는 be glad to, be sorry, be worried, be angry 등의 be+형용사[pp] 형태를 잘 알아두어야 회화에 강해질 수 있다. 또한 Be+형용사[명사], 혹은 그 부정형태인 Don't be+형용사[명사] 활용에도 익숙해져보도록 한다.

Be 기본개념

01. (…에) 있다

She isn't at home now. 걘 지금 집에 없어.

Why is he in such a bad mood? 걔 왜 그렇게 기분이 나쁜거야?

02. …이다

Will you be my wife? 결혼해줄래?

Let's just be friends. 그냥 친구하자.

03. be+형용사/pp~ …하다

Why are you so angry with me? 왜 나한테 그렇게 화가 난거야?

He's really bad at counting numbers. 걘 수를 세는데 정말 서툴러.

04. Don't be~ …하지 마라

Don't be such a baby! 아기같이 굴지 좀 마라!

Be a good mother. 좋은 엄마가 되어라.

001 be all right[OK] 괜찮다

all right은 괜찮은, 좋은이라는 의미로 be all right하면 be good[fine], be okay와 같은 의미. 무엇이(누가) 괜찮은지 말하려면 be all right with sb[sth]이라 한다. 참고로 be right은 상대 말이 맞다는 말.

POINT

We'll be all right if ~ ~한다면 우린 괜찮을거다
You're right/That's right 맞아
be going to be all right[fine, okay] 괜찮아질거다
be all right with ~ …가[…에게] 괜찮다
be fine by[with] …가 괜찮다

- □ Everything's going to **be all right[fine].** 다 잘 될거야.
- □ It's going to **be okay[fine].** 잘 될거야, 괜찮을거야.
- □ That'll **be fine[good].** 잘 될거야.
- □ **Is** everything **okay?** 일은 다 잘 돼?
- □ If it'**s all right with** you, I'd like to borrow it. 너 괜찮으면 그거 빌려주라.
- □ I see your point. I'**m all right with** it. 네 말 알겠어. 난 괜찮아.
- □ You'**re right about** that. 네 말이 맞아.

A: I'll go with you to your house. 너희 집까지 같이 가줄게.
B: You don't have to walk me home. I'll be okay. 집까지 바래다줄 것까진 없어. 괜찮아.

002 be there[here] 가다, 오다

가다 오다는 go, come이 있지만 회화체에서는 be there, be here로 쓰기도 한다. be there는 「거기에 있다」라는 의미로 go를, 그리고 be here는 「여기에 있다」라는 의미로 come를 각각 대신해 쓰인다.

POINT

I'll (always) be there for you 내가 (네게) 힘이 되어줄게
I've been there 1. 무슨 말인지 알겠어, 정말 그 심정 이해해 2. 가본 적 있어
We're almost there 거의 다 됐어, 거의 끝났어

- □ (I'll) **Be right there.** 곧 갈게, 지금 가.
- □ I'll **be there.** 갈게.
- □ Wait a moment. They are going to **be here.** 잠시만. 걔네들 이리 올거야.
- □ He really wants you to **be here.** 걘 네가 여기에 오길 바래.

A: Make sure that you arrive on time tomorrow. 낼 정시 도착하도록 확실히 해.
B: Don't worry. I'll be there early. 걱정하지마. 일찍 갈테니까.

003 That will be~

「그것은 …가 될 것이다」라는 뜻. 특히 돈을 지불하는 상황에서 "돈이 …가 나왔습니다"라고 말할 때 쓰는 전형적인 표현. That'll be 다음에 '돈'을 넣으면 된다. 또한 Will that be~?처럼 의문형 태로도 많이 쓰인다.

POINT

That'll be~ …가 될거야
That'll be all 저게 전부일거야, 이제 됐어
Will that be~? …인가요?

- □ Here we are, sir. **That'll be** $4.50. 다 왔습니다. 4달러 50센트입니다.
- □ **Will that be** all? 달리 더 필요한 것은 없으십니까?
- □ **Will that be** cash or charge? 현금인가요 카드인가요?(= Cash or charge?)

A: How much do I owe you? 얼마를 내야 되죠?
B: That will be three dollars and twenty-five cents. 3달러 25센트예요.

004 (Don't) Be~ …해라(하지 마라)

Be로 시작하는 명령문으로 Be nice!, Be quiet!처럼 형용사 혹은 Be a good boy!(착하게 굴어라), Be a man!(남자답게 굴어라!)처럼 명사가 와도 된다. 또한 Don't be+형용사[명사]는 상대방에게 금지하거나 신신당부할 때 사용.

POINT

Be+형용사/명사 …해
Don't be+형용사/명사 …하지마
Don't be a baby 어린애처럼 굴지마

- □ Everyone please **be quiet** for a moment. 여러분 잠시 조용히 해 주십시오.
- □ **Don't be** so serious. Let's have fun. 그렇게 심각해할거 없어. 재미있게 놀자.
- □ **Don't be** shy. You get used to it soon. 부끄러워 하지마. 금방 익숙해질거야.
- □ You're not going to get married? **Don't be** ridiculous.
  결혼하지 않을거라고? 바보같이 굴지마.
- □ I know you hate me. **Don't be** so hard on me anymore.
  날 싫어하는 걸 알아. 더 이상 날 너무 힘들게 하지마.
- □ **Don't be** so hard on yourself. 너무 자책하지마.
- □ **Don't be** a baby. 어린애처럼 굴지마.
- □ Please **don't be** sorry. It's not your fault. 미안해 할 필요가 없어. 네 잘못이 아냐.

A: Don't be so hard on yourself. 너무 자책하지마.
B: You're right. 네 말이 맞아.

005 There is[are]~ …가 있다

기초표현이지만 실제 회화에서 많이 쓰이는 몇 가지 활용표현과 함께 알아본다. There are(is)~는 '저기'의 의미는 없이 「그냥 …가 있다」라는 의미이고 Here are(is)~는 뭔가 물건을 주거나 의견을 꺼낼 때 사용하면 된다.

POINT

There are[is]+명사+~ing …가 …하고 있다
There is no+명사 …가 없다
There is no way ~ 절대 …일리가 없다
Here are[is]~ 여기 …있다
There is a possibility[chance] (S+V) …할 가능성이 있다
There is something about~[주어+동사] …에[…하는] 뭔가가 있다
There is nothing more +형용사+than~ …보다 …한 것이 없다

- □ **There is** a lot of chemistry between you and me. 너랑 나랑은 죽이 잘 맞아.
- □ **There is nothing more** important than family. 가족보다 중요한 것 없어.
- □ **There's a chance** you could get hurt. 다칠 가능성이 있어.
- □ **Here is** my card. Call anytime you want. 내 명함야. 언제든 전화해.
- □ **Here are** the files you're looking for. 네가 찾던 파일야.
- □ **That's all there is to it.** 그렇게 하면 되는 그게 전부야.

A: There is a car coming this way. 이쪽으로 오는 차가 있다.
B: I think that is my brother. 내 동생일거야.

006 The point is that~ 중요한 것은 …야

뭔가 중요하거나 핵심적인 이야기를 요약해서 한마디로 말할 때 쓰는 표현으로 「중요한 것은 …야」라는 뜻이다. The thing is (that) 주어+동사라고 해도 된다.

POINT

The point is that ~ 핵심은 …이야
The point is to+동사 핵심은 …하는 것이야
The thing is that S+V 중요한 건 …이야

- □ **The point is that** we need to fix the computer.
  중요한 건 이 컴퓨터를 수리해야 한다는거야.
- □ **The point is** I don't need this right now. 핵심은 지금은 이게 필요가 없단거야.
- □ **The thing is** I don't really believe you. 요는 내가 널 안 믿는다는거야.
- □ **The thing is** that we're moving again to another city.
  중요한 건 우리는 다른 도시로 이사간다는거야.

A: Could you please get to the point? 요지를 말씀해 주시겠어요?
B: The point is that we are bankrupt. 요점은 우리가 파산했다는 겁니다.

007 have been[gone] to …에 갔다 왔다

have been in[to]+장소는 「…에 갔다 왔어」 혹은 「…에 가본 적이 있어」라는 말. 장소명사로는 잠깐 갔다오는 역이나 미장원 혹은 좀 오래 머무르는 New York, 그리고 추상명사인 love, relation 등이 올 수 있다.

POINT

I have been to[in]~ …에 가본 적 있어, …갔다 왔어
Have you (ever) been to~? …에 가본 적 있어?
Where have you been? 어디 갔다 오는거야?

□ **I've been to** his apartment and he wasn't there.
개 아파트에 갔다왔는데 거기 없더라고.

□ **Have** you **been to** the fifth floor? 5층에는 가보셨나요?

□ You'**ve been in** love before? 전에 사랑 해본 적 있어?

□ I'**ve been to** every gym in my neighborhood. 동네에 있는 체육관은 다 다녀봤어.

A: How many times have you been to New York? 뉴욕엔 몇번 가봤어?
B: I've been there twice. 두번 가봤어.

008 be good at …를 잘하다, …에 소질이 있다

뭔가를 잘하거나 소질이 있다고 말할 때 아주 요긴하게 써먹을 수 있는 표현이다. 강조하려면 good 대신에 great를 쓰면 된다. 반대는 be poor[terrible] at~이라고 하면 된다.

POINT

be good[great] at+명사/~ing …을 잘하다
be poor[terrible] at+명사/~ing …을 잘 못하다, 서툴다

□ You can count on me. I **am good at** this. 날 믿어도 돼. 나 이거 잘 해.

□ I'**m not great with** figures. 난 숫자에 약해.

□ I don't remember the name of that blond. I'**m terrible at** names.
저 금발 여자애 이름이 뭐였더라. 난 이름을 잘 기억못해.

□ I'll make something up. I'**m good at** lying. 얘기 하나 꾸며줄게. 나 거짓말 잘해.

A: I heard you played baseball in high school. 고등학교에서 야구를 했다며.
B: I'm good at many different sports. 나는 다양한 스포츠에 능해.

009 be happy with[about] 만족하다, 좋아하다

be happy with(about)는 「…에 기쁘거나 만족할」 때 쓰는 표현. 물론 소시적에 달달 외우던 be satisfied with란 표현도 쓰인다.

POINT
be happy with[about] sb/sth …에 만족하다
I thought you would be happy with[about] …에 만족할거라 생각했어

□ I'm very happy with my decision. 난 내 결정에 무척 만족해.

□ I'm not happy about this. 이거 별로인데.

□ I thought you'd be happy about it. 난 네가 좋아할 줄 알았어.

□ What are you so happy about? 뭐가 그리 좋아?

A: How do you like your new apartment? 네 새로운 아파트 어때?
B: I'm happy with it. It's very comfortable. 만족해. 무척 편하거든.

010 be glad to …해서 기쁘다

처음 만나서 주고받는 인사인 Glad to meet you로 잘 알려진 표현. 「…하게 되어 (내가) 기쁘다」라는 의미로 I'm glad to+동사 혹은 I'm glad (that) 주어+동사로 문장을 만들면 된다. I'm을 생략하기도 한다.

POINT
I'm glad to+동사[that 주어+동사] …해서 기쁘다
I'm pleased with+명사/to+동사 …해서 기쁘다

□ That's great. I'm glad you like it. 잘됐네. 네가 좋아한다니 나도 좋아.

□ I'm glad to hear that. 그 얘기를 들으니 기쁘네.

□ I'm glad you feel that way. 그렇게 생각한다니 기뻐.

□ I'm glad you think so. 그렇게 생각해주니 기쁘네.

□ I'm glad you're back. I really need your help.
돌아와줘 기뻐. 정말 네 도움이 필요해.

A: You're always so generous. 넌 항상 마음씨가 그렇게 좋아.
B: I'm glad you think so. 그렇게 생각해줘서 고마워.

011 be angry with …에게 화나다

get angry에서도 나온 표현들이지만 be angry(mad, upset)의 형태도 무척 많이 쓰인다. 화난 형용사들이 어떤 전치사와 잘 어울리는지 잘 기억해두어야 한다.

POINT

be angry with[at] …에 화나다
be mad at[about] …에 화나다
be upset about[with]~ …에 화나다

□ Why **are you so angry at** me? 왜 그렇게 나한테 화를 내는 거죠?

□ Don't **be mad at** him, it's our fault. 걔한테 화내지마, 우리 잘못인데.

□ I'**m not upset about** anything. 나 아무것에도 화 안났어.

□ I wonder if the boss **is still angry with** me. 사장이 나한테 아직도 화가 나 있는지 궁금해.

A: Why are you so angry at me? 왜 그렇게 나한테 화내는거야?
B: Because you said I was fat and ugly! 내가 뚱뚱하고 못생겼다며!

012 be worried about …을 걱정하다

「…가 걱정되다」는 말로 I'm worried 단독으로 쓰이기도 하고 걱정되는 것을 말하려면 I'm worried about~ 혹은 I'm worried (that) 주어+동사 형태로 쓰면 된다. be concerned about~은 「…에 대해 관심을 갖다」.

POINT

I'm worried about sth/sb [~ing] …을 걱정하다
I'm worried (that) S+V …을 걱정하다

□ I'**m so worried about** my wedding ceremony. 내 결혼식이 걱정 많이 돼.

□ She'**s so worried about** paying the debt. 걘 빚을 갚는 걸 매우 걱정하고 있어.

□ We **were all so worried** we were losing you. 우린 모두 너를 잃을 까 걱정했어.

□ I'**m just worried about** the test results. 난 시험결과가 걱정이 될 뿐이야.

A: You seem to be worried about something. 너 뭐 걱정하는 게 있는 것처럼 보여.
B: I have a job interview this afternoon. 오늘 오후에 취직 면접이 있어.

013 be supposed to ~ …하기로 되어 있다

'be supposed to+동사'는 「…하기로 되어 있다」, 「…하는 것이 당연하게 받아들여지다」라는 뜻으로 회화에서 무척 많이 쓰이는 표현. 함께 be+과거분사~ 형태인 표현들을 정리해본다.

POINT

be tied up (+ ~ing) (~하느라) 꼼짝달싹 못하다 be scheduled to~ …할 예정이다
be disappointed at[about, to]~ …에 실망하다
be interested in~ …에 관심이 있다 be related to~ …와 관련이 있다[친척이다]
be surprised to~ …하는 것을 보고 놀라다
be committed to + N[~ing] ~하는 데 전념하다

- □ **Am I supposed to** meet the client today? 내가 오늘 고객을 만나기로 되어있던가?
- □ **I am not supposed to** be here. 난 여기 있으면 안돼.
- □ When **is** he **scheduled to** arrive at the airport?
  그 사람이 공항에 언제 도착할 예정이니?
- □ **I'm not interested in** playing golf. 골프치는 데 관심없어.

A: When is the show supposed to start? 쇼는 언제 시작하기로 되어있지?
B: Just after seven o'clock. 7시 바로 지나서.

014 be sorry about …가 미안해

간단히 I'm sorry about[for]+명사로, 혹은 I'm sorry to+동사, I'm sorry (that) 주어+동사의 형태로 많이 쓰인다. 사과나 위로할 때 쓴다. 또한 미안한 행동[말]을 하기 앞서 I'm sorry, (but) 주어+동사라고 하기도 한다.

POINT

I'm sorry about/for+명사 …가 미안해 I'm sorry (that) S+V …해서 미안해
I'm sorry, but S+V 미안하지만 …해
You will be sorry if you don't~ …하지 않으면 후회할거야

- □ **I'm sorry to** hear that. 그렇다니 정말 유감이네요.
- □ **I'm sorry** I'm late again but I got stuck in traffic.
  또 늦어서 미안해. 차가 많이 막혔어.
- □ **I'm sorry** I didn't get back to you sooner. 더 빨리 연락 못 줘서 미안해.
- □ **I am sorry, but** I'm going to be a little late. 미안, 좀 늦을 것 같아.
- □ Never do that again. **You'll be sorry** later. 다시는 그러지마. 나중에 후회할거야.

A: Do you want to break up with me? 나하고 헤어지고 싶은 거야?
B: I have to. I'm sorry about that. 그래야겠어. 미안해.

015 be able to …을 할 수 있다

can과 같은 의미로 be able to+동사하면 「…을 할 수 있다」라는 의미이다. 특히 will can~으로 쓰이지 않기 때문에 미래형 문장에서는 can를 대신하여 will be able to~로 쓰인다.

POINT

be able to+V …을 할 수 있다　　will be able to+V …을 할 수 있을거다

- □ Will you **be able to** attend? 참석할 수 있어?
- □ We hope you'll **be able to** join us. 우리와 함께 했으면 해.
- □ How soon will you **be able to** get here? 언제쯤 여기에 도착할 수 있죠?
- □ Are you sure you'll **be able to** do it? 정말 너 그거 할 수 있어?

A: We hope you'll be able to join us. 함께 할 수 있으면 좋겠는데.
B: I hope so too... it sounds like fun! 나도 그러고 싶어… 재미있겠다!

016 be ready …할 준비가 되어 있다

의미를 알고 있어도 회화에서 사용 못하면 모르는 셈. be ready는 「…할 준비가 되어 있다」는 의미로 be ready to[for]~의 형태로 쓰인다. be 대신 get을 써도 되며 또한 아예 be를 빼고 사용되기도 한다.

POINT

be ready to+동사/for+명사 …할 준비가 되어있다
(I'm) Ready to/for~ 난 …할 준비됐어

- □ **Are you ready to** order your food? 주문하시겠어요?
- □ Your room won't **be ready** until one o'clock. 한 시 후에나 방이 준비됩니다.
- □ When will it **be ready?** I guess we're going to be late.
  언제 준비 돼? 우리 늦을 것 같아서.
- □ I'**m not ready to** be a father. 난 아빠가 될 준비가 안되어 있어.

A: What would you like to eat? 뭘 드실래요?
B: We're not ready to order yet. 아직 결정 못 했어요.

017 be sure to 반드시 …하다

상대방에게 반드시 …하라고 당부하거나 주의를 줄 때 사용되는 표현. 명령문 형태로 Be sure to~라 해도 되고 혹은 I'll be sure to~라 해도 된다.

POINT

Be sure to+동사 반드시 …해라　　I'll be sure to+동사 반드시 …할게

□ **Be sure to** check them all. 다 점검해봐.

□ You'll **be sure to** send me flowers first. 내게 꽃 먼저 꼭 보내.

□ I'll **be sure to** double-check everything from now on. 지금부터 모든 걸 반드시 재확인할게.

□ I'll **be sure to** give him your shoe. 꼭 걔한테 네 신발을 줄게.

A: I'm going to stay up late tonight. 오늘 밤 늦게까지 깨어있을 거야.
B: Be sure to brush your teeth before going to bed. 잠자리 들기 전에 꼭 양치질해라.

018 be worth ~ …만큼의(할만한) 가치가 있다

알지만 실제 활용하기가 좀 어려운 단어. be worth 다음에 전치사 없이 바로 명사나 동사의 ~ing를 붙이면 된다. 다만 「…의 가치가 있는」이란 의미로 명사 뒤에 쓰일 때는 worth of라고 쓴다.

POINT

be worth+명사[~ing] …할 가치가 있다　　명사+worth of~ …의 가치가 있는

□ You'd better try. It will **be worth** it. 한번 해봐. 그만한 가치가 있을거야.

□ **Is it worth** it? Are you sure about that? 그럴만한 가치가 있어? 확신해?

□ This **is worth** $30,000. 이건 3만 달러 가치야.

□ It's too hard. It's **not worth** it. I quit. 너무 힘들어. 그럴 가치가 없어. 나 그만둔다.

A: That is a very nice sports car. 저건 매우 좋은 스포츠카야.
B: It is worth a huge amount of money. 상당히 비싼 값어치가 있지.

Be

019 be better[worse] 더 좋다, 나쁘다

어떤 것보다 더 좋거나 나쁘다라는 뜻으로 단독으로 혹은 ~than 이하에 비교대상을 넣을 수도 있다. Could be better(worse)가 되면 의미가 좀 까다로워지며 또한 not ~ better가 되면 최상급 표현이 된다.

POINT
(Things) Could be better 별로야, 그냥 그래 **(Things) Could be worse** 잘 지내
(It) Couldn't be better 더 이상 좋을 순 없어, 최고로 좋아
It would be better (for~, than~, if 주어+동사) (…에게, …보다, …한다면) 그게 더 나을 수도 있어

☐ **That's better.** 그게 더 나아.

☐ **It's better than** your first plan. 네 처음 계획보다 더 나아.

☐ **It would be better if** she didn't come tonight.
걔가 오늘밤에 오지 않으면 더 나을 수 도 있어.

☐ **It could be better, but** it's going to be okay, right?
별로지만, 괜찮을거야, 맞아?

A: The coffee here is better than other restaurants. 이곳 커피가 다른 레스토랑보다 더 좋아.
B: Is that why you like to come here so much? 그래서 네가 이곳에 오는 것을 좋아하는구나?

020 It's not that ~ …하다는게 아니야

뭔가 부정할 때 사용하는 표현. It's not that하면 「그런 게 아냐」, 뒤에 형용사를 붙이면 「그 정도로 …하지 않다」는 의미. 그리고 It's not (that) 주어+동사하면 「…한 게 아니라」고 상대방의 생각을 부정할 때 사용한다.

POINT
It's not that (at all) (전혀) 그런 게 아냐 **It's not that+형용사** 그 정도로 …한게 아니야
It's not (that) S+V …한 게 아냐

☐ **It's not that** we're not having a lot of fun at the party.
파티가 재미없을거라는게 아냐.

☐ **It's not that** we don't care about the employees.
직원들을 신경쓰지 않는다는게 아냐.

☐ **It's not that** we don't like you. 우리가 널 싫어하는 건 아냐.

☐ **It's not that** I don't love you. 내가 너를 사랑하지 않는게 아냐.

A: You really don't like me, do you? 너 정말로 나를 좋아하지 않지, 그지?
B: It's not that I don't like you. I just don't know you.
너를 좋아하지 않는 것이 아니야. 단지 너를 알지 못한다는거야.

021 be the one who~ …가 …한 사람이야

일종의 강조용법으로 「…을 한 사람은 …이다」라는 뜻. 「내가 …했잖아」라고 하려면 I'm the one who~, 「네가 …했잖아」라고 하려면 You're the one who~라고 하면 된다.

POINT

I'm[You're] the one who~ …한 사람은 나야[너야]
Will sb be the one who~? …가 …한 사람일까?

☐ **I'm the one who** made him quit smoking. 걔 담배를 끊게 한 건 바로 나야.

☐ **You're the one who** ended it, remember? 그걸 끝낸 건 바로 너야. 기억해?

☐ I guess **he's the one who** needs a job right now.
직장이 필요한 사람은 바로 걔일거야. .

☐ **He's the one who** slept with someone else. Let's kick him out.
걔가 다른 사람하고 잤잖아. 걔를 내쫓자.

☐ **She's the one who** agreed with you! 너랑 동의한 사람은 바로 걔야!

☐ Will Jane **be the one who** he loves truly? 걔가 진짜 사랑한 사람은 제인일까?

A: Pat is going to be fired from our workplace. 팻이 직장에서 해고될거래.
B: I don't want to be the one who tells her. 내가 그 소식을 걔에게 전하는 사람이 되고 싶지 않아.

022 be in trouble 곤경에 처하다, 혼나다

be in~하면 「…상태에 빠지다」라는 말로 be in trouble하면 「어려움에 빠지다」. 반대로 「…을 어려움에 빠지게 하다」는 get sb in trouble, 「…하면 곤경에 빠질거다」라고 경고하려면 ~will be in trouble if~ 라 하면 된다.

POINT

be in a good[bad] mood 기분이 좋다[나쁘다]
be in charge of …을 책임지고 있다
be in the way of …에 방해가 되다
be in the family way 임신중이다

☐ You're **already in trouble.** There's nothing I can do about it.
넌 이미 곤경에 처했어. 내가 어떻게 할 수 있는게 없어.

☐ You'**re in trouble,** aren't you? 넌 어려움에 처했지, 그렇지 않아?

☐ Our marriage **was in trouble** again. 우리 결혼이 또 난관에 봉착했어.

☐ She'**s in a good mood** tonight. 걘 오늘 기분이 좋아.

☐ I'**m not in charge of** here. Do you want to talk with the manager? 여기 책임자가 아녜요. 매니저분하고 얘기하실래요?

A: Give me a hand. I'm in trouble. 도와줘. 난처한 일이 생겼어.
B: What kind of help do you need? 어떤 도움이 필요한거야?

023 be out of one's mind 제정신이 아니다

be out of~는 「…에서 멀어지는」 것으로 be out of town하면 「출장가다」, be out of one's mind하면 「정신이 나가다」, 그리고 be out of luck하게 되면 「운이 없다」라는 뜻이 된다.

POINT

be out of town/be out on business 출장중이다
be out of one's mind 제정신이 아니다
be out of time 시간이 없다
be out of luck 운이 없다
be out of one's league …의 상대가 안되다
be out of the woods 어려운 고비를 넘기다

- ☐ I'll **be out of town** all next week. 다음 주 내내 출장야.
- ☐ He **is out on business.** He'll not be in today. 외근중이에요. 오늘 안들어오세요.
- ☐ What are you doing? You**'re out of your mind!** 뭐해? 제정신이 아니구나!
- ☐ You**'re out of luck.** 넌 운이 다 됐어.
- ☐ Let's hurry up do this. We**'re out of time.** 서둘러 이거 하자. 시간이 없어.
- ☐ She **is out of the woods.** She is very strong. 걘 어려운 고비는 넘겼어. 걘 강인해.

A: I spent all of my money on my stamp collection. 우표수집에 돈을 다 썼어.
B: Your stamp collection? You must be out of your mind.
우표 수집이라구? 너, 정신이 나갔구나.

024 be on a first-name basis

(성이 아니라) 이름을 부르는 사이다, 친한 사이다

be on은 「…위에 놓여 있거나」, 「 어떤 상태로 있음」을 말할 때 사용된다. be on the way는 가는 중이다, be on the phone call은 통화중이다, 그리고 식당 등에서 be on sb하면 「…가 내겠다」는 표현이 된다.

POINT

be on the[one's] way to~ …로 가능 중이다
be on a first-name basis 친한 사이다
be on sb[the house] …가 지불하다
be on the phone 통화중이다

- ☐ It's going to be okay. I**'m on my way.** 괜찮을거야. 나 지금 가고 있어.
- ☐ She **is on her way to** the office. 걘 회사로 가고 있어.
- ☐ Let me treat you. This one**'s on me.** 내가 대접할게. 이거는 내가 낼게.
- ☐ We **are on a first-name basis.** 우리는 야자하는 사이야.
- ☐ Hold on a moment. The boss **is on the other line.** 잠시만요. 사장님은 통화중예요.

A: Have you ever met Mr. Johnson? 존슨 씨를 만나봤어?
B: Yes, we're on a first name basis with each other. 어. 서로 이름 부를 정도로 친한 사이야.

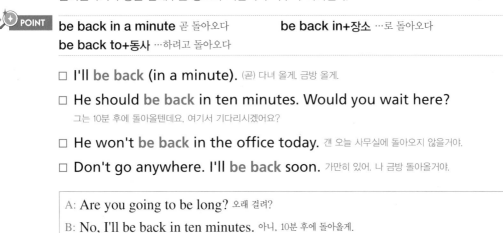

025 be back 돌아오다

잠시 자리를 비웠다가 다시 돌아온다는 말. be back 단독으로 쓰이거나 언제 돌아오거나 어디로 돌아온다거나 등을 말해주는 장소와 시간의 부사구가 이어진다.

POINT
be back in a minute 곧 돌아오다
be back in+장소 …로 돌아오다
be back to+동사 …하려고 돌아오다

□ I'll **be back** (in a minute). (곧) 다녀 올게, 금방 올게.

□ He should **be back** in ten minutes. Would you wait here?
그는 10분 후에 돌아올텐데요, 여기서 기다리시겠어요?

□ He won't **be back** in the office today. 걘 오늘 사무실에 돌아오지 않을거야.

□ Don't go anywhere. I'll **be back** soon. 가만히 있어. 나 금방 돌아올거야.

A: Are you going to be long? 오래 걸려?
B: No, I'll be back in ten minutes. 아니, 10분 후에 돌아올게.

026 be into …에 빠지다, 관심을 갖다

「…안에(into) 있다(be)」는 의미로 어떤 취미나 활동에 관심을 갖고 몰두해 있는 것을 말한다. be into sb하면 「…에게 반해서 푹 빠져있는」 것을 뜻한다.

POINT
I'm not into it 나 그거 안해
She's so into me 걘 나한테 푹 빠졌어

□ You're not telling me you'**re into** this stuff?
네가 이런 거에 관심있다는 말은 아니지?

□ I can't believe you'**re into** it. 네가 이거에 관심있다니 놀랍군.

□ You'**re into** porn movies, right? You downloaded a lot?
너 야동에 빠져있지, 맞지? 다운 많이 받았어?

□ Since when **are you into** jazz music? 언제부터 재즈에 빠졌어?

A: Jeffrey seems to be into computer games. 제프리가 컴겜에 빠진 것 같아.
B: He plays them for hours every evening. 매일 저녁 몇 시간씩 게임을 하고 있어.

Be

027 **be off** 가다(leave)

off는 '분리'와 '이탈'을 뜻하는 것으로 be off하면 「…로 가다」라는 표현. 목적지를 말하려면 be off to+명사, 왜 가는지 말하려면 be off to+[동사]라 하면 된다. 또한 be off에는 전기[수도] 등이 꺼져 있다는 의미도 있다.

POINT

be off (to+장소) (…로) 가다
be off bed 자러가다
be off to+동사 …하러 가다

- ☐ I'm sorry! I must **be off** right now. See you soon.
  미안해! 나 지금 바로 가야 돼. 곧 다시 봐.
- ☐ (I'd) Better **be off.** I'll catch you later. 먼저 일어나야겠어. 나중에 보자.
- ☐ He'**s off to** see his girlfriend. 걔 애인 만나러 갔어.
- ☐ I'**m off to** bed! You two have fun. 나 자러간다! 너희들 재밌게 보내.

> A: Did you turn off the lights before you left? 너 나가지 전 전등을 껐니?
> B: Yeah, the lights are off in the classroom. 그럼. 교실 불을 껐어.

028 **be over** …을 넘다, 끝나다, 도처에 보이다

단순히 be over+숫자로 써서 「…이상이다」라는 뜻으로 혹은 there, here와 결합하여 be over there(here), 그리고 어떤 관계나 일이 끝났음을 말하기도 한다.

POINT

be over+숫자~ …이상이다
be over there[here] 저기[여기] 있다
be over (일, 관계 등이) 완전히 끝나다

- ☐ The game[party] **is over.** 게임은[파티는] 끝났어.
- ☐ The bathroom'**s over there.** Go wash your hands.
  화장실은 저기에 있어. 가서 손 씻어.
- ☐ It'**s over** between us. Forget me. 우리 사이는 끝났어. 날 잊어.
- ☐ The important thing is it'**s over** and it doesn't matter.
  중요한 건 끝났다는 거고 중요하지 않다는거야.
- ☐ You have to believe me. It'**s over** now. 날 믿어야 돼. 이제 끝났어.

> A: The meeting will be over in two hours. 2시간이면 회의가 끝날거야.
> B: That's good. I need to get back to work. 좋아. 내가 일하러 가야 되거든.

029 be with …와 함께 있다, …와 지내다

be with~는 「…와 함께 있다」라는 말. 완료형태로 have been with sb하면 가족이나 직장, 혹은 연인으로 알고 지내오는 것을 뜻한다. 또한 상대가 평소와 좀 다를 때는 걱정하며 What's with~?라고 물어 본다.

POINT

be with …와 함께 있다
have been with sb …와 알고 지내다
What's with sb[sth]? …는 왜그래?
I'll be right with you 잠시만, 곧 돌아올게

- □ I'll **be right with** you. 곧 돌아올게..
- □ Wait here a moment. The doctor will **be right with** you.
  여기서 잠시만 기다려요. 선생님이 금방 오실 거예요.
- □ I **haven't been with** a woman in some time. 한동안 여자를 못 사귀어봤어.
- □ She's **been with** us so long, she's more like family.
  걘 우리랑 오랫동안 지내왔어. 가족 이상이야.
- □ I've only **been with** one woman my whole life. 평생 한 여자밖에 없었어.
- □ You are acting strangely today. **What's with** you?
  너 오늘 행동이 이상해. 무슨 일이야?
- □ **What's with** you? You're acting like a kid. 왜 그래? 애처럼 굴고 말이야.
- □ **What's with** your clothes? You had a fight? 옷이 왜 그래? 너 싸웠니?

A: How can you say that you don't love me? 네가 어떻게 날 사랑하지 않는다고 말할 수 있니?
B: It's true. I don't want to be with you anymore.
그건 사실이야. 너하고 더 이상 같이 있고 싶지 않아.

A: How will you be spending the Christmas holiday?
크리스마스 휴일을 어떻게 지내려고 하니?
B: I'm going to be with my family at home. 집에서 가족들하고 지내려고 해.

A: How many women have you been with? 지금까지 사귄 여자가 몇명야?
B: Five. 다섯 명.

030 be up 끝나다, 기분좋다, …을 꾀하다, …에 준비되다

be up하면 시간이 다되다 혹은 기분이 좋다라는 뜻으로 be up for~하면 「…할 준비가 되어 있다」, 그리고 be up to sth하면 「…을 꾀하다」는 뜻. It's up to you처럼 be up to sb하면 「…가 결정하다」라는 뜻.

POINT

be up 끝나다, 시간이 다 되다
be up for …할 준비가 되다
be up to sb …가 결정하다

□ What **have you been up to?** 뭐하고 지냈어?

□ I know what you**'re up to. You're always up to** something.
네 속셈 다 알아. 넌 항상 뭔가 꾸미더라.

□ The son of a bitch **is up to** something. 그 개자식이 뭔가 꾸미고 있어.

□ All this stuff **is up for** auction. 이 모든 물건은 경매에 나온거야.

A: This project will take me hours to finish. 이 프로젝트를 끝내려면 몇시간 걸릴 거야.
B: I'll bet you'll be up all night working on it. 네가 밤새 일하게 될거야.

More Expressions

be in touch 연락을 취하다

☐ I will be in touch. 제가 연락을 할게요.

be oneself 평소 자신의 모습이다

☐ Just be yourself. 평소대로 자연스럽게 해.
☐ You're not yourself. 평소의 너답지 않구나. 평소랑 다르구나.

be in[out] 같이 하다, 하지 않다

☐ You are in. 너도 하자.

be behind …의 편이다, …을 지지하다

☐ I'm 100% behind you. 난 전적으로 네 편이야.
☐ We're behind you all the way. 우리는 너를 계속 지지해.

be on time 제 시간에 오다

☐ You're on time. 제 시간에 오셨군요.

be on the same page 같은 생각이다

☐ We're on the same page. 우린 같은 생각이야.

be off base 틀리다, 어긋나다

☐ You're way off base. 넌 완전히 틀렸어.
☐ You are a bit off base. 당신 얘기는 사실과 거리가 좀 멀어요.

be about to …하려고 하다

☐ We are about to begin the meeting. 곧 회의를 시작하겠습니다.

be to blame …의 책임이다

☐ You're to blame. 네 책임이지.
☐ Somebody is always to blame. 항상 누군가 책임지게 되어 있어.

be in one's ~ …대야

☐ She's in her early twenties.그녀는 20대 초반야.

It won't be long before~ 머지 않아 …하다

☐ It will not be long before she gets married. 걘 머지않아 결혼할거야.

be late 늦다

☐ I might be about 30 minutes late. 한 30분 늦을 것 같아.
☐ You're 30 minutes late. 넌 30분 늦었어.

More Expressions

be available to + V …할 시간이 있다

☐ I'm not available to meet you this weekend.
이번 주말에 널 만날 시간이 안돼.

be familiar with …에 익숙해지다

☐ She's not familiar with the city. 걘 이 도시가 낯설어.

be allergic to …에 앨러지 반응이 나다

☐ He's allergic to shrimp. 걘 새우에 앨러지 반응이 나.

So be it 그래, 그렇게 해, 맘대로 해

☐ You want to sue me? So be it. 날 고소하고 싶다고? 맘대로 해.

08 가져도 또 갖고 싶은 맘

Have

물론 get에는 못 미치지만 의미의 다양성, 사용빈도 면에서 다른 동사보다 월등하다. 많은 경우 get동사가 자리를 넘보고 있지만 기본적으로 뭔가, 그게 사람이든, 사물이든, 음식이든, 병이든 갖고 있다라고 할 때 사용된다. 특히 get처럼 사역동사로도 쓰이며 또한 have 다음에 다양한 동작명사가 와서 다양한 숙어를 많이 만들어낸다.

Have 기본개념

01. 가지다, (몸에) 지니고 있다, (…에) …가 있다

Do you have a boyfriend now? 남자친구 있어?

Do you have a room for tonight? 오늘 밤 방 있어요?

I don't have any brothers. 형제가 아무도 없어.

02. 음식을 먹다, 섭취하다, (병에) 걸리다

Let's have spaghetti. 스파게티 먹자.

I'd like to have a diet Coke. 다이어트 콜라 먹고 싶어.

Do you have a high temperature? 열이 많아요?

03. have+목적어+동사원형[pp] …하게 하다, …상태로 되다

Have him come downstairs. 걔 1층으로 내려오라고 해.

04. have to+동사원형 …해야 한다

I have to make money. 난 돈을 벌어야 돼.

You have to go now. 넌 이제 가야 돼.

001 have+음식 …을 먹다

have 다음에 다양한 음식명사가 오게 되면 「…을 먹다」라는 의미로 eat과 같아 have a meal하면 「식사하다」가 된다. 점심은 have lunch, 저녁은 have dinner라 하면 된다.

POINT

have a drink 술마시다
have the same 같은 걸로 먹다
have dinner[lunch] (with~) …와 저녁[점심]하다

□ I'll **have the same.** 같은 걸로 주세요.

□ Let's go **have a drink** together, tonight. 오늘 저녁 함께 술 마시자.

□ What would you like to **have?** 뭘 드시겠어요?

□ Can I **have some water?** 물 좀 줄래?

A: Do you have time to have dinner? 저녁 먹을 시간 있어?

B: No, not really. I must be going now. 아뇨, 실은 없어. 지금 가봐야 해.

002 have+병 …에 걸리다

이번에는 have 다음에 병을 지칭하는 단어가 오게 되면 …가 아프다, …을 앓고 있다라는 뜻이 된다. I have a slight[bad] cold하면 감기가 좀[심하게] 걸렸어, I have a toothache하면 치통이 있어, 그리고 I have a stomachache하면 배가 아파가 된다.

POINT

have a cold 감기에 걸리다
have a toothache 이가 아프다
have a stomachache 배가 아프다

□ I **have a high temperature.** Get me to the hospital.
열이 많이 나. 병원에 데려다 줘.

□ I **have food poisoning.** I can't eat today. 식중독이야. 오늘 못먹어.

□ I **have a hangover.** I have to call in sick. 술이 아직 안깼나봐. 병가 내야 돼.

□ Is it possible that I **have cancer?** 내가 암일 수도 있나요?

□ It seems like a lot of people **have cancer.** 많은 사람들이 암에 걸리는 것 같아.

A: I'm never drinking again. 다시는 술을 마시지 않을거야.

B: Give me a break, you're just saying that because you have a hangover.
헛소리 작작해. 숙취 때문에 하는 소리잖아.

003 have sb[sth]~ …가 …한 상태이다

have sb[sth] 다음에 형용사나 전치사구가 오는 경우로 의미는 「…가 …한 상태이다」. Have one's hands full하면 「무척 바쁘다」, have the phone on vibrate하면 「핸폰을 진동으로 해놓다」가 된다.

POINT **have sb[sth]+형용사** …가 …하다 **have sb[sth]+전치사구** …가 …상태이다

- □ We're going to **have** everything **ready.** 모든 걸 다 준비해놓을거야.
- □ I **have** my hands **full!** Go have fun yourself.
  너무 바빠서 다른 일을 할 겨를이 없어! 너나 가서 재밌게 놀아.
- □ I **have** a lot **on my plate.** 신경쓸게 많아요, 할 일이 많아요.
- □ You two really **have** something **going,** don't you?
  너희 둘, 정말로 뭔가가 잘되고 있는 거지?

A: We have everything ready for the conference. 만반의 회의준비를 다했어.
B: Well done. The president will be here soon. 잘했어. 사장님이 곧 도착할거야.

004 have sb+동사/~ing …시키다, …하게 하다

have가 사역동사로 쓰인 경우. have+사람+동사는 주어가 '사람'이 '동사'하도록 시킨다는 의미이다. 앞서 배운 사역동사 get과 의미는 같지만 get은 동사 앞에 to가 나와 get+사람+to 동사의 형태가 된다는 점이 다르다.

POINT **have sb+동사** …가 …하도록 시키다 **have sb+ ~ing** …가 …하도록 하게 하다

- □ I'll **have** him **call** you back. 걔보고 네게 전화하라고 할게.
- □ I will **have** my secretary **work** on the file. 비서보고 그 서류 작업하라고 할게.
- □ **You had it coming!** I knew it. 네가 자초한거야! 그럴 줄 알았어.
- □ Take her to lunch and **have** her **get** dessert. 걔 데리고 나가서 점심과 후식 좀 사줘.

A: We need some help on Saturday night. 토요일 저녁 도움이 좀 필요해.
B: Have Dave work with you until you finish. 데이브가 끝까지 너를 돕도록 해.

Have

005 have sth+ pp …가 …되도록 하다

목적어인 '사물'을 누가 'pp'하게 하였다라는 말. 즉 내가 「그 사람을 시켜 …하게 하였다」라는 뜻. 예로 I had my car washed하면 내가 세차장 직원에게 내 차를 닦게 하였다, 즉 "세차했어"가 되는 것이다.

POINT

have my car washed 세차하다

- □ Can I **have** these **delivered** to this address? 이거 이 주소로 배달되나요?
- □ Call the police! I **had** my bag **stolen!** 경찰불러요! 가방 소매치기 당했어요!
- □ How do I look? I **had** my hair **cut** yesterday. 나 어때? 어제 머리 깍았어.
- □ She **had** her teeth **pulled** out. 이를 뽑았어.

A: You look like you are upset. 네가 힘들어 보이네.
B: I have to have some of my teeth pulled out. 이 몇 개를 뽑아야 해.

006 have+동작명사 …하다

앞서 나온 get이나 take처럼 have 또한 bath, reservation, fight 등의 동작명사를 목적어로 받아 빈출 동사표현을 만든다.

POINT

have a fight 싸우다 **have a talk** 이야기하다

- □ I **have a reservation** under the name of James Smith.
  제임스 스미스라는 이름으로 예약을 했는데요.
- □ We're **having a big sale** this week. 이번 주에 세일을 크게 해요.
- □ Can we **have a talk?** It's about your wife.
  이야기 좀 할 수 있겠니? 네 아내 이야기야.
- □ Did you guys **have a fight?** Who won? 너희들 싸웠니? 누가 이겼니?
- □ I'm **having a little chat with** her. 난 걔랑 좀 얘기나누는 중이야.

A: Ray got drunk and had a fight with his wife. 레이가 취해서 부인하고 싸웠대.
B: Did anyone tell him to calm down? 누가 걔에게 진정하라고 이야기 했니?

007 have to+동사

「…해야 한다」라는 뜻으로 본동사에 '강제'의 의미를 부여한다. 조동사는 아니지만 마치 조동사처럼 쓰이는 것으로 과거일 때는 had to를 그리고 미래일 때는 will have to라 쓴다.

POINT

I have to 나는 …해야만 한다 **You have to+동사원형** 넌 …해야 돼
I have to admit that ~ ~한 것을 인정하지 않을 수 없다
You don't have to …할 필요없어, …하지 않아도 돼
Do I have to ~? 내가 …해야 하나요?
What do I have to ~? 내가 무엇을 …해야 하나요?
The first thing we have to do is + V 우리가 우선적으로 해야 할 일은 …이다

□ I'm sorry, but I **have to** cancel my reservation. 미안하지만 예약을 취소해야겠어요.
□ I **have to** go now. 나 가야 돼.
□ I **have (got) to** go. I'll call you later. 이제 가봐야겠어, 이제 끊어야 돼. 나중에 전화할게.
□ I **have to** tell you something. I love being alone.
정말이지, 할 말이 있는데 난 혼자 있는 걸 좋아해.
□ Act your age. You **have to** grow up. 나이 값 좀 해. 철 좀 들어야지.
□ **Do I have to** make a reservation? 예약해야 하나요?
□ **Do I have to** wait here until she gets in? 걔가 돌아올 때까지 여기서 기다려야 해요?
□ It's totally my fault. **You don't have to** say you're sorry.
전적으로 내 잘못이야. 미안하단 말은 할 필요 없어.

A: You don't have to say you're sorry. 미안하단 말은 할 필요 없어요.
B: Sure I do. It was all my fault. 어떻게 그래요. 이게 다 제 잘못인데.

A: I have to leave right away for the meeting. 회의가 있어 짐 당장 가야겠는데.
B: I'll catch up with you later. 나중에 다시 연락하지 뭐.

A: I'd be pleased if you could join us for dinner. 저녁을 함께 했으면 좋겠네요.
B: I'll have to call my wife first. 아내에게 먼저 전화를 해보고요.

008 had better+동사 …하는 것이 낫다

You'd better+동사는 친구나 아랫사람에게 하는 말. 「…해라」, 「…하는 게 좋을 것이다」라는 뜻으로 충고 내지는 경고로 쓰인다. 보통 줄여서 You'd better, I'd better, we'd better로 쓰고 아예 had를 빼고 I(We, You) better라고 쓰기도 하고 심지어는 인칭도 빼고 Better+동사라 쓰기도 한다.

POINT **You'd better+ 동사** …하도록 해 **You'd better not+동사** …하지 마

□ **You'd better** hurry up. We might be late. 서둘러. 늦을지 몰라.

□ **You'd better** not go outside. It's raining. 나가지 마. 밖에 비와.

□ **You'd better** do it right now. 지금 당장 그거 하도록 해.

□ **We'd better** hurry. The movie starts in ten minutes.
서둘러야 돼. 영화가 10분 후에 시작해.

A: How can I be successful in the future? 앞으로 어떡해야 성공할 수 있나요?
B: You had better find a stable job and make some money.
안정된 직업을 찾아서 돈을 버는 것이 좋겠지.

009 Rumor has it~ …라는 소문을 들었어

뒷담화를 좋아하는 사람들이 갖가지 남 얘기를 꺼낼 때 쓰는 표현. 「소문에 의하면 …하다」라는 뜻으로 Rumor has it~ 다음에 주어+동사의 문장을 넣으면 된다. get wind of와 같은 뜻이며 Rumor 대신 Word를 써도 된다.

POINT **Rumor has it S+V** …라는 소문을 들었어 **get a wind of~** …라는 소문을 듣다

□ **Rumor has it** he's going to quit. 걔가 그만둘거라는 소문을 들었어.

□ **Rumor has it** the store's going to shut down.
소문에 의하면 그 가게가 문닫을거래.

□ **Rumor has it** you're going back to New York.
소문에 의하여 네가 뉴욕으로 돌아간다던대.

□ **Rumor has it** that we're going to get a 10 percent raise.
소문에 의하면 우리 급여 10프로 인상될거래.

A: Brad and Allison were arguing this morning.
브래드하고 앨리슨이 오늘 아침 다투고 있었어.
B: Rumor has it that they might break up. 소문에 의하면 걔네들이 헤어질거래.

010 May I have~? …을 주실래요?

상대방에게 정중하게 뭔가 요청하는 May I+동사~? 형태에서 동사가 have로 쓰인 경우이다. 「…을 주실래요?」라는 의미로 Can I have~?보다 더 공손하다.

POINT
May I have~ ? …을 주실래요? Can I have ~? …을 해줄래?

- □ **May I have** your email address? 이메일 주소 알려줄래요?
- □ **May I have** your name again, please? 이름이 뭐라고 그러셨죠?
- □ **May I have** a receipt, please? 영수증 좀 줄래요?
- □ **May I have** your ticket and your passport please? 티켓과 여권 좀 보여주세요.

A: Here is your change, sir. 여기 잔돈 있습니다, 손님.
B: Thank you. May I have a receipt, please? 고마워요. 영수증을 받을 수 있을까요?

011 have sb[sth] in mind …을 염두에 두고 있다

「마음 속에(in mind) …을 두고 있다」라는 의미로 어떤 용도로 어떤 목적으로 「…을 생각하고 있다」, 「염두에 두고 있다」라는 뜻이다.

POINT
have ~ in mind …을 염두에 두고 있다

- □ Do you **have** any particular restaurant **in mind?** 특별한 식당 생각해둔데 있어?
- □ What do you **have in mind?** 뭘 생각하고 있어?
- □ That's not what I **had in mind.** 내가 생각한 것은 그게 아냐.
- □ Is this what you **have in mind?** 이게 바로 네 생각이야?

A: Do you have any plans tonight? 오늘 밤에 무슨 계획이라도 있어?
B: Possibly. What do you have in mind? 어쩌면 생길 지도 몰라. 뭐할 생각인데?

012 have something to~ …할 것이 좀 있다

「…할(to do~) …을 갖고 있다」라는 표현. something 자리에는 nothing, anything 등이 자유롭게 오면서 다양한 표현들을 만들어낸다.

POINT

have something to+동사 ~할 것이 좀 있다
have nothing to+동사 …할 것이 아무것도 없다

- □ I can't go play golf with you. I **have a lot to** do. 너랑 골프못쳐. 할 일이 많아.
- □ Do you **have anything to** declare? 신고할 물건이 있습니까?
- □ It couldn't be better. I **have nothing to** complain about.
  더없이 좋아. 아무 불만 없어.
- □ We **have something to** show you. 너한테 보여줄 게 있어.
- □ Can I **have something to** eat? 먹을 거 좀 있어?

> A: I can't believe how hot it is today. 오늘 얼마나 더운지 믿을 수가 없네.
> B: Let's have a drink to cool down a bit. 조금 식히기 위해 음료수를 마시자.

013 have to do with …와 관련이 있다

have to do with~는 어떤 일에 관여하고 있다, 「…와 관련이 있다」라는 의미로 have something to do with~라고 하기도 한다. 반대로 관련이 없다라고 하려면 have nothing to do with~ 라고 하면 된다.

POINT

have to do with …과 관련이 있다
have something[nothing] to do with …와 관련이 있다[없다]
not have anything to do with …와 아무 관련이 없다
Does it have to do with ~? 그게 …와 상관있는거야?
What does it have to do with~ ? 그게 …와 무슨 상관이야?

- □ I think it **has to do with** your kids. Go talk with them.
  그건 네 애들과 관련이 있는 것 같아. 걔네들과 이야기해봐.
- □ **What does that have to do with** you? 그게 너와 무슨 상관이야?
- □ **Does it have to do with** your family? 그게 너희 가족과 관련이 있어?
- □ I'm sorry about that, but I **had nothing to do with** this.
  그거 안됐지만 난 아무 짓도 안 했어요.
- □ It **doesn't have anything to do with** me. 난 모르는 일이야.

> A: This weekend's marathon was canceled. 이번 주 마라톤은 취소됐어.
> B: I have nothing to do with that. I'm not a runner. 나는 상관이 없어. 마라톤 주자가 아니거든.

014 not have any~ …가 조금도 없다

have any+명사가 되면 보통 부정의 문장에서 「…가 하나도(조금도) 없다」, 그리고 의문문이나 조건문에서는 「혹 …을 갖고 있느냐」라는 의미.

POINT
I don't have any+명사 …가 조금도 없어 **Do you have any+명사?** 혹 …가 있어?

- □ **I don't have any** close friends except you. 너 빼고 난 친한 친구가 하나도 없어.
- □ **I don't have any** sisters. 누이가 하나도 없어.
- □ What am I supposed to do? **I don't have any** money. 내가 어떻게 해야 돼? 돈이 하나도 없는데.
- □ I don't think she **has any intention** of doing that. 걔가 그걸 할 생각이 전혀 없는 것 같아.
- □ **Do you have any** identification? 혹 신분증 있나요?
- □ What're you doing tonight? **Do you have any** plans? 오늘 밤 뭐해? 혹 무슨 계획이라도 있어?
- □ **Did you get any** messages while I was away? 내가 없는 동안 뭐 메시지 온 거 있어?

A: Do you have any hobbies? 뭐 취미 있어요?
B: I'm fond of watching movies. 영화 보는 걸 좋아해요.

015 have a[the] feeling …라는 생각이 들다

「…라는 느낌이 든다」라는 주관적인 생각을 나타내는 표현법. feeling 대신에 예감이라는 단어인 hunch를 써서 have a hunch라고 해도 된다. 단 have feelings for하게 되면 「…에게 맘이 있다」는 다른 뜻이 된다.

POINT
I have a[the] feeling (that) S+V …라는 생각이 들다, …인 것 같다
have (strong) feelings for sb …를 마음에 두다

- □ **I have a feeling that** she is not going to show up. 걔가 안 올 것 같아.
- □ **I have a hunch** he's lying to me. You don't think so? 걔가 거짓말하는 느낌이 들어. 그렇게 생각되지 않아?
- □ **I have (strong) feelings for** her. 나 걔한테 마음있어.
- □ **I have a feeling** she's going to be very angry. 걔가 무척 화를 낼 것 같은 생각이 들어.

A: I have a feeling it will snow a lot today. 오늘 눈이 많이 올 것 같은 느낌이 들어.
B: Me too. The sky looks very dark and stormy. 나도 그렇게 생각해. 하늘이 아주 어둡고 험악해.

016 have time to[for] …할 시간이 있다

어떤 것을 할 시간이 있는지 없는지를 표현하는 것으로 have time 다음에 to+동사 혹은 for+명사를 붙이면 된다. 참고로 time에 the가 붙어 have the time하면 시간이 몇 시냐는 말이다.

POINT

have time to+동사[for+명사] …할 시간이 있다
Do I have time to+동사[for+명사]? 내가 …할 시간이 돼?
Do you have time to+동사[for+명사]? …할 시간 있어?

- □ I don't **have time for** this right now. 지금 이럴 시간 없어.
- □ Do you **have (some) time?** I need to talk to you. 시간 있어? 얘기 좀 하자.
- □ Do you **have time to** go there for me? 날 위해 거기 갈 시간 돼?
- □ I don't **have time for** this. I have to get up early. 나 이럴 시간없어. 낼 일찍 일어나야 돼.

A: Do you have time to talk about the meeting? 회의건으로 얘기할 시간있어?
B: Not this morning, but I am free after lunch. 아침엔 안 되고 점심 후에는 괜찮아.

017 have a question 질문이 있다

누구에게 물어볼 말이 있을 때 질문 있다고 말을 꺼내는 표현으로 누구에게 질문하는지 말하려면 for sb를, 질문내용을 바로 이어 말하려면 about sth을 각각 붙이면 된다.

POINT

have a question for sb …에게 질문이 있다
have a question about sth …에 대해 질문이 있다

- □ I **have a question.** I need to ask you. 질문이 있어. 네게 물어봐야 돼.
- □ Have you got a minute? I **have a question** for you. 시간있어? 물어볼게 하나 있는데.
- □ I **have a question** about your report. 네 보고서 물어볼 게 있어.
- □ Do you **have a question** for me? 내게 질문있어?

A: I have a question. Are we leaving early? 뭐하나 물어보자. 우린 일찍 떠날거니?
B: Yes, we need to go downtown in a few hours. 그래. 몇 시간 안에 시내로 나가야 해.

018 have a problem 문제가 있다, 불만이 있다

문자 그대로 문제가 있다, 즉 불만이나 문제점이 있을 경우에 쓰는 말로 문제가 없을 경우에는 have no problem with~를 쓰면 된다.

POINT

have a[no] problem with sb[sth] …에게 불만이 있다[없다]
have a problem sb ~ing …가 …하는 거에 불만이 있다
Have you had any problems + ~ing? …하는 데 어떤 문제라도 있었니?

□ I **have no problem** with that. 난 괜찮아요.

□ What's with you? Do you **have a problem** with me?
너 왜 그래? 나한테 뭐 불만 있어?

□ Do you **have a problem** with that? 그게 뭐 문제 있어?

□ I **have a problem** with you seeing other girls.
난 네가 다른 여자애들 만나는 거에 불만있어.

A: I have a problem. 문제가 있어.
B: Really? What happened? 그래? 뭔데?

019 have a chance 기회가 있다

「…할 기회나 가능성이 있다」라는 말로 with+명사 혹은 to+동사로 기회의 구체적인 내용을 말할 수 있다. 앞서 배운 take a chance는 「가능성을 잡는다」는 것으로 한번 (모험을) 해보는 것을 뜻한다.

POINT

have a chance with~ …에 가능성이 있다
have a chance to+동사[of ~ing] …할 가능성이 있다

□ I think I **have a chance** with her. 걔랑 잘 될 가능성이 있을 것 같아.

□ I'm sorry I didn't **have a chance** to call. 전화 못 해서 미안해.

□ We might actually **have a chance** of winning this.
이걸 이길 가능성이 있을지 몰라.

□ I didn't **have a chance** to apologize to you for what I did.
내가 한 짓에 대해 사과할 기회가 없었어.

A: Shall we go into one of these casinos? 이 카지노중 한군데 들어갈까?
B: No. We don't have a chance of winning any money.
아니. 우리가 돈을 딸 가능성은 없어.

020 have a point 일리가 있다, 맞다

have a point하면 주어의 말과 생각에 일리가 있어 동의한다는 의미. have 대신 get을 써도 되며 point 다음에 there(그 점에 있어서)을 붙여서 have a point there이라는 형태로도 쓰인다.

POINT

have a point there 그점에 있어서 일리가 있다　　have a point 일리가 있다

- □ That's true. You **have a point there.** 맞아요. 일리가 있는 말입니다.
- □ I think he might **have a point.** 내 생각에 걔가 일리가 있는 것 같아.
- □ Do you **have a point?** 요점이 있긴 있는거냐?
- □ She **had a point.** I guess I should have listened to her.
  걔 말이 맞았어. 난 걔 말을 들었어야 했다고 생각해.

A: You're getting fat because you eat too much. 넌 과식땜에 뚱뚱해지는거야.
B: You have a point. I need to go on a diet. 맞는 말이야. 다이어트 할 필요가 있어.

021 have an appointment 약속이 있다

appointment는 친구간의 약속이라기보다는 병원[미장원]약속 등을 의미하는 것으로 have an appointment 뒤에 with sb를 붙여 만날 사람을 말하거나 혹은 to+동사를 써서 약속의 내용을 말한다.

POINT

have an appointment (with~, to+동사) (…와, …할) 약속이 있다
have an appointment for~ …로 약속이 있다
have a[no] plan 계획이 있다[없다]

- □ I **have an appointment with** Mr. James. 제임스 씨와 약속이 있어.
- □ I **have an appointment** to see Dr. Kim. 김선생님 진찰 예약되어 있어요.
- □ I'm afraid I **have another appointment.** 선약이 있는데.
- □ I **have no plans** tonight. 오늘밤 계획없어.

A: What's the rush? 왜 이리 서둘러?
B: I have an appointment. And it's very important. 약속이 있는데 매우 중요한 거라서.

022 have no idea 모르다

have no idea는 don't know와 같은 뜻. I have no idea하면 "난 모르겠다." 그리고 모르는 걸 말할 땐 have no idea 의문사 주어+동사 혹은 의문사 to do~를 붙이면 된다.

POINT

I have no idea (의문사 S+V/의문사+to do~) (…인지) 몰라
You have no idea (의문사 S+V/의문사+to do) (넌 …인지) 모를거야
Do you have any idea (의문사 S+V/의문사+to do) ? 넌 (…인지) 알아?

- ☐ **I had no idea** you were into this stuff. 이런 걸 좋아하는지 몰랐군.
- ☐ **I have no idea** what it is. 그게 뭔지 모르겠어.
- ☐ **I have no idea** what you are talking about. 네가 무슨 말을 하는 건지 모르겠어.
- ☐ **I have no idea** what to say. 무슨 말을 해야 할지 모르겠어.
- ☐ **You have no idea how** much I hate her. 내가 걜 얼마나 싫어하는지 넌 모를거야.
- ☐ **You have no idea what** I've been through in the past. 내가 과거에 어떤 일을 겪었는지 넌 모를거야.
- ☐ **You have no idea how** much I miss her. 얼마나 걔를 그리워하는지 넌 모를거야.
- ☐ **Do you have any idea** what this means? 이게 무슨 의미인지 알아?

> A: This room needs to be cleaned right away. 이 방은 바로 청소해야 되겠네.
> B: I have no idea what made it so dirty. 뭐때문에 이렇게 더러워졌는지 모르겠어.

023 have enough 충분하다

「…가 충분하다」는 의미의 have enough를 기본으로 +명사, of+명사 혹은 to+동사를 붙여 다양한 의미의 표현을 만들어낸다. 또한 I've had~하면 「그것을 계속 가져왔다」는 의미로 다시 말해 「지겹다」, 「질리다」라는 뜻.

POINT

have enough (+명사) (…가) 충분하다
have enough of+명사 …가 충분하다
have enough to+동사 …할 것이 충분하다
Do you have enough to+V? …할 것이 충분히 있나요?

- ☐ Where's everybody? I don't **have enough** help. 다들 어디 갔어? 충분한 도움을 못 받고 있어.
- ☐ I hope you **had enough** to eat. 충분히 먹었기를 바래.
- ☐ Get out of my face! I**'ve had enough** of you. 꺼져! 이제 너한테 질렸어.

> A: Would you like something from the grocery store? 식품점에서 뭔가 사고 싶은 것이 있니?
> B: I have enough food right now. 지금은 음식이 충분히 있어.

Have

024 have had it 지겹다, 질리다

그것을 계속 가져왔다는 현재완료 형태로 다시 말해서 오랫동안 그래와서 지겹다, 질리다라는 뜻의 표현으로 사용된다. 단독으로 쓰이기도 하고 지겨운 대상을 말하려면 with~를 붙이면 된다. 강조하려면 have had it 다음에 up to here를 넣으면 된다.

POINT

have had it with~ …에 질리다
have had it up to here (with~) …에 진절머리 나다

□ That's enough! **I've had it.** 충분해! 지겹다고.

□ **I've had it with** you guys. 너희들한테 질려버렸다.

□ **I've had it up to here with** you! 너라면 이제 치가 떨려, 너한테 질려버렸어!

A: I've had it. I really hate staying here. 질렸어. 정말 여기서 사는게 싫어.
B: Let's move to another apartment complex. 다른 아파트로 이사가자.

025 have no doubt 틀림없다, 의심의 여지가 없다

doubt는 의심, 의혹이란 단어로 have no doubt하면 「의심이 없다」라는 말이 된다. 단독으로 I have no doubt 혹은 have no doubt (that) 주어+동사형태로 쓰인다.

POINT

I have no doubt 틀림없어
have no doubt (that) 주어+동사 틀림없이 …할거야

□ You're absolutely right. **I have no doubt.** 네 말이 분명히 맞아. 분명히 그럴 거야.

□ **I have no doubt** you'll do well. 분명 네가 잘 할거야.

□ **I have no doubt that** you're a good doctor.
네가 훌륭한 의사라는데 의심의 여지가 없어.

□ **I have no doubt** you're going to be a good chef.
넌 훌륭한 요리가가 될거라 확신해.

A: They have no doubt Sarah will become their manager.
그들은 새러가 자신들의 매니저가 될 것을 의심치 않고 있어.
B: Do they think she is a good person to work for? 그녀가 좋은 상사가 될 것으로 생각하니?

026 have fun 재미있다

「재미있게, 즐겁게 시간을 보내다」라는 의미로 일상생활에서 빈번히 사용된다. 「무척 재미있게 보내다」라고 하려면 have a lot of fun, 헤어질 때 「즐겁게 보내라」고 하려면 Have (a lot of) fun! 이라고 한다.

POINT

have much fun 무척 재미있다 **have fun with sb** …와 재미있게 보내다

- □ It **was fun** having you. I enjoyed myself very much.
  같이 해서 즐거웠어. 정말 재밌게 보냈어.
- □ Did you **have fun?** 재밌었어?
- □ Did you **have fun** with her? 걔하고 재밌었어?
- □ I don't want to go. I'**m having fun.** 가기 싫어. 재밌다고.

A: All of the children had fun at the park. 모든 애들이 공원에서 재미있게 놀았어.
B: It was a beautiful day to be playing outside. 밖에서 놀기에 좋은 날이었어.

027 have a good day[time] 즐거운 시간을 보내다

안 좋은 날을 보냈을 때 I had a bad day, 좋은 시간을 보내고 있다고 할 때는 I'm having a good time이라고 하면 된다. 물론 have a nice trip처럼 day(time) 외의 다른 명사가 와도 된다.

POINT

have a good time with sb …와 재미있는 시간을 보내다
I had a big day 내겐 오늘 중요한 일이 있었어
I had a bad day 진짜 재수없는 날이야

- □ I've got to get some sleep. I **had a rough day.** 잠 좀 자야겠어. 힘든 하루였어.
- □ I'**m having a hard time** these days. 요즘 힘든 시기야.
- □ I'm just here with my friends **having a good time.**
  그냥 친구들과 놀러 온 거예요.
- □ Did you guys **have a good time** in Japan? 일본에서 즐거운 시간 보냈어?

A: I'll be traveling in Europe for three weeks. 3주간 유럽을 여행할거야.
B: Have a good time. I really envy you. 즐거운 시간보내. 정말로 부럽구나.

028 have a hard time …하는데 어려움을 겪다

글자 그대로 어려운 시간(hard time)을 갖는다는 말로 어떤 일을 하는데 어렵고 힘든 상황을 뜻하는 표현이다. 어려운 일을 말하려면 hard time 다음에 ~ing를 붙이면 된다.

POINT have a hard time ~ing …하는데 힘들다

- □ You **have a hard time** listening, huh? 너 듣는데 어려움이 있는 거지, 그지?
- □ I **had a hard time** trying to find you. 널 찾는데 힘들었어.
- □ I'**m still having a hard time** accepting the decision. 난 그 결정을 받아들이는데 아직도 어려움이 있어.
- □ I'**m having a hard time** concentrating on what you're saying to me. 네가 나에게 무얼 말하는지 집중하는데 힘들어.

A: Why did he come home early from England? 걘 왜 영국에서 일찍 온거야?
B: He had a hard time adjusting to English food. 영국 음식에 적응하는데 무척 어려움이 많았어.

029 have second thoughts 다시 생각하다

「생각을 다시 해본다」는 뜻. 이미 결정을 한 일이나 생각을 번복이나 수정하기 위해 다시 생각한다는 의미. 응용하여 not give it a second thought하면 「…을 다시 생각하지 않다」, 즉 「걱정하지 않다」라는 의미가 된다.

POINT
have second thoughts about …을 다시 생각하다, 재고하다
not give it a second thought 걱정하지 않다
on second thought 다시 생각해보니

- □ We'**re having second thoughts about** it. 우리는 그걸 다시 생각하고 있어.
- □ **Don't give it a second thought.** 걱정하지마.
- □ **On second thought,** I will have another cup of coffee. 다시 생각해보니 커피한잔 더 마실래.
- □ I'**m having second thoughts about** the wedding. 난 결혼을 해야 될지 다시 생각해보고 있어.

A: Did you decide not to get married to Tim? 팀하고 결혼 않기로 결정했니?
B: Yes, I had second thoughts about our relationship. 그래. 우리 관계에 대해 다시 생각해보았어.

030 have no choice 선택의 여지가 없다

선택(choice)의 여지가 없다는 뜻으로 어쩔 수 없는 상황을 말하며, 「어쩔 수 없이 …을 해야 한다」고 할 때는 have no choice but to+동사를 쓰면 된다.

POINT

have no choice 선택의 여지가 없다　　have no choice but to+V …할 수밖에 없다

□ I'm afraid you really **have no choice.** 넌 정말 선택의 여지가 없는 것 같아.

□ You **have no choice** in this matter. You just do what you're told.
이 문제에서 넌 선택의 여지가 없어. 시키는 대로 해.

□ It's not fair. I'm telling you I **had no choice.**
이건 불공평해. 정말이지 난 선택의 여지가 없었다니까.

□ I **had no choice but to** use force. 난 폭력을 쓸 수 밖에 없었어.

A: It's too difficult to get a good grade in math class.
수학시간에 좋은 점수 받기가 무척 어려워.
B: You have no choice. You must get a good grade.
너는 선택의 여지가 없어. 좋은 학점을 받아야만 해.

031 have one's word …의 말을 믿다

「…의 말을 믿다」라는 말로 word 대신 promise라 해도 된다. 참고로 give one's word는 「약속을 하다」, have a word (with~)는 「…와 이야기하다」, 그리고 have words with는 「…와 언쟁하다」라는 뜻이 된다.

POINT

have one's word …의 말을 믿다　　have a word with …와 이야기하다
have words with …와 언쟁하다

□ I won't do that again. You **have my word.**
다시는 그러지 않을게. 내 약속하지. (= You have my promise.)

□ I **give you my word.** You will not get a paycut.
내가 약속하지. 급여삭감은 없을거야.

□ Do I **have your word** on that? 그거 약속하는거지?

□ Can I **have a word with** you outside, please? 잠깐 밖에서 얘기 좀 할 수 있을까요?

A: Do you promise to keep this a secret? 이건 비밀로 지켜주기로 약속해줄래?
B: You have my word. I won't tell anyone. 약속할게. 누구에게도 얘기하지 않을게.

032 I've had+명사 …해왔어

I have의 현재완료형으로 have had하면 얼마 전부터 「계속 …했다」는 지속적인 의미로 쓰인다. 반면 I have been~은 I'm~의 현재완료형으로 「…였어」라는 뜻이다.

POINT

I've had+명사 …해왔어
I've never had+명사 …을 해본 적 없어
I've been+명사/형용사 …였어
It has been+시간+since~ …한지 …나 됐다
How long have you+p.p.? …한 지 얼마나 됐어?
I have ~, which I've never had before 전에는 이런 일이 없었는데 …하다

- ☐ **I've had** some personal problems. 개인적인 문제가 좀 있어.
- ☐ **It has been** a while since you and I played golf. 우리 골프치는거 오랜 만이야.
- ☐ How are you doing? **It has been** a while. 잘 지냈어? 오랜만이야.
- ☐ **I've never had** a one-night stand in my life. 평생 원나잇스탠드 해본 적 없어.
- ☐ **How long have you** known about this? 이거 안지가 얼마나 됐어?
- ☐ **How long have you** two been together? 얼마동안 사귄거야?
- ☐ **How long have you** been married? 결혼한지 얼마나 됐어?

A: Is a dog a good animal to keep as a pet? 개가 애완동물로 키우기에 좋아?
B: Sure. I've had dogs since I was a little kid. 물론이지. 나는 어릴 적부터 애완견을 키웠어.

More Expressions

have company 일행이 있다

☐ I have company. 일행이 있어요.

have money 돈이 있다

☐ I have no money. 돈이 없어.(= I'm broke. I'm out of money)
☐ I have a lot of money on me now. 난 지금 돈이 많아.

have no reason to …할 리가 없다

☐ She has no reason to hurt me. 갠 날 해칠 이유가 없어.

have a heart 동정을 베풀다

☐ That was a little girl! Don't you have a heart?
조그만 소녀였다고! 넌 인정도 없냐?
☐ I had a heart-to-heart with her. 그 여자랑 마음을 터놓고 얘기했어.

have the nerve[guts] 용기가 있다

☐ You don't have the guts. 넌 배짱이 없어.

have every right to+동사

…할 만하다, …하는 게 당연하다(*every가 빠지면 …할 권리가 있다)

☐ You have every right to be angry with me. 네가 내게 화낼만 해.
☐ You have the right to remain silent. 묵비권을 행사할 권리가 있어.

don't have a clue …을 전혀 모르다

☐ He doesn't (even) have a clue. 갠 하나도 몰라.

have everything sb needs …가 원하는 모든 것을 갖다

☐ I have everything I need. 내가 원하는 건 다 갖고 있어.
☐ You seem to have everything you need. 네가 원하는 건 다 갖은 것 같아.

have a baby 애를 낳다

☐ She had a baby. 걔는 애를 낳았어.
☐ I'm going to have a baby. 난 애를 낳을거야.
☐ What did she have? (It's a girl). 뭐 낳았어?(딸이야).

have faith in …을 믿다

☐ I have faith in you. 난 널 믿어.

have an appetite for …을 좋아하다

☐ She has an appetite for rap music. 갠 랩음악을 좋아해.

have an affair 바람피다

- □ I had an affair with my secretary. 난 비서랑 바람폈어.
- □ I want to have sex with you. 너하고 섹스하고 싶어.
- □ I want to have a fling. 번개 좀 해야겠어.

have a reputation 명성이 높다

- □ Our company has a good reputation as a dealer.
  저희 회사는 판매 중개상으로 평판이 좋습니다.

have a ball 재미있게 보내다

- □ Let's have a ball. 자, 마음껏 즐기자.

have sth in stock[out of stock] 재고가 있다(없다)

- □ We have the item in stock. 이 품목 재고가 있어.

have a shot 한번 해보다

- □ Let me have a shot[try/stab] at it. 내가 한번 해볼게.

have sb over for dinner[to dinner] …을 저녁 초대하다

- □ We're going to have you over for dinner sometime.
  언제 널 저녁 초대할게.

have a deal 거래하다, 합의보다

- □ I thought we had a deal. 얘기가 다 됐다고 생각했는데.
- □ We have a deal? 동의하니?, 그럴래?

have a call 전화오다

- □ You have a phone call. 전화받아.
- □ I have a call for you. 전화왔어.

have it in for sb …을 싫어하다

- □ I know. She has it in for me. 알아. 갠 날 싫어해.

have one's own way …의 방식대로 하다

- □ I will have my way. 내 방식대로 살겠어.
- □ I will have my own way on this project. 이 프로젝트는 내 방식대로 할거야.
- □ We have our ways. 우린 우리 식이 있어.

have (got) a thing for …을 맘에 두다

- □ I think he has got a thing for her. 걔를 맘에 두고 있는 것 같아.
- □ Do you have a thing for cute women? 귀여운 여자들을 좋아해?

□ **You have the wrong number.** 전화 잘못 거셨어요.

□ **We have a bad connection.** 통화상태가 안 좋아.

□ **He's a has-been.** 걔는 한물간 사람야.

□ **Let's have it.** 어서 말해봐, 내게 줘.

□ **Now there you have me.** 모르겠어, 내가 졌어.

□ **(It's) Good to have you here.** 어서 오세요, 와주셔서 기쁩니다.

□ **I have butterflies in my stomach.** 가슴이 두근거려.

□ **I have a flat tire.** 타이어가 펑크났어.

□ **We have chemistry.** 우린 잘 통해.

□ **She has an ax to grind.** 걘 다른 속셈이 있어.

□ **She has an eye for it.** 걘 안목이 있어요.

□ **I had a little fender-bender.** 작은 접촉 사고가 있었어.

□ **I thought we had an understanding.** 우린 약속된 거 아니었어.

□ **She almost had a fit.** 까무라칠 뻔했다.

□ **You can't have it both ways.** 둘 다 할 순 없잖아.

□ **He has his job, too.** 걔도 자기 직분(일)이 있으니 어쩔 수 없지.

□ **What do we have here?** 이게 누구야?, 무슨 일인가?

□ **Nice place you have here.** 좋은 곳이네요.

□ **I have no excuse.** 할 말이 없어.

□ **I have a surprise for you.** 널 위해 깜짝 준비한게 있어.

□ **You have it right.** 네 말이 맞아.

09 평생 이것저것 만드는

Make

만드는 것을 업으로 하는 동사인 make는 그밖에 「요리하다」(cook), 「준비하다」(prepare), 「…이 되다」(become)라는 뜻의 의미로도 사용된다. 하지만 make를 가장 특징짓게 하는 것은 「…을 시키다」(force)라는 사역동사로 앞의 have, get보다 사역의 강도가 세다는 점에 주목한다. 또한 make 역시 make a speech, make a call처럼 동작명사를 목적어로 받아 다양한 숙어를 만들어낸다.

Make 기본개념

01. 만들다, 요리하다, 준비하다, (돈을) 벌다, (목표를) 달성하다

Can you make a cup of coffee for me? 커피 한 잔 만들어줄래?

Can you make the party? 파티 준비할 수 있어?

Do you know who makes this product? 누가 이 제품 만들었는지 알아?

02. (노력하여) …이 되다, (자연적으로) …이 되다

Three and five make eight. 3더하기 5는 8이야.

Jane will make an excellent model. 제인은 훌륭한 모델이 될거야.

03. …하게 하다(make sb[sth]+동사)

Let me make you feel better. 내가 너 기분좋게 해줄게.

04. …하게 만들다(make sb[sth]+명사[형용사])

You made her upset. 네가 걜 열받게 했어.

Don't make me unhappy. 날 불행하게 하지마.

001 make sb[sth]+동사 …하게 하다, …가 …하도록 만들다

'make+목적어+동사원형' 형태의 대표적 사역구문. 같은 계열의 사역동사인 have나 get보다도 사역의 의미가 강해 make는 목적어가 「바라건 안 바라건 간에 무조건 주어의 의지대로 해야 한다」는 강제성이 있다.

POINT

make it work 작동하게 하다, 돌아가게 하다   make it happen 발생하도록 하다

- □ Don't **make** me **laugh!** 웃기지 좀 마!, 웃음 밖에 안 나온다!
- □ There are ways to **make** this **work.** 이걸 되게 하는 방법이 있을거야.
- □ You'll **make** it **happen.** I'm sure about that. 넌 성공할거야. 난 확신해.
- □ This sauce is so spicy, it's **making** my mouth **burn.** 소스가 너무 매워. 입이 타는 것 같아.

A: My television has been broken for a week. 내 TV가 일주일째 고장이야.
B: Let me look at it. I can make this work. 어디 한번 보자. 내가 작동시킬 수 있어.

002 make sb feel~ …를(…의 기분을) …하게 만들다

make sb feel+형용사로 「…을 …한 기분상태로 만들다」, 「…의 기분을 …하게 만들다」라는 뜻이 된다. 주어로는 사람이 오거나 That, It 등이 나온다.

POINT

~make me feel+형용사[feel like~] 내 기분을 …하게 만들다
~make you feel+ 형용사[feel like~] 네 기분을 …하게 만들다
Make me feel~ 날 …하게 만들다   Don't make me feel~ 날 …하게 하지마
It would make me feel better if I+과거동사 …하다면 내 기분이 좋아질텐데

- □ It **makes me feel** great. 그거 때문에 기분이 아주 좋아.
- □ You're just saying that to **make me feel** better. 나 기분 좋으라고 하는 말이지.
- □ You're amazing. You **make me feel** special. 넌 대단해. 날 특별하다고 생각하게 해줘.
- □ Honey, is there anything I can do to **make you feel** better? 자기야 너 기분 좋게 하기 위해 뭐 할게 있어?
- □ Don't **make me feel** bad. 나 기분 나쁘게 하지마.
- □ That doesn't **make me feel** any better. 그래도 기분 하나도 안 좋아져.
- □ I'm in a very bad mood. **Make me feel** great. 기분 안좋은데 기분 좋게 해줘봐.
- □ It would **make me feel** better if I slept with you. 너랑 자면 기분이 좋아질텐데.

A: Does your boyfriend make you feel happy? 네 남친이 너를 행복하게 해줘?
B: Yes. He's my favorite person in the world. 그럼. 이 세상에서 내가 제일 좋아하는 사람이지.

003 What makes you think~? 어째서 …해?

역시 「make+목적어+동사원형」의 사역동사 대표구문. 직역하면 「무엇이 너로 하여금 …하게 만드느냐?」라는 뜻이 되는데, 결국 「어째서 …하느냐?」, 「 왜 …하느냐?」고 「이유」를 묻는 표현이 된다.

POINT
What makes you think so? 왜 그렇게 생각하니?, 꼭 그런 건 아니잖아
What makes you think (that) S+V? 어째서 …라고 생각해?
It[That] makes me think (that) S+V …라는 생각을 하게 해, …라는 생각이 들다

□ **What makes you think** we can live together?
무슨 생각으로 우리가 같이 살 수 있다는거야?

□ **What makes you think** he's seeing someone?
왜 걔가 다른 사람을 만나고 있다는거야?

□ **What makes you think** she did that? 어째서 걔가 그랬다는거야?

□ Are you trying to **make me think** that you didn't love her?
네가 걜 사랑하지 않았다고 날 믿게끔하려는거야?

□ Well, **it makes me think that** I could love you.
그래, 내가 널 사랑할 수 있다는 생각이 들게 돼.

A: It's obvious that he knows something. 걔가 뭔가 알고 있는게 틀림없어.
B: What makes you think so? 어째서 그렇게 생각해?

004 make it right 바로 잡다, 제대로 하다

make ~+형용사의 용법중 하나로 make it right하면 it을 바로 잡는다라는 뜻으로 비유적으로 …을 제대로 하다, 바로 잡다라는 의미로 자주 쓰인다.

POINT
make it right 바로잡다

□ You've done a horrible thing, and you have to **make it right.**
네가 끔찍한 일을 저질렀으니 네가 바로 잡아야 돼.

□ I've made a lot of mistakes. I'm going to **make it right.**
난 실수를 많이 했어. 이제 바로 잡을거야.

□ That doesn't **make it right.** 그렇다고 그게 정당화되지 않아.

□ You'd better **make it right** if you still have a chance.
기회가 아직 있을 때 바로 잡아야 돼.

A: We argued over the wedding for a long time. 오래동안 결혼문제로 다투었어.
B: Make it right with your girlfriend. Buy her some flowers.
여친과 관계를 바로 잡아 봐. 꽃 좀 사주고.

005 make sb[sth]+형용사[명사]~ …을 …하게 하다

역시 사역동사용법이지만 'make+목적어' 다음에 동사가 아니라 형용사나 명사가 오는 경우이다. 「목적어를 …하게 만들다」라는 의미로 연인들 사이에는 많이 쓰이는 You make me happy(너 때문에 행복해)도 이 형태에 속한다.

POINT

make sb angy[mad] …을 화나게 하다 **make sb sick** …을 역겹게 하다
make sb crazy …을 미치게 하다

- ☐ She really **makes me angry!** I have to break up with her.
  걘 정말이지 내 화를 돋군다구! 걔랑 헤어져야 되겠어.
- ☐ Can you **make it mild?** 좀 순하게 해줄래?
- ☐ Don't ever do that again. This **makes me sick.** 다시는 그러지마. 역겨워.
- ☐ It'll only **make a bad situation worse.** 단지 사태를 더 어렵게 할 뿐이야.
- ☐ What **makes you so special?** 너는 뭐가 그리 특별한거야?
- ☐ **What makes you so sure** I don't have a talent?
  내가 재주가 없다고 왜 확신하는거야?
- ☐ That's **making me crazy!** I'm out of here. 그거 때문에 미치겠어. 나 간다.
- ☐ We ran of time. Please **make it short.** 우리 시간없어. 짤막하게 해.
- ☐ Please **make** the slices of bread really **thick.** 빵은 정말로 두껍게 썰어 주시구요.

A: Please make it neat, short, and to the point. 깔끔하고 짧고 적절하게 해주세요.
B: Okay, how short should I make it? 알았어요, 제가 얼마나 짧게 해야 하죠?

A: The cost of school keeps going higher and higher. 학비가 계속 오르고 있어.
B: I know. The increase in cost makes me angry. 알고 있어. 학비 인상으로 화가 나.

A: Paul said that he wants to take you out on a date.
폴은 너와 나가서 데이트를 하고 싶다고 말했어.
B: I'll never go out with him. Paul makes me sick.
절대로 걔하고 데이트하지 않을거야. 걔는 피곤한 타입이야.

006 make oneself clear …을 분명하게 하다

make oneself+형용사/분사/부사구 형태로 「스스로 …한 상태에 있게 하다」란 뜻. make oneself clear는 상대방에게 내 말이 제대로 전달되었는지 확인하는 것으로 clear 대신 understood를 써도 된다.

POINT

make oneself clear …에게 자신의 말을 이해시키다
make oneself understood 자신의 말을 이해시키다
make oneself at home[comfortable] 편히 있다

- □ Do I **make myself clear?** 내 말 알아 들었어?
- □ I didn't **make myself clear.** Let me say that again.
  내 말 뜻을 이해 못했구만. 다시 말할게.
- □ Can he **make himself understood** in Japanese? 일본어는 좀 할 수 있나요?
- □ Come in and **make yourself at home.** 들어와서 편히 쉬세요.

A: No one understood what Jim was saying. 누구도 짐의 말을 이해 못했어.
B: He must make himself clear to all of us.
그는 자신의 말을 우리 모두에게 분명히 이해시켜야해.

007 make sb sth …에게 …을 만들어주다

내가 다른 사람에게 음식을 만들어주는 것으로 make sb 다음에 만들어주고 싶은 준비해주고 싶은 음식 명사를 넣으면 된다.

POINT

make sb sth …에게 …(음식)을 만들어주다
make you sb 네가 …한 사람이 되게 하다

- □ I am going to **make** you a very rich man. 널 아주 부자로 만들어줄거야.
- □ If you want I can **make** you some macaroni and cheese for dinner. 원한다면 저녁으로 마카로니하고 치즈를 만들어줄게.
- □ I am going to **make** you some coffee. 커피 좀 만들어줄게.
- □ I'll **make** you something, Dad. 뭐 좀 만들어줄게요 아빠.

A: I want to eat some food right now. 지금 음식 좀 먹고 싶어.
B: I'll make you a sandwich and some soup. 샌드위치하고 수프 좀 만들어 줄게.

008 make an effort 노력하다

영어는 동사 자체로 쓰기보다는 동사의 명사형을 목적어로 갖는 동사구로 쓰이기를 좋아한다. 앞의 have, take, give처럼 make 또한 다양한 동사구를 만들어낸다.

POINT

make an agreement 합의하다(agree)
make a choice 선택하다(choose)
make an excuse 변명하다(excuse)
make a proposal 제안하다(propose)
make an announcement 알리다
make a speech 연설하다(speak)
make an attempt 시도하다(attempt)
make a confession 고백하다(confess)
make an offer 제의하다(offer)
make a reservation 예약하다(reserve)
make a mistake 실수하다(mistake)
make a contribution 공헌하다(contribute)

□ I have to **make a speech** next week. 다음 주에 연설해야 돼.

□ It's time for you to **make a choice.** 네가 결정할 시간이야.

□ Finally, I **have made a choice.** I'm not going. 마침내, 결정했어. 나 안가.

□ We can **make an exception** this one time. 이번 한번 예외로 해줄게.

□ It's a private party. I can not **make an exception.**
사적인 파티라 예외를 둘 수가 없어요.

□ I have **a confession to make.** You didn't cause the accident.
고백할 게 있어. 네가 사고를 유발한 게 아냐.

□ **I've got a confession to make.** I'm not your mother.
고백할 게 있는데 나 네 엄마 아니야.

□ Are you here to **make a contribution to** my campaign?
내 선거운동 도와주러 온 거야?

□ I'm here to **make a big announcement.** 중대발표를 하려고 여기 왔어.

□ My father **made me an offer** that I couldn't refuse.
아버지께서 내가 거절할 수 없는 제안을 하셨어.

A: I'm sorry that my homework was turned in late. 숙제 늦게 제출해 죄송해요.
B: I'll make an exception now, but never again. 이번에는 예외를 두겠지만 다시는 안 돼.

A: I think we need to make an offer on the house. 그집 구매신청을 해야 될 것 같아.
B: The last thing that we want to do is make the wrong decision.
잘못된 결정을 내리고 싶진 않잖아.

A: We can go to Hawaii or to Tokyo. 우린 하와이나 도쿄에 갈 수 있어.
B: Why don't you make the choice for us? 우릴 위해 네가 정해줄래?

009 make a reservation 예약하다

시간이나 장소, 혹은 예약 인원을 말하려면 for, at를 써주면 된다. 참고로 have a reservation은 make a reservation을 해서 예약이 된 상태. 또한 make an appointment하면 약속을 잡다라는 뜻이 된다.

POINT
I'd like to make a reservation~ 예약하고 싶은데요
make an appointment (with) (…와) 약속을 잡다

□ What time can we **make a reservation** for? 몇 시에 예약가능해요?

□ I'd like to **make a reservation** for eight people at six o'clock tonight. 오늘 저녁 6시에 8명 예약하려고요.

□ Honey I **made a reservation** at China Garden, is that okay? 자기야, 차이나가든에 3시에 예약했는데, 괜찮지?

□ I'd like to **make a reservation** for this evening under the name Mr. Kim. 오늘 저녁 미스터 김이란 이름으로 예약하고 싶은데요.

□ I already **made a reservation.** 이미 예약해놨어.

□ I'm calling to **make an appointment with** Dr. Choo. 추박사님과 예약을 잡을려고 전화했는데요.

A: The restaurant looks crowded tonight. 오늘밤 레스토랑에 사람이 많은 것 같아.
B: I should have made a reservation for us. 예약을 미리 해두는 건데.

010 make a call 전화를 걸다

make a call하면 전화를 걸다, 하다라는 뜻이고 take a call하면 오는 전화를 받는다라는 의미. 상대방과 얘기하고 있는데 중요한 전화가 온다면 I have to take this call이라고 양해를 구하면 된다.

POINT
make a call 전화를 걸다 **take a call** 전화를 받다

□ I have to go **make a call.** I'll be back. 전화 좀 걸고, 곧 돌아올게.

□ She takes out her phone to **make a call.** 걘 전화기를 꺼내서 전화를 걸고 있다.

□ I **made a call** to the life insurance agent yesterday. 어제 생명보험설계사에게 전화했어.

□ Your girlfriend went to **make a call.** She'll be back soon. 네 여친은 전화하러 나갔어. 금방 올거야.

A: This party doesn't have many people. 이 파티에는 사람이 많지 않아.
B: Let me make a call. I'll invite some friends. 내가 전화해서 친구들을 초대할게.

011 make a mistake 실수하다

실수의 내용을 함께 말하려면 make a mistake+~ing 형태로 쓴다. 또한 아래 예문들을 통해 실수했다고(I made a mistake) 자인한 다음 어떻게 말을 풀어가는지를 기억해두자.

POINT
make a big[huge] mistake 엄청난 실수를 하다
make a mistake+ ~ing …하는 실수를 저지르다

□ You're **making a big mistake.** 넌 큰 실수를 하는거야.

□ We **made a huge mistake** telling her about that.
걔한테 그걸 말하는 큰 실수를 했어.

□ **I made a mistake.** I admitted it. 내가 실수했어. 인정해.

□ **I made a mistake.** It's my fault. 내가 실수했어. 내 잘못이야.

□ **I made a mistake.** I should have told you. 내가 실수했어. 네게 말했어야 하는데.

A: This math problem looks like it is all wrong. 이 수학문제는 완전 잘못된 것 같아.
B: Maybe I made a mistake when doing it. 아마도 문제 출제하다가 실수를 했던 것 같아.

012 make a deal 거래하다, 타협하다

「…와 거래했다」는 make a deal with sb, Let's make a deal하면 「자 우리 이렇게 하자」라는 말이 된다. 거래 내용은 다음 문장으로 이어서 말하거나 혹은 make a deal to do~(…하기로 거래하다) 형태로 사용한다.

POINT
make a deal with sb …와 거래하다   make a deal to+동사 …하기로 거래하다

□ Let's **make a deal** never to fight over it again.
그 문제로 다신 싸우지 않기로 거래하자.

□ I'll **make a deal** with you. If you lie to me, I will lie to you.
너랑 거래하겠어. 네가 거짓말하면 나도 하는 걸로.

□ I **made a deal with** the boss. He's not going to fire me.
사장과 거래했어. 날 안 자를거야.

□ I can't **make a deal** if you keep your mouth shut.
네가 입을 다물고 있으면 거래를 할 수가 없어.

A: I am ready to sell my house. 내 집을 팔 준비가 되어 있어요.
B: Let's make a deal. I want to buy it. 거래합시다. 나는 구매를 원해요.

013 make sense 말이 되다

make sense는 보통 사물주어인 That이나 It이 주어로 와서 「이해가 되다」, 「말이 되다」라는 뜻으로 쓰인다. 부정형태인 make no sense나 not make any sense는 「말도 안 돼」라는 의미. 「난 말이 안 돼」, 「넌 말이 되니」처럼 이해의 주체를 넣으려면 make sense to somebody라고 하면 된다.

POINT

make no sense = not make any sense 말이 안되다   make sense 말이 되다

- □ **That makes sense.** 일리가 있군.
- □ It doesn't **make any sense.** 무슨 소리야. 말도 안돼.
- □ Does that **make any sense to you?** 너한테는 이게 말이 돼?
- □ How does that **make any sense?** 그게 어떻게 말이 되냐?

A: Does this e-mail make any sense? 이 이메일이 이해되니?
B: It does sound a little bit strange. 정말 약간 이상한 것 같아.

014 make a difference 차이가 나다, 중요하다

make a difference는 「차이가 나다」라는 말로 비유적으로 「중요하다」라는 뜻. 또한 부정형 make no difference(not~any difference)는 차이가 안난다는 말로 「어느쪽이든 난 상관없다」, 「아무래도 괜찮다」는 말.

POINT

make a difference (to sb) …에게 상관이 있다, 중요하다
make no difference[not make any difference] 전혀 중요하지 않다, 상관없다

- □ It's going to **make a difference.** 차이가 있을거야.
- □ A few more people isn't going to **make a difference.**
  사람 몇 더 온다고 달라질 건 없어.
- □ That **makes a difference.** 그거 확실히 다른데.
- □ **What difference** does it **make?** 그래서 달라지는게 뭔데?, 그게 무슨 차이가 있어?
- □ It's not going to **make any difference.** 전혀 상관없어.
- □ I don't care. (It) **Makes no difference to** me. 내 알바아냐. 상관없어.
- □ It's going to **make a big difference.** 큰 차이가 있을거야.
- □ She said it **made no difference** to her what movie we saw.
  걘 무슨 영화를 보든 상관없다고 그랬어.

A: Should I wash the car this afternoon? 오늘 오후 세차해야할까?
B: No. It won't make a difference because it's going to rain.:
아니, 비가 온다고 하니까 별 의미가 없을거야.

015 make sure …을 확인하다, …을 확실히 하다

make sure (that)~는 「…을 확실히 하다」라는 의미. 주로 Let me make sure that~으로 상대방 말을 재차 확인할 때 혹은 반대로 상대방에게 Please make sure that~형태로 「…을 확실히 하라」, 「…을 꼭 확인해」라고 할 때 사용된다.

POINT

Let me make sure that S+V …을 확인해볼게
Please make sure (that)~ 반드시 …하도록 해라
I want to make sure~ …를 꼭 확인해라
I want you to make sure~ 네가 …을 확실히 해라

□ **Make sure that** you arrive on time tomorrow. 내일 정시에 꼭 도착하고.
□ **I'll make sure that** I keep in touch. 내가 꼭 연락할게.
□ **I want to make sure that** you're okay. 네가 괜찮은 지 확인하고 싶어서.
□ Please, **make sure** they come. 걔들이 꼭 오도록 해.

A: Make sure that you arrive on time tomorrow. 낼 정시에 도착하도록 확실히 해.
B: Don't worry. I'll be there early. 걱정하지마. 일찍 올테니까.

016 make money 돈을 벌다

make에는 목적했던 것을 「손에 넣거나 …에 이르다」(gain or reach)라는 뜻이 있다. 그래서 make money하면 「돈 벌다」, make a killing[fortune]하면 「떼돈을 벌다」라는 말이고 make a living하면 「생활비를 벌다」라는 뜻이 된다.

POINT

make a money for …하려고 돈을 벌다 make a fortune[killing] 떼돈을 벌다

□ **I am making (some) money.** 돈을 좀 벌고 있어.
□ They **made a killing** in Las Vegas. 걔네들은 라스베거스에서 횡재했어.
□ I have to **make money** for my education. 교육비를 마련해야 해.
□ I'm here to **make money.** 난 돈벌러 여기 왔어.

A: What is the job with the highest salary? 가장 많은 급여를 주는 직업은 뭐지?
B: I think doctors make a lot of money. 의사들이 돈을 많이 번다고 생각해.

017 make time 시간을 내다

어떤 일을 할 시간을 만들어낸다는 의미. 시간을 내서 할 일을 표현하려면 make time for+명사/~ing 혹은 make time to+동사 형태로 쓰면 된다.

POINT **make time for+명사[~ing]** 시간을 내서 …하다 **make time to+동사** 시간을 내서 …하다

□ I **make time for** her but I don't **make time for** you.
걔한텐 시간을 내도 너한테 시간낼 수 없어.

□ I have to **make time to** write my speech. 내 연설문을 쓰기 위해 시간을 내야 돼.

□ **Make time.** I'll be expecting you. 시간을 만들어 봐. 널 기다리고 있을게.

□ **Make time to** talk to your wife. 시간을 내서 네 아내와 얘기를 해봐.

A: Always make time to be with your family. 항상 가족들과 지내도록 시간을 내.
B: Right. It's important to be close to them. 맞아. 가족들과 가까이 있는 것이 중요하지.

018 make love (to sb) (…와) 사랑을 나누다

make love하면 완곡어법으로 have sex와 동일한 의미의 표현. 사랑하는 대상은 make love to sb 라 붙이면 된다.

POINT **make love to sb** …와 사랑을 나누다 **make a move on** 추근대다(make a pass at)

□ He **made love to** me. 그 사람과 난 사랑을 나눴어.

□ Did he **make a pass at** you? 걔가 네게 추근댔어?

□ They **were made for each other.** 걔들은 천생연분이야.

□ It's **a match made in heaven.** 천생연분이에요.

A: What is the most romantic thing you've done? 네가 해본 가장 낭만적인 일은 뭐야?
B: I made love to my girlfriend on our camping trip.
캠핑 여행에서 여친과 사랑을 나눈거야.

019 make it

앞서 언급했듯이 make는 「…에 도착하다」(reach)라는 뜻으로도 쓰이는데, 그 대표적인 예가 바로 make it. 보통은 「장소」 전치사 to와 함께 「…에 때맞춰 도착하다」(arrive in time)라는 뜻으로 쓰이며 비유적으로는 「성공하다」(succeed)라는 의미로도 사용된다.

POINT

make it 해내다, 성공하다

make it on time 제 시간에 오다

make it to+명사 시간에 늦지 않게 …에 도착하다

make it on one's own 혼자 해내다, 자립하다

- □ I can't believe I **made it to** the gas station! 주유소에 드디어 왔구나!
- □ When can you **make it?** 몇 시에 도착할 수 있겠니?
- □ We're having a party for Sam. Hope you can **make it.**
  샘을 위해 파티를 여는데 네가 올 수 있으면 좋겠어.
- □ I won't be able to **make it to** the presentation.
  나 발표회에 못갈 것 같아.
- □ Let's **make it** around four. 4시쯤 보기로 하자.
- □ I almost didn't **make it to** the party. 그 파티에 못갈 뻔했어.
- □ I wonder if she **made it** on time. 걔가 제 시간에 도착했는지 모르겠네.
- □ He **made it big.** 그 사람은 (사업에) 성공했어.
- □ You'll never **make it on your own.** 넌 혼자 못해낼거야.

A: Did you hear about the class meeting this weekend?
이번 주말에 학급회의 있다는 얘기 들었니?
B: It sounds exciting. I hope all the students can make it.
재미있겠군. 모든 학생들이 참석하기를 희망해.

A: Ted is having a birthday party tonight. 테드가 오늘 밤 생일 파티를 할거야.
B: I can't make it to the party. I'll be working. 나는 파티에 참석을 못해. 일해야 하거든.

A: I wonder if she made it on time. 걔가 제 시간에 도착했는지 모르겠네.
B: I'm sure she did. 분명 그랬을거야.

020 make it through (어려운 상황을) 잘 넘기다, 해내다

「어렵고 힘든 상황을 가까스로 해내다」라는 뉘앙스를 갖는 make it through는 단독으로 쓰이거나 혹은 make it through+명사 형태로 쓰인다.

POINT **make it through+명사** 잘 극복하다

□ Do you think I can **make it through** today without falling asleep?
내가 오늘 졸지 않고 잘 해내리라 생각해?

□ So don't worry about it. You'll **make it through.** 그럼 걱정마. 넌 해낼거야.

□ The doctor said she wouldn't **make it through** the night.
의사가 밤을 넘기지 못한다고 했었다구.

□ He won't **make it through** the surgery unless we do our best.
우리가 최선을 다하지 않으면 걘 수술을 견디지 못할거야.

A: Every time I see you, you're studying hard. 널 볼 때마다 열심히 공부하고 있네.
B: I have to study to make it through medical school.
의대에 들어가기 위해서는 공부를 해야 되요.

021 make a mess of …을 그르치다

「(…를) 엉망진창으로 만들다」라는 의미로 여기서 make는 「일으키다」라는 뜻. 같은 맥락으로 「말썽을 일으키다」의 make trouble, 「소란피우다」의 make a scene, 「야단법석을 떤다」는 make a fuss about 등이 있다.

POINT **make a mess of** …을 엉망으로 만들다 **make trouble** 말썽피우다

□ You **made a mess of** things. 당신이 일을 망쳤어.

□ I'm afraid I've **made a mess** here on your desk. 네 책상을 어질러놓은 것 같아.

□ Don't **make trouble** for me. 내게 말썽 피우지마.

□ Let's not **make a scene.** It's not worth it. 소란피지마. 그럴 가치도 없어.

A: The storm caused a lot of flooding in the countryside.
폭풍으로 시골에서 상당한 홍수 피해를 입었어.
B: Yeah, it made a mess of the city too. 그래. 도시 지역도 역시 엉망이 되었어.

022 make fun of …을 놀리다

「…놀리다」, 「속이다」라는 숙어인 make a fool of~와 같은 뜻으로 make fun of 다음에는 sb나 sth이 올 수 있다.

POINT

make fun of …을 놀리다
make a fool of …을 놀리다

- □ You're **making fun of** me? 너 지금 나 놀리냐?
- □ Don't **make fun of** me, okay? 나한테 장난치지마, 알았어?
- □ You're **making a fool of** yourself. 넌 일부러 어리석게 굴고 있는거야.
- □ Don't **make fun of** me because of my size! 내 체구가 작다고 놀리지마!

A: It must be difficult to be a fat person. 살찐 사람은 힘들거야.
B: Many people make fun of fat people. 사람들이 뚱뚱한 사람들을 놀리잖아.

023 make nothing of …을 무시하다

make가 much, little, nothing 등과 결합한 경우, make much of는 「…을 중시하다」라는 뜻이며 much 대신 little을 쓰면 「…을 경시하다」, 그리고 nothing을 쓰면 「…을 무시하다」라는 뜻이 된다.

POINT

not make anything of …을 무시하다
make much of …을 중시하다
make so little of …을 경시하다
make the most of~ …을 최대한 활용하다
make the best of~ (어려움 속에서도) 최대한 노력하다, 극복하다

- □ I can't **make anything of** it. 전혀 이해 못하겠어요.
- □ Oh, don't **make anything of** his question. 저런, 그 사람 질문 무시해버려.
- □ Why does he always **make so little of** my work?
  왜 그는 늘 나의 업무를 무시할까요?
- □ We only have 10 minutes left and I want to **make the most of** it.
  10분밖에 안 남았고 난 이를 최대한 활용하고 싶어.
- □ When she stood me up again, I decided to **make the best of** it.
  걔가 날 다시 바람맞히자 난 이를 어떻게든 극복하기로 결정했어.

A: The criminal left some clues during the robbery. 범인이 강도중 단서를 남겼어.
B: Yes, but the police made nothing of the clues.
그래, 그런데, 경찰이 그 단서들을 무시해버렸어.

024 make up one's mind 결심하다, 결정하다

눈에 친숙한 표현. make up one's mind는 '좋다 싫다' 입장이 분명한 경우로 「확실히 결정하다」라는 의미. 한 단어로 하자면 decide이고 달리 표현하자면 make a decision이라고도 한다.

POINT

make up one's mind 결정하다(decide)   make a decision 결정하다(decide)

- □ I **haven't made up my mind** yet. 아직 결정을 못했어.
- □ Hurry up and **make up your mind.** 어서 마음을 결정해.
- □ **Make up your mind.** What time is okay for you? 결정해. 몇 시가 좋아?
- □ You **make up your mind** pretty quick. 빨리 결정해야 돼.
- □ I **haven't made a decision** yet. 아직 결정을 못 했어요.

A: Are you going to join our team? 우리 팀에 들어올거야?
B: I haven't made up my mind yet. 아직 결정은 못했어.

025 make out 이해하다, … 인척하다, 애무하다

make out은 어렵사리 「알아보다, 알아듣다」(see, hear, or understand with difficulty), 「성공하다」, 「…인 척하다」 등 다양한 의미의 표현. 한편 「애무하다」라는 뜻의 속어로도 사용된다.

POINT

make out sth[that 주어+동사] …인 척하다(pretend)
make out with sb[sth] …을 잘 해나가다
make sth out 알아보다, 이해하다   make out with sb …와 애무하다

- □ Can you **make out** what it says on the map? 지도에 뭐라고 써있는지 알아보겠어?
- □ We can barely **make out** what they're saying. 걔네들이 뭐라고 하는지 거의 알아듣지 못하겠어.
- □ Don't lie to me and **make out** you don't know what I'm talking about. 거짓말하지마 그리고 내가 말하는 걸 모르는 척하지 말라고.
- □ I want to **make out with** my girlfriend. 여친하고 애무하고 싶어.
- □ I saw you **making out** in the car. 네가 차에서 애무하는거 봤어.

A: How did you make out at the doctor's office? 의사를 만난 결과가 어때?
B: He told me that I'm in really good health. 아주 건강이 좋은 상태래.

026 make up 구성하다, (속이기 위해) 진짜 인척하다, 준비하다, 화장하다, 화해하다(~with)

다양한 의미로 쓰이는 숙어로 가장 많이 쓰이는 의미는 「이야기를 꾸며대다」, 「화해하다」 그리고 「화장하다」이다. 또한 be made up of는 「…으로 구성되어 있다」라는 기본 표현.

POINT

make sth up 꾸며대다
make up 화장하다(put on one's makeup)
make up with sb …와 화해하다

- □ I **made up** a story about that. 그거 꾸면낸거야.
- □ I'm **not making it up.** 속이고 있는 게 아니야. 얘기를 꾸며대는 게 아니야.
- □ Is that something you'**re making up?** 이게 네가 꾸미고 있는거야?
- □ He didn't recognize me at first without my **make up.**
  걘 내 화장안 한 얼굴을 못알아봤어.
- □ She was trying to **make up with** you. You should go eat with her.
  걘 너하고 화해하려고 했어. 가서 걔랑 식사해.

> A: I can't tell my parents that we were drinking beer.
> 맥주마시고 있었다고 부모님께 말못하겠어.
>
> B: Make up a story. Tell them you were at the library.
> 얘기를 꾸며봐, 도서관에 있었다고 하든지.

027 make up for sth 보상하다, 벌충하다

잃어버린 것을 다른 것으로 보충하거나 보상한다는 의미. make up for 다음에 잃어버린 것을 말하면 된다. 또한 make it up to sb하면 「…에게 끼친 문제에 대해 미안한 마음으로 보상하겠다」는 의미이다.

POINT

make up for the lost time 잃어버린 시간을 보충하다
make up for the past 과거를 보상하다

- □ That'll give us a chance to **make up for** lost time.
  그건 우리가 잃어버린 시간을 보충할 기회가 될거야.
- □ You want to do this to **make up for** the past?
  과거를 보상하기 위해 이걸 하고 싶은거야?
- □ I'll **make up for** it tomorrow, okay? I promise.
  내가 내일 그거 보상할게, 응? 약속해.

> A: Why do I need to work on Sunday? 왜 제가 일요일에 일해야 하나요?
>
> B: You have to make up for the days you were absent.
> 결근한 시간들을 보충해야 하는거지.

028 make it up to sb 보상하다

앞의 표현과 좀 유사하지만 이번에는 잃어버린 시간이 아니고 sb에게 끼친 문제에 대해 미안한 마음을 표현하고자 보상하겠다는 의미이다.

POINT
make it up to sb 보상하다

□ I want to try to **make it up to** you. 내가 다 보상해줄게.

□ Don't even try to **make it up to** me by calling my name.
내 이름을 부르면서 내게 보상을 하려고 하지마.

□ Is there anything I can do to **make it up to** you? 네게 보상해줄게 뭐 있어?

□ Let me **make it up to** you. I'll carry your stuff. 내가 보상해줄게. 네 물건 날라줄게.

A: You really let me down. 정말 날 실망시키는구나.
B: If you give me a second chance, I swear I'll make it up to you.
한번만 더 기회를 주면 꼭 보상할게.

029 make do with

…으로 때우다 (*make do without …없이 때우다)

이가 없으면 잇몸으로 때울 때처럼 make do with하면 원래 필요한 것이 없어 차선책으로 다른 것을 때우다라는 의미가 된다.

POINT
make do with …으로 때우다
make do without …없이 때우다

□ I had to **make do with** milk in my coffee. 커피를 탈 때 프림이 없어서 우유로 때웠다.

□ You'll have to **make do with** it. 이걸로라도 때워야 하겠는데.

□ I'm afraid you'll have to **make do with** me. 아무래도 나와 잘 지내야 될 것 같아요.

□ I'll **make do with** what I have here. 여기 있는 것으로 때울거야.

A: The economy has been bad all over the world. 전세계적으로 경기가 좋지 않아.
B: It's important to make do with what you have. 네가 가진 것으로 버티는 것이 중요해.

More Expressions

be made of[from] …으로 만들어지다

- ☐ It's made from eggs! 그건 달걀로 만들어졌어!
- ☐ Do you know how to make cheese from milk?
  우유로 치즈를 어떻게 만드는지 아니?

make friends with …와 친구를 사귀다

- ☐ You have to make friends with him. 걔랑 친구해야 돼.
- ☐ Don't make friends with the enemy. 적과는 친구하지 마라.

make ends meet 수지타산을 맞추다

- ☐ We're barely making enough money to make ends meet.
  우린 간신히 빚이나 안지고 살 정도 밖에 못벌어.

make a face 인상짓다

- ☐ Don't make a face. 이상한 표정 짓지마.

make a run for it 도망가다, 서둘러 피하다

- ☐ Let's make a run for it. 도망가자, 빨리 피하자.

make off with …을 가지고 도망가다

- ☐ They made off with my cell phone. 걔네들은 내 핸드폰을 가지고 도망갔다.

make believe …인 체하다

- ☐ You don't have to make believe you're going to call.
  전화걸 것처럼 할 필요없어.

make it a rule to~ …하기로 규칙으로 정해놓다

- ☐ Let's make it a rule to turn out the lights every night.
  밤에는 언제나 전등을 끄기로 합시다.

make a day[night] of it 하루를 즐겁게 보내다

- ☐ With your son, you'll make a day of it. 네 아들과 즐겁게 보낼거야.

- ☐ **That makes two of us.** 나도 마찬가지야.(그렇게 생각해)
- ☐ **You've got it made.** 넌 해냈어.
- ☐ **You've made your point.** 네말 이해했어.
- ☐ **Haste makes waste.** 서두르다가 일을 그르치기 마련이야.
- ☐ **That doesn't make the grade.**
  그렇게 해서는 안돼.(make the grade 필요한 기준에 다다르다, 성공하다)

More Expressions

□ **We made history.** 우린 정말 대단한 일을 해냈어.

□ **Who died and made you king[Pope/God]?**
누가 너더러 이런 일을 맡으라고 했어?

□ **Make my day!** 자, 덤벼!, 할테면 해봐!

□ **Make mine the same.** 같은 걸로 주세요.

10 알건 다 알아

Know

알 만한 사람은 다 아는 기본 동사. 뭔가 알거나 모른다(don't know)고 할 때 쓰게 되는 동사로 그 의미자체가 많이 쓰일 수밖에 없는 경우이다. 파생되는 숙어나 동사구의 양은 적으나 know anything about~, I know that~, You don't know that~ 등 실제 회화에서 많이 쓰이는 표현들을 집중적으로 공략하여 언제 어디서 듣지 입에서 술술 나오게 해야 한다.

Know 기본개념

01. 알다, 알고 지내다

Do I know you? 절 아세요?

Do you know that? 그거 알고 있어?

02. …에 대해 알고 있다(~of, ~about)

Do you know about that? 그거에 대해 알고 있어?

Do they know about each other? 걔네들이 서로 알아?

03. know that[what~] 주어+동사 …을 알다

I know she made a mistake. 그 여자가 실수했다는 걸 알아.

My God! I don't know what to say. 맙소사! 뭐라 해야 할지 모르겠어.

I know where you live. 네가 어디 사는지 알아.

001 know it[that] 그걸 알다

물론 이 표현 자체가 숙어는 아니지만 앞서 나오는 이야기를 it이나 that으로 받아서 ~know that(it) 등의 형태로 실제 많이 쓰이기 때문에 그 빈출표현들을 연습해보기로 한다.

POINT

I know that[it] 그거 알아
I don't know that 난 몰라
You know that? 그거 알아?
We know that 우리 알고 있어
I knew that[it] 알고 있었어, 그럴 줄 알았어
You know that[it] 너 알잖아
You don't know that 너 모르잖아
We knew that 우린 알고 있었어

□ I didn't **know that.** But I thought you **knew that.**
난 모르고 있었지만 넌 알고 있을거라 생각했어.

□ I didn't know you **knew that.** 네가 알고 있는 줄 몰랐어.

□ How do you **know that?** 어떻게 알았어?

□ You should **know that.** 그걸 알고 있어야 돼.

A: You're not allowed to have drinks out here. 음료는 밖으로 갖고 나가실 수 없습니다.
B: Oh, I didn't know that. 어, 몰랐어요.

002 know sb 알고 지내다

「…을 알고 있다」는 것은 주로 만나서 잘 알고 있다(be familiar with)는 의미이다. know sb very well은 「…을 잘 알고 지내는 사이다」, 그리고 know each other는 「서로 알고 지내는 사이다」라는 뜻.

POINT

know sb very well …을 잘 알다
know sb as[for] ~ …로 알고 있다
don't know sb from Adam …을 전혀 모르다
know each other 서로 알고 지내다
know sb from …때 친구다, …때부터 알고 지내는 사이다

□ Do I **know** you?/ Don't I **know** you? 날 아세요?, 어디선가 만난 적이 있지 않나요?

□ Do you two **know each other?** 두 분 아는 사이세요?

□ Where do I **know you from?** 어디서 뵈었죠?

□ You look familiar. Do I **know you from somewhere?**
낯이 익네요. 어디선가 뵌 적 있나요?

□ I think I **know you from** college. 대학교 때 알게 된 것 같아.

A: Is this your first time to meet Cindy? 신디를 만나는 거 이번이 처음이야?
B: No, but I don't know her very well. 처음은 아니지만 그리 친하지는 않아.

003 know anything about+명사

(부정, 의문문형태로) …을 전혀 모르다

부정문이나 의문문에서 쓰이는 표현. 부정문에서는 부정을 강조하는 것으로 「전혀 혹은 아무런 …도 모른다」라는 뜻이며 의문문에서는 「…에 대해 뭐 좀 아는게 있냐?」고 물어볼 때 사용한다.

POINT

I don't know anything about~ …에 대해 전혀 모르다
I don't know any+명사 아무런 …도 몰라
Do you know anything about ~? …에 관해 뭐 알고 있는거 있니?
Do you know any+명사? 아는 …가 좀 있어?

□ I didn't **know anything about** this, I swear. 난 이거에 대해 전혀 몰라, 정말야.
□ I don't **know anything about** playing poker? 포커치는거 전혀 몰라.
□ You don't **know anything about** me, do you? 나에 대해 아무것도 모르지, 그지?
□ Do you **know any** good restaurants? 좋은 식당 아는데 있어?
□ Do you **know anything about** the virus?
그 바이러스에 대해서 뭐 좀 아는 거라도 있니?

A: Do you know anything about chemistry? 화학에 대해 뭐 아는게 있어?
B: Yes, I studied chemistry in college. 그럼, 대학에서 화학을 공부했지.

004 know (that) S+V …을 알다

know 다음에 절(that 주어+동사)이 와서 「…라는 사실을 알고 있다」라고 말하는 방식. 알고 있는 내용이 명사가 아니라 절이라는 점이 know+명사와 다르다.

POINT

I know (that) S+V …을 알아　　**I don't know (that) S+V** …을 몰라
Do you know (that) S+V? …을 알아?

□ Please stop. **I know that** you're lying to me. 그만둬. 거짓말하는거 알아.
□ My fingers are crossed. **I know** you really want that job.
행운을 빌게. 네가 원하는 직장이잖아.
□ **I don't know that** we can afford a Harley.
할리 오토바이를 살 여력이 되는 지 몰랐어.
□ **Do you know that** there's no liquor in this house? 집에 술이 없다는 걸 알아?

A: Tina was very sick after dinner. 티나가 저녁 식사후 무척 아팠어.
B: I don't know that the food made her sick. 그게 음식 때문인지 모르겠어.

005 know when[where]~ …을 알다

이번에는 의문사를 이용하여 I know what/why/how 주어+동사 형태로 쓰는 표현법으로 앞의 know that 주어+동사보다 훨씬 많이 쓰인다. 다만 의문절이 도치가 아닌 '의문사 + 주어 + 동사'의 순서대로 된다는 것에 주의한다.

POINT

I know what I'm doing 나도 아니까 걱정하지마
I know what I'm saying 나도 알고 하는 말이야
I know what you're saying 무슨 말인지 알아, 나도 그렇게 생각해
I know what you're up to 네 속셈 다 알아
You know what I mean? 무슨 말인지 알겠어?
I don't know what you are getting at 무슨 말을 하는 건지 모르겠어
I don't know what's keeping him 걔가 뭣 때문에 늦는지 모르겠어
I know just how you feel 어떤 심정인지 알겠어

□ I **know exactly what** you need. 네가 원하는 게 뭔지 알겠어.

□ I don't want to be alone. You **know what** I'm saying?
난 혼자 있기 싫어. 무슨 말인지 알겠어?

□ We never **know when** our life is going to change.
우린 인생이 언제 바뀔지 절대 몰라.

□ I think I **know where** they came from. 그것들이 어디서 난 건지 알 것 같아.

□ I don't even **know how** I feel about her yet.
난 아직 걔에 대한 감정이 어떤지 잘 모르겠어.

□ Do you **know when** the party is? 파티 언제 하는지 알아?

□ Do you **know where** the train station is located? 기차역이 어디 있는지 알아?

A: Do you know when the train arrives? 기차가 언제 도착하는지 아세요?
B: It's scheduled to be here at 7 a.m. 오전 7시에 도착하는 것으로 되어있어요.

A: Do you know where the bookstore is? 서점이 어디에 있는지 아세요?
B: You can't miss it. It's at the end of this street. 이 길 끝으로 가시면 틀림없이 찾으실거예요.

A: I can help find your cat. 네 고양이를 찾는데 도와줄 수 있어.
B: Thanks. I don't know where she is. 고마워. 어디로 갔는지 모르겠어.

006 You don't know what[how]~

넌 …을 몰라

특히 You don't know+의문사~는 주로 상대방에게 원망, 비난, 질책을 하면서 쓸 수 있는 말이다. 응용표현으로 You don't know what it's like to+동사(…가 어떤 건지 넌 몰라)가 있다.

POINT

You don't know what[how~]~ 넌 …을 몰라
You don't know what it's like to+동사 …가 어떤 건지 넌 몰라

- □ **You don't know** that. **You don't know** me anymore.
  넌 그걸 몰라. 넌 더 이상 날 몰라.
- □ **You don't know how** much I love you. 넌 내가 얼마나 널 사랑하는지 몰라.
- □ **You don't know what** it's like to have a baby. 얘기 낳는게 어떤 건지 넌 몰라.

A: Don't take it personally, but you don't know what we are talking about.
기분 나쁘게 생각하지는 말아, 하지만 넌 우리가 무슨 얘기를 하고 있는지 몰라.

B: Sorry, I thought you were talking about the expansion.
미안, 확장 건에 대해서 얘기하고 있는 줄 알았는데.

007 let sb know …에게 알려주다

「…에게 know 이하의 사실을 알려준다」는 것. 나에게 알려달라는 의미로 let me know~, 네게 알려준다는 let you know~가 있다. 그냥 단독으로 Let me know라고도 쓴다.

POINT

Let me know if/what~ …을 알려줘 **I'll let you know~** …을 알려줄게
I'd like[I want] to let you know~ …을 알려주고 싶어

- □ If you need any help, **let me know.** 도움이 혹 필요하면 알려줘.
- □ **Let me know** if she likes it, okay? 재가 그걸 좋아하는지 아닌지 알려줘, 응?
- □ I just want to **let you know** that we are getting married.
  단지 우리가 결혼하다는 걸 알려주고 싶어.
- □ I want to **let you know** how much I care about you.
  내가 널 얼마나 아끼는지 알려주고 싶어.

A: Let me know if you have any questions. 질문 있으시면 알려 주세요.

B: I'll keep that in mind. 그렇게 할게요.

008 know when[how, where] to+ V

…하는 것을 알아

이번에는 의문사+to+동사가 know의 목적어가 되는 경우이다. I don't know how(what) to~ 혹은 Do you know how to~?로 쓰면 된다

POINT
I don't know how[what] to+동사 …하는 방법(것)을 몰라
Do you know how to+동사? 어떻게 …하는지 알아?

□ Leave it to me. I **know how to** handle it.
내게 맡겨. 그걸 어떻게 처리해야 하는지 알아.

□ I don't **know how to** say it in English. 그걸 영어로 어떻게 말하는지 몰라.

□ I don't **know what else to** do. 달리 어떻게 해야 할지 모르겠어.

□ I don't **know what to** do. 뭘 어떻게 해야 할지 모르겠어.

□ I don't **know what to** get her for her birthday.
걔 생일에 뭘 사줘야 할지 모르겠어.

□ You shouldn't have. I don't **know how to** thank you.
그럴 필요 없는데. 뭐라 감사해야 할지 모르겠어.

□ How stupid I am! I don't **know what to** say.
내가 참 멍청도 하지! 뭐라 해야 할지 모르겠어.

□ I don't **know what to** say. I really appreciate it.
뭐라 해야 할지 모르겠어. 정말 고마워.

□ Do you **know how to** use it? 그걸 어떻게 사용하는지 알아?

□ Where's Central Park? Do you **know how to** get there?
센트럴 파크가 어디예요? 거기 어떻게 가는지 알아요?

□ My computer broke. Do you **know how to** fix it?
내 컴퓨터가 고장 났어. 그거 어떻게 고치는지 알아?

A: We're playing cards. Want to join us? 카드놀이 하려고 하는데. 같이 할래?
B: Sure. I know how to play this game. 좋지. 나 이 게임 할 줄 알아.

A: Here's the present I got for your birthday. 이거, 네 생일선물야.
B: I don't know how to thank you. 어떻게 감사드려야 할지 모르겠네요.

A: I don't know what to do. 뭘 어떻게 해야 할지 모르겠어.
B: You want my advice? 내가 조언해줄까?

009 The first thing you need to know is that~ 네가 먼저 알아두어야 하는 건 …이야

조금 길지만 알아두면 유용하게 자기의 의사를 전달할 수 있다. The first thing 대신에 Everything 또는 All 등으로 대체해도 된다. 또한 What I'd like to know is~는 내가 알고 싶은 것은 …이다라는 의미.

POINT

The first thing you need to know is that~ 먼저 네가 알아둬야 할 것은 …이다
Everything[All] you need to know is in that~ 네가 알아두어야 할 모든 것은 …이다
What I would like to know is~ 내가 알고 싶은 것은 …야

□ **The first thing you need to know is that** you should go there right now. 가장 먼저 네가 알아야 되는 건 네가 거기 지금 당장 가야 된다는거야.

□ **Everything you need to know is that** you have a lot of chances. 네가 알아야 하는 모든 것은 네게 기회가 많다는거야.

□ **What I'd like to know is that** you can get the job done. 내가 알고 싶은 건 네가 그 일을 끝낼 수 있느냐는거야.

A: The first thing you need to know is that you only get two weeks' holiday at this company. 네가 먼저 알아두어야 할 건 이 회사에서 휴가는 단 2주뿐이라는거야.
B: For a whole year? That's too cruel. 일년내내? 너무 잔인하다.

010 know the answer (to) (…을) 알다

어떤 질문에 답을 안다는 의미로 꼭 문제가 아니더라도 "그거 (답) 나 알아"라는 의미로 쓰인다. 보통 문맥상 앞에 나오는 것을 that으로 받아서 know the answer to that이라고 많이 쓰인다.

POINT

know answer to~ …에 대한 답을 알고 있다

□ I think I **know the answer to** that. 그거 알 것 같아.

□ I think I **know the answer to** this question. 이 문제의 답을 알 것 같아.

□ You **know the answer to** that. 너 답을 알잖아.

A: When will we go home? 우리 언제 집에 가지?
B: I don't know the answer to that question. 그 문제에 답을 모르겠다.

011 know the whole story

…을 잘 알고 있다, …에 밝다

전반적인 스토리를 다 안다는 의미로 …의 자초지종을 잘 알고 있다, …에 밝다라는 의미이다. 비슷한 표현으로는 know what's what, know one's stuff, know the score, know one's way around 등이 있다.

POINT

I know the whole story 자초지종은 알아
He knows what's what 그 사람은 진상을 알고 있다

□ You **know your way around** a gun. 넌 총에 대해 잘 알잖아.

□ I **know it backwards and forwards.** 난 그것에 대해 낱낱히 알아.

□ I **know all the tricks of the trade.** 난 필요한 지식과 기술을 갖췄어.

□ He still doesn't **know the whole story.** 걘 아직 자초지종을 모르고 있어.

A: I guess it's all your fault. 네가 잘못한 것 같아.
B: Will you stop? You don't know the whole story. 그만해. 잘 알지도 못하면서.

012 not know the first thing about

…에 대해 아무 것도 모르다

「…에 대해 아무 것도 모르는 문외한이라는」 것을 강조하는 표현. about 다음에 모르는 사실을 말하면 된다. 비슷한 표현으로 not know the half of~, not know a thing about~ 등이 있다. 단 know a thing or two about~하면 「…에 대해 아주 잘 안다」는 의미가 된다.

POINT

I(You) don't know the first thing about~ …을 전혀 몰라
I(You) don't know the half of~ …을 잘 몰라

□ I **don't know the first thing about** how to use it.
그걸 이용하는 방법을 전혀 몰라.

□ You **don't know the first thing about** it. 쥐뿔도 모르면서.

□ You **don't know the half of it.** 얼마나 심각한지 네가 아직 몰라서 그래.

□ I **know a thing or two about** playing computer games.
난 컴퓨터 게임 잘 알아.

A: Mary needs help with her computer. 메리가 컴퓨터 관련 도움이 필요해.
B: I don't know the first thing about computers. 나는 컴퓨터에 대해서는 전혀 몰라.

013 happen to know~ 우연히 알다

happen to+동사는 뭔가 「우연히 …을 하다」라는 의미로 I happen to know~하면 「어쩌다 알게 되었음」을 그리고 Do you happen to know~?하면 「혹시 …알아?」라고 물어보는 문장이 된다.

POINT
I happen to know (about) sth/(that) S+V 어쩌다 …알게 되었어
Do you happen to know (about) sth (that) S+V? 혹시 …알아?

- □ I **happen to know** you kissed her in the car. 네가 차에서 걔한테 키스하는거 봤어.
- □ Do you **happen to know** about Jane? 너 혹시 제인 아니?
- □ Do you **happen to know** if there is a good restaurant around here? 혹시 이 근처에 좋은 식당있는거 알아?
- □ Do you **happen to know** where I put my glasses? 내가 안경 어디다 뒀는지 알아?

A: Let's eat at an Italian restaurant. 이태리 식당에서 식사하자.
B: I happen to know of a great place. 내가 좋은 곳을 알고 있어.

014 know better than to~ …할 만큼 어리석지 않다

know better than은 「…보다 더 잘 안다」라는 의미로 「…하지 않을 정도로 알고 있다」, 즉 다시 말하면 「…할만큼 어리석지 않다」라는 말이다. than 다음에는 명사가 오거나 to+동사를 붙이면 된다.

POINT
know better than to~ …할 만큼 어리석지 않다

- □ You **know better than** that. 알만한 사람이 왜 그런 짓을 하니.
- □ I **know better than** that. 내가 그런 짓을 할 만큼 어리석지 않아.
- □ Of course, she **knew better than to** say this to her husband. 물론 걔는 남편에게 이것을 말할 정도로 어리석지는 않았어.
- □ You **should know better than to** let him know. 넌 그걸 걔한테 말하지 않았어야지.

A: Your children are very well behaved. 네 애들은 정말 품행이 좋구나.
B: They know better than to act badly. 까불기에는 철이 들었지.

015 as you (probably) know, …알다시피,

as you know는 서로 알고 있는 이야기를 할 때 "너도 알다시피"라고 확인시켜주는 숙어이다. 「우리가 알다시피」라고 하려면 as we know라 한다. 참고로 You know하면 말을 꺼내기 앞서 허사처럼 꺼내는 것으로 어, 저, 저기, 저 말야에 해당된다. 또한 as far as sb knows는 「…가 아는 한」이라는 뜻.

POINT

- **as you[we] know** 알다시피
- **you know** 음, 저, 저기
- **as far as sb knows** …가 아는 한

- □ **As you know,** it's my job to interview people. 알다시피 인터뷰하는 게 내 일이야.
- □ **You know,** everything is going to be fine. 음, 모든 게 다 괜찮을거야.
- □ **As far as I know** she didn't show up at the party.
  내가 아는 한 걘 파티에 오지 않았어.
- □ **As far as I know,** he hasn't talked about his job.
  내가 아는 한 걘 자기 직업에 대해 얘기한 적이 없어.

> A: As far as I know they sent it yesterday. 내가 알기로는 그들이 어제 그걸 보냈대.
> B: Then it should arrive later today. 그럼 오늘 늦게는 도착하겠군요.

016 You know what? 그거 알아?, 근데 말야?

상대방 관심을 불러일으키는 표현으로 You know what?은 놀랍거나 흥미로운 사실을 전달할 때 곧잘 사용된다. 「있잖아?」, 「그거 알아?」라는 의미로 I'll tell you what, Guess what?, You know something?이라고도 한다.

POINT

- **You know what?** 그거 알아?
- **You know something?** 저기 말야
- **I'll tell you what** 저기 있잖아, 이러면 어때
- **Guess what?** 그거 알아, 저 말야

- □ **You know what?** Let's not talk. 있잖아, 얘기하지 말자고.
- □ **Guess what?** I have a date with Cindy. 그거 알아? 나 신디랑 데이트해.
- □ **I'll tell you what.** How about we take a walk tonight?
  이럼 어때, 오늘 저녁 산책하자.
- □ **You know something?** I have a date with Gina.
  저기 말야, 나 지나랑 데이트있어.

> A: You know what? I just got promoted. 저 말이야, 나 승진했어.
> B: Good for you! You deserve it. 잘됐네. 넌 자격이 있잖아.

017 Not that I know of 내가 알기로는 그렇지 않아

완곡하게 부정하는 방식으로 「내가 아는 범위 내에서 그렇지 않다」라는 뜻. 참고로 for all I know는 무관심 표현으로 「모른다」, 「알 바 아니다」, 그리고 before you know it하면 「네가 알기 전에」, 즉 「금세」라는 뜻이다.

POINT

Not that I know of 내가 알기로는 그렇지 않아
Not that I remember 내 기억으로는 아냐
Not that I saw 내가 봤을 때 그렇지 않아
For all I know …을 몰라, 알 바 아니야
Before you know it 금세

- □ **Not that I know of.** Why? 내가 알기로는 아냐. 왜?
- □ **For all I know,** she's trying to find me. 걔가 날 찾으려고 했는지 모르지.
- □ I'll be back **before you know it.** 금세 다녀올게.
- □ **Not that I saw.** He didn't even touch her.
  내가 봤을 때 그렇지 않아. 걘 그녀를 만지지도 않았어.

A: Will Sofia be coming over for dinner tonight? 소피아가 오늘밤 저녁식사하러 들를까?
B: Not that I know of. 난 잘 모르겠어.

018 God (only) knows! 누구도 알 수 없지!

신만이 안다는 이야기는 아무도 모른다는 이야기의 역설적 표현법. 도저히 알 수 없는 상황을 강조해서 말할 때 쓰는 것으로 Nobody knows?, Who knows?, Heaven(Lord/Christ) knows! 등으로 쓰인다. 단 뒤에 (that) S+V절이 이어질 때는 S+V의 내용을 강조하는 문장이 된다.

POINT

God[Lord] knows what S+V! …은 아무도 몰라!
God[Lord] knows that S+V! 정말이지 …해!

- □ **Nobody knows what** she's doing. 걔가 뭘하는지 누가 알겠어.
- □ **God only knows what** your parents are going to say.
  네 부모가 뭐라 할지 누가 알겠어.
- □ **God knows** I owe you so much. 정말이지 네게 신세진 게 많아.
- □ **God knows** I've made a lot of mistakes with her.
  정말이지 난 걔에게 많을 실수를 했어.

A: God only knows what my girlfriend will buy. 내 여친이 뭘 살지 누가 알겠어.
B: Has she gone out shopping again? 걔가 쇼핑하러 또 나갔니?

019 know for sure 확실히 알다

알긴 알돼 뭔가 확실히 알고 있을 때 쓸 수 있는 표현. 단독으로 know for sure라고 해도 되고 know for sure if 주어+동사 형태로 써야 한다. 자신이 없는 말을 할 때 부정형태로 많이 쓰인다.

POINT

(not) know for sure 확실히 알다(모르다)
(not) know for sure if S+V …인지 확실히 알다(모르다)

□ All we **know for sure** is that he seems to hate Liz as much as I do.
우리 모두 확실히 아는 건 걔가 리즈를 나만큼 싫어한다는거야.

□ I think she might be a lesbian but I don't **know for sure.**
걔가 레즈비언일 수도 있는데 확실히 몰라.

□ She only suspects something. She doesn't **know for sure.**
걘 단지 뭔가 의심할 뿐 확실히는 몰라.

□ I don't **know for sure,** but I'm willing to give it a try.
확실히는 모르지만, 난 기꺼이 한번 해볼거야.

A: I know for sure I'll become a lawyer. 내가 변호사가 될 것은 확실해.
B: You'll have to study real hard. 정말로 열심히 공부해야 할거야.

020 know about …에 대해 알다

know about은 「…에 대해 알고 있다」는 뜻. know all about하면 「…대해 다 알고 있다」가 되며 know of하면 「…을 들어서 알고 있다」라는 뜻이 된다.

POINT

know about …에 대해 알다　　**know of** …을 들어서 알다

□ I don't **know about** that. 글쎄, 잘몰라.

□ Who is she? What do we **know about** her?
걔 누구야? 걔에 대해 뭐 알고 있는 것 있어?

□ Maybe she'll **know of** something. 아마 걔가 뭐 좀 알고 있을거야.

□ What else do you **know about** your girlfriend?
네 여친에 대해 아는 다른게 뭐냐?

A: Do you know of any cool places to hang out? 가서 놀 만한 근사한데 알아?
B: I know of two or three. 두 세 곳 알지.

021 be known to[for] …로 알려지다

know가 수동태로 쓰인 경우로 be known to+동사하게 되면 「…하는 것으로 유명하다」, be known for+명사하게 되면 「…로 유명하다」라는 뜻이 된다.

POINT **be known to+동사** …하는 것으로 알려지다 **be known for+명사** …로 유명하다

□ The restaurant **is well known for** its Mexican food.
그 식당은 멕시코 음식을 잘하는 것으로 유명해.

□ I'm **known to** be funny. 난 웃기는 놈으로 알려졌어.

□ She **was known for** her cooking. 갠 요리하는 것으로 유명해.

□ He's **been known to** fire people for that sort of thing.
갠 그런 일로 사람들을 해고하는 것으로 유명해.

A: We're going to visit an art museum in Paris. 우린 파리에 있는 미술관을 가려고 해.
B: Paris is known for its artwork. 파리는 미술 작품으로 유명하지.

know the feeling 심정을 알다

□ I know the feeling. 그 심정 내 알지.

know A from B A와 B를 구분하다

□ I know right from wrong. 옳고 그른 것은 가릴 줄 안다.

I've never known sb to~ …가 …하는 것을 본 적이 없어

□ I've never known you to pay money. 네가 돈을 쓰는거 한번도 못 봤어.

also known as(a.k.a.) …로도 알려진

□ You're also known as Tom. 넌 탐이라고도 알려졌어.

know-it-all 다 아는 척하는 사람

□ I'm smart but I'm not a know-it-all.
똑똑하긴 하지만 다 아는 척하고 다니진 않아요.

□ **What do you know?**
1.(about~) ..에 대해 아는 것 있어? 2. 놀랍군 2. 네가 뭘 안다고!

□ **You don't know shit.** 아무것도 모르면 가만히 있어,네가 알긴 뭘 알아.

□ **Don't I know it.** (말 안해도) 나도 알아, 그런 것쯤은 말 안해도 알아.

□ **Don't you know it!** 전적으로 동감이야!, 정말이야!

□ **Don't you know?** 네가 알고 있지 않니?, 무슨 말인지 알지?

□ **What do you know?** 1. 놀랍군 2. 네가 뭘 안다고!

□ **What's (there) to know?** 뻔하잖아?

□ **You never know.** 그야 모르잖아, 그야 알 수 없지.

□ **You tell me. (I don't know)** 그거야 네가 알지.

□ **How should I know?** 내가 어떻게 알아?

□ **(I) Wouldn't know.** 알 도리가 없지, 그걸 내가 어떻게 알겠니.

□ **That's good to know.** 알게 돼서 기뻐.

11 좋은 걸 어떻게

Like/Prefer

like 다음에 목적어로 동사가 올 경우에 의미 변화 없이 to+동사나 ~ing가 올 수 있는 것이 특징. 또한 like와 would like를 잘 구분해야 하는데 like는 일반적인 좋고 싫음을 그리고 would like는 지금 하고 싶은 것을 말하는 데 사용된다. 한편 like는 things like that, like I said처럼 전치사로 「…와 같이」,「 …처럼」이라는 뜻으로도 많이 사용된다.

Like 기본개념

01. like+명사[to+동사, ~ing] …(하기)를 좋아하다

I like you the best. 난 네가 제일 좋아.

Do you like Korean food? 한국 음식 좋아해?

I like listening to pop songs. 난 팝송 듣는 걸 좋아해.

02. would like+명사[to+동사]~ …을 원하다, …하고 싶다

Would you like some coffee? 커피 좀 드실래요?

I'd like to speak with Mark. 마크 씨와 통화하고 싶은데요.

03. 전치사 like : …와 같이, …처럼

You shouldn't say things like that. 그렇게 말하면 안되지.

I'm allergic to things like computers. 컴퓨터 같은 것에 앨러지가 있어.

04. prefer …을 더 좋아하다, 선호하다

I prefer to drive during the day. 나는 낮에 운전하는 것을 선호해.

Many people prefer warm weather. 많은 사람들은 따뜻한 날씨를 선호해.

She prefers to listen to classical music. 그녀는 클래식 음악 청취를 선호해.

001 like+명사 …을 좋아하다

I like~는 일반적인 자신의 취향을 말할 때 쓰는 것으로 like+명사하면 …을 좋아하다라는 뜻이 된다. 지금, 현재 내가 갖고 싶거나 하고 싶은 것을 언급할 때 사용하는 I'd like~와 구분해야 한다.

POINT
I like+명사 …가 좋다
I don't like+명사 …가 싫다
Do you like+명사? …가 좋아?

- □ I **like** your ring tone. 너 핸드폰 벨소리 좋더라.
- □ Is there any special dish that you **like?** 네가 좋아하는 뭐 특별한 생선있어?
- □ I don't **like** it. 싫어 그러지 말자.
- □ Did you **like** it? 좋았어?
- □ I hope you **like** it. 그게 맘에 들었으면 좋겠어요.

A: What was the highlight of your trip? 여행중 뭐가 제일 멋있었어?
B: Everything was so beautiful, but I think I liked Big Ben the best.
모든게 다 아름다웠는데 난 빅벤이 제일 멋있었던 것 같아.

002 like to+동사[~ing] (일반적으로) …하는 것을 좋아하다

like의 목적어로 to+동사나 ~ing가 오는 경우로 …을 좋아한다는 의미. 지금 하겠다는게 아니라 「평소에 …을 좋아한다」라는 뜻. 지금, 현재 내가 갖고 싶거나 하고 싶은 것을 언급할 때 사용하는 I'd like~와 구분해야 한다.

POINT
I (don't) like to+동사 …하는 것을 좋아하다[좋아하지 않다]
Do you like to+동사[~ing]? …하는 걸 좋아해?

- □ I **like to** play computer games. 난 컴퓨터 게임하는 것을 좋아해.
- □ He **likes to** play the field. 걔는 여러 여자를 두루 만나는 것을 좋이헤.
- □ Do you **like to** play golf? 골프치는거 좋아해?
- □ I'm pretty outgoing, and I **like to** keep busy.
  난 외향적이어서 바쁘게 사는 걸 좋아해.

A: Why don't you slow down a bit? 좀 천천히 가자.
B: I like to drive fast. 난 빨리 달리는 걸 좋아해.

003 would like+명사 …을 원해

would like+명사는 앞의 like+명사와 달리 지금 바로 …을 원하다는 의미로 음식점 등에서 …을 주세요라는 의미로 자주 쓰인다. I want+명사와 같은 뜻이지만 좀 더 공손한 표현.

POINT **I would like+명사** …로 할게, 난 …로 할래, …를 주세요 **Would you like+명사?** …줄까요?

- ☐ **I'd like** a cup of coffee with my dessert. 디저트와 곁들여 커피 한 잔 주세요.
- ☐ **I'd like** a key to room 1004, please. 1004호 열쇠 주세요.
- ☐ **I'd like** two tickets for today's game. 오늘 게임 표 2장 주세요.
- ☐ **Would you like** a glass of lemonade? 레모네이드 한 잔 하실래요?

A: Would you like your steak rare, medium, or well-done?
고기를 레어, 미디엄, 웰던 중 어떻게 해드릴까요?
B: I'd like it medium, please. 미디엄으로 해주세요.

004 would like to+동사 (지금) …을 하고 싶다

would like to+V는 「지금 …을 원하다」라는 의미로 역시 I want to+V보다 좀 더 공손한 표현. 「지금 …을 하고 싶다」라는 의미로 I'd love to+동사와 같은 의미로 생각하면 된다.

POINT **I would like to+동사** …하고 싶어 **Would you like to+동사?** …할래?

- ☐ **I'd like to** play computer games. 난 컴퓨터 게임을 (지금) 하고 싶어.
- ☐ **I'd like to** propose a toast. 축배를 듭시다.
- ☐ **Would you like to** come this weekend? 이번 주말에 오실래요?
- ☐ **Would you like to** go to a movie sometime? 나중에 한번 영화볼래?

A: I'd like to go shopping for my kids. 애들한테 줄 것을 좀 사러 가고 싶어요.
B: Okay, when would you like to go? 좋죠, 언제 갈까요?

005 I'd like that 그럼 좋지

I'd like that은 I would like that이란 말로 상대방 제안을 받고 승낙할 때 쓰는 표현. 「그렇게 한다면 난 좋을 것이다」라는 의미. 반면 I like that는 어떤 사실에 대해 내가 좋아하고 마음에 든다고 할 때 사용하는 표현이다.

POINT

I would like that 그럼 좋지 I like that 좋아, 마음에 들어

- □ **I'd like that.** That sounds sweet. 그럼 좋지. 고마워.
- □ You're gorgeous. **I like that.** 너 참 예쁘네. 마음에 들어.
- □ You want to work for me? **I like that.** 나하고 일하겠다고? 좋아.
- □ **I'd like that** very much. I like hunting. 정말 하고 싶다. 난 사냥을 좋아해.

A: What do you say we get together for a drink? 만나서 술 한잔하면 어때?
B: Oh I'd like that. 그럼 좋지.

006 would like sb to+동사 …가 …을 하면 좋겠다

would like sb to+동사하면 말하는 사람이 뭔가를 하겠다는게 아니라 sb가 to 이하를 하기를 바란다는 의미. 즉 상대에게 「…을 해달라」고 부탁하는 것으로 특히 사람을 소개할 때 많이 사용된다.

POINT

I would like you to+동사 네가 …해줬으면 좋겠어
Would you like me to+동사? 내가 …할까?
Would you like+명사+pp? …를 …하게 할까요?

- □ **I'd like you to** stay with me tonight. 오늘 밤 네가 안 갔으면 좋겠어.
- □ **I'd like you to** meet my friend, Jim. 내 친구 짐하고 인사해.
- □ **Would you like me to** close the window? 창문 내가 닫을까?
- □ **Would you like** these items **delivered?** 이 물건들을 배달해 드릴까요?

A: I'd like you to call your parents. 부모님에게 전화하시면 좋겠어요.
B: Yeah, I should talk to them soon. 예, 곧 전화드릴게요.

007 How do you like~? …은 어때?

How do you like+명사?는 상대방에게 명사가 어떤지 느낌을 물어보는 말로 그냥 대명사를 써서 How do you like that?이라고도 한다. 또한 How do you like+동사[~ing]로 쓰게 되면 상대방의 의향을 물어보는 것이고 would를 써서 How would you like~?하게 되면 역시 상대방의 의향을 물어볼 때 긴요하게 쓰이는 표현이다.

POINT

How do you like to+동사/[~ing]? …하는 건 어때?
How do you like that? 저것 좀 봐, 황당하지 않냐?
How would you like+명사? …은 어떻게 해드릴까요, …는 어떠세요?
How would you like it if S+V …한다면 어떻겠어?
How would you like sth+pp ~ …을 어떻게 해줄까요?

- □ **How do you like** the steak? 고기 어때?
- □ **How do you like** the people where you work?
  네가 근무하고 있는 직장 사람들은 어떤 것 같아?
- □ **How do you like** the new house you moved into?
  네가 이사간 새 집은 어떤 것 같아?
- □ My husband bought me a bag. **How do you like it?**
  남편이 백을 사줬어. 어때?
- □ **How would you like** your steak? 고기를 어떻게 해드릴까요?
- □ **How would you like** your steak cooked? 고기를 어느 정도 익혀드릴까요?
- □ **How would you like to** pay for this? 이거 어떻게 지불하시겠어요?
- □ **How would you like to** get together next Monday?
  다음 주 월요일에 만나는 거 어때?

A: How do you like your new job? 새 직장은 어때?
B: It's stressful. I don't enjoy it. 스트레스가 심해. 일이 즐겁지가 않아.

A: How would you like to pay for this? 어떻게 계산하시겠습니까?
B: With my credit card, if it's all right. 괜찮다면 신용카드로 내겠어요.

008 What would you like~? 무엇을 …할까요?

한편 would you like와 what이 결합하여 What would you like to+동사나 for+명사를 넣으면 상대방에게 무엇을 지금 원하는지, 무엇을 하고 싶은지를 물어보는 표현법이다.

POINT

What would you like for sth? …으로 뭘 원해?
What would you like to+동사? 뭘 …할테야?

- □ **What would you like for** dinner, beef or fish?
  저녁으로 뭘 먹을래, 고기 아니면 회?
- □ **What would you like (to have)?** 뭘 드시겠어요?
- □ **What would you like to** have for an appetizer? 애피타이저로 뭘 먹을테야?
- □ **What would you like to** talk about first? 먼저 뭘 얘기하고 싶어?

A: Would it be possible to get another drink? 한 잔 더해도 될까요?
B: Sure. What would you like to have? 그럼요. 뭐 마실래요?

009 What ~ like? …가 어때?

What's~like?는 How~?와 같은 의미. What does~look like?와 종종 비교되는데 What~like?는 사람[사물]의 성격[성질]을 What does ~ look like?는 단순히 외관(appearance)이 어떤 모습인지를 물어보는 표현이다.

POINT

What is+명사+like? …(성격/성질)이 어때?
What does+명사+look like? …(외관)가 어때?

- □ **What** is your girl friend **like?** 네 여자친구 어때?
- □ **What** is the weather **like** in New York? 뉴욕의 날씨는 어때?
- □ **What** was the show **like** last night? 어젯밤 공연은 어땠어?
- □ **What's** your sister **like?** Is she a nice person?
  네 누이 어떤 사람이야? 착한 사람이야?

A: What is the new department store like? 새로운 백화점 어때?
B: Awesome! It has a lot of brand-name products. 굉장해! 명품들이 많아.

010 I'd like to think ~ …이길 바래

좀 낯설은 난이도가 있는 표현이지만 네이티브들은 즐겨 사용하기 때문에 알아두면 좋을 것이다. 자기의 희망사항을 표현하는 것으로 될지 안될지 모르겠지만 …면 좋겠다라는 뉘앙스. think 대신 believe를 쓰기도 한다.

POINT

I'd like to think S+V …이기를 바래

- □ **I'd like to think** I'm going to dance again. 내가 다시 춤을 추기를 바래.
- □ **I'd like to think** you'd set me up with someone like him. 걔 같은 사람 소개시켜주었으면 해.
- □ **I'd like to think that** we're better than that. 우리가 그것보다 낫기를 바래.
- □ **I'd like to think that** I have learned from my mistakes. 내가 실수를 통해 교훈을 얻었으면 해.

A: I'd like to think it over. 생각 좀 해볼게.
B: Okay, I'll give you until the end of the week. 좋아, 이번주 금요일까지 시간줄게.

011 be like …같다

여기서 like는 전치사로 「…와 같은」이라는 뜻. I'm like you하면 나도 너랑 같은 생각, I'm not like you하면 "난 너랑 달라"가 된다. 또한 It's like~형태로 많이 쓰이는데 명사[~ing, 절] 등 다양하게 이어쓰면 된다.

POINT

It's like+명사/~ing/주어+동사 …하는 것과 같아, …하는 셈야
I know[understand] what it's like to~ …하는 것이 어떤 건지 알아
You don't know[You have no idea] what it's like to~ …하는 것이 어떤건지 넌 몰라
It's not like sb to+동사 …하는 것은 …답지 않다

- □ But you'**re not like** that? 너는 그렇지는 않다는거야?
- □ It'**s not like** that. It's not what you think. 그런거 아냐. 네가 생각하는 것과 달라.
- □ It'**s like** that. 그 경우와 비슷해, 그런 경험야, 그런거야.
- □ It'**s like** he hates me. He won't take my calls. 걔가 날 싫어하나봐. 내 전화를 안받아.
- □ I know what it'**s like** to be a teenager. 10대라는게 어떤 건지 알아.

A: Dad just put his winter coat on. 아버지가 겨울코트를 입으셨어.
B: It's like he thinks it will get colder. 추워질거라 생각하시는 것 같아.

012 things like that 그런 것들

things like~는 「…와 같은 것들」이란 의미로 예를 들 때 쓰는 말. something like that하면 「그와 같은 것」, nothing like that(this)하면 「그런 것이 아니라」는 것과 또 「그만한 것이 없다」, 즉 「최고」라는 의미를 갖는다.

POINT

things like that[this] 그런 것들 **명사+like that** 그런 …, 그와 같은 …

something[anything] like that[this] 그런 것

nothing like that[this] 그런 것이 아닌, 그만한 것이 없는(최고인)

□ Peter, you can't ask people **things like that.**
피티야, 사람들에게 그런 것들 물으면 안돼.

□ Tom, **something like this** could ruin your life. 탐, 이런게 네 인생을 망칠 수 있어.

□ I knew **something like this** was going to happen. 이런 일이 일어날 줄 알았어.

□ **Have** you ever **seen anything like this**? I can't take my eyes off.
이런 거 본 적 있어? 눈을 뗄 수가 없네.

□ There is **nothing like that!** It's the best. 저 만한 게 없지! 최고야.

□ Oh, it's **nothing like that.** 그런 얘기가 아니에요.

□ Well, there's **nothing like** friends. 어, 친구만한 게 없지.

□ **Nothing like this** has ever happened to me before.
이런 일이 전에 나에게 일어난 적이 없어.

□ It's **stuff like that.** 그 비슷한거야.

□ Don't look at me **like that.** 그런 식으로 날 쳐다보지마.

□ I've never **seen anything like it.** 그런 건 처음 봐. 대단해.

□ I can't handle a girl **like her.** 걔 같은 애 상대못하겠어.

A: I don't want to live with my parents. 부모랑 같이 살기 싫어.
B: You shouldn't say things like that. 그렇게 말하면 안 되지.

013 like that[this] before

주로 not see[feel, do] anything like that(this) before 형태로 쓰이는데 의미는 "그런 걸 전에 본 적, 느낀 적, 한 적 없다"고 말하는 표현방식으로 「놀람」과 「강조」를 할 때 요긴하다.

POINT **like that[this] before** 전에 이런 것, 이전에 이런 것

- ☐ Well, I have never seen anything **like this before.**
  어, 전에 이런 것을 본 적이 없어.
- ☐ I've never felt **like this before.** 이런 느낌 처음이야.
- ☐ I never did anything **like that before.** 난 이런 거 해본 적이 없어.
- ☐ I've seen things **like this before.** 전에 이런 거 본 적 있어.

A: My stomach really hurts today. 오늘 정말로 배가 아프다.
B: Have you ever felt like that before? 과거에 그런 적이 있었니?

014 like sth about ~ …에 대해 …을 좋아하다

조금 어려울 수도 있지만 …에 대해 좋아하는 것을 말하는 것으로 about 다음에는 사람이나 사물이 온다. 주로 ~ what I like about~(…에 대해 내가 좋아하는 것)의 형태로 많이 쓰인다.

POINT **sth what I like about sb[sth]** …에 대해 내가 좋아하는 것
This[That] is what I like about sb[sth] 이게 바로 내가 …에 대해 좋아하는거야

- ☐ The thing I **like about** you is your determination.
  내가 너에 대해 좋아하는게 너의 결단력이야.
- ☐ That's what I **like about** you. You always get right to the point.
  그게 바로 네가 널 좋아하는거야. 언제나 바로 본론으로 들어가지.
- ☐ You know what I **like about** you? 내가 너의 어떤 점을 좋아하는지 알아?
- ☐ This is what I **like about** New York. 이게 바로 내가 뉴욕을 좋아하는거야.

A: One of the things I like about Bill is his sense of humor.
빌에 대해 내가 좋아하는 점중의 하나는 그의 유머감각이야.
B: You're right. I think so, too. 맞아. 나도 그렇게 생각해.

015 if you like 원한다면

단독으로 if you like하면 「원한다면」, 「그러고 싶으면」이라는 뜻. if you like 다음에 명사나 to+동사가 오면 if절이 되어 「…한다면」이라는 조건절이 된다. 또한 whatever you like는 「좋으실대로」라는 의미이다.

POINT
if you like 원한다면
if you like+명사[to+동사] 네가 …을 원한다면

- □ **If you like,** you can go home. 원한다면 집에 가도 돼.
- □ **If you like** it so much, why don't you buy it? 그렇게 좋다면 사지 그래.
- □ Come take a look, **if you like it.** 원한다면 와서 봐봐.

A: When would you be available to start the job? 언제 출근할 수 있어요?
B: I could start as early as tomorrow if you like. 원하시면 내일부터도 가능합니다.

016 whether you like it or not 좋든 싫든

상대방이 좋아하든 싫어하든 …을 해야 한다고 말하는 것으로 상대방의 의사와 상관없이 어쩔 수 없음을 나타내는 표현이다. 참고로 whatever you like는 좋으실대로, as long as you like는 원하는 한의 의미이다.

POINT
whatever you like 좋을대로
as long as you like 원하는 한

- □ **Whether you like it or not,** she is a suspect. 네가 좋든 싫든간에 걘 용의자야.
- □ **Whether you like it or not,** I'm staying. 좋든 싫든, 난 계속 여기 있을거야.
- □ Take **as long as you like.** 원하는 만큼 가져.

A: Feel free to stay here as long as you like. 계시고 싶을 때까지 맘놓고 머무세요.
B: It's very kind of you to say so. 그렇게 말씀해주셔서 고맙습니다.

017 Like what? 이를 테면?, 어떻게?, 어떤 거?

상대방에게 어떤 일을 하는 방식을 물어보는 것으로 이를 테면 "어떻게 하는 것을 말하는거야?"라는 뜻의 표현이다. Like this?라 하면 "이렇게 하면 돼?"라는 뜻.

POINT

Like what? 이를 테면 어떻게?
Like this? 이렇게 하면 돼?

- □ **Like what?** What do you have to do? 이를 테면 어떤거? 네가 뭘 해야 하는데?
- □ You need to something to do? **Like what?** 뭐 해야 할게 있다고? 예를 들면?
- □ Are you saying that I've change a lot? **Like what?**
  내가 많이 변했다는거야? 예를 들면?
- □ **Like what?** The soccer game? 예를 들면 뭐? 축구경기?

A: Please bring me some information on the company.
그 회사에 대한 정보를 몇가지 가져다주세요.

B: Like what? 이를 테면?

018 like I said 내가 말한 것처럼

자기가 이미 말한 내용을 다시 언급하는 것으로 자기 말하는 내용을 강조할 때 주로 사용된다. 반대로 네가 말한 대로라고 하려면 like you said라고 하면 된다.

POINT

like I said 내가 말한 것처럼
like you said 네가 말한 것처럼
like I said on the phone 전화에서 얘기한 것처럼
like I said before 전에 내가 말한 것처럼

- □ **Like I said,** I should go back and get dinner ready.
  내가 말한 것처럼 집에 가서 저녁준비해야 돼.
- □ **Like I said,** it's none of your concern. 내가 말했잖아. 네 일 아니라고.
- □ **Like you said,** nobody saw anything. 네가 말한 것처럼 아무도 뭘 보지 못했어.
- □ **Like I said,** I'm going to take you to the museum.
  내가 말한 것처럼, 박물관에 데려갈게.

A: Why did you come home so late last night? 어젯밤에 왜 그렇게 늦게 들어왔니?

B: Mom, like I said, the bus was delayed. 엄마, 말씀드린 대로, 버스가 늦게 왔다니까요.

019 prefer+명사[~ing] …을 더 좋아하다

prefer는 비교동사로 비교대상이 문장에 나오거나 혹은 문장 앞에 이미 나온 상태에서 '그것'보다는, '그 사람'보다는 prefer 다음에 나오는 것(사람)을 「더 좋아한다」라는 의미이다.

POINT

prefer+명사 …을 더 좋아하다
prefer+~ing …하는 것을 더 좋아하다
prefer sb ~ing …가 …하는 걸 선호하다

- □ I **prefer** draft beer. 난 생맥주가 더 좋아.
- □ Thank you very much, but I **prefer** coffee. 정말 고맙지만 커피를 더 좋아해요.
- □ I'm fine being alone. I even **prefer** it. 난 혼자 있는거 괜찮아. 더 좋아하는 편이야.
- □ I **prefer** going to the bar downstairs. 난 아래층 바에 가는게 더 좋아.
- □ I **prefer** you doing the job. 난 네가 그 일을 했으면 해.

A: Will he go somewhere warm this winter? 걔가 이번 겨울에 따뜻한 곳에 갈거니?
B: No, he prefers mountains and skiing. 아니. 걔는 산과 스키를 선호해.

020 prefer to+V …하는 걸 더 좋아하다

이번에는 prefer의 목적어로 to+동사가 오는 경우로 「…하는 걸 더 좋아한다」라는 뜻이고 반대로 「…하지 않는 것을 더 좋아하다」라고 할 때는 prefer not to+동사를 쓰면 된다.

POINT

prefer to+동사 …하는 걸 더 좋아하다
prefer not to+동사 …하지 않는 것을 더 좋아하다

- □ I **prefer to** be called a 'hero.' 난 영웅이라고 불리는 것을 더 좋아해.
- □ I **prefer to** be alone. Please leave. 혼자 있고 싶어. 그만 가줘.
- □ I **prefer not to** answer that right now. 그 대답은 바로 하지 않을래.
- □ I **prefer not to** work on this project. 난 이 프로젝트를 맡고 싶지 않아요.

A: Shall we take a taxi downtown? 시내에 택시타고 갈까?
B: We would prefer to walk there. 우린 걸어가는 것을 더 좋아해.

021 prefer A[명사,~ing] to B[명사, ~ing]

B보다 A를 더 좋아하다

prefer A to B하게 되면 B보다 A를 더 좋아하다라는 표현으로 A와 B는 명사가 오거나 명사상당 어구인 ~ing가 올 수 있다. 주의할 점은 비교대상 앞에는 than이 아니라 to가 온다는 점이다.

POINT

prefer A to B B보다 A를 더 좋아하다
prefer A~ing to B~ing B하는 것보다 A하는 걸 더 좋아하다

□ I think I **prefer** New York **to** other cities in America.
미국에서 다른 도시들보다 뉴욕이 더 좋은 것 같아.

□ I **prefer** eating out in a restaurant **to** sitting around at home.
집에서 쓸데없이 시간 보내는 것보다 밖에서 먹고 싶어.

□ She **prefers** text messaging **to** leaving voice messages.
걘 음성메시지 남기는 것보다 문자메시지 남기는 것을 더 좋아해.

□ He **prefers** playing computer games **to** watching TV.
걘 TV시청하는 것보다 컴퓨터 게임을 더 좋아해.

A: I think I prefer New York to other cities in America.
미국에서 뉴욕이 다른 도시보다 더 좋아.
B: Really? Is there some special reason for that? 그래? 뭐 특별한 이유라도 있어?

022 prefer A rather than B B하느니 차라리 A하겠다

역시 비교 대상이 나오는 표현이지만 to 대신에 rather than을 써서 「…을 하느니 차라리 …을 하겠다」라는 것을 다소 강조하는 표현

POINT

prefer A rather than B B하느니 차라리 A하겠다

□ I **prefer** chicken **rather than** steak. 난 고기보다는 닭을 더 좋아해.

□ Most kids **prefer** to enjoy free time **rather than** study.
대부분의 아이들은 공부보다는 자유시간을 즐기는 걸 좋아해.

□ She said that she **prefers** traveling **rather than** staying at home.
걘 집에 있는 것보다 여행하는 걸 더 좋아해.

A: I prefer spring rather than summer. 나는 여름보다는 봄을 좋아해.
B: Me too. Summer is much too hot. 나도 그래. 여름은 너무 더워.

023 I would prefer+명사[to+동사]

…하는 것이 좋겠다

like(주어의 기호)와 would like(주어의 의지)의 차이처럼 prefer는 '단순히 선호하다'인 반면 would prefer는 '…을 더 했으면 한다'는 주어의 의지가 담긴 표현. I'd prefer~ 다음에는 명사(~ing), to+동사를 붙여 쓰면 된다.

POINT **I would prefer+명사[to+동사]** …하는 것이 좋겠다

- □ **I'd prefer** a beer if you have one. 맥주 있으면 한잔 하고 싶은데.
- □ **I'd really prefer** a mountain bike. 산악자전거가 있으면 좋겠어.
- □ I think that **I would prefer** the airport limo. 공항리무진이면 좋을 것 같아요.
- □ **I'd prefer not to** get involved. 나는 개입하지 않는 것이 좋겠어.

A: Are you ready to eat lunch? 점심하러 갈래?
B: I would prefer to keep working. 계속 일을 하는 것이 좋겠어.

024 I'd prefer it if~ …하면 좋겠다

if 이하이면 좋겠다는 현실과 다른 희망을 말하거나 혹은 정중하게 「…에게 …하지 말라」는 의미의 표현으로 쓰이기도 한다.

POINT **I'd prefer it if~** …하면 좋겠다

- □ **I'd prefer it if** you didn't. 네가 그러지 않으면 좋겠어.
- □ **I'd prefer it if** we didn't make an issue out of this at work.
  직장에서 이걸 문제 삼지 않았으면 좋겠어.
- □ **I'd prefer it if** you didn't call me chicken. 날 겁쟁이라 부르지 않으면 좋겠어.
- □ **I'd prefer it if** we could keep it between us. 그건 우리사이의 비밀로 했으면 좋겠어.

A: I have your glasses at my house. 네 안경이 내 집에 있어.
B: I'd prefer it if you gave them back. 돌려주면 좋겠어.

More Expressions

like better 더 좋아하다

☐ What do you like better, action or comedy?
액션과 코미디 중에서 뭘 더 좋아해?

take a liking to …이 좋아하기 시작하다

☐ They've really taken a liking to me. 걔네들은 정말 날 좋아하기 시작했어.

act like …처럼 행동하다

☐ Stop acting like you're all that. 잘난척하지마.

eat like a bird 소식하다(↔ eat like a pig)

☐ You eat like a bird! 넌 정말 적게 먹는구나!

likes and dislikes 좋아하는 것과 싫어하는 것

☐ I don't have any strong likes or dislikes.
그렇게 좋아하는 것도 싫어하는 것도 전혀 없어.

like hell 결코 …아니다, 강하게

☐ It hurts like hell. 너무 아프네요.

☐ **Do as you like.** 좋으실대로.

☐ **Just like that!** 바로 그렇게!

☐ **That's more like it.** 그게 더 낫네.

12 허락해주거나 받거나

Let

사역동사라는 느낌이 별로 들지 않는 사역동사. let sb[sth]의 형태로 쓰이는 데 주로 「내가 …할게」라는 뜻의 Let me+동사~, 그리고 「내가 너한테 …해줄게」라는 뜻의 I will let you+동사~ 형태로 쓰인다. 또한 Let's+동사는 「우리 …을 하자」라는 의미로 Why don't we~?와 같은 의미. Let's는 원래 Let us+동사~가 축약되어 Let's가 된 것이다.

Let 기본개념

01. 허락하다, …하게 하다(let sb do)

Let me take care of it. 내가 처리할게.

Let me do this for you. 널 위해 내가 이거 해줄게.

02. …하자(Let's do), …하지 말자(Let's not do)

Let's go to the coffee shop around the corner. 모퉁이에 있는 커피숍으로 가자.

03. …하게 하다(let ~ 보어)

Stop the boat. Let me out. 배를 멈춰. 날 내보내줘.

Please let me in. 제발 날 들여보내줘.

001 let me + 동사 내가 …할게

Let me+동사하면 「내가 …을 하도록 허락해 달라」라는 뜻. 어떤 행동을 하기 앞서 상대에게 자신의 행동을 미리 알려주는 표현법. 「도와줄게」는 Let me help you, 「내가 생각 좀 해볼게」는 Let me think about it이라 하면 된다.

POINT

Let me check~ …을 확인해볼게
Let me think ~ …을 생각해볼게
Let me know~ …을 알려줘
Let me try~ …을 해볼게

- ☐ I think I can fix it. **Let me take** a look. 그거 고칠 수 있을거야. 한번 보여줘.
- ☐ Would you mind **letting me check** your bag? 가방을 확인해봐도 될까요?
- ☐ **Let me think** it over again. 그거 다시 한번 생각해볼게.
- ☐ I believe I can do it. **Let me try.** 나 할 수 있어. 해볼게.

A: Do you know when the next flight leaves? 다음 비행기는 언제죠?
B: Just a moment. Let me check. 잠깐만요. 확인해볼게요.

002 let you + 동사 네가 …하도록 할게

이번에는 「네가 …하도록 하겠다」라는 의미의 let you+동사. I'll let you+동사 혹은 I'm going to let you+동사 형태로 많이 쓰인다.

POINT

I will let you+동사 네가 …하도록 할게
I'm not going to let you+동사 네가 …하지 못하도록 할게
I want to let you know that S+V …을 알려주고 싶다

- ☐ I will not **let you get** away with this. 넌 무사히 넘어가지 못하게 할거야.
- ☐ We will **let you know** that later. 나중에 알려줄게.
- ☐ I will **let you know** when I find her. 내가 걸 찾으면 알려줄게.
- ☐ I just want to **let you know** that I'm your key player. 난 당신의 주전선수라는 것을 알려주고 싶어요.

A: I wanted to let you know I'm getting divorced. 내가 이혼한다는 사실을 알려주고 싶었어.
B: But why? You seemed so happy with your husband. 왜? 남편과 행복한 것처럼 보였는데.

003 let that[this,it] happen 그런 일이 일어나게 하다

let 다음에 앞서 언급한 사항을 that[this] 혹은 it으로 받아 let that(this, it) happen하게 되면 「…일이 일어나게 하다」라는 뜻. 주로 not let~ happen형태로 써서 「그런 일이 일어나지 않게 하다」라는 의미로 많이 쓰인다.

POINT
let that[this, it] happen …가 일어나게 하다
not let that[this, it] happen …가 일어나지 못하게 하다

- □ Sorry about that. I won't **let it happen** again. 미안해. 다신 그런 일 없을거야.
- □ Just don't **let it happen** again, all right? 다시 그런 일 없도록 해. 알았지?
- □ We're not going to **let that happen.** I promise you.
  다시는 그런 일 없을거야. 약속해.
- □ He says you **let it happen.** 걔가 네가 그랬다는 대.

A: I'm so sorry. I forgot to call you last night. 정말 미안해. 지난밤에 전화하는 걸 잊었어.
B: Don't let it happen again! I was worried. 다신 그러지마! 걱정했잖아.

004 Don't let sb[sth]+동사
…가 …하지 못하게 해

let의 부정형태로 Don't let sb[sth]+동사하면 「…가 …하지 못하도록 해」라는 말로 의역하면 「…때문에 …하지마」, 「…가 …하지 못하게 하다」라는 의미이다.

POINT
Don't let sb+동사 …가 …하지 못하도록 해　　Don't let sth+동사 …때문에 …하지마

- □ **Don't let** it bother you! 너무 신경 쓰지마!
- □ **Don't let** her drink anymore! 걔가 술 더 못 마시게 해!
- □ **Don't let** her be with you. She's a real bitch.
  걔가 근처에 못오게 해. 정말 못된 년이야.
- □ **Don't let** your stupid pride get in the way of you asking for help.
  네 멍청한 자존심 때문에 도움도 못 청하지 않도록 해.

A: Emma really drank a lot of beer tonight. 엠마가 오늘 밤에 정말 맥주 많이 마셨어.
B: I know. Don't let her drive her car home. 알아. 집에 차갖고 못 가게 해.

005 Let's+동사 …하다

Let's는 Let us의 축약된 형태로 뭔가 함께 행동을 하자고 할 때 쓰는 표현. 「(우리) …하자」라는 의미로 함께 가자고 할 때는 Let's go, 나중에 이야기하자고 할 때는 Let's talk later라고 말하면 된다.

POINT

Let's+동사 …하자 Let's not+동사 …하지 말자

- □ **Let's** get together again soon. 곧 다시 만나자.
- □ **Let's** do that now and then go for a coffee. 지금 하고 나서 커피 마시러 가자.
- □ **Let's** call it a day and get some beer. 그만하고 맥주 좀 먹자.
- □ **Let's** not think about it. 그건 생각하지 말자.

A: What would you like to do tonight? 오늘 밤 뭐할래?
B: Let's go and watch a movie. 영화 보러 가자.

006 Let's face it 받아들이자, 현실을 직시하자

인정하고 받아들이기 쉽지 않은 일을 받아들어야 할 경우에 쓰는 표현. Let's face it 다음에 받아들여야하는 현실을 말하면 된다.

POINT

Let's face it 받아들이자, 현실을 직시하자

- □ **Let's face it.** She's going to leave someday. 현실을 직시하자고. 갠 언젠가 떠날거야.
- □ **Let's face it.** They're not going to help us. 현실을 직시하자고. 걔네들은 우릴 돕지 않을거야.
- □ **Let's face it.** You are not going to find anyone around you. 현실을 직시하자고. 네 주변에 아무도 없을거야.
- □ **Let's face it.** We drive each other crazy. 현실을 직시하자고. 우리는 서로를 미치게 하잖아.

A: Martha and Adam are always fighting. 마사와 아담은 항상 싸우고 있어.
B: Let's face it. They don't like each other. 현실을 보자구. 걔네들은 서로 싫어하고 있잖아.

007 Let me see (잠깐 생각해보며) 어디 보자, 뭐랄까, 그러니까 그게

직역하면 나한테 보여 달라는 것이지만 see의 목적어 없이 단독으로 쓰이면 주로 뭔가 생각을 더 듬거나 뭔가 기억을 해내려 할 때 사용하는 표현이다. Let's see라고도 한다.

POINT

Let me see 뭐랄까 Let's see 어디 보자

□ **Let me see,** how about four o'clock? 글쎄요. 4시는 어때요?

□ What is it? **Let me see.** 뭐야? 한번 보자.

□ **Let me see.** I think it was about seven months ago.
그러니까. 7개월 전인 것 같아.

□ **Let me see.** Come on. Take a seat and show me.
어디보자. 어서. 자리에 앉아 내게 보여줘.

A: Where should I put this package? 이 꾸러미를 어디에 놓아야하나요?
B: Let me see. Put it on top of the table. 어디 보자. 테이블 위에 놓아주세요.

008 Let me see something …을 보여줘 봐, …좀 보자

이번에는 Let me see 다음에 명사가 이어 나오는 것으로 앞의 단독으로 쓰이는 경우와는 달리 뒤에 이어지는 「명사」를 내게 보여 달라는 의미가 된다.

POINT

Let me see[Let's see]+명사 …을 볼게, 보여줘 Let me see that 그거 한번 보자

□ **Let me see it again,** if you don't mind. 네가 괜찮다면 다시 한 번 볼게.

□ **Let me see** your license and registration please.
면허증과 등록증 좀 보여주실래요?

□ That is so funny. **Let me see that.** 정말 웃긴다. 이리 줘봐.

□ **Let me see** your badge. 신분증을 보여주세요.

A: Let me see your new apartment. 네 새 아파트 좀 보여줘.
B: OK, but it hasn't been cleaned yet. 그래. 근데 아직 청소를 하지 않았어.

009 Let me see if~ …을 확인해보다, …을 알아보다

Let me see if~는 「…인지 아닌지 알아보다」는 의미. 확정되지 않은 것이나 확실하지 않은 것들을 if 이하에 넣으면 된다. Let's see if~라고 해도 된다. 또한 if 대신 what이나 how 등을 쓰기도 한다.

POINT

Let me see[Let's see]+명사 …을 볼게, 보여줘
Let me[Let's] see if~ …을 확인해보다, …을 알아보다
Let me[Let's] see what[how]~ …을 알아보다

- □ All right, **let me see if** I understand this correctly.
  좋아, 내가 제대로 이해했는지 보자고.
- □ **Let me just see if** I got this straight. 내가 제대로 이해했는지 볼게.
- □ **Let's see how** she handles this. 걔가 어떻게 이걸 처리하는지 보자고.
- □ **Let's see what** happens. 무슨 일인지 보자고.
- □ **Let me see that!** 내가 좀 볼게!
- □ **Let me see it** again. 다시 한번 볼게.
- □ OK, **let's see** yours again. 좋아, 네 것 좀 다시 보여줘.
- □ **Let me see what** I can do. 내가 할 수 있는 게 뭔지 볼게.
- □ **Let me see what** I got. 내게 뭐가 있는지 알아볼게.

A: Let me see what you've come up with. 네가 어떤 안을 내놓았는지 한번 보자.
B: It's not much, but it's a start. 대단하진 않아. 하지만 이건 시작이니까.

Let

010 Let me (just) say 말하자면

뭔가 말을 꺼낼 때 사용하는 표현. 단독으로도 쓰이지만 Let me say just this(한 말씀 드리죠), Let me say again(다시 말하자면), 혹은 Let me say goodbye처럼 말하려는 내용을 Let me say 다음에 말하면 된다.

POINT

Let me say 말하자면
Let me say that S+V …라고 말할 수 있다

□ **Let me say,** I am a great lover of soccer. 말하자면, 난 축구를 아주 즐겨봅니다.

□ **Let me say this.** I am a proud American.
한 말씀 드리죠. 난 자랑스러운 미국인입니다.

□ **Let me just say again.** I love your house. 다시 말하자면 당신 집이 좋아요.

□ **Let me say it again.** It's not here. 내 다시 말할게. 그거 여기 없어.

A: Have you decided who to vote for? 누구를 찍기로 결정했니?
B: Let me say this. I don't like any candidates.
말하고 싶은 것은 어떤 후보도 마음에 들지 않는다는거야.

011 Let's (just) say~ …라고 하자, ..라고 가정해보자

이번에는 Let me say~에서 me 대신 us가 들어간 경우로 이는 Let's say로 축약된다. 「…라고 하자」라는 의미로 뭔가 한 예나 가정을 들 때 사용하면 된다. 주로 say 다음에 문장을 넣지만 명사가 오기도 한다.

POINT

Let's say hello to sb …에게 인사하다
Let's say S+V …라고 하자

□ **Let's say** I bought a really great pair of shoes.
가령 내가 그 돈으로 멋진 구두를 샀다고 하자.

□ **Let's say** we do. 우리가 한다고 하자.

□ **Let's say** she didn't break the window. Who did?
걔가 창문을 안 깼다면 누가 그랬을까?

□ **Let's say** we leave him here. What will happen?
우리가 걜 여기다 두고 가면 무슨 일이 벌어질까?

A: Is Cheryl really going to get divorced? 쉐릴이 정말로 이혼할까?
B: Let's just say she doesn't live with her husband. 걍 걔가 남편하고 살지 않는다고 하자.

012 let ~ go 해고하다, 잊어버리다

let ~ go는 「…을 가게 하다」라는 말. let sb go하면 「…을 가게 하다」라는 뜻으로 경찰이 말하면 「놓아주다」, 사장이 말하면 「해고하다」라는 뜻이 된다. 또한 let it go하면 「잊어버리다」, 「그냥 놔두다」라는 뜻으로 쓰인다.

POINT
let sb go …을 가게 하다, 해고하다
let it go 잊어버리다, 그냥 놔두다
let go of 해고하다, 놓아주다

- □ My boss **let him go** this morning. 우리 사장이 오늘 아침 그 사람을 해고했어.
- □ Don't **let him go!** I still need him yet. 걜 가게 하지마!, 아직은 그래도 걔가 필요해.
- □ (Would you) **Let it go.** 그냥 잊어버려, 그냥 놔둬.
- □ You should **let go of** your anger. 분노를 떨쳐버려야 돼.

A: You should let your son go on the trip. 네 아들 여행을 가게 해야 돼.
B: But I'm worried he might have problems. 그런데 문제가 생길까 두려워.

013 let alone~ …을 말할 것도 없이

부정표현 다음에 let alone을 붙인 다음 앞의 내용보다 더 못한 것을 말하면 된다. 즉 not A~ let alone B라고 하면 "B는 말할 것도 없이 A도 아니다"란 뜻. B형태는 앞의 형태에 따라 동사, ~ing, 명사 등이 올 수 있다.

POINT
let alone+동사/~ing/명사 …은 말할 것도 없이

- □ We were barely speaking, **let alone** having sex.
  우린 섹스는 말할 것도 없이 말도 거의 안 해.
- □ She's not even going to school, **let alone** not doing homework.
  갠 숙제 안하는 건 말할 것도 없고 학교에 가지 않으려고 해.
- □ She can barely take care of herself, **let alone** a kid.
  갠 애는 고사하고 자기 자신도 돌보지 못해.
- □ He wouldn't get out of bed, **let alone** get out of the house.
  갠 외출하기는 커녕 침대에서만 뒹글거리려고 해.

A: Is he going to graduate this year? 걔가 금년에 졸업하게 될까?
B: He won't pass his classes, let alone graduate. 졸업은 커녕 수료도 못할거야.

014 let sb in[out] …을 들여보내다, 내보내다

let sb 다음에 동사가 아닌 부사가 나온 경우로 let sb in하면 「…을 들여보내다」, let sb out하면 「…을 내보내다」라는 뜻이 된다. let sb 다음에 get을 넣어도 된다.

POINT
let sb in …을 들여보내다 **let sb out** …을 내보내다
let sb in on …에게 …의 비밀을 누설하다

□ I lost my key. **Let me in,** please. 열쇠를 잃어버렸어. 제발 들여보내줘.

□ Who **let you in?** 누가 널 들여보냈어?

□ **Let me get** out of here right now. You **let me out.**
지금 당장 날 내보내줘. 내보내줘.

□ I'm going to **let you in on** a little secret. 작은 비밀 하나 알려줄게.

A: Let me in! It's really cold outside. 들여보내줘! 밖이 너무 추워.
B: How long have you been standing outside my door?
내 문 앞에 얼마동안 서 있었던거니?

015 let sb down …를 실망시키다

역시 let sb 다음에 부사가 온 경우로 let sb down하게 되면 「…의 기대를 못미쳐 실망시키는」 것을 말한다. ~let me down, ~let you down의 형태로 주로 쓰인다.

POINT
Don't let me down 기대를 저버리지마 **I will not let you down** 실망시키지 않을게
What a letdown! 참 실망이다!

□ I'll try not to **let you down.** 실망시키지 않도록 할게요.

□ You **let me down** this year, Jimmy. 지미야 널 올해 날 실망시켰어.

□ You didn't **let me down.** You did the right thing.
널 날 실망시키지 않았어. 제대로 했어.

□ I'm sorry I **let you down,** Mom. 죄송해요, 엄마, 실망시켜서요.

A: Don't let me down. 실망시키지마.
B: Don't worry. I'll get it done for you. 걱정 마. 널 위해서 해낼 테니까.

016 let sb off …을 놓아주다, …을 봐주다, 내보내다

잡지 않고 놓아준다(off)는 의미로 「…을 봐주다」라는 의미로 쓰인다. let sb off the hook도 같은 의미. 한편 물리적으로 「…에서 내보내다」라는 뜻으로 사용된다.

POINT

let sb off …을 놓아주다, 봐주다, 내보내다 let sb off the hook …을 놓아주다

□ I'm not going to give you a ticket. I'm going to **let you off** with a warning. 딱지 안 끊고 경고만하고 봐줄게요.

□ My boss **let me off** early, so I took the plane. 사장님이 일찍 보내줘서 비행기를 탔어.

□ **Let her off** the plane! 비행기에서 걜 내려줘요!

A: The bus will let me off near your house. 버스타면 네 집 근처에 내려줄거야.
B: Well, come on over and visit me. 그래. 한번 놀러 와.

017 let sth out 밖으로 내보내다, (맘속을) 털어놓다, (소리) 지르다

…을 밖으로 내보내게 한다는 의미로 「맘속에 있던 것을 털어놓거나 꺼내놓다」라는 의미로 많이 쓰인다. 또한 「소리나 비명을 지르다」, 「해고하다」 등의 의미로도 사용한다.

POINT

let sth out 밖으로 내보내다, 털어놓다

□ Honey, you can **let it out.** 자기야, 털어놔봐.

□ It's all right. **Let it out.** 괜찮아 털어놔.

□ Come on, **let it out.** 자 그러지 말고 털어놔.

□ Do you think we'll feel better if we cry? You know like just **let it out?** 울고 나면 기분이 나아질까? 다 털어버리면 말야

A: It rained all over my shopping bags. 내 쇼핑 백들이 온통 비에 젖었어.
B: Tilt them over and let the water out. 눕혀 보면 물이 빠질 거야.

More Expressions

let loose 풀어놓다, 놓아주다, 드러내다

□ She is let loose last weekend. 걘 지난주에 풀려났어.

□ The college kids let loose after their exams end.
그 대학생들은 시험이 끝난 후에 풀어졌어.

let it slip 무심결에 말해버리다

□ Cindy let it slip that you're in love with Jane.
신디가 실수로 네가 제인을 사랑한다고 말했어.

let sb in on …에게 …의 비밀을 누설하다

□ I'm going to let you in on a little secret. 작은 비밀 하나 알려줄게.

let up 멈추다

□ The rain outside hasn't let up. 밖의 비가 멈추지 않았어.

□ We'll go outside after the storm lets up.
우리는 폭풍이 지나간 후에 외출할거야.

□ **(Don't) let the cat out of the bag.**
무심코 말해버리는 일이 없도록 해.(어떤 사실, 비밀 등을 폭로하다)

□ **Live and let live.** **넓은 마음으로 서로 참고 사는거지.**

□ **Let that be a lesson to you.** **그걸 교훈삼아.**

13 계속 복지부동하는

Keep

가장 기본적으로 …한 상태로 계속 유지하는 것을 말하는 동사로 「계속해서 …하다」라는 뜻으로 continue보다 많이 쓰이는 keep ~ing를 눈여겨봐둔다. 이렇게 계속 유지한다는 점에서 「보존[관]하다」, 「약속 등을 지키다」, 「일기를 쓰다」라는 의미로도 사용되게 된다. 또한 keep it clean[secret] 처럼 keep+목적어+형용사 형태로 쓰인다는 특징을 갖고 있는 동사이다.

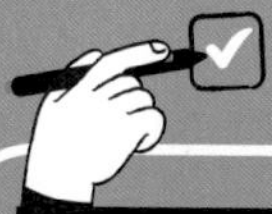

Keep 기본개념

01. 지니다, 보유하다, 맡다, 보관[존]하다

Can you keep this book for me? 이 책 좀 가지고 있을테야?

02. (뭔가 계속해서) 하다(keep ~ing)

Are you going to keep doing that? 계속 그렇게 할거야?

You keep saying that. 너 계속 그 얘기만 하네.

03. …한 상태로 있다(keep+형용사), …을 …상태에 놓아두다(keep~+형용사)

You'd better keep it safe. 그거 안전하게 지녀.

I kept myself very busy last month. 지난달에 무척 바빴어.

04. (사람을) 잡아두다, 머물게 하다

What's keeping him? 그가 왜 늦는거지?(keep=delay sb)

I don't know what's keeping him. 걔가 뭣 때문에 늦어졌는지 모르겠어.

I won't keep you any longer. (전화통화에서) 네 시간 그만 뺏아야겠다.

001 keep ~ing 계속해서 …하다

어떤 행동을 「계속 …하다」라는 의미로 쓰이는데 keep on+~ing이라고도 한다. 「과거에 계속 …을 했다」고 할 때는 I kept ~ing이라고 하면 된다.

POINT

Keep ~ing! 계속 …해라!　　　　I kept ~ing 난 계속 …했어

□ I **keep bumping** into you. 우리 자꾸 마주치네요.

□ **Keep going** straight until you reach the church. 교회가 나올 때까지 곧장 가요.

□ You can't **keep doing** this to me. 나한테 계속 이렇게 하지마.

□ I **kept paying** for his education. 난 걔의 교육비를 계속 대줬어.

A: This report is so hard to finish. 이 보고서는 끝내기가 무척 힘들다.
B: Keep working. We're almost done. 계속 해. 거의 끝나가.

002 keep going 계속하다

keep going은 어디로 이동하고 있다거나 무슨 일을 하고 있을 때 「계속 가」 혹은 「계속해」라는 표현. 또한 keep sb[sth] going하면 「…을 버티게 하다」, 「…을 계속하게 하다」라는 뜻이 된다.

POINT

keep going 계속하다　　　　keep sb[sth] going …을 계속하게 하다

□ **Keep going!** You can't miss it! 계속 가. 쉽게 찾을 수 있을거야!

□ **Keep going.** I'm listening. 계속해. 듣고 있으니까.

□ Should we go back or **keep going?** 돌아가야 될까 아니면 계속해야 될까?

□ You did your best in this restaurant every day to **keep it going.**
넌 식당을 유지하려고 매일 최선을 다했어.

A: When will we receive our annual budget? 내년도 예산 배정을 언제쯤 받게되는거죠?
B: Keep going on the sales report. 매출 보고서 작성이나 계속 해.

003 keep one's promise 약속을 지키다

keep은 지키다라는 뜻도 있어 keep one's promise하면 「약속을 지키다」라는 말이 된다. promise 대신 word를 써도 된다.

POINT

keep one's promise[word] 약속을 지키다
keep a secret 비밀을지키다
keep a record 기록하다
keep a diary 일기쓰다
keep early hours 일찍 일어나다
keep the change 잔돈을 갖다

□ Here's twenty dollars, and **keep the change.** 여기 20달러요. 잔돈은 가지세요.

□ Don't worry. Bill always **keeps his word.** 걱정하지마. 빌은 언제나 약속을 잘 지켜.

□ Could you **keep a secret?** 비밀로 해줄래요?

□ You don't have to **keep your promise.** 넌 약속을 지킬 필요가 없어.

A: Could you keep a secret? 비밀로 해줄래?
B: Sure, what is it? 물론, 뭔대?

Keep

004 keep sb[sth]+형용사 …을 …한 상태로 놓아두다

keep은 어떤 상태로 계속 있는 것을 뜻해 keep+형용사하면 「계속 …상태이다」라는 뜻이 된다. 또한 발전하여 keep sb[sth]+형용사하면 「…을 …상태로 놓아두다」, 「…을 …하게 하다」가 된다.

POINT

keep busy 계속 바쁘다
keep quiet (about) (…에 대해) 조용히 하다
keep oneself busy 바쁘다
keep awake 깨어 있다
keep sth private 비밀로 하다

□ **Keep cool.** 진정해.

□ You can count on me. I'll **keep it private.** 날 믿어. 비밀로 할게.

□ I **keep myself busy** these days. 요즘 바빠..

□ It's our responsibility to **keep it secret.** 그걸 비밀로 하는게 우리의 책무야 .

□ You'll **keep quiet about** that, if you're smart. 현명하다면 그거 입다물고 있어.

A: Why didn't Joe tell us about the money? 조가 왜 그 돈에 대해 말하지 않았대?
B: I guess he wanted to keep it secret. 아마 비밀로 하고 싶었나봐.

005 keep one's fingers crossed 행운을 빌다

손가락을 꺾어서 십자가 모양을 만든다는 것으로 「…에 대해 행운을 빈다」는 말이다. 행운을 바라는 내용은 on 뒤에 혹은 that절을 써도 된다. keep sb[sth]+ing[pp]의 구문.

POINT

keep one's fingers crossed 행운을 빌다 **keep sb waiting** …을 기다리게 하다
keep sb posted …에게 최신 정보를 주다, 계속 소식을 전해주다

- □ I'll **keep my fingers crossed** (for you)! 행운을 빌어줄게!
- □ I'm **keeping my fingers crossed** that he'll pass the exam. 걔가 시험에 붙으라고 계속 행운을 빌게.
- □ Sorry to **have kept you waiting so long.** 오래 기다리게 해서 미안해.
- □ I've got to go. I'll **keep you posted,** okay? 나 가야 돼. 너한테 소식 전할게, 응?
- □ Go back to your office. I'll **keep you posted.** 사무실로 돌아가. 네게 소식 전할게.
- □ **Keep me posted.** I'll go see my lawyer. 소식전해줘. 가서 변호사 만날테니.
- □ **Keep me posted** on how they're doing. 걔네들이 어떻게 지내는지 소식전해줘.

A: Tomorrow I'm going to ask Amanda to marry me. 낼 아만다에게 청혼할거야.
B: I'll keep my fingers crossed for you. 행운을 빌어줄게.

006 keep sb company …와 같이 있다, …와 동무하다

여기서 company는 같이 있어 외롭지 않은 사람, 「동행(자)」이란 의미로 keep sb company하면 「…을 동행으로 하다」, 「…함께 있다」라는 표현이 된다.

POINT

keep me company (다른 사람이) 나와 같이 있다
keep you company (내가) 너와 함께 있다 **have company** 일행(손님)이 있다

- □ Please **keep me company** for a while. 나랑 잠시 같이 있어줘.
- □ Can you **keep me company** this weekend? 이번 주말에 나랑 있을래?
- □ Mind if I **keep you company** for a bit? 잠깐 당신과 같이 있어도 돼요?
- □ Do you have someone to **keep you company** tonight? 오늘 밤 같이 있어줄 사람 있어?
- □ I'll come and **keep you company.** 내가 가서 너랑 같이 있어줄게.
- □ You can drop by right now, but I **have company.** 지금 들려도 되는데, 지금 손님이 있어.

A: I have some free time this afternoon. 오늘 오후 약간 시간이 있어.
B: Good. You can stay here and keep me company. 좋아. 여기 남아서 같이 있어도 돼.

007 keep an eye on 돌보다, 주의깊게 보다, 지켜보다

「주의 깊게 살피다」(watch carefully)라는 뜻으로 「…을 잘 살피거나」 혹은 「주의 깊게 감시하는」 것을 뜻한다. 가령 잠시 자리비우며 가방을 봐달라고 할 때, 혹은 아기를 맡기면서 안전하게 봐달라고 할 때 쓰면 제격이다.

POINT **keep an eye on sb[sth]** …을 돌보다, 지켜보다

- □ I'll **keep an eye on** him. 내가 저 놈을 감시하죠.
- □ Did they send you over here to **keep an eye on** me? 걔네들이 널 보내 날 감시하게 했다고?
- □ Would you **keep an eye on** this for me? 이거 좀 봐줄래요?
- □ I need to **keep an eye on** my expenses. 내 씀씀이에 신경을 써야 되겠어.

A: Keep an eye on the cameras, will you? 카메라 좀 지켜주시겠어요?
B: Don't worry about a thing. 걱정하지 마세요.

Keep

008 keep in touch with …와 연락하다

서로 연락을 주고 받는 상태라는 뜻으로 앞서 배운 get in touch(동작을 강조)와 같은 의미의 표현이다. 단독으로 keep in touch라고 해도 되고 연락을 주고 받는 대상을 말하려면 keep in touch with sb라고 하면 된다.

POINT **keep[get] in touch** 연락하다, 연락을 주고받다
keep[get] in touch with …와 연락하다

- □ Let's **keep in touch!** 연락하고 지내자!
- □ Do you still **keep in touch with** her? 걔랑 아직 연락하고 있어?
- □ **Keep in touch,** okay? 연락하자, 응?
- □ Do you and your brother **keep in touch?** 너하고 네 형 연락해?

A: Don't forget to drop me a line. 잊지 말고 꼭 연락해.
B: I'll make sure that I keep in touch. 내가 꼭 연락할게.

009 keep in mind 명심하다, 기억하다

앞서 배운 have in mind는 「…을 염두에 두다」라는 뜻인데 반해 keep in mind은 「…을 명심하다」, 「기억하다」라는 의미이다. keep sb[sth] in mind나 keep in mind that 주어+동사의 형태로 쓰인다.

POINT

Keep in mind (that) 주어+동사 …을 명심해
Let's keep in mind (that) 주어+동사 …을 잘 기억해두자
I'll keep that in mind 기억해둘게요, 명심할게

□ Thanks. I'll **keep that in mind.** 고마워. 명심할게.

□ **Keep in mind that** she will never fall in love with you.
걘 다신 널 사랑하지 않을거란 걸 명심해.

□ Let's **keep in mind** this is our last chance to do that.
이게 우리가 그걸 할 수 있는 마지막 기회라는 걸 명심하자고.

□ Thanks for coming in. We will definitely **keep you in mind.**
와줘서 고마워. 꼭 널 기억할게.

A: I want to get a new computer. 새 컴퓨터를 갖고 싶어.
B: Keep in mind that will cost a lot. 비쌀 것이라는 점을 명심해.

010 keep down 줄이다, (소리를) 낮추다, 억제하다, 숨기다

밑으로(down) 유지한다는 말로 뭔가 크기 등을 줄이거나 낮추는 것을 일차적으로 의미한다. 나아가 「…을 억제하다」, 「성공을 방해하다」, 「숨기다」라는 뜻을 갖는다.

POINT

keep down 줄이다, 억제하다, 숨기다
keep one's head down 숨어있다, 자중하다
keep it down 조용히 하다(keep one's voice down)

□ Please **keep your voices down.** 제발, 목소리 좀 낮춰.

□ Would you **keep it down?** 조용히 좀 해줄래요?

□ It's not easy to **keep you down** here like this. But I can't let you out. 널 이렇게 여기 숨기는게 쉽지 않지만 널 내보낼 수는 없어.

□ If you're so worried about privacy, just wear a hat, and **keep your head down.** 사생활이 그렇게 걱정되면 모자를 눌러쓰고 숨어 살아.

A: Keep it down in there. I can't sleep. 거기 좀 조용히 할래. 잘 수가 없어.
B: Sorry, we were being so loud. 미안. 우리가 너무 시끄러워서.

011 keep ~ from+명사[~ing] …가 …하지 못하게 하다

keep이 「저지 · 억제」의 의미로 쓰인 경우. keep A from+명사[~ing]하면 「…가 …을 하지 못하게 하다」라는 의미. 주의할 건 from이 빠져 keep A +~ing하게 되면 「…을 …하게 하다」라는 뜻이 된다는 점이다.

POINT

keep sb[sth] from+~ing …가 …하는 것을 막다, …가 …하지 못하게 하다
keep oneself from 자신을 …못하게 하다 **keep sb[sth]+~ing** …을 …하게 하다
keep sth from sb …에게 …을 알리지 않다

- □ They **keep me from** getting work done. 걔들 때문에 일을 끝내지 못하겠어.
- □ I was just trying to **keep you from** doing something stupid.
  난 단지 네가 어리석은 짓을 못하도록 했던거야.
- □ I moved all our stuff, to **keep it from** them.
  내가 네 모든 것을 다 옮겨놨어 걔네들이 접근하지 못하게.

> A: Terry really misses his ex-girlfriend. 테리가 전 여친을 진짜로 그리워해.
> B: Try to keep him from calling her. 그녀에게 전화를 못하게 해.

Keep

012 keep sb[sth] off ~
…에 가까이 못하게 하다, 떨어져 있게 하다

잔디에 들어가지 마시오」(Keep off the grass)에서 보듯 keep off는 「…에서 떨어지다」라는 의미. keep A off (of) B의 형태로도 쓰여, 가령 「케익에서 손 떼!」라고 하면 Keep your hands off the cake!이 된다.

POINT

keep off …에 가까이 못하게 하다 **keep one's hands off** …에서 손떼다

- □ Hey, **keep off** the grass! Go on, get out of here!
  야, 잔디에 들어가지마! 어서, 꺼져!
- □ I think it's a good idea to **keep children off** drugs.
  애들이 마약에 손대지 못하도록 하는 것이 좋겠다는게 내 생각이야.
- □ **Keep your hands off** my son! 내 아들한테서 손떼!
- □ That's my ass. **Keep your hands off** my ass! 내 엉덩이야. 손떼라고!

> A: Why is it so quiet in here tonight? 오늘밤 여기가 왜 이렇게 조용하지?
> B: We decided to keep the TV off. 우린 텔레비전을 끄기로 했어.

013 keep up (좋은 상태로) 유지하다

keep up은 「계속해서 …을 하다」란 keep의 의미를 up을 통해 더욱 강조한 것. 「좋은 상태로 계속 유지하다」라는 뜻을 내포한다. 여기에 with를 붙여 keep up with하면 「…에 뒤처지지 않게 보조를 맞추다」라는 뜻이 된다.

POINT
keep up 계속해서 …을 하다, 유지하다 **keep up with** …에 뒤처지지 않다, …을 잘 알다
keep up the good work 계속해서 열심히 하다

□ **Keep up the good work.** 계속해서 열심히 해.

□ **Keep it up!** 꾸준히 하세요!

□ Hey, you got to **keep up** your strength. 야, 넌 힘을 계속 유지해야 돼.

□ I've got to **keep up with** him. 난 걔한테 뒤처지지 않아야 돼.

A: My painting looks really nice. 내 그림 진짜 멋있어 보인다.
B: Yeah. Keep up the good work. 그럼. 계속 열심히 해봐.

014 keep track of
…을 기록하다, …을 놓치지 않다, …의 소식을 알고 있다

track은 지나간 자국, 흔적이라는 의미로 keep track of~하면 '…에 주의를 기울여 …가 어디에 있는 지 혹은 …에게 무슨 일이 일어났는지 등을 알고 있다'는 표현. 반대로 lose track of~하면 '…을 놓쳐서 …을 모르거나 …에 대한 정보가 없다'는 뜻이 된다.

POINT
keep track of …을 추적하다, 소식을 알다, 기억하다
lose track of …을 놓치다, 잊다, 연락이 닿지 않다

□ Do you **keep track of** your purchases? 구매한거 기록하나요?

□ I always **keep track of** whatever I bring to a party.
난 파티에 무엇을 가져갔는지 항상 기억해둬.

□ She **lost track of** her son in the accident. 걔는 그 사고로 아들과 연락이 끊겼어.

□ I forget to **keep track of** time. I've got to go. 시간가는 줄 몰랐네. 나 가야겠어.

A: It seems like I never have any money. 내가 돈이 전혀 없었던 것 같아.
B: You need to keep track of your spending. 너는 돈 쓰는 것을 항상 기록할 필요가 있어.

More Expressions

keep away from …을 멀리하다

□ You can't keep away from her. 넌 걜 멀리 할 수 없어.

keep at 꾸준히 …하다, 계속해서 …조르다

□ Please keep at it. Don’t stop. 계속해서 해. 멈추지 말고.

keep sb out of ~ …을 …에서 벗어나게 하다

□ Have you been keeping out of trouble? 별 일 없으시죠?

keep sth to oneself …을 혼자 간직하다

□ There are some things I like to keep to myself.
내가 혼자 간직하고 싶은 것들이 있어.

keep your chin up 기운내다

□ Keep your chin up. Things will be getting better for you.
기운내. 네 사정이 더 좋아질거야.

keep a straight face 진지한 표정을 짓다

□ I couldn't keep a straight face. 웃음을 참을 수 없었어.

keep an open mind 편견을 갖지 않다

□ I'm trying to keep an open mind. 편견을 갖지 않으려 해.

keep sb …을 늦게 하다

□ Where have you been keeping yourself?
도대체 어디있었길래 코빼기도 안보였니?

□ What’s keeping him? 왜 이리 늦어?

keep pace with …와 보조를 맞추다, …에 뒤지지 않게 하다

□ It’s not easy to keep pace with her. 걔와 보조를 맞추는 건 쉽지 않아.

□ **It'll keep.** 비밀로 지켜질거야.

□ **Keep your head up. Don't look down.**
조심하고 다녀. 아래 쳐다보지 말고.

14 어떤 장소나 상태에 놓는

Put

바닥이든 테이블 위든 혹은 얼굴 위든 뭔가 놓거나 두는 것을 말하는 것으로 놓는 대상과 어디에 놓는 장소를 연관 지어 생각하면 그 의미가 생긴다. 예로 put a match to her cigarette하면 담배 불을 붙이는 것이고 put the book on the table하면 테이블 위에 책을 놓는 거 그리고 put lotions on her hand하면 로션을 바르다라는 뜻이 되는 것이다. 물론 대상이 추상적일 경우에는 「…상태에 빠트리다」라는 의미가 된다.

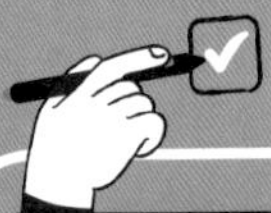

Put 기본개념

01. (장소에) 두다, 넣다, 놓다

I put the papers in the shredder. 종이를 분쇄기에 넣었다.

Don't put all your eggs in one basket. 한가지 일에 목숨 걸지마.

02. (비유적) 제안하다, 부여하다, 평가하다, …에 쏟다 …상태로 만들다(to, on, into, out of~)

We're putting every effort into it. 우린 거기에 모든 노력을 기울였어.

I'll put a smile on your face. 널 행복하게 해줄게.

03. 표현하다(put it)

I don't know how to put it. 그걸 어떻게 말해야 할지 모르겠어.

001 put sth in[on]~ …에 놓다, 넣다

put의 가장 기본적인 의미로 put sth 다음에 다양한 장소를 가리키는 부사구를 넣으면 된다. Where did you put it?하면 "그걸 어디에 두었냐?"고 물어보는 문장이 된다.

POINT

put sth in[on] …에 놓다, 넣다 **Where did you put~ ?** …을 어디에 두었어?

- □ I'll just **put it in** the kitchen. 그거 부엌에다 놓을게.
- □ You can just **put it on** the table. 고마워, 그냥 테이블 위에 올려놔.
- □ Well, should I **put my coat in** the bedroom? 저기, 코트 침실에 놓으면 돼?
- □ Why did you **put my underwear on** the desk? 왜 내 속옷을 책상 위에 놓았어?

A: Can I borrow your lawn mower tonight? 오늘밤 잔디 깎는 기계 좀 빌릴 수 있어요?
B: Sure, I'll put it in your driveway after supper. 그럼요, 저녁 먹고 현관 앞길에 놔둘게요.

002 put ~ in danger 위험에 빠트리다

이번에는 어떤 물리적 장소에 놓는 것이 아니라 in danger(위험한 상태에), in a good mood(기분 좋게), at risk(위태롭게) 등 추상적인 상태에 놓은 것을 의미하는 경우이다.

POINT

put ~ in danger …을 위험에 빠트리다 **put ~ out of a job** …을 실직시키다
put ~ in a good[bad] mood …을 기분 좋게[나쁘게] 하다
put ~ in charge …에게 책임을 주다, 맡기다 **put ~ at risk** …을 위태롭게 하다
put ~ on the line …를 위태롭게 하다

- □ You'**re putting our lives in danger.** 넌 우리 목숨을 위태롭게 하고 있어.
- □ Don't **put our kids in danger.** 우리 애들을 위태롭게 만들지마.
- □ I'**m putting you in charge of** my schedule. 네가 내 일정을 책임져줘.
- □ You **put our relationship at risk.** 네가 우리 관계를 위태롭게 했어.
- □ You **put your career on the line.** You might get demoted.
  너의 경력을 위태롭게 했어. 좌천될 수도 있어.

A: The storm put the town in danger. 그 폭풍으로 마을이 위태로워졌어.
B: Yes, many people decided to leave. 그래. 많은 사람들이 떠나기로 결정했지.

003 put ~ to work …을 돌아가게 하다, 일을 시키다

같은 맥락이지만 put sb[sth] 다음에 to+명사의 형태가 오는 경우이다. 「…을 …상태로 만든다」는 뜻으로 put~to work는 사람일 경우에는 「…를 일시키다」, 사물일 경우에는 「…가 작동되게 하다」라는 의미.

POINT

put ~ to work …에게 일을 주다, 일을 시키다
put ~ to death 죽게 하다, 사형에 처하다
put ~ to sleep[bed] …를 재우다, 자게 하다
put ~ to (good) use …을 (잘) 이용하다

- □ It's time to **put you to work.** 널 일시켜야 될 때야.
- □ The boss is so good at **putting us to work.**
  사장은 우리 일시키는데 일가견이 있어.
- □ When you're ready, he's going to **put you to sleep.**
  네가 준비되면 잠들게 할게요.
- □ I **put** my computer skills **to good use.** 나의 컴퓨터 기술을 잘 활용했어.
- □ I'm just trying to **put** our mistake **to good use.**
  우리 실수를 잘 활용하려고 하고 있어.

A: Many people came to help with the festival. 많은 사람들이 축제를 도와주러 왔어.
B: Put them to work setting up things. 셋팅하는 일을 시키도록 해.

004 put A before B B보다 A를 우선하다

논리적으로 생각해보면 그대로 의미가 떠오르게 된다. put A before B는 A를 더 우선시한다는 말이고 put sth behind sb하게 되면 뒤에 놓는다는 말로 「잊는다」는 말이 된다.

POINT

put A before B B보다 A를 우선하다
put sth behind sb (안 좋은 일 등) …을 잊다

- □ I **put** my work **before** my family. 난 가족보다 일이 우선이야.
- □ I believe a lawyer should **put** his country **before** his client.
  변호사는 자신의 고객보다 자신의 국가를 우선시해야 한다고 믿어.
- □ You must **put** studying **before** playing. 노는 것보다 공부하는 것을 우선시해야 해.
- □ How about **putting** it **behind** you? Just let it go.
  잊어버리는게 어때? 그냥 잊어버리라고.

A: Jeff is so in love with his girlfriend. 제프는 여친과 아주 사랑에 빠져있어.
B: He always puts her before himself. 걔는 항상 자신보다 여친을 우선 생각해.

005 put it 표현하다

How should I put it?(어떻게 말해야 할까?)라는 표현으로 유명해진 숙어. 여기서 put it은 express란 표현으로 「…을 표현하다」라는 뜻이다.

POINT

put it 표현하다, 나타내다(express)　　to put it simply[shortly/briefly] 간단히 말하자면

- □ How should I **put it?** 뭐랄까?
- □ I don't quite know how to **put this.** 이걸 어떻게 말해야 할지 모르겠어.
- □ Let's **put it** this way. 이렇게 말해보자고.
- □ Please don't **put it** like that. I didn't steal your purse.
  그렇게 표현하지마. 난 네 지갑을 훔치지 않았어.

A: Why didn't you go on a date with Steve? 왜 스티브와 데이트 안했어?
B: I don't know how to put it, but he seems strange.
어떻게 표현할지 모르지만 걔 좀 이상해 보여서.

Put

006 put a stop to …을 끝내다

to 이하에 a stop(중단)을 놓다라는 말로 「…을 끝내다」라는 뜻이다. 우리에게 put an end to가 더 많이 알려져 있지만 일상회화에서는 put a stop to가 많이 쓰인다.

POINT

put a stop to~ …을 끝내다　　put an end to~ …을 끝내다

- □ I'll **put a stop to** that. 내가 중단시킬게.
- □ Are you saying that we should **put a stop to** this? 이걸 중단해야 한다는 말야?
- □ You can **put a stop to** this right now if you want to.
  네가 원한다면 지금 이거 끝내도 돼.
- □ I will talk to him, and we'll **put a stop to** it. 걔한테 얘기해서 그걸 끝내도록 할게.

A: There were three robberies here last week. 지난주 여기서 강도 3건이 발생했어.
B: The police need to put a stop to that. 경찰이 막아줘야 해.

007 put aside 잠시 제쳐놓다, 잊다, 저축하다(put by)

어떤 다른 목적을 달성하기 위해 어떤 문제나, 불화, 차이점 등을 생각하지 않다라는 말로 「…을 잠시 제쳐놓다」라는 뜻이 된다. 또한 「저축하다」라는 뜻으로도 쓰인다.

POINT

put aside …을 제쳐놓다
put aside for~ …을 목적으로 비축하다
put by 저축하다

□ You need to **put aside** your differences with her.
개하고의 차이점은 잠시 잊어야 돼.

□ We have to **put aside** our disagreement and face reality.
우리의 불화는 잠시 제쳐두고 현실을 직시해야 돼.

□ I had to **put aside** my anger for joining a party.
파티에 가려고 나의 분노를 잠시 가라앉혀야 했어.

□ I **put** some money **aside** for a new computer.
컴퓨터 새로 사려고 돈을 모아놓고 있어.

A: We're going to have to put aside our vacation plans.
우린 여행 계획을 잠시 제쳐놓을 것이야.
B: Why? Don't we have enough money? 왜? 우리 돈이 충분치 않니?

008 put away 치우다, 비축하다, 투옥하다, 많이 먹어치우다, 물리치다

뭔가 따로 치워두는 것을 말하는 것으로 돈을 저축하거나, 범죄자를 감방에 치워넣거나, 뭔가 많이 먹어 치우는 것 그리고 게임 등에서 상대편을 물리치는 것을 뜻하는 등 다양하게 사용된다.

POINT

put away 비축하다, 물리치다, 치우다

□ How many glasses of wine do you **put away** every day?
하루에 와인을 몇 잔 마실 수 있어?

□ He is dangerous and I want him to **put away!** 걘 위험하니 처넣어!

□ If he's guilty, we're going to **put him away.** 개가 유죄라면 감방에 처넣겠어.

□ I hope whoever hit my son **gets put away** for life.
누구든 내 아들을 친 사람은 평생 감옥에서 넣기를 바래.

A: Put away the clothes in your bedroom. 네 침실에 있는 옷들 좀 치워라.
B: I'll do that when I have more free time. 시간이 좀 더 나면 할게요.

009 put down 내려놓다, 기록하다, 혼내다, 비난하다, 진압하다

밑으로 내려놓는다는 뜻에서 「기록하다」, 「(전화) 끊다」, 「(항공기) 착륙시키다」, 강압적으로 「…을 진정시키거나 진압하다」, 「(돈을) 일부만 지불하다」 그리고 비유적으로 「…을 비난하는」 것 등 의미로 무척 다양하게 쓰인다.

POINT
put sb down for[as] (참가자로)…로 기록해두다 **put sth down to** …을 …의 탓으로 돌리다

□ This is the police! **Put down** your weapon. 경찰이다! 총 내려놔.

□ I'll **put you down** for eight boxes. 너 8박스 가져가는 걸로 적어놓을게.

□ I can't believe you **put me down** in front of your friend!
네가 네 친구 앞에서 날 어떻게 깔봐!

□ Carlos, stop! **Put me down!** What are you doing?
카를로스, 그만해! 날 내려놔! 뭐하는거야?

A: Put down your books and come over here. 책 내려놓고 이리와봐.
B: Why? Are you doing something interesting? 왜? 뭐 재미나는거 하려고?

010 put in 설치하다, (시간을) 놓다, (돈을) 내다, 공식적으로 요청하다

put sth in하면 「…을 …안에 넣다」라는 의미. 여기서는 주로 많이 쓰이는 put in+시간은 「노력과 힘을 쏟다」라는 의미. 참고로 put in a request(order)는 「요청(명령)하다」, put one's faith in은 「…을 믿다」라는 뜻.

POINT
put in~ (…을) …에 넣다
put in+시간/노력 …을 기울이다, 쏟아넣다
put in for 정식으로 신청하다, 요청하다
put (시간, 돈 등) into …에 …을 투입하다
put in+시설 …을 설치하다

□ You've got to **put in** some time. 시간 좀 기울이어야 돼.

□ I can't just walk away! I've **put in** four hours!
그냥 물러날 수 없다고! 4시간이나 쏟아부었는데!

□ I had **put in** a request to have all my mail forwarded.
우편물을 모두 전송해달라고 공식요청했어.

□ When you **put your faith in** people, they reward you.
네가 사람들을 신뢰하면 그들도 네게 보답하는거야.

A: Beth is never around anymore. 베스는 더 이상 이곳에 얼찡대지 않아.
B: She puts in a lot of hours at her new job. 걔는 새 직장에서 많은 시간을 쏟고 있어.

011 put on

(옷을) 입다, (살이) 찌다, 화장하다, …인척하다, …을 켜다, 틀다

여러 다양한 의미로 쓰이는 동사구 중 하나로 put on은 「…위에 올려놓거나 켜놓는」 것을 기본적으로 의미한다. 이를 출발로 「옷을 입다」, 「화장하다」, 「…을 켜다」, 「노래를 틀다」 등 다양한 의미를 만들어낸다.

POINT

put on+옷/무게/화장품 …을 입다, 찌다, 바르다
put on+장비[노래] …을 켜다, 노래를 틀다
put on+콘서트[연극] …을 올리다, 하다
put pressure on~ …에게 압력을 가하다
put sb on (the phone)~ (전화)…을 바꿔주다

- □ He got up and started to **put on** his jacket. 걘 일어나 자켓을 입기 시작했다.
- □ I'**ve put on**[gained] weight. 나 살이 쪘어.
- □ I had to **put on** lotion. 로션을 발라야했어.
- □ Turn off the air conditioner and **put on** the heat. 에어컨 끄고 히터 켜.
- □ I'm going to **put on** the most romantic song. 가장 로맨틱한 노래를 틀어줄게.
- □ I want to **put on** a Christmas show tonight. Will you help me?
  성탄연극을 오늘 밤 올리는데 도와줄래?
- □ You don't have to **put on** a brave face for me.
  나 때문에 용감한 표정 지을 필요 없어.
- □ I'll **put you on** right away. (전화상에서) 바로 연결해 드릴게요.
- □ I know he is at your place. Just **put him on.** 걔 네 집에 있는거 알아. 바꿔줘.

A: You should put on a sweater. It's cold outside.
스웨터를 입는게 좋을거야. 밖에 날씨가 쌀쌀해.
B: I thought it was colder than normal. 평소보다 더 춥다고 생각했는데.

A: I put on too much make-up. I look like a clown. 화장을 너무 많이 했나봐. 광대처럼 보여.
B: No, you don't. But I would remove that eyeliner.
아니야, 그렇지 않아. 정 그러면 내가 눈썹 화장을 지워줄게.

A: What would you like me to put on your hotdog? 핫도그에 뭘 넣어줄까요?
B: Just some ketchup, please. 케찹만 조금 발라 주세요.

012 put off 연기하다, 미루다, 기다리게 하다

Don't put off until tomorrow what you can do today(오늘 할 일을 내일로 미루지 말라)로 잘 알려진 숙어. put off로 쓰이지만 put sth off로 쓰이기도 하며 미루는 것이 동사일 경우에는 put off ~ing라고 하면 된다.

POINT

put (sb[sth]) off (~) 연기하다, 미루다, …을 기다리게 하다
put (sb) off ~ing (…가) …을 미루다

□ The meeting **has been put off** until further notice.
회의는 다음 고지가 있을 때까지 연기되었어.

□ I'll just **put this off** till tomorrow. 내일까지 이거 미룰려고.

□ I told her it was stupid to **put off** the wedding.
결혼식을 미루는 것은 어리석은 짓이었다고 말했어.

□ Why are you doing what you can **put off** till tomorrow?
내일 할 수도 있는 일을 왜 지금 하려고 해?

A: You shouldn't put off that work for much longer.
그 일을 너무 오랫동안 미루어 두지 마라.
B: I'll try and finish it before I go. 열심히 해서 퇴근하기 전에는 끝내 놓을게.

Put

013 put out (불, 스위치) 끄다, 꺼내놓다, 출판하다

퇴장시키거나 밖으로 내놓다가 기본의미. 여기서 불이나 담배 또는 어떤 장비의 스위치를 끈다는 의미로 쓰인다. 또한 밖으로 내놓다라는 점에서 「…을 꺼내놓다」, 「제작하다」, 「출판하다」 등의 뜻으로도 쓰인다.

POINT

put out+담배/불/장비 …을 끄다
put out sth …을 밖에 내놓다, 꺼내놓다, 제작하다, 출판하다
put out a broadcast 방송에 내보내다

□ When I realized I couldn't **put out** the fire, I ran.
내가 불을 끌 수 없다는 걸 알았을 때 난 달렸어.

□ **Put out** the light, when you go to sleep. 잘 때는 불 꺼.

□ I'm going to **put out** a flyer about the restaurant. 식당 전단지를 만들거야.

□ If you set fire to my house, I'd **put out** the fire by peeing on it.
네가 우리집에 불을 지른다면 난 오줌으로 불을 끌거야.

A: The fashion magazine will put out a special edition. 패션 잡지가 특집판을 낼거야.
B: Let's buy a copy and look at the pictures. 그 잡지를 사서 사진들을 보자.

014 put through …을 전화연결시키다, …을 겪게하다

가장 대표적인 것은 through에서 연상되듯 「전화를 바꾸어주다」는 것이고 또 다른 것은 through가 「…을 관통하는」이라는 의미에서 「…을 겪게 하다」, 「경험하게 하다」라는 뜻이 된다.

POINT

put sb[sth] through (to) …을 (…에게) 전화를 돌려주다
put sb through+학교 …의 학비를 대다 put sb through sth …가 …를 겪게 하다

□ I'll **put you through** right away. 바로 바꿔드릴게요.

□ I never wanted to **put you through** this. 결코 네가 이걸 겪게 하고 싶지 않았어.

□ Why do you **put me through** this? 왜 이렇게 힘들게 하는거야?

□ Do you have any idea what you **put me through?**
너 때문에 내가 무슨 일을 겪게 됐는지 알기나 해?

A: Your daughter is calling on the other line. 따님이 다른 회선으로 전화 와 있어요.
B: Put her through to my office. 내 사무실로 돌려줘.

015 put together 모으다, 구성하다, 정리(종합)하다, 합하다

함께(together) 놓는(put) 것으로 흩어진 것으로 모은다는 의미에서 뭔가 정리하는 것을 뜻하거나 혹은 여러가지를 종합하는 것을 뜻하기도 한다.

POINT

put together 모으다, 정리하다

□ Why don't you help me **put together** my new furniture?
내 가구 정리하는거 도와주라.

□ You **put together** the guest list by tomorrow. 손님명단 내일까지 정리해.

□ Maybe I'll just **put together** another party. 또 다른 파티를 준비할까봐.

□ How can you quickly **put together** a team? 어떻게 그렇게 빨리 팀을 구성했어?

A: Did you put together the photo album? 사진첩 다 정리했니?
B: Yeah, and it looks great. 응, 멋진 앨범이 됐어.

016 put up 세우다, 짓다, 걸다, 게시하다, 높이 들다, 올리다, 숙박시켜주다

다른 사람이 볼 수 있도록 높이 세워(up) 놓는(put)다는 점에서 「건물 등을 짓거나」, 「…을 높이 걸거나」, 「게시하거나」 등을 의미한다. 또한 「숙박시켜주다」 그리고 「다른 (…용도로) 내놓다」, 「제출하다」 등의 의미를 갖는다.

POINT

put up~ 세우다, 짓다, 걸다, 게시하다, 높이 들다, 올리다
put up (어떤 목적으로) 내놓다, …을 제안하다
put up a fight 선전하다, 잘 싸우다
put up+돈 …을 치루다
put sb up …을 재워주다, 숙박시키다
put up with …을 참다

□ We're going to **put up** a tent on the other side of the park.
공원 반대편에 텐트를 칠거야.

□ Why did you **put up** posters for roommates if you don't want them? 원치 않으면서 왜 룸메이트 구한다고 게시판엔 공지를 붙여놨어?

□ They all **put up** their hands eagerly. 걔네들은 모두 열심히 손을 들었어.

□ They've already **put up** the money. 걔네들은 이미 돈을 치뤘어.

□ You don't have to **put up with** this. 넌 이걸 참을 필요가 없어.

□ She didn't **put up a fight**, did she? 걘 선전하지 못했어, 그지?

A: How do you put up with him? 너 어떻게 걔에 대해 참고 있니?
B: I just don't take him seriously. 난 그냥 걔를 심각하게 받아들이지 않으니까.

More Expressions

put sth on a list …을 리스트에 올리다

☐ You can put your name on a list. 리스트에 이름을 올리세요.

put sth back 원래 자리에 놓다, 늦추다, 연기하다

☐ You just put it back where you found it. 발견한 자리에 도로 갖다 놔.

put forth 제출하다(submit)

☐ I mean, the ideas you put forth are not that good.
내 말은 네 제안은 그렇지 좋지 않아.

put on airs 잘난 체 하다

☐ You are always putting on airs. 넌 늘상 잘난 척해.

put sb in jail 투옥시키다

☐ The police put me in jail for stealing. 경찰이 절도죄로 나를 잡아 넣었어.

put sb out of one's misery

☐ Just put me out of my misery. 날 비참하게 내버려두지 말아요.

put it on one's tab …가 내다

☐ You can just put it on my tab. 내 계산서에 올려.

put one's foot down 결사반대하다

☐ I have to put my foot down. Okay? The answer is no.
결사반대야. 알았어? 대답은 노라고.

☐ I've got to put my foot down. 난 결사 반대야.

15 꼬~옥 잡아줘요

Hold

손에 잡는다라는 뜻이 가장 기본. hold sth in one's hands[arms] 하면 손[팔]에 안고 있는 것을 말한다. 여기서 파생하면 잡다, 갖다, 붙잡다, 참다 등 다양한 의미로 확장된다. 특히 사물이 주어일 때는 「…을 수용하다」라는 뜻이 되며 앞의 keep 동사처럼 hold sth+형용사 형태로 「…을 …상태로 유지하다」라는 것으로도 쓰인다.

Hold 기본개념

01. 손에 쥐다, 잡다, 소유하다, 갖다

Will you hold this for a sec? 잠깐 이것 좀 들고 있어줘.

I'm sorry, but could you hold the door? 미안하지만, 문 좀 잡아줄래요?

02. (회의, 모임) 열다, 개최하다, 붙잡다, 억누르다

The office party will be held tomorrow. 사무실 회식이 내일 있어.

Hold your breath! 숨을 참아봐!

03. …의 상태를 유지하다 (hold A ~)

Hold the window open. 창문을 열어 놓아.

04. (사물주어) 지탱하다, 수용하다

This meeting room can hold 100 people. 이 회의실에는 100명이 들어가.

This car can hold at least 6 people. 이 차는 적어도 6명이 타.

The bridge won't hold the dump truck. 이 다리는 덤프트럭이 지나갈 수 없어.

001 hold sb[sth] in one's hand

…을 손에 쥐고 있다

가장 기본적인 의미가 가장 많이 쓰이는 법. hold는 「…을 (손으로) 잡다, 들다」라는 말로 뒤에 in one's hand, in one's arms 등의 부사구와 함께 많이 쓰인다. 당연히 hold+sth으로 「…을 잡다」라는 뜻이 된다.

POINT hold~in one's hand[arm] …을 손[팔]에 잡고 있다　hold~tight[close] …을 꽉잡다

- □ She **is holding** a shopping bag **in her right hand.**
  걘 오른손에 쇼핑백을 들고 있어.
- □ She **is holding** a pillow **in her arms.** 걘 팔에 베개를 안고 있어.
- □ **Hold** her **in your arms,** kiss her, smell the scent of her.
  팔에 걜 안고, 키스하고 그녀의 냄새를 맡아봐.
- □ Can you hold the baby? **Hold him tight.** 애 안을 수 있어? 꽉 잡아.

A: Look at the ring my boyfriend gave me. 내 남친이 준 반지를 봐.
B: Wow, let me hold it in my hand for a minute. 와, 잠깐만 줘봐.

002 hold a meeting 회의를 열다

어떤 모임이나 회합이 열리는 것을 뜻하는 것으로 주로 meeting, party, ceremony, funeral, race 등이 hold의 모임이 된다. have를 쓰는 것보다는 formal하지만 일반적으로 많이 쓰인다.

POINT hold a meeting 회의를 열다

- □ We'll **hold our Christmas party** on the 24th. 우린 24일 크리스마스 파티를 열거야.
- □ The manager will **hold a meeting** for the new staff.
  매니저는 새로운 직원들을 위해 회의를 열거야.
- □ I told my mom not to **hold a birthday party** for me.
  난 엄마보고 생일파티 하지 말라고 했어.
- □ She plans to **hold a slumber party** this weekend.
  걔는 이번 주말에 하룻밤 자는 파티를 계획하고 있어.

A: The company is experiencing many problems. 그 회사는 많은 문제를 안고 있어.
B: We'll hold a meeting to discuss the problems tonight.
오늘 밤 그 문제들을 협의하기 위해 우린 회의를 개최할거야.

003 **hold sb** …을 가지 못하게 잡아두다

hold sb하면 「…을 가지 못하게 잡아두는」 것을 말하는 데 hold sb hostage하면 「인질로 …을 잡아두다」, hold sb prisoner는 「투옥시키다」라는 뜻이 된다.

POINT

hold sb hostage 인질로 …을 잡아두다 **hold sb prisoner** …을 투옥시키다

□ **Hold them** right there. I'm on my way. 걔네들 거기 잡아둬. 지금 가고 있어.

□ We captured them. We'**re holding them** over at my place.
우리가 걔네들은 잡고 있어. 내 집에 데리고 있어.

□ I'm not sure **holding me hostage** is your best option.
나를 인질로 잡는게 최선인지 모르겠어.

□ The girl **was held hostage.** 걔는 인질로 잡혀있어.

> A: Have the students left the classroom? 학생들이 교실을 나갔어요?
> B: No, we're holding them until their parents come.
> 아니요. 부모님들이 오실 때까지 학생들을 데리고 있을 겁니다.

004 **hold still** 가만히 있다, 기다리다

hold는 keep처럼 어떤 상태를 유지한다는 뜻이 있어 hold+형용사하면 「…한 상태로 계속되다」라는 뜻을 갖는다. hold good은 「유효하다」 그리고 hold still은 「가만히 있다」라는 뜻으로 keep still이라고도 한다.

POINT

hold good 유효하다 **hold true** 사실이다
hold still 가만이 있다

□ Calm down. **Hold still.** 침착하고 가만있어.

□ Whatever it is, one thing **holds true.** 그것이 무엇이든 간에 한 가지는 진실야.

□ You're drunk. **Hold still.** 너 취했구만. 좀 가만히 있어.

□ How can I **hold still** when you're touching me?
네가 날 만지는데 어떻게 가만히 있어?

> A: I don't want you to cut my hair. 내 머리를 자르지 마세요.
> B: Hold still and let me get started. 가만히 있어라. 시작 좀 하게.

005 hold sb responsible …가 책임이라고 생각하다

hold sb responsible (for)는 「…에 대해 …가 책임이라고 생각하다」라는 좀 어려운 숙어. 또한 수동형으로 be held responsible[accountable] for sth이라고 해도 된다.

POINT

hold sb responsible …가 책임이라고 생각하다
hold sth[sb] steady 계속 …하다
hold sb still …을 가만히 있게 하다

- □ I'm going to **hold you responsible.** 네가 책임져야 된다고 생각해.
- □ No, I don't **hold her responsible.** 아니, 걔 책임져야 된다고 생각하지 않아.
- □ **Hold it steady.** 움직이지 않게 계속 잡고 있어.
- □ **Hold him still!** 걔 어디 가지 못하게 해!

A: Who broke the window on the house? 누가 그 집의 창문을 깨트렸니?
B: The owners are holding their son responsible.
집 주인은 자기 아들이 책임이 있다고 생각해.

006 hold your breath 숨을 죽이다, 숨을 참다

여기서 hold는 「억제하다」, 「참다」라는 뜻으로 hold one's breath하면 「숨을 참다」, 「긴장하다」, not hold one's breath하면 「겁먹지 않다」, 「진정하다」라는 의미와 함께 너무 오랫동안 참지 말라는 뜻도 가지고 있다.

POINT

hold one's breath 숨을 참다, 긴장하다　　**not hold one's breath** 진정하다

- □ I can **hold my breath** for 10 minutes. 10분간 숨을 멈출 수 있어.
- □ Okay, this is going to be tough. **Hold your breath.**
그래. 이거 쉽지 않을거야. 긴장하라고.
- □ I want you to close your eyes and **hold your breath.** 눈을 감고 숨을 멈춰봐.
- □ How long can you really **hold your breath** for?
넌 정말 얼마동안 숨을 참을 수 있어?

A: I would like to marry a rich guy. 나는 부자하고 결혼하고 싶어.
B: Sure, but don't hold your breath. 그래. 다만 너무 오랫동안 기대하지는 말아라.

007 hold sth against sb

(과거에 받은 상처로) 잊지 않고 계속 싫어하다

소심한 사람을 위한 표현. 과거에 상대방이 한 못된 짓에 상처받아 용서하지 않고 계속 마음 속에 담아두고 싫어하는 것을 말한다. 주로 hold it[that] against sb 형태로 많이 쓰인다.

POINT

hold sth against sb 잊지 않고 계속 싫어하다

- □ I won't **hold it against** you. 널 원망하진 않을거야.
- □ I don't think you should **hold that against** him.
  걔 말 꽁하게 마음 속에 담아두지마.
- □ I said I didn't **hold it against** her. 난 걔한테 감정 없다고 말했어.
- □ She won't **hold it against** you. After all, you're her daughter.
  엄마 널 원망하진 않을거야. 어쨌거나 네가 딸이니까.

A: I heard that your mom wrecked your car. 네 엄마가 네 차를 부셔버렸다며.
B: She did, but I don't hold it against her. 어. 그래도 엄마를 원망하지는 않아.

008 hold back

저지하다, (감정) 억제하다, 자제하다, 망설이다, 감추다

「뭔가 진행되는 것을 막는다」는 뜻으로 데모 군중을 저지하거나 감정을 억제하거나 혹은 조심스럽게 망설이는 것 등을 말한다. 또한 비밀로 뭔가 말하지 않고 숨긴다(keep sth secret)는 뜻으로도 많이 쓰인다.

POINT

hold sth back 저지하다, 감정숨기다, 숨기다
hold sb back 저지하다, 막다, …가 …하지 못하게 하다 **hold back** 신중하여 망설이다

- □ She could barely **hold back** the tears. 걔는 눈물을 참을 수가 없었어.
- □ Did he **hold back** information on this issue? 이 문제에 대한 정보를 걔가 숨겼어?
- □ I didn't **hold back.** I named names. 난 숨기지 않았어. 이름을 다 댔어.
- □ Please don't **hold back.** 감추지 말고 다 얘기하세요.

A: They asked me to give some money for their trip.
개들이 여행하는데 돈을 좀 달라고 요청했어.
B: I think you should hold back on paying. 돈주는데 신중해야할 것으로 생각해.

009 hold down 제지하다, 억누르다, (직업 등을) 계속 유지하다

밑으로 누르고 잡고 있는 것을 연상하면 된다. 도망가는 사람을 제지하고 잡거나 물가 등이 오르는 것을 억누르거나 등의 의미. 또한 hold down a job하게 되면 「계속 직업을 갖는」 것을 말한다.

POINT

hold sth down 고정시키다, (가격상승 등) 막다
hold sb down 제지하다, (자유 등) 억압하다
hold down a job 계속 직업을 유지하다

□ He couldn't **hold down a job.** The boss has been so hard on him.
걘 계속 직장을 다니지 못했어. 사장이 너무 괴롭혀서.

□ **Hold him down** before he runs away. 걔가 도망가기 전에 걔를 꽉 잡고 있어.

□ He **held me down** by one arm. 걘 한 손으로 날 꼼짝 못하게 했어.

□ They **held her down** trying to keep her quiet.
걔네들은 그녀를 조용하게 하려고 꼼짝 못하게 했어.

A: The neighbors are always too loud. 이웃들이 항상 너무 시끄러워.
B: Have you asked them to hold down the noise?
그들에게 소음 좀 삼가해달라고 요청했었니?

010 hold off 미루다, 연기하다

주로 뭔가 「미루다」, 「연기하다」라는 뜻으로 쓰이며 미루는 대상은 hold off 다음에 on sth 혹은 (on) ~ing를 붙이면 된다. 그밖에 「…을 막다」, 「가까이 오지 못하게 하다」, 혹은 「(비 등이) 내리지 않다」라는 의미로 쓰인다.

POINT

hold off on sth 미루다, 연기하다
hold off on ~ing …하는 것을 미루다

□ I'll **hold off** until Monday to report to the boss.
사장에게 보고하는 걸 월요일까지 미룰게.

□ Can you just **hold off** for a second? 잠시 미룰 수 있어?

□ I can't **hold off on** talking to him anymore. 걔한테 말하는 걸 더 이상 미룰 수 없어.

□ I **have been holding off on** asking her out.
걔한테 데이트 신청하는 걸 계속 미루고 있어.

A: The economy is bad all over the world. 경제상황이 전 세계적으로 나빠.
B: A lot of people are holding off on spending money. 많은 사람들이 지출을 미루고 있어.

011 hold on 기다리다

hold on (a minute)은 명령문 형태로 「잠시만 기다려」 혹은 뭔가 얘기를 꺼내면서 「잠깐만」이라는 의미로 쓰인다. 또한 hold on 혹은 hold the line하면 전화상에서 전화를 끊지 않고 기다리는 것을 말한다.

POINT

Hold on (a minute/a second) 잠깐 기다려, 잠깐만
hold on[hold the line] 전화를 끊지 않고 잠시 기다리다
hold on to sb/sth …을 계속 갖다, 고수하다, 지니다 **hold it** 잠시만, 잠깐 기다려

- □ **Hold on,** let me think it over. 잠깐, 생각할 시간 좀 줘.
- □ Could you **hold** a second? I'll check if he's in. 잠깐만요, 계신지 확인해볼게요.
- □ Would you like to **hold?** 기다리실래요?
- □ **Please hold.** 끊지 마세요.
- □ She had a breakdown and couldn't **hold on to** her job.
  걘 신경쇠약에 걸려서 직장을 계속 다닐 수 없었어.
- □ Betty, **hold it for** ten minutes. We have to get through this.
  베티야, 10분만 기다려. 이거 끝내야 돼.
- □ Oh, **hold it.** What are you going to do with that?
  어 잠시만. 그걸로 어떻게 하려고?

A: Hold on for a minute. I need to talk to you. 좀만 기다려. 얘기 좀 하자.
B: Really? What are we going to talk about? 정말? 무슨 이야기하려고?

Hold

012 hold to 고수하다, 지키다

hold to는 주로 약속이나 어떤 주의 등을 「신뢰하고 믿는다」라는 뜻. 특히 hold sb to~형태로 쓰이면 「…가 to 이하를 지키도록 한다」는 말.

POINT

hold to+약속[주의] …을 믿다, 신뢰하다, 고수하다 **hold sb to~** …가 …을 지키도록 하다

- □ She didn't **hold to** her promise. 걘 약속을 지키지 않았어.
- □ I going to **hold you to** that. 네가 꼭 그 약속 지키게 만들거야.
- □ I **hold you to** a higher standard. Don't let me down again.
  넌 더 높은 기준을 충족시켜야 돼. 날 다시 실망시키지마.
- □ You said you'd do it. I'm **holding you to** that.
  그렇게 한다고 너 말했어. 그 약속 지켜야 돼.

A: She promised to give me a book. 걔는 내게 책을 준다고 약속했어.
B: You should hold her to her promise. 걔가 약속을 꼭 지키도록 해야 돼.

013 hold out (손 등을) 내밀다, (희망 등을) 주다, 버티다, 저항하다

손 등을 밖으로 내밀다라는 뜻. 비유적으로 손을 내밀며 「…을 끝까지 요구하다」 혹은 「끝까지 굴복하지 않는다」는 뜻으로 쓰인다.

POINT

hold out against 굴복하지 않다
hold out for sth …을 끝까지 요구하다
hold out hope of~[that~] …하리란 기대를 주다
hold out on sb …에게 중요한 이야기를 하지 않다

□ She **held out** her arms to hug me. 갠 나를 안으려고 팔을 뻗었어.

□ **Hold out your hands for** me, please. 손 좀 내밀어 볼래요.

□ She's a bitch. **Hold out for** a good girl.
갠 나쁜 년이야. 좋은 여자를 포기하지 말고 계속 찾으라고.

□ They can't **hold out** much longer. 걔네들은 더 오래 버티지 못할거야.

□ Looks like she'**s been holding out on** me. 걔가 내게 뭔가 숨겨왔던 것 같아.

□ She **is holding out hope** that she'll see her son again.
갠 아들을 다시 볼거라는 희망을 갖고 있어.

A: They asked me to work for a small salary. 걔들이 작은 봉급으로 나보고 일해 달래.
B: You should hold out for more money. 좀 더 많이 달라고 버텨봐라.

014 hold up 손들다, 지탱(지)하다, 미루다, 늦게 하다, 강탈하다

손을 위로 올린다라는 뜻에서 「…을 지탱하다」 혹은 무슨 일을 미루거나 사람을 잡아두는 것을 뜻한다. 또한 강도들이 하는 강탈하는 것을 hold up이라고 한다. hold up하면 명사로 「노상강도」, 「지체」라는 말.

POINT

hold up 손들다, 미루다
hold-up 노상강도
be[get] held up …에 꼼짝달싹 못하다
What held you up? 왜 늦었어?
What's the hold up? 왜 이리 늦는거야?

□ OK, everyone **hold up** your glasses. 자 모두들 잔을 높이 드세요.

□ I **was held up** by the boss. 사장 때문에 늦었어.

□ Three armed robbers **held up** the casino. 3명의 무장강도가 카지노를 털었어.

□ **Hold your hands up!** 손 들어!

A: Why isn't the concert starting? 왜 연주회가 시작하지 않는 거야?
B: The musicians got held up in a traffic jam. 연주가들이 교통 체증에 걸렸대.

More Expressions

hold your horses! 속도를 줄여!, 진정해! (말고삐를 잡으라는 데서 유래)

□ Just hold your horses! We have a lot of time.
천천히 해! 우리 시간 많다고.

leave sb holding the bag …에게 죄를 뒤집어 씌우다

□ I got left holding the bag. 나한테 다 떠넘겨졌다.

hold water 이치에 맞다

□ That'll never hold water. 그런 건 통하지 않아.

hold a grudge 원한을 품다

□ Don't hold a grudge against me. 내게 원한을 품지마.

hold in 자제하다

□ You'll need that to hold in your feelings.
네 감정을 자제하기 위해선 그게 필요해.

□ She tried to hold in the tears. 걘 눈물을 참으려고 했어.

hold your tongue 닥치고 있어

□ You should hold your tongue. 입 다물고 있어.

16 이리로 언능 갖고 오는 Bring

take와 달리 가지고 오는 것을 말하는 동사. come의 경우와 똑같아서 take는 상대방이 있는 곳이 아닌 제 3의 장소로 가지고 가거나 데리고 가는 것을 뜻하는 반면 bring은 내가 있는 이곳으로 가지고 오거나 상대방이 있는 곳으로 가지고 가는 것을 말한다. 또한 What brings[brought] you to+장소?가 유명한데 이처럼 사물이 주어로 와서 bring sb to~하게 되면 「…하게 만들다」라는 뜻이 된다.

Bring 기본개념

01. 데려오다, 가져오다

You can't bring your pet with you. 애완동물은 데리고 올 수 없습니다.

I brought coffee for everyone. 여러분들을 위해 제가 커피 좀 가져왔어요.

I forgot to bring a laptop computer for this class.
수업시간에 노트북 가져오는 걸 잊었어.

02. …하게 되다(사물주어+brings sb to~)

A taxi brought me to a museum. 택시타고 박물관에 갔어.

That[which] brings me to the (main) point. 본론으로 들어가면, 제가 하고 싶은 말은.

001 bring sb sth …에게 …를 가져다 주다

bring이 4형식 구문으로 「…에게 …을 가져다주다」라는 뜻으로 쓰인 경우. 가져다주는 대상을 먼저 말하면 bring sth for~라고 하면 된다.

POINT

Could[Would, Can] you bring me sth? …을 가져올래? **Bring me sth** …가져와
Did you bring me sth? …을 가져왔어?

□ **Bring me** a glass of vodka. 보드카 한 잔 가져와.

□ Could you **bring me** the newspaper? 신문 좀 가져올래?

□ What did you **bring me** today? 오늘 뭘 가져온거야?

□ We **brought you** some wine. 와인 좀 가져왔어.

A: Thanks, I will return soon. 고마워, 곧 돌아올게요.
B: Bring me a coffee on your way back. 돌아오는 길에 커피 좀 가져오세요.

002 bring sb[sth] to~ …에(게) …를 데려가다, 가져가다

앞의 경우가 「내게 …을 가져오다」라는 것인데 반해 이 경우는 반대로 어떤 사람이나 사물을 다른 장소로 가지고 간다는 의미이다. 따라서 bring~ 다음에는 장소부사나 to+명사가 오게 된다.

POINT

bring sb[sth] to+명사[장소부사] …에(게) …를 데려가다, 가져가다
bring sb[sth] with you …을 데리고 가다, 가져가다
bring ~ home …을 집에 데려오다, 가져오다

□ She **brought another man** into his bed again. 걘 또 다른 사내를 침대로 데려갔어.

□ I never **bring Jesse to** the park. 제시를 공원에 절대 데려가지 않아.

□ **Bring her over** here. 걜 이리로 데려와.

□ We'll have to pick her up and **bring her to** him.
우리는 걔를 픽업해서 걔한테 데려가야 돼.

A: The big trip is scheduled for tomorrow. 중요한 여행이 내일로 예정되어있어.
B: Remember to bring food to the picnic. 피크닉에 음식가져오는 것을 기억해.

003 What brings[brought] ~? …에 어떤 일이야?

What brings[brought] you~?는 어떤 장소에 온 목적[이유]를 묻는 말로 "무슨 일로 …에 왔냐?"라는 의미. you 다음에 장소부사나 to+명사가 온다. 보통 What brings[brought] you (down) here? 형태로 많이 쓰인다.

POINT
What brings[brought] you here? 여긴 무슨 일이야?
What brings[brought] you to+장소명사? …에는 무슨 일이야?

□ So, **what brings you** here at such a late hour?
이렇게 늦은 시각에 무슨 일로 오셨습니까?

□ So, **what brings you** to New York? 그래, 뉴욕에는 어쩐 일이야?

□ **What brings you to** the hospital? 병원에는 어쩐 일이야?

□ **What brings you to** the strip bar, boss? 사장님, 스트립바에서는 어쩐 일로 오셨나요?

A: What brings you here? I thought you were at home.
여긴 어쩐 일이야? 너 집에 있는 줄 생각했는데.
B: I came to pick up some books that I forgot. 깜박한 책 몇 권을 가지러 왔지.

004 can't bring oneself to~ …할 마음이 내키지 않다

조금 어렵게 느껴지는 미국식 표현. 직역하면 내 자신을 가져와서 '…할 수 없다'라는 말로 너무 기분이 언짢거나 내키지 않아 「…을 할 마음이 생기지 않다」라는 뜻.

POINT
can't bring oneself to+sth …가 내키지 않는다
can't bring oneself to+동사 …할 맘이 내키지 않는다
can't bring oneself to tell~ …라고 말할 수가 없다

□ You **can't bring yourself to** give me one little kiss?
내게 키스를 살짝 할 마음도 없는거야?

□ I **couldn't bring myself to** leave her. 난 걜 떠날 수 없었어.

□ I **can't even bring myself to** say it. 그걸 차마 말할 수가 없었어.

□ I **can't bring myself to** look at you. 너의 얼굴을 쳐다볼 수가 없네.

A: Sam needs to find a better job. 샘은 좀 나은 직업을 찾아야해.
B: He can't bring himself to quit the one he has. 현재 직업을 그만 둘 수가 없나봐.

005 bring home sb[sth] …을 집에 데려오다

bring home a friend(친구를 집에 데려오다)에서 보듯 주로 bring home sb to+V[for~]의 형태로 쓰인다. 물론 사물이 오면 …을 집에 가져온다는 의미가 된다.

POINT
bring home sb …을 집에 데려오다 **bring home the bacon[groceries]** 생활비를 벌다

□ She **brought home** friends to meet her family.
걔는 가족들과 만나게 하려고 친구들을 집으로 데려왔어.

□ **Bring home** a person to help me clean.
내가 집 청소하는데 도와줄 사람 집으로 데려와라.

□ I **brought home** some people I work with.
같이 일하는 동료 몇 사람을 집으로 데려왔어.

□ He **brought home** Steve for Thanksgiving.
그는 추수감사절 날 스티브를 집으로 데려왔어.

A: I'm going to bring home Bob to meet my parents.
나는 밥이 부모님을 만나도록 집으로 데려올거야.
B: Oh, are you planning to marry him? 그래? 걔랑 결혼할거니?

006 bring about
…을 야기시키다, 일으키다(make sth happen, cause)

bring about은 about 다음에 나오는 것을 일어나게 한다는 의미로 「가져오다」, 「해내다」, 「성취하다」, 「초래하다」, 「야기하다」 등의 뜻을 갖는다. 특히 Sth brought about sth의 형태로 많이 쓰인다.

POINT
Sth brought about~ …가 …를 초래하다, 야기하다

□ That might **bring about** big trouble. 그로 인해 큰 어려움이 야기될 수도 있어.

□ The rain **brought about** flooding. 비로 인해 홍수가 발생했다.

□ Her marriage **brought about** two children. 그녀는 결혼해서 2명의 자녀를 낳았다.

□ Our meeting **brought about** a long friendship.
우리의 만남으로 오랜 우정이 이뤄졌다.

A: The company lost a lot of money last year. 회사가 작년에 많은 돈을 잃었어.
B: I know. It brought about many problems. 알아. 그래서 많은 문제점들을 초래했지.

007 bring around

데리고 오다, 가져오다, 화제를 바꾸다, 설득하다, 의식을 되찾게 하다

곁으로(around) 데려오다(bring)라는 뜻으로 bring around는 집 등에 「데려오거나」, 「의식을 다시 찾게 한다」는 의미를 갖는다. 또한 뭔가 이동하거나 음식 등을 나누어준다고 할 때도 bring around를 사용한다.

POINT

bring sb around (to sth) …을 (…에) 데려가다, 의식을 되찾게 하다
bring sth around (to sb[sth]) 이동시키다, 나누어주다

□ She is a girl that your friend **brought around.** 잰 네 친구가 데려온 아이야.

□ You can **bring around** your coworkers around to the party.
파티에 네 동료들 데려와도 돼.

□ Why don't you **bring the pizza around** for us? 피자 좀 나주어주라.

□ Why don't you **bring your date around** to my office?
내 사무실로 만나는 애인 데려와라.

A: Dan doesn't understand my feelings. 댄은 내 감정을 이해하지 못해.
B: Try to bring him around to the way you feel. 걔를 네가 느끼는 대로 한번 설득해봐.

008 bring back 다시 가져(데려)오다, 생각나게 하다, 반환하다

bring back은 글자 그대로 다시(back) 가져오거나 데려온다(bring)는 말. 비유적으로 「…의 기억을 생각나게 하다」라는 뜻으로도 쓰인다.

POINT

bring sth back for sb …에게 …을 도로 가져가다
bring sb back sth …에게 …을 돌려주다
bring sb back to life 의식[기운]을 되찾게 하다, 활기차게 하다

□ **Bring her back** here, will you? 걜 이리로 데려와 응?

□ They didn't **bring back** any food at all? 걔네들은 음식을 전혀 가져오지 않았어?

□ It **brings back** bad memories of middle school.
그것 때문에 중학교 때의 나쁜 기억이 나.

□ Can a relationship **bring you back to life?** 관계가 너를 기운나게 할 수 있을까?

A: Bring back that paper when you're finished with it. 신문 다보고 돌려줘.
B: Don't worry, I will. 걱정마, 그렇게 할게.

009 bring down 끌어내리다, 파멸시키다, …을 붕괴시키다

가져오긴(bring) 하지만 밑으로(down) 가져온다는 것으로 밑으로 데려오거나, 밑으로 이동하거나 가격 등을 낮추는 것을 말한다. '…을 끌어내린다'는 면에서 비유적으로는 「파멸시키다」, 「붕괴시키다」라는 의미로도 쓰인다.

POINT
bring down 끌어내리다, …로 데려가다, 낮추다, 기를 꺾다, 파멸시키다
bring sb[sth] down a notch[peg] (or two) …의 콧대를 꺾다

- □ What'd you **bring me down** here for? 날 왜 여기에 데려온거야?
- □ I didn't mean to **bring you down.** 너희들 기분까지 망치게 할 생각은 아니었는데.
- □ I've been waiting for the moment when I finally **bring you down.** 결국 널 무너트릴 순간을 기다려왔어.
- □ You can **bring down** the guy who killed your father. 넌 네 아버지를 살해한 놈을 무너트릴 수 있어.

A: Hattie got bad news when she went to the hospital.
해티가 병원에 갔을 때 나쁜 소식에 접했어.
B: Oh dear, that will bring down everyone. 저런, 모두를 힘들게 하는 소식일거야.

010 bring in 영입하다, (법)도입하다, 돈을 벌다

3가지 의미를 파악하고 있어야 한다. 먼저 조직이나 단체에서 「외부 인사를 영입하다」라는 뜻이 하나이고, 두번째로는 새로운 「법이나 제도를 도입하다」, 그리고 마지막으로는 「돈을 벌어오다」란 의미이다.

POINT
bring in to+동사[on+명사] (…을) …하려고 영입하다 **bring in+돈** 돈을 벌다

- □ I have decided to **bring in** an analyst to help us. 우리를 도와줄 분석가 한 사람을 영입하기로 마음먹었어.
- □ Did you send a man all the way to Chicago to **bring me in?** 나를 영입하려고 시카고까지 사람을 보냈어요?
- □ My wife **brings in** a lot of money every month. 내 아내는 매월 많을 돈을 벌어.
- □ You **bring in** a hit man without my approval? 내 허락없이 청부살인업자를 고용했다고?

A: I have decided to bring in an analyst to help us.
우리를 도와줄 분석가 한 사람을 영입하기로 마음먹었습니다.
B: Great idea! That is just what we need. 좋은 생각이군요! 우리가 필요한 게 바로 그것이죠.

011 bring on 가져오다, 초래하다

bring on은 기본적으로 '…을 가져온다'는 것으로 나아가 뭔가 안 좋은 일들이 초래되거나 야기하는 것을 의미하기도 한다. 또한 bring it on은 보통 싸울 때 쓰는 말로 「어디 한번 해볼 테면 해보다」라는 뜻이다.

POINT
bring on 가져오다, 초래하다
bring it on (도전에) 맞서다, 해보다
bring sth on sb …에게 안 좋은 일을 초래하다
bring sth on[upon] oneself …을 자초하다

□ What **brought this on?** 이게 왜 그러는 거야?

□ How about I clear the table and **bring on** dessert?
내가 식탁을 치우고 디저트를 가져오면 어떨까?

□ You want to hit me? **Bring it on!** 날 치고 싶다고? 어디 해봐!

□ So I **brought this on** myself? 그래 내가 이걸 초래했다고?

□ What do you expect me to do? You **brought this on** yourself.
날더러 어찌라고? 네가 자초한거잖아.

A: Springtime is a beautiful time of year. 봄은 일년 중 아름다운 시기야.
B: It brings on the hot weather of summer. 봄이 지나고 나면 여름의 뜨거운 날씨가 와.

012 bring out 갖고 나가다, 데리고 나오다, 밖으로 꺼내다, 나타내다, (제품을) 출시(발표)하다

밖으로(out) 갖고 나온다는 뜻에서 사람을 밖으로 나오게 하거나, 뭔가 밖으로 꺼낸다는 뜻을 갖는다. 비유적으로 「…을 출시하거나」, 「세상에 공표하는」 것을 말하기도 한다.

POINT
bring out the best[worst] in sb …를 최상[최악]의 상태로 만들다
bring sth out in the open …을 세상에 공표하다

□ I guess weddings just **bring out** the worst in me.
결혼식을 보면 난 최악의 상태가 돼.

□ I **brought you out** here because I want you to see this girl.
이 애를 봤으면 해서 이리로 널 데려왔어.

□ We **brought her out** of the streets and gave her a new life.
우린 걜 거리에서 구해서 새로운 삶을 줬어.

□ They didn't **bring out** the revised edition yet. 수정판은 아직 출간되지 않았어.

A: Bring out the cookies that you made this morning.
오늘 아침 네가 만든 과자를 꺼내와 보렴.
B: Did you like the way they tasted? 과자 맛은 어땠어요?

013 bring up (화제를) 꺼내다, 가르치다, 기르다

bring up은 상대적으로 단순하다. 「아이를 키우다」와 「…에 대한 이야기를 꺼내다」라는 두 가지 뜻으로 주로 많이 사용된다. 또한 컴퓨터 화면에 띄우다라는 뜻으로도 자주 사용된다.

POINT **bring sb up to+동사** …하도록 가르치다, 기르다 **bring sb up as~** …로 기르다

- □ Are you going to **bring up** your child here while you go to school? 학교 다니는 동안에 여기서 아이를 기를거야?
- □ This isn't the best time to **bring it up,** but you have to get out of here. 이런 말 할 타이밍이 아닌 건 알지만, 그만 나가줘야겠어.
- □ I'm really kind of surprised nobody's ever **brought it up.** 아무도 그 얘길 하지 않아 좀 놀랐어.
- □ Please don't **bring up** the accident again. 제발이지 그 사고는 다시는 언급하지마.

A: Sally gets angry very easily these days. 샐리는 요즘 매우 쉽게 화를 내.
B: I know. I'm afraid to bring up new topics with her. 알아. 걔에게 새로운 화제를 꺼내기기 두려워.

Bring

More Expressions

bring along …을 데리고 가다, 가져가다

□ Does he have a single friend that you could bring along for me? 날 위해 데려올 수 있는 독신친구가 있어?

bring into 어떤 상황에 빠트리다

□ I can't believe you brought my boss into this! I'm going to get fired! 사장님을 이런 상황에 빠트리다니! 해고시킬거야!

bring together 재회하다, 합치다

□ We were brought together to spend the night together.
우리는 밤을 함께 보내기 위해 모였어.

□ You always said fate brought us together.
넌 운명이 우릴 만나게 했다고 말했어.

bring sth to a close 끝나다 (↔ come to a close 끝나다)

□ Let's bring this matter to a close. 이 문제에 대해 결정을 내리자.

bring ~ to one's knees …을 복종시키다, 무릎꿇게 하다

□ Use it to bring any man to his knees. 이걸 이용해 남자를 말 잘 듣게 해.

which brings me to~ 그래서 …하게 되다

□ I got divorced again. Which brought me to the strip bar.
난 다시 이혼했고 그래서 스트립바에 오게 됐어.

bring a case[charges] 소송을 일으키다

□ The district prosecutor refused even to bring charges.
지방검사는 소송거는 것조차 거부했어.

bring sb to one's senses 제 정신으로 돌아오게 하다

□ It brought me to my senses. 그 덕에 제정신으로 돌아왔어.
□ She came to her senses finally. 걔가 마침내 제정신으로 돌아왔어.

17 전화만 하면 만사 오케~

Call

전화 없이는 못사는 세상. call은 이렇게 전화를 하다라는 의미로 각광받고 있지만 원래 의미인 「(큰 목소리로) 부르다」라는 뜻으로 사용되는 경우가 많다. call sb chicken 등이 그 예. 또한 핸드폰전화가 일상이 된 지금 have my phone on vibrate(진동으로 해놓다), She's on a cell phone(핸드폰으로 통화중이야)처럼 핸드폰 관련 표현도 알아두어야 한다.

Call 기본개념

01. 전화걸다, 크게 소리쳐 부르다

Mr. James called you during the meeting. 제임스 씨가 회의 중에 전화했어요.

I called but your line was busy. 전화했는데 통화중이더라구요.

I heard you called this morning. 오늘 아침에 전화했다며.

02. (회의 등을) 소집하다

I'm going to call a meeting tonight. 오늘밤에 회의를 소집할거야.

03. …라고 부르다, …로 여기다(call A B)

What do you call this in English? 이걸 영어로 뭐라고 해?

001 I'm calling to~ 전화한 건 다름이 아니라…

전화를 걸어 상대방에 전화건 용건을 말할 때 사용한다. I'm calling you because~ 나 I'm calling to+동사로 사용하면 된다. 또한 과거형으로 써서 I called to+동사로 해도 된다.

POINT

I'm calling you because S+V …때문에 전화하는거야
I'm calling[I called] to+동사 …하려고 전화하는거야[전화했어]
This is sb calling …입니다

- □ **I'm calling you because I saw that you called me.** 네가 전화해서 전화하는거야.
- □ **I'm calling about tomorrow's meeting.** 내일 회의건으로 전화했어.
- □ **I called to apologize.** 사과하려고 전화했어.
- □ **This is Mr. James Smith calling.** 제임스 스미스 입니다.
- □ **Who's calling please?** 누구시죠?

A: I'm calling to talk to Mr. Kang in the marketing department.
마케팅부 강씨와 통화하려고요.
B: I'm sorry, but he isn't in the office right now. 죄송하지만 사무실을 비우셨는데요.

002 call security 경비를 부르다

call 다음에 사람이 오는 것이 아니라 차량이나 집 등이 오는 경우이다. call+단체/가게/집 등이 목적어로 와서 「…에 전화해서 도움을 청하다」라는 뜻이 되는 것을 알아본다.

POINT

call 911 911에 전화하다
call a taxi 택시를 부르다
call the police 경찰에 전화하다
call sb's house …집에 전화하다

- □ **Please call an ambulance.** 앰블런스 좀 불러주세요.
- □ **Could you call a taxi for me?** 택시 좀 불러줄래요?
- □ **I called security to kick him out.** 경비를 불러서 걜 쫓아냈어.
- □ **I called the dry cleaner.** 세탁소에 전화했어.

A: The baby's not breathing! 아기가 숨을 쉬지 않아요!
B: Oh, my God! Call 911! 맙소사! 911에 전화해!

003 give sb a call …에게 전화하다

call이 앞의 경우처럼 전화하다라는 의미이지만 이번에는 명사로 쓰인 경우이다. 그 중 가장 많이 쓰이는 게 give sb a call이다. 「…에게 전화를 하다」, 「전화 걸다」라는 뜻이다.

POINT

make a call 전화하다 **take a call** 전화받다
expect one's call …의 전화를 기다리다 **return one's call** 답신 전화를 하다
transfer[direct] a call[one's call] 전화를 돌려주다

- □ Let's do that again, John. **Give me a call** sometime. 다시 만나자, 존. 언제 한번 전화해.
- □ **Give me a call** anytime you want. 원할 때 전화해.
- □ You've got my number, **give me a call.** 내 번호 있지. 전화해.
- □ I'm available today. **Give me a call** if he needs a drinking buddy. 오늘 시간 되니까. 술친구 필요하면 전화해.
- □ I'll **give you a call** later tonight. 오늘 저녁 늦게 전화할게.
- □ Leave a message, and I'll **return your call** as soon as I get in. 메시지 남겨. 들어가는대로 전화걸게.
- □ I **was expecting your call** all day. 네 전화 종일기다리고 있었어.
- □ How may I **direct you call?** 어디 바꿔드릴까요?

> A: I have to go now. Give me a call sometime. 가야 돼. 언제 전화 한번 해.
> B: Oh, but you didn't give me your phone number. 어, 하지만 전화번호를 줘야지.

004 A phone call for you 전화왔어

다른 사람에게 전화왔다고 말하는 표현으로 You have(got) a call from~, There's a call from~ 으로 써도 된다. 또한 이미 전화받고 있는 사람에게 다른 전화왔다고 할 땐 There's a call on another line, 그리고 내가 전화 받는데 다른 전화가 올 땐 I have another call이라고 한다.

POINT

a phone call for sb …에게 전화오다 **You have a call from sb** …에게서 전화오다

- □ **Phone call for you.** 너한테 전화왔어.(= You have a phone call)
- □ **You got a call from** the school this morning. 오늘 아침 학교에서 전화왔었어.
- □ Excuse me. **There's a phone call for you.** 실례합니다. 전화왔어요.
- □ **You got a call from** Cindy. She wants her underwear back. 신디에게서 전화왔어. 속옷 돌려달래.

> A: There's a phone call for you. 전화 왔어요.
> B: Thank you. I'll take it in my office. 고마워요. 내 사무실에서 받을게요.

005 call sb sth …을 …라고 부르다

이름이나 별명 혹은 직책 등으로 사람을 부르는 것을 말하며 be called sth하면 「…라고 불린다」라는 뜻. 한편 call sb names하면 「욕을 하다」라는 전혀 다른 의미가 된다는 점에 유의한다.

POINT
call sb something …을 …라고 부르다
call sb names …을 욕하다
be called sth …라고 불리다
call oneself sth 자칭 …라고 하다

□ What do you **call that in English?** 저걸 영어로 뭐라고 하니?

□ If you **call me chicken** again, you're a deadman.
날 겁쟁이라고 또 부르면 넌 죽었어.

□ Don't **call me names!** 욕하지마!

□ **It's called** tofu. 토푸라고 해요.

□ You **call yourself** an accountant, but you're terrible at numbers?
자칭 회계사라면서 숫자에 젬병이야?

A: People have been calling Kristie fat. 다들 크리스티가 뚱뚱하다고 말하고 있어.
B: She looks like she has been eating too much. 걔는 너무 많이 먹는 것처럼 보여.

006 call it a day 퇴근하다

call it a day는 「퇴근하다」라는 숙어로 call it a night 혹은 call it quits 라고도 한다. 빈출 숙어인 call in sick과 call the shots도 함께 알아둔다.

POINT
call it a day 퇴근하다, 그만 일하다(call it a night, call it quits)
call in sick 전화해 병가내다
call the shots 결정하다

□ I can't **call in sick** after ten weeks of sick leave.
병가를 10주 쓰고 나서 다시 병가낼 수가 없어.

□ It's coming up on 6:00. What do you say we **call it a day?**
6시 다 돼가. 그만 퇴근하자?

□ What are you doing here? You **called in sick** this morning.
여기서 뭐해? 오늘 아침에 병가냈잖아.

□ **I'm calling the shots.** 내가 결정할래.

A: Let's call it a day. 퇴근하죠.
B: Sounds good to me. 좋은 생각이네.

007 call back 다시 전화하다

전화 통화가 안 되어서 전화를 나중에 다시하다(call again)라는 의미. 뒤에 「나중에」를 뜻하는 later나 in+시간의 부사가 따르기도 한다.

POINT
call back later 나중에 전화 다시 하다　　call back in+시간 …후에 전화 다시 하다

□ Could you **call back** later? I'm tied up right now.
나중에 전화할래? 지금 무지 바빠.

□ I've got to go. I'll **call back** later. 전화 끊어야 돼. 나중에 전화할게.

□ I'll have him **call you back** as soon as he gets home.
그가 집에 들어오는대로 네게 전화하라고 할게.

□ Please **call me back** in ten minutes. 10분 후에 전화 다시 해.

A: Could you tell him to call back after lunch?
점심식사 후에 전화하라고 그 사람한테 전해주겠니?
B: I'll tell him right now. 지금 바로 말할게.

008 call for 요구하다(ask, demand), 소리쳐 부르다(청하다)

for 이하가 필요해서 부르거나 전화한다는 의미. call for = demand로 고정시키지 말고 상황에 맞게 우리말로 생각하면 된다. 단순히 누가 너 찾는 전화 왔다(Some guy just called for you)고 할 수 있기 때문이다.

POINT
call for 요구하다, 소리쳐 부르다

□ **Call for** an ambulance. She is still alive. 구급차를 불러. 걘 아직 살아있어.

□ She already **called for** a consult. 걔는 이미 컨설트 요청을 했어.

□ Did anybody **call for** security? 누가 경비 불렀어?

□ He **called for** help yesterday. 걘 어제 도움을 청했어.

A: My car is running poorly. 내 차가 잘 달리지 못해.
B: That calls for a visit to the mechanic. 자동차 정비공에게 가보라는 거지.

009 call off 취소하다, 멈추다

우리에게 잘 알려진 숙어로 그 의미 또한 간단하다. 뭔가 계획된 것의 진행을 멈추거나 취소하는 것을 말하는 것으로 call off = cancel로 생각하면 된다.

POINT

call off 취소하다=cancel

□ I want you to end it. I want you to **call off** the wedding.
네가 그걸 끝내. 결혼식을 취소하라고.

□ You can **call off** the roommate search! 룸메이트 찾는 거 그만둬!

□ He told me that Leo **called off** his engagement with Jane.
걔가 그러는데 레오가 제인과 파혼했대.

□ The boss had to **call off** the meeting because of the traffic.
사장은 차가 막혀서 회의를 취소해야 했어.

A: They had a big fight last night. 걔들 지난 밤 크게 싸웠어.
B: I hope they don't call off their wedding. 결혼은 취소하지 않기를 바래.

010 call out 큰소리로 외치다, 도움을 호소하다

요즘 전화가 있어 'call = 전화'로 생각되지만 원래 「부르다」라는 의미. 아직도 전화 외의 의미로 쓰이는 경우가 많다. call out 또한 그런 경우로 「큰 소리로 부르거나」 혹은 「전화로 호출하다」라는 의미로 쓰인다.

POINT

call out for~ …을 필요로 하다, 전화로 주문하다
call out to sb (for sth) …에게 (…을 달라고) 소리치다
call out one's name …이름을 큰소리로 부르다, 호명하다
be called out to+동사 …하도록 호출되다

□ You're going to **call out** her name and say, "I love you!"
걔 이름을 큰 소리로 부르고 "널 사랑해!"라고 할거지.

□ She got out of the car and **called out** to Sam.
걘 차에서 나와 샘을 큰 소리고 불렀다.

□ From across the street, they heard Michael **call out.**
길 건너편에서 마이클이 큰 소리로 부르는 것이 들렸다.

□ Did you **call out** everyone's name? Some students are absent.
모두 다 호명한거야? 일부 학생들이 없는데.

A: Winnie got hurt when she was out hiking. 위니가 하이킹하면서 다쳤어.
B: She had to call out to get someone to help her. 도움을 청하기 위해 크게 외쳐야만 했대.

011 call up 전화하다

구어체 표현으로 「…에게 전화를 걸다」라는 의미. 보통 call up sb to+동사 혹은 call up sb and+동사의 형태로 쓰면 된다.

POINT
call up sb to+동사 전화해서 …하다 **call up sb and+동사** 전화해서 …하다

□ Why don't you just **call up** Helen and invite her over?
헬렌에게 전화해서 오라고 해.

□ **Call up** Tom and tell him we're coming over.
탐에게 전화해서 우리가 가고 있다고 해.

□ I'd like to **call up** Cindy to talk about that.
신디에게 전화해서 그 얘기를 나누고 싶어.

□ I want to **call up** someone who'd like to share a conversation.
얘기를 나눌 사람에게 전화하고 싶어.

A: Let's call up and order a pizza. 전화로 피자를 주문하자.
B: Great idea. I'm feeling really hungry. 좋은 생각이야. 진짜 배고프다.

012 call on one's cell phone 핸드폰으로 전화하다

핸드폰이 울리면 꺼내고(take out a cell phone) 또 핸드폰으로 전화걸어(make a call) 얘기나눈다(talk on my cell phone). 위 표현 call on one's cell phone은 「…의 핸드폰을 이용해 다른 사람에 전화하다」(use sb's cell phone)라는 뜻이 된다.

POINT
call on one's cell phone …의 핸드폰을 이용해 전화하다
call one's cell phone …의 핸드폰으로 전화하다
talk on one's cell phone …의 핸드폰으로 이야기하다

□ They **called my cell phone** to see where I am.
내가 어디있는지 알려고 핸드폰으로 전화했어.

□ Eva **made a call on her cell phone.** 에바는 자기 핸드폰으로 전화걸었어.

□ Dump him immediately. **Use my cell phone.** 걜 바로 차버려. 내 핸드폰 써.

A: Why isn't Brad at the party? 왜 브래드가 파티에 오지 않았니?
B: Call his cell phone and see where he is. 걔 휴대폰으로 전화해서 어디 있는지 알아봐.

be a close call 아슬아슬 하다

□ That was a close call. 하마터면 큰일날 뻔했네. 위험천만이었어.

call down 전화해서 내려오라고 하다, 아래로 전화하다

□ I'll call down to see if his car's in the parking lot.
걔 차가 주차장에 있는지 확인하려고 밑에 전화할거야.

□ The boss called her down to speak with her.
사장은 얘기하기 위해 그녀를 전화해서 내려오라고 했어.

call the meeting 회의를 소집하다

□ I've called this meeting to discuss the stock. 주식문제 토의하기 위해 회의를 소집했습니다.

call in …에게 와서 도와달라고 전화하다, 도움을 구하다, 잠깐 방문하다

□ Call in the lawyers. We're getting a divorce. 변호사 좀 불러. 우리 이혼해.

be one's call …가 결정할 일이야

□ That's your call. 네가 결정할 문제야. 네 뜻에 따를게.

□ It's your call. 네가 결정할 몫이야.

be on call 대기중이다

□ He was on call last night, so now he might be asleep.
어젯밤 당직이었으니 자고 있나 봐요.

so-called 소위

□ When I was in high school, so-called techno music was also very popular. 고등학교시절 소위 테크노뮤직이라는게 유행했어요.

18 안보고 어떻게 알아

See

see는 눈 앞에 펼쳐지는 것을 본다는 뜻으로 「만나다」, 계속 만나고 있으면 남녀간의 「사귀다」, 그리고 비유적으로 「알다」, 「이해하다」라는 의미로 발전된다. 특히 헤어질 때 쓰이는 (I'll) See you+시간 명사 형태를 익혀둔다. 또한 see는 hear와 더불어 지각동사의 양대 산맥으로 see sb[sth]+동사/~ing 형태가 되면 「…가 …하는 것을 보다」라는 뜻이 된다.

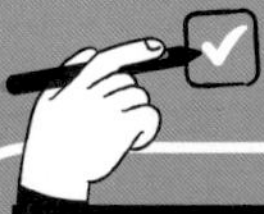

See 기본개념

01. 보다, 구경하다, 만나다, 사귀다

I'd like to see a menu, please. 메뉴 좀 보여주세요.

Have you seen Bob lately? 요즘 밥 본적 있니?

Come and see me next weekend. 다음 주말에 와서 보자.

02. …가 …하는 것을 보다(see ~ V/~ing)

I saw you kissing Nina in the park. 네가 니나와 공원에서 키스하는거 봤어.

You saw me dancing in the bathroom? 내가 화장실에서 춤추는거 봤다구?

03. 알다, 이해하다, 확인하다

I see. 알겠어.

I don't see that. 난 그렇게 생각 안하는데.

We'll see. 좀 보자고, 두고 봐야지.

001 see sb/sth+동사[~ing] …가 …하는 것을 보다

see의 대표적인 구문. see+ sb[sth] 다음에 동사원형 혹은 ~ing가 올 수 있는데 ~ing는 동작의 진행을 강조할 때 사용된다.

POINT
see sb[sth]+동사[~ing] …가 …하는 것을 보다
can't see sb[sth]+~ing[전치사구] …가 …하리라고 상상도 못하다

- □ I don't **see that happening.** 그렇게는 안될걸.
- □ I **saw her leave** for school this morning. 걔가 오늘 아침에 학교 가는 것 봤어.
- □ I never **saw her smoke.** 걔가 담배피는 것 전혀 못봤어.
- □ My wife **saw my secretary hitting** on me. 비서가 내게 추근되는 걸 내 아내가 봤어.

A: Is Ann still dieting? 앤은 아직도 다이어트해?
B: No, I saw her eating some cake. 아니, 걔가 케익 먹는 걸 봤어.

002 see sb 만나다, 보다

사람을 만난다(meet)라는 의미로 만나서 반갑다고 하는 Nice to see you, It's great to see you, It's good to see you, 약속정하면서 그때 보자고 할 때의 I'll see you then, 그리고 오랜 간만에 만났을 때하는 I haven't seen you in years 등을 기본적으로 암기해둔다.

POINT
(It's) Nice[Good] to see you 만나서 반가워 **I'm here to see sb** …을 만나러 왔어

- □ I'm here to **see some** of my relatives. 친척들을 좀 만나러 왔어.
- □ What a surprise! I didn't expect to **see you** here.
  놀라워라! 널 여기서 보리라 예상못했어.
- □ **Haven't I seen you** somewhere before? 예전에 어디선가 한번 만난 적이 있던가요?
- □ Come back and **see me.** 또 놀러오세요.

A: Ms. Norris is here to see you. 노리스 씨가 만나러 오셨는데요.
B: Okay. Have her come in. 알겠어요. 들어오시라고 해요.

003 (I'll) See you~ …보자

보통 헤어질 때 하는 표현으로 I'll see you+시간하면 「…때 보자」라는 말이 된다. 보통 I'll은 생략되고 See you 다음에 시간관련 표현을 넣으면 된다. 그냥 See you!라고 해도 된다.

POINT

See you later 나중에 보자	See you soon 곧 보자
See you tomorrow 내일 보자	See you around 또 보자

- □ **See you in the morning.** 내일 아침에 보자.
- □ I hope to **see you again** (sometime). 조만 간에 다시 한번 보자.
- □ I'll **be seeing you!** 잘 가!. 또 보자
- □ I have to get back to the office. **See you tonight.**
  사무실에 돌아가야 돼. 저녁에 봐.

> A: I've got to go. Take care. 나 가야 돼. 조심해.
> B: OK, see you later, nice meeting you. 그래, 나중에 봐. 만나서 반가웠어.

004 be seeing sb 사귀다

역시 see+사람의 형태로 진행형으로 쓰이면 「계속적으로 만나다」라는 뉘앙스로 「남녀 간의 사귀는」 것을 의미한다. 물론 "I'm seeing her again on Thursday"처럼 그냥 단순히 만나다라는 뜻으로도 쓰인다는 점을 알아두자.

POINT

be seeing sb …와 사귀다	see a lot of sb …와 많은 시간을 보내다

- □ You're late again. **Are you seeing someone?** 또 늦는구나. 누구 사귀는 사람 있어?
- □ I **am seeing her.** It has been a while. 난 그녀하고 사귀고 있어. 좀 됐어.
- □ As far as I know, she'**s not seeing anybody.** 내가 아는 한 걘 지금 사귀는 사람 없어.
- □ **Are you still seeing her?** 너 아직도 걜 사귀고 있어?

> A: My god, Tracey looks so beautiful. 맙소사, 트레이스는 정말로 아름답구나.
> B: She dresses nicely because she is seeing a rich guy.
> 걔가 부자하고 사귀고 있어서 옷을 잘 입은거야.

005 see a doctor 진찰받다

의사를 만나다는 건 병원에서 「진찰을 받는다」는 의미. go to a doctor 혹은 visit a doctor라고 해도 된다. 한편 영화를 보다는 see a movie라고 한다.

POINT

see a doctor 진찰받다	see a movie 영화보다

- □ I'd like to **see a doctor.** 의사선생님께 진찰 받으려고요.
- □ I think we should **see a doctor** soon. 우리 곧 병원에 가야겠어.
- □ I **saw the movie** last weekend. It was really good.
  지난 주말에 그 영화봤는데 정말 좋았어.
- □ One day I **saw a movie** that changed my life.
  언젠가 내 삶을 변화시킨 영화를 봤어.

A: Look at this red patch on my arm. 내 팔에 이 붉은 점을 봐라.
B: It looks terrible. You should see a doctor. 끔찍하네. 병원에 가야되겠어.

006 (can) see (that)~ …이구나, …을 알겠어

see가 알다(understand)의 의미로 쓰인 경우. I (can) see (that) 주어+동사하면 「…을 알겠어」, 「…이구나」 등의 의미이다. 물론 see의 원래 의미로 「…을 보다」라는 의미로도 쓰인다.

POINT

I (can) see that 알겠어	I don't see that 난 그렇게 생각 안 하는데.
Don't you see? 모르겠어?	You'll see 곧 알게 될거야, 두고 보면 알아

- □ **I can see** you're not going to be any help. 넌 도움이 하나도 될 것 같지 않구나.
- □ **I see that** beauty runs in the family. 아름다움이 집안 내력이군요.
- □ **Did you see that** I sent you a text message? 내가 문자 보낸 거 봤어?
- □ **I can see** she really needed a vacation. 걘 정말 휴가를 가야 되겠구나.

A: Look, there's the Statue of Liberty. 야, 자유의 여신상이다.
B: Oh, I can see it. 아, 나도 보여.

007 (can) see what[why, how]~ …을 알겠어

역시 see가 understand의 의미로 쓰였으나 이번에는 that절이 아니라 의문사절이 오는 경우이다. 앞의 that절이 오는 경우보다 훨씬 많이 쓰이는 표현.

POINT
I (can) see what[why]~ 주어+동사 …이구나, …임을 알겠어
I can't see what[why]~ 주어+동사 …을 모르겠어

- □ **I see what** you mean. 네가 무슨 말하는지 알겠어.
- □ **I see what** this is! You are in love with her! 그게 뭔지 알겠어! 너 걔랑 사랑에 빠졌구나!
- □ **I can see why** he likes you. 왜 걔가 널 좋아하는지 알겠어.
- □ **I can't see what** I'm doing here. 내가 뭘하고 있는지 모르겠어.

A: The carpenter worked all day in the house. 목수가 집에서 종일 일했어.
B: I can't see what he did here. 무슨 일을 했는지 모르겠네.

008 see what sb[sth] can~ …가 뭘 할 수 있는지 보다

여기서 see는 「…을 알아보다」, 「확인해보다」(find out)라는 뜻. 주어가 어떤 문제나 상황에 직면에서 어떻게 일을 헤쳐나가는지 보겠다는 의미이다.

POINT
I'll see what~ …인지 보다 **Let me see what~** …인지 보다

- □ **I'll see what I can do.** 내가 어떻게 해볼게.(도와줄게)
- □ **Let's see what you can do.** 네 능력을 보여줘.
- □ Here is 100 dollars. **See what you can do.** 여기 100달러. 어떻게 할건지 생각해봐.
- □ I'll talk to my boss and **I'll see what I can do.** 사장한테 말해보고 내가 할 수 있는지 알아볼게.

A: A couple of people came to help us. 몇 명의 사람들이 우릴 도와주러 왔었어.
B: See what they can do in the kitchen. 걔들이 부엌에서 뭘 할 수 있는지 보자.

See

009 see if~ 확인해보다

see if 다음에 주어+동사의 문장을 연결하면 「…인지 여부를 확인해보겠다」는 표현이 된다. 보통 I'll see if~나 Let me see if~으로 시작된다.

POINT

I'll see if S+V …을 확인해보다 **Let me see if S+V** …인지 확인해보다
I'll see[Let me see] if I can+동사 내가 …할 수 있는지 한번 볼게
I want to see if S+V …인지 확인해보고 싶다

- □ I'm going to **see if** I can get a room for the night.
  오늘 밤 방이 있는지 확인해보려구요.
- □ I'll **see if** I can find her. 내가 걜 찾을 수 있는지 확인해보려고.
- □ We'll **see if** she wants to come back. 걔가 돌아오고 싶어하는지 알아볼게.
- □ I just wanted to **see if** everything was all right.
  아무 일 없는지 단지 확인하고 싶었을 뿐이야.

A: I came here to see if you were finished. 네가 일을 다 끝냈는지 알아보려고 여기에 왔어.
B: No, I still have a lot of work to do. 아니. 할 일이 아직 많이 남아있어.

010 I've never seen~ …을 처음 봐

직역하면 과거부터 지금까지 「…을 본 적이 없다」는 뜻으로 뭔가 놀라운 것을 보고서 하는 말. 또한 be the most+형용사+명사 (that) I've ever seen의 형태는 「지금까지 본 것 중에 가장 …하다」라는 의미.

POINT

I've never seen+명사 …한거 처음 봐
be the most+형용사+명사+(that) I've ever seen 내가 본 것 중 최고의 …야

- □ **I've never seen** anything like it. 그런 건 처음 봐요. 대단해요.
- □ **I've never seen** him this happy. 걔가 이렇게 행복해 하는 것을 본 적이 없어.
- □ **You're the sexiest woman I've ever seen.** 내가 본 사람 중에 넌 가장 섹시해.
- □ My parents **have never seen** me drunk! 부모님은 내가 이렇게 취한 것을 본 적이 없어!

A: This is my diamond necklace. 이게 내 다이아 목걸이야.
B: I've never seen diamonds that big. 그렇게 큰 다이아는 난생 처음이야.

011 the way[as] I see it 내가 보기엔

여기서 see는 「생각(판단)하다」라는 뜻으로 the way[as] I see it하면 「내가 보기엔」이라는 의미. 또한 be how I see~형태로도 쓰이는데 이는 「내가 …에 대해 생각하는 건 …다」로 자기 생각이나 입장을 정리할 때 쓴다.

POINT

the way[as] I see it …내가 보기엔
as you can see 아시다시피
~ how I see~ 내가 ...을 생각하는 건

- □ So the way I see it, you've got two choices. 그래 내가 보기엔 넌 선택이 2가지있어.
- □ That's not the way I see it. 난 그렇게 안 봐.
- □ That's exactly how I see it. 그게 바로 내가 그렇게 생각하는거야.
- □ That's not how you see me, is it? 날 그렇게 보는 건 아니겠지, 그지?

A: Are you going to vote in the election? 선거투표할거야?
B: The way I see it, my vote doesn't matter. 내 생각엔 끝난 게임같은데.

012 wait and see what[if]~

…인지 두고 보다, 지켜보다

wait and see는 「기다리고 본다」는 말로 뭔가 성급히 판단하거나 행동하지 않고 「신중하게 지켜보거나 두고보는」 것을 말한다.

POINT

wait and see what[if] S+V …을 지켜보다, 두고보다
You (just) wait and see 두고보라고

- □ Let's wait a bit and see how things develop.
  상황이 어떻게 되어가는지 좀 지켜보자고.
- □ We are going to just wait and see what happens.
  무슨 일이 일어나는지 지켜보자.
- □ We're going to have to wait and see if she remembers anything else. 걔가 뭐 다른 걸 혹 기억하는지 지켜봐야 될거야.
- □ We're going to wait and see what she tells us.
  우리는 걔가 무슨 말을 할는지 두고 볼거야.

A: I think he is planning to buy us dinner. 걔가 우리에게 저녁살 계획을 하나봐.
B: Wait and see if he invites us out with him. 외식하자고 초청하는지 두고 보자.

013 see about 처리하다, 검토하다

see about은 「…에 대해 알아보거나」, 「확인해보는」 것을 뜻하는 것. 상대방이 모르는 것을 물어볼 때 쓰는 아직 어떻게 될지 모른다는 의미로 We'll see about that(한번 보자고, 두고 보자)의 형태로 많이 쓰인다.

POINT
see about+N/~ing …을 확인해보다

- □ Well, we'll **see about** that. (잘 모르면서) 그래, 한번 보자고.
- □ Yeah, we'll **see about** that. I am calling her right now.
  그래, 한번 보자고. 지금 개한테 전화할게.
- □ Could you **see about** getting my notebook back?
  내 노트북 다시 찾을 수 있는지 알아볼래요?
- □ You're not going to a university? We'll **see about** that.
  대학에 가지 않을거라고? 생각해보자.

A: Let's go to the theater tonight. 오늘 밤 극장에 가자.
B: I may be busy. We'll see about the theater. 바쁠 것 같은데. 극장 건은 좀 두고 보자.

014 see through 간파하다, 꿰뚫어보다

무엇을 통해서 본다는 것으로 「…을 간파하다」, 또한 무엇을 끝까지 본다는 점에서 「…끝까지 계속하거나」 혹은 「누가 …하는 것을 끝까지 도와주다」라는 의미로 쓰인다. see(-)through하게 되면 형용사로 「속이 훤히 들여다보이는」이라는 뜻으로도 사용된다.

POINT
see through 속지 않고 간파하다, 속을 들여다보다, …을 마칠 때까지 계속하다
see sb through (sth) (…하는데) 끝까지 도와주다

- □ Can you totally **see through** her shirt? 넌 걔 셔츠 속을 뚫어볼 수 있어?
- □ The jury would **see through** that. 배심원이 눈치챌거야.
- □ I'm going to **see you through** this. 네가 이거 하는거 끝까지 도와줄게.
- □ I started doing something charitable and I'm going to **see it through.** 자선 일을 시작했는데 끝까지 할거야.

A: Are you sure John is in his apartment? 존이 자기 아파트에 있는지 확실해?
B: Yes. I saw through his window and he's inside.
그래. 창문을 통해 봤는데 걔가 안에 있었어.

015 seeing as~ …이기 때문에, …이니(seeing that~)

자기가 말하는 내용에 대한 이유를 언급할 때 사용하는 표현. 주로 seeing that 주어+동사 혹은 seeing as 주어+동사의 형태로 쓰인다.

POINT **seeing as[that] S+V** …이기 때문에

- ☐ There isn't going to be any class today, **seeing as** we have no teacher. 선생님이 없으니 오늘 수업이 없겠네.
- ☐ **Seeing that** you're the leader, I'd appreciate you saying something. 당신이 우두머리니 뭔가 얘기 좀 해줘요.
- ☐ **Seeing as** you've got the most experience, I want you to take this. 네가 가장 경험이 많기 때문에 이걸 맡아줘.
- ☐ There isn't going to be a wedding today, **seeing as** we have no bride. 신부가 안오는 걸보니 오늘 결혼식은 없겠네.

A: They are too busy to come to the meeting. 걔들이 넘 바빠 회의에 못온대.
B: Seeing as they can't come, we'll cancel the meeting.
걔들이 오지 않으니 우린 회의를 취소해야겠다.

See

More Expressions

see a problem 문제점을 보다

☐ Did you see any problems with that? 그거에 어떤 문제라도 발견했나요?

see off 배웅하다

☐ I have been to the airport to see my mother off.
어머니 배웅하기 위해 공항에 갔다 왔어.

see you to+명사 …까지 같이 가다(go with)

☐ I'll see you to the station. 역까지 배웅해줄게.

see eye to eye (with) …에 동의하다

☐ I don't see eye to eye with my wife. 아내랑 의견일치가 안돼.

see in sb …을 좋아하다

☐ What do you see in her? 그 여자 뭐가 좋아?
☐ I can't imagine what Tom sees in her. 탐이 걜 왜 좋아하는지 모르겠어.

see (to it) that~ …을 주의하다, 확실히 하다

☐ I trust you'll see that she gets the message.
걔가 메시지를 확실히 받아보게 할거라 믿어.

see ~ coming 어려움 등이 다가오다 임박하다

☐ I didn't see it coming. 그렇게 될 줄 몰랐어.

see ~ as~ …을 …라고 생각하다

☐ He'll see it as a sign of relief. 걘 그걸 안도의 사인으로 볼거야.

☐ **I (can) see your point.** 무슨 말인지 알겠습니다.

☐ **I don't see why not.** 그래.(yes)

☐ **You see that?** 봤지?, 내 말이 맞지?

☐ **I don't see the need for it.** 난 그럴 필요가 없다고 봐.

☐ **You haven't seen anything yet.** 이 정도는 약과예요.

☐ **I've seen better.** 별로던데.(↔ I've seen worse 아직은 괜찮은 편이야)

19 들리는 걸 어떻해

Hear/Listen

들리는 소리를 듣다라는 뜻. 앞의 see와 더불어 지각동사의 대명사. see동사처럼 hear sb[sth]+동사[~ing] 형태로 「…가 …하는 것을 듣다」라는 의미. hear에서 꼭 기억해야 둘 표현은 뭔가 다른 데서 들은 소식을 이야기할 때 쓰는 I('ve) heard that~, 그리고 Have you heard[Did you hear] that~?을 잘 암기해두어야 한다.

Hear 기본개념

01. 들리다, 듣다

Excuse me, I didn't hear you well. 미안하지만 잘 못들었어요.

Did you hear that Cindy got married again? 신디가 다시 결혼한다는 말 들었니?

I heard you got fired a few weeks ago. 몇 주전에 해고됐다며.

I heard you and your husband live in Chicago. 너희 부부 시카고에 산다며.

02. …가 …하는 것을 듣다(hear ~ V/~ing)

I heard her singing in the bathroom. 난 걔가 화장실에 노래하는 걸 들었어.

I never heard her talking like that. 난 걔가 그렇게 말하는거 들어본 적이 없어.

001 hear it[that] …을 듣다

주로 대화 중 오간 이야기나 소식 혹은 무슨 다른 들린 소리를 it이나 that으로 받아 hear it[that] (…을 듣다)의 형태로 쓰인다.

POINT

Did you hear that? 너 그 얘기 들었니?(이상한 이야기를 듣고서)
Did you hear? 너 얘기 들었니?
I didn't hear that 못 들었어
Do you hear that? 1. (상대방이나 자기가 바로 전에 한 말을 가리키며) 들었지?
2. (이상한 소리를 듣고) 들었지?

□ I am glad to **hear that.** 그것 참 잘됐다.

□ I am sorry to **hear that.** I never expected him to dump you.
안됐네. 걔가 널 차리라고는 생각못했어.

□ What are you talking about? That isn't the way I **heard it.**
무슨 얘기하는거야? 그건 내가 들은 이야기랑 달라.

□ Let's **hear it.** 어디 들어봅시다.

□ Now **hear this.** 자, 주목해 주세요.

A: Today has been such a crazy day. 오늘 하루 정말 미치겠다.
B: I'm sorry to hear that. What's going on? 그렇다니 유감인걸. 무슨 일인데 그래?

002 hear sb …의 얘기를 듣다

이번에는 hear 다음에 사람이 와서 「…의 얘기를 듣다」,「…의 말을 듣다」라는 의미로 쓰이는 경우. 상대방에게 "명심해"라고 하는 You heard me같은 관용표현은 미리미리 암기해둔다.

POINT

You heard me 명심해
I hear you, I hear you 너랑 동감이야
Do you hear me? 내 말 듣고 있니?, 알았어!

□ I'm sorry I can't **hear you.** Please say it louder.
미안하지만 안들려. 큰 소리로 말해줘.

□ It's good to **hear your voice.** Where are you now?
네 목소리 들으니 좋으네. 지금 어디에 있어?

□ Did I **hear you** right? 그게 정말이야?

□ I can't[couldn't] **hear you.** 안 들려.

A: I need you to pay attention. Do you hear me? 주목해줘. 내말 듣고 있니?
B: Yes! Calm down. I hear you. 응! 진정해. 듣고 있어.

003 hear sb[sth]+동사[~ing] …가 …하는 것을 듣다

see의 경우와 마찬가지로 hear+sb[sth]+동사[~ing]하게 되면 「…가 …하는 것을 듣다」라는 의미가 된다. 역시 ~ing을 쓰면 동작의 진행을 강조하는 문장이 된다.

POINT
hear sb[sth]+V[~ing] …가 …하는 것을 듣다

- □ We **heard you crying.** Please don't cry. 네가 우는 거 들었어. 울지마라.
- □ I've never **heard him make** that sound. 걔가 그런 소리를 내는거 못 들어봤어.
- □ I've never **heard her talk** like this. 걔가 이렇게 말하는거 못 들어봤어.
- □ What's going on here? I **heard you yelling.** 무슨 일이야? 네가 소리지르는 걸 들었는데.

A: I can hear her talking on the phone. 걔가 전화하는 소리가 들려.
B: Is she talking to her boyfriend? 자기 남친하고 전화하는거니?

004 hear sb say (that)~ …가 …라고 말하는 걸 듣다

응용표현으로 hear sb 다음에 동사가 say that 주어+동사가 온 경우. 「…가 …라고 말하는 것을 듣다」라는 것으로 hear me say~, hear you say~ 등으로 쓰인다.

POINT
I heard you say that S+V 네가 …라고 말하는 걸 들었어
You never heard me say that S+V 넌 내가 …라고 하는 말을 들은 적이 없어

- □ **I heard you say that** she was emotionally unstable. 네가 걔 정서적으로 불안정하다고 한 말 들었어.
- □ **You never heard me say that** I love you. 넌 내가 널 사랑한다는 말을 들어본 적이 없어.
- □ **You never heard me say** that. 넌 내가 그렇게 말하는 걸 들은 적이 없어.
- □ **I'm very glad to hear you say** that. 네가 그렇게 말해줘서 매우 기뻐.

A: I heard somebody say that it will rain tonight. 오늘밤 비가 올거라고 누가 그러던대.
B: Yeah, we'd better take an umbrella. 그래, 우산가져가야 될거야.

005 hear (that) ~ …을 듣다

들은 내용이 좀 길어 문장으로 말하는 경우. I heard that~ 혹은 I've heard that~으로 들은 이야기를 꺼내거나 혹은 Did you hear that~? 혹은 Have you heard that~?으로 상대에게 「…을 들었냐?」고 물어볼 수 있다.

POINT
I('ve) heard that 주어+동사 …라고 들었다
Have you heard[Did you hear] that~? …라는 소식 들었니?

□ **I hear** you've been promoted. 너 승진했다며.
□ **I heard** you had some fun with her last night. 지난 밤에 걔하고 재밌게 보냈다며.
□ **I heard** you were going to get married. 너 결혼할거라며.
□ **Did you hear that** she went to China to study? 걔가 공부하러 중국에 간 거 알았어?

A: I heard you don't like watching basketball. 농구경기 보는거 싫어한다며.
B: Right. I prefer to watch baseball games. 맞아. 야구경기보는 걸 더 좋아해.

006 never hear …을 전혀 듣지 못하다

뭔가 듣지 못했을 때는 I didn't hear~ 혹은 I have never heard~라고 하면 된다. 「…을 못 들었다」, 「…을 들어본 적이 없다」라는 의미.

POINT
I didn't hear~ ~을 못 들었다 **I have never heard~** …을 들어본 적이 없다

□ I **didn't hear** you come in. 네가 들어오는 소리 못 들었어.
□ I **didn't hear** you leave the hotel room. 네가 호텔 나갔다는 얘기 못 들었어.
□ You'**ve never heard** that before? 그거 전에 못 들어봤어?
□ I'**ve never heard** her talk like that. 걔가 저렇게 얘기하는 것을 들어본 적이 없어.

A: Shawn is going to move to Hawaii. 션이 하와이로 이사할 거래.
B: I never heard that. Are you sure it's true? 처음 듣는데. 정말 확실한거야?

007 hear sb out …의 말을 끝까지 듣다

sb가 말하는 것을 중간에 끊지 않고 끝까지 열심히 듣는 것을 말한다. 주로 말하는 사람이 상대방에게 경청해달라는 의미로 Please hear me out의 형태로 많이 쓰인다.

POINT

hear sb out …의 말을 끝까지 듣다

- □ Please, **hear me out.** This is important. 좀 잘 들어봐. 중요하다고.
- □ Listen, just **hear me out** for a second. 저기, 잠시만 내 말 좀 들어봐.
- □ I've been at this for hours. Just **hear me out.**
  몇 시간 동안 이거 했는데 내 말 좀 들어봐.
- □ Did she **hear you out?** 걔가 네 말 다 들어줬어?

A: Your idea will never work. 네 아이디어는 절대로 안 통할거야.
B: Hear me out. It's a good idea. 끝까지 들어봐. 이건 좋은 아이디어야.

008 hear about …에 관해 듣다

글자 그대로 「…에 관한 이야기를 통해 들어서 알고 있다」는 말. hear about 다음에 들은 이야기를 명사로 써도 되지만 hear about sb ~ing의 형태로 「…가 …한다는 이야기를 듣다」라고 써도 된다.

POINT

I heard about it 그 얘기는 들었어
I never heard about any of this 이 얘기는 전혀 들어본 적이 없어
I heard about it second hand 전해 들었어
I've heard all about it 그 일이라면 이미 알고 있어

- □ How did they **hear about** my divorce? 걔들이 내가 이혼한 걸 어떻게 알았대?
- □ **Have** you **heard about** her secret boyfriend? 걔의 숨겨 놓은 남친얘기 들어봤어?
- □ **I heard about** your engagement the other night. Congratulations.
  지난 밤 네 약혼얘기 들었어. 축하해.
- □ **I heard about** you getting married next month.
  네가 다음 달에 결혼한다는 이야기 들었어.

A: I've heard about the Great Wall of China. 중국 만리장성에 대해 들어봤어.
B: Would you like to go and visit it? 한번 가보고 싶지 않니?

009 hear of …의 소식을 듣다

「…의 소식을 듣다」라는 말로 hear of 다음에 사람이 오거나 사물이 올 수 있다. 생략하여 Never heard of this, Never heard of her 등으로 쓰이기도 한다.

POINT
Never heard of this 들어본 적 없어　　**Never heard of her** 걔 소식 못들었어

- ☐ **I never heard of** such a thing. 그런 얘기 들어본 적 없어.
- ☐ **I've never heard of** you until this morning. 오늘 아침까지 네 소식 들은 게 없었어.
- ☐ **I've never heard of** that until you told me about it.
  내가 얘기해주기까지는 그 얘기를 들어보지 못했어.
- ☐ I'm not kidding. **I've never heard of** this before.
  농담아냐. 전에 이런거 들어보지 못했어.
- ☐ **Have you heard of** the date rape? 데이트 성폭행에 대해 들어봤어?
- ☐ What is a baby shower? **Have you heard of** that?
  베이비샤워가 뭐야? 들어본 적 있어?
- ☐ She never **heard of** me. This is not a good sign.
  걘 내가 금시초문이래. 좋은 신호는 아니야.
- ☐ How come you never **heard of** this? 어떻게 이 얘기를 들어본 적이 없어?

A: Did you ever hear of a ghost living here? 이곳에 살고 있다는 유령 이야기 들어본 적이 있니?
B: No. Who told you there was a ghost here? 아니. 이곳에 유령이 있다고 누가 그래?

010 hear from …로부터 듣다

from 다음에 사람이 와서 hear from하게 되면 「…로부터 소식을 듣다」, 「…을 통해서 이야기를 듣다」라는 의미로 주로 제 3자로부터 소식을 들었을 경우에 사용한다.

POINT
I haven't[never] heard from sb …로부터 소식없어
(Have) You heard from sb? …로부터 소식있어?

- ☐ I **haven't heard from** him since the divorce. 이혼 이후에 걔 소식 몰라.
- ☐ Unfortunately, I never **heard from** him. 안됐지만 걔한테서 들은 소식 없어.
- ☐ You **heard from** the car sales dealer? 자동차 딜러에게서 연락 왔어?
- ☐ **Have you heard from** Will? 윌로부터 소식 있어?
- ☐ She'd really like to **hear from** you. 걘 너한테서 직접 듣고 싶어해.

A: It's good to hear from you again! 네 목소리를 다시 듣게 되다니!
B: I'm glad to be back on the job. 다시 일할 수 있게 돼서 나도 기뻐.

011 listen (carefully) 주의깊게 듣다, 경청하다

hear와 달리 주의를 기울여 듣는다는 의미가 깔린 동사. 목적어없이 be listening의 형태로 「말을 듣다」라는 뜻으로 사용된다. 상대방 주의를 환기시킬 때는 Listen carefully 혹은 가볍게 Listen, 하고 자기가 할 말을 하면 된다.

POINT
Listen carefully 잘 들어봐 **Listen** 이봐

- □ **I'm listening.** 듣고 있어. 어서 말해.
- □ **You're just not listening.** 내 말 안 듣고 뭐하냐.
- □ **Listen carefully. This is very important.** 잘 들어. 이거 중요한 거야.
- □ **Listen, I'm broke, okay?** 이봐, 나 빈털터리야, 알았어?

A: Look, don't get so upset at me. 이봐, 나한테 너무 화내지마.
B: I'm angry because you're just not listening. 네가 내 말을 듣지 않으니까 화난거지.

012 listen to~ …의 말을 듣다

listen to 다음에 사람이나 음악(music) 등의 소리를 낼 수 있는 것들이 와서 주어가 「…의 소리를 경청하다」, 「귀를 기울여 잘 듣다」라는 뜻이 된다.

POINT
listen for 귀를 기울여 듣다 **listen up** 잘 듣다, 귀 기울여 듣다

- □ **Are you listening to me?** 내 말 듣고 있어?
- □ **He listens to me.** 걔는 내 말 잘들어.
- □ **They listened for a response and heard nothing.**
  걔네들은 답신을 귀 기울였지만 아무 소식도 듣지 못했어.
- □ **All right, everybody, listen up.** 좋아, 다들 잘 들어.

A: What radio station do you listen to? 어느 라디오 방송국을 듣고 있니?
B: I listen to 88.1(eighty-eight point one) FM radio. FM 88.1을 들어.

More Expressions

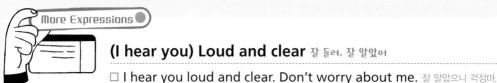

(I hear you) Loud and clear 잘 들려, 잘 알았어

□ I hear you loud and clear. Don't worry about me. 잘 알았으니 걱정마.

From what I hear(d) 내가 듣기로

□ From what I hear, that's going to take a while.
내가 듣기로는 시간이 좀 걸릴거야.

So I hear 그렇게 들었어, So I've heard 그렇다고 들었어

□ You're not a doctor. So I've heard. 당신 의사 아니라며. 그렇다고 들었어.

hear it through the grapevine 소문으로 듣다

□ I heard it through the grapevine the other day.
요전날 소문으로 들었어.

won't[wouldn't] hear of~ …을 들으려 하지 않다

□ My mother wouldn't hear of it. 엄마는 그 얘기를 들으려 하지 않았어.

hear the last of sb …의 불평이 아직 끝이 아니야

□ I don't think we've heard the last of her.
걔 불평이 아직 끝나지 않은 것 같아.

never hear the end of it 계속 …얘기를 할 것이다

□ You will never hear the end of it. 넌 그 얘기를 계속 들을거야.

□ **I'm sorry, I'm hard of hearing.** 귀가 좀 안 좋아서요.

□ **Now I've heard[seen] everything.** 살다 보니 별 말(걸)을 다 듣(보)겠네.

□ **So I've been told/So I hear.** 그렇다고 들었어.

□ **You'll never guess what I heard.**
내가 무슨 얘기를 들었는지 넌 짐작도 못 할 걸.

□ **I hear what you're saying.** 무슨 말인지 알겠지만.(I hear what you say)

□ **I could hear a pin drop.** 정말 조용했어.

20 원하는 걸 하고 싶을 땐

Want

want는 필요한 것을 갖고 싶거나(want something) 어떤 것을 하고 싶다(want to~)는 의미로 앞서 언급한 I'd like와 의미가 비슷하지만 보다 친숙한 사이에서 쓰는 직설적인 표현이다. 특히 상대방이 뭔가 하기를 원한다고 할 때는 want sb to~라 하면 된다. 살다보면 원할 때도 있고 원치 않을 때도 많은 법. 자주 쓰이는 구문을 달달 외워두고 필요할 때 활용해본다.

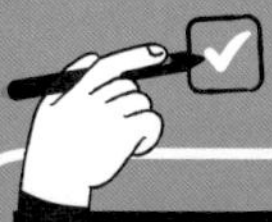

Want 기본개념

01. 원하다, …이 필요하다(want something)

Do you want a refund? 환불해드려요?

Do you want some? 좀 먹을래?

02. …하고 싶다(want to do)

I want to ask you something. 뭐 좀 물어볼게.

I don't want to lose you. 너를 잃고 싶지 않아.

Who do you want to speak to? 누구랑 통화하시겠습니까?

03. …가 …해주[이]기를 원하다(want ~ to do[형용사/pp])

I want you to meet my friend. This is Julie. 인사해, 내 친구 줄리야.

I want you to be happy. 네가 행복했으면 해.

I want it fixed. 난 그거 수리를 원해.

001 want sb[sth] …을 원하다

지금 내가 원하는 걸 말할 때 쓰는 I'd like+명사와 같은 표현이지만 좀 더 친근한 사이에 사용된다. I want+명사하면 「…가 필요하다」, 「원하다」라는 의미. want 다음에는 구체명사뿐만 아니라 advice, privacy 등과 같은 추상명사가 올 수도 있다.

POINT

I want+명사 …을 원하다, 필요로 하다 **(Do you) Want+명사~?** …가 필요해?

- □ The boss **wants you** in his office now. 사장님이 사무실로 지금 오래.
- □ Do you **want some more?** 더 들래?
- □ Do you **want some help** with that? 그거 좀 도와줄까?
- □ Do you **want a mirror?** 거울줄까?
- □ Do you **want some advice?** 조언을 좀 해줄까?

A: I want something to drink right now. 지금 뭔가 마실 것을 원해.
B: Let's go to the bar down the street. 길 아래에 있는 바에 가자.

002 want to~ …을 하고 싶어

마찬가지로 지금 「…을 하고 싶다」는 표현인 I'd like to+동사보다 좀 더 친근한 사이에 사용되는 표현으로 반대로 원치 않을 때는 I don't want to~, 상대방에게 원하는지 물어볼 때는 Do you want to+동사?라 한다.

POINT

I want to + 동사 …하고 싶어 **I don't want to+동사** …하고 싶지 않아
Do you want to+동사? …하고 싶어? …할래?

- □ **I want to** go to a movie tonight. 오늘 밤에 영화를 보러 가고 싶어.
- □ **I want to** talk to you about that right now. 지금 그 얘기 좀 하자고.
- □ **I don't want to** start trouble. 말썽 일으키긴 싫어.
- □ **Do you want to** get some air? 바람 좀 쐴래?
- □ **She wants to** start a family, but I'm not ready yet.
  걘 가정을 꾸리고 싶어하지만 난 아직 준비가 되지 않았어.
- □ I don't know why, but **he wants to** take it slow.
  이유는 모르겠지만 그는 천천히 하기를 바래.

A: I am not sure if I want to buy this. 내가 이걸 사야 할 지 모르겠어요.
B: Don't worry. I won't cheat you. 걱정 마세요. 손님한테 사기 안쳐요.

003 want sb to~ …가 …하기를 바래

앞서 배운 I'd like sb to~와 같은 의미로 내가 뭘 하고 싶다는 뜻이 아니라 sb가 「…하기를 바란다」는 부탁과 요청의 문장이 된다.

POINT

I want you to+동사 네가 …해줬으면 해 **Do you want me to+동사?** 내가 …할까?
want sb ~ing …가 …하기를 바라다

- □ Don't lie to me. **I want you to** tell me the truth.
  거짓말하지마. 난 네가 내게 진실을 말해주기 원해.
- □ **I want you to** take a chance and trust me. 운에 맡기고 날 믿었으면 해.
- □ **He really wants you to** be here. I guess he's serious.
  걘 정말 네가 여기 있길 바래. 진심인 것 같아.
- □ **Do you want him to** call you back? 걔보고 전화하라고 할까?
- □ **Do you want me to** stay with you? Until when? 내가 함께 있을까? 언제까지?
- □ **I just want you to** be happy. I mean it. 난 네가 행복하길 바래. 진심이야.
- □ There are some people **I want you to meet.** 네가 만났으면 하는 사람들이 있어.

A: Julie, I want you to meet my friend. This is Peter. 줄리야, 인사해, 내 친구 피터야.
B: Hi! Nice to meet you. 안녕! 반가워.

004 make sb want to~ …가 …하고 싶어지게 만들다

조금 어렵지만 사역동사 make와 want to~가 결합된 표현. 「…을 …하고 싶어지게 만들다」라는 것으로 make you want to~ 혹은 make me want to~로 사용된다.

POINT

make me want to+동사 내가 …하고 싶어지게 만들다
make you want to+동사 네가 …하고 싶어지게 만들다

- □ He **makes me want to** be a better man. 걘 내가 더 좋은 사람이 되고 싶게 만들어.
- □ Just watching you **makes me want to** have sex with you.
  널 바라만 봐도 너랑 섹스하고 싶어져.
- □ Thinking of you **makes me want to** puke. 널 생각만 해도 토하고 싶어.
- □ Christmas **makes you want to** be with people you love.
  크리스마스는 사랑하는 사람들과 함께 보내고 싶게 만들어.

A: Wow, that food smells delicious. 와, 그 음식 맛있는 냄새가 나네.
B: It makes me want to eat it all. 몽땅 먹어버리고 싶게 만드네.

005 I want you to know (that)~

…하니 그리 알아, 알아주길 바래

앞의 I want you to+동사의 한 유형인 I want you to know that 주어+동사는 상대방에게 어떤 중요한 사실을 당부할 때나 진심을 전달할 때 사용한다.

POINT
I want you to know (that) 주어+동사 …을 알아주길 바래
I want you to know what[how]~ …을 알아주길 바래

- □ **I just want you to know** I love you. 내가 널 사랑한다는 걸 알아주길 바래.
- □ **I want you to know that** I'm going to be there. 내가 거기 갈거니까 그리 알아.
- □ **I want you to know** I didn't use to be like this. 난 예전에 지금과 같지 않았다는 걸 알아줘.
- □ **I want you to know that** I have never done anything like this before. 예전에 이런 짓 안해봤다는 걸 알아주길 바래.
- □ **I want you to know that** you and I are not all that different. 너와 난 전혀 다르지 않다는 걸 알아줘.
- □ **I want you to know that** I want you to attend our wedding as my guest. 네가 결혼식 하객으로 참석하길 바란다는 걸 알아주길 바래.
- □ **I want you to know that** nobody thinks you're stupid. 아무도 네가 어리석다고 생각하지 않는다는 걸 알았으면 해.
- □ **I want you to know** how sorry I am. 내가 얼마나 미안한지 알아줬으면 해.
- □ **I just want you to know what** a wonderful person your son is. 난 단지 네 아들이 얼마나 멋진 가를 알아주길 바래.
- □ **We just want you to know how** much we care. 우리가 얼마나 신경쓰는지 네가 알아주길 바래.
- □ **I want you to know how** much I appreciate your patience. 내가 너의 인내심에 얼마나 감사하는지 알아줬으면 해.

A: So, you talked to my boyfriend? 그래. 내 남친과 이야기했지?
B: I want you to know he still loves you. 걔가 너를 여전히 사랑하고 있다는 것을 알아주길 바래.

006 may want to~ …하는 게 좋을거야

좀 난이도가 있지만 많이 쓰이는 표현. may[might] want to~는 …을 하고 싶어할지도 모른다라는 의미로 주로 충고나 조언을 할 때 쓰는 표현. Wouldn't want to~나 You don't want to~도 같은 맥락의 표현이다.

POINT

may[might] want to …하는게 좋을거야 **You don't want to~** …하지 않는게 나아
wouldn't want to …하는게 좋은 생각 같지 않아

□ Well, **you might want to** get used to it. 저기, 그거에 익숙하는게 좋을거야.

□ **I wouldn't want to** spend tonight with you.
너랑 저녁을 같이 보내는 건 좋은 생각같지 않아.

□ **You wouldn't want to** see me lose my job, would you?
내가 실직하는 걸 보고 싶지 않지, 그지?

□ **You don't want to** know. 모르는게 나아.

A: What did you think of the presentation? 그 발표회 어땠어?
B: You don't want to hear what I have to say about it. 그에 대해 내 할 말을 안듣는게 좋아.

007 want sb[sth] 형용사/pp/부사
…을 …한 상태로 되기를 원하다

want sb[sth] 다음에 I want you out(나가), I want you out of here(여기서 나가) 처럼 형용사, pp, 부사(구) 등이 와서 「…가 …한 상태로 되기를 바란다」는 뜻으로 쓰이는 경우이다.

POINT

want sb[sth]+형용사[pp] …가 …한 상태로 되길 바래
want sb[sth]+부사(구) …가 …하길 바래 **want ~ back** 돌려받기를 원하다

□ **I want you right here.** 당장 이리로 와.

□ **I want it on my desk** first thing in the morning.
내일 아침 일찍 그거 내 책상에 올려놔.

□ When I ask you to do something, **I want it done!**
내가 뭐를 하라고 했을 때는 다 마치라는 얘기야!

□ I miss my wife. **I want her back.** 아내가 그리워. 아내를 다시 원해.

A: She gave away all of her designer clothes. 걔는 자기의 디자이너 의상들을 몽땅 줘버렸어.
B: Yeah, but she wants them back now. 그래. 그런데 이제 다시 돌려받기를 원하고 있어.

008 don't want anything~ 전혀 …하고 싶지 않다

「아무것도 원하지 않는다」라는 의미로 anything 다음에 to+동사, ~ing, (that) 주어+동사 등이 와서 「…할 아무것도 원치 않는다」는 것으로 의역하면 「절대로 …하고 싶지 않다」라는 말이 되는 것이다.

POINT

don't want anything~ 전혀 …하고 싶지 않다

- □ **I don't want anything** from you. 너한테 바라는 게 아무것도 없어.
- □ Now **I don't want anything** going on while I'm gone.
  내가 없는 사이 아무것도 진행되게 하지마.
- □ **I don't want anything** to upset Betty tonight.
  오늘 밤 절대로 베티를 속상하게 하고 싶지 않아.
- □ **I don't want anything** to do with you!
  너랑은 절대로 아무 것도 하고 싶지 않아!

A: Can I get you some coffee or cake? 커피나 케익 좀 줄까?
B: Thanks, but I don't want anything. 고맙지만 어느 것도 원치 않아.

009 I just wanted to~ 단지 …을 하고 싶었을 뿐이야

자신의 행동과 말의 의도내지는 목적을 정리해주는 표현. 다른 이유나 목적이 있는 것이 아니라 「단지(just) …하고 싶었을 뿐이야」라고 자신의 진의를 전달한다. I just want to~는 「단지 …하고 싶을 뿐이야」라는 뜻.

POINT

I just wanted to say~ 단지 …라고 말하고 싶었을 뿐이야
I just wanted to make sure 주어+동사 단지 …을 확실히 하고 싶었을 뿐이야
I just wanted to ask you if 주어+동사 단지 …인지 물어보고 싶었을 뿐이야

- □ **I just wanted to** say thank you. 단지 네게 고맙다고 하고 싶었을 뿐이야.
- □ Well **I just wanted to say** I'm sorry. 미안하단 말하고 싶었어.
- □ **I just wanted to** make sure that you were doing OK.
  단지 네가 괜찮은지 확인하고 싶을 뿐이었어.
- □ **I just wanted to** make sure everybody was doing OK.
  다들 잘하고 있는지 확인하고 싶었어.
- □ **I just want to** tell you that Mr. Brown is fine.
  브라운 씨가 괜찮다는 걸 말하고 싶을 뿐이야.

A: Where were you this afternoon? 오늘 오후 어디 있었니?
B: I just wanted to go outside for a while. 단지 잠깐 밖에 나가고 싶었어.

010 All I want is~ 내가 바라는 것은 …가 다야

자신이 바라는 것을 요약정리해주는 표현방식. 「내가 바라는 것은 …가 전부다」라는 뜻으로 자신의 바람을 강조하고 있다. 바라는 것이 행동일 때는 All I want to+동사+is~라고 해도 된다.

POINT

All I want is+명사 내가 바라는 것은 …가 다야
All I wanted was (for sb) to+동사 내가 원했던 건 (…가) …하는 것이었어
All I want to know is what[when~] 주어+동사 내가 꼭 알고 싶은 건 …야
The last thing I want to do is+동사 내가 가장 하기 싫은 일은 …이다

- □ **All I want is** my freedom. 내가 바라는 건 내 자유뿐이야.
- □ **All I wanted was** to meet a nice girl. 내가 바랬던 건 멋진 여자를 만나는거였어.
- □ **All I wanted was** for you to like me. 내가 바랬던 건 네가 날 좋아하는거였어.
- □ **All I want to do** is help her. 내가 하고 싶은 건 걜 도와주는거야.
- □ **All I want to know** is how fast you run.
  내가 알고 싶은 건 네가 얼마나 빨리 달리냐는거야.
- □ **What I want to know is** did you play computer games?
  내가 알고 싶은 건 네가 컴퓨터 게임을 했냐는거야?
- □ **The last thing I want to do is** to make you feel uncomfortable.
  내가 가장 하기 싫은 건 널 불편하게 만드는거야.

A: I'll give you whatever you would like. 네가 원하면 뭐든지 줄게.
B: All I want is to be loved by you. 내가 원하는 것은 너의 사랑을 받는게 전부야.

011 be what I wanted~ …는 내가 바라던 것이다

what I want는 「내가 원하는 것」, what I wanted는 「내가 원했던 것」. 주로 be what I want(ed) (to~)의 형태로 「내가 바라는(바랐던) 것은 …이다」라는 의미로 쓰인다. know what I wanted는 「내가 바랬던 것을 알다」.

POINT

This[That] is what I want(ed) 내가 원하는[던] 거야
This[That] is not what I want(ed) 내가 원하는[던] 게 아냐
I'll tell you what I want 내가 원하는 걸 말해줄게
Here's what I want you to do 네가 했으면 바라는 건 이거야

- ☐ **That's what I wanted** to hear! 그게 바로 내가 듣고 싶었던거야!
- ☐ **That's actually what I wanted** to talk to you about. 그게 바로 네게 얘기하고 싶었던거야.
- ☐ **Here's what I want** to ask you. 이게 바로 네게 물어보고 싶은거야.
- ☐ I didn't know **what I wanted** to say to him. 걔한데 뭘 말하고 싶었는지 몰랐어.
- ☐ Do you know **what I wanted** to do? 내가 뭘 하고 싶었는지 알아?
- ☐ You know **what I wanted** to be when I was that age? 내가 그 나이 때 뭐가 되고 싶었는지 알아?

A: I'm glad we're going to Hawaii. 하와이로 가게 되다니 기뻐.
B: Me too. This is what I wanted to do. 나도 그래. 내가 바라던 것이거든.

012 If you want to~ …을 원하다면

If you want (to)~로 조건의 문장을 만들고 다음 명령문이나 「…해야 한다」, 「난 …할 거야」 등의 문장을 넣으면 된다. 또한 단독으로 쓰이는 if you want (to)나 if you want me to 등도 알아둔다.

POINT

If you want to~, do~ …을 원하면 …해라 **If you want to~ I will~** …을 원하면 내가 …할게
If you want to~ you've got to[you have to]~ …을 원한다면 …해야 한다
If you want me to do 내가 그러길 바란다면 **If you want (to)** 원한다면

- ☐ **If you want to** stay, I'm not going to stop you. 더 있겠다면 막지 않을게.
- ☐ **If you want to** know about girl stuff, ask Allan. 여자 얘기라면 앨런에게 물어봐.
- ☐ You can come with us, **if you want to.** 원한다면 우리랑 같이 가.
- ☐ **If you want to** date Cindy, you're going to have to ask her out. 신디와 데이트하고 싶으면 걔에게 데이트신청을 해야 될거야.

A: I can meet you there if you want. 좋으시다면 제가 거기로 가서 뵐 수 있어요.
B: That would be more convenient for me. 저한테는 그게 더 편할 것 같네요.

013 Why do you want (me) to~?

왜 …하고 싶어?, 왜 내가 …하길 바래?

이번에는 why, how, who와 do you want to와의 결합. 특히 who는 주어로 쓰여 Who wants to+동사?로 쓰인다는 것을 기억해둔다.

POINT

Why do you want (me) to+동사? 왜 …하고 싶어?, 왜 내가 …하길 바래?
How do you want (me) to+동사? 어떻게 …하길 바래?, 내가 어떻게 …하길 바래?
Who do you want (me) to+동사? 누구를 …하고 싶어?, 내가 누구를 …하길 바래?
Who wants to+동사? 누가 …하고 싶어?

- □ **Why do you want to** work for me? 왜 내 밑에서 일하려고 해?
- □ **Why do you want me to** date other men? 왜 내가 다른 남자들과 데이트하길 바래?
- □ **How do you want to** pay me? 어떻게 지불할거야?
- □ **Who do you want me to** follow? 내가 누굴 따라가라고?
- □ **Who wants to** go first? 누가 가장 먼저 가고 싶어?

A: Why do you want to break up with me? 왜 나랑 헤어지려는거야?
B: I'm feeling unhappy with you. 너랑 행복하지 못해.

014 What do you want (me) to~?

뭐하고 싶어?, 내가 뭘 하길 바래?

의문사 what과 do you want (me) to가 결합한 표현. (me)가 빠지면 상대방에게 뭘 원하는지 물어보는 것이고 me를 넣으면 내가 뭐하길 바라는지 물어보는 것이다. 물론 what 대신 where, when 등이 오기도 한다.

POINT

What do you want (me) to+동사? 뭐하고 싶어?, 내가 뭘 …했으면 좋겠니?
Where do you want (me) to+동사? 어디에서 …할래?, 어디에서 내가 …할까?
When do you want (me) to+동사? 언제 …할래?, 언제 내가 …할까?

- □ **What do you want to** eat for lunch today? 오늘 점심으로 뭘 먹고 싶어?
- □ **What do you want me to** say? You want me to say I'm a bitch.
  무슨 말을 하라는거야? 내가 나쁜 년이라고 말하라는거야?
- □ **What do you want** from me? You're too much. 나보고 어쩌라는거야? 너무해.
- □ **Where do you want to** go? Do you want to go home?
  어디에 갈건데? 집에 가고 싶어?

A: I'd like to propose a toast. 건배하자.
B: What do you want to drink to? 무엇을 위해서?

want in 들어가고 싶다, 가입하고 싶다

□ You want in? 들어올래?

want out 나가고 싶다, 빠지고 싶다

□ You want out? 나가고 싶어?
□ I just wanted out. 난 그냥 빠지고(끼고) 싶었어.

want sb[sth] back 되찾기를 바라다, 돌려받기를 원하다

□ I want this back. 이거 돌려줘.
□ I miss my wife. I want her back. 아내가 그리워. 돌아오길 바래.

be wanted on the phone …에게 전화가 오다

□ You are wanted on the telephone. 너한테 전화왔어.

21 말하고 싶은거 다 말해봐

Say

말하다라는 동사 4형제 say, tell, speak, talk 중에서 가장 포괄적이고 가장 일반적인 의미를 갖는 동사. 내가 한 말을 전달할 때(I said that~)나 상대방이 한 말을 다시 확인할 때(Are you saying that~?) 등에 쓰인다. 또한 시계나, 간판 등의 사물이 주어로 와서 「…라고 쓰여 있다」,「 …를 가리키고 있다」라는 의미를 갖기도 한다.

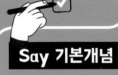

Say 기본개념

01. 말하다, 이야기하다

It's time to say good-bye. 이제 헤어질 시간야.

You don't have to say you're sorry. 미안하단 말은 할 필요 없어.

02. (책, 게시판 등) …라고 쓰여 있다

Her email says that she will not come over tonight.
걔 이메일에 걔가 오늘밤 오지 않을거라 되어 있어.

The clock says 3:15(three fifteen). 시계가 3시 15분을 가리키고 있어.

The label says to take one pill a day. 라벨에 하루에 한 알씩 먹으라고 되어 있어.

03. (삽입구) 이를 테면, 예를 들면

How about getting together next week, say, on Friday?
담주, 그러니까 금요일에 만나는 게 어때?

001 **say hi** (안녕하세요라고) 인사하다

hi는 만났을 때 '안녕'이라고 하는 말로 say hi하면 「안녕이라고 인사하다」 혹은 멀리 떨어진 사람에게는 「안부전하다」라는 뜻이 된다. say good bye하면 작별인사를, say good night하면 「잘 자라는 인사를 하다」가 된다.

POINT

say hi to …에게 안녕하세요라고 인사하다, …에게 안부전하다
say good-bye 안녕이라고 인사하다, …와 작별인사를 하다
say good night 잘자라고 인사하다

□ I have to go now. I'll have to **say good bye.** 이제 가야 돼. 작별 인사해야 돼.

□ We just wanted to stop by and **say good night.** 잘 자라고 말하려고 잠깐 들렸어.

□ **Say hi to** Tony for me. 토니에게 안부 전해 줘.

□ I'll have to **say goodbye to** my shoes. 신발에게 작별인사해야 돼.

A: I'm going to visit Steve and Heather. 스티브와 헤더를 방문하려고해.
B: How nice. Say hi to them for me. 멋지다. 내 안부 좀 전해줘.

002 **say no (to)** (…에게) 반대하다, 거절하다

「반대하다」,「 거절하다」라는 의미로 say no to sb(sth)이라고 하면 된다. 또한 say so는 「그렇게 말하다」, say more는 「더 말하다」라는 뜻.

POINT

say no (to) (…에게) 반대하다, 거절하다(↔ say yes)
Say no more 더 말 안해도 알아, 무슨 말인지 말 안 해도 알겠어
say so 그렇다고 말하다
say more 더 말하다

□ I'd have to **say no.** 안되겠는데.

□ I just can't **say no to** my mother. I'm not like you.
엄마한테는 반대못해. 난 너랑 달라.

□ Why did you **say yes?** Are you out of your mind?
왜 승낙한거야? 정신나갔어?

□ It seems weird to you, but everybody **says so.**
너에게 이상하게 보이겠지만, 다들 그렇게 얘기해.

□ Need I **say more?** 더 말해야 하나요?, 더 말하지 않아도 알겠죠?

□ **Say no more.** I know it's your birthday. 알겠어. 네 생일이지.

A: Robin, are you smoking again? 로빈, 너 또 담배 피니?
B: Yes, I can't say no to cigarettes. 예. 담배를 끊을 수가 없어요.

003 **say something to** …에게 뭔가를 말하다

say something하면 뭔가를 말하다라는 뜻으로 다음 to sb, about~ 등을 붙여 활용되며 something 대신 anything이나 nothing을 넣어서 활용해도 된다.

POINT

say something to sb …에게 뭔가를 말하다
say something+형용사 …한 말을 하다
say something about~ …대해 뭔가를 말하다
say something like that 그런 비슷한 말을 하다

- □ Can I just **say something to** you as a friend? 친구로서 네게 뭐 좀 얘기할까?
- □ She **said something to** make me think. 갠 내가 생각을 하게 하는 뭔가를 말했어.
- □ Wait a minute. I'd like to **say something about** Joe. 잠시만. 조에 대해 뭔가 얘기하고 싶어.
- □ Did he really **say nothing about** me? 걔 정말 나에 대해 아무 말도 안했어?
- □ I don't want you to **say anything like** that to her. 난 네가 걔한테 그런 말 안 했으면 하거든.
- □ Did I **say something** funny? 내 말이 웃겨?

A: Some of my students need to shower more often.
내 학생 몇 명은 좀 더 자주 샤워를 해야 돼.
B: I'll say something to them about it. 내가 걔들에게 그것에 대해 얘기 좀 할게.

004 **say a word** 말하다, 누설하다

Don't say a word로 잘 알려진 표현. 「한 마디도 하지 말라」는 뜻으로 주로 부정문인 Don't say a word, I won't say a word 형태로 쓰인다.

POINT

not say a word 입밖에 내지 않다, 한마디도 하지 않다
Just say the word 말만해 (내가 도와줄게)

- □ Here she comes. Don't **say a word,** okay? 재가 온다. 한마디도 하지마, 알았어?
- □ I promise I won't **say a word.** 한마디로 말하지 않을게.
- □ You can count on my help. Just **say the word.** 내 도움에 의지하라고. 말만해.
- □ I'm not going to **say a word** to anyone. 누구에게도 말하지 않을게요.

A: Did you plan a party for Randall? 랜달을 위해 파티를 계획했지?
B: It's a surprise. Don't say a word about it. 놀래주려고. 아무 말도 말아줘.

005 have something to say 할 말이 있다

「뭔가 할 말이 있다」라는 말로 have 대신 get을 써도 된다. 또한 「누구에게 할 말이 있다」는 have something to say to sb. 「…관해 할 말이 있다」고 하려면 have something to say about~ 이라고 한다.

POINT

have something to say to sb …에게 할 말이 있다
have something to say about sth …에 관해 할 말이 있다
have nothing to say to[about] …에게[관해] 할 말이 없다

- □ I **have something to say.** 할 말이 있어.
- □ I **have nothing to say** to you. 네가 아무 할 말이 없어.
- □ If you **have something to say** to me, just say it. 내게 할 말이 있으면 그냥 말해.
- □ You **have anything to say** about his daughter? 걔 딸에 대해 뭔가 할 말이 있어?

A: Before I go any further, Bill has something to say.
제가 더 얘기를 하기 전에 빌이 뭔가 할 말이 있답니다.

B: I handed in my resignation this morning. 저 아침에 사직서를 제출했어요.

006 say that~ …라고 말하다

say의 목적어가 주어+동사의 절이 되는 경우로 I said that~, You said that~, (S)He said that~ 등을 기본적으로 알아두어야 한다.

POINT

I said that S+V…라고 말했어
I said to sb that S+V …에게 …라고 말하다
You said (that) S+V …라고 했잖아
I'm sorry to say that S+V …라고 말하게 되어 미안해
I thought you said (that) S+V 네가 …라고 말한 줄 아는데

- □ **I said that** you had a nice place. 집이 멋있다고 했어.
- □ **She said** she's having a lot of fun with Andy. 걔는 앤디하고 재밌게 보냈다고 했어.
- □ **I thought you said** it was okay. 난 네가 괜찮다고 말한 줄 알았어.
- □ **I'm sorry to say** I'm getting used to it. 미안한 말이지만 난 이제 적응이 되고 있어.
- □ **You said** it was okay! Why did you change your mind?
괜찮다고 했잖아! 왜 맘을 바꾼거야?
- □ **You said** it was going to be fun! 재미있을거라고 했잖아!

A: Jim said that he'd pick up the tab. 짐이 자기가 계산하겠다고 했어.

B: In that case I'll have another drink. 그러면 한잔 더 해야지.

007 say much about …에게 관해 말을 많이 하다

말을 많이 하는 것은 say much 혹은 say a lot이라고 하면 된다. 「…에게 말을 많이 할」 때는 say much to~를, 「…관해 말을 많이 할 때」는 say much about~이라고 하면 된다.

POINT

say much to sb …에게 말을 많이 하다 **say much about~** …에 관해 말을 많이 하다

- ☐ He doesn't **say much about** it. 걘 그것에 대해 말을 많이 하지 않아.
- ☐ She didn't **say much to** me. 걘 내게 말을 많이 하지 않았어.
- ☐ We **said a lot of** things. 우린 많은 것들을 이야기했어.
- ☐ He doesn't **say much**. He keeps to himself. 걘 말을 별로 하지 않아. 말수가 적어.

A: How does your brother like his job? 네 동생이 자기 일에 대해 어떻게 생각하고 있니?
B: I don't know. He doesn't say much about it. 모르겠어. 일에 대해 별로 이야기 하지 않아.

Say

008 You said you wanted~ …을 원한다고 했잖아

You said you wanted~는 「네가 …를 원한다고 했잖아」라는 말로 상대에게 전에 한 말을 다시 한번 환기시켜주거나 확인하고자 할 때 사용하면 된다. 상황에 따라서 싸울 때 쓰기도 한다.

POINT

You said you wanted to+동사 …하고 싶다고 했지[했잖아]
You said you wanted sth …을 원한다고 했지[했잖아]

- ☐ **You said you wanted to** get involved. 너도 끼고 싶다고 했잖아.
- ☐ Come on Tammy! **You said you wanted to** talk about it.
  이봐 태미야! 그 얘기 하고 싶다고 했잖아.
- ☐ Remember when **you said you wanted to** be a model?
  네가 모델이 되고 싶다고 말한 때 기억나?
- ☐ **You said you wanted** new running shoes. 새 운동화 원한다고 했지.
- ☐ Jimmy, **you said you wanted to** help me, and I believed you.
  지미야, 너 날 도와준다고 했지. 난 널 믿었어.
- ☐ **You said you wanted to** be alone for your birthday.
  생일날 혼자 있고 싶다고 했지.
- ☐ **You said you wanted to** say something. 뭔가 얘기하고 싶다고 했지.

A: Why did you buy me tea at Starbucks? 왜 내게 스타벅스에서 차를 사주는거야?
B: You said you wanted something to drink. 네가 뭔가 마시는 것을 원한다고 했잖아.

009 I say (that)~ …하라고, 내 말은 …하라는거야

현재형 say를 써서 I say (that)~이라고 하면 「내 말은 …하라는 거야」라는 뜻으로 상대에게 자신의 의견을 동적으로 전달하는 표현. 반대로 You say (that)~는 「네 말은 …라는 거지」라는 말로 상대의 말을 확인하는 경우.

POINT

I say (that) 주어+동사 …하라고 **You say (that) 주어+동사** …라는거지

- □ **I say** you show Jill how much you love her. 질에게 네가 갤 얼마나 사랑하는지 보여주라고.
- □ You're a man. **I say** you just do it. 넌 남자야. 그냥 해보라고.
- □ **I say** you have to give your divorce another chance. 이혼 한번 더 생각해보라고.
- □ **I say** you leave Sally alone and go get Vicky. 샐리는 놔두고 비키를 잡으라고.
- □ **You say** you want to meet young girls. 젊은 여자를 만나고 싶다는거지.
- □ **You say** you love this girl. 네가 이 여자를 사랑한다고.
- □ **You say** you can, but you can't. 네가 할 수 있다고 말하지만 넌 못해.

A: Karen and Harry make such a cute couple. 카렌과 해리는 예쁜 커플이 될거야.
B: I say they will get married within a year. 내말은 걔들이 1년내 결혼할거라는거지.

010 I'd say ~ …인 것 같아

I'd say 주어+동사에서 I'd say는 I would[could] say~로 단정적으로 말하지 못하겠지만 …라고 말할 수도 있다라는 표현법으로 의역하면 …인 것 같아라는 말이다.

POINT

I'd say (that) 주어+동사 …인 것 같아 **I'd say so** 그런 것 같아

- □ **I would say that** you are around 30 years old. 넌 한 30살 쯤으로 보이는데.
- □ **I'd say** she died when she was about twenty. 걔가 20살쯤 죽은 것 같아.
- □ I guess you **could say** that. 그렇게 말할 수도 있을 걸.
- □ Six feet, **I'd say.** 6피트인 것 같아.

A: Did you hear if Michelle got the job? 미셸이 일자리 얻었는지 소식 들었어?
B: Judging by the look on her face, I'd say yes. 얼굴 표정으로 봐서 그런 것 같아.

011 Are you saying ~? …란 말야?

상대의 예상치 못한 말에 혹은 말도 안되는 말에 당황하여 확인해보는 표현. 문맥에 따라 놀람과 짜증을 나타낼 수도 있다. 굳어진 표현으로 What are you saying?하면 그게 무슨 말이야?라는 말.

POINT

All I'm saying is ~ 내가 말하려는 것은 …이다
What I'm trying to say is (that)~ 내가 말하려는 것은 …이다
I'm just saying (that)~ 내말은 단지 …라는 거야
You're just saying that to+동사 그냥 …라고 하는 말이지

- □ **Are you saying that** you're not going to hire me?
  저를 채용 안하겠다는 말씀이죠?
- □ This is ridiculous. **Are you saying** this is my fault?
  말도 안돼. 이게 내 잘못이라고 말하는거야?
- □ **Are you saying that** you didn't? 네가 안 그랬다고 하는거야?
- □ **What I'm trying to say is** that she's rich. 내가 하려는 말은 걔가 부자라는거야.
- □ **What I'm saying is** Allan likes you not me.
  내말은 앨런이 내가 아닌 널 좋아한다는거야.
- □ **I'm just saying** you never know what could happen.
  무슨 일이 일어날지 모른다는 말이야.
- □ **You're just saying that to** make me feel better.
  나 기분 좋아지라고 그냥 하는 말이지?
- □ **What are you saying?** Am I rude? 무슨 말이야? 내가 무례하다는거야?

A: You'll be sorry if you don't prepare for the test.
시험 준비를 하지 않으면 후회하게 될거야.
B: Are you saying that I should study? 내가 공부해야 된다고 말하는거야?

012 I have to say~ …라고 해야 되겠어

어쩔 수 없이 뭐라고 말을 해야 되는 상황에서 던지는 표현으로 「…라고 해야겠네」라는 의미. have to 대신에 must를 써도 된다. 또한 I want to say~는 「…라고 말하고 싶다」라는 뜻.

POINT

I have to[must] say+명사[(that) S+V] …라고 해야 되겠어
I have to[must] say 아마도
I want to say+명사[that, how S+V] …라고 말하고 싶어, …라고 해야겠어

- □ Sorry, **I have to say** goodbye. I'm with a friend. She's waiting for me. 미안, 작별인사 해야 돼. 친구하고 있는데 날 기다리고 있어.
- □ **I have to say** you are much smarter than me. 네가 나보다 훨씬 영리하다고 해야겠어.
- □ **I have to say** you really impressed me today. 오늘 너한테 정말 감동받았다고 말해야겠어.
- □ **I have to say,** I'm not surprised. 별로 놀라지 않았다고 말해야겠어.
- □ **I must say** I'm disappointed in you. 너한테 실망했어.
- □ **I want to say** thank you. 너한테 고맙다고 말하고 싶어.
- □ **I want to say** goodbye to my friends. 내 친구들에게 작별인사 하고 싶어.
- □ **I want to say** how sorry I am. 내가 얼마나 미안한지 말하고 싶어.

A: The economy will get better next year. 경제가 내년에는 호전될거야.
B: I have to say I don't believe you. 믿지 못하겠다고 말해야 되겠네.

013 I can't say ~ …는 아니지, …라곤 말 못하지

뭔가 확실히 알지 못할 때 쓰는 표현으로 I'm not sure~ 과 같은 의미. 단독으로 I can't say하면 잘 몰라라는 표현이 된다. 반대로 I can say S+V는 「…라고 말할 수 있다」라는 말로, 「…인 것 같아」라는 뜻이 된다.

POINT

I can't[couldn't] say 주어+동사 …는 아니지 **I can't say** 잘 몰라

- □ **I can't say that** I'm surprised. 놀란 것은 아니고.
- □ **I can't say who** did that. 누가 그랬는지 몰라.
- □ **I can't say** for certain she'll recover completely. 걔가 완전히 회복될거라고는 확실히 말 못해.

A: I can't say I've ever been to London. 내가 런던에 가 본 적은 없어.
B: Would you like to go there with me? 나랑 같이 가고 싶지 않니?

014 You're saying ~ …라는 거지, …라는 말이야?

진행형으로 You're saying~?하면 「너 지금 …라는 말이야?」라는 뜻. 상대방이 믿기지 않는 말이나 예상 밖의 말을 할 때 놀라면서 혹은 화나면서 하는 표현. 반대로 I'm saying~하면 자기 말을 정리, 강조할 때 하는 말.

POINT You're saying S+V …라는 거지, …라고 말하는거야? I'm saying S+V …라는 말이야

□ **You're saying** you're attracted to your teacher? 선생님한테 끌린다는 말이야?

□ **You're saying** it's not enough. 넌 충분하지 않다는거지.

□ **You're saying** Nick did this? 닉이 이걸 했다는 말이야?

□ **You're saying** I go out there by myself tonight?
오늘 밤 나 혼자 거기에 가라는 말이야?

□ **You're saying** you don't know anything about this?
넌 이거에 대해 아무것도 모른다는 말이야?

□ **I'm saying** your father was a good man. 네 아버지가 좋은 사람였다는 말이야.

□ **I'm saying that** truth is powerful. 진실은 강력하다는 말이야.

□ **I'm saying** this as a friend. Don't do this to me.
친구로서 이거 말하는데. 나한테 그러지마.

A: A storm is coming our way. 폭풍이 우리 쪽으로 오고 있어.
B: You're saying it will snow this afternoon? 오늘 오후 눈이 올거라는거야.

015 Let's say~ …라고 (가정)해보자, …할까

함께 말해보자는 건 같이 생각해보거나 가정해보자는 말. Let's say 주어+동사 혹은 Let's just say 주어+동사로 사용하면 된다.

POINT Let's say S+V …라고 가정해보자, …라고 할까

□ **Let's just say** he's a married man. 걔가 유부남라고 생각해보자.

□ **Let's say that** he is going to be there. 걔가 거기에 갈 거라고 하자.

□ **Let's say** we get out of here. I'll show you around.
자 여기서 나갈까. 내가 구경시켜줄게.

□ **Let's say** she came home first. 걔가 집에 제일 먼저 왔다고 하자.

A: Should we meet on Tuesday or Wednesday? 화요일 또는 수요일 우리 만날까?
B: Let's say Wednesday. It's better for me. 수요일로 할까. 내겐 수요일이 더 좋아.

016 What do you say (to)~ ? …하는게 어때?

상대방에게 뭔가 제안할 때 사용하는 것으로 What do you say~ 다음에 주어+동사 혹은 to+~ing[명사] 형태로 제안내용을 말하면 된다. 또한 What would you say~는 「…한다면 어떡겠어?」고 상대방 반응을 물어보는 문장.

POINT

What do you say? 어때? **What would you say if S+V** …한다면 어떨까?
What do you say to+명사/~ing/S+V? …하는게 어때?
What do you say if S+V? …하는 것에 대해 어떻게 생각해?
What would you say? 어떻게 할거야?, 넌 뭐라고 할래?
What would you say to+명사/~ing? …한다면 넌 뭐라고 할래?

□ **What do you say** I take you to dinner tonight? 오늘 밤 저녁먹으러 갈래?
□ **What do you say** we get together for a drink? 만나서 술 한잔 하면 어때?
□ **What do you say** we go take a walk? 가서 산책하면 어때?
□ Let's go to China in May. **What do you say?** 5월에 중국가자. 어때?
□ **What would you say if** she stayed with us all night? 걔가 우리랑 밤샌다면 어떨까?

A: What do you say to going for a drink tonight? 오늘밤 한잔하러 가는거 어때?
B: Sounds like a good idea! 그거 좋지!

017 How could you say~ ? 어떻게 …말을 할 수 있어?

상대방의 어처구니없는 말에 발끈하여 되던지는 말. How can(could) you say~ 다음에 명사가 오거나 주어+동사의 형태가 올 수 있다.

POINT

How could you say+명사? 어떻게 …을 말할 수 있어?
How could you say (that) S+V? 어떻게 …라고 말할 수 있어?

□ **How can[could] you say** that? 어떻게 그렇게 말할 수 있냐?
□ **How can you say that** it doesn't matter? 어떻게 그게 중요하지 않다는거야?
□ **How can you say** that to me? I'm your boss! 어떻게 그렇게 말하냐? 난 네 사장야!
□ **How can you say** something like that? I'm so hurt. 어떻게 그런 말을 해? 맘 아파.
□ **How could you say** such a thing? 네가 어떻게 그런 말을 할 수 있어?
□ **How could you say** yes to that? 어떻게 그걸 승낙할 수 있어?

A: I have to break up with you. 그만 헤어져야겠어.
B: How can you say that? 어떻게 그런 말을 할 수 있는거야?

018 Who says~? 누가 …라고 해?

상대방 말에 동의할 수 없을 때 Who says 주어+동사?라고 한다. 다만 Who can say 주어+동사?하면 「…을 누가 말할 수 있겠냐」, 즉 아무도 알 수 없는 노릇이라는 의미로 Who's to say 주어+동사?라고도 해도 된다.

POINT

Who says S+V? (반대의견) 누가 …라고 해?
Who's to say S+V? 누가 …라고 할 수 있겠어?(아무도 모른다)
Who can say~ ? 누가 …라고 할 수 있겠어?(아무도 모른다)

□ What? **Who says** that? 뭐라고? 누가 그래?

□ **Who says** I can't handle it? 내가 그걸 처리 못 한다고 누가 그래?

□ **Who says** I need someone to take care of me?
내가 날 돌볼 사람이 필요하다고 누가 그래?

□ **Who's to say** it wasn't you? 네가 아니라는 걸 누가 알 수 있겠어?

A: Who says you need surgery? 누가 네게 수술이 필요하다고 해?
B: My doctor told me it is necessary. 의사가 필요하다고 말했어.

019 Needless to say 말할 필요도 없지만

Needless to say는 「말할 필요도 없이」라는 뜻으로 to say nothing of와 같은 뜻이다. 또한 Whatever you say는 상대방이 시키는 대로 다 하겠다는 말로 Anything you say라고도 한다.

POINT

Needless[regardless] to say 말할 필요도 없이
to say nothing of …은 말할 것도 없고
Whatever you say 네 말대로 할게
to say the least 줄잡아 말해도
as you say 네 말대로, 네가 말한 것처럼
Anything you say 시키는 대로 하죠, 동감이야
that is to say 말하자면

□ **Needless to say,** everyone is shocked, including her.
말할 것도 없이 걜 포함해 모두 충격을 받았어.

□ **Whatever you say,** boss. 뭐든지 말씀만 하세요, 사장님.

□ **As you say,** Mr. Smith, this is not a place where you belong.
스미스 씨, 말씀하신 것처럼 이곳은 당신이 있을 곳이 아니에요.

□ **Anything you say,** honey. What do I have to do now?
뭐든 네 말대로 할게. 이제 뭐 해야 해?

A: There are a lot of dirty dishes in the sink. 싱크대에 더러운 접시가 많아.
B: Needless to say, you'll have to wash them. 말할 필요는 없지만 네가 설거지해야 돼.

020 It says here~ …라고 되어[쓰여] 있다

어떤 서류나 게시판 등을 보며 「…라고 쓰여 있다」라고 말하는 표현. It을 생략하고 그냥 Says here (that) 주어+동사라고 해도 된다.

POINT

It says here S+V …라고 쓰여 있다

- □ **It says here** you're fine. 네가 괜찮다고 되어 있네.
- □ **It says here that** you lied about your sexual preference before marriage. 당신이 결혼전 성적취향에 대해 거짓말했다고 되어 있네요.
- □ **It says here** your husband died. 당신 남편이 죽었다고 되어 있네요.
- □ **Says here** Dr. Smith examined her last week, and everything was fine. 지난주에 스미스 선생님이 걜 검사했는데 다 괜찮다고 적혀 있어.

A: Look at that big old house. 저 크고 낡은 집을 봐라.
B: It says here a president lived in it. 한 대통령이 그 집에서 살았다고 되어 있네.

More Expressions

no matter what I say 내가 뭐라든

□ No matter what I say, don't let me do that again.
내가 뭐라든, 내가 그걸 다시 못하게 해.

say to oneself 스스로에게 말하다

□ Before I get up , I say to myself "I'm not a loser."
일어나기 전에 난 스스로에게 말해, 난 실패하지 않았다고.

They say that ~ …라고들 한다(It is said that~)

□ They say time flies. 세월이 유수같다고들 하지.

say ~ in English …을 영어로 말하다

□ I don't know how to say it in English. 그걸 영어로 어떻게 하는지 모르겠어.

have something to say about …에 대해 할 말이 있다

□ They probably have something to say about us eating dogs.
우리가 개 먹는 거에 화나 있을거야.

like I was saying 내가 말했듯이

□ Like I was saying, I'm so sorry. 말했듯이 정말 미안해.

say something to one's face 대놓고 뭐라하다, 비난하다

□ If you want to say something about me, say it to my face!
나한테 할 말 있으면 대놓고 해!

~ wouldn't you say? 그렇지 않아? 안 그래?

□ We'd better get started. Wouldn't you say?
시작하는 게 나을 것 같아. 안 그래?

□ **Say when.** (술 등을 따르면서) 됐으면 말해.

□ **Say cheese.** (사진 찍을 때) 치즈라고 해.

□ **I'll say.** 정말이야.

□ **You can say that again.** 누가 아니래.

□ **You said it.** 네 말이 맞아, 정말 그래.

□ **You said that.** 네가 그랬잖아.

□ **What she says goes.** 걔말에 따라야 돼.

□ **What can I say?** 1. 난 할 말이 없네 2. 나더러 어쩌라고?

□ **You don't say** 1. 설마!, 아무려면!, 정말? 2. 뻔한거 아냐?

More Expressions

- ☐ **Never say die!** 기운 내!, 약한 소리하지마!
- ☐ **I know what I'm saying.** 나도 알고 하는 말이야.
- ☐ **I know what you're saying.** 무슨 말인지 알아.
- ☐ **I don't know what to say.** 뭐라고 말해야 할지.
- ☐ **What do you want me to say?** 무슨 말을 하라는거야?
- ☐ **Is that what you're saying?** 이게 당신이 의미하는거야?
- ☐ **What did you say?** 뭐라고 했는데?, 뭐라고?
- ☐ **Stop saying that!** 닥치라고!, 그만좀 얘기해!
- ☐ **What say?/Say what?** 뭐라고?, 다시 말해줄래?
- ☐ **See what I'm saying?** 무슨 말인지 알지?
- ☐ **Why do you say that?** 왜 그런 말을 하는거야?
- ☐ **Well said.** 맞아, 바로 그거야, 말 한번 잘했다, 나도 동감이야.
- ☐ **When all is said and done.** 모든 일이 끝나면, 모든 것을 고려해볼 때.
- ☐ **I wouldn't say that.** 그렇지도 않던데.
- ☐ **Don't say it!** 듣고 싶지 않아! 나도 알고 있으니까 말 안해도 돼!
- ☐ **You (really) said a mouthful!**
  의미심장한 말이었어!, 아주 적절한 말이었어!
- ☐ **Easier said than done.** 말이야 쉽지.
- ☐ **Don't make me say it[tell you] again!** 두 번 말하게 하지마!
- ☐ **I didn’t say that.** 그렇게 말 안했어.

22 네게 말하고 싶어

Tell

say보다는 강한 의미로 say와 달리 말을 듣는 사람이 목적어(tell me, tell you 등)로 와야 한다. 특히 상대방에게 좀 힘(?)을 주어 말하는 뉘앙스가 풍겨 tell sb to~하게 되면 「…에게 …하라고 (지시)하다」라는 뜻이 된다. 위 사람에게 사용하려면 ask sb to~하면 된다. 그래서 상대방에게 뭔가 내게 알려달라고 부탁할 때 Could you tell me what[when, where, how~]~? 형태가 애용된다.

Tell 기본개념

01. 이야기하다, 말하다, 알려주다

I'm here to tell you. 너한테 얘기하러 온 거야.

Please tell me what happened. 무슨 일인지 말해봐.

02. 충고[경고]하다(tell A to do)

She told me to save my money. 걔는 나보고 돈을 절약하라고 했어.

I told you to get out of here. 나가라고 했잖아.

03. 구분하다(tell A from B)

No one is going to be able to tell. 모두들 모를거야.

001 tell sb sth …에게 …를 말하다

tell이 tell A B의 형태로 쓰인 경우로 tell me sth 혹은 tell you sth 그리고 tell him(her) sth의 형태로 쓰인다.

POINT tell sb the way to …로 가는 길을 말해주다 tell sb this[that] …에게 이걸[그걸] 말하다

- □ Can you **tell me the way to** the station? 역으로 가는 길 좀 알려주세요?
- □ I'm sorry I didn't **tell you this** before[sooner]. 이걸 미리[더 빨리] 말해주지 못해 미안.
- □ She didn't **tell you that.** 걔는 너한테 그걸 말하지 않았어.
- □ Because I am your best friend I can **tell you this.** 너의 가장 친한 친구니까 이걸 말해줄게.

A: Tell Sharon that I want to see her. 샤론에게 내가 만나고 싶다고 말해줘.
B: Sharon won't be here until this afternoon. 샤론은 오늘 오후까지 여기 오지 않을거야.

002 tell sb about …에게 …대해 이야기하다

이번에는 말하는 내용이 확정된 것이 아니라 무엇에 관한 이런저런 정보를 이야기한다고 할 때는 tell sb about~이라고 한다.

POINT Tell me about sth …에 대해 말해봐
I didn't tell sb about~ …에게 …에 대해 말하지 않았어

- □ **Tell me about** your new girlfriend. 새로 사귄 여친에 대해 얘기해봐.
- □ I didn't **tell him about** you. 걔에게 너에 대해서 이야기 안했어.
- □ What did Mike **tell you about** her? 마이크가 걔에 대해 뭐라고 했어?
- □ Let me **tell you about** my fourth wife. 내 4번째 아내에 대해 말해줄게.

A: Tell me about you and Jake. 너하고 제이크하고 어떤 사이야?
B: It's a long story. 말하자면 길어.

003 tell a lie 거짓말하다

tell이 목적어로 이야기 관련 명사를 받아 다양한 숙어를 만들어낸다. 대표적으로 tell the truth하면 「사실을 말하다」라는 뜻으로 tell me straight라고도 한다. 반대는 tell a lie.

POINT

tell the truth 진실[사실]을 말하다 **tell a lie** 거짓말하다
tell a story 이야기하다 **tell a joke** 농담하다

- □ You better **tell him the truth.** 걔한테 사실대로 말하는게 좋을거야.
- □ He was trying to **tell us a joke,** but we didn't get it.
  걘 농담을 하려고 했는데 우리는 이해를 못했어.
- □ He's not good at **telling lies.** 걔는 거짓말하는데 서툴러.
- □ He **told me a white lie.** 그 사람이 나에게 선의의 거짓말을 했어.
- □ You always laugh like that when you'**re telling a lie.**
  넌 거짓말을 할 때마다 항상 그렇게 웃더라.

A: My son said he was getting an A in this class.
내 아들이 이 수업에서 A 학점을 받을거라고 말했어.
B: He told a lie. He is doing very poorly. 거짓말이야. 아주 못하고 있거든.

004 tell sb to~ …에게 …을 시키다

「…에게 …하라고 말하다」라는 뜻으로 ask sb to~와는 달리 격의없는 사이에 쓰거나 혹은 지시적인 성격이 강한 표현이다. 윗사람에게 사용하는 것은 자제해야 한다.

POINT

Don't tell me to+동사 …하라고 하지마 **I told sb to+동사** …에게 …하라고 했어

- □ Don't **tell me to** calm down! 나보고 조용히 하라고 하지마!
- □ **I told you to** prevent this from happening. 이런 일 일어나지 않도록 하라고 했잖아.
- □ **I told him to** drop by for a drink. 난 걔보고 잠깐 들러 술 한잔 하자고 했어.
- □ **He told me to** save my money for our honeymoon.
  걘 나보고 신혼여행 대비해 돈을 저축하라고 했어.

A: I need help moving to another apartment. 새 아파트로 이사가는데 도움이 필요해.
B: Tell everyone to come and help you. 모두에게 와서 도우라고 말해봐.

005 tell sb that ~ …에게 …을 말하다

어떤 사실이나 정보를 상대방에게 전달할 때 사용하는 표현으로 tell me[you] 다음 「that 주어+동사」를 붙여서 전달하고자 하는 내용을 기술하면 된다.

POINT

Can you tell me that S+V? …을 말해줄래?　**I told you that S+V** 내가 …라고 했잖아
I will tell him[her] that S+V 걔에게 …을 말해줄게
You told me that S+V 네가 나한테 …라고 했잖아

- □ I'll **tell him that** you called. 걔한테 네가 전화했다고 말해줄게.
- □ Would you **tell him that** James Smith called?
  제임스 스미스가 전화했다고 걔한테 전해줄래요?
- □ **Tell him** his brother misses him. 걔한테 걔 형이 보고 싶어한다고 해.
- □ Why didn't you believe me? **I told you** he didn't do it.
  왜 내말을 안믿은거야? 걔가 그러지 않았다고 했잖아.

A: You told me that you didn't like Jill. 질을 싫어한다고 내게 말했잖아.
B: I didn't mean to say that. 그렇게 말하려는게 아니었어.

006 tell sb what~ …에게 …을 말하다

앞의 tell sb that 주어+동사보다 훨씬 많이 쓰이는 표현. 먼저 tell sb 다음에 what, when, where 등의 의문사가 오는 경우를 본다.

POINT

Can you tell me what/when/where/who~? …을 말해줄래?
I will tell him[her] what/when/where/who ~ 걔에게 …을 말해줄게
Tell me what/when/where/who ~ …을 말해봐

- □ Can you **tell me what**'s going on in there? 거기 무슨 일인지 말해줄래?
- □ Can you **tell me where** you're going to stay? 어디에 머물건지 말해줄래?
- □ Could you **tell me where** I can find your sister? 네 누이 어디에 있는지 말해줄래?
- □ Excuse me, can you **tell me what** happened? 미안하지만 무슨 일인지 말해줄래?
- □ You're going to **tell me what** I want to know. 내가 알고 싶은 걸 말해줄거지.
- □ I need you to **tell me who** did it. 누가 그랬는지 내게 말해줘.
- □ I'll **tell you what** they were fighting over. 걔네들이 뭐 때문에 싸웠는지 말해줄게.
- □ I'll **tell you what** happend to me yesterday. 어제 무슨 일 있었는지 말해줄게.

A: Will you go grocery shopping for me? 식품점에 좀 다녀와 줄래?
B: Can you tell me what you need? 뭐가 필요한데?

007 tell sb how to~ …에게 …하는 방법을 말하다

tell sb 다음에 의문사가 오긴 오지만 의문사 절이 아니라 의문사 구가 오는 경우이다. tell sb 다음에 what(how~) to+동사를 넣으면 된다.

POINT
Can you tell me how to get to+장소? …로 가는 방법을 알려주시겠어요?
I will tell you how to+동사 …하는 법을 알려줄게

- □ Can you **tell me how to** do it? 그걸 어떻게 하는지 좀 가르쳐줄래?
- □ Could you **tell me how to** get to Gate 3? 3번 게이트 어떻게 가는지 알려줄래요?
- □ Could you **tell me when to** get off? 어디서 내려야 하는지 알려줄래요?
- □ You can **tell me how to** go there by e-mail. 거기 어떻게 가는지 이메일로 알려줘.
- □ You're going to **tell me how to** do it? 그거 어떻게 하는지 알려 줄거지?
- □ I will **tell you how to** make money. 돈 어떻게 버는지 알려줄게.
- □ Didn't your mom **tell you how to** treat a lady?
  네 엄마가 여자를 어떻게 대접해야 하는지 안 알려줬어?
- □ You don't **tell me what to** do! I **tell you what to** do!
  나한테 이래라 저래라 하지 마! 내가 네게 지시할거야!
- □ This is so complicated. Please **tell me what to** do first.
  이거 너무 복잡해. 무얼 먼저 해야 되는지 알려줘.

A: I don't think Ned should take that job. 네드가 그 일을 맡아야 한다고 생각지 않아.
B: You can't tell him how to live his life. 그의 인생에 대해 이래라 저래라 말할 수는 없지.

A: They are so confused right now. 걔들이 지금 아주 혼란스러워해.
B: You need to tell them what to do next. 네가 걔들에게 다음에 할 일을 말해줄 필요가 있어.

A: I am going to go jogging for an hour. 한 시간 정도 조깅을 하려고해.
B: I can tell you when to stop. 내가 그만둘 타이밍을 말해줄게.

008 tell sb how~ …에게 …을 말하다

이번에는 tell sb 다음에 how, why, if 등이 오는 경우로 어떤 방법이나 이유 그리고 어떤 사실여부를 물어볼 때 사용하면 된다.

POINT

Can you tell me how/why/if~S+V? …을 말해줄래?
I will tell him[her] how/why/if ~ S+V 걔에게 …을 말해줄게
Tell me how/why/if S+V …을 말해봐

- □ Can you **tell me how** this happened? 어떻게 이런 일이 일어났는지 말해줄래?
- □ You're not going to the party? Can you **tell me why?** 파타에 안간다고? 이유를 말해줄래?
- □ I'll **tell you how** bad it is. 이거 얼마나 안 좋은지 말해줄게.
- □ **Tell me if** you're still upset about this. 네가 이 때문에 아직도 화나있는지 말해줘.
- □ **Tell me why** we're going to do this again. 우리가 왜 이걸 다시 해야 하는지 말해줘.

> A: Could you tell me how I get to the subway? 지하철가려면 어떻게 가야 하죠?
> B: Go straight ahead until you see the sign. 표지판 나올 때까지 앞으로 쭉 가세요.

009 I told you~ …라고 했잖아

말귀를 못 알아듣는 상대방에게 혹은 말을 잘 안듣는 상대에게 쓸 수 있는 표현. I told you to+동사, 혹은 I told you that 주어+동사라 하면 된다. 부정으로 쓰려면 I told you not to+동사로 「…하지 말라고 했잖아」가 된다.

POINT

I told you to+동사 …라고 했잖아
I thought I told you~ …라고 말한 것 같은데
I told you that 내가 그랬잖아
I told you (that) 주어+동사 …라고 했잖아
I told you (so) 내가 그랬잖아
I told you before 전에 내가 말했잖아

- □ **I told you to** leave me and never come back again. 가서 다신 오지마.
- □ **I told you to** give him whatever he wants. 쟤가 원하는 건 다 주라고 했잖아.
- □ **I told you not to** do that! How many times do I have to tell you? 그러지 말라고 했잖아! 몇번이나 너한테 말해야하니?
- □ See? **I told you** it was impossible. 거봐? 할 수 없다고 했잖아.
- □ **I told you that** I didn't know exactly where she lived. 걔가 어디 사는지 정확히 모른다고 했잖아.
- □ **I thought I told you not to** come. 오지 말라고 한 것 같은데.

> A: I thought I told you to get out of here. 나가라고 말했던 건 같은데.
> B: You did, but I don't want to. 그랬지, 하지만 싫은 걸.

010 You told me ~ 네가 …라고 했어

You told me to~ 혹은 You told me (that) 주어+동사는 「네가 …라고 했잖아」라는 의미로 상대방이 예전에 한 말을 다시 되새김할 때 사용하는 표현

POINT
You told me to+동사 …라고 했잖아　　**You told me (that) S+V** …라고 했잖아

- □ **You told me to** be nice to anyone who comes here.
  여기 오는 누구에게나 친절하게 굴라고 했잖아.
- □ **You told me to** go to work. 나더러 일하러 가라고 했잖아.
- □ **You told me to** call you a cab at 10:00. 10시에 택시 불러달라고 했잖아.
- □ **You told me that** you didn't like Jack the other day.
  요전날 잭을 싫어한다고 내게 말했잖아.
- □ Hello! Is anybody home? **You told me** you would call.
  너 정신없구나? 전화한다고 했잖아?
- □ **You told me** you were going to take me for lunch. 나 점심 사준다고 했잖아.
- □ You're going to throw it away. **You told me** you liked it.
  그거 버릴거라고? 네가 좋다고 했잖아.

> A: Where is the TV that was here? 여기 있던 TV가 어디 있니?
> B: You told me to throw it away. 네가 버려버리라고 말했잖아.

011 Don't tell me~ …라고 하지마

부정명령형으로 Don't tell me 다음에 주로 that절이나 의문사절, 의문사구 등이 온다. Don't tell me!는 역시 굳어진 표현으로 어처구니없는 말을 하는 상대에게 놀라 던지는 말로 "설마!," "무슨 말씀을"이라는 의미.

POINT
Don't tell me that ~ …라고 말하지마, 설마 …라는 얘기는 아니겠지?
Don't tell me what~ …라고 하지마　　**Don't tell me!** 설마!

- □ **Don't tell me** men are nice. 남자들이 착하다고 말하지마.
- □ **Don't tell me** what's in the box. 상자 안에 뭐가 들어있는지 말하지마.
- □ **Don't tell me** you don't remember seeing me in the club.
  클럽에서 나를 본 기억이 안 난다고 하지마.
- □ **Don't tell me that** it's over between us. 우리 사이 끝났다고 말하지마.

> A: The car didn't start this morning. 차가 오늘 아침 시동이 걸리지 않았어.
> B: Don't tell me that it's broken again. 또 고장 났다고 말하지마라.

Tell

012 There's no telling ~ …은 알 수가 없어

앞으로의 일이 불확실하거나 알 수 없을 때 쓰는 표현으로 There's no way to tell~이라고도 한다. There's no telling(알 수가 없어)도 There's no way to tell(알 길이 없어)처럼 단독으로도 쓰인다.

POINT
There's no telling(knowing) what/how~ S+V …을 알 수가 없어
There's no way to tell what/who S+V …을 알 방법이 없어

- □ **There's no way to tell** who it was. 그게 누구인지는 알 길이 없어.
- □ **There's no telling** what you think. 네가 무슨 생각을 하는지 알 수가 없지.
- □ **There's no telling** how long they'll last. 걔들이 얼마나 오래갈지 알 길이 없어.
- □ **There's no way to tell** who did that. 누가 그짓을 했는지 알 수가 없어.

A: Do you think the new business will succeed? 새사업이 성공하리라 생각해?
B: There's no telling what will happen to it. 사업이 어떻게 될지 알 길은 없지.

013 Let me tell you~ …을 얘기해줄게

상대방에게 뭔가 얘기해줄 때 쓰는 표현. Let me tell you 다음에 바로 명사를 넣거나 about+명사를 넣으면 된다. Let me tell you something은 상대방의 관심을 끄는 말로 "내가 얘기할게 있는데"라는 의미.

POINT
Let me tell you (about)+명사~ 너에게 (…에 대해)를 말해줄게
Let me tell you something[one thing] 말할게 있는데(I have to tell you something)
Let me tell you what/how~ …을 말해줄게

- □ **Let me tell you** my story. 내 이야기를 해줄게.
- □ **Let me tell you** about my sister. 내 누이에 대해 말해줄게.
- □ **Let me tell you** about my plan to open a restaurant.
  식당을 개업할 내 계획을 말해줄게.
- □ **Let me tell you** what I mean. 내가 무슨 말을 하는 건지 말해줄게.
- □ **Let me tell you something.** Your girlfriend isn't cute.
  말할게 있는데. 네 여친 안 귀여워.
- □ **I have to tell you something.** It's about your ex-wife.
  말할게 있는데 네 전 부인이야기야.

A: I heard you climbed Mount Everest. 네가 에베레스트 산을 등정했다고 들었어.
B: Let me tell you, it was really difficult. 말할게 있는데 말야, 정말로 어려웠어.

014 You're telling me that ~? …라고 말하는거야?

상대방의 말에 놀라거나 당황해서 상대방 말을 반복하는 표현법. You're telling me that~이하에 상대방이 한 말을 반복하면 된다. 단독으로 You're telling me!라 하면 강한 동의표현으로 누가 아니래!, 정말 그래!라는 뜻.

POINT

You're telling me (that) S+V? …라고 말하는거야?
You're telling me! 누가 아니래!, 정말 그래!
You're not telling me~? …라고 말하는 건 아니지?

□ **You're telling me** you didn't try to hit him? 넌 걔를 치려고 하지 않았다는 말야?

□ **You're telling me** I can't see her? 내가 걔를 만날 수 없다는 말야?

□ **You're telling me** there's a million dollars in here?
여기에 백만 달러가 있다는 말야?

□ **You're not telling me** you're into this stuff?
이것에 빠져 있다고 말하는 것은 아니지?

A: I'm going to be busy the night of your party. 네 파티하는 날 밤 내가 무척 바쁠 것 같아.
B: You're telling me that you won't come? 그래서 올 수 없다고 말하는거니?

Tell

015 be told~ …라고 듣다

tell이 수동태로 쓰여 I was told~, 혹은 I have been told~하면 「…라는 얘기를 들었다」 혹은 「…라는 이야기를 계속 들어왔다」라는 뜻이 된다.

POINT

I was [I've been] told (that) 주어+동사 …라고 들었어, 내가 듣기론…
I was told that (누군가 나에게) 그것을 말해 주었어, 그렇게 들었어
So I've been told/So I hear 그렇다고 들었어

□ **I was told that** the doors close at nine. 내가 듣기로 문은 9시에 닫힌대.

□ **I was told** you had a question for me. 너 내게 질문있다며.

□ **I have been told that** I'm a very good kisser, all right?
나 키스 잘한다는 얘기 들어왔어, 알았어?

□ **I was told** he was going to ask my sister out.
걔가 내 여동생에게 데이트 신청을 한다는 말을 들었어.

A: How cold is it going to get? 얼마나 추워질거래?
B: I was told it will fall below freezing. 영하로 떨어질거라고 들었어.

016 I can tell you ~ …하기는 해, …라고 말할 수 있어

어떤 사실을 단정적으로 말하기 보다는 I can('t) tell you that~으로 포장을 하면 부드럽게 자기 의사를 전달할 수 있다. 다만 I can('t) tell you what[how]~등이 쓰이면 「…을 말할 수 있다(없다)」라는 표현이 된다. 그냥 I can('t) tell you that(그렇다고 할 수 있지[없지])의 문장으로 많이 쓰이기도 한다.

POINT

I can('t) tell you that S+V …하기는 해, …라고 말할 수 없어
I can('t) tell you what/how~S+V …을 말할 수 있어(없어)
I can tell you that 그렇긴 해 **I can't tell you that** 그렇게는 못 말해

- □ **I can tell you that** the prices of cars are a bit high. 자동차 가격이 좀 높기는 해.
- □ **I can tell you** what he's going to find. 걔가 무엇을 찾을지는 말할 수 있어.
- □ **I can't tell you** how sorry I am. 내가 얼마나 미안하지 모르겠어.
- □ **I can't tell you** how great it is to see you. 너를 만난게 얼마나 기쁜지 모르겠구만.

A: I really need to make some money fast. 나 정말 돈 좀 빨리 벌어야 돼.
B: I can't tell you how to make money. 어떻게 돈 버는지 모르겠어.

More Expressions

tell A from B A와 B를 구분하다

□ Can you tell Cindy from Betty? They're a lot alike.
신디와 베티 구분돼? 넘 비슷해.

tell the difference 차이점을 구분하다

□ I can tell the difference between them. 난 걔들간 구분을 못하겠어.

tell on 고자질하다

□ I didn't tell on you before. 전에 널 고자질한 적 없어.
□ Don't tell on me, okay? 날 고자질하지마, 알았어?

all told 다 합해서

□ All told, we earned a lot of money tonight.
다 합해서 오늘 돈 많이 벌었어.

(Do) You mean to tell me ~?
그 말 진심이니?, 그 말에 대해 후회하지 않지?

□ Do you mean to tell me I got fired? 내가 잘린 게 사실야?

I don't know how to tell you this, but
어떻게 이걸 말해야 할지 모르겠지만

□ I don't know how to tell you this, but your son is in the hospital. 어떻게 말해야 할지 모르겠지만 네 아들이 병원에 있어.

How many times have I told you that ~?
내가 …라고 도대체 몇 번이나 얘기했니?

□ How many times do I have to tell you? 도대체 몇 번이나 말해야 알아듣겠니?

tell a soul …에게 말하다

□ Don't tell a soul. 이 소문에 대해 발설하지마.
□ I won't tell a soul. 누구에게도 말하지 않을게, 입 꼭 다물고 있을게.

kiss and tell 비밀을 떠벌리다

□ I'm not one to kiss and tell.
신의를 저버리고 비밀을 떠벌리고 다니는 사람은 아니야.
□ I don't kiss and tell. 비밀을 떠벌리고 다니지 않아.

tell it like it is 있는 그대로 말하다

□ Please tell it like it is. 있는 그대로 말해줘, 사실대로 말해줘.

□ **I told you so.** 내가 그랬잖아.

More Expressions

- □ **See, I told you.** 거봐, 내가 뭐랬어.
- □ **So, tell me.** 자 말해봐.
- □ **You never can tell.** 알 수 없는 노릇이지.
- □ **Tell me about it.** 누가 아니래, 정말야.
- □ **Tell me another one.** 웃기네.
- □ **Time will tell.** 시간이 지나면 밝혀질거야.
- □ **How can I tell?** 내가 어찌 알아?
- □ **What can I tell you?**
  알고 싶은 게 뭔데?, 뭐라고 말해야 할 지 모르겠다, 할말이 없어.
- □ **How could you not tell us?** 어떻게 우리에게 말하지 않을 수 있어?
- □ **A little bird told me.** 그냥 누가 알려줬어.
- □ **You tell him!** 단단히 야단 좀 쳐요!, 시치미떼지마!
- □ **You tell me. (I don't know)** 그거야 네가 알지. (난 몰라)
- □ **That doesn't tell me much.** 그건 별 의미가 없는데.
- □ **I'm not telling you.** 말 안해줄래

23 이야기를 해봐

Speak

speak는 기본적으로 사람들 앞에서 이야기하거나 말한다는 뜻을 갖는다. 또한 speak Korean처럼 어느 나라 말을 하거나 혹은 발표회 등에서 말을 하는 것을 말하는 것으로 「…에게 어떤 정보를 전달하는」것이 아니라 그냥 일방적으로 말을 하는 경우를 뜻한다. tell처럼 말하는 대상을 목적어로 갖지 못하며 말을 하는 상대를 표시하려면 speak to sb라고 해야 한다.

Speak 기본개념

01. 이야기하다, 말하다

Think before you speak[act]. 말[행동]하기 전에 생각해 보고 말해.

You should speak to your teacher. 선생님에게 말해라.

02. 연설하다

I have to speak in public tomorrow morning. 내일 아침 사람들 앞에서 연설을 해야 돼.

She is supposed to speak at the meeting. 걘 회의에서 발표하기로 되어 있어.

03. (…언어를) 하다

Is there someone who can speak Korean? 한국어 하는 사람 있어요?

I can't speak English very well. 영어가 서툴러요.

001 speak to …에게 이야기하다, 말하다

「…와 이야기하거나 말하는」 것을 말하며 speak with라고 해도 된다. 전화해서 「…을 바꿔달라」며 하는 Can I speak to sb?가 대표적. 물론 꼭 전화에서만 쓰이는 것은 아니다.

POINT

Could I speak to sb? …좀 바꿔주실래요?
I'd like to speak to sb, please …와 통화하고 싶은데요, …와 이야기하고 싶어
You should speak to sb ~에게 말씀하세요

□ Could I **speak to** Mr. Smith? 스미스 씨 좀 바꿔줄래요?

□ Can I please **speak to** your manager? 매니저랑 이야기할 수 있어요?

□ I thought I told you not to **speak to** him anymore.
걔하고 더 이상 얘기하지 말라고 한 것 같은데.

□ I need to **speak with** you. 너랑 이야기해야 돼.

A: Can I speak to John Lange? 존 랭 씨 계십니까?
B: I'm sorry, he's on another line at the moment.
죄송합니다만 지금 다른 전화 받고 계시는데요.

002 speak English 영어를 말하다

생기초적인 표현으로 speak 다음에 나라명의 형용사형이 오면 「그 나라 말을 하다」라는 뜻이 된다. 주로 can('t)와 잘 어울려 쓴다. 또한 not speak a word of~는 「…을 한 마디도 못한다」라는 표현. 단 네이티브들끼리 'Speak English'하면 '쉬운 말로 해'라는 뜻이 된다.

POINT

speak+국명의 형용사형 …언어를 하다 **not speak a word of** …을 한마디로 못하다

□ Does anyone here **speak Korean?** 여기 누구 한국말 하는 사람 있어요?

□ I am sorry but I can't **speak English** very well. 미안하지만 영어를 잘 못해요.

□ But he doesn't **speak a word of English.** 하지만 걘 영어 한마디도 못해.

□ Are you sure you don't **speak Korean?** 한국어를 못한다는게 확실해요?

A: What language did you use in Europe? 너는 유럽에서는 무슨 언어를 썼니?
B: We spoke English to everyone. 우린 누구에게나 영어로 얘기했어.

003 speak as …의 자격으로 말하다

speak as sb는 「…의 자격으로 말하다」라는 뜻으로 speak as a doctor는 의사자격으로 말하다, speak as a parent는 부모의 자격으로 말하다라는 의미이다.

POINT
speak as+자격이나 직업명사 …의 자격으로 말하다

- □ May I **speak as** a girlfriend for a second? 잠시 여친의 자격으로 말할 수 있어?
- □ Are you **speaking as** my husband or **as** my boss? 남편으로 말하는거야 아님 사장으로 말하는거야?
- □ Now I'm **speaking as** a doctor. 지금 난 의사로서 말하는거야.
- □ Can you pick up the phone, **speaking as** me? 나인 것처럼 해서 전화받아줄래?

A: What should we do about this problem? 이 문제를 어떻게 해야 되니?
B: I can't speak as your teacher. Ask him. 네 선생으로 난 말못해. 걔한테 물어봐.

004 speak up 좀 더 크게 말하다, 의견을 말하다

좀 더 크게(up) 말하는 것으로 이야기할 때 혹은 전화통화시 잘 안들리는 경우에 사용한다. 물론 자기 의견을 말한다는 의미도 있다. 또한 speak out는 큰 소리로 말하거나 외치는 것을 뜻한다.

POINT
speak up 큰소리로 말하다
speak out 큰소리로 외치다
speak up for sb …을 지지하는 말을 하다

- □ Could you **speak up,** please? 좀 더 크게 말해줄래요?
- □ I can't hear you. You'll have to **speak up.** 잘 안 들려요. 큰 소리로 말하세요.
- □ If you're going to say something; you're going to have to **speak up.** 할 말 있으면 큰소리로 말해.
- □ **Speak up.** It's hard to hear you when you lower your voice. 크게 말해. 네가 작은 목소리로 말하면 듣기 힘들어.

A: Mr. Smith, is this your wallet? 스미스 씨, 이것이 당신 지갑인가요?
B: Speak up. I can't hear what you said. 크게 말해줄래요. 말씀하신게 안들려서요.

005 speak for sb …의 감정, 입장을 표현하다, 대변하다

「…의 입장이나 생각, 그리고 감정을 대변한다」는 표현으로 Speak for yourself하게 되면 상대방이 나와 다른 의견을 내놓았을 때 "너나 그렇다"(I don't agree with you)라고 다른 의견을 말할 때 사용된다.

POINT
Speak for sb (when I say~) (…을 얘기할 때) …을 대변하다
Speak for yourself 너한테나 맞는 이야기이지
Something speak itself[themselves] 자명하다, 명백하다

□ I think I can **speak for** both of us when I say I'm sorry.
내가 미안하다고 할 땐 우리 둘 다 그렇다는거예요.

□ I know I **speak for** Will when I say we're very disappointed.
내가 우리가 매우 실망했다고 할 땐 윌의 입장을 대변하는거야.

□ I need you to **speak for** someone who can't **speak for herself.**
스스로를 대변하지 못하는 사람을 대변하도록 해.

□ **Speak for yourself.** I really hate to jog. 너나 그렇지. 난 정말 조깅하는게 싫어.

A: How can I contact the shop's owner? 그 가게 주인을 어떻게 접촉할 수 있니?
B: I'm his son. I can speak for him. 제가 아들인데 저한테 말하시죠.

006 Speaking of~ …얘기가 나와서 말인데

이미 언급되는 화제와 관련된 이야기를 추가적으로 할 때 쓰는 표현. 이미 나온 대상을 구체적으로 말하려면 Speaking of+명사, 그냥 "그 말이 나와서 말인데"라고 하려면 Speaking of which라고 하면 된다.

POINT
Speaking of+명사 …얘기가 나와서 말인데　**Speaking of which** 말이 나와서 말인데

□ **Speaking of** winter, did you go skiing this year?
겨울 얘기가 나와서 그런데, 금년에 스키탔어?

□ **Speaking of** Brian, I have some big news.
브라이언 얘기가 나와서 말인데 놀라운 소식이 있어.

□ **Speaking of which,** are you ready to go to lunch?
말이 나왔으니 말인데, 점심 먹으러 갈 준비됐어?

□ **Speaking of which,** how are things with your mother?
말이 나와서 말인데, 네 엄마하고 사이는 어때?

A: These chocolate candies are great. 이 초콜릿 캔디 대단하네.
B: Speaking of chocolate, you should try the cookies.
초콜릿에 대해 말이 나와서 말인데 넌 이 과자들을 한번 먹어봐야 해.

007 Roughly speaking 대강 말해서

Generally speaking(일반적으로 말해서)으로 익숙해진 표현이지만 여기서는 Generally 대신에 Roughly가 쓰인 경우. 그밖에 Frankly speaking(솔직히 말해서), Strictly speaking(엄격히 말해서) 등이 있다.

POINT

Roughly speaking 대강 말해서
Generally speaking 일반적으로 말해서
Frankly speaking 솔직히 말해서

□ **Strictly speaking,** you don't deserve this. 엄격히 말해서 너 이런 자격 없어.

□ **Roughly speaking,** the casino is at around 2 miles away.
대강 말해서 카지노는 약 2마일 떨어진 곳에 있어.

□ **Frankly speaking,** you're not invited to the party.
솔직히 말해서 넌 파티에 초대받지 못했어.

□ **Generally speaking,** women are smarter than men.
일반적으로 말해서, 여성이 남성보다 스마트해.

A: When will we arrive at our destination? 우린 목적지에 언제 도착해?
B: Roughly speaking, it will be in three hours. 대충 말하자면 3시간 안에 도착할거야.

Speak

008 so to speak 말하자면

소시 적부터 외워왔던 필수기본숙어. 뭔가 자기 생각이나 상황을 요약해서 한마디로 정리하고자 할 때 사용하면 된다. 우리말로는 「말하자면」이라는 의미.

POINT

so to speak 말하자면

□ **So to speak,** she's a maniac. 말하자면 갠 매니아야.

□ I'd like go back to the days when I was young, **so to speak.**
어린 시절로 가고 싶어, 말하자면.

□ I really want to get out of here, **so to speak.**
말하자면 난 정말이지 여기서 벗어나고 싶어.

□ He is, **so to speak,** a peeping Tom. 갠 말하자면 관음증이 있어.

A: What does Sandy do at your house? 샌디가 네 집에서 무엇을 하니?
B: She's my housekeeper, so to speak. 말하자면 내 가정부지.

009 speak ill of …을 비난하다

뒷담화(finding fault with)하는 걸 좋아하는 사람이 꼭 해야 되는 표현. 반대로 speak well of하면 …을 칭찬하다, 잘 얘기하다라는 뜻이 된다.

POINT

speak ill of 비난하다
speak well of 칭찬하다
speak highly of 매우 좋게 얘기하다

- □ I'm not good at **speaking well of** others. 난 다른 사람 칭찬하는데 어눌해.
- □ Don't **speak ill of** him. 걔 욕하지마.
- □ Don't **speak ill of** the dead. 죽은 사람 욕하지마라.
- □ My father **spoke highly of** President Kennedy.
  내 아버지는 케네디 대통령을 높게 평가하셨지.

A: They certainly speak well of him there. 거기선 그 남자에 대해 좋게 이야기하는게 분명해.
B: That's because he did a great job for them. 거기에서 일을 아주 잘 해줬거든.

More Expressions

speak the same language 의견이 일치하다

□ We are not speaking the same language. 우리는 뜻이 전혀 맞지가 않아.

no[never] ~ to speak of …할 게 거의 없다

□ I have no enemies to speak of. 적이라고 할 것도 거의 없어.

□ I've never really had a big fight to speak of.
이렇다 할 싸움을 해 본 적이 없어.

speak out of turn 말이 잘못 나오다

□ I didn't mean it. I spoke out of turn. 내 말뜻은 그게 아냐. 말이 잘못 나왔어.

speak one's mind 까놓고 말하다

□ She has a lot of nerve to speak her mind in front of the boss.
걘 사장 앞에서도 다 얘기할 강단이 있어.

speak of the devil 호랑이도 제말하면 온다더니

□ Well, speak of the devil. We were just talking about you.
어, 호랑이도 제말하면 온다더니. 우린 막 네 얘기를 하고 있었어.

□ **Actions speak louder than words.** 말보다 행동.

□ **Don't speak too soon.**
미리 속단하지 말라구. 그 말 하기에는 아직 이른 것 같은데.

24 너와 톡톡튀는 대화를 나누고 싶어

Talk

talk은 상대방과 함께 「의견」을 나눈다는 점이 가장 큰 특징. 그래서 대화하는 상대는 talk to sb 혹은 talk with sb라고 하며 또한 대화이다 보니 화제가 있기 마련이고 이 화제를 말하려면 talk about sth이라고 한다. 대화를 이렇게 깊이 나누다 보면 설득을 하게 돼 talk sb into~하게 되면 「…을 설득하여 …하게 하다」라는 의미도 된다.

Talk 기본개념

01. 대화하다, 이야기하다

(It's been) Nice talking to you. 당신과의 대화 즐거웠어요.

You can't talk to me like that! 내게 그런 식으로 말하지마!

Can we talk for a minute? 잠깐 시간 좀 내줄래?

Sorry, I've got a date. Talk to you later. 미안 나 데이트 있어. 나중에 얘기해.

02. 설득하다(talk A into)

You're going to try and talk me into it? 날 설득해서 그걸 하게 하려는거야?

You're here to talk me out of marrying her. 날 설득해서 걔랑 결혼 못하게 하려는거야.

001 talk to~ …에게 이야기하다

talk to sb는 「…에게 이야기 하다」라는 뜻으로 talk의 가장 기본적인 표현이다. 아래 표현들은 빈출표현으로 암기해둔다.

POINT
It's been good talking to you 만나서 반가웠어 **We need to talk** 우리 애기 좀 하자
I want[I'd like] to talk to you 얘기 좀 하자
Who do you think you're talking to? 내가 그렇게 바보처럼 보이냐?

- ☐ Would you like to **talk to** someone else? 다른 사람과 이야기할래?
- ☐ I need to **talk to** Mr. James immediately. 제임스 씨와 바로 얘기해야 돼.
- ☐ Can I **talk to** you for a second? 잠깐 얘기 좀 할 수 있어요?
- ☐ She **is talking to** someone else now. 걘 지금 다른 사람과 얘기 중이야.

A: Is it okay if I phone after lunch? 점심시간 후에 전화해도 되니?
B: No problem. I'll talk to you then. 상관없어. 그럼 그때 얘기하자.

002 talk with …와 이야기하다

같은 의미이지만 이번에는 talk with sb로 「…와 이야기하다」라는 뜻이다. talk를 명사로 해서 have a talk with라 해도 된다.

POINT
talk with sb …와 이야기하다 **have a talk with sb** …와 이야기하다
have a little talk with …와 잠깐 이야기하다 **make small talk with** …와 잠깐 이야기하다

- ☐ We're going to have to **talk with** your daughter. 당신 딸하고 얘기해야겠어요.
- ☐ Nice talking **with you.** See you around. 만나서 즐거웠어. 또 봐.
- ☐ I'm going to have to **have a talk with** Julie. 줄리와 이야기해야 될거야.
- ☐ They **are still talking with** a cop at the police station.
  걔네들은 아직 경찰서에서 경찰과 얘기하고 있어.

A: Some students have trouble in classes. 일부 학생들은 수업에 문제를 느끼고 있어.
B: They should talk with somebody and get help.
걔들은 누군가와 이야기하고 도움을 받아야 해.

003 talk about …에 대해 이야기하다

이야기를 받아주는 대상을 말할 땐 to, with를 쓰지만 이야기하는 내용은 about를 쓴다. 따라서 「…에 관해 이야기하다」는 talk about라 쓴다. 하지만 간혹 about을 빼고 말하기도 한다.

POINT

talk about+명사[what/how]~ …에 대해[…을] 이야기하다
Can we not to talk about~? …을 얘기하지 말자

- □ I don't want to **talk about** it[this]. 이 얘기하기 싫어.
- □ Wait a minute! **Are** you two **talking about** the same guy?
  잠깐만! 너희 둘 지금 같은 애 말하는거야?
- □ Can we not **talk about** that? 그 얘기하지 말자.
- □ Can we **talk about** this later? I have to go right now.
  이 얘기는 나중에 하자. 나 지금 바로 가야 돼.
- □ I can't **talk about** it here. It's complicated. 여기서 그거 말 못해. 복잡해서.
- □ She's embarrassed. She doesn't want to **talk about** it.
  걘 당황해서 그 얘길 하고 싶지 않아해.
- □ Do we have to **talk about** this right now? 지금 이 얘기를 해야 돼?
- □ How about we **talk about** this over dinner? 저녁하면서 이 문제 얘기해보면 어때?
- □ What? What **are** you **talking about?** That's not possible.
  뭐라고? 너 지금 무슨 얘기하는거야? 그거 불가능한 이야기야.
- □ I don't even know what you**'re talking about.**
  난 네가 무슨 이야기를 하는지 모르겠어.

A: Shall we go on vacation together? 함께 휴가 갈까?
B: I'm not sure. Let's talk about it. 몰라. 얘기해보자.

A: I'm going to talk to my boss today. 오늘 사장님께 의논드리려고 해요.
B: Are you going to talk about your contract? 계약에 관한 얘기를 하실 건가요?

A: What do you think about my proposal? 내 제안에 대해 어떻게 생각해?
B: We need to talk about that. 거기에 대해 얘기 좀 해야 되겠어.

004 Let's talk~ …에 대해 이야기하다

상대방에게 어떤 이야기를 하자고 할 때 쓰는데 Let's talk about~은 「…에 관해 이야기하자」, Let's talk to sb는 「…에게 이야기하자」, 그리고 Let's not talk~은 「…을 이야기하지 말자」라는 뜻이 된다.

POINT

Let's talk (about)~ …에 관해 이야기하자　**Let's talk to sb** …에게 이야기하자

□ First of all, **let's talk** about that. 제일 먼저 그 얘기 하자.

□ So **let's talk** about what you can do for me.
네가 날 위해 뭘 할 수 있는지 얘기해보자.

□ **Let's not talk** about the past. We'll just let it go.
과거 얘기는 하지 말자. 그냥 잊어버리자.

□ **Let's not talk** to Mom about this. 이건 엄마한테 얘기하지 말자.

A: Let's talk about our plans for tomorrow. 우리 내일 계획을 이야기해보자.
B: I really want to go jet skiing. 정말로 제트 스키하러 가고 싶어.

005 I'm talking~ 난 …을 얘기하는 중이야

talk이 진행형으로 쓰인 경우. I'm talking~, You're talking~, 그리고 Are you talking~? 등으로 쓰이는데 참고로 I'm talking to you!는 내가 하는 말 좀 잘 들어봐!, Are you talking to me?는 나한테 하는 말이야?라는 뜻.

POINT

I'm[We're] talking~ …을 말하고 있어, …와 말하는 중이야
You're talking~ 넌 …을 말하고 있어, …을 말하는거야
Are you talking~? …을 말하는거야?

□ **I'm talking** about chicks, not gambling. 노름이 아니라 여자애들 말하는거야.

□ **You're talking** to the wrong man. 딴데가서 얘기해.

□ **Are you talking** about getting married? 결혼하는거 말하는거야?

□ **We're talking** about our relationship. 우리는 우리 사이를 말하는거야.

A: What are you talking about? 무슨 말이야?
B: I'm talking about me having a baby. 내가 임신했다는 이야기야.

Talk

006 ~what you're talking about
네가 말하는 것

좀 긴 명사구지만 what you're talking about(네가 이야기하는 것)이나 what I'm talking about(내가 이야기하는 것)은 know 등의 동사와 결합하여 자주 쓰인다.

POINT
~ what you're talking about 네가 말하는 것
~ what I'm talking about 내가 이야기하는 것

- □ I know **what you're talking about.** 그럴 만도 해.
- □ This is exactly **what I'm talking about.** 이게 바로 내가 얘기하는거야.
- □ You know **who I'm talking about.** 내가 누구 이야기하는 줄 알잖아.
- □ I have no idea **what you're talking about.** 네가 무슨 얘기하는지 모르겠어.

A: I saw you out with another woman. 네가 다른 여성과 있는 것을 봤어.
B: I don't know what you're talking about. 무슨 얘기야?

007 talk like that 그렇게(그런 식으로) 말하다

like that은 「그처럼」이란 뜻이고 여기에 talk이 붙어 talk like that하면 「그런 식으로 말하다」가 된다. 상대방이 지나치거나 버릇없이 얘기할 때 쓰면 된다.

POINT
talk like that 그렇게 말하다

- □ You don't **talk** to me **like that.** I am your mother!
  난 네 엄마야. 그런 식으로 말하지마!
- □ Jack, you don't **talk like that** to anyone. 잭, 누구한테도 그런 식을 말하지마.
- □ Don't **talk like that.** Everything is going to be fine.
  그런 식으로 말마. 다 좋아질거야.
- □ You shouldn't **be talking like that** at all, Sara.
  새러야, 절대 그런 식으로 말하면 안돼.

A: We need to break up soon. 우린 곧 헤어져야 돼.
B: Don't talk like that. I love you. 그런 식으로 얘기하지마. 널 사랑해.

008 talk sb into[out of] +명사/~ing
…에게 얘기해서…하게 하다(하지 못하게 하다)

talk sb 다음에 into+명사[~ing]를 붙이면 「…을 설득하여 …하게 하다」, 그리고 talk sb 다음에 out of+명사[~ing]를 붙이면 반대로 「…을 설득하여 …하지 못하게 하다」라는 뜻이 된다.

POINT

talk sb into+명사[~ing] …에게 얘기해서 …하게 하다
talk sb out of+명사[~ing] …에게 얘기해서 …못하게 하다

□ I **talked** him **out of** it. You can stop worrying about that.
걔에게 말해서 일을 중단시켰어. 그만 걱정해도 돼.

□ I'm glad you **talked** me **into** this. 내가 이걸 하게 해줘서 고마워.

□ How did she **talk** me **into** doing that? 어떻게 걔가 날 이거 하게 할 수 있었어?

□ I don't know how to thank you. You **talked** me **into** it.
뭐라고 고마워해야 할지. 너 때문에 내가 이걸 하게 됐어.

A: I thought Tim wasn't going to bungee jump. 팀이 번지점프를 안할거라 생각했어.
B: I talked him into coming along. 내가 걔를 설득해서 같이 가지고 했어.

009 talk over 논의하다, 토의하다

「논의하다」라는 뜻으로 함께 논의할 사람은 with sb로 붙여주면 된다. 비슷한 표현으로 talk out 하면 어떤 문제를 풀기 위해 끝까지 철저히 논의하다라는 뜻이 된다.

POINT

talk over 논의하다, 통의하다 **talk it over with sb** …와 그에 대해 얘기하다

□ I have to **talk it over with** the boss right now.
사장님하고 지금 바로 논의해야겠어.

□ We'll **talk it over** at the office tomorrow. 내일 사무실에서 논의할거야.

□ We're going to **talk over** the party plans. 우리는 파티계획을 논의할거야.

□ **Talk it over.** You have 2 days. 의논해봐. 이틀을 주지.

□ **Talk it over with** your wife. You have 2 days.
아내하고 그거에 대해 얘기해봐. 이틀 남았어.

A: Our plan was a failure. 우리 계획은 실패였어.
B: Let's talk over what to do next. 앞으로 할 일에 대해 논의하자.

010 talk to oneself 혼잣말하다

지금까지는 다른 사람에게 이야기하는 것이었지만 이번에는 자기 자신에게 이야기하는 경우. 스스로에게 말한다는 의미로 「혼잣말하다」라는 뜻이다. 주로 진행형으로 많이 쓰인다.

POINT

talk to oneself 혼잣말하다

- □ I was **talking to myself!** 나 혼잣말하는거였어!
- □ I'm a bad liar, and I can't even lie about **talking to myself.**
  난 거짓말쟁이야, 혼잣말할 때 조차 거짓말을 못해.
- □ Sam's gone, and she was sitting here **talking to herself** like a crazy person. 샘은 가버렸고 갠 여기 앉아 미친 사람처럼 혼잣말을 했어.
- □ Were you just **talking to yourself?** 혼잣말 하는거였어?

A: Who was talking in the other room? 다른 방에서 누가 얘기하고 있는거야?

B: Suzy talks to herself sometimes. 수지는 가끔 혼자 얘기해.

talk back 말대꾸하다

☐ Don't talk back to your teacher. 선생님한테 말대답하지마라.

talk about ~ behind one's back …을 뒤에서 험담하다

☐ She's very good at talking about me behind my back.
걘 내 뒤에서 험담하는데 일가견이 있어.

talk dirty to~ …에게 야한 말을 하다

☐ I love when you talk dirty to me. 네가 야한 말 할 때가 좋더라.

talk one's way out of …어려운 상황에서 빠져나오다

☐ You're not going to talk your way out of this.
넌 여기서 빠져나오지 못할거야.

talk the same language 말이 통하다

☐ We're talking the same language. 이제 얘기가 된다.
☐ You're talking my language. 넌 나하고 말이 통해.

talk sb through sth …에게 잘 설명해서 이해시키다

☐ You want to talk me through this? 이거 내게 이해시켜줄래?

talk some sense into sb 분별있게 행동하도록 …을 설득하다

☐ I'd try one more time to talk some sense into her.
걔가 분별있게 행동하도록 한번 더 노력할게.

Talk about~ …에 관한 최고다

☐ Talk about selfish! 이기적인 건 따라 갈 사람이 없다!

small talk 잡담, 한담

☐ It was just small talk. 그냥 잡담이었어요.

☐ **What are we talking about?** 우리 지금 무슨 이야기 하는거야?
☐ **What are you talking about?** 무슨 소리야?
☐ **Can we talk?** 얘기 좀 할까?
☐ **Can we have a talk?** 이야기 좀 할 수 있겠니?
☐ **I'm sorry I can't talk long.** 미안하지만 오래 못있어.
☐ **Let's talk.** 같이 이야기해보자.
☐ **Let's talk later.** 나중에 이야기하죠.
☐ **Look who's talking.** 사돈 남 말하네.

More Expressions

- □ **Money talks.** 돈으로 안 되는 일 없지.
- □ **Now you're talking!** 그래 바로 그거야!, 그렇지!
- □ **You're one to talk.** 사돈 남 말하시네.
- □ **Keep talking.** 계속 이야기 해봐.
- □ **You're such a big talker.** 넌 너무 말이 많아.
- □ **She's a smooth talker.** 쟤는 정말 말 잘해.
- □ **Let's just talk turkey.** 본론으로 들어가죠.

25 잡아도 떠나고야 마는

Leave

여러 의미가 있지만 그 원류는 여기를 남겨두고 다른 곳으로 간다는 의미이다. 서울을 떠나는 것(leave Seoul)도 뉴욕으로 출발하는(leave for New York) 것도 의미한다. 또한 떠나긴 떠났지만 뭔가 남겨두고 떠난다는 의미가 있는데 의도적이면 맡기는 것이고 실수면 깜박 두고 오는 것을 말한다. 한편 앞의 keep이나 hold처럼 leave~+형용사 형태로 「…을 …한 상태로 놓아두다」는 뜻으로 쓰인다는 점을 알아둔다.

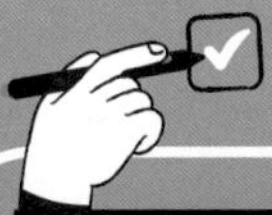

Leave 기본개념

01. …을 떠나다, …을 향해 출발하다, …을 그만두다

He left the office 10 minutes ago. 갠 10분 전에 퇴근했어.

Are you leaving so soon? 벌써 가려구?

I am leaving. 나 간다.

She will leave for New York next month. 갠 다음 달에 뉴욕으로 떠날거야.

02. 남겨놓다, 맡기다, (깜박 잊고) 두고 오다

I left my wallet at home this morning. 오늘 아침 집에 지갑을 두고 왔어.

We're not home, please leave a message. 부재중이니 메시지를 남기세요.

03. …한 상태로 놓아두다(leave ~ 형용사)

Don't leave the window open. 창문 열어놓지마.

001 leave somewhere …에서 나가다, 출발하다

기본적으로 leave는 go away, 즉 여기에서 일어나 다른 곳으로 가다라는 뜻. He turns to leave(돌아서서 나간다)처럼 단독으로 쓰이거나 혹은 leave+장소명사가 와서 「…을 나가다」, 「자리를 뜨다」라는 뜻으로 쓰인다.

POINT

leave somewhere for~ …을 출발해서 …로 향하다
leave somewhere to+동사~ …하기 위해 …을 떠나다

□ I'm afraid he's **left** for the day. 그분 퇴근하신 것 같아요.
□ What time does the limo **leave?** 리무진 버스는 몇시에 출발하나요?
□ He got up to **leave** the room. 갠 일어나 방을 나갔어.
□ Do you want us to **leave** the room? 우리 보고 방에서 나가라고?

A: We told Cindy to leave our group. 우린 신디에게 우리 그룹에서 나가달라고 말했어.
B: I want to make sure she stays away. 걔가 정말 나갔는지 확실히 하고 싶어.

002 leave for~ …을 향해 출발하다

앞의 경우와 착각하기 쉬운 것으로 leave+장소명사하면 「…을 떠나다」가 되지만 leave for+장소명사가 되면 「…을 향해 출발하다」라는 뜻이 된다.

POINT

leave for A A를 향해 출발하다 **leave A for B** A를 출발해 B로 향하다

□ He **left** New York **for** Seoul. 갠 뉴욕을 출발해 서울로 향했어.
□ He **left for** Boston yesterday. 갠 어제 보스톤으로 출발했어.
□ I **leave for** work at 7 o'clock in the morning. 아침 7시에 출근해.
□ We have to **leave for** Japan in an hour. 한 시간 후에 일본으로 출발해야 돼.

A: It's time to leave for the party. 파티에 가야 할 시간이야.
B: I'll meet you down in the lobby. 아래 로비에서 보자.

003 leave a job 회사를 그만두다

leave somewhere이긴 하지만 somewhere 자리에 school, home, country, job 혹은 company 등의 명사가 와서 「…을 완전히 그만두고 떠나다」라는 뜻이 된다. 단 leave work는 그만두는 게 아니라 「퇴근하는」(get off work) 것을 말한다.

POINT

leave a job 회사를 그만두다
leave work 퇴근하다(get off work)
leave for work 출근하다

- □ I can't **leave this job** at the moment. 지금은 회사 그만 두지 못해.
- □ We both **left home** when we were 16. 16살 때 우리 둘 다 집을 나왔어.
- □ He **left work** in the middle of the day to go on a date. 걘 데이트하려고 근무 중 퇴근했어.
- □ I **left that job** to make more money. 난 돈을 더 벌기 위해 회사를 그만뒀어.

A: I think he's going to leave this company. 그 사람이 이 회사를 그만둘 것 같아.
B: What makes you think so? 왜 그렇게 생각해?

004 leave sth~ (…에) 두고 오다, 남겨놓다, 깜박 놓고 오다

이번엔 떠나간 자리에 「…을 남겨두다」는 의미의 leave. 의도적이든 깜박이든 뭔가를 남겨두는 것을 뜻한다. leave sth 다음에는 주로 장소 부사구가 오게 된다..

POINT

leave sth~ 두고 오다, 깜박 놓고 오다

- □ How much should I **leave** on the table? 테이블에 얼마만큼 남겨두어야 돼?
- □ I'd like to **leave** my room key, please. 키 좀 맡아주세요.
- □ I think I **left** my keys here when I went out. 나갈 때 여기에 열쇠를 두고 온 것 같아.
- □ **Leave** it. I'll look at it if I get a chance. 거기 놔둬. 시간나면 볼게.

A: Don't forget to fill out those forms before you go.
가기 전에 이 양식서를 다 채우는 것 잊지마.
B: I'll leave them on your desk before I go. 제가 가기 전에 책상 위에 둘게요.

005 leave sb …을 떠나다, 헤어지다, 남겨두다

leave 다음에 사람이 오는 경우 또한 leave sth과 비슷하다. 「…을 떠나거나」, 「…와 아예 헤어지거나」 혹은 「…을 남겨두다」는 의미로 쓰인다. 또한 추상적으로 「…가 하도록 하다」, 「맡기다」라는 의미로 쓰이기도 한다.

POINT
leave sb 떠나다, 헤어지다, 남겨두다 leave sb sth …에게 …을 남겨두다

- □ I told her I was going to **leave** her. 난 걔한테 떠날거라고 말했어.
- □ Where does that **leave** me? 그럼 난 어떻게 되는거야?
- □ You didn't really **leave** me much choice. 넌 내게 많은 선택권을 남겨 놓지 않았어.
- □ I **left** you a note. 너한테 노트를 남겨놨어.

A: Ted and his wife have separated. 테드와 걔 부인은 별거하고 있어.
B: Really? Did she leave him? 정말로? 그녀가 걔와 헤어진거야?

006 leave sth+분사[형용사] …한채로 두다, …상태가 되다

keep과 비슷한 용법으로 leave sth+형용사[pp]하면 「…을 어떤 상태로 두다」, 「…원인으로 …한 상태가 되다」라는 뜻이 된다. leave the door open이 가장 알려진 표현.

POINT
leave sth+분사[형용사] …한채로 두다, …상태가 되다

- □ Don't **leave** things **half done.** 일을 하다 말면 안돼.
- □ I **left** the door **open** and she must have gotten out.
  난 문을 열어놓아서 걔가 나갔음에 틀림없어.
- □ It's very not good **leaving** candles **unattended.**
  촛불을 신경안쓰고 놔두면 아주 안좋아.
- □ It was Nina who **left** the office door **unlocked.**
  사무실 문을 안잠그고 퇴근한 사람은 니나였어.

A: I'm going to bed soon. 난 곧 잠자리에 들거야.
B: Leave the door to the bedroom open. 침실 쪽 문은 열어둬.

007 leave sb alone …을 내버려두다

귀찮게 하는 사람에게 던지는 Leave me alone!(귀찮게 하지마!)로 유명한 leave sb alone은 「…을 혼자 놔두다」라는 뜻의 표현. 강조하려면 leave sb all alone이라고 한다.

POINT
leave sb alone …을 혼자 놔두다 **leave sth alone** …을 그냥 놔두다

- □ Could you please just **leave me alone?** 나 좀 가만히 둘래요?
- □ I didn't want to **leave him alone.** 난 걜 혼자 놔두기 싫었어.
- □ I **left her alone** out there. 난 걜 그곳에 혼자 남겨뒀어.
- □ They're even, so just **leave it alone.** 공평하니까 그냥 놔둬.

A: Tina always wears old clothes. 티나는 항상 오래된 옷을 입어.
B: Leave Tina alone. She's a nice girl. 그냥 놔둬. 착한 애야.

008 leave a message 메시지를 남기다

전화영어로 잘 알려진 표현으로 leave 다음에 message나 note 등이 와서 「메시지나 노트를 남기다」라는 뜻이 된다. 전달 내용을 말하려면 ~message[note] saying that~ 이라고 부연하면 된다.

POINT
leave a message[note] 메시지를 남기다[↔ take a message 메시지를 받다]
leave a message[note] saying that S+V …라는 메시지를 남겨두다

- □ Could I **leave a message?** 메모 좀 전해주세요?
- □ Please, **leave a message** at the tone. 삐소리가 나면 메시지를 남기세요.
- □ They **left us a message** saying they were getting married.
  걔네들이 결혼할거란 메시지를 남겼어.

A: Would you like to leave a message? 메모 남기시겠어요?
B: That's okay. I'll call again later. 아뇨, 나중에 전화할게요.

Leave

009 leave sth to sb …에게 …을 맡기다

sb가 책임지게 하거나 결정하도록 맡긴다라는 의미. 변형된 형태인 Let's leave it at that은 「할 만큼 충분히 했으니 그만두다」라는 의미의 굳어진 표현.

POINT

leave sth to sb …에게 …을 맡기다, 책임지게 하다
leave it at that 그 정도에서 놔두다, 충분히 해서 그만두다
leave it up to …에게 맡기다
leave it to sb to+V …가 …하도록 맡기다

- □ **Leave it to** me to find her. 걔 찾는 건 내게 맡겨.
- □ I'll **leave them to** you when I die. 내가 죽을 때 그것들 네게 맡길게.
- □ I think we can just **leave it at that.** 우리 이제 그만 둘 수 있을 것 같아.
- □ **Leave it to** the pros. 전문가들에게 맡겨.

A: Can you introduce me to your boss? 상사 분을 소개시켜 줄래요?
B: Leave it to me. I'll schedule an appointment. 저한테 맡기세요. 제가 약속을 잡죠.

010 have sth left …가 남았다

좀 특이한 표현방식으로 have(get) sth left하면 「sth이 남아있다」라는 의미가 된다. 또한 leftover 하면 「(음식물의) 남은 것」이라 의미.

POINT

have sth left …가 남아있다
leftover (음식 등) 나머지

- □ We don't **have** much time **left.** 시간이 얼마 남지 않았어.
- □ I just **have** one problem **left** that I don't know how to solve.
  어떻게 풀지 모르는 문제 하나가 남아있어.
- □ It's **left over** from the wedding. 남은 거거든요. 결혼식에서요.
- □ We had a lot of liquor **left over** from the Christmas party.
  크리스마스 파티 때의 술이 많이 남아있어.

A: When can we leave school? 우린 학교를 언제 떠나나요?
B: In ten minutes. We don't have much time left. 10분 후. 남은 시간이 많지 않아.

011 leave sb[sth] behind

데려가지 않다, 떨쳐버리다, 남겨두다

뒤에(behind) 남겨놓고(leave) 간다는 말로 「…을 데려가지 않다」, 「떼어놓고 가다」라는 의미이다. 남겨놓는 대상은 사람(sb) 뿐만 아니라 사물(sth)도 올 수 있다.

POINT **leave sb[sth] behind** 데려가지 않다, 떨쳐버리다, 남겨두다

- □ The four kids ran off, **leaving Parker behind.**
  4명의 아이들은 파커를 뒤에 남겨놓고 도망쳤어.
- □ Is that why he **left you behind?** 그래서 걔가 널 남겨두었구나?
- □ So how did you manage to **leave her behind** and come here?
  그래 어떻게 걜 떼어놓고 여기왔어?
- □ If you don't get back right now, I'm going to have to **leave you behind!** 지금 당장 돌아오지 않으면 떼어놓고 간다!
- □ How did she **leave it behind?** 어떻게 걔가 그걸 남겨놨어?

A: Should I bring my suitcase along? 내 여행가방을 가져가야 하나요?
B: Leave it behind. We'll get it later. 남겨둬. 나중에 가져갈게.

012 leave out 고려하지 않다, 제외하다

leave out하면 omit로 「제외시키다」, 「빼다」라는 의미로 잘 알려져 있는 숙어. 회화에서는 be[feel] left out로 쓰여 「소외당하다」, 「환영받지 못하다」라는 의미로 많이 쓰인다.

POINT **leave out** 제외하다(omit) **be[feel] left out** 소외당하다, 환영받지 못하다

- □ Have much fun. Just **leave me out of it.** 즐겁게 보내. 난 빠질게.
- □ I **feel so left out** since you left me. 네가 떠난 후에 난 정말 소외당하는 기분야.
- □ Frankly, I didn't want you to **feel left out.** 솔직히 네가 소외감을 느끼지 않길 바랐어.
- □ You're **leaving out** the most important factor!
  넌 가장 중요한 요인을 빼먹고 있는거야!

A: We just completed the report. 우린 방금 보고서를 끝냈어.
B: Don't leave out my data. 내 자료는 빼지마라.

013 leave off 하던 일을 그만두다

off는 떨어져나간다는 의미로 leave off하면 「…을 제외시키다」 혹은 「하던 일을 그만두다」라는 뜻. 특히 continue[pick up, take up] where we left off란 형태로 많이 쓰이는데 의미는 「지난번 하던 데서 다시 시작하다」라는 뜻이다.

POINT

leave off 제외시키다, 그만두다

continue[pick up, take up] where we left off 지난번 하던 데서 다시 시작하다

- □ Let's **pick it up where we left off.** 지난 번 하던 데서 다시 시작하자.
- □ Why don't you just come back down here and we'll **pick up where we left off?** 이리 내려와 못 다한 부분부터 다시 시작하자?
- □ Shall we **continue where we left off** last night? 지난밤 하다가 만 걸 계속하자.

A: Did you finish reading the novel? 그 소설 다 읽었니?
B: No. I can't remember where I left off. 아니. 어디까지 읽었는지 기억못하겠어.

014 be on leave 휴가중이다

leave가 명사로 쓰이면 「휴가」라는 의미로 vacation과 같은 의미. 따라서 be on leave하면 「휴가 중이다」, go on leave하면 「휴가를 가다」라는 의미가 된다.

POINT

be on leave 휴가중이다　　**go on leave** 휴가를 가다

- □ He **is on leave** now. You can call him later. 갠 휴가 중이야. 나중에 전화해.
- □ What's going to happen to us when she **goes on leave?** 걔가 휴가가면 우린 어떻게 되는 걸까?
- □ She's **going on leave?** 걔 휴가간대?
- □ Yes. He's in charge of that, but he's **on leave** now. 네. 그가 그걸 책임지고 있지만 지금은 휴가중이예요.

A: Does Bill still work in this department? 빌이 이 부서에서 아직 일을 하나요?
B: He does, but he's on leave right now. 네, 하지만 지금은 휴가 중이에요.

More Expressions

leave a lot[much, something] to be desired 불만족스럽다

□ Your manner leaves something to be desired. 네 매너가 좀 그렇다.

leave room for …의 여지를 남겨두다

□ Don't get too full. You have to leave room for dessert.
과식하지마. 디저트 먹을 자린 비워둬.

leave sb in the cold 제외시키다, 소외시키다

□ We can't leave her out in the cold. 걔를 제외시킬 수는 없어.

Better left unsaid 말 안하는 게 좋겠어, 입다물고

□ I think some things are better left unsaid.
어떤 것들은 말을 아예 안 하는게 좋아.

Take it or leave it 하던지 말던지 해라

□ I'll give you $30 for your lap top computer. Take it or leave it.
네 노트북 30달러 줄게. 팔던지 말던지 해.

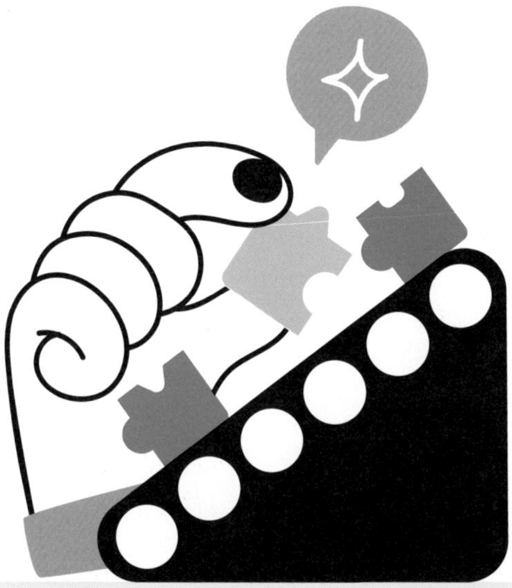

26 걷지 말고 뛰어라!

Run

무척 동적인 동사로 달리는 모습을 연상하면 많은 의미가 유추되거나 이해된다. 늦어서 급히 뛰어가거나 그러다 우연히 마주치거나 아니면 죄를 짓고 도망치거나 등을 기본으로 사람이 달리는 것처럼 어떤 기계 등이 돌아가거나 돌아가게 하는 것을 말하기도 한다. 좀 돌아가는 걸 크게 봐서 회사나 상점 등을 운영하는 것을 뜻하기도 한다. 명사로는 설사(the runs), 상영 등을 의미한다.

Run 기본개념

01. 달리다, 뛰어가다

I can run 100 meters in 14 seconds. 100 미터를 14초에 뛸 수 있어.

I've got to run. 빨리 가야 되겠어.

I run about thirty miles per week. 일주일에 약 30마일 뛰어.

02. 움직이(게 하)다, 작동시키다[하다], 상영되다, 게재하다

The movie runs for more than 3 hours. 이 영화는 길이가 3시간이 넘어

This computer doesn't run Window 11. 이 컴퓨터는 윈도우 11이 돌아가지 않아.

03. 운영하다, 경영하다, (선거에) 나가다(for)

I run a boutique. 미용실을 하고 있어.

04. 달리기, 설사, 공연의 상영, 야구의 득점

I've got the runs. 설사했어.

I have a runny nose. 코가 흘러.(My nose is running)

001 run 달리다, 뛰다

가장 기본적인 의미로 run은 to, down, toward 같은 방향 전치사와 결합하여 「…로 달려가다」, 「뛰어가다」라는 표현이 된다.

POINT

run to[down, toward] …로 달려가다, 뛰어가다 **run to+동사** …하러 급히 가다

- □ I'm going to **run to** the car and get my stuff. 차로 뛰어가서 내 물건 가져올게.
- □ I'm going to **run down to** the emergency room. 응급실로 뛰어 갈게.
- □ I was running, and I **ran to** go find Jill. 난 뛰었어. 질을 가서 찾으려고 뛰어갔어.
- □ You **run to** the store and I'll go get coffee.
  네가 가게 뛰어갔다 와. 난 커피 사올게.

A: How long does it take to finish this race? 이 경주를 끝내는데 얼마나 걸릴까?
B: You will have to run for 30 minutes. 30분은 뛰어야할거야.

002 come running 기꺼이 달려오다, 도움을 청하다(~to sb)

오긴 오는데(come) 뛰어서(running) 온다는 뜻으로 「급히 오다」, 「달려오다」 그리고 비유적으로 「기꺼이 하다」라는 의미로 쓰인다. running 대신에 flying을 쓰기도 한다.

POINT

come running (back) to …로 달려가다, 달려돌아가다
come running out of[from] …에서 달려오다

- □ The kids **came running out of** the house. 애들이 집에서 뛰어나왔어.
- □ She didn't **come running back to** you. 걘 네게 돌아가지 않았어.
- □ When you hear it, **come running.** 그게 들리면 뛰어와.

A: Everyone is feeling hungry tonight. 오늘 밤 모두 배고픔을 느끼고 있어.
B: They'll come running when I serve dinner. 내가 저녁을 차려주면 걔들은 막 뛰어올거야.

003 be running late 늦다

run late는 어디를 가는데 늦는다는 말로 주로 진행형인 be running late 형태로 잘 쓰인다. …에 늦었다고 하려면 be late for처럼 for를 써서 be running late for~라 하면 된다.

POINT
be late for …에 늦다
be running late for …에 늦다

- □ He's supposed to be here, but I guess he's running late.
  걘 여기 있어야 하는데 늦나보군.
- □ I was running late for a meeting. 난 회의에 늦었어.
- □ Let's go right now. We're running late. 지금 바로 가자. 우리 늦었어.
- □ I've got to go. I'm running late. 나 가야 돼. 늦었어.

A: It's after six o'clock right now. 지금 6시가 넘은 것 같아.
B: Oh no! I am really running late! 큰일 났네! 정말로 늦었네!

004 run errands 심부름하다(= go on an errand)

errand는 다른 사람의 용무로 잠깐 어디를 가서 받아오거나 사오거나 하는, 즉 「심부름」이라는 의미. 심부름을 간다라고 할 때는 run errands[a errand], 심부름을 보낸다라고 할 때는 send sb on an errand라고 하면 된다.

POINT
run one's errands …의 심부름을 가다
go on an errand 심부름가다
send sb on an errand 심부름 보내다

- □ I have to run an errand. 심부름해야 돼.
- □ I've got millions of errands to run. 해야 할 심부름이 엄청 많아.
- □ Do you mind if I run a quick errand? 잠깐 심부름 갔다 와도 괜찮겠어?
- □ I'm sorry. She shouldn't have you running errands.
  미안. 걔가 널 심부름 보내면 안 되는데.

A: Where is Joseph this morning? 오늘 아침 요셉은 어디에 있니?
B: He had to go run errands. 걔는 심부름가야 했어.

005 run after 뒤쫓다, 뒤따라 달려가다

뒤를 따라가서(after) 달리는 것으로 「…을 뒤쫓는」 것을 뜻한다. 범인을 잡으러 뒤쫓는 경우도 있겠지만 단순히 뒤따라 뛰어가는 것도 의미한다.

POINT

come running after …을 뒤쫓아 달려오다
take off running after …을 뒤따라 가지 시작하다

- □ Michael ran off and Jane **ran after** him. 마이클이 달아나자 제인이 그 뒤를 쫓았다.
- □ He **ran after** her. They met in the hallway. 갠 걔를 뒤쫓아 가더니 복도에서 만났어.
- □ Tom took off jogging again. Susie **ran after** him.
  탐이 다시 조깅하기 시작하자 수지가 갤 뒤쫓았어.
- □ Hurley took off **running after** Vincent. 헐리가 빈센트를 뒤쫓아 가기 시작했어.

A: I got to the bus stop as my bus was leaving.
버스가 막 떠나려 할 때 버스정거장에 도착했어.
B: Did you still run after it? 쫓아갈 수 있었니?

006 run around (with) 뛰어 돌아다니다, 바쁘다

주변을 이리저리 뛰어다닌다는 연상이 되는 표현으로 이것저것 작은 일들로 무척 바쁜 모습을 떠올리면 된다. 특히 run around with sb하면 「잘못된 만남의 시간을 보내다」라는 뜻.

POINT

run around+~ing …하느라 바쁘다 **run around with sb** (남녀간) 바람피다

- □ Are you **running around** looking for your earring?
  귀걸이 찾느라고 정신없는거야?
- □ They **run around** the house with toy airplanes.
  걔네들은 장난감 비행기를 들고 뛰어 돌아다녀.
- □ She's **running around** telling everyone that she's going to break up with Tom. 갠 탐과 헤어질거라고 모두에게 말하고 다녀.
- □ She **is running around** the front yard trying to get him.
  그녀는 걔를 잡기 위해서 앞마당을 뛰어 돌아다니고 있어.

A: I don't think I can run around the track another time. 한 바퀴도 더는 못 뛰겠어.
B: Hang in there! Just one more lap. 끝까지 해봐! 딱 한 바퀴만 더 뛰면 돼.

007 run away 도망치다, 달아나다

멀리(away) 달아난다는 의미로 「도망치다」, 「달아나다」라는 뜻. run off 또한 「급히 가버리다」, 「도망치다」라는 뜻으로 그 의미가 비슷하다.

POINT

run away (from sb/sth) (…로부터) 도망치다
run off [to+명사, to+동사] (…로, …하러) 도망치다, 급히 가버리다
run away[off] with 도망치다, 사랑의 도피행을 하다

- □ You can't **run away from** that. 넌 그것으로부터 도망칠 수 없어.
- □ I am going to **run away from** you. 너한테서 도망갈거야.
- □ Did he **run off to** see his mom? 걔가 엄마를 만나려고 급히 갔어?
- □ Why do you **keep running away from** me? 넌 왜 계속 나를 피해 달아나고 있는거야?

A: Some children choose to run away from home. 일부 아이들은 가출하는 선택을 하기도 하지.
B: They must have difficult lives. 걔들은 힘든 인생을 살게 되지.

008 run sth by sb …에게 …을 상의하다

sth을 sb에게 가져가 물어보고 그의 의견을 들어보거나 설명을 해달라고 하는 의미로 Run that by me again하면 「다시 말해줘」라는 표현.

POINT

run sth by sb …에게 …을 상의하다
(You'd better) Run it by me 내게 말해봐, 상의해봐

- □ You'd better **run it by** me. 나한테 먼저 상의해, 내게 말해봐.
- □ Just **run it by** Jimmy and tell me what he thinks. 지미한테 가서 물어보고 걔 의견을 내게 알려줘.
- □ Great! You want to **run it by** me? 좋아! 내게 물어본다고?
- □ I'd better **run this by** my wife. 난 아내와 이걸 상의해야겠어.

A: This is the plan that I created. 이건 내가 만들어낸 계획이야.
B: Run it by my boss and see what he thinks. 내 보스와 상의해서 보스가 어떻게 생각하는지 알아봐.

009 run down

뛰어내려가다, 차에 치이다, 비난하다, 고장나다, 닳아지다

아래로(down) 달려간다(run)는 의미이며 나아가 「…을 추적하다」, 「파악하다」, 또는 「밧데리 등이 고갈되는」 것을 뜻한다. 또한 「차에 치이는 것」 혹은 「비난하는」 것을 말하기도 한다.

POINT
run down 뛰어내려가다, 추적하다, 차에 치이다, 비난하다　run(-) down 피곤한, 낡아빠진

□ I'm going to **run down to** the emergency room and check it out.
응급실로 달려가서 확인해봐야지.

□ Could you **run down to** the snack bar and get me some cookies?
스낵바에 빨리 가서 쿠키 좀 사다줄래?

□ I'll have Greg **run down** the gun's serial number. 그렉에게 총의 일련번호를 추적하라고 할거야.

□ I've been feeling a little **run down** lately. 최근에 좀 지쳤어.

A: Did you go to the gym today? 오늘 헬스클럽 갔니?
B: Yes, I exercised. Sweat is running down my shirt. 응, 운동했어. 땀이 셔츠 속에서 흘러.

010 run for 선거에 후보로 나서다, …을 향해 달리다

대통령선거든 시장선거든 혹은 대학교내 클럽 회장 선거든 한 단체의 장을 뽑는데 출마하는 것, 즉 당선을 목표로 출마한다는 표현이다. 하지만 글자 그대로 「…을 향해 뛰다」라는 의미로도 쓰인다는 점을 알아둔다.

POINT
make a run for it 도망치다　run for one's life 필사적으로 도망치다
run in the election 선거에 출마하다

□ I don't know who'**s running for** president.
난 누가 대통령 선거에 출마했는지 몰라.

□ He'**s running for** city council. 그 사람은 시의회에 출마했어.

□ I guess you don't read the papers. I'**m running for** mayor.
신문을 안 보시나 본데요. 시장선거 후보입니다.

□ I wasn't planning on **running for** a second term. 재임선거에 나갈 계획이 없어.

A: My uncle says he's going to run for mayor. 삼촌이 시장에 출마할 계획이래.
B: There's no way he will ever win. 삼촌이 승리할 가능성은 없어.

Run

011 run into …로 달려 들어가다, 어려움 만나다, …을 우연히 만나다

…안으로(into) 뛰어든다는 것으로 비유적으로 「어려움, 난관을 만나거나」 혹은 「우연히 사람을 만난다」는 것으로 이때는 run(come) across, bump into와 같은 표현이다.

POINT

run into 어려움 만나다, …을 우연히 만나다

- □ You **run into** any problems you call me. 무슨 문제 생기면 내게 전화해.
- □ I **ran into** her on my way home. 집에 오는 길에 걔와 우연히 마주쳤어.
- □ Good[Nice] **running into** you. 만나서 반가웠어.
- □ He **ran into** a law school classmate. 걔는 로스쿨 동창생을 우연히 만났어.
- □ If you **run into** any problems, call me. 무슨 문제 생기면 전화해.

A: I ran into Mike this morning. 나 오늘 아침에 마이크를 우연히 만났어.
B: How's he doing? 어떻게 지낸대?

012 run out (of) (…가) 부족하다(=run short of, run low)

어떤 것이 떨어져 없어진다는 의미로 「…이 부족하다」, 「…이 모자라다」라는 의미의 표현. 비슷한 표현으로 run short of, run low 등이 있다. 또한 run out on sb하면 「…가 어려울 때 도망치다」라는 뜻.

POINT

run out (of) …가 부족하다, 모자라다 run out on sb …가 힘들 때 도망치다

- □ My luck **ran out.** 내 운이 다했어.
- □ I **ran out of** gas. Where can we fill up? 기름이 다 떨어졌어. 어디서 기름넣어?
- □ I'm **running out of** time. 시간이 얼마 안 남았어.(I'm running short of time)
- □ My real dad **ran out on** me before I was born.
진짜 아빠 내가 태어나기도 전에 날 버리셨대.

A: We ran out of paper for the copier. 복사기에 종이가 다 떨어졌어.
B: I'll get the secretary to get some more. 비서한테 종이를 좀 더 가져오라고 할게.

013 run over …로 달려가다(to), 차로 치다, 훑어보다

'…의 위로(over) 달려간다'는 것으로 비유적으로 「차에 치이거나」, 「…을 훑어보는」 것을 뜻한다. 그냥 단순하게 run over (+장소)로 쓰이면 「…로 달려가다」라는 의미가 된다.

POINT

run over to …로 달려가다　　**run over** 차로 치다, 훑어보다

- □ I'm going to have to **run over** there and beg him to stay with me.
  내가 그리고 뛰어가서 걔에게 나와 함께 있자고 간청할거야.
- □ When I **got run over,** I was on my way to propose to you.
  차에 치였을 때 네게 청혼하러 가는 중이었어.
- □ I'd like to **run over** today's schedule. 오늘 일정을 점검해봤으면 합니다.
- □ He **got run over** while thinking about how to get home.
  어떻게 집에 갈까 생각하다가 차에 치였어.

A: How did the car get a flat tire? 그 차가 어떻게 펑크가 났어?
B: You must have run over some broken glass. 깨진 유리 위로 지나간 게 분명해.

014 run through …을 가로질러 달려가다, 관통하다, 훑어보다

글자 그대로 「…을 가로질러(through) 뛰어가거나」, 「어떤 생각 등이 관통한다」는 의미로 쓰인다. 특히 run through one's mind는 「…가 …의 머리 속을 스치다」 혹은 「머리 속에 박혀 잊혀 지지 않다」라는 의미.

POINT

run through …을 가로질러 달려가다, 관통하다, 훑어보다
run through one's mind …가 …의 머리 속을 스치다

- □ It's **been running through my mind** ever since.
  그 이후로 그게 내 머리 속에서 잊혀지지 않아.
- □ Why are thoughts of that girl **running through my head?**
  왜 걔의 생각들이 내 머리 속에서 잊혀지지 않지?
- □ Okay, let's **run through** it one more time. 좋아 한번 더 훑어보자.

A: The students are very excited today. 학생들이 오늘 꽤 흥분해있어.
B: Tell them not to run through the hallway. 복도를 뛰어다니지 않도록 말해줘.

More Expressions

run along 그만가라(명령형)

☐ Now run along so your daddy and I can make love.
네 아빠와 사랑하게 그만 가봐라.

make a run for it 도망가다, 빨리 피하다

☐ Let's make a run for it. 빨리 피하자.

be up and running 잘 돌아가다

☐ Is the office up and running? 사무실은 잘 돌아가?

run a fever 열이 나다

☐ I'm running a fever. 내가 열이 나.
☐ Jane's still running a fever. 제인은 아직도 열이나.

run in the family …가 집안 내력이다

☐ Good looks run in the family. 잘 생긴 것은 집안 내력이야.

기간명사+running ..연속

☐ Our softball team has lost two years running.
우리 소프트볼 팀이 2년 연속 졌어.

in the long run 결국

☐ Well, in the long run, it doesn't matter. 어, 결국, 그건 상관없어.

run wild 격해지다

☐ You let the boys run wild. 애들 신나게 놀게 해.

27 사람이든 기계든 하던 일 멈추는

Break

break하면 뭔가 깨트리거나 부서트리는 것을 말하는 동사로 일차적으로 다리나 팔 등이 부러지거나(break one's leg) 컴퓨터 등이 고장 나는 것을 말한다. 비유적으로 약속(break one's promise)이나 기록 등을 깨는 걸 또는 일을 하다 좀 쉬거나 혹은 애인과 사귀다가 잠시 헤어진 상태를 뜻하기도 한다. 좀 생소하지만 큰돈을 잔돈으로 바꾸는 것도 break라 하기도 한다.

Break 기본개념

01. 깨트리다, 고장나게하다, (법, 약속, 기록) 깨다

My son broke the computer. 내 아들이 컴퓨터를 고장나게 했어.

My display screen is broken! 휴대폰 액정 화면이 깨졌어!

She never broke her promise. 걘 절대 약속을 깨지 않았어.

02. (쉬거나 먹기 위해) 잠시 쉬다

How about we break for a while? 잠시 쉬는게 어때?

Let's break for coffee. 잠깐 쉬면서 커피 마시자.

03. (큰돈을 작은 돈으로) 바꾸다

Would you please break this dollar bill for me? 이 달러를 잔돈으로 바꿔줄래요?

04. (명사) 휴식, 휴일, (TV) 광고시간

Would you like to begin after a short break? 잠깐 쉬었다 시작할래?

The break is over. 휴식시간 끝났어.

001 break one's leg 다리가 부러지다, …의 다리를 부러트리다

break는 「뼈가 부러지다」라는 뜻으로 break one's arm, break one's leg, break one's hip 그리고 좀 끔찍하지만 break one's neck 등으로 쓰인다.

POINT

break one's leg [arm~] ~ing …하다가 …가 부러지다

- □ I have an interview tomorrow and I can't go if I **break my leg.**
  낼 면접이 있는데 다리가 부러지면 못가지.
- □ I didn't know that you **broke your leg.** 네가 다리가 부러진 걸 몰랐어.
- □ She **broke my arm.** 걔가 내 팔을 부러트렸어.
- □ I **broke my leg** skiing last weekend. 지난 주말에 스키타다 다리가 부러졌어.

A: Did you have an accident, Mike? 마이크, 사고 났었니?
B: I broke my leg while skiing. 스키 타다가 다리를 부러졌어.

002 break one's promise 약속을 깨다

창문과 같이 물리적으로 깨는 것을 말하기도 하지만 break는 promise, rule, law, habit, record 등 추상명사를 목적어로 받아 「…을 깨다」, 「지키지 않다」, 「끊다」 등의 의미로 쓰이기도 한다.

POINT

break one's promise 약속을 깨다
break the law[rule, record] 법[규칙, 기록]을 깨다

- □ Well, it looks like they **broke their promise.**
  음, 개네들이 약속을 지키지 않은 것 같아.
- □ I will do my best not to **break my promise.** 약속을 지키도록 최선을 다할게.
- □ Every now and then, we have to **break the rules.** 가끔은 규칙을 깨야 돼.
- □ You're asking me to **break the law.** 넌 나보고 법을 어기라고 하는거야.

A: Forget about going to the party. 파티에 가는 건 잊어버려라.
B: I can't break my promise to my friends. 친구들과의 약속을 깨트릴 수는 없어.

003 break the news to …에게 소식을 전하다

긴급뉴스를 break news라고 하듯 그리고 대부분의 긴급뉴스가 안 좋은 소식이듯 break the news to sb하면 주로 「안 좋은 소식을 …에게 전하다」라는 말이 된다.

POINT
break the news to …에게 소식을 전하다

- □ I just accidentally **broke the news** of her infidelity to her husband.
  걔의 부정을 남편에게 실수로 전했어.
- □ I imagine that you were pissed off when she **broke the news.**
  걔가 소식을 전했을 때 너 열받아겠다.
- □ Let's go **break the news.** 가서 소식을 전하자.
- □ I want to **break the news to** her if it's okay with you.
  괜찮다면 내가 걔에게 소식을 전하고 싶어.

A: Jack's mother just died in the hospital. 잭의 어머니가 방금 병원에서 돌아가셨어.
B: How can we break the news to him? 어떻게 잭에게 이 소식을 전하냐?

004 break one's heart 실망시키다, 마음 아프게 하다

「…의 가슴을 찢어놓다」라는 말로 「…와의 관계를 끝내거나」, 「열받게 하는 행동을 하는」 것을 뜻한다. heartbreaker는 그렇게 「마음을 아프게 하는 사람」을 말한다.

POINT
break one's heart 마음 아프게 하다 **heartbreaker** 마음을 아프게 하는 사람

- □ You **broke my heart** again. 네가 내 맘을 또 찢어놨어.
- □ I broke up with a girl who **broke my heart.** 내 맘에 상처 준 여자와 헤어졌어.
- □ Don't **break my heart.** Please get out of here.
  내 마음을 아프게 하지마. 가버리라고.
- □ I trusted you not to cheat on me but you **broke my heart.**
  날두고 바람안필거라 믿었거만 넌 내 가슴을 찢어놨어.

A: Why did your girlfriend leave you? 네 여친이 왜 너를 떠났냐?
B: She didn't love me. It broke my heart. 나를 사랑하지 않았어. 가슴이 부서져.

005 break for …하러 잠시 쉬다

take a break로 잘 알려졌듯이 a break는 하던 일을 멈추고 「잠시 쉬는」 것을 말하는 것. 여기서는 동사로 쓰인 경우로 break for하면 「…하기 위해 잠시 쉬다」라는 표현이 된다.

POINT

break for sth …하러 잠시 쉬다
take a (short) break 잠시 쉬다
Give me a break 1. 좀 봐줘요, 기회를 달라 2. 그만 좀 해라
Give it a break! 그만 좀 하지 그래!

□ I'm about to **break for** lunch. 점심 먹으러 잠시 쉴거야.

□ We can talk about that later. I'm about to **break for** lunch.
나중에 그거 이야기하자. 난 점심 먹으려고 잠시 쉴거야.

□ Shall we **break for** a snack? Let's go out. 잠시 쉬면서 스낵 먹을까? 나가자.

□ Let's **take a ten-minute break.** 10분 간 쉽시다.

A: OK everyone, let's take a break for lunch. 좋아요 여러분, 점심 먹으러 쉽시다.
B: Thank god. I need to eat some food. 고마워라. 난 지금 음식이 필요해.

006 break away 떨어져나가다, 이탈하다, 독립하다, (관계) 끊다

멀리 단절되어 떨어져 나간다는 의미. 물리적으로 「…에서 이탈하다」, 혹은 추상적으로 「…관계를 끊거나 그래서 독립하는」 경우 등을 뜻한다.

POINT

break away 떨어져나가다, 관계를 끊다

□ My son's trying to **break away** from me with a girl he's dating.
내 아들이 사귀는 여자애와 함께 날 떠나려 하고 있어.

□ He **broke away** from the group and joined us.
걘 그 사람들로부터 떨어져 우리에게 왔어.

□ I will be there as soon as I can **break away.**
내가 여기서 떠나는 대로 바로 갈게.

□ He grabbed and pulled her, but she **broke away.**
그는 그녀를 잡고 끌어당겼지만 그녀는 떨어져갔다.

A: How do icebergs enter the ocean? 어떻게 빙산이 대양으로 유입되니?
B: They break away from the frozen areas. 빙하지역으로부터 떨어져 나온거지.

007 **break down** 부서트리다, 없애다, 고장나다, 실패하다, 이해하기 쉽게 분리하다, 분류하다

「기계 등이 부서지다」, 「고장나다」, 혹은 「실패하다」 등의 의미이며 break sth down into~의 형태로 「…을 …로 분류하다」란 의미로도 사용된다. 또한 break down in tears는 「울음을 터트리다」란 뜻.

POINT

break down 부서트리다, 고장나다　　**break sth down into~** …을 …로 분류하다

□ My car **broke down** again. 자동차가 다시 고장났어.

□ Not again! This is the third time you'**ve broken my computer!**
또야! 내 컴퓨터를 망가트린게 벌써 3번째야!

□ Everything can **be broken down** into three categories.
모든 건 3가지 분류로 나눠질 수 있어.

□ Did your car **break down** again? 네 차 또 고장났어?

A: Did your car break down again? 네 차 또 고장났어?
B: It did, and that's the third time in two weeks. 응, 두 주 동안 이번이 세번째야.

008 **break in** 침입하다, 말하는데 끼어들다, 맞게 하다

break in(to)의 가장 기본적 의미는 깨고 안으로 들어온다는 것으로 도둑의 주 활동행위. break into는 특히 뭔가 「새로운 일을 시작하거나」, 「웃음 등을 갑자기 터트리는」 걸 뜻하기도 한다.

POINT

break in on[with] 말하는데 끼어들다　　**break sb[sth] in** …을 맞게 하다, 적응시키다
break into 침입하다, (새로운 일을) 시작하다, (웃음, 울음 등 갑자기) 터트리다(burst into)

□ We know who **broke into** your house. 누가 네 집에 침입했는지 알고 있어.

□ Did somebody **break into** my car? 누가 내 차에 칩입했어?

□ I **broke in** my new shoes. 새로운 신발에 적응했어.

□ I **broke into** her house and almost got caught.
그녀 집에 무단침입했다가 거의 잡힐 뻔했어.

A: Someone broke into the house and stole things. 누군가 집에 침입해서 물건을 훔쳐갔어.
B: Did anyone call the police about it? 누가 경찰에 신고하지 않았어?

009 break off
꺽다, 부러지다, 떨어져 나가다, (말, 관계 등을) 끝내다, 중단하다

본체로부터 떨어져나가는(off) 것을 말하며 대화를 끝내거나 관계 등을 중단하는 것을 표현한다. 특히 break it off with 형태로 「…와 헤어지다」(break up with)란 의미로 많이 쓰인다.

POINT **break off** 꺽다, 부러지다, 떨어져나가다, 중단하다 **break it off** 관계를 끝내다

□ Did it **break off** or did someone break it?
그게 떨어져 나간거야 아니면 누가 깨트린거야?

□ My father **broke off** his affair with Cindy. 아버지는 신디와의 관계를 정리하셨어.

□ If you want, I'll just **break it off with** her. 네가 원한다면, 그냥, 걔와 그냥 끝내지 뭐.

□ I've got to **break it off with** Jim. 난 짐하고 헤어져야겠어.

A: The mirror broke off the car door. 미러가 깨져서 차문에서 떨어져 나갔어.
B: It will have to be replaced. 교체해야 될거야.

010 break out
일어나다, 발생하다, (발진, 종기 등이) 나다, 별안간 …하기 시작하다, 탈출하다(~of)

전쟁, 화재, 싸움 혹은 발진, 종기 등 부정적인 일들이 일어나는 것을 말한다. 또한 「별안간 …하기 시작하다」, 혹은 break out of~형태로 「…에서 탈출하다」라는 뜻으로도 쓰인다.

POINT **break out** 발생하다, 벗어나다 **break out into** 별안간 …하기 시작하다

□ The fire **broke out** last night. 화재가 어젯밤에 발생했어.

□ I really want to **break out of** here. 난 정말 여기에서 벗어나고 싶어.

□ She **broke out into** a smile and stood up. 걘 갑자기 웃더니 일어났어.

□ Do you ever think about **breaking out?** 넌 도망갈 생각을 해보기는 하는거야?

A: What were all of those sirens? 이 사이렌 소리들은 다 뭐야?
B: Three criminals broke out of jail. 3명의 범죄인들이 탈옥했대.

011 break up 부숴트리다, 해산하다, 헤어지다(with)

가장 많이 쓰이는 의미는 단연 남녀간 헤어진다는 것이다. break up하면 「헤어지다」, break up with하면 「…와 헤어지다」란 말이 돼 We broke up하면 "우리 헤어졌어." I broke up with her 하면 "난 걔와 헤어졌어"가 된다.

POINT

break up 부숴트리다, 헤어지다 **break up with sb** …와 헤어지다

- □ I'm going to **break up with** you. 우리 그만 만나자.
- □ I **broke up with** her because she was so mean. 걔가 넘 야비해서 헤어졌어.
- □ I **broke up with** Jim because he didn't want to have any children. 짐이 애를 원치 않아서 헤어졌어.
- □ Have you seen Mike since you two **broke up?** 너희들 헤어진 후에 마이클 본 적 있어?
- □ **You're breaking up!** Call me again! 소리가 끊어져서 들려! 다시 전화해!

A: Why did you break up with Anna? 왜 애나와 헤어진거야?
B: She wants to start a family. I'm not ready. 걘 가정을 꾸미려고 하는데 난 준비가 안돼서.

Break

be broke 땡전 한푼 없다

☐ I'm broke. 난 빈털터리야.

☐ The wedding was too expensive. I'm broke.
결혼식 비용이 많이 나가 돈 한푼 없어.

break through
헤치고 나아가다, (난관을 딛고) 성공하다(breakthrough 새로운 돌파구)

☐ That'll help me break through to her.
그게 내가 걔한테 헤치고 가는데 도움이 될거야.

break with …와 연을 끊다

☐ I just broke with them a week ago. 일주일 전에 그들과 연을 끊었어.

break wind 방귀를 뀌다

☐ Do not break wind in the park. 공원에서 방귀를 뀌지 마라.

break even 수지타산을 맞추다

☐ This month, we will barely break even. 이번 달에는 수지타산을 못 맞출거야.

break the ice 어색함을 벗어나 대화를 시작하다

☐ Okay, I've got to break the ice here. 좋아, 여기서 내가 이야기를 꺼내지.

make a break for it 도망치다

☐ Here they come. I say we make a break for it.
저기 걔네들이 와. 우리 도망쳐야 돼.

a big break 좋은 기회

☐ I don't care! This is a big break for me!
상관없어! 이건 내게 아주 좋은 기회야!

☐ **Tough break!** 재수 옴 붙었군!

☐ **You sound like a broken record.** 항상 똑같은 걸 요구하잖아.

28 시작이 반이래

Start/Begin

start와 begin 모두 시작한다는 의미로 목적어로 바로 명사가 오거나 혹은 to+동사[~ing]가 온다는 점에서 모두 동일하다. 물론 두 동사의 차이점이 없는 건 아니지만 많은 영문을 접하면서 두 동사의 용례와 느낌을 파악하는 것이 가장 좋은 방법이다. 다만 차를 움직이는 걸 begin이 아닌 start a car로 한다는 점 그리고 출발점이 beginning line이 아니고 starting line이듯 start는 begin보다 다소 동적인 경우에 쓴다.

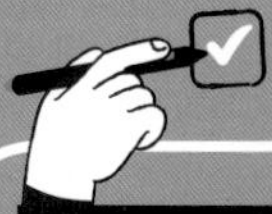

Start/Begin 기본개념

01. start : (…을) 시작하다, 출발하다, …하기 시작하다(start to~/~ing), (명사) 출발, 시작, (사업)개시

We'll be starting in a few minutes. 몇 분 후에 시작할거야.

We are going to start now. 지금 시작할거야.

What time does the game start? 경기는 몇 시에 시작하니?

02. begin : 시작하다, …하기 시작하다(begin to~/~ing)

I think we should begin. 우리 시작해야 될 것 같아.

It began to rain. 비가 내리기 시작했어.

Would you like to begin after a short break? 잠깐 쉬었다가 시작할까?

001 start to~ …하기 시작하다

어떤 행위를 시작한다는 말로 start to+동사 혹은 start+~ing 형으로 사용하면 된다. start는 의미차이 없이 목적어로 동사 혹은 ~ing을 받는 동사이다.

POINT
start to+동사 …하기 시작하다 **start ~ing** …하기 시작하다

- □ What time do you **start to** board? 몇 시부터 탈 수 있나요?
- □ We should **start** working on the report. 우린 보고서 작업을 하기 시작해야 돼.
- □ I just **started** driving this month. 이번 달에 운전을 시작했어.
- □ They **started to** french kiss in the elevator. 걔네들은 엘리베이터 안에서 딥키스를 하지 시작했어.

A: How is your cold? 감기는 좀 어때?
B: It's not bad. I'm starting to feel better. 그리 나쁘지 않아. 점차 나아지고 있어.

002 start sth …을 시작하다

start는 「…을 시작하다」라는 의미로 다양한 목적어를 받아 사용된다. start a company, start a family 뿐만 아니라 start a fight(fire)처럼 부정적인 것을 시작하다라는 뜻으로도 쓰인다.

POINT
start a family 가정을 꾸리다 **start the car** 자동차를 출발시키다
start a company[business] 회사[사업]를 시작하다
start school[college] 학교를 다니기 시작하다
start a fight[fire] 싸움을 시작하다, 불을 지르다

- □ I can't **start the car.** I don't know what the problem is. 차가 시동이 걸리지 않아. 어디가 문제인지 모르겠어.
- □ My wife wants to **start a family** this year. 내 아내가 금년에 아이를 낳고 싶어해.
- □ Did you **start a fight** in the bar yesterday? 네가 어제 바에서 싸움을 시작했어?
- □ Let's **start the operation** without him. 그없이 수술을 시작하자.

A: I'm eager to start my vacation. 어서 휴가를 갔으면 해.
B: Where are you going? 어디 갈 건데?

003 start it 그걸 시작하다

it은 앞 대화에서 이미 언급된 것을 말하는 것으로 누가 그걸 먼저 시작했는지 시시비비를 가리거나 명확히 할 필요성이 있는 상황에서 쓰는 표현.

POINT
He started it! 걔가 먼저 시작한거야! **You started it** 네가 시작했어

- ☐ I **started it** but, now it's scaring me. 내가 시작한 거지만 이제 무서워.
- ☐ She's the one that **started it.** 걔가 시작한 애야.
- ☐ He **started it** and got caught in the middle of it. 걔가 시작했는데 도중에 잡혔어.
- ☐ **You started it.** Everybody knows that! 네가 시작했어. 다들 안다고!

A: Many people were killed in the war. 많은 사람들이 전쟁에서 사망했어.
B: I wonder which country started it. 어느 나라가 시작했는지 궁금해.

004 ~where sb started 원점으로

where sb started는 …가 출발한 곳이라는 뜻. be where sb started하면 …가 시작한 곳이다, be back where sb started하면 원점으로 돌아오다라는 뜻이 된다.

POINT
be where sb started …가 시작한 곳이다
be back where sb started 원점으로 돌아오다

- ☐ Isn't that **where you started?** 네가 시작한 곳 아냐?
- ☐ This is **where he started.** Remember that. 이게 걔가 시작한 곳이야. 기억해 둬.
- ☐ **I'm right back where I started!** 다시 원점으로 돌아왔어!

A: I'm right back where I started! 다시 원점으로 돌아왔어!
B: You should start from scratch. 처음부터 다시 시작해야 돼.

005 starting~ …부터 시작해서

start는 「starting+시간명사」 형태로 「…부터 시작해서」라는 부사구를 만들어낸다. 「지금부터」는 starting now, 「다음 주부터」는 starting next week라 하면 된다.

POINT

starting+시간명사 …부터 시작해서 **starting now[next week]** 지금[다음 주]부터

□ I'll be on vacation **starting** next week. 난 다음 주부터 휴가야.

□ Would it be all right if I took a week off **starting** tomorrow?
내일부터 일주일 휴가가도 돼요?

□ **Starting** next month, I'm going to pay you to live here.
다음달부터 숙박비 낼게.

□ I'm going to study hard **starting** tomorrow. 낼부터 공부열심히 할거야.

A: I'm going to exercise starting next week. 다음 주부터 운동을 시작할거야.
B: Good. You need to lose weight. 좋아. 체중을 감량할 필요가 있어.

006 start off 시작하다

분리되어(off) 출발한다(start)는 뜻으로 뭔가 출발하는 동작이 연상된다. start off 뒤에 ~with가 오면 「…로 시작하다」, ~to(toward)처럼 방향전치사가 오게 되면 「…로 향하다」라는 뜻.

POINT

start off sth with[by]~ …로 시작하다 **start off to[toward]~** 로 향하다
start sb off with~ 누가 …일을 시작하는 것을 돕다

□ I always like to **start off with** a hug. 난 항상 껴안는 것으로 시작하길 좋아해.

□ She **started off toward** the church. 갠 교회로 출발했다.

□ I should'**ve started you off with** a pen or a pencil.
넌 펜이나 연필로 시작했어야 했어.

□ I decided to **start off with** something small like doing sit-ups.
난 윗몸일으키기 같은 자그마한 일부터 시작하기로 결심했어.

A: Is it difficult to work in a bank? 은행에서 일하는 것이 어렵니?
B: All employees start off by working long hours.
모든 직원들은 오랜시간 일하는 것부터 시작해.

007 start on …을 시작하다

on은 work on처럼 어떤 작업의 대상을 말하는 것으로 start on하면 「…(작업)을 시작하다」, 「…을 사용하다」라는 뜻이 된다. 참고로 start in on하게 되면 「…을 비난하다」, 「불평하다」라는 의미.

POINT
start on …을 시작하다, 사용하다　　start in on …을 비난하다(began nagging[yelling])

□ Sorry I couldn't **start on** your case sooner.
네 사건을 더 일찍 시작할 수 없어서 미안해.

□ You can **start on** your essay now. 수필을 쓰기 시작해도 좋아.

□ I told her I was going to leave her, and then she **started in on** me.
걔한테 떠날거라고 했더니 날 비난하기 시작했어.

□ When can you **start on** the annual report? 연례보고서를 언제 시작할 수 있어?

A: The class is waiting to take the exam. 그 반은 시험을 치를 준비를 하고 있어.
B: Have them start on the first part of it. 시험 앞부분부터 시작하도록 해.

008 start out 시작하다, (직업 등) 시작하다

밖으로(out) 시작된다(start)는 의미로 어떤 일이나 인생, 직업 등이 특정한 방식으로 드러나면서 시작되는 것을 뜻한다. 단순히 start out (of)가 「…에서 나오다」로 쓰이기도 한다.

POINT
start out as …로 시작하다　　start out on[with] …을[로] 시작하다

□ He **started out** of the bathroom to the door. She followed him.
걘 화장실에서 나와 문으로 가는데 그녀가 따라갔어.

□ It **started out** this way. Nothing caused it to happen.
처음부터 이랬던거야. 원인은 따로 없어.

□ I actually **started out as** a playwright, and then I went into law.
실은 난 극작가로 시작했지만 지금은 법조계에 있어.

□ I **started out as** a ghost writer. 난 대필작가로 시작했어.

A: I started out as a ghose writer. 난 대필작가로 시작했어.
B: What books did you write? 어떤 책들을 썼는데?

009 start (all) over 처음부터 다시 시작하다

여기서 over는 반복의 over로 start over하면 「처음부터 다시 시작하는」 것을 뜻한다. 강조하기 위해 start all over라고도 한다.

POINT

start all over 처음부터 다시 시작하다

- □ Can we just **start all over?** 처음부터 다시 시작하면 안될까?
- □ Maybe we can **start over** again, but things will be different this time. 처음부터 다시 시작할 수도 있지만 이번에는 다를거야.
- □ We're going to have to **start all over** again. 우리는 처음부터 다시 시작해야 할거야.
- □ Put your past behind you and **start over.** 과거는 잊고 새롭게 출발해.

A: There are too many mistakes in this report. 이 보고서에는 실수가 너무 많아.
B: I think we'll need to start over again. 처음부터 다시 시작해볼 필요가 있다고 생각돼.

010 start up 시작하다, (회사 등) 세우다, (엔진 등) 작동하게 하다

사업이나 프로젝트를 시작하는 것을 말하며 start(-)up의 형태로 형용사나 명사로 「신생의」, 「신생기업」이라는 의미로 쓰이기도 한다. 또한 오토바이나 차량등의 시동스위치를 켜는 것을 뜻하기도 한다.

POINT

start up (sth) with sb …와 (…을) 시작하다
start up again 다시 시작하다
start up one's own 자기 사업을 시작하다

- □ **I am not starting up with** him again. 난 걔랑 다시 시작하지 않을거야.
- □ I can't **start up** something **with** you. 난 너와 뭔가 시작할 수 없어.
- □ His heart's too weak to **start up again.** 걔의 심장은 너무 약해 다시 움직일 수가 없어.
- □ The police car **started up** and began to drive away. 경찰차가 시동을 걸리더니 멀어져 가기 시작했어.

A: Start up the car. We'll be leaving soon. 시동 걸어라. 우린 곧 떠날거야.
B: I'll go get the keys for it. 가서 차 키를 가져올게.

011 start with …부터 시작하다

이번에는 시작을 하긴 하되 어느 것부터 시작하는지를 말할 때 사용하는 표현이다. start with 다음에는 사람이나 사물이 올 수 있다. 특히 식당에서 먼저 …부터 시작하겠다는 의미로 I'm going to start with cheese salad and then I'll have tuna~"처럼 자주 쓰인다.

POINT
start with …부터 시작하다

□ Let's **start with** her and we'll see what we can do.
여자부터 시작해서 뭘 할 수 있는지 보자고.

□ Which one would you like me to **start with?** 내가 뭐부터 시작하길 바래?

□ Let's speak in turn, **starting with** you. 너부터 시작해서 돌아가며 이야기하자.

□ Maybe we should **start with** the kitchen. 부엌부터 시작해야겠군.

A: Let's start with a prayer before eating. 식전에 기도부터 시작하자.
B: OK, please go ahead with it. 좋아요. 시작하시죠.

012 begin to~ …하기 시작하다

start가 to+동사 및 ~ing을 목적어로 받듯이 begin 또한 begin to+동사, begin+~ing의 형태로 의미 변화 없이 쓰인다.

POINT
begin to+동사 …하기 시작하다 begin ~ing …하기 시작하다

□ I **began to** like Korean food, such as bulgogi and kimchi.
불고기와 김치 같은 한국 음식을 좋아하기 시작했어.

□ Tom pulled her toward him and they **began to** kiss.
탐이 걜 자기 쪽으로 끌어당기더니 키스하기 시작했어.

□ I'd like to **begin** repairing it. 그거 수리를 시작하고 싶어.

□ I **began to** get butterflies in my stomach. 난 떨리기 시작했어.

A: Does your son have any hobbies? 네 아들은 어떤 취미를 가지고 있니?
B: He's begun to collect stamps. 걔가 우표를 모으기 시작했어.

013 begin sth …을 시작하다

역시 start와 마찬가지로 begin 다음에 명사가 오는 경우로 begin sth하면 「…을 시작하다」라는 뜻이 된다. sth 자리에 다양한 명사를 넣어보면 된다.

POINT

begin the trip 여행을 시작하다
begin the meeting 회의를 시작하다
begin one's career …의 커리어를 시작하다

□ We will **begin the trip** to Jeju Island tomorrow. 내일 제주도 여행을 시작할거야.

□ Is everyone ready to **begin the meeting?** 다들 회의시작 준비됐어요?

□ Now you can **begin the test.** 자 이제 테스트를 시작하세요.

□ She **began her career** when she got here.
걘 여기 입사하면서 직장경력을 시작했어.

A: When can I begin the test? 언제 시험을 시작할 수 있을까?
B: It will get started in about an hour. 약 한 시간 후에 시작할거야.

014 begin with[by] …부터 시작하다

시작을 하되 무엇부터 시작하는지를 언급하는 표현으로 begin with~ 혹은 begin by~로 쓴다. 또한 begin (sth) as는 「…로 시작하다」라는 뜻.

POINT

begin with[by] …부터 시작하다
begin by ~ing 하는 것부터 시작하다

□ We would like to **begin with** that. 우선 그거부터 시작하고 싶어요.

□ I'd like to **begin with** sex on the first date.
난 첫 데이트에서 섹스부터 하는 걸 원해요.

□ Let me **begin by** saying that a terrible tragedy has occurred here.
먼저 여기서 불행한 비극이 일어났다는 걸 말씀드리며 시작하죠.

□ Does her name **begin with** a "C"? 그녀의 이름이 C로 시작하나?

A: I want to be successful at my job. 내 일에서 성공하고 싶어.
B: That begins with a lot of hard work. 우선 힘든 일을 많이 하는 것으로부터 성공은 시작돼.

015 to begin with 무엇보다도 먼저, 우선

단독으로 쓰이는 부사구로 무엇보다도 먼저, 우선이란 뜻으로 to start with라고 해도 된다.

POINT to begin with 우선

- □ I never wanted this baby **to begin with.** 무엇보다도 난 이 애기를 원치 않았어.
- □ They didn't love each other **to begin with.** 걔네들은 우선 서로를 사랑하지 않았어.
- □ Nobody really liked you **to begin with.** 우선 아무도 정말 널 사랑하지 않았어.

A: I never wanted this baby to begin with. 무엇보다도 난 이 애기를 원치 않았어.
B: How can you say that? 어떻게 그렇게 말할 수 있어?

More Expressions

get started 시작하다

□ Let's get started on the wedding plans! 결혼식 계획 실행합시다!

start from scratch 처음부터

□ I'd like to have lunch again. Let's start from scratch.
점심을 다시 먹고 싶어. 처음부터 다시 시작하자고.

from the start 처음부터

□ As I said from the start, they don't support us here.
처음부터 말했듯이, 걔네들은 우리 편이 아냐.

a good start 좋은 출발

□ That's a good start. 아주 좋은 출발야.

begin to understand[imagine] 이해하기 시작하다, 차츰 이해가 간다

□ She began to understand what the boss was getting at.
걘 사장이 뭘 의도하는지 차츰 이해하기 시작했어.

in the beginning 맨 처음에

□ That was true, in the beginning. 맨 처음에는 사실였어.

29 어려울 때 도와줘야

Help

어려울 때 서로 도와야 하는 법. help는 다른 사람을 도와준다는 뜻으로 help sb라는 기본형 외에 help sb to+동사, help sb with sth, 그리고 help+동사의 3가지 문형은 반드시 알아두기로 한다. 또한 can't help but to+동사 혹은 can't help ~ing는 「…하지 않을 수 없는 어쩔 수 없는」 상황을 말할 때 사용한다.

Help 기본개념

01. 돕다, 도움이 되다

Is there anything I can do to help? 제가 뭐 도와드릴일 없나요?

May I help you? 무엇을 도와 드릴까요?

How can I help you, sir? 어떻게 도와드릴까요, 손님?

I'd be happy to help you. 기꺼이 도와줄게요.

02. …가 …하는 것을 돕다(help ~ +동사/with+명사)

He sent me to help you with your grief. 슬픔에 잠겨있는 널 도와주라고 걔가 날 보냈어.

Can I help you with anything? 뭐 좀 도와드릴까요?

03. can't[couldn't] help~ …하지 않을 수 없다

I can't help but to do that. 그러지 않을 수 없어.

I couldn't help feeling sorry for her. 걔한테 미안해할 수밖에 없었어.

001 help sb do …가 …하는 것을 돕다

help sb 다음에 일반적으로 to를 생략하고 바로 동사를 붙여 쓴다. help 다음에 바로 동사가 오는 경우가 있는데 이는 「…하는데 도움이 된다」라는 의미가 된다.

POINT
help sb+동사 …가 …하는 것을 돕다 help+동사 …하는데 도움이 되다

- □ I'll **help** you **finish** washing the dishes if you like. 괜찮으면 설거지 도와줄게.
- □ You have got to **help** me **get** Tammy. 태미의 마음을 사로잡을 수 있도록 도와줘.
- □ Well, I think I can **help** you **get** over him. 글쎄 네가 걔랑 끝내는거 도와줄 수 있을 것 같아.
- □ It will **help solve** the traffic problems. 교통문제를 해결하는 데 도움이 될거야.

A: Come on, help me move this. 이리와 이거 옮기는 것 좀 도와줘.
B: I'm sorry! I must be off right now. 미안해! 나 지금 바로 나가야 돼.

002 help sb with …가 …하는 것을 돕다

이번에는 상대방을 도와주는 내용이 동사가 아닌 명사로 말하는 경우이다. 이때는 with를 써서 help sb with+명사로 사용하면 된다.

POINT
Can I help you with~ ? …을 도와줄까요? Let me help you with~ …을 도와줄게

- □ Can I **help** you **with** anything? 뭐 좀 도와드릴까요?
- □ Why don't you let me **help** you **with** that? 내가 그거 도와줄게.
- □ I have to **help** my son **with** his homework. 아들 숙제를 봐줘야 하거든.
- □ Let me **help** you **with** that. 내가 그거 도와줄게.

A: Can I help you with anything? 뭐 좀 도와드릴까요?
B: No, thank you, I'm just looking around. 고맙지만 괜찮아요. 그냥 구경만 하는거예요.

003 help 도움이 되다

help가 목적어 없이 단독으로 쓰이는 경우이다. 물론 사람이 주어로 올 수도 있지만 사물주어가 오는 경우가 많다. 그 의미는 「도움이 되다」.

POINT

~ help …가 도움이 되다

- □ (Sometimes) That **helps.** (간혹) 그게 도움이 돼.
- □ I just wasted my time. That didn't **help!** 시간만 낭비했어. 그건 도움이 안됐어!
- □ It might **help.** Just go and try it. 그게 도움이 될 수도 있으니 가서 해봐.
- □ Leave me alone. You'**re not helping.** 나 좀 내버려 둬. 넌 도움이 안돼.

A: Did you buy your wife some flowers? 부인에게 꽃을 좀 사주었니?
B: That didn't help. She's still mad at me. 도움이 안됐어. 여전히 내게 화나 있어.

004 help yourself (to~) (…을) 마음껏 들어, 마음껏 사용해

help yourself 단독으로 쓰이거나 혹은 help yourself to+음식 형태로 손님 등 상대방에게 「마음껏 들어라」, 「어서 갖다 드세요」라는 의미이다. to 다음에 먹을 수 없는 것이 나오면 마음대로 편하게 이용하라는 말.

POINT

Help yourself 맘껏 드세요, 어서 갖다 드세요
Help yourself to~ …을 마음껏 드세요[사용하세요]

- □ Go ahead, **help yourself.** Take whatever you want.
  어서 편히 들어. 뭐든 다 갖다 먹어.
- □ **Help yourself to** the cake. 케익 마음껏 들어.
- □ **Help yourself to** whatever's in the fridge. 냉장고에 있는거 아무거나 들어.
- □ **Help yourself to** anything in the bathroom. 화장실에 있는거 아무거나 사용해.

A: I feel like drinking a cold beer. 시원한 맥주 한잔 하고 싶다.
B: There are a few in the fridge. Help yourself. 냉장고에 몇 개 있어. 맘껏 갖다 먹어.

005 can't help+동사[~ing] …하지 않을 수 없다

어쩔 수 없는 상황임을 말하는 표현. 간단히 I can't help it이라고 할 수도 있고 어쩔 수 없이 하게 되는 일을 구체적으로 말하려면 I can't help but+동사 혹은 I can't help~ing의 형태를 사용한다.

POINT

I can't help but+동사 …하지 않을 수 없다(I don't have a choice but to+동사)
I can't help ~ing …하지 않을 수 없다
(I) Can't help it 나도 어쩔 수가 없어
(It) Can't[couldn't] be helped 어쩔 수 없는 상황이었어, 누구 탓도 아니야
I cannot help myself 내 감정을 억제할 수가 없어.

☐ I'm sorry, but I **can't help** myself. 미안. 나도 어쩔 수 없어.

☐ I **can't help but** think that he's not a good friend.
걔는 좋은 친구가 아니라는 생각을 떨칠 수 없어.

☐ I **can't help but** pay her the money. 걔한테 돈을 갚을 수밖에 없어.

☐ I **can't help but** think about Lisa. 리자에 대해 생각하지 않을 수 없어.

A: I can't help playing computer games every day. 맨 컴겜을 하지 않을 수 없어.
B: That means you have no time to study. 그럼 공부할 시간이 없다는 얘기구만.

006 be a great[big] help (to)
(…에게) 큰 도움이 되다

아주 큰 도움을 받았을 경우 감사하는 마음으로 하는 표현. 특히 현재완료형을 쓴 You've been a big[great] help(도움 많이 됐어)가 많이 쓰인다.

POINT

be a great[big] help to …에게 큰 도움이 되다　　**be helpful** 도움이 되다
It would be very helpful to+동사[if 주어+동사] …하면 무척 도움이 될거야

☐ Thanks. You**'ve been a great help.** 고마워. 도움 많이 됐어.

☐ Actually you **were a big help** tonight. 정말 넌 오늘밤 큰 도움이 됐어.

☐ He **was a big help to** us as always. 걘 언제나처럼 우리에게 큰 도움이 됐어.

☐ You**'re a big help.** I think I can't live without you. 고마워. 너없인 못살것같아.

☐ That**'s a big help.** You're a life saver. 크게 도움이 돼. 넌 생명의 은인이야.

☐ Thank you. You**'ve been very helpful.** 고마워. 넌 정말 도움이 많이 됐어.

☐ It'd **be helpful to** know his email address. 걔 이메일주소를 알면 도움이 될텐데.

A: I see there is a new secretary in the office. 사무실에 새로운 비서가 와 있네.
B: Yes, she is a great help to all of us. 그래, 우리 모두에게 큰 도움이 되고 있어.

007 need (some) help 도움이 (좀) 필요하다

help가 명사로 쓰인 경우로 「도움이 필요하다」는 need help, 「도움을 받다」는 get help라 하면 된다. 그래서 I need your help는 "난 네 도움이 필요해," Get help!하면 "도움을 청해!"라는 문장이 된다. 물론 need 대신 want를 써도 된다.

POINT

need (some) help (with~) (…하는데) 도움이 필요하다
need help ~ing …하는데 도움이 필요하다 **get help** 도움을 얻다

□ Can you make time for me? I **need help** with this.
나한테 시간 좀 내줄 수 있어? 이 문제에 대해서 도와주었으면 좋겠어.

□ We've got to **get help.** Go and call some people!
도움을 받아야 해. 나가서 사람들 좀 불러!

□ Do you **want help** or not? 도움을 원해 원하지 않아?

□ Help me! I **need help!** I can't do this! 도와줘! 난 도움이 필요해! 이건 못하겠어!

A: I need help setting up the computer. 컴퓨터를 설치하는데 도움이 필요해서요.
B: I'll give you a hand after lunch. 점심 먹고 도와줄게요.

008 help sb out …을 도와주다

sb가 어렵거나 곤란한 상황에 처해있는 경우에 「도와준다」는 말로 도와주는 내용을 말하려면 help sb out with sth이라고 한다.

POINT

help sb out …을 도와주다 **help sb out with** …가 …하는 걸 도와주다

□ Somebody **help me out!** 누구 나 좀 도와줘!

□ Are you sure you can't **help me out?** 정말 날 도와줄 수 없단 말야?

□ I'm trying to **help you out** here. 널 도와주려고 하고 있어.

□ Okay, let me **help you out with** this. 좋아 이거 내가 도와줄게.

A: Where are you going right now? 지금 어디로 가니?
B: I'm helping Jen out. She is moving. 젠을 끝까지 도와주고 있어. 이사 중이거든.

More Expressions

with the help of sb ...의 도움을 받아, ...덕택에

□ I could solve the problem with the help of Hellen.
헬렌의 도움으로 이 문제를 풀 수 있을거야.

So, help me (God) 맹세컨대

□ So help me, I will win this lottery. 맹세컨대, 복권에 당첨될거야.

Are you being helped? (상점에서 점원이) 누가 도와드리고 있나요?

□ No, thank you. I'm being helped now.
감사합니다만 다른 분이 봐주시고 계세요.

30 모르면 물어봐야

Ask/Answer

모르면 물어봐야 하는 법. ask는 묻다, 요구하다라는 기본적인 의미를 갖는 동사로 ask sth 혹은 ask sb sth의 형태로 주로 쓰인다. 또한 tell과 달리 ask sb to+동사하게 되면 「… 에게 …해달라고 부탁하다」는 의미로 쓰이며 ask for sth은 「…를 부탁하다」,「 요청하다」라는 의미로 사용된다는 점을 알아둔다.

Ask 기본개념

01. 질문하다, 묻다

Hey, can I ask you something? 저기, 뭐 좀 물어봐도 돼?

I have to ask you something. 뭐 좀 물어봐야겠어.

02. (도움, 조언, 정보 등을) 요청하다

Is that [it] too much to ask? 그게 내가 너무 많이 요구하는거야?

That's all I ask. 내가 바라는 건 그 뿐이야.

03. …에게 …해달라고 부탁하다(ask sb to do)

Did my wife ask you to lie for her? 내 아내가 네게 거짓말시켰어?

04. Answer : 대답하다

Go ahead and ask. He won't answer. 어서 물어봐. 걘 대답하지 않을거야.

You ask, I'll answer. 네가 물어봐, 내가 답해줄게.

001 ask sb something …에게 뭔가 물어보다

ask me(you) something의 형태로 물어보는 것을 바로 언급하지 않고 「뭔가 물어본다」는 의미로 쓰이는 경우이다. 다만 anything이 되면 뭔가 물어보는 게 아니라 「뭐든지 다 물어보라」는 말이 된다.

POINT
Let me ask you something 뭐 좀 물어볼게
Can I ask you something? 뭐 좀 물어봐도 돼?
I have to ask you something now 지금 뭐 좀 물어봐야 돼

- □ Is Jill around? I have to **ask her something.** 질 있어? 걔한테 뭐 좀 물어봐야 돼.
- □ I don't want to lose you. So **ask me anything** you want.
  널 잃고 싶지 않아. 그러니 원하는 걸 다 물어봐.
- □ Are you here to **ask me that?** 그거 물어볼려고 여기 온거야?
- □ Sure. You can **ask me anything.** 그럼 뭐든지 물어봐.

A: Can I ask you something? 뭐 좀 물어봐도 돼?
B: Sure. Go ahead. 그래. 해봐.

002 ask (sb) a question (…에게) 질문하다

이번엔 sth 대신에 a question이 오는 경우로 「…에게 질문을 하다」라는 의미이다. 앞의 경우와 마찬가지로 뭔가 질문을 단도직입적으로 하기 전에 던지는 문장. 물어보는 내용을 함께 말하려면 ~ question about~ 이라고 하면 된다.

POINT
Let me ask you a question 질문 하나 할게
Can I ask you a question? 질문 하나 해도 돼?
We need to ask you a few questions 네게 질문 몇 개 해야 돼

- □ Could I **ask you a question?** It's important. 질문해도 돼? 중요한건데.
- □ Do you mind if we **ask you a few questions?** 질문 몇 개 해도 될까요?
- □ May I **ask you a couple of questions?** 질문 몇 개 해도 돼요?
- □ Can I **ask you a question about** the birthday gifts?
  생일선물에 대해 하나 물어봐도 돼?

A: May I ask you a question? 질문 하나 해도 될까요?
B: Sure. What would you like to ask me? 그럼요. 뭘 물어보고 싶은데요?

Ask/Answer

003 ask sb a favor …에게 호의를 부탁하다

역시 ask A B의 형태표현. 앞서 나온 do sb a favor가 「…에게 호의를 베풀다」임에 반해 ask sb for a favor는 「…에게 호의를 베풀어달라」고 부탁하는 표현이다.

POINT
ask sb a favor 호의를 부탁하다 do sb a favor 호의를 베풀다

□ I need to **ask you for a favor.** It's urgent. 너한테 부탁할 게 하나 있어. 급해.

□ I'm calling to **ask you for a favor.** 부탁 하나 하려고 전화했어.

□ Can I **ask you for a big favor?** 어려운 부탁 하나 해도 될까요?

A: Can I ask you for a favor? 부탁하나 해도 될까?
B: Sure. What is it? 물론. 뭔데?

004 ask sb about~ …에게 …에 관해 물어보다

다른 사람에게 어떤 정보를 구하는 경우. ask sb about+명사의 형태로 「…에 관해 이런 저런 것을 물어본다」는 표현이 된다.

POINT
I need to ask you about+명사 …에 대해 물어볼게 있어
Don't ask me about+명사 …에 대해 내게 묻지마

□ I need to **ask you about** your brother. 네 형에 대해 물어볼게 있어.

□ I have something to **ask you about** the wedding ceremony.
네게 결혼식에 대해 뭐 좀 물어볼게 있어.

□ Please, don't **ask me about** this again. 다시는 이런 부탁하지 말아줘.

□ I'll **ask her about** this. 걔한테 이것 좀 물어볼게.

A: The students asked Ed about his trip to Africa.
학생들이 에드에게 그의 아프리카 여행에 대해 물었어.
B: What did he say? Was it interesting? 걔가 뭐라고 말하디? 재미있었대?

005 ask sb to ~ …에게 …해달라고 부탁하다

ask sb to+동사 형태로 「…에게 ~을 해달라고 부탁하다」란 의미. 상대방에게 「…를 좀 부탁드려도 될까요?」라고 말할 때 이 표현을 사용한다.

POINT

I'm going to (have to) ask you to+동사 네게 …해달라고 할거야[해야 될거야]
I'm not asking you to+동사 …해달라는게 아냐

- □ I'm going to have to **ask you to** leave now. 그만 가보셔야 되겠네요.
- □ I didn't **ask you to** do it! 너보고 그거 해달라고 하지 않았잖아!
- □ I'm **not asking you to** set me up. 만남을 주선해달라는 얘기가 아니야.
- □ You came down here to **ask me to** marry you? 넌 여기와서 내게 청혼하는거야?

A: Where is the report I asked you to do? 내가 부탁한 보고서는 어디 있나요?
B: I'm still working on it. 아직 하고 있는데요.

006 ask (sb) what[when~] (…에게) …을 물어보다

물어보는 게 좀 길 경우에는 ask (sb)+의문사절로 하면 된다. 우선 wh~로 시작하는 what, when, where, who, why의 경우이다.

POINT

Can I ask you wh~ 주어+동사? …을 물어봐도 돼?
Can I ask why (not)? 왜인지(왜 아닌지) 물어봐도 돼?

- □ Can I **ask you what** happened here? 여기 무슨일인지 물어봐도 돼?
- □ She will **ask me where** it came from. 그거 어디서 난건지 걔가 물어볼거야.
- □ People **ask me why** we're not together.
  왜 우리가 같이 안있는지 사람들이 물어봐.
- □ Can I **ask you what** school you attended? 너는 어느 학교 나왔어?

A: Ask Dad what he wants to do tonight. 아빠에게 오늘 밤 뭐하고 싶은지 물어봐.
B: He said he's going to the baseball game. 야구 경기 보러가고 싶대요.

007 ask (sb) if[how]~ (…에게) …를 물어보다

이번에는 ask (sb) 다음에 if절이나 how절 또는 how to+동사가 오는 경우이다. 특히 ask me if의 형태가 많이 쓰인다.

POINT
ask sb if S+V …인지 …에게 물어보다　　**ask sb how S+V** 어떻게 …인지 물어보다

- □ **Ask me if** she was good in bed. 걔가 잠자리 잘하는지 내게 물어봐.
- □ You never **asked me if** I lived in Germany.
  내가 독일에서 살았는지 넌 내게 물어본 적이 없어.
- □ He **asked me how** much I loved my wife.
  내가 아내를 얼마나 사랑했는지 걔가 물어봤어.
- □ She **asked me if** I have an interest in movies.
  내가 영화에 관심있는지 걔가 물어봤어.

A: I want to get this report done before I go home. 집에 가기 전에 리포트를 끝내고 싶어.
B: Feel free to ask if you have any questions. 질문 있으면 언제라도 해.

008 ask oneself~ 스스로에게 묻다, 자문해보다

이번에는 다른 사람에게 물어보는 것이 아니라 자기 자신에게 물어본다는 의미의 표현. ask oneself 다음에 if 절이나 how절 또는 how to+동사가 오는 경우이다.

POINT
ask oneself if[how]~ …을 자문하다
ask oneself how to+동사 어떻게 …하는지 자문하다

- □ Well then **ask yourself** this. 그럼 자신한테 물어봐.
- □ You should **ask yourself** why you're doing that. 왜 그러는지 스스로에게 물어봐.
- □ I'd have to **ask myself** what kind of person would do that.
  어떤 종류의 사람이 그렇게 할지 자문해봐야겠어.

A: I spent thirty years working in an office. 한 사무실에서 일하면서 30년을 보냈어.
B: Did you ever ask yourself if you enjoyed it? 즐겼는지 한번이라도 자문해봤어?

009 ask for …를 부탁하다

for 이하를 부탁하거나 바라는 것으로 for 다음에 사람이 오면 「…와 얘기하고 싶다」는 말이 되기도 한다. 부탁을 들어주는 사람을 표시하려면 ask sb for~라 한다.

POINT

ask (sb) for~ (…에게) …을 부탁하다, 바라다　　**ask for it[trouble]** 자업자득이다
You asked for it 자업자득이지!, 네가 자초한 일이잖아
(I) Couldn't ask for more 최고야, 더 이상 바랄 게 없어

□ You don't have to **ask for** my permission. 내 허락을 부탁할 필요가 없어.
□ Why didn't you just **ask me for** the money? 왜 내게 돈을 빌려달라고 안했어?
□ She didn't really **ask for** you, she **asked for** me. 갠 네가 아니라 내게 부탁했어.
□ She's the one who **asked for** the divorce. 이혼을 요구한 건 바로 그녀였어.

A: I need to ask for some help here. 이것 좀 도와줘야겠는데.
B: You name it. What can I do for you? 말만해. 뭘 도와줘야 하지?

010 ask sb out 데이트신청하다, 초대하다

기본적으로 「…를 밖으로 초대하다」라는 뜻. 더 나아가 「…에게 데이트신청을 하다」라는 의미를 전달할 때는 ask sb out (on a date)이라고 한다.

POINT

ask sb out for[to] ~ …을 …에 초대하다　　**ask sb out (on a date)** 데이트 신청하다

□ I **asked Sara out for** dinner tonight. 새러한테 오늘밤에 저녁식사 하자고 했어.
□ He **asked me out.** 걔가 데이트 신청했어.
□ **Are you asking me out on a date?** 나한테 데이트 신청하는거야?
□ Our client **asked me out to** dinner. 내 고객이 내게 저녁 데이트 신청을 했어.

A: Are you planning to ask Brian out? 브라이언에게 데이트신청 할거야?
B: No, I'm too shy to ask a boy out. 아니. 남자에게 데이트하자고 하기에는 내가 너무 수줍어.

011 be asked to …하도록 요청받다, 얘기를 듣다

ask sb to do~의 수동태형으로 be asked to do~하게 되면 다른 사람에게서 「내가 …하라는 요청을 받았다」라는 말이 된다. be told to do~가 지시적인 성격이 강하다는 측면만 빼면 같은 맥락의 표현이다.

POINT

be asked to+V …하도록 요청받다 **be told to+V** …하도록 지시받다

- □ I **was asked to** go there instead of Karl. 칼 대신 내가 거기 가라는 요청을 받았어.
- □ I thought you **were asked to** come home. 여기 오라는 얘기를 들었을텐데.
- □ I **was asked to** give this to you. 이걸 너한테 주라고 하던데.
- □ Two of you will **be asked to** leave. 둘 다 떠나라는 얘기를 들을거야.

A: Why is Alice so excited today? 오늘 앨리스가 왜 그렇게 흥분해있니?
B: Someone asked her out to the dance. 누가 댄스 파티에 같이 가자고 했나봐.

012 answer sb[sth] …에(게) 답을 하다

물어봤으면(ask) 답을 해야(answer) 하는 법. 주로 answer 다음에 사람이나 사물을 써서 「…에게, …에 답하다」라는 뜻으로 쓰이는데 아예 두 개의 목적어를 다 받아서 answer sb sth의 형태로도 쓰인다.

POINT

answer sb[sth] …에(게) 답하다 **answer sb sth** …에게 …를 답하다
Don't answer that 그거에 답하지마 **Don't answer now** 지금 답하지마
I can't answer that 난 그거에 답할 수 없어

- □ Just **answer me** this. Why did we break up?
  내게 이거 답을 해. 우리가 왜 헤어진거야?
- □ I will expect you to **answer me.** 네가 내게 답해줄거라 기대할게.
- □ Don't **answer me.** It's your choice. 내게 답하지마. 네 자유야.
- □ Why didn't you **answer my e-mail?** 왜 내 이 멜에 답을 안 한거야?

A: Stop wasting time surfing the Internet. 인터넷 서핑하는데 시간낭비 하지 마라.
B: I must answer an e-mail before I log off. 로그오프 전에 이메일에 답해야 돼.

013 answer one's question …의 질문에 답을 하다

이번엔 구체적으로 질문(question)이란 단어를 목적어로 취해서 「…질문에 답을 하다」라는 뜻으로 쓰이는 표현. answer my[your] question이 가장 많이 쓰이는 형태이며 질문이 두 개 이상일 땐 당연히 questions라 한다.

POINT

answer my question 내 질문에 답하다 **answer your question** 네 질문에 답하다

- □ Don't **answer that question.** 그 질문에 답하지마.
- □ That didn't **answer my question.** 그건 내 질문에 답이 되지 않았어.
- □ She'll **answer your questions** when she's ready.
  갠 준비되면 네 질문에 답할거야.
- □ I'm very happy to **answer your questions.** 기쁜 마음으로 네 질문에 답해줄게.

> A: Is your girlfriend dating another guy? 네 여친이 다른 남자와 데이트하니?
> B: I asked her but she wouldn't answer my question. 물어봤는데 답을 안하려고 해.

014 answer the phone[call, door]
전화를 받다, 문을 열어주다

answer의 목적어로 the phone, call, door 등이 오는 경우로 걸려 오는 전화, 노크소리에 응답한다는 의미. 자기가 못받고 상대에게 받아달라고 할 땐 서로 무엇인지 알고 있는 상태로 그냥 it을 써서 'answer it'이라고 한다.

POINT

answer the phone 전화를 받다 **answer one's cell phone** 핸드폰을 받다
answer the door 문 열어주러 가다

- □ He's **not answering his cell phone.** 갠 핸드폰 받질 않아.
- □ Will you please **answer the phone?** 전화 좀 받아 줄래?
- □ Please **answer the door.** 누가 왔나 나가 봐라.
- □ Could you **answer it** for me?
  (전화벨소리에) 그거 좀 받아줄래?, (초인종소리에) 그거 좀 열어줄래?

> A: Did you answer the phone? 전화 받았니?
> B: I did, but they hung up as soon as I answered. 응, 그런데 내가 받자마자 끊어버렸어.

015 give sb an answer …에게 답을 주다

다른 사람에게 해결책 혹은 대답을 준다는 의미로 give sb an answer라고 하며 역시 해결책의 대상은 to 이하로 붙이면 된다.

POINT

give sb an answer …에게 답을 주다

□ I thought you could **give me an answer** to my question.
네가 내 질문에 대한 답을 줄 수 있을까 하는데.

□ I'd like to **give you an answer** after work. 퇴근 후에 답을 줄게.

□ I'll **give you a firm answer** by Friday. 금요일까지는 확답을 줄게.

□ Please **give me an answer** within 3 days. 3일 이내에 답을 주세요.

A: Could you give me an answer by tomorrow? 내일까지 알려주시겠어요?
B: Sure, I'll let you know by tomorrow. 그러죠, 내일까지 알려드릴게요.

More Expressions

if you ask me 내 생각은, 내 생각을 말한다면

- ☐ If you ask me, we aren't getting paid enough.
  내 의견을 말하자면, 우리 급여는 충분하지 않아.
- ☐ If you ask me, you're making a huge mistake.
  내 생각을 말하자면 넌 지금 큰 실수하고 있는거야.

Whatever you ask 말만해

- ☐ Whatever you ask, I will do. 뭐든지 부탁만 해, 내가 다 들어줄게.

All I'm asking is for you to~ 내가 너한테 바라는 것은 …밖에 없어

- ☐ All I'm asking is for you to leave! 제발 좀 나가주라!

Feel free to ask 뭐든 물어봐, 맘껏 물어봐

- ☐ Feel free to ask if you have any questions. 질문있으면 언제라도 해.

- ☐ **May I ask who's calling?** (전화상) 누구시죠?
- ☐ **It doesn't hurt to ask.** 물어본다고 손해볼 것 없다.
- ☐ **Don't ask me.** 나한테 묻지마.
- ☐ **Don't ask.** 모르는 게 나아, 묻지마 다쳐.
- ☐ **Who asked you?** 누가 너한테 부탁했어?
- ☐ **Who asked your opinion?** 누가 너더러 물어봤어?
- ☐ **I shouldn't have asked.** 물어보지 말았어야 했는데.
- ☐ **If there's anything you need, don't hesitate to ask.**
  필요한게 있으면 주저말고 말씀하세요.

31 머리를 써야 되는 Think

가장 생각해두어야 할 think의 용례는 I think (that) 주어+동사 형태로 자기 의견을 부드럽게 전달하거나 Do you think (that) 주어+동사? 형태로 상대방의 의견을 물어보는 것이 그 첫째이다. 다음은 I'm thinking of~ing의 형태로 「…할 생각」이라고 자기의 앞으로의 의도나 예정을 말하는 것이다. 또한 think의 기본 의미를 활용한 think about[of]는 필수암기사항!

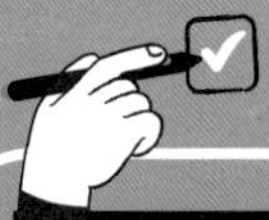

Think 기본개념

01. 생각하다, 숙고하다, 검토하다

I don't have time to think. 생각할 시간도 없어.

Tell me what you're thinking. 네 생각이 뭔지 말해.

I think I'm catching a cold. 감기 걸린 것 같아.

02. …할 생각이다, 의도하다

I'm thinking of ordering a pizza. 피자를 주문할까 생각하고 있어.

Are you really thinking of going? 정말 갈 생각이야?

03. 간주하다, 여기다, 예상하다

I thought as much. 그럴 거라고 생각했어.

001 think (that) ~ …라고 생각하다

자신의 생각을 말할 때 쓰는 표현으로 특히 I (don't) think~하게 되면 자신 없는 얘기를 하거나 혹은 자기의 생각을 부드럽게 말할 때 쓰는 것으로 「…인 것 같아」라는 의미. I guess that ~도 같은 의미.

POINT think (that) S+V …라고 생각하다 don't think (that) S+V …가 아니라고 생각하다

- □ **I think** you have a problem. 너 불만 있나본데.
- □ **I don't think** it's a good idea to leave now. 지금 나가면 안될 것 같은데.
- □ **I don't think** we've met before. 초면인 것 같은데요.
- □ **You think** I'm too young to be married. 넌 내가 결혼하기에 넘 어리다고 생각하는구나.

A: I think that my math teacher is an asshole. 수학선생은 아주 형편없어.
B: What makes you think so? 왜 그런데?

Think

002 Do you think (that)~? …라고 생각해?

상대방이 어떻게 생각하고 있는지를 물어보는 표현. 부정으로 Don't you think~?라고 하면 말투에서도 느껴지듯이 자기 생각을 강조해서 전달하거나 혹은 억양에 따라 질책과 책망의 뉘앙스까지도 줄 수 있는 표현이 된다.

POINT Do you think (that) S+V? …라고 생각해?, …인 것 같아?
Don't you think S+V? …한 것 같지 않아?

- □ **Do you think** she'll become a model? 쟤가 모델이 될 것 같아?
- □ What do you take me for? **Do you think** I was born yesterday?
  날 뭘로 보는거야? 내가 그렇게 어리숙해 보이냐?
- □ **Do you think** we should go there? 우리가 거기 가야 된다고 생각해?
- □ **Do you think** there's a chance I could have a date with Susie?
  수지와 데이트할 기회가 있을 것 같아?
- □ It's 11 o'clock. **Don't you think** it's time you went home?
  11시야. 벌써 집에 늦은 것 같지 않아?
- □ **Don't you think** it's a little too early? 좀 이르다고 생각되지 않냐?

A: Do you think that it will break again? 다시 고장 날 것 같아요?
B: No, I don't think so. I replaced all the damaged parts.
아뇨. 그러지 않을 거예요. 손상된 부품들을 다 갈았거든요.

003 I thought (that)~ …했어, …한 줄 알았어

I think~의 과거형으로 「…라고 생각했다」라는 의미. 단순히 과거에 그렇게 생각했다라는 의미로 쓰이기도 하지만 실은 그렇게 생각했지만 실제는 그렇지 않은 경우에 많이 사용된다.

POINT
I thought I could+동사 …할 수 있을거라 생각했어
I thought we had+명사 …한 줄 알았어

□ **I thought** last night was great. 지난밤은 정말 좋았어.

□ You let me down. **I thought** I could trust you.
실망했어. 널 믿을 수 있다고 생각했는데.

□ **I thought** we had an understanding. 우린 약속된 거 아니었어.

□ **I thought that** it wasn't important to you anymore.
네게 더 이상 중요하지 않다고 생각했어.

□ **I thought** we had plans for tonight. 오늘 저녁 계획이 있는 줄 알았어.

□ To be honest with you, **I thought** you lied to all of us again.
솔직히 말해서, 난 네가 우리 모두에게 또 거짓말한 것으로 생각했어.

□ **I thought** you were on my side in this fight.
이번 싸움에서 난 네가 내 편인 줄 알았어. .

A: I thought you were moving to Chicago. 네가 시카고로 이사하는 줄 알았어.
B: I didn't say I was going to move there. 거기로 이사한다는 말 안했는데.

004 I think I will~ …을 할까 봐

I will~은 내가 미래에 …을 하겠다라는 의미로 이를 통째로 I think~로 감싸면 「…할까 봐」, 「…할게요」 정도의 의미로, 말하는 내용을 확정짓지 않고 부드럽게 해주는 역할을 한다.

POINT
I think I will+동사 …을 할까봐 **Well, all right, I think I will** 알았어. 그렇게 할게

□ **I think I will** stay here with her. 걔랑 여기 남아 있을까봐.

□ **I think I'll** go say hello to your wife. 가서 네 아내에게 인사나 할게.

□ That's okay with me. **I think I'll** pass. 난 괜찮아. 그냥 통과할래.

A: Why don't you ask her to join us? 쟤도 함께 하자고 물어봐?
B: I think I will. 그럴려고.

005 I'm thinking of[about] ~ing
…할까 생각하다

think of(about) 다음의 동사의 ~ing가 오면 「…을 할 생각을 하다」라는 뜻으로 앞으로의 예정 등을 말할 때 사용한다. 아주 많이 쓰이는 I'm thinking of(about) ~ing 형태에 집중한다.

POINT
I'm thinking of[about] ~ing …할까 생각하다
I'm thinking of[about]+N …을 생각하다

□ **I'm thinking of** retiring soon. 곧 퇴직할까 생각해.

□ **I'm thinking of** inviting Anne this weekend. 이번 주말에 앤을 초대할까 생각중야.

□ **I'm thinking about** coloring my hair. 머리를 염색할까 생각중야.

□ **I'm thinking about** moving this chair. 이 의자를 이동하려고 해.

A: What are you going to do with your bonus? 당신 보너스로 뭘 할거예요?
B: I'm thinking of going on vacation. 휴가를 떠날까 하는데요.

Think

006 think so 그렇게 생각하다

상대방의 생각에 나도 그런 생각이라고 동의할 때 쓰는 표현으로 간단히 상대방이 한 말을 'so'로 받은 경우. 좀 더 동의하는 정도를 강조하려면 "I think so, too(나 역시 그런 것 같아)라고 말한다.

POINT
I think so 그럴 걸 **I don't think so** 그렇지 않을 걸

□ I'm glad you **think so.** 그렇게 생각해주니 기분 좋은데.

□ I **thought so,** too, but she didn't want to see me.
나도 그럴 줄 알았는데 걔가 날 안 보려고 했어.

□ I think we should go. Don't you **think so?**
우리 가야 될 것 같아. 그렇게 생각되지 않아.

□ I don't **think so.** I don't think you can. 그렇게 생각안해. 넌 못할거야.

A: Dave might have the key. 데이브가 키를 가지고 있을지도 몰라.
B: I don't think so because he wasn't in yesterday. 그렇진 않을 걸. 그는 어제 출근 안했잖아.

007 ~than I thought 내가 생각한거 이상으로

자기 생각이나 예상했던 것 이상으로 정도가 심할 경우에 사용하는 표현으로 주로 앞에는 비교급 형용사가 오기 마련이다.

POINT

~ than I thought 내가 생각한거 이상으로

□ The exam was harder **than I thought.** 시험은 내가 생각했던 것보다 더 어려웠어.

□ This is going to be harder **than I thought.** 내가 생각했던 것보다 더 어려울거야.

□ You're meaner **than I thought.** 내 생각보다 넌 더 야비해.

□ You're a lot smarter **than I thought.** 내 생각보다 넌 더 똑똑해.

A: A lot of people came to the festival. 많은 사람들이 축제에 왔어.
B: I know. The crowd was bigger than I thought. 그래. 사람들이 생각보다 많이 왔었어.

008 think twice 숙고하다, 신중히 생각하다

두 번 생각한다는 말은 「신중히 생각한다」는 뜻. 특히 think twice before~(…하기 전에 신중히 생각하다)로 많이 쓰인다. 동사구로는 think over와 같은 맥락의 표현이다.

POINT

think hard 깊이 오래 생각하다
think twice (before~) (…하기에 앞서) 재고하다
think positive(ly) 적극적[긍정적]으로 생각하다
think big 넓게 생각하다
think over 신중히 생각하다

□ You should think **twice before** having kids. 애를 갖기 전에 신중히 생각해.

□ Why don't you **think twice** before you start a family?
가정을 꾸리기전에 숙고해라.

□ I'm going to **think twice** before I try this again.
다시 이거 할 땐 신중하게 생각할거야.

□ There's always something bugging you. **Think hard.**
항상 널 힘들게 하는게 있어. 깊이 생각해봐.

□ I suggest you **think long and hard** about it. 아주 진지하게 고민을 해봐.

□ Let me have time to **think over** it. 생각해볼 시간을 줘.

A: Think twice before you choose what to study.
무엇을 공부하려고 선택하기 전에 신중히 생각해라.
B: Yeah, you need to get a good education. 그래요. 좋은 교육을 받아야 되지.

009 , don't you think? 그렇지 않아?

상대방 의견을 물어보거나 혹은 자기 생각을 강하게 어필하는 표현법으로 자기 생각을 말한 다음 문장 끝에 don't you think?만 덧붙이기만 하면 된다.

POINT

~ don't you think? 그렇지 않아?

- □ It's about time for some tea, **don't you think?** 차먹을 시간지났지, 그렇지 않아?
- □ It's a little excessive, **don't you think?** 그건 좀 지나치네, 그렇지 않아?
- □ Well, that's a little easy, **don't you think?** 어, 그건 좀 쉬운데, 그렇지 않아?
- □ It's a little soon for that, **don't you think?** 그러기에는 좀 일러, 그렇지 않아?

A: Angelina is beautiful, don't you think? 안젤리나는 아름답지, 그렇지 않니?
B: Sure. Her boyfriend is a lucky guy. 그럼. 걔 남친은 운 좋은 친구야.

Think

010 You would think (that)~? …라 생각하고 싶지?

비록 사실이 아니지만 사실이기를 기대한다고 말할 때 쓰는 표현. 마찬가지로 I would think~하면 …라고 생각했는데라는 뜻이고 Who would have thought~ ?는 놀라움을 표현하는 것으로 누가 …을 상상이나 했겠어?라는 말이 된다.

POINT

You would think (that) 주어+동사? …라 생각하고 싶지?
I would think (that) 주어+동사 …라고 생각했는데
Who would have thought (that) 주어+동사? 누가 …라고 생각이나 했겠어?

- □ **You would think!** 그렇게 생각하고 싶은거지!
- □ Yeah, **you would think** that. 넌 그렇게 생각할 줄 알았다.
- □ **I would think** you'd be happy. 네가 행복할거라고 생각했는데.
- □ **I would think** it would be fun to have her back.
  걔가 돌아오면 재미있을거라고 생각했는데요.
- □ **I would think** you could afford a piano. 네가 피아노 살 수 있을거라 생각했는데.
- □ **I would think** that they would be looking for me.
  걔네들이 날 찾을거라 생각했는데.
- □ **Who could[would] have thought that?** 누가 생각이나 했겠어?, 상상도 못했네.
- □ **Who would have thought** an earthquake would have killed so many people? 지진이 그렇게 많은 인명을 해칠 줄 누가 상상이나 했겠어?

A: My sister was sick this morning. 누이가 오늘 아침 아팠어.
B: You would think she would stay home. 집에 있을거라 넌 생각하겠구나.

011 What do you think of~? …가 어때?

상대방의 의견을 물어보는 표현으로 먼저 물어보고 싶은 내용을 말하고 나서 What do you think (of that)?이라고 하거나 아니면 What do you think 다음에 전치사 of나 about을 써서 그 아래 물어보는 내용을 명사 혹은 ~ing형태를 갖다 붙여도 된다.

POINT

What do you think (of that)? (그거) 어떻게 생각해?, 네 생각은 어때?, 그걸 말이라고 해?
What do you think of[about]+명사/~ing? …가 어때?
What do you think of[about] sb ~ing? …가 …하는게 어때?

□ **What do you think of me?** 나를 어떻게 생각해?

□ **What do you think of this weather?** 날씨 어때?

□ **What do you think of adding her to our team?**
우리 팀에 걔를 껴주는게 어때?

□ **What do you think about me staying the night?** 내가 밤새 머물러는거 어때?

A: What do you think of this new phone? 이 새 전화기 어떻게 생각하니?
B: It's certainly superior to the one I have. 내가 가지고 있는 것보다 확실히 좋아.

012 What do you think~ ? …가 …한다고 생각해?

Do you think what 주어+동사?에서 'what'이 앞으로 빠진 경우로 「주어가 …을 할거라 생각하냐」라는 의미. 특히 What do you think I am?(내가 뭐하는 사람으로 생각해->날 뭘로 보는 거야?) 처럼 비난성 문장이 될 수도 있다.

POINT

What do you think I am? 날 뭘로 보는거야?
What do you think you are? 네가 도대체 뭐가 그리 잘났어?
What do you think you're doing? 이게 무슨 짓이야?

□ **What do you think she's going to do?** 걔가 뭘 할거라고 생각해?

□ **What do you think I should order?** 내가 뭘 주문해야 된다고 생각해?

□ **What do you think she wants?** 걔가 뭘 원하는 것 같아?

□ **What do you think our chances are?** 우리의 가능성이 어떻다고 생각해?

A: We have to get a nice gift for Mom. 엄마줄 멋진 선물을 준비해야 돼.
B: What do you think she wants for her birthday? 생일선물로 뭘 원하실 것 같아?

013 I think, 내가 생각하기에는,

일상회화에서는 꼭 정식으로 I think (that) 주어+동사 형태로 말하기 보다는 그때그때 내 생각에 그렇다는 걸 말할 경우가 많다. 이때 사용하는 표현으로 I think, 하고 쉰 다음에 자기 생각을 말하면 된다.

POINT

I think, 내 생각에는,

□ **I think,** "This is my worst nightmare." 내가 생각하기에 이게 최악의 순간이야.

□ Since you saw mine, **I think,** you have to show me yours.
네가 내꺼 봤으니 너도 네꺼 보여줘야 돼.

□ I look at you and **I think,** this is what I want.
난 바라봤고, 난 생각했어, 이게 바로 내가 원하는거라고.

A: Since you saw mine, I think, you have to show me yours.
네가 내꺼 봤으니 너도 네꺼 보여줘.

B: Are you out of your mind? Get out of here! 제 정신이야? 꺼지라고!

Think

014 think less of~ …을 낮게 보다

think 다음에 less나 little, nothing등의 부정어가 이어진 다음 of+명사가 이어지게 되면 「…을 낮게 보다」, 「경시하다」, 그리고 think much of하면 「…을 중히 여기다」라는 뜻이 된다.

POINT

think less[little, nothing] of~ …을 하찮게 여기다, 무시하다, 개의치 않다
think much of~ …을 중히 여기다(think a lot of)

□ (Please) **Think nothing of** it. It's no big deal. 마음쓰지마. 별일아냐.

□ No, I don't **think less of** you. Believe me. 아니, 난 널 신경 많이 써. 정말야.

□ She's a big talker so I didn't **think much of** it.
걘 떠벌이어서 개의치않기로 했어.

□ I really hope you don't **think less of** me. 정말이지 나를 무시하지 않으면 좋겠어.

A: The teacher drank too much alcohol. 선생님이 술을 넘 많이 마셨어.

B: His students are going to think less of him. 학생들이 그 선생님을 무시할거야.

015 ~what I think 내가 생각하는 것

~what sb thinks는 「…가 생각하는 것」이란 구로 be, say, do, know 등의 목적어로 붙어 다양한 표현을 만들어 낸다.

POINT

~what I[you] think 내가(네가) 생각하는거
~what I[you] think (주어)+동사 내[네] 생각에 (…가) …하는 것
You know what I think? 저 말이야(의견을 말하기 전에 하는 말)
Here's what I think 내 생각은 이래
That's what I think 그게 바로 내 생각이야
That's[It's] what you think 그건 네 생각이고
Is that what you think? 네가 생각하는게 이거야?

- □ Do you know **what I think?** I think you were right.
  내 생각이 어떤지 알아? 네가 맞다는 거야.
- □ That's **what I thought.** 나도 그렇게 생각했어.
- □ Oh, it's exactly **what you thought.** 어, 그게 바로 네가 생각했던거야.
- □ Is that **what you think of** me? I'm a mistake?
  날 그렇게 생각하는거야? 실수라고?
- □ We know **what you think.** 우린 네 생각을 알고 있어.
- □ I was just curious **what you thought** about that.
  네가 그것에 대해 어떻게 생각하는지 궁금했어.
- □ Is that **what I think** it is? 이거 내가 생각하는거 맞아?
- □ Are they saying **what I think** they're saying?
  내가 걔네들이 말하는 걸 제대로 이해했나?
- □ You know **what I think** you should do?
  네가 무엇을 해야 된다고 내가 생각하는지 알잖아?
- □ I don't feel **what you think** I'm feeling.
  넌 내가 그럴 거라고 생각하는데 난 그렇지 않아

A: I saw you today kissing in the hall. 복도에서 니네 키스하는거 봤어.
B: That's what you think. 그건 그런게 아니야.

A: I don't like the way you designed this. 너 디자인한게 맘에 안 들어.
B: Bite me. I don't care what you think. 배째. 네 생각은 알 바 아냐.

A: Let me know what you think. 네 생각은 어떤지 알려줘.
B: Hmm... I have to think about it for a second. 음… 잠깐 생각 좀 해봐야겠어.

016 think of[about]~ …를 생각하다

think of[about]+명사하게 되면 「…을 생각하다」, 「…을 생각해보다」라는 뜻으로 가장 많이 쓰이는 동사구. 명령형 형태인 Think about[of]~ 으로도 많이 쓰인다. of[about] 다음에 명사나 혹은 ~ing 형이 오면 된다.

POINT (Just) Think of[about]~ …을 생각해봐　　think about what S+V …을 생각해보다

- □ Let me **think about** it a little more. 그거 좀 더 생각해볼게.
- □ I **haven't thought about** marriage yet. 아직 결혼 생각 안해봤어.
- □ Let me **think about** that and I will get back to you. 생각 좀 해보고 얘기해줄게.
- □ What **were** you **thinking about?** 정신을 어디다 놓고 다녀?
- □ Don't even **think about** (doing) it. You can't do that. (그럴 생각) 꿈도 꾸지마. 그렇게 하면 안돼.

A: We may never see each other again. 우리 다시는 서로 볼 일 없을거야.
B: I don't like to think about that. 생각하기도 싫다.

Think

017 think of ~ as ~ …를 …라고 여기다

think of를 응용한 표현으로 think of A as B하면 「A를 B로 생각하다」, 「간주하다」라는 의미. 다시 응용하여 A 대신 oneself를 넣어 think of oneself as~라고 하면 「자기 스스로를 …라고 여기다」라는 뜻.

POINT think of~as~ …를 …라고 여기다　　think of oneself as 스스로를 …라고 생각하다

- □ People **think of** me **as** a hard worker. 사람들은 내가 열심히 일한다고 생각해.
- □ Will, I **think of** you **as** a friend. 윌, 난 널 친구로 생각하고 있어.
- □ I like to **think of myself as** a freelancer. 난 스스로를 프리랜서로 생각하고 있어.
- □ I always **think of** him **as** an asshole. 난 항상 걔가 멍청이라고 생각해.

A: You've been friends with Rob a long time. 너는 롭하고 오랫동안 친구관계였지.
B: I think of him as my best friend. 걔를 나의 최고의 친구로 생각하고 있지.

think out loud 큰소리 혼잣말하다(think aloud)

□ No, I'm just thinking out loud. 아니 난 큰소리로 혼잣말 하는거야.

not think straight 분명하게 생각못하다

□ I don't want to talk about it right now. I can't even think straight. 지금 얘기하고 싶지 않아. 생각을 분명하게 못하겠어.

I think the best thing to do~ 최선의 행동은 …이라고 생각해

□ I think the best thing to do is just smile.
최선의 행동은 그냥 웃는거라 생각해.

I hate to think ~ …라고 생각하기는 싫어

□ I hate to think that you have been cheating on me.
네가 바람펴왔다는 걸 생각하기도 싫어.

think it best (for sb) to~ (…에게) …하는게 최선이라 생각하다

□ I thought it best to work with Tony. 토니랑 일하는게 최선이라 생각했어.
□ I thought it best for us to keep this quiet.
우리가 이걸 비밀로 하는게 최선이라 생각했어.

think outside the box 창의적으로 생각하고 일하다

□ Is it really impossible for you to think outside the box?
넌 정말 창의적으로 생각하는게 불가능해?

think on your feet 빨리 결단을 내리다

□ You can't be a boss without being able to think on your feet.
결단을 바로 못내리면 사장이 될 수 없어.

have second thoughts 재고하다

□ Don't give it a second thought. 걱정하지마.
□ I'm having second thoughts about the wedding.
결혼 다시 생각하고 있어.

On second thought 다시 생각해보니

□ You know, on second thought, gum would be perfect.
다시 생각해 보니까, 껌 하나 주시면 더할 나위가 없겠군요.

come to think of it 생각해보니까 말야, 말이 나왔으니 말인데

□ Come to think of it, why don't you come to the movies with us? 그러고 보니, 너도 우리랑 영화보러 가는 게 어때?

☐ **Here's a thought.** 좋은 생각이 있어, 이렇게 해봐.

☐ **What are your thoughts here?** 이걸 어떻게 생각하세요?

☐ **What is he thinking?** 걔는 무슨 생각을 하는 걸까?

☐ **What was he thinking?** 걔는 무슨 생각을 했던 걸까?

☐ **What makes you think so?** 왜 그렇게 생각하니?, 꼭 그런 건 아니잖아?

☐ **I thought as much.** 나도 그렇게 생각했어.

32 쉬지 않고 일하는

Work

단순히 '일하다'라는 의미로만 알고 있으면 낭패. 어디에서 「일하다」, 「근무하다」라는 의미로 물론 많이 쓰인다. 그러나 기계 등이 제대로 돌아가거나 작동시키다라는 의미 또는 여기서 발전하여 어떤 계획 등이 잘 진행된다는 의미로도 쓰이는데 네이티브들은 이런 의미로 work를 더욱 애용한다. 그리고 그런 의미로 쓰인 work는 일하다라는 의미의 work와는 달리 이해가 선뜻 오지 않는 경우가 많으니 긴장하면서 학습해본다.

Work 기본개념

01. 일하다, 근무하다, 연구하다

I work around 10 hours a day. 난 매일 10시간 정도 일해.

Who do you work for? 어디서 일해?

Thanks for your hard work. 열심히 일해서 고마워.

02. (기계) 제대로 움직이다, 작동시키다

It's working fine. 기계가 잘 돌아간다.

My computer doesn't work. 내 컴퓨터가 작동이 안돼.

My father can't even work an iPad. 아버지는 아이패드를 다룰지도 모르셔.

03. (계획) 잘 진행되다, (약) 효과있다

My plan didn't work well. 내 계획이 잘 되지 않았어.

001 work hard 열심히 일하다

여기서 hard는 열심히라는 부사로 work hard하면 직장인의 덕목인 「열심히 일하다」라는 뜻이 된다. Don't work too hard는 헤어질 때 인사로도 쓰이는데 "쉬어가면서 해"라는 의미.

POINT
work hard (to+동사) (…하려고) 열심히 일하다
work around the clock 무척 열심히 일하다

☐ It's been a long day. We **worked hard** today.
오늘 참 힘들었어. 오늘 열심히 일했어.

☐ You'd better **work harder.** 너 좀 더 열심히 해라.

☐ We'**re working around the clock.** 우리는 최선을 다하고 있어요.

☐ I'**m working hard** to become a better man. 좋은 사람이 되려고 열심히 하고 있어.

A: You have to work hard. Don't let me down. 열심히 일해야 돼. 날 실망시키지마.
B: I'll do my best, boss. Believe me. 사장님, 최선을 다할게요. 믿으세요.

002 work overtime 야근하다

역시 열심히 일한다와 같은 맥락의 표현으로 work overtime은 「야근하다」, 「늦게까지 일하다」라는 의미의 work late와 같은 의미이다.

POINT
work overtime 야근하다　　work late 야근하다

☐ I have to **work overtime** today. 오늘 야근해야 돼.

☐ I can't meet you for dinner. I have to **work overtime** today.
저녁식사 같이 못해. 오늘 야근해야 돼.

☐ **Are** you **working overtime** tonight? 오늘 야근해?

☐ I don't **work late** tomorrow night. Let's get together then.
내일 밤에는 늦게까지 일 안해. 그때 만나자.

A: How is your new job? 새 직장은 어때?
B: Not so bad. I have to work overtime sometimes, but I like the job.
그리 나쁘지 않아. 야근을 해야 할 때도 있지만 일이 마음에 들어.

003 work+시간 …에 일해

work+시간관련 명사가 와서 언제 일하는지 그 시간을 말해줄 수 있다. 근무시간을 물어보는 What are the hours?의 대답으로 쓰인다.

POINT

be on a five-day work week 주 5일제 근무이다
work nights[days] 주간[야간] 근무이다

- ☐ You'd **be working** a five-day week, 9 to 5. 주 5일 9시부터 5시까지 일할겁니다.
- ☐ **Are you on a five-day week?** 주 5일제 하니?
- ☐ I'm **working nights[days].** 난 저녁[낮] 근무야.
- ☐ My sister is a single mother who **works nights.** 나의 누이는 밤근무를 하는 한부모야.

A: Why don't I ever see your husband? 왜 네 남편 한번 볼 수 없니?
B: He's very tired since he has to work nights. 야간근무를 하게 된 이래 남편이 무척 피곤해해.

004 work 제대로 돌아가다

뭔가 효과적이고 성공적이라는 뜻으로 주로 사물 주어가 오게 된다. 뭔가를 제대로 돌아가게 한다고 할 때는 make ~ work(get~ to work)라 하면 된다.

POINT

It works! 제대로 되네!, 효과가 있네! **It doesn't work** 제대로 안돼, 그렇겐 안돼
make sth work …을 돌아가게 하다(get sth to work)

- ☐ That's not how it **works.** 그렇게는 안돼.
- ☐ It's never going to **work[happen].** 우린 안돼.(남녀관계가 못 이루어진다는 말)
- ☐ Why didn't it **work?** What was the problem? 왜 제대로 안됐어? 문제가 뭐였어?
- ☐ Never give up. There are ways to **make** this **work.** 절대 포기마. 항상 방법이 있게 마련이야.

A: Is the time on that clock correct? 저 시계 시간이 맞는 거니?
B: No, it doesn't work. Check the time on your cell phone.
아냐. 그 시계는 작동을 하지 않아. 네 휴대폰 시간을 확인해봐.

005 make it work 제대로 돌아가게 하다

앞 표현의 사역형으로 'it'을 제대로 돌아가게 한다, 잘 작동되게 한다는 의미이다. it 대신에 things를 써서 make things work의 형태로 굳어져 많이 쓰인다. 물론 make marriage work처럼 다른 일반 명사가 올 수도 있다.

POINT

make it work 잘 작동되게 하다
make things work 가능하게 하다(get sth to work)
make a relationship work 관계가 가능하게 하다

- □ We will find a way to **make it work.** 이게 제대로 돌아가게 하는 방법을 찾을거야.
- □ I'm going to need some time to **make it work.** 그게 제대로 돌아가게 하는데는 시간이 좀 필요할거야.
- □ The only person that can **make** marriage **work** is you. 이 결혼을 성사시킬 유일한 사람은 너야.
- □ I thought about what it takes to **make** a relationship **work.** 관계를 제대로 돌아가게 하기 위해서 뭐가 필요한지 생각해봤어.

A: What do you think about that idea? 이 아이디어에 대해 어떻게 생각하니?
B: It will be difficult, but we can make it work. 어려울거야. 그렇지만 우린 해낼 수 있어.

Work

006 ~ works for me[you]
내게[너에게] …이 괜찮다, 좋다

앞의 경우와 같은 맥락의 표현으로 사물주어+works for sb하게 되면 「…에게 …이 좋다」, 「괜찮다」라는 뜻. 특히 약속을 정할 때 많이 등장한다.

POINT

사물주어+work for sb …에게 통하다, 괜찮다

- □ It **works for** me. 난 괜찮아. 찬성이야.
- □ Does it[that] **work for** you? Tell me what you think. 너도 좋아? 네 생각을 말해봐.
- □ Does this afternoon **work for** you? 오후 괜찮으세요?
- □ Does seven o'clock **work for** you? 7시 괜찮아?

A: Let's see, is Friday all right? 어디 보자, 그럼 금요일은 괜찮나요?
B: Yes, I guess that works for me. 네, 그때가 좋을 것 같네요.

007 work one's way to[through]
빼빠지게 …하다

좀 점잖지 못한 표현. 단순히 열심히 일하다라는 표현으로는 부족한 경우에 쓰는 말로 우리말로는 뼈빠지게 일하다, 노력해서 …하다 정도의 의미가 된다.

POINT
work one's way[butt, ass] to[through]~ …하는데 뼈빠지게 일하다
work one's way through+학교 학비를 벌어서 학교를 다니다

- □ He's **working his head off.** 그는 뼈 빠지게 일해.
- □ I **worked my way through** med school. 내가 학비를 벌면서 의대를 다녔어.
- □ I've **been working my way through** your checkbook. 네 수표책을 꼼꼼히 뒤져봤어.

A: I worked my way through med school. 난 학비를 벌면서 의대를 다녔어.
B: I know. You are the pride of our family. 알아. 넌 우리 집안의 자랑이야.

008 work at …을 열심히 하다

work at+장소명사가 나오면 주로 「…에서 일하다」(work for)이고 work at 다음에 일이나 ~ing 형태가 오면 「…얻으려고 혹은 향상시키려고 열심히 시도하다」란 뜻이 된다.

POINT
work at+장소 …에서 일하다(work for sb) work at sth[~ing] …에 열심히 하다

- □ They think I **work at** Starbuck's. 내가 스타벅스에서 일한다고들 생각해.
- □ How long did you **work at** the store? 그 가게에서 일한 지 얼마나 됐어?
- □ I **worked at** getting the job done. 이 일을 끝내는데 열심히 했어.
- □ I tried my best to **work at** this marriage. 이 결혼을 성사시키려고 최선을 다했어.

A: Learning English can be very difficult. 영어공부하는 것은 매우 어려울 수 있지.
B: I know, but you have to work at it. 알지. 그래도 열심히 해봐야지.

009 work for …에서 일하다

「work for+명사(회사)」는 「…를 위해 일을 하다」, 즉 「…에서 일하다」는 뜻으로 Who do you work for?에 대한 답. 물론 work at(in)~이라고 해도 된다.

POINT
Who do you work for? 어디서 일해? **I work for[at, in]** …에서 일해

- □ I **work for** a government agency. 정부기관에서 일해.
- □ I thought you **work for** Mr. James. 너 제임스 씨 회사에서 일하는 줄 알았는데.
- □ I **work for** an Internet company. 인터넷 회사에 다녀.
- □ How long has Brian **worked for** you? 브라이언이 네 회사에 얼마동안 일했어?
- □ She **has worked for** an ad agency since 2018.
  걘 2018년부터 광고대행사에서 일했어.

A: It's difficult to work for uptight bosses. 깐깐한 사장들과 일하는 건 힘들어.
B: You can say that again! 누가 아니래!

010 work things out 일을 잘 풀어가다

앞의 work out을 이용한 표현으로 work things out하면 「일을 잘 풀어가다」, 「문제를 해결하다」라는 뜻이 된다. Things을 앞으로 해서 Things don't work out(일이 잘 안풀려)라고 할 수도 있다.

POINT
work things out (with sb) (…와) 일을 잘 풀어가다, 문제를 해결하다
Things work out 일이 잘 풀리다

- □ I really think it's great they **work things out.**
  걔네들이 일을 잘 풀어나가 정말 좋은 것 같아.
- □ I wanted to **work things out** with my husband.
  남편과 일을 잘 풀어가기를 원했어.
- □ I'm trying to **work things out** with Eva. 난 에바와 일을 잘 풀어가려고 하고 있어.
- □ Why do I have to **work things out** with a man who used me?
  왜 날 이용한 남자와 일을 잘 풀어나가야 돼?
- □ Things will **work out all right.** 잘 해결될거야.
- □ Things didn't **work out** and he broke up with her.
  일이 잘 풀리지 않아 그는 걔랑 헤어졌어.

A: What's going on between you two? 너희 둘 요즘 어떠니?
B: We're working out our problems. 서로 간에 문제들을 해결해가고 있어.

011 work on …을 일을 하고 있다

work for가 일하고 있는 장소를 말하는 반면 work on은 일을 하고 있는 대상을 말한다. work on the report하면 리포트를 작성한다는 말. 다만 work on sb하면 「…을 설득하다」, 「영향을 주다」라는 뜻이 된다.

POINT

work on sth …일을 하다
work on ~ing …일을 하다
work on sb …을 설득하다, 영향을 주다
work on what~ …에 종사하다

- □ I **am working on** it. 지금 하고 있어.
- □ I'll get to **work on** it right now. 지금 이 일을 시작할거야.
- □ I'm going to **work on** this stuff at home tonight.
  오늘 밤 집에서 이 일을 할 거야.
- □ Let me **work on** this. I'll get it done by tomorrow.
  내가 이거 할게. 내일까지 끝마칠게.
- □ I **was working on** a crossword puzzle when you called this morning. 아침에 네가 전화할 때 난 크로스워드 퍼즐 풀고 있었어.
- □ I'm going to **work on** my music this summer. 이번 여름에 내 음악작업을 할거야.
- □ It would **work on** me when I was young.
  내가 어렸을 때 그게 내게 통했을 지도 모르지.
- □ What **are** you **working on** now? 지금 뭐하고 있어?
- □ We spent 2 years **working on** our problems.
  우리 문제를 해결하는데 2년이나 소요됐어.

A: I'm so stressed out these days. 요즘 스트레스를 많이 받고 있어.
B: Oh? Do you have to work on a big project? 그래? 중요한 일을 해야 되는거야?

A: I'm going to work on this stuff at home tonight. 오늘 밤 집에서 이 일을 할거야.
B: If you have any problems, give me a call. 문제가 생기면 나한테 전화해.

A: How long have you been working on that project? 그 작업에 매달린 지 얼마나 된거야?
B: I've been working on it all day long. 하루 종일 하고 있는 중이야.

012 work out 잘되다, …하게 되다, 운동하다

중요한 표현이지만 의미가 분명하게 오지 않는 것 중의 하나. 먼저 어떤 안 좋은 상황이 주어로 올 경우에는 「나아지다」, 「좋아지다」, 그리고 work out+well(badly, all right, OK) 등이 오면 「…하게 되다」라는 의미로도 쓰인다.

POINT

Sth works out 나아지다(get better)
work out for the best 결국은 잘 되다
Sth works out well[badly] 좋게(나쁘게) 되다(turn out)
Sb works out 잘 고안해내다, 좋은 계획을 짜다, 운동하다

- □ I hope it **works out** with you and Mike. 너하고 마이크하고 잘 되기를 바래.
- □ How did everything **work out?** 어떻게, 일은 잘 풀렸나요?
- □ How's that **working out** for you? Is that good enough?
  일이 잘되고 있나요? 충분해요?
- □ It never **would have worked out.** I knew it!
  애초에 가망이 없었어. 내 그럴 줄 알았어!
- □ Let's **work it out.** 제대로 해보자.
- □ Don't worry about a thing. We can **work it out.**
  걱정하지 마. 해결할 방법은 있어.
- □ You can count on me. Everything will **work out for the best.**
  날 믿어. 다 잘 될거야.
- □ The figures that you gave me don't **work out.**
  나한테 준 통계치로는 답이 안 나와.

A: How's that new guy working out? 저 신입사원은 일을 잘 하고 있니?
B: Not very well. He's all thumbs. 잘 하진 못해. 손재주가 너무 없거든.

A: How did you make out at the lawyer's office?
그 변호사 사무실에서 일이 어떻게 된거야?
B: In the end everything worked out for the best. 결국에는 모든 일이 가장 좋게 해결됐어.

A: Keri is in such great shape. 케리는 대단히 건강해.
B: That's because she works out every day. 걔는 매일 운동하기 때문이야.

013 work up 점차 …하게 만들다

work up 다음에 interest, nerve, appetite 등이 오면 주어가 이런 명사를 갖게 만든다라는 것으로 관심, 용기를 갖고, 식욕을 느끼게 된다는 말. 또한 work~up하면 「…을 화나게 하다」라는 뜻으로 get worked up 형태로 쓰인다.

POINT
work up+명사(interest, appetite) 주어가 …를(관심, 식욕) 갖게 하다
work sb up …을 열받게 하다
get worked up (about) (…에) 화나다

□ That'll really **work up** your appetite for lunch.
그렇게 하면 정말 점심먹고 싶은 생각이 들거야.

□ Go **work up** some new ideas and then we'll go over it during lunch. 가서 좋은 생각을 만들어내봐 그럼 점심때 검토해볼게.

□ I just think you'**re getting worked up** over nothing.
난 네가 아무것도 아닌 일에 화내는 것 같아.

□ What **are** you so **worked up** about? 뭐 때문에 화났어?

□ He **got worked up.** You'd better keep away from him. 걔 화났어. 멀리해.

A: Have you worked up the courage to ask her out? 용기내서 걔한테 데이트 신청해봤어?
B: I'm still too afraid. 난 아직도 너무 두려운 걸.

014 have a lot of work 할 일이 많다

상대방에게 뭔가 거절하거나 혹은 자리를 먼저 뜰 때 필요한 표현. a lot of 대신 much를 써도 되지만 a lot of work가 훨씬 많이 쓰인다. have 혹은 have got을 쓰기도 한다.

POINT
have (got) a lot of[much] work to do 해야 할 일이 많다
have a lot of work left 할 일이 많이 남아있다

□ We **have a lot of work** today. 오늘 할 일이 많아.

□ Can I go? I'**ve got a lot of work to do** today. 가도 돼? 오늘 할 일이 많아서.

□ I **have so much work to do** on the case. 그 건으로 해야 할 일이 많아.

□ I **have some work to do** in my office. 사무실에서 할 일이 좀 있어.

□ I'**ve got** three or four more hours work **left.** Can you wait?
한 3,4시간 일 더 해야 돼. 기다려줄 수 있어?

□ How much work do you **have left** now? 얼마나 일이 남았지?

A: What is our plan for tonight? 오늘 밤 우리 계획은 뭐야?
B: We'll be busy. We have a lot of work to do. 우린 바쁠거야. 할 일이 무척 많아.

015 after work 퇴근 후

work가 명사로 쓰인 경우로 after work는 「퇴근 후에」, 그리고 at work는 「직장에서」라는 표현으로 be at work하게 되면 「근무 중」이라는 뜻이 된다.

POINT **at work** 직장에서(be at work 근무중이다) **after work** 퇴근 후

- □ I'll be home right **after work.** 퇴근 후에 바로 집으로 갈거야.
- □ Hey, what are you doing **after work?** 야, 퇴근 후에 뭐해?
- □ I'm supposed to be **at work** all night. 난 밤새 근무해야 돼.
- □ He likes to play computer games **at work.** 걘 근무 중에 컴퓨터 게임하는 걸 좋아해.

A: He needs to be picked up after work tomorrow.
그 사람은 내일 퇴근 후에 누가 좀 태워서 가야 해.

B: I'll send a taxi for him. 내가 택시를 보낼게.

Work

More Expressions

work on one's own 혼자 처리하다

□ I can't handle all this work on my own. 이 모든 일을 혼자 처리 못해.

put sb to work …에게 일을 주다

□ Let me put her to work. 걔에게 일을 줄게요.

work through (어려운 문제를) 다루다, 풀어나가다

□ I have some issues I need to work through.
내가 풀어야 하는 문제가 몇 개 있어.

□ Every family has problems to work through.
모든 가정은 풀어나가야 할 문제들이 있어.

work off (운동 같은 걸로 분노, 초조 등의 감정을) 없애다, 일해서 갚다

□ He gets to work off his debt. 갠 빚을 갚아가고 있어.

□ **guess work** 어림짐작

□ **I've just finished work.** 방금 일을 끝냈어.

□ **Keep up the good work.** 계속 열심히 해, 계속 잘 하다.

□ **When will you be done with your work?**
언제까지면 일을 끝낼거야?

□ **Good work!** 잘 했어!

□ **How's work with you?** 일은 어때?

□ **I'm up to my ears[neck] in work.** 일 때문에 꼼짝달싹 못해.

□ **It works (like a charm).** (감쪽같이) 효과가 있네, 일이 되네.

33 그래 이 느낌이야

Feel

기분이 좋다 나쁘다 할 때 쓰는 동사. feel 다음에 다양한 형용사(good, bad, sick)를 넣어가면서 기분이나 몸 상태를 표현할 수 있다. 내 기분을 형용사 하나로 달랑 표현하기 어려울 때는 I feel like 다음에 명사 혹은 '주어+동사'를 넣어 「내 기분이 지금 …같다」라고 말할 수도 있다. 또한 I feel like ~ing하면 …할 기분이라는 뜻으로 「…하고 싶다」라는 의미가 된다는 점을 기억해두어야 한다.

Feel 기본개념

01. 기분이 …하다

I feel much better. 기분이 더 나아졌어.

How do you feel? 기분이 어때?

I know just how you feel. 어떤 심정인지 알겠어.

I've never felt like this before. 이런 느낌 처음이야.

How (are) you feeling? 몸은 좀 어때요?

02. …같은 느낌이다(feel like+명사[주어+동사])

I feel like an idiot. 내가 바보가 된 것 같아.

I feel like it's my fault. 내 잘못인 것 같아.

03. …하고 싶다(feel like ~ing)

I feel like having a drink. 술 한잔 하고 싶어.

I don't feel like talking to you. 너와 얘기하고 싶지 않아.

001 feel well[bad] 기분이 좋다[나쁘다]

feel well하면 몸상태나 기분이 좋다는 말로 반대는 feel bad라 한다. 특히 기분이 나쁜 이유를 추가하려면 feel bad about~으로 쓴다.

POINT

feel bad (about sth/~ing) (…로) 기분이 나쁘다　　feel well 기분[몸]이 좋다

- □ I don't **feel well** these days. 요즘 몸이 안 좋아.
- □ Leave me alone. I'**m not feeling well.** 가만 놔둬. 기분이 별로 안 좋아.
- □ Don't **feel so bad about** it. 너무 속상해하지마.

A: You look terrible today. 오늘 힘들어 보이네.
B: I'm not feeling well. I need to lie down. 몸이 별로 좋지 않아. 좀 누워야겠어.

002 feel better[good, great] 기분이 좋아

기분이 좋다고 하면 feel good, 더 좋으면 feel great, 그리고 기분이 나아졌으면 feel better라고 하면 된다. 또한 기분이 나쁘면 feel bad라 하면 된다. 기분이 좋거나 나쁜 이유를 말하려면 뒤에 about~, to~, if~를 추가하면 된다.

POINT

feel good[better, great] (about~) (…하는게) 기분이 좋다
It[That] feels good (to~/if~) (…하는 건) 기분이 좋아
make sb feel better …을 기분좋게 하다

- □ I'**m not feeling very good** today. 오늘 기분이 그리 좋지 않아.
- □ I **feel good about** this. 난 이게 기분이 좋아.
- □ Drink this. It'll make you **feel much better.** 이거 마셔. 기분이 더 좋아질거야.
- □ I'**d feel better if** I slept with Diane. 내가 다이안과 자면 기분이 좋아질텐데.
- □ It **feels good** to be taken care of. 누가 돌봐주면 기분이 좋아.

A: How are you doing, Jodie? 어떻게 지내니, 조디?
B: I don't feel good today. I want to go home. 오늘 좀 좋지 않네. 집에 가고 싶어.

A: You feel better now? 좀 기분이 나아졌어?
B: Yeah, much. 응, 많이.

003 feel+형용사 (기분, 몸이) …해

지금까지 배운 feel better, feel good, feel well~ 외에도 다양한 형용사가 이어져 주어의 기분이나 몸상태를 말할 수 있다. 물론 마찬가지로 뒤에 about, that S+V 등을 붙여 그 이유를 부연 설명해줄 수 있다.

POINT

feel sick 아프다	**feel tired** 피곤하다	**feel sad** 슬프다
feel weird 기분이 이상하다	**feel nice** 기분이 좋다	**feel sure[certain]** 확신하다
feel right 옳다	**feel terrible** 끔직하다	**feel stupid** 바보같다

□ I **feel really sick** today. 오늘 무척 아파요.

□ This **feels (very) weird** to me. 이거 (정말) 기분이 이상해.

□ I don't know, but it just doesn't **feel right** to me.
모르겠지만 내겐 그건 옳지 않아.

□ You said it. I don't **feel right,** either. 정말야. 나도 마음이 편치 않아.

□ I **feel weird** about what happened the other day.
요전 날 일어났던 일이 좀 이상해.

□ I don't really **feel right** about doing this. 이거 하는게 영 찜찜해.

□ Don't make me go there. I **feel at home** here.
날 거기로 보내려하지마. 난 여기가 편해.

□ You can stop working and go get some rest if you **feel tired.**
피곤하면 일 그만하고 가서 좀 쉬어.

A: I have no energy and feel sick. 나 힘이 하나도 없고 메슥거려.
B: This is why you need to exercise. 이래서 네가 운동을 해야 하는거야.

A: You have all my sympathy. 정말 안됐네요.
B: You shouldn't feel sad for me. 나에 대해 슬퍼하지 마세요.

A: I want to go to bed. I feel tired. 잠자리에 들고 싶어. 피곤하거든.
B: That's a good plan. We need rest. 좋은 계획이야. 우린 휴식이 필요해.

004 feel okay 괜찮아

서로의 안부에 대해서 묻고 답할 때 사용하면 좋은 표현. feel okay나 feel all right로 써서 「괜찮다」라는 표현을 만들 수 있다.

POINT

feel okay about~ …에 대해 괜찮다고 생각하다

□ You're **feeling okay**, David? 데이빗, 너 괜찮아?

□ How can you **feel okay** about this? 어떻게 이게 괜찮다는거야?

□ I actually **feel OK!** At least about life with my husband.
실은 괜찮아! 적어도 남편하고는 말이야.

□ Does that **feel OK?** Don't hesitate to tell me if it doesn't feel good. 그거 괜찮아? 그렇지 않으면 주저 말고 말해.

A: Are you feeling okay? 괜찮니?
B: No, actually I'm feeling pretty sick. 아니. 사실은 매우 아파.

005 feel like+명사 …같은 느낌이야

feel 다음에 바로 형용사가 왔지만 명사가 오려면 like를 붙여서 feel like+명사로 써줘야 한다. 의미는 「…같은 느낌이야」이다.

POINT

feel like+명사 …같은 느낌이야

make sb feel like~ …을 …처럼 느끼게 하다

□ I **feel like** a new person. 다시 태어난 기분이야.

□ I can't believe I didn't get a promotion. I **feel like** such a loser.
승진도 못하다니. 난 아주 멍청한 놈인 것 같아.

□ How could you say that? You **made** me **feel like** an idiot.
어떻게 그렇게 말할 수 있어? 너 때문에 바보가 된 기분이야.

□ I'm beginning to **feel like** a nomad. 내가 유목민 같다는 느낌이 들기 시작해.

A: What should we get to eat? 무엇을 먹을까?
B: I feel like Chinese food tonight. 오늘 밤 중국음식이 땡기네.

006 feel like (that)~ …같은 느낌이야

It seems (like)~, It looks like~와 같은 맥락의 표현. 의미는 I feel like+명사처럼 「…같은 느낌이야」라는 뜻. 명사 대신 문장이 왔다고 생각하면 된다. 물론 like는 생략해 I feel that 주어+동사라 쓸 수도 있다.

POINT

feel like S+V …같은 느낌이야 **I don't feel like S+V** …하다는 느낌이 들지 않아
feel like as if[though] S+V 마치 …같은 기분이야

- □ I **feel like** you are not listening to me. 네가 내 말을 듣지 않은 것 같아.
- □ I still **feel like** something's not right. 뭔가 잘 못된 것 같다는 생각이 들어.
- □ I **feel like** I'm totally lost. 완전히 길을 잃은 것 같아.
- □ You probably **feel like** you don't have a chance.
  아마 기회가 없다고 느낄지도 몰라.

A: I feel like my head is going to explode! 내 머리가 터질 것 같아.
B: What happened? 왜 그래?

007 feel like ~ing …하고 싶다

feel like 다음에 동사의 ~ing을 취하면 「…을 하고 싶다」라는 의미가 된다. 뭔가 먹고 싶거나 뭔가 하고 싶다고 말하는 것으로 반대로 「…을 하고 싶지 않다」라고 말하려면 부정형 I don't feel like ~ing을 쓴다.

POINT

feel like+~ing …하고 싶다 **I don't feel like+~ing** 난 …하고 싶지 않다
I don't feel like it 사양할래

- □ I **feel like** having a cup of coffee. 커피 먹고 싶어.
- □ Leave me alone. I **don't feel like** doing anything.
  나 가만히 놔둬. 아무것도 하기 싫어.
- □ I **don't feel like** going to play computer games with you.
  너랑 컴퓨터 게임하는거 싫어.
- □ I **don't feel like** being alone tonight. 난 오늘밤 혼자 있고 싶지 않아.

A: I feel like throwing up. 토할 것 같아.
B: I'd better stop the car. 차를 세워야겠어.

008 feel free to~ 마음대로 …해

상대방에게 어려워 말고, 부담 없이 「맘대로 …하라」고 친절하게 말할 때 사용하는 표현. 「주저하지 말고 …해라」는 의미의 Don't hesitate to~와 비슷하다.

POINT
feel free to+동사 마음대로 …하다　　Don't hesitate to+동사 주저하지 말고 …해

- □ Please **feel free to** have another. 하나 더 먹어.
- □ **Feel free to** stay here as long as you like. 있고 싶을 때까지 있어.
- □ **Feel free to** ask if you have any questions. 질문있으면 언제라도 해.
- □ **Feel free to** bring some girlfriends to the party. 파티에 여친들 부담없이 데려와.

A: Feel free to stay here as long as you like. 계시고 싶을 때까지 마음 놓고 머무세요.
B: It's very kind of you to say so. 그렇게 말씀해주셔서 고맙습니다.

009 feel the same way 똑같이 생각하다, 공감하다

간단한 표현이지만 무척 많이 쓰이는 것으로 feel the same way (about sb)하면 「(…에 대해) 같은 생각을 하다」라는 의미. the same way는 앞서 언급된 대화내용을 말한다.

POINT
feel the same way about~ …에 대해 똑같이 생각하다
have the same feeling 같은 느낌을 갖다

- □ I **feel the same way.** 나도 그렇게 생각해.
- □ I don't **feel the same way** about you. 너에 대해 난 달리 생각해.
- □ I hope that you **feel the same way** about me.
  네가 나에 대해 같은 생각을 하길 바래.
- □ Does he **feel the same way?** 걔도 같은 생각이래?

A: I have a feeling that they are not going to show up.
내 느낌상 그들이 오지 않을 것 같아.
B: That's funny, I had the same feeling earlier today.
그거 재미있는데, 나도 오늘 일찍 같은 느낌을 받았거든.

010 feel for …을 동정하다

feel for sb(sth)는 …가 처한 어려움이나 고통을 보고 마음이 아픔을 느끼는 것을 말하는 것으로 「…을 동정하다」, 「안타깝게 생각하다」라는 뜻이다. 주의할 점은 have a feel for~의 형태로 쓰이면 …에 대해 감각이 있다, 좋아하다라는 뜻이 된다는 것이다.

POINT

feel for sb …의 고통을 동정하다
feel for sth …을 안타깝게 생각하다
feel pity for …을 불쌍히 여기다
feel sorry for …을 가엽게 여기다

□ She suffers from depression. We all **feel for** her.
갠 우울증을 앓고 있어. 우리 모두 걜 동정해.

□ The boss will like her and **feel for** her situation.
사장은 걜 좋아하게 될거고 걔의 사정을 동정할거야.

□ I **feel for** the loss that they suffered. 난 걔들이 상실한 고통을 안타까워 하고 있어.

□ I don't **feel sorry for** you anymore. 난 널 더 이상 동정하지 않아.

A: I feel for Bette. She looks unhappy. 베티가 안타까워. 슬퍼 보여.
B: She's having problems with her parents. 부모와 문제가 있어.

011 have a good[bad] feeling about~ …에 기분이 좋다[나쁘다]

어떤 사물이나 사람에 대해 자신의 기분이 좋은지 나쁜지를 말하는 표현법으로 feeling 앞에 자신의 감정에 맞는 형용사를 넣으면 된다. 예를 들어 이상하다면 weird feeling이라고 하면 된다.

POINT

have a good feeling about~ …에 기분이 좋다
have a bad[weird] feeling about~ …에 기분이 나쁘다[이상하다]

□ I **had a bad feeling about** this. 난 이게 기분이 안 좋았어.

□ I**'ve got a good feeling about** this. 난 이거에 기분이 좋아.

□ I **have a really good feeling about** her. 난 걔한테 정말 좋은 감정이야.

□ I **have a weird feeling about** this place. 난 이곳 기분이 이상해.

A: I have a good feeling about this date. 이번 데이트에 대해 좋은 느낌이 들어.
B: You'll have a good time with Eileen. 넌 아일린과 좋은 시간을 가질거야.

012 have the[a] feeling~
…인 것 같아, …라는 기분이 들다

have the[a] feeling (that) 주어+동사형태로 쓰이며, that~ 이하는 the(a) feeling과 동격으로 어떤 느낌인지 그 내용을 구체적으로 말해주는 역할을 한다. 뒤에 of나 about이 붙으면 「…에 대한 느낌이 있다」라는 뜻.

POINT

have the[a] feeling (that) S+V …인 것 같아
have the[a] feeling about~ …한 예감이 들다

□ I **have the feeling** you had something to do with it.
네가 그것과 관련있었다는 느낌야.

□ I **got the feeling that** your wife was coming on to me.
네 마누라가 날 유혹했다는 생각이 들어.

□ I **have a feeling** he's going to be very angry. 걔가 무척 화낼 것 같아.

□ I've **got a feeling** he'll be back. 걔가 돌아올 것 같아.

A: Morton has done a very poor job. 모톤이 일을 아주 형편없이 했어.
B: I have a feeling that he will quit soon. 걘 곧 그만둘 것 같은 느낌이 있어.

013 have feelings for~ …을 좋아하다

이번에는 a feeling 혹은 feelings 다음에 for가 와서 have a feeling[feelings] for sb[sth]하게 되면 「…에게 마음이 있다」, 「…을 좋아하다」라는 뜻이 된다.

POINT

have feelings for …을 좋아하다

□ I **have (strong) feelings for** her. 나 걔한테 마음이 (무척) 있어.

□ You'**ve had feelings for** me? 나한테 특별한 감정을 느꼈다구?

□ You still **have feelings for** me, don't you? 아직도 날 좋아하지, 그렇지 않아?

□ I **have feelings for** you. I know you **feel something for** me.
나 너 좋아해. 너도 나에 감정이 있다는 것을 알아.

A: Bob is always calling me. '밥'이 항상 내게 전화를 해.
B: You know he has feelings for you. 걔가 너를 좋아하고 있는 것 알잖아.

014 (There's) No hard feelings 악의는 아냐

There's no hard feelings on my part(기분 나쁘게 생각하지마)로 잘 알려진 표현. 상대방을 기분 나쁘게 할 수도 있는 일의 내용은 ~hard feelings for(about)~형태로 써주면 된다.

POINT

No hard feelings about~ …에 대해 기분 나쁘게 생각마
(There's) No hard feelings on my part 기분 나쁘게 생각마

- □ **There's no hard feelings** even though I was fired. 해고 당했지만 악의는 없어.
- □ **No hard feelings about** you leaving me behind. 네가 날 두고 가버린거 기분 나쁘게 생각안해.
- □ I know you tried, so **no hard feelings.** 네가 노력했다는거 알아. 나쁜 감정도 없고.
- □ If you want to go, **there's no hard feelings.** 네가 간다고 해도 나쁜 감정 없어.

A: I'm sorry I spilled your drink. 미안해. 네 음료를 엎었어.
B: No hard feelings. I'll get another. 기분 나쁘지 않아. 음료 하나 더 가져올게.

Feel

More Expressions

What are your feelings about~? …을 어떻게 생각해?

□ What are your feelings about us divorcing?
우리 이혼하는 거 어떻게 생각해?

spare one's feelings 감정을 상하지 않게 하다

□ I was trying to spare your feelings. 네 감정을 상하지 않게 하려고 했어.

hide one's feelings …의 감정을 숨기다

□ Yeah, at least you hid your feelings well.
그래, 적어도 넌 네 감정을 잘 숨겼어.

hurt one's feelings …의 감정을 상하게 하다

□ She's too afraid of hurting your feelings.
걘 네 감정을 상하게 할까 걱정이야..

feel up to+명사[~ing] …할 정도로 힘이 있다

□ I don't feel up to it 나 그거 못할 것 같아.
□ I just don't feel up to working on the project.
그 프로젝트를 못할 것 같아.

feel the need to~ …할 필요성을 느끼다

□ You don't feel the need to apologize to me
내게 사과할 필요성을 못 느끼는구나.

□ **You got a gut feeling on this?** 이거에 본능적으로 필이 오는 거 있어?

□ **I know the feeling.** 그 심정 내 알지.

□ **I have no feelings (one way or the other).** 난 아무 감정 없어.

34 돌고 도는 세상

Turn

turn의 기본적인 의미는 She turned and walked away(돌아서 가버렸다)처럼 몸이나 얼굴의 방향을 바꾸거나 돌리는 것을 말한다. 따라서 turn left[right]하면 좌[우]회전하다는 뜻이 되며 또한 돌린다는 의미에서 스위치를 돌려서 끄거나 켜는 것을 뜻하기도 한다. 한편 get이나 become의 의미로 turn+형용사 형태로도 쓰이며 또한 turn+나이로 쓰면 「나이가 …가 되다」라는 뜻이 되기도 한다.

Turn 기본개념

01. 돌리다, 뒤집다, (어떤 방향으로) 향하다, 향하게 하다, 바꾸다

Would you please turn the TV off? 텔레비전 좀 꺼줄래?

Go down this street and turn to the left. 이 길 따라 가서 좌회전해요.

02. 변화하다, 바뀌다(turn+명사[형용사])

My mother's hair began to turn grey. 어머니 머리가 희여지기 시작했어.

The weather is starting to turn cold. 날씨가 추워지기 시작하고 있어.

03. (나이, 시간) …이 되다

My wife's just turned 33. 아내가 막 33살이 되었어.

Our company will turn 100 next month. 우리 회사 다음 달에 100주년이야.

001 turn and~ 돌아서 …하다

turn의 가장 기본적인 의미는 몸을 돌려 방향을 바꾼다는 것이다. 그래서 turn and(to)+동사~하게 되면 「돌아서 …하다」라는 뜻이 된다.

POINT

turn to~ …로 몸을 돌리다 turn and[to]+동사 돌아서 …하다

□ He **turned to** leave, then **turned** back quickly.
걘 돌아서 가려다가 잽싸게 돌아섰다.

□ She **turned** on her side to turn off her cell phone.
걘 몸을 옆으로 돌려 핸드폰을 껐다.

□ They **turned around** and walked back to the office.
걔네들은 돌아서 사무실로 걸어 돌아갔다.

□ He just **turned and** walked away. 그냥 돌아서서 가버렸어.

A: Where did your friend go? 네 친구는 어디로 갔니?
B: He just turned to leave the room. 걘 방금 돌아서 방을 나갔어.

002 turn left[right] 좌(우)회전하다

몸을 돌린다는 것은 방향을 바꾼다는 것을 말하게 된다. 길 안내시 꼭 필요한 표현으로 turn left하면 왼쪽으로 돌다, turn right하면 오른쪽으로 돌다라는 뜻이 된다.

POINT

turn right = turn to the right 오른쪽으로 돌다, 우회전하다
turn left = turn to the left 왼쪽으로 돌다, 좌회전하다

□ Go east for two blocks and then **turn right.** 동쪽으로 2블록 간 다음 우회전해요.

□ Go down this street and **turn to the left.** 이 길로 쭉 간 다음 왼쪽으로 도세요.

□ Take this road until it ends and then **turn right.**
이 길이 끝날 때까지 가서 우회전해요.

□ **Turn left** and go south three blocks and it's on the right.
좌회전해서 3블록 남쪽으로 가면 오른편에 있어요.

A: Turn left and go straight for 2 blocks. You can't miss it.
왼쪽으로 돌아서 두 블록 곧장 가세요. 쉽게 찾을거예요.
B: Thank you so much. 정말 고맙습니다.

003 turn one's back on~

…을 등지다, (도움) 거절하다, 외면하다

등(one's back) 돌리다(turn)라는 것은 돌아서다[앉다]라는 말로 비유적으로 「외면하거나」, 「…의 도움을 거절하는」 것을 뜻하다. 거절의 대상은 on sb[sth]으로 넣어주면 된다.

POINT

turn one's back 거절하다, 외면하다
turn one's back on sb[sth] …에서 눈을 떼다, 외면하다, 거절하다

□ Why did you **turn your back on** him? I told you to take care of him! 왜 눈을 뗀거야? 잘 보살피라고 했잖아!

□ Now I only **turned my back** for a second and she was gone. 잠시 눈을 뗐는데 걔가 사라졌어.

□ Don't **turn your back on** him. 걔를 외면하지마.

□ If you **turn your back on** her, she will try to kill you! 걜 외면하면 널 죽일려고 할거야!

A: I am not going to listen to you. 네 말을 듣지 않을거야.
B: Don't turn your back while I'm talking! 내가 말하고 있는데 외면하지마.

004 turn around 방향을 바꾸다, 상황이 호전되다, 호전시키다

turn around는 방향을 180도 바꾸는 것을 말한다. 비유적으로 상황이 호전되거나 호전시키는 것을 말하기도 하지만 일상에서는 「몸을 돌려 …하다」라는 뜻으로 turn around to(and)+동사가 많이 쓰인다.

POINT

turn around and[to]+동사 몸을 돌려 …하다 **turn around to look at~** 돌아서 …을 보다
turn around 상황이 호전되다

□ I **turned around to** see where it was coming from. 그게 어디서 왔는지 보기 위해 돌아섰어.

□ I **turned around to** see who was entering the room. 나는 돌아서 누가 방에 들어오는지를 봤다.

□ They **turned around and** looked at Tammy. 걘 돌아서서 태미를 바라봤다.

□ He **turned around and** said "Again, I'm sorry" 걔 돌아서서 "다시 한번 미안해"라고 말했어.

A: I think we're lost now. 우리가 길을 잃은 것 같아.
B: Let's just turn around and go home. 그냥 돌아서서 집에 가자.

005 turn away 고개를 돌리다, 외면하다

turn away는 「고개를 돌리다」라는 뜻에서 「외면하다」, 「거절하다」, 「피하다」라는 의미로 주로 쓰인다. 비유적으로는 「내쫓다」라는 의미도 있다.

POINT

turn away 고개를 돌리다
turn away from sb …을 피하다, 거절하다

□ She kept trying to kiss me on the mouth, and I kept **turning away.**
걔가 자꾸 입에 키스하려고 해서 난 계속 얼굴을 돌렸어.

□ Don't you **turn away from** me. Look at me! 날 외면하지 말고, 날 봐!

□ Lord, help us find the strength to **turn away from** evil when it tempts us. 주여, 악마가 유혹할 때 뿌리칠 수 있는 힘을 찾도록 도와주소서.

A: Many people wanted to see the show. 많은 사람들이 그 쇼를 보기를 원했지.
B: They had to turn away people at the door. 사람들을 문에서 돌려보냈어야 했어.

006 turn out …으로 판명되다(prove)

「사람들이 뛰쳐나오다」, 「생산하다」(produce), 「…을 끄다」 등 다양한 의미가 있지만 「…로 판명되다」라는 의미로 가장 많이 쓰인다.

POINT

turn out well[fine, bad] 잘되다, 잘못되다
turn out to be+명사 …로 판명되다
It turns out (that) 주어+동사 …로 판명되다
as it turns out 밝혀진 바와 같이

□ In the end it **turned out** for the best. 결국 그게 최선인 것으로 판명됐어.

□ Let's **turn out** all the lights and we'll watch the movie!
불 다 끄고 영화보자!

□ I just have a feeling that everything's going to **turn out** fine.
만사가 잘 될거라는 느낌이 들어.

□ Our relationship **turned out** to be a disaster. 우리의 관계는 비극으로 판명됐어.

□ She was engaged to a guy who **turned out** to be gay!
걘 약혼을 했는데 상대가 게이였대!

□ It **turns out** it was a mistake. 그건 실수였다고 판명됐어.

□ It **turns out** that he lied to us. 걔가 우리에게 거짓말 한 것으로 밝혀졌어.

□ I thought the turkey **turned out well,** although it is a little salty.
칠면조 요리가 좀 짜지만 잘됐어.

A: I'm not sure we can get through this difficult time.
우리가 이 어려운 시기를 헤쳐 나갈 수 있을지 모르겠어.
B: Don't worry. Things always turn out for the best. 걱정마. 언제나 결과는 최선이잖아.

007 turn back 뒤돌아서다, 돌아오다, 돌아오게 하다

turn back하면 돌아서 다시 온다는 의미로 몸을 돌려 「뒤돌아보다」, 「돌아오다」 혹은 다른 사람을 「돌아오게 하다」라는 의미로 쓰인다.

POINT
turn back (to+N) 뒤돌아서다, 돌아오다　　turn back to+V 돌아서 …하다
turn sb[sth] back …을 돌아오게 하다

□ Even though she never **turned back**, she knew Tom was behind her.
비록 뒤돌아보지 않았지만 탐이 뒤에 있다는 걸 알고 있었어.

□ They both **turned back** to look at the building.
걔네들은 돌아서서 그 빌딩을 바라보았어.

□ You have a right to **turn back** if you're scared. 겁나면 돌아갈 권리가 있어.

□ She **turned back** and decided not to enter.
그녀는 뒤로 돌아서 들어가지 않기로 했어.

A: A lot of snow is falling. Should we turn back?
많은 눈이 내리고 있어. 우리 돌아가야 할까?
B: No, let's keep going till we get there. 아니, 거기 도착할 때까지 계속 가보자.

008 turn down 거절하다, 약하게 하다, 줄이다

아래로(down) 돌린다(turn)라는 의미로 「TV 소리 등을 줄이다」, 「약하게하다」라는 뜻이며 또한 비유적으로는 「거절하다」라는 뜻으로 쓰인다. 반대로 turn up하게 되면 「소리를 키우다」, 「모습을 드러내다」라는 표현.

POINT
turn down 약하게 하다, 줄이다, 거절하다　　turn up 세게 하다, 키우다, 모습을 드러내다

□ I had to **turn down** a job in Indonesia. 인도네시아에서의 일자리를 거절해야 했어.

□ Tell the kids to **turn down** the TV. 애들보고 TV 소리 줄이라고 해.

□ I don't know what's keeping them, but I'm sure they'll **turn up**.
걔네들이 뭐 때문에 늦는지 모르지만 모습을 드러낼 게 확실해.

□ I'm sure they'll **turn up**. 걔네들이 모습을 드러낼 게 확실해.

A: What are you going to do with the offer? 그 제안을 어떻게 할거야?
B: I'm pretty sure I'm going to turn it down. 거절하게 될게 분명해.

009 turn in 제출하다, 돌려주다, 잠자리에 들다

turn in은 「…을 제출하다」(hand in) 혹은 「잠자리에 들다」라는 의미이며 turn into는 「…로 변하거나 바뀌는」 것을 뜻한다.

POINT

turn in 제출하다, 잠자리에 들다, (경찰에) 밀고하다 turn into …로 바꾸다, …로 변하다

- □ Please **turn in** your papers by tomorrow. 내일까지는 서류를 제출하도록 해요.
- □ You didn't even read it before you **turned it in?** 제출하기 전에 읽어보지 않았단 말야?
- □ She went to the police to **turn in** a client. 걘 손님을 밀고하기 위해 경찰서에 갔어.
- □ I had this room **turned into** a nursery. 난 이 방을 놀이방으로 바꾸었어.
- □ Look at you! You **turned into** such a beautiful girl! 얘봐라! 너 정말 예쁘게 바뀌었어!

A: Come on everyone, let's turn in. 모두 이리와. 잠자리에 들자.
B: But I don't feel sleepy right now. 하지만 나는 지금 졸리지가 않아.

010 turn on 켜다, …가 흥미를 갖게 하다, 흥분시키다

turn down(up)이 소리를 줄이고 키우는 데 반해 turn on(off)은 아예 전원을 켜거나 끄는 것을 말한다. 나아가 비유적으로 사람을 포함하여 뭔가 흥미를 느끼거나 못느끼게 하는 것을 뜻하기도 한다.

POINT

turn on 켜다, 작동시키다, 흥미를 갖게 하다, 흥분시키다
turn off 끄다, 흥미를 못느끼게 하다, 흥분을 가라앉히다
Whatever turns you on 뭐든 좋을대로
You turn me on 넌 내 맘에 쏙 들어, 넌 날 흥분시켜

- □ Do you want me to **turn off** the TV? TV 끌까?
- □ I forgot to **turn off** the bathroom light last night. 지난 밤에 화장실 불끄는걸 깜박했어.
- □ **Turn off** the lights before you come to bed. 자기 전에 불을 꺼라.
- □ I'll **turn off** the TV, if it bugs you. 방해되면 TV 끌게.
- □ You have to **turn** the gas valve **off** before going out. 외출전 가스를 꺼야 돼.
- □ To be honest with you, I **got very turned on** by you. 솔직히 말해서 나 너한테 많이 흥분했어.

A: Who forgot to turn on the alarm? 누가 자명종 켜놓는 걸 잊어버린거야?
B: It's my fault. 내 잘못이야.

011 turn over (몸을) 뒤집다, 양도하다, 넘기다

몸을 뒤집는 것이 일차적인 의미이고 나아가 다른 사람에게 양도하거나 넘겨주는 것을 뜻한다. 양도한다고 할때는 to+sb(sth)이 오기 마련이다.

POINT

turn over (몸) 뒤집다 **turn over to** …에게 (…를) 넘기다

- ☐ We **turned over** and faced each other. 우린 몸을 뒤집고 서로를 쳐다봤어.
- ☐ When did you **turn it over?** 그걸 언제 넘겨준거야?
- ☐ Why didn't you just **turn them over** to me? 왜 그걸 내게 넘겨주지 않은거야?
- ☐ Are you ready to **turn over** now? 자 이제 뒤집을 준비됐어?

A: I think I hurt the back of my leg. 내 다리 뒤쪽을 다친 것 같아.
B: Turn over and let me look at it. 돌아서봐, 다친 부분을 보게.

012 turn to~ 몸을 돌려 …하다, 도움을 얻다, 의지하다

turn to+동사는 앞서 나왔듯이 「몸을 돌려 …을 하는」 것이고 turn to+명사하게 되면 「…을 향해 몸을 돌리다」는 의미로 비유적으로 「…을 다루다」, 「…에 의지하다」, 「…의 도움을 받다」라는 뜻으로 쓰인다.

POINT

turn to+명사/동사 …로 향하다, 몸을 돌려 …하다
turn a blind eye to 외면하다, …을 못본 척하다
turn a deaf ear to 외면하다, …을 못들은 척하다

- ☐ Can we **turn to** the case? 사건에 집중할래요?
- ☐ You shouldn't **turn to** drugs to escape from stress.
  어려움을 피할 목적으로 약물에 의지하면 안돼.
- ☐ I tried to talk to him, but he **turned a deaf ear to** me.
  걔하고 얘기하려 했는데 걘 날 외면했어.
- ☐ When people are in trouble, they usually **turn to** religion.
  사람들은 어려움에 처하면 보통 종교에 귀의해.

A: Everyone seems to love Lisa. 누구나 리사를 사랑하는 것 같아.
B: Yes, they turn to her when they need help.
그래. 사람들이 도움이 필요할 때 걔한테 의지하거든.

013 take turns 교대로 하다

turn이 명사로 쓰인 경우에는 「순서」, 「차례」라는 의미로 여러 다양한 표현을 만들어낸다. 특히 take turns+~ing하게 되면 「차례대로 …을 한다」라는 뜻.

POINT

take turns ~ing 교대로 …하다
be one's turn (to+동사) (…할) …의 차례이다
in turn 교대로
wait one's turn 차례를 기다리다

□ **Whose turn** is it next? 다음은 누구 차례죠?

□ Let's speak **in turn** from now on. 지금부터는 교대로 말하자.

□ They **took turns** looking at each other. 걔네들은 교대로 서로를 쳐다봤어.

□ Maybe **it's my turn to** watch out for you. 이제 내가 널 지켜봐야 할 순서인 것 같아.

A: I want to use the computer right now. 이제 내가 컴퓨터 쓸거야.
B: Not yet. We have to take turns. 아직 아니야. 서로 교대로 사용해야 돼.

More Expressions

turn a profit 수익을 내다(make a profit)

□ We've barely turned a profit. 우린 거의 수익을 내지 못하고 있어.

turn one's attention to~ …에 관심을 기울이다

□ Please turn your attention to the big screen.
대형화면에 관심을 기울여주세요.

turn the corner 모퉁이를 돌다, 고비를 넘기다

□ I turned the corner of the house and entered the backyard.
난 코너를 돌아 뒷마당으로 들어갔어.

□ We've finally turned the corner. 우리 마침내 고비를 넘겼어.

turn the tables on 역전시키다, 보복하다

□ I'm going to turn the tables on them. 걔네들에게 보복할거야.

turn sth inside out 속을 뒤집다

□ It's kind of like turning a sock inside out. 그건 양말을 뒤집는 것과 같아.

turn sth upside down …을 샅샅이 뒤지다

□ They will turn this whole place upside down till they find it.
걔네들은 그걸 발견할 때까지 이곳을 샅샅이 뒤질거야.

□ **I spoke out of turn.** 말이 잘못 나왔어.

□ **I did not know where to turn.** 뭘 어떻게 해야할지 몰랐어.

Turn

35 확인할 건 확인해봐야

Check

막다, 제지하다라는 뜻도 있지만 일상생활영어에서는 주로 확인하다라는 의미로 쓰인다. check sth으로 단순히 어떤 것을 확인할 수도 있고 check if~로 어떤 사실을 확인해볼 수도 있다. 또한 역시 확인한다는 의미에서 호텔에서 입실절차를 확인하고 들어가거나 나오는 것 혹은 공항 check-in counter에서 짐을 부치는 것 혹은 도서관에서 책을 대출하는 것 등을 의미하는 등 의미가 다양하다.

Check 기본개념

01. 제지하다, 확인하다

Do you want me to check again? 다시 확인해볼까요?

Why don't we check this area again? 이 지역을 다시 한번 둘러보자.

Where can I go to check my e-mail? 어디 가서 이메일을 볼 수 있나요?

Honey, I'm just checking. 자기야, 그냥 확인해보는거야.

02. (짐을) 부치다, (호텔 등에) 체크인(~in), 체크아웃하다(~out)

How many pieces of luggage are you checking? 부치실 짐이 몇 개 인가요?

How can I get to the check-in counter? 탑승수속 카운터는 어디로 가나요?

She's checking the coats. 걘 코트 맡기고 있어요.

03. (명사) 조사, 점검, 수표, (식당) 계산서

What did the doctor say at your check-up today? 오늘 검진에서 선생님이 뭐래?

I'll pay by check. 수표로 낼게요.

001 check one's schedule 스케줄을 확인하다

check의 가장 많이 쓰이는 의미는 뭐니뭐니 해도 「확인하다」이다. 먼저 check 다음에 명사가 와서 「…을 확인하다」라는 표현을 알아보는데 명사 아닌 대명사 it, that, this 등이 check의 목적어로 나올 수도 있다.

POINT
check one's schedule 스케줄을 확인하다 check one's messages 메시지를 확인하다

- □ First of all, let me **check my schedule.** 먼저, 일정 좀 보고.
- □ I went there to **check the schedule.** 난 거기에 일정을 확인하러 갔었어.
- □ Do you mind if I **check my messages?** 내 메시지 확인해도 돼?
- □ I can **check that for** you. 널 위해 확인해줄게.

A: I wonder if we could get together on the 15th. 15일에 만날 수 있을까.
B: First of all, let me check my schedule. 먼저, 일정 좀 보고.

002 Let me check~ …을 확인해볼게

앞서 배운 let me+동사의 구문을 활용한 것으로 단순한 대상을 확인할 때는 Let me check+명사를 쓰면 된다. 그냥 Let me check(확인해볼게)이라고 많이 쓰인다.

POINT
Let me check 확인해볼게 Let me check+명사 …을 확인해볼게

- □ **Let me check** your blood pressure. 혈압 좀 재볼게요.
- □ **Let me check** the computer to see if there are any seats left. 자리가 남아 있는지 컴퓨터로 확인해볼게요.
- □ Just a moment. **Let me check** the other list. 잠시만, 다른 리스트 확인해볼게.
- □ Hold on. **Let me check.** 잠깐만. 내가 확인해볼게.
- □ **Let me check** your temperature. 체온 재볼게요.

A: Is that your car alarm going off? 네 차에서 알람이 울리는거냐?
B: Let me check outside and see. 나가서 확인해볼게.

Check

003 check if[whether]~ …인지 확인하다

check 다음에 절이 오는 경우로 주로 check if[whether] 주어+동사로 쓰이는데 다만 우리말처럼 「…을 확인해보다」라고 하려면 check to see if 주어+동사라고 한다.

POINT
I'll check if[whether] S+V …인지 알아볼게
check to see if[whether] S+V …인지 확인해보다

□ I'll **check if** he's finished working. 일을 끝냈는지 알아볼게.

□ Could you **check if** she's still a virgin? 걔가 아직 처녀인지 확인해줄래?

□ I'm just **checking to see if** she's okay. 난 걔가 괜찮은지 확인해보는거야.

□ Please **check if** Paris Hilton is coming to the party.
패리스 힐튼이 파티에 오는지 확인해봐.

A: I need a size ten or eleven. 10이나 11 사이즈로 주세요.
B: I'll check to see if we have any in stock. 재고에 그 사이즈가 있는지 찾아보겠습니다.

004 double check 다시 확인하다

「두 번 확인한다」는 말로 뭐가 안전한지 맞는지 혹은 제대로 되었는지 다시 한 번 확인해보는 것을 말한다. 가스 불 껐는지 확인했지만 집나가기 전 다시 한 번 확인하는게 바로 double check.

POINT
double check 다시 확인하다

□ Be sure to **double-check** the alarm system. 반드시 경보장치를 다시 한번 점검해.

□ I need you to **double-check** my meeting this afternoon.
오늘 오후 회의 다시 한번 확인해봐.

□ I'll be sure to **double-check** everything from now on.
지금부터 반드시 모두 다 재확인할게.

□ Let's **double check.** 다시 한번 확인해보자.

A: I think there's something wrong on the account. 그 계좌가 뭔가 잘못된 것 같은데요.
B: Let me double check. Just a moment. 다시 확인해보죠. 잠시만요.

005 check in (호텔 등에) 체크인하다, 입국수속하다, (가방) 맡기다

들어왔다고 혹은 도착했다고(in) 확인(check)해준다는 말로 「호텔 등에 투숙하거나 병원에 입원하는」 것을 말한다. check into라고 해도 된다. 또한 「공항에서 입국수속하거나」, 「짐을 맡기는」 것을 뜻하기도 한다.

POINT

check in on sb[sth] …가서 …을 확인해보다
Check in, please 체크인요
check into …을 조사하다, (호텔 등) 투숙하다
check in with sb …에게 왔음을 알리다
I'd like to check in 체크인할게요

- ☐ He **checked in** yesterday and paid with a credit card.
  그 분은 어제 투숙했고 카드로 결재했어요.
- ☐ When's **the check-in time?** 체크인이 언제예요?
- ☐ Just **check in with** Becky when you're done. 네가 마치면 베키에게 확인해.
- ☐ My father just **checked into** the hospital yesterday.
  아버지가 어제 병원에 입원하셨어.
- ☐ How would you feel about us **checking into** a romantic hotel tomorrow? 우리 둘이 내일 멋진 호텔에 투숙하는게 어떨 것 같아?
- ☐ Good afternoon. **Checking in?** 안녕하십니까? 투숙하시려고요?
- ☐ She **checked into** the Hilton for two nights. 걘 2박 3일 힐튼 호텔에 투숙했어.
- ☐ I need you to **check into** her background. 걔의 배경을 조사해봐.

A: We'll be able to check in at noon. 우린 정오에 체크인 할 수 있어.
B: What will we do after we check in? 체크인 한 후에 뭘 할 건대?

A: Security at the airport takes a long time. 공항 보안점검에 시간이 많이 걸려.
B: I always arrive early to check in. 나는 항상 체크인하러 일찍 도착해.

A: Who are you going to call? 넌 누구에게 연락할거니?
B: I promised my wife I would check in with her. 내가 아내에게 연락하기로 약속했었지.

006 check out

확인(조사)하다, 바라보다, (호텔)체크아웃하다, (책을) 대출하다

check in의 반대표현으로 나갈 때(out) 확인(check)하는 것을 뜻해 「호텔이나 병원 등에서 체크아웃하다」 혹은 「책을 대출하다」 등의 의미. 하지만 「확인(조사)하다」, 「…을 쳐다보다」라는 뜻으로 더욱 많이 쓰인다.

POINT

check sth out with sb …에게 …을 확인하다
I'd like to check out now 체크아웃을 하고 싶은데요
Check it[this] out! 이것 좀 봐!, 확인해 봐!

□ I'll **check it out.** 내가 확인해볼게.

□ Hey, **check out** that girl! She is really hot! 야, 저 여자애 봐봐! 정말 섹시하다!

□ Your wife **checked out** two hours ago. 부인께서 두시간 전에 퇴실하셨어요.

□ I'm **checking out** the restaurant with Tim. 팀하고 식당 확인해볼거야.

A: What time is your check-out? 이 호텔은 몇시까지 나가야 하나요?
B: Guests need to check out by 11:00 am.
손님은 오전 11시까지는 카운터에서 계산하고 나가셔야 합니다.

007 check on …을 확인하다

check on sb[sth]으로 …가 제대로 되었는지, 안전한지, 괜찮은 건지 등등을 확인해보는 것을 뜻한다.

POINT

check on sb[sth] …을 확인하다

□ I called my apartment and **checked on** my grandma.
할머니 괜찮으신지 아파트에 전화했어.

□ Jack ran forward to **check on** what was going on.
잭은 무슨 일인지 확인해보려고 뛰어갔어.

□ I **checked on** her but she's a little unstable today.
걜 확인해봤더니 오늘 좀 불안정한 상태야.

□ Hold on. Let me just **check on** the baby! 잠깐. 애기 좀 확인해볼게!

A: Where did Steve and Adrian go? 스티브와 에이드리안이 어디로 갔니?
B: They had to check on their kids. 개네들은 아이들 어떤지 확인하러 갔었어.

008 check over 자세히 검토하다

check over는 두루두루 전반적으로 확인하다는 점에서 뭔가 「자세히 검토한다」는 의미를 갖는다. 특히 의사, 기술자 등 전문가들이 검토하는 것을 말하기도 한다.

POINT

check over 자세히 검토하다, (의사 등이) 전문적으로 조사하다
have sb checked over …의 검사를 받다

- □ It's time you had the doctor **checked over.** 의사의 검사를 받아야지.
- □ How long does it take for a mechanic to **check the car over?** 수리공이 차를 점검하는데 얼마나 걸려요?
- □ The doctor **is checking over** a guy who just got run over by a bus. 의사가 방금 버스에 치인 남자를 자세히 검토하고 있어.
- □ He's **checking her over** to make sure she isn't hurt. 그는 그녀가 다치지 않은 것을 확인하기 위해 자세히 확인하고 있어.

A: You should check over this term paper. 이 기말 리포트를 자세히 검토해봐라.
B: Why? Are there mistakes on it? 왜요? 실수가 있나요?

009 check with …에게 물어보다

check with sb하면 「…에게 확인차원에서 물어보는」 것을 말한다. 물어보는 내용을 말하려면 check with sb about sth이라고 하면 된다.

POINT

check with sb …에게 물어보다 **check with sb about sth** …에게 …을 물어보다

- □ You'd better **check with** the boss. 사장님께 확인해봐.
- □ Did you **check with** security? 경비에게 확인했어?
- □ I wanted to **check with** you first. 너한테 제일 먼저 확인하고 싶었어.
- □ **Check with** me **about** stuff like this. 이런 일은 내게 물어봐.

A: She didn't check with her boss before she began. 걔는 일을 시작하기 전에 보스에게 물어보지 않았어.
B: I'll bet she's in trouble with him. 걔가 보스하고 문제가 생길게 확실해.

010 check up 조사하다, 확인하다

check up은 「진위를 조사하다」, 「…의 상태를 확인하다」라는 말로 의사가 「건강진단하다」라는 의미로도 쓰인다. 뒤에 ~on sb[sth]가 따르며 명사형으로 check(-)up하면 「건강진단」이라는 의미.

POINT **check up (on sb[sth])** 확인하다, 조사하다 **checkup** (병원) 검진

- □ I'm going to go **check up on** your friend. 네 친구가 어떤지 가봐야겠어요.
- □ Your ex-wife came by this morning to **check up on** you. 네가 전처가 여기 와서 네 상태를 확인했어.
- □ The doctor can **check up on** him here. 의사는 여기서도 건강진단을 할 수 있어.
- □ I get **a dental check-up** every six months. 난 6개월마다 치과건강진단을 받아.

A: Vera doesn't look very healthy these days. 베라가 요즘 아주 건강해 보이지는 않아.
B: Tell her to schedule a check up with her doctor. 의사와 검진 일정을 잡도록 말해봐.

011 check 수표

check은 또한 명사로 수표나 계산서 등을 뜻하게 된다. 그래서 식당 등에서 Check, please하게 되면 계산서 달라는 말이 된다.

POINT **take[accept] checks** 수표를 받다

- □ Will you pay for this in cash or **by check?** 현금과 수표 중 어떤 걸로 지불할래요?.
- □ I'm going to pay for this with **a check.** 이거 수표로 낼게요.
- □ I'm sorry, we don't **accept checks** here. 죄송하지만 저희는 수표를 받지 않습니다
- □ Could I **have the check,** please? 계산서 주시겠어요?.
- □ Here's your **check.** That'll be $10. 여기 계산서요. 10달러입니다.
- □ Could you **cash this traveler's check** for me? 이 여행자수표를 현금으로 바꿔주실래요?
- □ Do you **take checks?** 수표를 받아요?
- □ Do you **accept traveler's checks?** 여행자 수표를 받나요?

A: Can I pay for this drink with a check? 수표로 이 음료 값을 내도되나요?
B: No, we only accept cash or credit cards. 아니. 우린 현금이나 크레디트 카드만 받아요.

36 난 네가 필요해

Need

need는 필요하다라는 의미로 need something 혹은 need to+동사의 형태로 필요한 것이나 행동을 말하면 된다. 반대로 필요하지 않을 때는 I don't need~를, 상대방에게 그럴 필요없다고 할 때는 You don't need~라고 하면 된다. 또한 다른 사람이 …해주는 게 필요하다고 말할 때는 need somebody to+동사라고 쓰면 된다.

Need 기본개념

01. …가 필요하다(need+명사), …해야 한다(need to+동사)

If there's anything you need, don't hesitate to ask. 뭔가 필요한 게 있으면 바로 말해.

I need some rest. 좀 쉬어야겠어.

I need to get back to the office. 사무실로 돌아가야 돼.

02. …가 …하는 것이 필요하다(need sb to+동사)

I need you to help me with this homework. 네가 이 숙제 좀 도와줘야 돼.

Do you need me to go with you? 함께 가줄까?

03. (명사) 필요, 요구, 의무

I don't see the need to go to school. 학교 갈 필요성을 모르겠어.

I don't see the need for it. 난 그럴 필요가 없다고 생각해.

001 need sth …가 필요해

need 다음에 주어가 원하거나 주어에게 필요한 명사를 넣으면 된다. 명사 대신 it(that)을 써서 I need it, I don't need it(that), Do you need that?이라고 쓰기도 한다.

POINT

I need+명사 나는 …이 필요해 **You need+명사** 넌 …가 필요해
Do you need+명사? …가 필요해?

- □ I **need** your help. 네 도움이 필요해.
- □ If you **need** anything, feel free to ask. 뭐든 필요하면 말만 해요.
- □ I **need** more time to think it over. 생각할 시간이 더 필요해.
- □ You **need** a break. 너 좀 쉬어야 돼.
- □ Do you **need** an answer right now? 바로 답이 필요해?

A: I need a new bed to sleep on. 난 새 침대가 필요해.
B: They sell them at the department store. 백화점에서 팔거야.

002 need sb …을 원해, 필요해

이번에는 need 다음에 사람이 오는 경우. 앞의 경우처럼 I (don't) need, You (don't) need, Do you need~? 등의 형태로 사용하면 된다.

POINT

need sb back …가 돌아오길 원하다

- □ You can go now. I don't **need you** anymore. 가도 돼. 난 더 이상 네가 필요없어.
- □ We **need you back**. When can you come back?
  우린 네가 돌아오길 바래. 언제 돌아올 수 있어?
- □ Why do you **need me** anyway? 그나저나 왜 날 필요로 하는거야?
- □ I don't **need you** or anybody else! 너도 다른 사람도 다 필요없어!

A: Is there a leak in your bathroom? 화장실에 물이 새니?
B: Yeah, I need a plumber to fix it. 그래. 고치려면 배관공이 필요해.

003 need to~ …해야 해, …할 필요가 있어

필요한게 어떤 사물이나 사람이 아니라 행동일 경우에는 need to+동사를 쓴다. 또한 need to be+pp 형태도 곧잘 사용된다.

POINT
I need to+동사 나는 …을 해야 돼　　need to be+pp …해져야 돼

□ I **need to** stay another day. 하루 더 묵어야 돼.

□ Hey, stay there. I **need to** talk to you. 저기, 거기 좀 있어봐. 얘기 좀 하자.

□ I **need to** borrow some money. 돈 좀 빌려야겠어.

□ Let's get together. We **need to** talk about something.
우리 만나자. 우리 얘기 좀 해야 할 것 같아.

A: I have to go. I need to get to work. 나 가야 돼. 일해야 돼.
B: Don't forget to take your lunch with you. 점심 가지고 가는거 잊지마.

004 You need to~ 넌 …해야 돼

need to+동사의 표현법이지만 주어가 You로 시작하는 경우로 You need to+동사하면 「넌 …을 해야 돼」, Do you need to+동사?하게 되면 「네가 …해야 돼?」라는 묻는 문장이 된다.

POINT
You need+동사 넌 …을 해야 돼　　Do you need to+동사? …를 해야 돼?

□ **You need to** call her right now. 지금 당장 걔에게 전화해야 돼.

□ **You need to** talk with your teacher. 네 선생님하고 얘기해봐.

□ **Do you need to** get up early tomorrow morning?
내일 아침 일찍 일어나야 돼?

□ **Do you need to** go? 가야 돼?

A: Do you know what I mean? 무슨 말인지 알겠어?
B: Yeah! You're saying you need to take a day off. 어! 하루 쉬고 싶다는거지.

005 need sb to~ …가 했으면 해

내가 뭔가 하는 게 아니라 sb가 뭔가 하기를 바란다는 문장. I need you to~와 Do you need me to~?를 기억해둔다.

POINT
I need you to+동사 네가 …해줬으면 해 **Do you need me+동사?** 내가 …을 할까?

- □ I **need you to** get this done by tomorrow. 너 내일까지 이걸 끝내야 해.
- □ I **need you to** leave right now. Don't even think about getting cute. 지금 당장 떠나줘. 예쁜 척할 생각은 하지도 마.
- □ Mom, I **need you to** sign this document. It's for school. 엄마, 이 서류에 사인해주세요. 학교에 제출할거예요.
- □ I **need you to** finish this by tomorrow. 너 내일까지 이걸 끝내야 해.
- □ You really don't **need me to** live with you. 넌 정말 내가 너랑 살기를 원치 않는구나.
- □ Do you **need me to** go on a vacation with you? 너랑 같이 휴가 가길 바래?
- □ Do you **need me to** pick you up from the airport? 공항에서 널 픽업해줄까?

A: Do you need me to stay longer? 내가 좀 더 있어야 해?
B: No, we're all finished. You can go. 아니, 우리 일은 다 끝났어. 가도 좋아.

006 don't need to~ …할 필요가 없어

need to+동사의 부정형 don't need to~는 …할 필요가 없다라는 말로 don't have to와 같은 의미이다. 상대방이 …하지 않다도 된다는 I don't need you to~도 빈출표현.

POINT
You don't need to+동사 넌 …할 필요가 없어
I don't need you to+동사[~ing] 네가…하지 않아도 돼

- □ I **don't need to** think about it. 난 그걸 생각할 필요없어.
- □ I **don't need to** know the details. 자세한 건 알'필요없어.
- □ I **don't need to** take a test. 시험치를 필요가 없어.
- □ I told you that you **don't need to** be here. 넌 여기 있을 필요가 없다고 했잖아.
- □ I **don't need you to** help me. I can do it myself. 날 안도와줘도 돼. 혼자할 수 있어.
- □ I got some help from my father. I **don't need you to** help me. 아버지에게서 도움을 좀 받았어. 네가 날 도와주지 않아도 돼.

A: I can help you finish your homework. 네가 숙제 끝내는데 도와줄 수 있어.
B: You don't need to stay here with me. 나랑 같이 머물 필요는 없어.

007 All I need is~ 내가 필요한 건 …뿐이야

내가 필요로 하는 것을 강조하는 표현법으로 All I need is~를 기본형으로 여러 변형된 응용표현들이 있다. ~is 다음에는 명사 혹은 (to)+동사가 이어진다.

POINT

All I need is+명사 내가 필요한 건 …뿐이야, 그저 …이 필요해
All I need is to+동사 내가 필요한 것은 …하는 것밖에 없어
All I need to do[tell, know] is~ 내가 하[알고, 말하]고 싶은 건 …하는 것밖에 없어
All I need you to do is~ 네가 해야 할 건 단지 …뿐이야

- □ **All I need is** five minutes. 내가 필요한 건 5분뿐이야.
- □ **All I need to do is** have some more fun. 내가 필요로 하는 건 더 재미를 보는거야.
- □ **All I need to know is** who you fell in love with.
  내가 알고 싶은 건 네가 누구와 사랑에 빠졌냐야.
- □ **All I need you to do is** sign here. 넌 여기에 사인만 하면 돼.

A: All I need is a beautiful girlfriend. 내게 필요한 건 예쁜 여친뿐이야.
B: I don't think that you can find one. 찾기 힘들걸.

008 (There's) No need to~ …할 필요가 없다

상대방에게 「…할 필요가 없다」고 말하는 것으로 There's no need for+명사[to+동사] 형태로 써주면 되는데 There's~는 생략가능하다.

POINT

That's all I need to~ 내가 필요한 건 …뿐이야
see a need to~ …할 필요성이 있다
be in need of~ …가 필요하다
meet a need ~ …필요를 충족시켜주다

- □ **There's no need to** be embarrassed. 당황할 필요 없어.
- □ **There's really no need to** explain. 정말이지 설명할 필요 없어.
- □ **No need to** talk about it. 얘기할 필요 없어.
- □ **No need to** lie. 거짓말 할 필요는 없어.

A: You need to clean up this place! 넌 이곳을 청소해야 돼!
B: I will. There's no need to get angry. 할거에요. 화낼 필요는 없잖아요.

More Expressions

That's all I need to~ 내가 필요한 건 …뿐이야

□ That's all I need. 이게 내가 필요한 전부다.
□ That's all I need to know. 내가 알고 싶은 건 그게 다야.

be in need of~ …가 필요하다

□ I'm in need of a real friend. 난 진정한 친구가 필요해.

see a need to~ …할 필요성이 있다

□ I don't see a need to go there. 거기 갈 필요가 없어 보여.

meet a need ~ …필요를 충족시켜주다

□ I'm unable to meet your needs. 난 네 필요를 충족시켜줄 수가 없어.

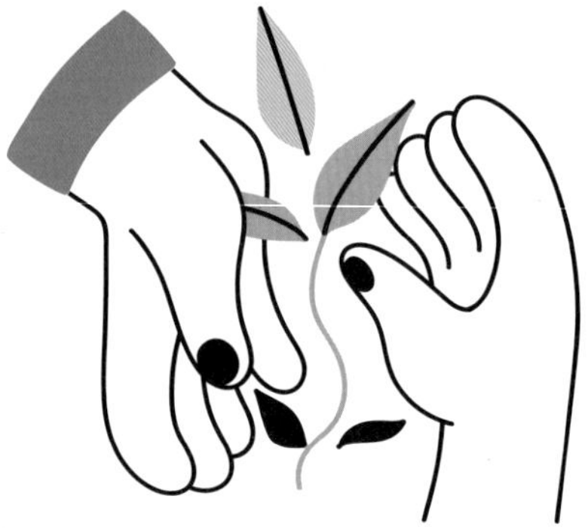

37 그게 무슨 말이야

Mean

mean은 다양한 품사로 다양한 의미로 쓰이는 것으로 유명한 단어. 그 중 알아두어야 할 것은 의미하다, 중요성을 띠다라는 동사와 야비한이라는 의미의 형용사용법이다. 특히 상대방과의 커뮤니케이션을 원활하게 하기 위해 꼭 필요한 동사로 내말을 다시 설명할 때 I mean, 상대말을 확인할 때 You mean~?, What do you mean~? 그리고 내말의 오해를 방지하는 I don't mean~ 등을 기억해둔다.

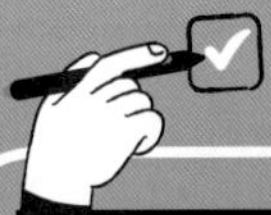

Mean 기본개념

01. 의미하다, 의도하다

Do you mean he might like me? 걔가 날 좋아할지도 모른단 말이야?

I didn't mean to say that. 그렇게 말하려는게 아니었어.

I didn't mean to hurt you. 너에게 상처줄 의도가 아니었어.

02. 중요성을 띠다

It means a lot to me. 이건 내게 무척 중요한거야.

This party meant everything to her. 이 파티는 걔한테 전부였다고.

03. (형용사) 야비한. 비열한(gross, nasty)

You're so mean. 너 정말 야비해.

That's a mean thing to say! 그건 야비한거야!

001 I mean~ 내 말은 …야

I mean~은 상대방이 내가 한 말을 못 알아들었을 때 혹은 내가 다시 설명을 해줄 때 필요한 표현이다. I mean (that) 주어+동사라 해도 되고 아니면 I mean 다음에 문장이나 원하는 부분만을 말해도 된다.

POINT
I mean, ~ 내 말은 …야
I mean S+V 내 말은 …라는 거야

- □ **I mean** he's been missing for several days. 내 말은 걔가 며칠째 행방불명이라고.
- □ **I mean** I've been losing weight these days. 내 말은 요즘 내가 살이 빠졌다고.
- □ **I mean** today, not tomorrow. 내 말은 내일이 아니고 오늘 말하는거야.
- □ **I mean,** is that ridiculous? 내말은 그거 말도 안되지 않아?

A: I don't understand what you're saying. 무슨 얘기하는 건지 모르겠어.
B: I mean I want you to help me. 그러니까 내 말은 네가 도와줬으면 한다고.

002 (Do) You mean~ ? …라는 말이지?

이번에는 반대로 You mean~하게 되면 내가 상대방의 말을 이해 못했거나 헷갈릴 경우 상대방이 한 말을 확인하고자 할 때 쓰는 표현이다. You mean~의 경우에는 '구'의 형태도 많이 온다.

POINT
You mean S+V? …란 말야?
You mean S+V …란 말이구나

- □ **Do you mean** you won't be coming over for dinner?
  저녁먹으러 오지 않을거란 말야?
- □ **Do you mean** he might like me? 걔가 날 좋아할지도 모른단 말야?
- □ **You mean** he got fired? 그 친구가 해고당했단 말이야?
- □ **You mean** the one with the blond hair? 금발인 애 말야?
- □ **So you mean** now you're not seeing anyone?
  그럼 지금 사귀는 사람이 없다는 말야?
- □ **You mean** you're going to a party tonight? 오늘 밤에 파티에 간단말야?

A: You mean she acts cruel and spoiled? 걔가 인정머리 없고 버릇없이 군다 이거지?
B: Not exactly, but she's not a very kind person.
꼭 그렇다기보다는, 별로 상냥한 애는 아니란거지.

003 What do you mean~? …가 무슨 말이야?

상대방이 말한 내용을 다시 한 번 확인할 때 혹은 상대방 말의 진의를 파악하고자 할 때 쓰는 표현. 실제 회화에서는 보통 What do you mean?이라고 간단히 말하거나 What do you mean 다음에 주어+동사의 문장 혹은 납득이 안가는 어구만 받아서 쓰기도 한다.

POINT
What do you mean by+~ing? …는 무슨 뜻이야[의도야]?
What do you mean by that? 그게 무슨 말이야?
What do you mean S+V? …라는게 무슨 의미야?

- □ **What do you mean** you're not so sure? 확실하지 않다니 무슨 말이야?
- □ **What do you mean** you don't remember me? 나를 기억 못한다니 그게 무슨 말이야?
- □ **What do you mean by that?** Am I fat? 그게 무슨 말이야? 내가 뚱뚱하다고?
- □ **What do you mean** you're not coming? 네가 못온다니 그게 무슨 말이야?
- □ **What do you mean** you're going to Paris? 파리로 간다니 그게 무슨 말이야?
- □ **What do you mean** you live here? Since when? 여기 산다는 게 무슨 말이야? 언제부터?
- □ **What do you mean** you lost it again? 그걸 또 잃어버렸다니 그게 무슨 말이야?

A: Be a man and take responsibility for your family. 남자답게 가족에 대해서 책임감을 가져.
B: What do you mean specifically? 구체적으로 어떤 걸 말하는거야?

A: You gained some weight? 너 살쪘어?
B: What do you mean by that? Am I fat? 그게 무슨 말이야? 내가 뚱뚱하다고?

A: I can't marry you because I don't love you. 너를 사랑하지 않기 때문에 결혼할 수 없어.
B: What do you mean you don't love me? 나를 사랑하지 않는다는게 무슨 말이야?

004 It doesn't mean that~ …라는 말은 아니야

상대방이 자기 말을 오해할 수도 있는 상황에서 사용하는 말로. 상대방의 오해를 풀면서 자기 말을 바로 잡아주고 싶을 때 쓰면 된다.

POINT
It doesn't mean that S+V …라는 말은 아니야
I guess that means~ 그것이 의미하는 것은 …인 것 같다

- □ **It doesn't mean that** I don't love you. 내가 널 사랑하지 않는 말은 아니야.
- □ **It doesn't mean** he's great in bed. 걔가 밤일을 잘한다는 말은 아니야.
- □ **That still doesn't mean** you didn't kill him. 그게 네가 걜 안 죽였다는 걸 뜻하지 않아.
- □ **I guess that means** we've got something in common. 그게 의미하는 건 우리가 공통점이 있다는거야.
- □ **I guess that means** you didn't get the invitation yet. 그건 네가 아직 초대장을 못받았다는거구나.
- □ **I guess that means** good night then? 그게 의미하는 건 잘 자라는거야?

A: The weather today really sucks. 오늘 날씨 정말 더럽네.
B: It doesn't mean that the weather will be bad tomorrow.: 그렇다고 내일 날씨도 나쁘다는 말은 아니지.

005 be meant to~ …하기로 되어 있다

mean을 수동형으로 써서 be meant to+동사(for+명사)하게 되면 「…하기로 되어 있다」라는 의미. 특히 남녀간에 천생연분이다라고 할 때의 It was meant to be, They were meant to be가 잘 알려져 있다.

POINT
be meant to+동사[for+명사] …하기로 되어 있다
It was meant to be[They were meant to be] 천생연분이다

- □ You know my music **is meant to** inspire. 내 음악은 영감을 불러일으키는 것으로 되어 있어.
- □ I **was meant to** spend the rest of my life with you. 난 남은 여생을 너와 함께 보내도록 되어 있어.
- □ I feel like I **was meant to** pick this up. 내가 이걸 선택하도록 되어 있는 것 같았어.
- □ I think that **was meant for** you. 그건 너를 위한 것 같아.

A: What is all of this money for? 이 돈 전부 뭐하려는거야?
B: It is meant to buy some furniture. 가구 좀 사기위한거야.

006 I didn't mean to~ …하려던 게 아니었어

앞의 mean to~의 응용표현으로 상대방이 오해할 수도 있는 부분을 구체적으로 말하면서 오해를 푸는 문장. I didn't mean to~ 다음에 오해할 수도 있는 부분을 말하거나 간단히 I didn't mean that이라고 간단히 말할 수 있다.

POINT

I mean(t) to say[tell]~ …라고 말할 작정이야[이었어]
I don't mean to do ~ (사과하면서)…할 생각은 없어

□ Don't be upset. **I didn't mean** that. 화내지마. 그럴려고 그런게 아니야.

□ **I didn't mean to** offend[insult, upset] you.
널 기분나쁘게[모욕, 화나게] 하려는게 아니었어.

□ **I didn't mean to** do that. Let me clean it up. 그럴려고 그런게 아닌데. 내가 치울게.

□ I'm sorry! **I didn't mean to** do that! 미안! 그럴려고 그런게 아니었어!

□ **I didn't mean to** cause you any trouble. 너를 곤란케 하려는 건 아니었어.

□ **I didn't mean to** hurt you. Anyway, I apologize for that.
너에게 상처 줄 의도가 아니었어. 어쨌든 그 점 사과할게.

□ **I don't mean it.** 그럴 생각은 아냐.

□ **I didn't mean to** say that. 그렇게 말할려는 게 아니었어.

A: You should have been here an hour ago. 1시간 전에 이곳에 왔었어야지.
B: I didn't mean to be late. 늦으려고 했던 것은 아니에요.

007 mean it[that] 진심이다, 정말이다

mean it 혹은 mean that하면 그걸 의미한다는 말로 진심이다, 정말이다라는 의미가 된다. 비슷한 말로 mean business가 있다.

POINT

I mean it 진심이야, 분명히 말했어, 정말이야, 진심이야
I didn't mean it 고의로 그런 건 아냐 **(Do) You mean that[it]?** 그 말 진심이야?
I mean business 진심이야, 농담 아니야

□ You don't **mean that.** 농담이지.

□ **I mean it.** I didn't know about that. 정말야. 난 정말 그거에 대해 몰랐어.

□ Please don't laugh anymore. **I mean businesss.** 더 이상 웃지마. 진심이야.

□ **You mean it?** That would be so fun! 정말야? 굉장히 재미있겠다!

A: Are you serious? 정말야?
B: Sure. I mean it. 그럼. 정말이야.

008 mean a lot …에게 큰 의미가 있다, 중요하다, 친숙하다

mean 다음에 a lot, everything, something, anything 등을 붙여 만드는 표현으로 …에게 의미가 있다, 없다는 것으로 나아가 …에게 중요하다, 친숙하다 등의 의미로 쓰인다.

POINT

mean a lot to sb (that~) (…하는 것은) …에게 중요하다
mean everything to sb …에게 중요하다 **mean nothing to sb** …에게 무의미하다
mean something[anything] to sb …에게 의미가 있다, 친숙하다

- □ It **means a lot** to me that you came to my place.
  네가 내집에 왔다는 건 나한테는 큰 의미가 있어.
- □ I don't know what to say. That **means a lot to** me. 뭐라해야 할지. 매우 중요해.
- □ I'm sure it would **mean a lot to her.** 그게 걔한테 의미가 클거라 확신해.
- □ You **mean everything to** me. Please don't go away. 넌 내 전부야. 가지마.
- □ That **means nothing to** me. 그건 내게 중요하지 않아.
- □ It **doesn't mean anything to** me. I don't care. 난 상관없어. 알바아냐.
- □ **Doesn't that mean anything to** you? 그게 네게 무슨 의미가 있어?
- □ Is that supposed to **mean something to** me?
  그게 나한테 무슨 의미라도 있어야 되는거야?

A: Happy birthday sweetheart. I love you. 자기야, 생일 축하해. 사랑해.
B: It meant a lot to spend the day with you. 생일날을 너와 같이 지내는 것은 의미가 컸어.

009 ~what sb mean …가 의미하는 것

~what I mean(내가 의미하는 것)과 ~what you mean(네가 의미하는 것)은 know나 see의 목적어로 와 「내말 알아, 몰라」 등의 의미가 된다. 주로 의사소통을 정리하는데에 사용된다.

POINT

~what I mean 내가 의미하는 것 **~what you mean** 네가 의미하는 것

- □ That's not **what I mean.** 실은 그런 뜻이 아냐.
- □ I know[see] **what you mean.** You don't have to explain.
  무슨 말인지 알아. 설명 안해도 돼.
- □ I'm not sure[I don't know] **what you mean.** 무슨 말인지 모르겠어.
- □ I need to focus on this. You know **what I mean?** 집중해야 돼. 무슨 말인지 알아?
- □ See **what I mean?** 내 말 무슨 말인지 알겠어?

A: Do you think he's cruel? 넌 걔가 인정사정없다고 생각하니?
B: That's not what I meant. I think he's selfish. 내 말은 그게 아니야. 걔가 이기적인 것 같다구.

010 mean no harm 나쁜 뜻으로 그런 게 아니야

mean no 혹은 not mean any 다음에 '해'를 뜻하는 harm, offense, disrespect 등의 단어가 나와 「나쁜 뜻으로 그런 게 아니다」, 「해를 끼치려한 게 아니다」라는 의미로 쓰인다.

POINT

mean no harm[offence] 해를 끼칠 생각은 아냐
mean no disrespect 불쾌하게 하려는게 아냐

- ☐ I really didn't **mean any offence.** 기분나쁘게 하려는 건 아니었어.
- ☐ I'm sorry about that. I didn't **mean any harm.** 미안해. 다치게 할 생각은 없었어.
- ☐ I **mean no disrespect,** doctor. 의사선생님, 불쾌하게 듣지 않았으면 해요.
- ☐ I **mean no offense,** but you have to change your lifestyle.
  나쁜 뜻으로 그러는게 아닌데, 너 생활방식을 바꿔야겠다.

A: Jim didn't invite me to his party. 짐은 날 파티에 초청하지 않았어.
B: He probably forgot. I'm sure he meant no harm.
아마 잊은 것 같아. 걔가 나쁜 뜻은 없었다고 확신해.

011 mean to …할 작정이다

mean to+동사는 「…할 작정이다」라는 의미. say, tell 등이 함께 잘 어울리는 동사이고 또한 과거형인 meant to+동사 형태가 많이 쓰인다.

POINT

I mean(t) to say[tell]~ …라고 말할 작정이야[이었어]
(Do) You mean to tell me ~? …가 진심이니?

- ☐ I **meant to** say thank you. 네게 고맙다고 말할 생각이었어.
- ☐ I **mean to** say that we were shocked by the news.
  우린 그 소식에 충격먹었다고 말할 생각야.
- ☐ I **meant to** leave that stuff at your apartment. 그걸 네 아파트에 남겨둘려고 했어.
- ☐ I **meant to** give it to him. 걔한테 주려던 거지.
- ☐ I **meant to** tell you, I don't love you anymore.
  진작 말할려고 했는데, 난 너 더 이상 사랑하지 않아.
- ☐ **You mean to tell me** you can't find a room? 방을 구할 수 없다는거야?
- ☐ **You mean to tell me** you're going to leave me? 날 떠날거라는 말이야?
- ☐ **You mean to tell me** you can't come to the party this weekend?
  이번 주말 파티에 올 수 없다는 말이야?

A: You didn't pay back the money you owe me. 내게 빚진 돈을 갚지 않았어.
B: I meant to give it to you this morning. 오늘 아침 갚을 참이었어.

More Expressions

by all means 물론이지, 그렇고 말고, 그 정도야

□ By all means, let's hear your opinion. 물론이지. 자 네 의견을 들어보자.

don't mean maybe 진짜이다

□ I don't mean maybe! 대충 하는 말 아냐!. 진심으로 하는 말이야!

38 앉아있지 말고 어서 일어나

Stand

stand는 그냥 서 있다라는 좀 썰렁한 의미이지만 길 위에 서있으면 (stand in the way) 「방해하다」, 옆에 서있으면 (stand by)「 대기하다」, 「지지하다」, 밖으로 서있으면(stand out) 「두드러지다」등 여러 의미를 만들어낸다. 특히 주로 부정형태인 can't stand sb[sth], 혹은 can't stand to+V로 「…을 참을 수 없다」라는 의미로도 많이 쓰인다. 또한 명사로 노상의 매점이나 경기장의 스탠드를 의미하기도 한다.

Stand 기본개념

01. 서다, 일어서다

Please stand up and follow me. 일어나 날 따라와.

She stood up and turned around to face me. 걔는 일어나서 내게로 향했어.

02. 참다, 견디다(can/can't stand)

I just can't stand your friends. 네 친구들은 정말 못 참겠어.

03. (명사) (받침)대, 노점, 매점, (경기장)스탠드

Where's the taxi stand? 택시 정거장이 어디야?

001 stand 서다

stand는 뭐니 뭐니 해도 몸을 일으켜 서는 것을 말한다. 이를 토대로 stand up하면 「일어서다」, stand next to~하면 「…옆에 서있다」, 그리고 stand ~ing하면 「…하면서 서있다」라는 뜻이 된다.

POINT

stand at/in/on~ …에 서있다
stand next to~ …옆에 서있다
stand (장소) ~ing (…에) …하면서 서있다
stand in line 줄서다

□ Tom **is standing** at the window waving at her.
탐은 창가에 서서 걔한테 손을 흔들고 있어.

□ Ben **is standing next to** her. 벤은 걔 옆에 서있어.

□ I **stood there** trying to remember why she left me.
난 거기 서서 왜 걔가 날 떠났는지 기억해내려 했어.

□ She **is standing next to** him holding his hand.
그녀는 걔의 손을 잡고 옆에 서 있어.

A: Shall we go to a movie tonight? 오늘 밤 우리 영화 보러 갈까?
B: No, I hate to stand in line to buy tickets. 아니. 표사러 줄서는 것을 싫어해.

002 stand+형용사 …한 상태로 있다

그리 많지도 않고 상대적으로 쓰임도 빈약하지만 stand는 keep처럼 형용사가 이어져 「…한 상태로 있다」라는 의미로도 쓰인다. stand still이 대표적으로 「멈추다」, 「움직이지 않다」라는 뜻이다.

POINT

stand still 정지하다, 멈추다
stand firm 단호하다, 뒤로 물러서지 않다

□ It's like time **has stood still** in this room. 이 방에선 시간이 멈춘 것 같아.

□ They **stood close to** each other. 걔네들은 서로 가까이 서 있었어.

□ She took a few steps around the desk, to **stand closer.**
걘 책상으로 몇 발짝 다가와 더 가까이 섰다.

□ I saw my wife **standing close to** a cute guy.
내 아내가 귀여운 남자 가까이에 서 있는 것을 봤어.

A: The children are running around the classrooms. 애들이 교실 주위를 뛰어다니고 있어.
B: Tell them to stand still or they'll be punished.
애들에게 멈추라고 해 아니면 벌을 받을거야.

003 can't stand sth[sb] …을 좋아하지 않다, 못 참다

can stand sth[sb]하면 「…을 받아들이다」라는 뜻으로 주로 부정형태인 can't stand~로 쓰여 「…을 못 참다」, 「…을 싫어하다」라는 의미로 사용된다.

POINT

can't stand sth[sth] ~ing …가 …하는 것을 싫어하다, 못 참다
can't stand to+동사 …하는 것을 못 참다
can't stand the thought of~ …라는 생각을 받아들이지 못하다
can't stand that 주어+동사 …을 참지 못하다
can stand sth/ can stand sb doing sth …을 받아들이다

- □ I **can't stand** this.[you] 이걸[널] 못 참겠어.
- □ Oh, God. I **can't stand** it any longer. 어휴. 맙소사. 더 이상 못 참겠어.
- □ I **can't stand** the boss. She sucks! 더 이상 사장을 못 참겠어. 아주 재수 없어!
- □ I **can't stand** the smell of hot dogs. They make me sick. 핫도그 냄새 못 참겠어. 구역질 나.
- □ Why did you invite him? I **can't stand** that guy! 왜 걜 초대한거야? 그 자식 정말 싫다구!
- □ I **can't stand** you being here. 난 네가 여기 있는게 싫어.
- □ You **can't stand** me getting closer to her. 넌 내가 걔하고 친해지는 걸 못 참는구나.
- □ I **can't stand the thought of** you with another woman! 난 네가 다른 여자와 있다는 생각을 참을 수 없어!
- □ I **can't stand** that I hurt you. 내가 네게 상처를 입혔다는 걸 참을 수가 없어.
- □ I **can't stand to** lose. I'm sure I will win. 난 지는 걸 못 참아. 내가 반드시 이길거야.

A: I can't stand Lindsey Lohan. 린제이 로한을 참을 수가 없어.
B: Yeah, she is always getting in trouble. 그래. 걔는 항상 골칫거리야.

A: We're going to have salad before dinner. 저녁 전에 샐러드를 먹을거야.
B: Oh no! I can't stand eating salad. 아이고! 샐러드 먹는 것을 싫어해.

A: I can't stand that I didn't get into Harvard. 내가 하버드 대학에 합격하지 못한 것을 참을 수가 없어.
B: It's very difficult to get into that school. 그 학교 들어가기 정말 어렵지.

004 stand in the(sb's) way 방해하다

길 위에(in the way) 서있다(stand)라는 말에서 알 수 있듯이 …에 방해가 된다는 뜻. stand 대신 be, get을 써도 되며 방해되는 대상은 of~로 써주면 된다.

POINT

stand[be, get] in the way (of~) (…하는데) 방해가 되다, 방해하다
stand[be, get] in sb's way (of~) …의 방해가 되다

□ Ok then. I won't **stand in your way.** 좋아 그럼. 방해하지 않을게.

□ I'm not going to **stand in your way of** doing it.
네가 그걸 하는데 방해가 되지 않을게.

□ Are you going to let that **stand in the way of** us?
그것 때문에 우리가 방해받게 할거야?

□ I'm not going to **stand in the way of** that. 난 그거 하는데 방해하지 않을게.

A: My girlfriend's parents really don't like me. 여친 부모가 날 정말 싫어해.
B: Are they standing in the way of your marriage? 그들이 네 결혼에 방해가 되는거니?

005 where sb stands (on~)

(…에 대한) …의 입장, 생각

직역하면 「…가 서있는 곳」이라는 뜻으로 비유적으로 「…의 입장」, 「…의 생각」을 뜻한다. 예로 where I stand하면 「나의 입장」, where you stand는 「너의 입장」이 된다.

POINT

know where sb stands (on~) (…에 대한) …의 입장을 알다
tell A where B stands (on~) (…에 대한) B의 입장을 A에게 말하다
from where I stand 내 느낌상, 생각에, 내가 서 있는 곳에서

□ I'd like to know **where you stand.** 네 입장이 뭔지 알려줘.

□ That is **where I stand.** 그게 내 입장야.

□ I was wondering if you could tell me **where I should stand?**
내 입장이 어때야하는지 알려줄래요?

□ She knows **where I stand** on the war. 갠 내가 전쟁에 대해 어떤 입장인지 알고 있어.

□ I realized **where we stood.** I understood our role.
우리 입장이 어떤지 깨달았고 우리의 역할을 이해했어.

□ **From where he stood,** he looked around the downtown.
갠 자기가 서 있는 곳에서 시내를 둘러보았어.

A: Who will Jeff vote for in the election? 제프가 선거에서 누굴 찍을까?
B: I don't know where he stands on politics. 걔의 정치적 입장에 대해 난 몰라.

006 **stand a chance** 기회가 있다, 유망하다

기회(a chance)를 세우는(stand) 것으로 stand a chance of~하면 「…할 기회가 있다」, 「가능성이 있다」라는 뜻. 반대는 stand no chance of~라고 하면 된다.

POINT

stand a chance (of) (…할) 기회가 있다, 유망하다
stand no chance (of) (…할) 가망이 없다

- □ I think I don't **stand a chance.** 내겐 기회가 없을 것 같아.
- □ Do you think we even **stand a chance?** 우리에게 기회도 없을거라 생각해?
- □ She **stands no chance of** marrying Peter. 걘 피터랑 결혼할 가능성이 없어.
- □ I **don't stand a chance of** passing the exam. 난 시험을 통과할 가능성이 없어.

A: Will Australia win a gold medal for skiing? 호주가 스키에서 금메달 딸까?
B: No, they don't stand a chance of winning. 아닐걸. 걔들은 승산이 없어.

007 **stand by** 대기하다, …을 지지하다

옆에(by) 서있다(stand)라는 뜻으로 뭔가 「기다리면서 대기하거나」 혹은 「…의 옆에 서서 지지하는」 것을 뜻한다. 뒤에 서서 뒷받침해주는 stand behind 또한 「지지하다」라는 뜻이다.

POINT

stand by (sb) 대기하다, (…를) 지지하다 **stand behind** 지지하다

- □ There is a beautiful blonde lady **standing by** the car outside.
  밖의 차옆에 아름다운 금발여자가 서 있어.
- □ I'll **stand by** you. 네게 힘이 되어줄게.
- □ She's the only one who **stood by** me in all this.
  걘 이 모든 일에 날 지지해준 유일한 사람이야.
- □ You're my friend and I will try to **stand by** you through this.
  넌 내친구고 이 일을 겪는데 너를 지지할게.

A: Are you ready for me to help you? 나한테 도움받을 준비가 돼 있니?
B: Not yet. Just stand by until we start. 아직. 우리 시작할 때까지 기다려줘

008 stand for 나타내다, 지지하다

What does FBI stand for?는 "FBI란 약자가 뭘 뜻하니?"라는 문장. 이처럼 stand for의 가장 주된 임무는 「…을 나타내다」, 「표현하다」란 의미. 또한 「…을 지지하다」, 「…의 편을 들다」라는 의미로도 쓰인다.

POINT

stand for 나타내다, 지지하다

☐ What exactly does that **stand for?** 그게 뜻하는게 정확히 뭐야?

☐ That's what this ring **stands for.** 그게 바로 이 반지가 뜻하는거야.

☐ You said that you **stood for** the poor. 가난한 사람들의 편을 들겠다고 말했잖아.

A: The H on that car stands for Hyundae. 저 차의 H자는 현대를 뜻해.
B: I've heard they are pretty good cars. 꽤 좋은 차라고 들었어.

009 stand out 눈에 잘 띄다, 두드러지다

그냥 글자그대로 「밖에 서있다」라는 의미로도 쓰이지만 일반적으로 튀어나오다라는 의미에서 발전하여 「두드러지다」, 「눈에 잘 띄다」라는 의미의 표현이다.

POINT

stand out 밖에 서있다, 두드러지다
stand out in a crowd 사람들 속에 두드러져 보이다

☐ She's **standing out** in the rain. 걘 비가 오는데 밖에 서 있어.

☐ He **stands out** in a crowd because he's so tall.
걘 키가 커서 군중 속에서 두드러져 보여.

☐ I can tell. A real lady always **stands out** in a crowd.
난 알 수 있어. 진정한 여인이라면 사람들 속에서 두드러져 보이지.

☐ I want to be a person who always **stands out** in a crowd.
난 사람들 사이에서 돋보이는 사람이 되고 싶어.

A: Berry has gotten excellent grades this year. 베리는 금년에 아주 좋은 학점을 받았어.
B: He stands out from the rest of his classmates. 걔는 반에서도 매우 두드러져.

010 stand sb up 바람맞히다

stand up하면 스스로 일어서다 또는 무엇을 세우다라는 의미이지만 stand sb up하면 …을 밖에 세워놓는다는 뜻으로 비유적으로 「…를 바람맞히다」, 「약속에 나가지 않다」라는 표현이 된다.

POINT

stand sb up …을 바람맞히다
stand sth up …을 바로 세우다
get[be] stood up 바람맞다

- □ I don't like **being stood up!** 바람맞는 것 싫어해!
- □ Your sister **stood me up** the other night. 네 누이가 요전날 밤에 날 바람맞혔어.
- □ How could she just **stand me up** for a date? 어떻게 걔가 날 바람맞힐 수 있어?
- □ I can't believe he **stood me up** the other night.
  걔가 요전날 날 바람맞히다니 믿을 수가 없어.

A: Someone knocked the trash can over. 누군가 쓰레기통을 넘어트렸어.
B: Stand it up and start putting the trash back inside. 세워서 쓰레기를 안에 다시 넣어봐.

011 stand up for 지지하다, 옹호하다

일어서긴(stand up) 섰지만 …을 위해(for sb[sth]) 일어선다는 의미로 「…을 지지하다」, 「옹호하다」, 「…의 편을 들다」라는 비유적 의미를 갖는다.

POINT

stand up for sb[sth, what~] …을 지지하다, 옹호하다
stand up for oneself 자립하다, 남에게 좌지우지되지 않다

- □ Could you **stand up for** me, please? 내 편 좀 되어줄래요?
- □ I'm just a guy who **stands up for** what he believes in.
  난 자기 믿음을 주장하는 사람일 뿐이야.
- □ Don't be afraid to **stand up for** what is right.
  옳은 일을 지지하는 걸 두려워하지마.
- □ It's time you **stood up for** yourself. Tell him you don't like that.
  이제 자립해야지. 걔한테 그거 싫다고 얘기해.

A: Some students like to study taekwondo. 일부 학생들은 태권도 배우길 좋아해.
B: Well, it helps them stand up for themselves.
우선, 태권도는 스스로를 지키는데 도움이 되지.

012 stand up to …에 맞서다

역시 …을 향해(to) 일어선다는 의미로 stand up to~ 하면 「…에 대항하다」, 「맞서다」라는 뜻이 된다. 또한 stand up to+동사하게 되면 「…하기 위해 일어선다」라는 단순한 의미.

POINT

stand up to+동사 …하기 위해 일어서다 **stand up to~** …에 맞서다, 대항하다

□ She **stood up to** follow him to the door. 걘 일어서서 걔를 문까지 따라갔다.

□ I went there to **stand up to** him. 걔한테 대들려고 거기에 갔어

□ You **stood up to** the boss, nobody does that.
넌 사장님한테 맞섰어. 아무도 안그러는데.

□ Why don't you **stand up to** your boss? 사장에게 맞서봐.

A: The teacher treated him very unfairly. 그 선생이 걔를 매우 편파적으로 대했지.
B: Did he stand up to the teacher? 걔가 선생에게 대들었니?

013 stand on one's own (two) feet
두발로 서다, 자립하다

stand on+장소하면 …의 위에 서다라는 기본적인 의미로 stand on the roof하면 지붕위에 서는 것을 stand on the table하면 탁자위에 올라서는 것을 뜻한다. stand on one's own feet하면 자신의 두발로 서다라는 뜻으로 비유적으로 「자립하다」, 「독립하다」라는 뜻을 갖게 된다.

POINT

stand on …에 서다 **stand on stage** 무대에 서다
stand on one's own feet 두발로 서다, 자립하다
stand on one's head [neck] 물구나무서다

□ I can **stand on my own two feet** now. 난 지금 자립할 수 있어.

□ I am trying my hardest to **stand on my own two feet.**
자립하기 위해 최선을 다하고 있어.

□ Jim can **stand on his head** for several minutes.
짐은 몇 분간 물구나무서기를 할 수 있어.

□ Evolution led man to **stand on two feet.** 우리는 진화해서 직립보행을 하게 됐어.

A: It's time for you to stand on your own two feet. 이제 네가 스스로 자립할 때야.
B: But I still need my parents to help me. 하지만 난 아직도 부모님이 도와줘야해.

More Expressions

stand back 뒤로 물러서다

☐ Just stand back. Give me some room. 뒤로 물러서. 내게 공간을 달라고.

stand guard (over sth[sb]) 감시하다, 조심하다, 경계하다

☐ During my time in the army, I stood guard many nights.
군복무시 야간경계를 많이 섰어.

stand trial (for[on]) 법정에 서다

☐ She's going to stand trial for stealing that jewelry.
걘 그 보석을 훔친죄로 재판받을거야.

as it stands[as it is now] 현재 상태 그대로

☐ As it stands, I won't be getting paid for a while.
현상황을 보면 당분간 돈을 받지 못할거야.

☐ **I stand corrected.** 내가 잘못했다는거 인정해요.

☐ **You don’t have a leg to stand on.**
넌 그런 주장을 할 수 있는 근거가 없어.

☐ **You may take the stand.** 증언대에 서주세요.

39 넘어지고 미끄러지고

Fall

fall하면 절벽에서 떨어지거나(fall off a cliff) 침대에 쓰러지거나(fall onto the bed) 혹은 바닥이나 계단에서 쓰러지는(fall down the stairs) 것 등 다양하게 몸을 던져 넘어지거나 쓰러지는 것을 말한다. 여기서 발전하여 비유적으로 fall short처럼 바닥나다, 떨어지다라는 의미로도 쓰이며 또한 fall asleep이나 fall in love처럼 fall+형용사 형태로 어떤 상태로 되다라는 뜻을 갖기도 한다.

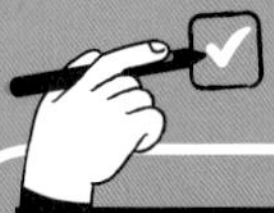

Fall 기본 개념

01. 떨어지다, 감소하다, (바닥으로)넘어지다

Did you hurt yourself when you fell? 넘어질 때 다쳤어?

She slipped and fell in the shower this morning.
걘 오늘 아침에 샤워하다 미끄러 넘어졌어.

02. (어떤 다른 상태로) 되다(fall+adj)

Why did you fall asleep in church? 교회에서 왜 잤어?

I'm falling in love with you. 난 너와 사랑에 빠졌어.

001 fall asleep 잠들다

fall이 become의 의미로 쓰인 경우. asleep은 '잠든'이라는 뜻의 형용사로 둘이 합쳐 fall asleep 하면 「잠들다」라는 표현이 된다. 특히 fall asleep ~ing하면 「…하다 잠들다」란 뜻.

POINT

fall asleep 잠들다　　**fall asleep ~ing** …하다 잠들다

- □ Don't **fall asleep** at the wheel. 운전하면서 자지 마라.
- □ I can't forgive you for **falling asleep** during sex.
  섹스 중에 잠든 널 용서할 수가 없어.
- □ She **has fallen asleep** waiting for you to call. 걘 네가 전화하길 기다리다 잠들었어.
- □ You got drunk and **fell asleep** with your head in the toilet.
  넌 취해서 머리를 변기에 쳐박고 잠들었어.

> A: Have you seen where Tammy is? 태미가 어디에 있는지 봤니?
>
> B: She fell asleep a few hours ago. 몇 시간 전에 잠들었어.

002 fall in love 사랑에 빠지다

모든 사람이 가장 좋아할 만한 표현. 역시 fall이 become처럼 쓰인 경우로 사랑을 하는 사람을 말하려면 fall in love with sb라 해주면 된다.

POINT

fall in love 사랑에 빠지다　　**fall in love with sb** …를 사랑하다

- □ She is definitely going to **fall in love with** you again!
  걘 분명코 너를 다시 사랑하게 될거야!
- □ I've got to stop **falling in love with** strange women.
  낯선 여자들과 사랑에 빠지는 일은 그만해야겠어.
- □ I **fell in love with** my divorce lawyer. 내 이혼 변호사와 사랑에 빠졌어.
- □ I **fell in love with** the most beautiful girl in the world.
  난 세상에서 가장 예쁜 여자와 사랑에 빠졌어.

> A: They fell in love when they were working together.
> 걔들은 함께 일하면서 사랑에 빠졌어.
>
> B: How romantic. Did they get married? 낭만적이네. 결혼은 했니?

003 fall short of …이 부족하다

여기 쓰인 fall 또한 become의 뜻으로 fall short of하면 「…이 부족하다」, 「모자라다」라는 뜻으로 be[run] short of와 같은 의미이다.

POINT

fall short of sth …이 부족하다　　fall short of ~ing 겨우 …하지 않다

□ Our supply of medicine **fell short.** 의료공급이 부족해.

□ We help people who **fall short of** cash. 우린 돈이 부족한 사람들을 도와.

□ At least they **fell short of** hitting me. 적어도 걔네들은 날 치기까지는 안했어.

□ He **was falling far short of** her high expectations.
그는 그녀의 큰 기대치에 한참 모자랐어.

A: Did you make enough money to take a trip? 넌 여행을 할 정도로 충분한 돈을 벌었니?
B: No, I fell short of the amount that I needed. 아니. 필요한 액수에서 모자라지.

004 fall apart 산산조각나다, 엉망이 되다, 상태가 안 좋아지다

apart는 '뿔뿔이 흩어져'라는 의미로 fall apart하면 「뿔뿔이 흩어져버리다」라는 뜻. 뭔가 「엉망이 되다」 혹은 「상태가 안 좋아지고 있다」는 의미로 쓰이는데 진행형으로 쓰일 때가 많다.

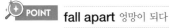

POINT

fall apart 엉망이 되다

□ My entire body **is falling apart.** 몸살에 걸려 온몸이 쑤셔.

□ My life **is falling apart.** 내 인생이 엉망진창이 되고 있어.

□ Things **were falling apart** at home. 집의 일들이 엉망이 되었어.

□ Everything **fell apart.** We had a big fight and then I got slapped.
모든 게 다 엉망이 됐어. 우린 크게 싸웠고 난 빰을 맞았어.

A: Are you telling me your car is broken again? 네 차가 다시 고장 났나는거니?
B: Yeah, it's been falling apart recently. 그래. 최근에 엉망이 되어버렸어.

005 fall down 넘어지다, 무너지다, 실패하다

바닥에 넘어지다 혹은 위에서 아래로 떨어지다라는 기본의미에서 fall down a cliff하면 절벽에서 떨어지는 것을, fall down the stairs하면 계단에서 넘어지는 것을 말한다. 비유적으로 「실패하다」라는 뜻으로도 쓰인다.

POINT
Sth falls down …이 무너지다 **fall down the stairs** 계단에서 넘어지다

- □ I **fell down the stairs.** I'm fine. 계단에서 넘어졌는데 괜찮아.
- □ My father **fell down the stairs** the other day. 아버지가 요전날 계단에서 떨어지셨어.
- □ I **fell down the stairs** and broke my tooth. 계단에서 떨어져 이가 부러졌어.
- □ The building **fell down.** Three people were crushed to death. 건물이 무너져, 3명이 압사했어.

A: There is a lot of ice on the sidewalks today. 오늘 인도가 많이 얼었네. B: Be careful that you don't fall down. 넘어지지 않도록 조심해라.

006 fall for (트릭 등에) 속아 넘어가다, 사랑하기 시작하다

좀 낯설지만 많이 쓰이는 표현으로 두 가지 의미로 쓰인다. 상대방의 의도적인 거짓이나 계략에 「속아 넘어가다」가 첫번째 의미이고 또 다른 의미는 fall for sb형태로 「사랑에 빠지다」라는 뜻이다.

POINT
Don't fall for it (속아) 넘어가지마, 사랑에 빠지면 안돼
Did you fall for him? 걔를 사랑했던거야?

- □ Don't **fall for** it. He'll only steal your money. 혹하지마. 네 돈을 훔칠려는거야.
- □ You **fall for** it every time! 넌 매번 넘어가냐!
- □ She's a patient. I can't **fall for** our patients. 걘 환자야. 난 환자를 사랑할 수 없어.
- □ Why does a girl **fall for** a bad boy? 여자는 왜 나쁜 놈을 좋아하는거야?

A: Bonita is the smartest girl in our class. 보니타는 우리 반에서 가장 스마트한 아이야. B: I always fall for girls who are intelligent. 난 항상 머리 좋은 여자애들에게 빠져.

007 fall into …에 빠져들다, …하기 시작하다, 구분되다

…안으로 떨어지거나 쓰러진다는 것으로 기본적으로 침대나 소파에 몸을 던져 넘어지듯 앉거나 눕는 것을 말하며 비유적으로 「…에 빠져들거나 시작하는」 것을 뜻하기도 한다.

POINT
fall into place 이야기가 제대로 맞다, 앞뒤가 들어맞다
fall into the hands of …의 수중에 넘어가다

□ I just **fell into** bed with my clothes on. 난 그냥 옷을 입은 채 침대에 누워버렸어.

□ She **has fallen into** a black hole of debt. 걘 엄청난 빚더미에 빠져있어.

□ Do you want to **fall into** the trap? 속임수에 빠지고 싶은거야?

□ It's **all falling into** place. The happy ending.
모든 게 앞뒤가 들어맞아. 해피엔딩으로 말야.

A: How did Patty hurt her leg? 패티가 다리를 어떻게 다쳤대?
B: She fell into a ditch while she was walking. 걸어가다가 도랑에 빠졌대.

008 fall off …에서 떨어져나가다, (가격 등) 내려가다

본체에서 이탈하여(off) 떨어져나가는(fall) 것을 뜻한다. 자전거나 지붕에서 떨어지는 것 뿐만 아니라 옷단추 등이 떨어져나가는 것도 뜻한다. 비유적으로 가격 등이 내려가는 것을 말하기도 한다.

POINT
fall off the wagon (금주하다) 다시 술을 마시기 시작하다　**fall off** …에서 떨어지다

□ Nothing big, I **fell off** my bike. 별일 아냐. 자전거에서 떨어졌어.

□ You had an accident. You **fell off** our ladder.
넌 사고가 났었어. 사다리에서 떨어졌어.

□ Their arms have to be ready to **fall off.** 팔이 떨어지기 일보 직전일 걸.

□ She **has** definitely **fallen off the wagon.** 걘 분명 술을 다시 마시기 시작했어.

A: Be careful you don't fall off the cliff. 절벽에서 떨어지지 않도록 조심해.
B: This mountain is very difficult to climb. 이 산은 정말 등반하기 어렵네.

009 fall on …(위)로 넘어지다, (생일, 기념일이) 언제 …이다

…위로, …에게 넘어진다는 의미로 사람이 「…위로 넘어지거나」 사물이 「…을 덮치는」 것을 말한다. 비유적으로 「기념일이 …이거나」 책임 등의 소재가 「…에게 있다」 등 다양한 의미가 있다.

POINT

(생일, 기념일) fall on+요일 언제 …이다
(일, 의무) fall on sb …의 책임이다, 책무이다
(요청) fall on deaf ears 무시당하다, 묵살되다
fall on one's head 거꾸로 떨어지다
Sb falls on hard times 어려움을 겪다
fall on the floor 바닥에 쓰러지다
fall on[to] one's knees 존경의 표시로 무릎 꿇다
fall on(to) sb[sth] …로 무너지다, 쓰러지다
fall on one's back 뒤로 넘어지다

- □ I can't believe you laughed when I **fell on** the ice. 내가 얼음 위에 넘어졌을 때 네가 어떻게 웃을 수가 있어.
- □ They **fell on** the bed and began kissing. 침대 위로 넘어져 키스하기 시작했어.
- □ I **fell on** the floor this morning. 오늘 아침에 바닥에 넘어졌어.
- □ My birthday will **fall on** a Sunday this year. 내 생일은 금년에 일요일이야.
- □ Why does that responsibility always **fall on** us? 왜 우리가 항상 그 책임을 져야 해?
- □ He suddenly lost his balance and **fell on his back.** 걘 갑자기 균형을 잃더니 뒤로 넘어졌어.
- □ Sam **fell on** top of her and they began kissing again. 샘은 걔 위에 누워 다시 키스를 하기 시작했어.
- □ The lunar new year **falls on** a different day each year. 음력 새해는 매년 날이 달라.

A: What day will you celebrate your birthday? 네 생일이 무슨 요일이지?
B: It's going to fall on a Friday this year. 금년에는 금요일이야.

A: A pile of books fell on me when I was working. 내가 일하고 있는데 책 한 더미가 내게 덮쳤어.
B: Oh dear. Did you get hurt by them? 어머나, 너 다쳤니?

A: Did the kids enjoy going skating? 애들이 스케이팅을 즐겼니?
B: They had fun but they fell on their backs a lot. 즐기기는 했는데 많이 넘어졌지.

010 fall out 일어나다, …결과가 나오다, 싸우다

밖으로(out) 떨어져 나오는(fall) 것으로 어떤 일이 「일어나다」, 「…한 결과가 나오다」라는 의미로 쓰인다. 또한 머리나 이가 빠져나오거나 fall out with~형태로 「…와 싸우다」라는 의미로도 쓰인다.

POINT

fall out of bed 침대에서 떨어지다 **fall out with sb** …와 다투다

- □ It wasn't my ring! It **fell out** of his jacket!
  그건 내 반지가 아니라 걔의 옷에서 떨어져 나온거야!
- □ I **fell out** of your bed this morning. 오늘 아침에 네 침대에서 떨어졌어.
- □ My hair started **falling out.** 내 머리가 빠지기 시작했어.
- □ We had some kind of big-time **falling out.** 우린 좀 크게 한바탕 싸웠어.

A: So Maggie and Jason have been fighting? 그래 메기하고 제이슨이 싸웠어?
B: Yeah, they fell out over their credit card bills.
응, 걔들 크레디트 카드 대금 청구서를 가지고 서로 다퉜어.

More Expressions

slip and fall 넘어지다

- ☐ She slipped and fell and hit her head on the floor.
  걘 미끄러넘어져 머리를 바닥에 부딪혔어.
- ☐ He tripped and fell down the stairs. 걘 계단위로 굴러 넘어졌어.

fall back on 기대다, 의지하다

- ☐ She took off her shirt and fell back on the couch.
  걘 셔츠를 벗고 소파에 기댔어.

fall behind on[with]~ 늦어지다, 체납하다

- ☐ I've just fallen behind on my housework. 집안 일이 늦어졌어.

fall flat on one's face 앞으로 꼬꾸라지다

- ☐ She fell flat on her face and broke her nose.
  걘 앞으로 꼬구라져 코가 부러졌어.
- ☐ She got up but tripped and fell flat on her face.
  걘 일어났지만 발에 걸려 앞으로 꼬꾸라졌어.

fall victim[prey] to ~ 병이 걸리다, …에 속다, 공격당하다

- ☐ We have fallen victim to an epidemic. 우린 전염병에 걸렸어.
- ☐ Laura fell victim to her love. 로라는 자기 사랑에 속고 말았어.

fall in with 우연히 만나 어울리다, 동조하다, 동의하다

- ☐ I was just a kid and I fell in with the wrong crowd.
  난 그냥 애였고 안 좋은 애들과 어울렸어.

40 그만할 때 그만해야지

Stop

하던 일이나 동작을 멈추다는 의미. stop sth [sb], 혹은 stop ~ing 형태로 어떤 일을 멈추게 하거나 어떤 사람의 행동을 막거나 제지하는 것을 뜻한다. 단 stop to+동사하면 'to+동사'가 동사의 목적어가 되는 try, remember, begin 등과 달리 「…하기 위해 멈춘다」는 뜻이다. 다시 말해 stop to fight하면 싸우는 걸 멈추는 것이 아니라 싸우기 위해서 멈췄다는 뜻이 되는 것이다.

Stop 기본표현

01. 멈추다, 정지하다, 그만두다

Please stop just before that traffic light. 신호등 앞에서 멈춰.

Stop right where you are. 거기에 멈춰.

02. …을 멈추다, 중단하다, 그만두게 하다

Would you stop that? 좀 그만할래?

Stop doing that. 그러지마.

Stop a bus. 버스를 세워.

03. (명사) 멈춤, 중지, 정거(장),

What's the next stop? 다음 정거장이 어디야?

Where's the bus stop? 버스 정거장이 어디예요?

001 stop sth[sb] …을 멈추게 하다

stop 다음에 명사가 오는 경우로 stop sth하면 「…을 멈추다」, 「그만두다」, stop sb하게 되면 「…의 행동을 못하게 하다」, 「멈추게 하다」라는 뜻이 된다.

POINT

Stop it[that]! 멈춰!, 그만둬! **stop what sb's doing** …가 하던 것을 멈추다

- □ Please **stop** the fighting! 제발 싸움 좀 멈춰!
- □ We couldn't **stop** the bleeding. 우린 출혈을 막을 수가 없었어.
- □ **Stop** it, I'm serious! 그만둬, 나 장난아냐!
- □ No, don't **stop** me! 아니, 날 막지마!

A: I heard this house has a ghost. 이 집에 귀신이 있다더라.
B: Stop it! You're scaring me. 그만해! 겁나잖아.

002 stop for sth …하기 위해 멈추다, 멈춰서 …하다

앞의 표현인 stop sth에서 사이에 for가 와서 stop for sth하게 되면 「…을 위해 멈추다」라는 뜻으로 for 이하를 하기 위해 「멈추다」, 「들르다」라는 의미가 된다.

POINT

stop for sth …하기 위해 멈추다 **stop for a moment** 잠시 멈추다

- □ You can go to the toilet when we **stop for** gas. 기름넣을 때 화장실에 가.
- □ We **stopped for** a cocktail after work. 퇴근 후에 잠시 칵테일 마시러 들렀어.
- □ Can we **stop for** a moment please? 잠깐만 멈출래요?
- □ Do you want to **stop for** ice cream? 아이스크림 먹기 위해 차를 잠깐 세울까?

A: Where do you want to stop for breakfast? 아침 먹으러 어디 들르면 좋겠어?
B: Let's go to a pancake restaurant. 팬케익 파는 식당에 가자.

003 stop to~ 멈춰서 …하다, …하기 위해 들르다

stop to+동사에서 to~이하는 목적을 나타내는 구로 「…하기 위해서 멈추다」라는 의미가 된다. stop and+동사로 쓸 수도 있으며 특히 stop to think가 많이 쓰인다.

POINT
stop and+동사 멈춰서 …하다
stop to think 곰곰히 생각하다
stop to look at[talk] 멈춰서 바라다보다[이야기하다]

□ I just **stopped to** see if I could help. 내가 도움이 될 수 있나 알아보기 위해 들렀어.

□ Okay, then why don't you **stop and** go to bed? 좋아 그럼 그만하고 자라.

□ Why don't you **stop and** ask for directions? 잠시 멈춰서 길을 물어보지 그래.

□ Don't **stop to** think. Just tell me. 곰곰히 생각하지 말고, 내게 말해.

A: Look at the beautiful scenery. 아름다운 경치를 봐.
B: We'll stop to take some pictures of it. 우린 사진 찍게 좀 내릴거야.

004 stop ~ing …하기를 그만두다

stop sth에서 sth이란 명사 대신 동사의 ~ing가 stop의 목적어로 나오는 경우이다. 의미는 마찬가지로 「…하는 것을 멈추다」, 「그만두다」이다.

POINT
stop ~ing …하기를 그만두다

□ I always **stop eating** before I feel full. 난 배가 부르기 전까지만 먹어.

□ I won't stop to smoke. I **stopped smoking.** 멈춰서 담배피지 않을거야. 금연했어.

□ I've had it. **Stop acting** like my mother. 지겨워. 내 엄마처럼 행동하지마.

□ Will you **stop doing** that? 그만 좀 할래?

A: You have to stop smoking. 넌 담배를 끊어야 돼.
B: I know, but it's very difficult. 알아, 하지만 그게 굉장히 힘드네.

005 (Please) Stop ~ing! …를 그만둬!

앞의 stop ~ing 표현은 특히 명령문, 즉 Stop ~ing!의 형태로 많이 사용된다. 반대로 Don't stop~ing 하게 되면 「…하는 것을 멈추지마」, 즉 「계속해서 …해라」라는 뜻이 된다.

POINT

Please stop bugging me 나 좀 귀찮게 하지마
Stop doing that! 그러지마
Stop saying that! 그런 말마!
Stop talking 조용히 해
Stop lying to me! 거짓말마!

- □ **Stop being** lazy. You need to study harder. 게으름피지마. 공부 더 열심히 해.
- □ **Stop looking** at me like that. 그렇게 쳐다보지마.
- □ **Stop talking** to me like you're my boyfriend! 남자친구인 양 말하지마!
- □ **Stop saying** you're sorry. 미안하다는 말 그만해.
- □ **Stop saying** that! Will you say something else? 그런 말마! 다른 얘기할래?
- □ Don't **stop talking** about it. 그 얘기 계속해.

A: Stop jumping on the bed you two! 너희 둘 침대에서 그만 뛰지 못해!
B: But it's so much fun, Dad. 하지만 너무 재미있는 걸요, 아빠.

Stop

006 stop sb from ~ing …가 …하는 것을 막다, 못하게 하다

stop sb from ~ing하면 자기가 아닌 다른 누군가가 「…하는 것을 막다」, 「…가 …하는 것을 말리다」라는 뜻이 된다.

POINT

stop sb from ~ing …가 …하는 것을 못하게 하다(stop sb's ~ing)
There's nothing to stop sb (from) ~ing …는 반드시 …할거야

- □ I couldn't **stop you from** doing this. 네가 이걸 하는 걸 막을 수가 없었어.
- □ Why did she **stop me from** dating Adam?
  왜 걘 내가 아담과 데이트를 못하게 하는거야?
- □ I came running to **stop her from** leaving. 걔가 떠나는 걸 막으려 달려왔어.
- □ There's nothing to **stop me from** divorcing her. 난 걔랑 기필코 이혼할거야.
- □ You will do anything to **stop me from** having sex with him.
  무슨 수를 써서라도 내가 걔랑 섹스하는거 말려.
- □ I can't **stop it from** going through my head.
  그게 계속 내 머리 속에서 떠나질 않아.

A: There are too many items on that table. 저 테이블 위에 넘 많은 물건들이 있어.
B: We need to stop it from falling over. 떨어지지 않도록 해야 돼.

007 stop oneself from ~ing …하는 걸 참다

이번에는 다른 사람이 아닌 「스스로가 …하는 것을 참다」라는 표현으로 결국 「…을 자제하다」, 「참다」라는 뜻이 된다. 그냥 stop oneself로도 쓰인다.

POINT

stop oneself 자제하다, 참다 　　 stop oneself (from) ~ing …하는 것을 참다

- □ Why did you **stop yourself?** 왜 참았어?
- □ I can't **stop myself from** loving you. 너에 대한 사랑을 멈출 수가 없어.
- □ She **stopped herself from** laughing. 걘 웃음이 나오는 것을 참았어.
- □ He tried to **stop himself from** doing the dishes, but couldn't.
  그는 설거지를 하지 않으려고 했지만 그럴 수가 없었어.

A: I'm getting too fat these days. 요즘 내가 너무 살이 찌는 것 같아.
B: You have to stop yourself from eating too much. 과식하는 것을 참아야할거야.

008 can't stop + ~ing 계속 …할 수밖에 없다

can't도 부정어이고 stop도 내용상 부정어이다. 따라서 부정의 부정은 강한 긍정이 된다. 즉 can't stop ~ing는 멈출 수가 없다, 다시 말해 「계속해서 …하지 않을 수가 없다」라는 표현이 된다.

POINT

can't stop ~ing 계속 …할 수 밖에 없다 　　 can't stop sth[sb] …을 멈출[막을] 수가 없다

- □ Ever since you left, I **can't stop** thinking about you.
  네가 떠난 이후로 네 생각이 계속 맴돌아.
- □ I **can't stop** crying. 계속 울 수밖에 없어.
- □ I'm sure you **can't stop** loving me. 넌 날 계속 사랑할 수밖에 없다는 걸 알아.
- □ I **couldn't stop** laughing at your story. 하지만 네 얘기에 웃음을 멈출 수가 없었어.

A: Why are you always so sad? 왜 넌 항상 그렇게 슬퍼하고 있어?
B: I can't stop thinking about my ex boyfriend. 전 남친 생각을 안할 수가 없어.

009 stop at …에 멈추다

멈추기는 멈추는 것이지만 어느 장소에서 멈추는지를 말하는 표현. stop at 다음에 잠시 멈추는 장소명사를 넣어주면 된다.

POINT

stop at …에 멈추다

- □ Does this train **stop at** Yoksam? 이 전철 역삼에 서요?
- □ How about we **stop at** the store and get something to eat? 가게에 들려 먹을거 좀 사자?
- □ Why don't you **stop at** a bar for a couple of drinks? 바에 가서 술 좀 하자?
- □ Do you mind if we **stop at** the next motel? 다음 모텔에서 서도 되겠어?

A: Can we stop at someplace to eat? 어디 서서 식사할까?
B: Sure. You must be getting hungry. 너 배가 고프겠다.

Stop

010 stop by[in] 방문하다

「지나는 길에 잠시 들르다」(make a short visit)라는 말로 stop by 다음에 들르는 장소를 말하면 된다. stop in 또한 잠시 들르는 것을 의미한다.

POINT

stop by+장소명사 …에 잠시 들르다 **stop in** 잠시 들르다
stop by and see (how~) …을 보려고(…인지) 잠시 들르다

- □ **Stop by** any time after Friday. 금요일 이후엔 아무 때나 와.
- □ We just wanted to **stop by** and say good night. 잘 자라고 말하려고 잠깐 들렸어.
- □ I just **stopped by** to see how you're doing. 네가 어떻게 지내는지 보려고 들렀어.
- □ I'll **stop by** the drugstore. 약국에 들를거야.
- □ I just want to **stop in** here for a second. I have to use the bathroom. 여기서 잠시 들렀다갈게. 화장실에 가야 돼.
- □ The boss wants you to **stop by** his office at the end of the day. 사장님이 퇴근시간에 사무실로 오래요.
- □ On my way to work tomorrow morning, I'm going to **stop by** around 8:30. 내일 아침 출근길에 8시 30분 쯤에 들를게.

A: Some friends will stop by this afternoon. 일부 친구들이 오늘 오후 들릴거야.
B: What time will they be coming? 몇 시에 오는데?

011 stop off 잠시 들르다

역시 원래 가던 길에서 잠시 벗어나(off) 들르는(stop) 것을 뜻한다. stop off for a rest처럼 stop off for~하면 「…하러 들르는」 것을 stop off at the store처럼 stop off at~하면 「…에 들르다」라는 뜻이 된다.

POINT
stop off for sth …하러 잠시 들르다 stop off at someplace …에 잠시 들르다

□ I **stopped off at** the Korean deli to get some crackers.
코리안 델리에 들러 크랙커를 좀 샀어.

□ I **stopped off** and picked up some dessert for you ladies.
너희 숙녀들을 위해 들러서 디저트를 좀 사왔어.

□ I **stopped off at** Macy's, but my credit card got declined.
메이시 백화점에 들렀는데 카드가 거절당했어.

□ Let's **stop off for** a drink. 술마시러 잠시 들르자. .

□ Why don't you **stop off at** my place after work? 퇴근 후에 우리 집에 들러.

□ She **stopped off at** the bookstore on her way home.
걔는 집에 오는 길에 서점에 들렀어.

A: I need to stop off at the post office. 난 우체국에 잠시 들려야 돼.
B: Me too. I have some letters to mail. 나도 그래. 보낼 편지가 좀 있거든.

012 stop over 여행지에서 잠시 머물다, 도중하차하다

stop over하면 「잠시 머무르거나」 혹은 「여행지에 단기간 체류하는」 것을 뜻한다. 또한 항공기 이용 시 비행기를 갈아탈 때 잠시 머무는 것도 뜻하는데 명사형으로 stopover라 하기도 한다.

POINT
stop over for+sth …하러 잠시 들르다 stop over+시간명사 …동안 머물다
stop over in[at] 여행 중 잠시 머물다 stopover 단기 기착지

□ Why don't you just **stop over** for coffee sometime? 언제 커피마시러 잠시 들러.

□ Why don't you **stop over** some night for a home-cooked meal?
언제 저녁 때 한번 들러서 집밥먹자.

□ We had to **stop over** one night in Los Angeles. LA에서 하룻밤 머물러야 했어.

□ I **stopped over** in Los Angeles on our way to Chicago.
난 시카고에 가는 길에 LA에 잠시 머물렀어.

A: The plane is going to stop over in Ireland. 비행기가 아일랜드에 기착할 예정이야.
B: Oh, that sounds like an interesting place. 아, 재미있는 곳 같으네.

013 stop 정거장

stop이 명사로 쓰일 경우 앞의 경우처럼 「멈춤」, 「중지」라는 의미로도 많이 쓰이지만 일상생활에서는 'bus stop(버스정거장)'에서 보듯 버스나 전철 등 「정거장」이란 뜻으로 자주 쓰인다.

POINT
miss one's stop 내릴 곳을 놓치다　　get off at ~ station …정거장에서 내리다

- □ How many **stops** are there to Yangjae? 양재역까지는 몇 정거장입니까?
- □ I missed **my stop.** 내가 내릴 곳을 놓쳤어.
- □ Take the subway for one stop and **get off** at Paddington **Station.**
  지하철로 한 정거장 가셔서 패딩턴 역에서 내리세요.
- □ What's the most convenient **stop** to reach the Chrysler building?
  크라이슬러 빌딩 가려면 어느 정거장이 가장 편한가요?

A: Why are all of those people standing there? 왜 저 사람들 모두 거기에 서있는거니?
B: That's a bus stop and they're waiting to go home.
거긴 버스 정류장이고 사람들이 집에 가려고 기다리고 있는 거야.

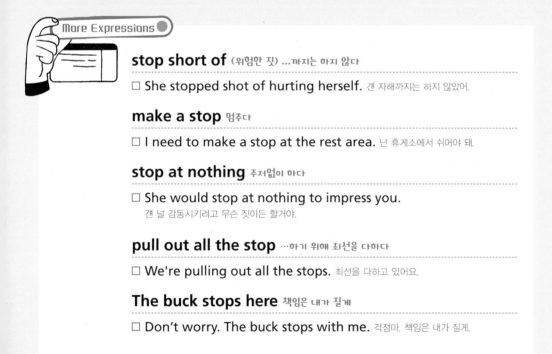

More Expressions

stop short of (위험한 짓) ...까지는 하지 않다

□ She stopped shot of hurting herself. 걘 자해까지는 하지 않았어.

make a stop 멈추다

□ I need to make a stop at the rest area. 난 휴게소에서 쉬어야 돼.

stop at nothing 주저없이 하다

□ She would stop at nothing to impress you.
걘 널 감동시키려고 무슨 짓이든 할거야.

pull out all the stop …하기 위해 최선을 다하다

□ We're pulling out all the stops. 최선을 다하고 있어요.

The buck stops here 책임은 내가 질게

□ Don't worry. The buck stops with me. 걱정마. 책임은 내가 질게.

41 가지 말고 남아줘

Stay/Move

stay는 어디 가지 않고 현 장소에 남아있는다는 의미. 그래서 stay home, stay here하면 집에 남아 있거나 여기 남아 있는 것을 뜻하고 stay away from이나 stay out of하면 「…에 가까이 하지 않고 떨어져 있다」라는 뜻이 된다. 또한 앞의 fall, feel, keep, turn처럼 뒤에 형용사가 와 stay+형용사하게 되면 「…한 상태로 있다」라는 뜻이 된다.

Stay 기본개념

01. 머무르다, 거주하다, 가만히 있다

Can you tell me where you're going to stay? 어디 묵으실건가요?
How long are you planning to stay in the US? 미국에는 얼마나 머무실건가요?
I'm sorry you can't stay here. 미안하지만 여기 있으면 안돼.

02. …한 상태로 있다(stay+adj)

Please stay calm. 제발 조용히 해봐.

03. (명사) 머무름, 체류(기간)

Enjoy your stay. 잘 지내.
We're going to extend our stay in Seoul. 우린 서울에서 더 체류할거야.

04. move 움직이다, 가다, 이사하다

Don't move. 꼼짝마, 움직이지마.
(It's) Time to move. 이제 그만 가봐야겠어.
Let's move it. 가자.
Let's move out. 떠납시다.

001 stay and+동사 남아서 …하다

stop and+동사가 멈춰서 …하다인 것처럼 stay and+동사가 되면 「남아서 …하다」라는 의미가 된다. stay는 stop처럼 다음 동작의 예비동작을 의미할 때가 있기 때문이다.

POINT
stay and+동사 남아서 …하다 **stay to+동사** 남아서 …하다

- ☐ Would you just **stay and** help me get dressed?
  좀 남아서 나 옷입는 것 좀 도와줄래?
- ☐ I'm going to **stay and** read my book. 남아서 책을 읽을거야.
- ☐ I think one of us should **stay and** help her.
  우리들 중 한 명이 남아서 걜 도와야 할 것 같아.
- ☐ He **stayed to** see if it was done. 걘 남아서 그게 마무리 되었는지 확인했어.

A: Will you be here this afternoon? 오늘 오후 여기에 있을거니?
B: Yeah, I'm going to stay and organize my desk. 응. 남아서 내 책상 정리 좀 하려고.

002 let sb stay …을 남게 하다

숙어라고 할 수는 없지만 일상회화에서 많이 보이는 형태이다. 내가 남는 게 아니라 sb를 남게, 머무르게 하다라는 말.

POINT
let sb stay 남게 하다, 머무르게 하다

- ☐ Will you please **let her stay** with me? 걔가 나와 함께 남게 해줄래요?
- ☐ We'll just **let her stay** for a month. 우린 걜 한달간 머무르게 할거야.
- ☐ If you **let her stay** here, she will stay forever.
  걜 여기 남게 하면 걘 쭉 남아 있을거야.
- ☐ Just **let me stay** a month. 한달만 있게 해줘.

A: Frank has been living at his uncle's house. 프랭크가 삼촌 집에서 살고 있어.
B: His uncle let him stay in the spare bedroom. 삼촌은 걔를 여유 침실 방에서 지내게 했어.

003 stay the same 그대로다, 변함이 없다

stay the same은 「변함이 없이 그대로 유지되는」 것을 말하는 숙어. 참고로 stay (as)+명사하면 「…(자격)으로 남다」라는 뜻이 된다.

POINT

stay the same 변함없다
stay (as)+명사 …로 남다
stay the course 어려움 속에서도 완수하다, 끝까지 버티다

□ Everything is great! Everything **stayed the same!**
모든게 다 좋아! 모든게 다 변함없어!

□ Promise me that you and I will always **stay the same.**
너와 내가 항상 변치않을거라 약속해줘.

□ Is it better if we just **stay friends?** 우리가 그냥 친구로 남는게 더 낳지 않아?

□ Do you think we'll **stay friends** after this?
이거 이후에도 우리가 친구로 남을거라 생각해?

A: Brad Pitt doesn't seem very old. 브래드 피트는 아주 나이 들어 보이지 않아.
B: He has stayed the same for about 20 years. 한 20년 간 그대로야.

004 stay+형용사 …한 상태로 있다

stay 또한 바로 뒤에 형용사나 동사의 과거분사가 와 「…한 상태를 유지하다」, 「…한 상태로 있다」라는 의미로 쓰이며 많은 빈출 표현을 만들어낸다.

POINT

stay cool 침착하다
stay late 늦게까지 남다
stay married 결혼을 유지하다
stay awake 자지않고 있다
stay loose 차분하다, 평정을 유지하다
stay alive 살아있다

□ What's your secret for **staying healthy?** 건강의 비결이 뭐야?

□ **Stay cool,** Cindy. 잘 지내라, 신디.

□ I'm just trying to **stay awake.** 졸지 않으려고 애쓰고 있어.

□ Can we please **stay focused** on my problem here?
여기 내 문제에 집중해줄래요?

A: You have to stay late tonight. 넌 오늘 밤 늦게 남아 있어야해.
B: You can't be serious. I want to go home. 진심은 아니겠지. 난 집에 가고 싶어.

005 stay put 가만히 있다, 움직이지 않다

앞의 stay+형용사[과거분사] 형태에서 stay 다음에 put의 과거분사형인 put이 온 경우. 놓여진 상태로 계속 있다라는 의미로 stay still과도 같은 의미.

POINT

stay put 가만이 있다

- □ All right, you two **stay put** right there. 좋아. 너희 둘 거기 그대로 있어.
- □ Don't answer the phone, and **stay put.** 전화받지말고 그대로 있어.
- □ Look, shut up and **stay still.** 이봐, 입다물고 가만히 있어.
- □ Now that is just perfect. **Stay put.** 이제 그거 완벽하니. 가만히 있어.

A: Stay put and we'll have some fun together. 가만 있어, 우리 함께 좀 재미나게 놀거야.
B: Oh, really? What do you want us to do? 아, 정말? 우리가 어떻게 하면 되는데?

006 stay home 집에 머물다

stay 다음에 부사가 오는 경우. 여기서 home은 부사로 stay home하면 외출하지(go out) 않고 집에 남아 있는 것을 말한다.

POINT

stay home 집에 남아있다 **stay home from work[school]** 출근[등교]하지 않다

- □ Do you mind if we **stay home** tonight? 오늘밤 집에 머물러도 돼?
- □ Do you want to go out or **stay home?** 나갈래 집에 있을래?
- □ Why don't you **stay home from work** today and just hang out with me? 출근하지말고 나랑 그냥 놀자.
- □ I tried to **stay home** and study by myself but I can't. 집에 남아서 혼자 공부하려고 했는데 안돼.

A: Can you afford to go on vacation? 휴가 갈 여유가 있니?
B: No, I will have to stay home this year. 아냐. 난 금년에는 집에 머물러야 할거야.

007 stay here 여기에 남다

stay here[there]는 여기(거기) 남다라는 말로 주로 다음에 with sb나 시간 표현이 오기 마련이다. 한편 사물이 주어로 ~stays here하면 「이건 비밀이다」라는 뜻.

POINT
Sb stays here …가 여기에 남다
Sth stays here …은 비밀이다

- □ I'll just **stay here** with you. 너와 함께 여기 있을게.
- □ I'm going to **stay there** for a while. 잠시 거기에 머물게.
- □ My mom is waiting for me. I can't **stay here** all night.
  엄마가 기다리고 있어. 난 밤새 여기에 못있어.
- □ What is said here, **stays here.** 여기서 한 말은 모두 비밀을 지켜야 돼.

A: I wish I didn't have to go. 내가 가지 않아도 되면 좋을텐데.
B: Then don't. Stay here. 그럼 가지마. 여기 있어.

008 stay at …에서 머물다

머무는 장소명사를 연결할 때는 전치사 at를 쓴다. 특히 「…의 집에 머물다」고 할 때는 stay at Kate's처럼 하거나 혹은 stay at her place처럼 쓰면 된다.

POINT
stay at +사람이름's …의 집에 머물다
stay at one's place …의 집에 머물다
stay at some place …에 머물다

- □ I'm **staying at** the Intercontinental Hotel. 난 인터콘티넨탈 호텔에 투숙하고 있어.
- □ I **stayed at** Julie's last night. 간밤에 줄리 집에 있었어.
- □ Tonight I will **stay at** my place. 오늘 밤 난 집에 있을거야.
- □ Can I **stay at** your apartment again tonight? 오늘 밤 다시 네 집에 머물러도 돼?
- □ I'll quit my job and **stay at** home with the baby.
  직장 그만두고 애기랑 집에 있을테야.
- □ I'll **stay at** your place until you kick me out.
  네가 날 쫓아낼 때까지 네 집에 머물러 있을거야.
- □ How about we **stay at** her house and have some fun?
  걔네 집에 있으면서 재미있게 좀 노는게 어때?

A: Did you enjoy your stay at our hotel? 저희 호텔에서 즐겁게 묵으셨습니까?
B: Yes, thank you. It was great. 네, 감사합니다. 좋았어요.

009 stay+(for) …동안 머물다

stay home[here]이 어디에 머무는지를 말하는 표현이라면 이번엔 얼마나 머무는지 머무는 시간을 말하는 표현으로 stay 다음에 시간부사(구)을 이어 말하면 된다.

POINT

stay longer 더 머물다
stay too long 아주 오래 머물다
stay for+기간명사 …동안 머물다
stay as long as sb wants …가 원하는 만큼 머물다
stay another day 하루 더 머물다
stay the night 밤새 머물다(stay overnight)
stay for sb[sth] …때문에 남다

- □ I need to **stay another day.** 하루 더 묵으려고 하는데.
- □ Maybe we should **stay longer** if you want to.
  원한다면 우리가 좀 더 남아있어야 될지 몰라.
- □ Are you planning on **staying the night?** 밤을 샐 계획이야?
- □ You can **stay as long as you want.** I don't mind.
  원하는 만큼 있어도 돼. 난 상관없어.
- □ Can you **stay for** dinner? 남아서 저녁 먹을 수 있어?
- □ Can you **stay for** some tea? 남아서 커피 좀 마실 수 있어?

A: Would you like to stay longer? 좀 더 머물고 싶어?
B: If you don't mind, I'm ready to leave. 괜찮다면 난 떠날 준비가 되어 있어.

A: How long are you planning to stay in the US? 미국엔 얼마나 머물 계획이세요?
B: I'm planning to stay for three weeks. 3주간요.

A: Athena, I'm glad you could come by. 아테나, 네가 들릴 수 있어 기뻐.
B: I can only stay for about ten minutes. 한 10분 정도만 머물 수 있어.

Stay/Move

010 stay away from …에서 떨어지다, …을 멀리하다

…로부터(from) 멀리(away) 있다(stay)라는 말로 stay away from sb[sth]하게 되면 「…를 가까이 하지 않다」, 「멀리하다」라는 표현이 된다.

POINT
Stay away from me! 꺼져!　　Don't stay away so long 자주 좀 와

□ **Stay away from** my daughter or you're dead man.
내 딸에게서 멀어져 그렇지 않으면 넌 죽어.

□ She is so mean. I think you should **stay away from** her.
걔 무척 야비하니까 멀리하는게 나아.

□ **Stay away from** the traffic accident. 교통사고내지 않도록 해.

□ I'm strongly suggesting that you **stay away from** her.
그 여자를 제발 멀리하도록 하세요.

A: What do you think of Brandon? 브랜든에 대해 어떻게 생각하니?
B: Stay away from him. He's no good. 걔는 멀리해. 안 좋은 애야.

011 stay back 뒤로 물러서다

뒤(back)에 남아있다(stay)라는 뜻으로 가까이 오지 말고 뒤로 물러서라는 말. 뒤에 from sth을 넣어 무엇으로부터 물러서야 되는지를 말할 수 있다.

POINT
stay back 뒤로 물러서다

□ You have to **stay back.** I have a bad flu. 뒤로 물러서야 돼. 난 독감걸렸어.

□ Just **stay back!** 물러나 계세요!

□ **Stay back!** I'm married. 물러나! 난 결혼한 몸이라고.

□ I need you to **stay back** right now! 너 당장 뒤로 물러나!

A: Stay back from the side of the mountain. 산기슭에서 떨어져 있어라.
B: It looks very dangerous over there. 거긴 정말 위험스러워 보여.

012 stay in …에 머물다

stay in sth하면 「…의 안에 머물다」라는 뜻이 되고 반대로 stay out하면 「들어가지 않고 밖에 있다」라는 의미가 된다.

POINT

stay in …안에 머물다
stay out …밖에 머물다
stay in touch with …와 연락이 되다
stay in there 거기에 있어, 참고 견디다
stay out there 밖에 머물다

- □ We'll **stay in** the car. I'll be right back. 우린 차에 있을게. 난 금방 다녀 올게.
- □ I can **stay out** as late as I want. 난 내 맘대로 늦게 들어가도 돼.
- □ It's best you **stay in** there. 네가 거기에 머무는 게 최선야.
- □ Let's **stay outside** a while. 잠시 밖에 머물자.

A: Look at that rain. I'm going to stay in today. 저 비오는 것 좀 봐라. 오늘 난 안에 있을게.
B: Me too. I don't want to get wet. 나도. 비맞고 싶지 않아.

013 stay over 머무르다, 하룻밤 묵다, 외박하다

stay over는 특히 하룻밤을 자기 집이 아닌 곳에 묵는다는 뜻을 기본적으로 갖고 있으며 또한 비행기를 갈아탈 때 잠시 머무는 것도 stayover라 한다.

POINT

stay over(for)+시간명사 …동안 묵다
stay over till S+V …때까지 머물다

- □ We'll **stay over** till he shows up. 우린 걔가 올 때까지 기다릴거야.
- □ I will **stay over** till your mother comes back.
  네 엄마가 올 때까지 여기에 머무를거야.
- □ Do you need me to **stay over** for a couple of days?
  나보고 며칠간 머무르라고?
- □ I've got to get up really early, so you can't **stay over.**
  난 정말 일찍 일어나야 하니까 넌 자고 갈 수가 없어.

A: Where are your kids tonight? 네 애들 오늘 밤 어디 있니?
B: They are staying over with their cousins. 사촌들하고 머물고 있어.

014 stay out of …에 가까이 가지 않다, 참견하지 않다

…로부터(out of) 떨어져 있다는 것으로 stay out of sth하게 되면 「…에 떨어져 있다」, 비유적으로 「개입하지 않다」라는 뜻이 된다.

POINT

stay out of one's way[face] …에서 사라져, 꺼져
stay out of trouble 문제없이 잘 지내다
(You) Stay out of this[it]! 좀 비켜라!, 넌 이것에 끼어 들지마!
(You) Stay out of here! 비켜 주라!

- □ If you **stay out of** the way and stay quiet, you stay alive.
  끼어들지 말고 조용히 있으면 넌 살아.
- □ That's fine too. Just **stay out of** my face. 그것까지도 괜찮아. 그냥 내 눈에 띄지마.
- □ Well, good luck to everyone. **Stay out of trouble.**
  자, 다들 행운을 빌어. 문제없이 잘 지내고.
- □ I asked you to **stay out of** this. 이거 끼어들지 말라고 했을텐데.
- □ How many times have I told you to **stay out of** my freezer?
  냉장고 얼씬대지 말라고 몇 번이나 말했어?
- □ Just **stay out of** this. It's not your business. 그만 두라고. 네 일 아니잖아.
- □ Tim, could you just **stay out of** it? 팀, 그만 좀 둘래?
- □ I told myself to **stay out of** this, but I can't. 그만 두려고 맘 잡는데 그렇게 안 돼.
- □ You keep your noses clean. You **stay out of trouble.**
  얌전히 있어. 문제 일으키지 말고.

A: Can I come see what you're doing? 네가 뭘 하는지 볼 수 있니?
B: Stay out of here. Can't you see I'm busy? 끼지 마. 나 바쁜거 안 보이니?

A: I hear the police arrested Carlos again. 경찰이 카를로스를 다시 체포했다고 들었어.
B: I know. He can't stay out of trouble. 알아. 걘 가만있지를 못해.

A: Why is my ex-girlfriend calling you? 왜 내 전 여친이 네게 전화하는거야?
B: Please you stay out of this. 제발 넌 빠져.

015 stay up 자지 않고 있다

일어서서(up) 있다(stay)라는 말로 주로 밤늦게 까지 자지 않고 깨어있다라는 의미. stay up late 하면 「밤늦게까지 자지 않다」, stay up all night하면 「밤을 꼬박 새다」가 된다.

POINT

stay up late 밤늦게까지 자지 않다 **stay up until sth** …할 때까지 자지 않다
stay up all night (~ing) (…하면서) 밤을 꼬박 새다

□ We **stayed up** all night talking. 우린 밤새 얘기하면서 지냈어.

□ We just **stayed up** all night chatting on the internet.
우린 밤을 꼬박 새며 인터넷으로 대화했어.

□ If you don't mind, I could **stay up** late. 괜찮다면 밤늦게까지 자지 않을 수 있어.

□ I have to **stay up** and do a little work tonight.
난 오늘밤 늦게까지 자지 않고 일 좀 해야 돼.

A: I feel like I want to go to sleep. 자고 싶은 느낌이야.
B: You have to try to stay up and study. 깨서 공부하도록 노력해야해

Stay/Move

016 stay with …와 머물다

stay with sb의 경우 「…와 함께 남아 있다」라는 의미. stay with 다음에는 또한 sth이 올 수도 있는데 stay with the company하게 되면 「회사에 (계속) 다니다」라는 뜻이 된다.

POINT

stay with 머물다, …와 같이 있다
Stay with me! 내 말 계속 들어!, (죽어가는 사람에게) 정신차려!

□ If you want, you can **stay with** me tonight.
네가 괜찮다면, 오늘밤 나랑 같이 지내자.

□ You can **stay with** me. I can take care of you.
나랑 같이 있어. 내가 돌봐줄게.

□ When we get to Chicago, can I **stay with** you?
우리가 시카고가면 너랑 같이 있어도 돼?

□ Can you hear me? **Stay with** me. 내 말 들려요? 내 말 들어요.

A: I'd like you to stay with me tonight. 오늘 밤 안 갔으면 좋겠어.
B: I can stay a little longer but I have to go home at twelve.
더 있을 수 있지만 12시에는 집에 가야 돼.

017 move in[out] 이사해오다(가다)

move의 기본적인 의미는 움직이다, 가다라는 동적인 동사로 move in하면 이사해들어오는 것을 반대로 move out하면 이사해나가는 것을 뜻한다.

POINT

move in with …와 함께 살다, 동거하다

- □ I want you to **move in with** me. 나랑 함께 살자.
- □ You can't **move in with** me. 넌 나랑 동거 못해.
- □ I heard that he **moved to** Hollywood. 걔가 할리우드로 이사갔다며.
- □ Why are you **moving in with** my son? 왜 내 아들하고 동거하려는 거야?

A: How about I move in with you? 내가 들어가 살면 어때?

B: Well, that would be great. 어, 그럼 좋지.

018 move on (to)

진행하다, 옮겨가다, 앞으로 계속 나아가다, 잊다

move on에서 'on'은 계속되는 진행을 뜻하는 것으로 move on하게 되면 따라서 움직임을 계속하다라는 뜻으로 여기 머물지 말고 다음 건, 다음 차례로 계속 나아가자는 의미가 된다.

POINT

move on 계속 나아가다, 잊다
move on to …로 나아가다
move on with …을 계속 나아가다

- □ I failed at this job, so I'm going to **move on.**
  이 일에 실패해서 다음 일로 넘어갈거야.
- □ You'll **move on** when you're ready to. 준비되면 다음 단계로 넘어가.
- □ Let's **move on to** number four, shall we? 4번으로 넘어갑시다, 그럴까요?
- □ We have to **move on to** Plan B. 우린 차선책으로 넘어가야 합니다.

A: Have we finished this part of the project? 프로젝트의 이 부분을 끝냈어?

B: Yes, let's move on to the next part. 어, 다음 부분으로 넘어가자.

019 be moved by …에 감동하다

move가 마음을 움직이는 경우. 타동사로 …의 마음을 감동시키다라는 뜻으로 쓰이는데 주로 수동태형인 be moved by의 형태로 많이 쓰인다. 또한 자주 쓰이는 형용사인 moving(감동적인 =touching)도 함께 익혀둔다.

POINT **be moved by** …에 감동하다 **moving** 감동적인(touching)

□ She **was so moved by** Jack's story. 걘 잭의 이야기에 감동받았어.

□ It was very a **touching** speech. 매우 감동적인 연설이었어.

□ Thank you. Your devotion is **touching**. 고마워요. 당신의 헌신은 매우 감동적이에요.

□ I **was moved by** the President's speech. 난 대통령의 연설에 감동먹었어.

A: We were moved by the people that helped us. 우릴 도와준 사람들에게 감동했어.
B: I think that they were very kind. 그 사람들이 무척 친절했다고 생각해.

020 get a move on 서두르다

늦었기 때문에 좀 서둘러야 한다는 의미로 주로 명령문 형태인 Get a move on! 혹은 Let's get a move on!이란 형태로 많이 쓰인다. 한편 get을 make로 바꿔 make a move on하면 이성에게 추파를 던진다는 뜻.

POINT **get a move on** 서두르다 **make a move on** …에게 말을 걸다, 추근대다

□ **Get a move on!** 빨리 움직여!, 시작해!

□ I'd better **get a move on** it. 빨리 서둘러야겠어.

□ If you don't **get a move on**, we're not going to make it.
서두르지 않으면 우리는 성공하지 못할거야.

□ He **made a move on** me. 그 사람이 내게 치근댔어.

A: Let's get a move on it. I want to leave. 서두르자. 난 떠나고 싶어.
B: OK, I'll be ready in ten minutes. 알았어. 10분이면 준비 돼.

More Expressions

stay for dinner 저녁 먹으려고 기다리다

☐ I don't think I can stay for dinner. 저녁먹고 갈 수 없을 것 같아.

stay between~ …간의 비밀이다

☐ I have an idea. But it stays between us. Agreed?
나한테 좋은 생각이 있어. 하지만 우리끼리만 하는 얘기니까 비밀을 지켜야 돼. 알았지?

stay clear of …에서 멀리 떨어져 있다, …을 유보하다

☐ Stay clear of people who ask for money. 돈을 빌려달라는 사람들을 멀리해.

stay tuned (TV나 라디오) 채널을 고정하다

☐ Don't go away. Stay tuned. 어디 가시지 마시고 채널을 고정하세요.

stay put 가만히 있다, 움직이지 않다

☐ All right, you two stay put right there. 좋아. 너희 둘 거기 그대로 있어.

42 믿어서 남주나

Believe

believe는 believe sb[sth]의 형태로 「…을 믿다」라는 뜻으로 쓰인다. 다만 believe in~하게 되면 believe in luck(운을 믿다)처럼 「…의 존재를 믿거나 신뢰한다」는 말이 된다. 한편 I believe (that) 주어+동사하게 되면 「…라고 믿거나 생각한다」는 의미로 자기의 의견을 부드럽게 전달하는 I think that~과 달리 자기의 확실한 생각이나 믿음을 전달할 때 사용된다.

Believe 기본개념

01. 믿다

I don't[can't] believe my eyes. 내 눈을 믿을 수가 없어.

I believe in you. 널 못 믿어.

You don't believe in anything. 넌 아무것도 안 믿는구나.

02. …라고 생각하다(believe 주어+동사)

I believe she is the best in her class. 난 걔가 자기 학급에서 최고라고 생각해.

I believe he isn't guilty. 걔가 죄가 없다고 생각해.

001 believe it 믿다

앞서 말한 내용을 it이나 this[that]으로 받은 believe it[this, that]은 실제 많이 쓰이는 형태로 앞서 말한 내용을 믿거나 못 믿을 때 사용한다.

POINT

I believe it 난 믿어
Can you believe it[this]? 믿어지세요?
You won't believe this 이거 믿지 못할 걸
I don't believe it[this]! 이게 말이나 돼!(Would you believe it!)

□ You'd better **believe it!** 믿는게 좋을거야!

□ Do you expect me to **believe that?** 설마 나더러 그 말을 믿으라는 건 아니겠지?

□ I don't **believe this!** You talked to her about that?
말도 안돼! 그걸 걔한테 말했단 말야?

□ **Believe it or not,** it sounds exciting. 믿거나 말거나 그거 흥미로운데.

A: The stock market just dropped by 200 points. 주가가 200포인트나 떨어졌어.
B: Are you sure? I don't believe it. 정말이야? 믿기지 않네.

002 believe sb …을 믿다

이번에는 believe 다음에 사람이 와서 「…을 믿다」, 「못 믿다」라는 의미로 쓰이는 경우이다. 관용표현 Believe (you) me!, I don't believe you!, You don't believe me? 등도 함께 알아둔다.

POINT

Believe (you) me! 꼭 그럴거야!, 날 믿어야 돼!
I don't believe you! 뻥치지마!
You don't believe me? 날 못 믿겠어?
I can't believe you! 널 믿을 수가 없어!

□ So **believe me,** I know exactly how you feel.
그러니 날 믿어. 네 기분이 어떤지 잘 안다구.

□ I didn't **believe him,** because he's always lying to me.
난 걜 안 믿었어. 늘상 거짓말하니까.

□ Nobody's going to **believe her.** 아무도 걜 믿으려고 하지 않을거야.

□ Whatever you say, I **believe you!** 네가 무슨 말하든 다 믿어!

A: Believe me, I saw a real ghost. 믿어봐, 내가 진짜 유령을 보았어.
B: I think you are mistaken about that. 네가 잘못 본 것 같은데.

003 I believe that~ …을 믿다, …라고 생각하다

믿는 내용이 길 경우 I (don't) believe that 주어+동사를 쓰면 된다. that 대신 what이 올 수도 있는데 특히 You are going to believe what~은 뭔가 놀라운 일을 전달할 때 사용하는 표현이다.

POINT

I (really) believe (that) 주어+동사 …을 (정말) 믿다
I don't believe (that) 주어+동사 …을 믿지 않다
You're not going to believe what~ …을 믿지 않을거다, …에 놀랄거야

□ **I still believe that** you and Linda are going to get back together.
난 아직도 너와 린다가 합칠거라 생각해.

□ **I really believe what** I did was right.
난 정말 내가 한 일이 맞았다고 생각해.

□ **You're never going to believe what** happened to me.
내게 무슨 일이 일어났는지 못 믿을거야.

□ They are being careful because **they believe** you are lying.
네가 거짓말한다고 믿기 때문에 걔네들은 조심할거야.

□ **I don't believe what** I'm hearing. 내 귀를 믿을 수가 없네.

□ **You are not going to believe what** I just did.
내가 방금 뭘 했는지 믿지 못 할거야.

□ **You're not going to believe what** just happened.
방금 일어난 일을 믿지 못 할거야.

□ **You're not going to believe what** she said to me this morning.
오늘 아침에 걔가 내게 뭐라 했는지 믿지 못할거야.

A: What kind of job would you recommend? 넌 무슨 직업을 추천하고 싶으니?
B: I believe that you should become a dentist. 난 네가 치과의사가 될 것으로 믿어.

A: I don't believe that I've met you before. 처음 보는 것 같은데.
B: My name is Wendy. Nice to meet you. 내 이름은 웬디야. 만나서 반가워.

A: Martin says his father is very rich. 마틴은 자기 아빠가 무척 부자래.
B: I don't believe what he told you. 걔가 네게 말한 것을 믿지 않아.

004 I can't believe~ …를 믿을 수가 없어

I can't believe (that) 주어+동사는 부정하는 것이 아니라 that 이하의 내용에 놀라며 하는 말이다. 물론 that 대신 what이나 how 등이 이어질 수도 있다.

POINT

I can't believe that[what, how~] (놀라움) …을 믿을 수 없어
I can't believe it 설마!, 말도 안돼!, 그럴 리가!
I can't believe what I'm hearing here 기가 막히는구만!
I can't believe my eyes 도저히 못 믿겠네
You can't believe how~ 얼마나 …한지 모를거야

□ **I can't believe** my team lost the baseball game.
우리 야구팀이 지다니 말도 안 돼.

□ **I can't believe** this is happening again. 이런 일이 또 생기다니 믿을 수가 없어.

□ **I can't believe** you did that. You let me down again.
네가 그랬다니 믿을 수가 없어. 날 또 실망시켰어.

□ **You can't believe** how sorry I am. 내가 얼마나 미안한지 모를거야.

□ **I can't believe** they didn't give us a raise. 월급을 안 올려주다니 기가 막혀.

□ **I can't believe** how hot it is today. 오늘 정말 덥다.

□ **I can't believe** it's real. 그게 진짜라니 놀라워.

A: I can't believe that we're breaking up. 우리가 깨지다니, 믿을 수가 없어.
B: I guess all good things must come to an end.
아무리 좋은 일이라도 끝이 있게 마련이라잖아.

A: April had ten tickets for the concert. 에이프릴이 콘서트 표 10장을 가지고 있어.
B: I can't believe she didn't invite us to come with her.
걔가 왜 우릴 초청하지 않았다니 정말 믿기지 않는구만.

A: I can't believe what I saw on TV. 난 TV에서 본 것을 믿을 수가 없어.
B: Was it something that interested you? 네 관심사항이었니?

005 Can you believe ~ ? …라는게 믿겨져?

Can you believe (that) 주어+동사? 역시 놀라운 사실이나 말도 안 되는 이야기를 들었을 때 사용하는 표현으로 「…라는 게 믿겨지니?」라는 의미이다.

POINT

Can you believe (that) S+V? …라는 게 믿겨져?
Can you believe how~? 얼마나 …한지 믿겨져?

- □ **Can you believe** she actually thought that? 걔가 정말 그렇게 생각했다는게 믿겨져?
- □ **Can you believe** he didn't know it? 걔가 그걸 모르고 있었다는게 믿겨져?
- □ **Can you believe** she had a date with the teacher?
  걔가 선생님이랑 데이트했다는게 믿겨져?
- □ **Can you believe** I found it in your house? 그걸 네 집에서 찾았다는게 믿겨져?
- □ **Can you believe** she got pregnant? 걔가 임신했다는게 믿겨져?
- □ **Can you believe** she spent 5,000 dollars while shopping?
  걔가 쇼핑하는데 5천 달러를 썼다는게 믿겨져?

A: Can you believe she got pregnant? 걔가 임신했다는게 믿겨져?
B: You can't be serious. She's not married yet. 말도 안돼. 걔 아직 미혼이잖아.

006 It is hard[difficult] to believe that~ …를 믿기가 어려워

역시 어떤 사실을 알고서 놀라움을 표현할 때 사용하는 것으로 that 이하에 주어+동사로 놀라운 사실을 말하면 된다. 그냥 (It's) Hard to believe!라고 쓰기도 한다.

POINT

It is hard[difficult] to believe that 주어+동사 …가 믿기지 않다
find it hard to believe 믿기 어렵다

- □ **It's hard to believe** they didn't come to work.
  걔네들이 출근하지 않았다니 놀랍네.
- □ Why do you **find it so hard to believe?** 왜 그게 그렇게 믿기 어려운거야?
- □ **You may find this very hard to believe,** but it's true.
  이거 믿기 어렵겠지만 사실이야.
- □ **It's just hard to believe** that's what killed him.
  그 때문에 걔를 살해했다는게 믿기지 않아.

A: It's hard to believe Natalie left. 나탈리가 떠났다는게 믿기지 않아.
B: I wish that she was still here. 걔가 여기 있었으면 좋을텐데.

007 believe in +사람, 사물, ~ing

…가 있다고 믿다, 사실이라 믿다

기초적인 숙어로 believe in sb(sth)은 believe in God처럼 「…의 존재를 믿거나」, 「…을 사실이라 받아들이다」라는 뜻.

POINT

believe in sb[sth] …의 존재를 믿다, 신뢰하다, …을 사실이라 받아들이다
believe in ~ing …하는 것이 옳다고 맞다고 생각하다

□ I'm still not sure I **believe in** God. 내가 신을 믿는지 아직 잘 모르겠어.

□ Do you **believe in** heaven? 천국을 믿나요?

□ I don't **believe in** luck[destiny, miracles]. 난 운[운명, 기적]을 믿지 않아.

□ I need you to **believe in** me. 네가 날 믿길 바래.

□ I **believe in** being nice. 착하게 행동하는게 옳다고 생각해.

A: Do you believe in UFOs? 넌 UFO(미확인 비행물체) 존재를 믿니?
B: It's possible that they exist. 존재할 수는 있지.

More Expressions

not believe a word of …을 전혀 믿지 않다

□ No one is ever going to believe a word of that.
아무도 그걸 조금도 믿지 않을거야.

believe so 그렇다고 믿다

□ I believe so. 그렇게 알고 있을게.
□ I don't believe so. 난 그렇게 생각안해.

be believed to be ~ …라고 생각되다(It's believed that 주어+동사)

□ It is believed that English is hard to learn.
영어는 배우기 어려운 걸로 알려져 있어.

believe ~ as ~ …을 …라고 믿다

□ Do you believe this as the truth? 그걸 사실이라고 믿습니까?

43 확실하게 정해주는

Set

기본동사이긴 하지만 그리고 컴퓨터 때문에(set up) 많이 친숙해졌지만 그래도 아직은 쉽게 다가오지 않는 단어. 기본적으로는 put처럼 「…을 놓다」, 「두다」라는 뜻이며 그래서 비유적으로 「모범이나 기준, 예 등을 세운다」라고 할 때 쓰인다. 또한 날짜를 정할(set a date) 때도 쓰이거나 기계 등을 설치할 때도 set를 쓴다. 다른 동사와 달리 연상 작용이 수월치 않은 경우로 개개의 동사구를 예문과 함께 잘 이해해본다.

Set 기본개념

01. 두다, 놓다

She set some flowers on the desk. 걘 책상 위에 꽃을 좀 올려놓았어.

The waiter set our meal in front of us. 웨이터가 우리 앞에 음식을 놓았어.

02. (모범, 예 등을) 세우다, 보여주다

Right now, BMWs set the standard for quality cars.
현재 BMW가 품질 좋은 차의 전형을 보여주고 있어.

03. (날짜 등을) 정하다, 맞추다, 설치하다

We haven't set a date yet. 아직 날짜를 정하지 못했어.

Would you help me set up the computer? 컴퓨터를 설치하는거 도와줄래?

001 set a date 날짜(시간)를 정하다

결혼 날짜 등을 정하는 것을 말하며 그밖에 set the clock하면 시계를 맞추다, set the alarm하면 자명종을 맞춰놓다라는 뜻이 된다.

POINT

set a date (for~) (…로) 날짜를 정하다 **set the clock (for~)** (몇 시로) 시계를 맞춰놓다

□ Have you **set a date?** Are you really getting married?
날짜 잡았어? 정말 결혼하는거야?

□ They **set the date** for May 11. 5월 11일로 날짜 잡았어.

□ I **set my alarm** six minutes fast. 내 시계를 6분 빨리 알람을 맞춰놨어.

□ I **set the alarm** for a quarter to six. 5시 45분에 알람을 맞춰놨어.

A: So, you are planning to get married? 그래, 넌 결혼할 계획이지?
B: Yes, but my fiancee and I haven't set a date. 응, 그런데 내 약혼녀와 난 날짜를 잡지 못했어.

002 set a goal 목표를 세우다

뭔가 정해놓거나 정립해놓는 것을 말하는데 「어떤 목표를 정하거나」(set a goal), 「기록을 세우거나」(set a record) 혹은 「규칙을 세워놓거나」(set the rules), 「표준을 정해놓는」(set the standard) 것을 말한다. 한편 「모범을 보이는」 것은 set an example이라고 한다.

POINT

set a goal[record] 목표[기록]를 세우다 **set the rules[standard]** 규칙[표준]을 세우다
set an example 모범을 보이다

□ You'd better **set an example** for other people.
다른 사람을 위해 모범을 보이도록 해.

□ I will **set the standard** as a teacher. 교사로서 기준을 세울거야.

□ You're a grown up. You have to **set an example.**
너도 이제 다 컸으니 모범을 보여야 돼.

A: How can I make a million dollars? 백만 불을 어떻게 벌 수 있지?
B: You need to set a goal to help you do it. 넌 그렇게 할 수 있도록 목표를 세울 필요가 있어

003 set ~ on fire …에 불을 지르다, 흥분시키다, 열받게하다

일차적으로 …에 불을 지르다라는 뜻이며 비유적으로 …을 격노하게 하거나 열받게 하는 것을 뜻한다.

POINT
set sb[sth] on fire …에 불을 지르다, 흥분시키다　　set sth in motion …가 작동하게 하다

□ I **set** your mother **on fire.** 내가 네 엄마 열받게 했어.

□ You want me to **set** something **on fire?** 나보고 뭔가 불지르라고?

□ She is the woman who **set** my heart **on fire.** 쟤가 내 가슴에 불을 지른 여자야.

A: He is the man who set my heart on fire. 내 가슴에 불을 지른 사람이 저 남자야.
B: Why don't you ask him out? 데이트 신청해봐.

004 set ~ free …을 자유롭게 하다, 풀어주다

기본 숙어로 set~free는 「…를 자유로운 상태로 만들어놓다」는 의미로 어떤 사람을 감방 등에서 풀어주는 등 뭔가 「구속하고 있던 것을 놔주다」라는 뜻이다.

POINT
set ~ free 풀어주다

□ How about **setting** your parrot **free?** 네 앵무새 풀어주는게 어때?

□ And you let me go, **set** me **free.** 나 좀 보내줘. 제발 풀어줘.

□ You enjoy him and then **set** him **free.** 걜 즐긴 다음 놔줘 버려.

□ She escaped herself or someone **set** her **free.**
걘 스스로 탈출했거나 아니면 누군가 풀어준거야.

A: Didn't you have a bird in this cage? 이 새장에 새가 있지 않았어?
B: I did, but I decided to set him free. 있었지. 그런데 난 풀어주기로 했어.

005 be all set 준비되다

be set (for)~은 「…하도록 정해졌다」는 의미에서 「…할 준비가 되어 있다」라는 의미로 쓰인다. 주로 be all set~으로 쓰이며 be ready와 같은 의미.

POINT

(be) all set up for~ …을 위해 준비된
(I'm) All set. (난) 준비 다 됐어
Get set[ready]! 준비해라!
You all set? 준비됐어?

- □ **Are you all set for** traveling? 모두 여행갈 준비 됐어?
- □ You **all set to** go? We might be late. 갈 준비 됐어? 우리 늦을지 몰라.
- □ We**'re all set to** leave. Let's go on a cruise.
  우리 모두 떠날 준비됐어. 크루스 여행을 떠나자.
- □ Everything**'s all set for** the wedding except a bride.
  신부만 빼고 결혼준비는 다 됐어.

> A: I think we're just about ready for the meeting. 회의 준비가 거의 다 된 것 같은데요.
> B: Is everything all set up? 전부 다 준비됐나요?

006 be set to~ …로 해놓다, …로 설정해놓다

set은 기본적으로 「…을 설정하다」,「정하다」 등의 의미로 이의 수동태형인 be set to+동사는 「…하기로 설정해놓다」, 「…하기로 되어 있다」 등의 의미를 갖는다.

POINT

be set to~ …로 해놓다, …하기로 되어 있다

- □ She**'s set to** receive it when she turns twenty-five.
  걔는 25세가 되면 그것을 받기로 되어 있어.
- □ I'm sorry, but my phone **was set to** vibrate. 미안, 휴대폰을 진동으로 해놨거든.
- □ When **are** you **set to** interview Bob? 언제 밥을 인터뷰하기로 되어 있어?
- □ My father **is set to** give testimony in the trial.
  아버지는 재판에서 증언하기로 되어 있어.

> A: Is everyone ready to get started? 모두가 시작할 준비가 되었니?
> B: I think they are set to get to work. 모두 일할 준비가 된 것 같아.

007 set (sb) to work 일하기 시작하다

set to work는 일하기 시작하되 단호하게 열정적으로 일하는 것을 말하며 반면 set sb to work 처럼 set 다음에 목적어로 다른 사람이 나오는 경우 그 사람이 원치는 않지만 일을 시킨다는 의미를 갖는다.

POINT

set to work 열성적으로 일하기 시작하다　　**set sb to work** 강제적으로 일시키다

- □ How about we **set to work** right now? 이제 일하기 시작하자.
- □ I **set** the kids **to work** on their textbooks. 애들이 교과서를 공부하도록 시켰어.
- □ Let's **set** them **to work** painting the house. 걔들이 집에 페인트 칠을 하도록 시켜.
- □ I'll **set** you **to work** organizing the files. 난 네가 파일들을 정리하도록 시킬거야.

A: Did you meet the new maid? 새 가정부를 만나보았니?
B: Yeah, I set her to work cleaning the bathroom. 응. 화장실 청소를 시켰어.

008 set against …반대하게 하다, 반감을 품게 하다

against는 서로 반하여라는 뜻을 갖는 단어로 set against하면 서로 친했던 사람들이라고 사이를 나쁘게 만들거나 반감을 품게 만드는 것을 말한다. 또한 같은 맥락으로 …에 대해 반대하는 것을 뜻한다.

POINT

set sb against sb 서로 반감을 품게 하다　　**set sth against sth** 서로 비교해보다

- □ I'm dead **set against** it. 난 절대 반대야.
- □ The tennis match will **set** Andre **against** Pete.
  앙드레와 피트가 테니스 경기에서 맞붙을거야.
- □ Their jealousy **set** Tim **against** Tom. 질투심으로 팀과 탐이 갈라섰어.
- □ The football game **set** our school **against** its rival.
  우리 학교와 라이벌 학교 간 축구 경기가 벌어졌어.

A: The tournament will set us against another team.
토너먼트로 우리와 다른 팀이 붙을거야.
B: I'm sure we are going to be the winners. 우리가 승리할 것으로 확신해.

009 set aside 비축하다, 따로 떼어놓다

옆쪽(aside)에다 따로 놓아두는(set) 것으로 「따로 별도로 떼어놓다」, 「비축하다」라는 뜻이 된다. put aside와 비슷한 의미.

POINT

set aside 비축하다, 따로 떼어놓다

- □ He had money **set aside** for this. 걘 이걸 대비해 돈을 따로 비축해두었어.
- □ I **set aside** this weekend to celebrate my wife's birthday. 이번 주말은 아내생일을 축하하기 위해 비워두었어.
- □ I have a lot of time. I **set aside** my whole weekend. 나 시간 많아. 주말 전체 비워놨어.
- □ The money we **set aside** is not enough. 우리가 비축한 돈은 충분치 않아.

A: Can you set aside your work for now? 넌 잠시만 네 일을 제쳐놓을 수 있니?
B: No, this has to be completed today. 안돼. 오늘 끝내야 되거든.

010 set off 출발하다, 작동시키다, 폭발시키다, 알람을 울리게 하다

off는 본체에서 떨어져 나오는 것을 연상하면 된다. 그래서 기계 등을 작동하도록 하거나 폭탄을 터트리거나 혹은 「…하러 출발하는」 것 등을 말한다.

POINT

set sth off …을 폭발시키다, 작동시키다　　set off to+동사 …하러 출발하다

- □ We're going to have to **set it off** manually. 우리는 그걸 수동으로 작동시켜야 될거야.
- □ They **set off to** get the baby back. 걔네들은 아이를 되찾으러 출발했어.
- □ We **set off to** visit the country. 우린 시골을 방문하러 출발했어.
- □ We **set off on** a short trip to Tokyo. 우린 도쿄로의 짧은 여행을 시작했어.

A: Where has your son gone? 네 아들이 어디로 갔니?
B: He set off to travel around Europe. 유럽 일주하러 떠났어.

011 set on 정하다, 결정하다

수동형으로 많이 쓰이는데 be set on~하면 「마음이 …로 정해졌다」, set eyes on~하면 「…을 처음보다」, 「만나다」, 그리고 have one's heart set on~하면 역시 「…로 마음을 결정했다」라는 뜻.

POINT
be set on~ …로 정해지다, …로 마음이 가 있다
have one's heart set on~ …로 마음을 결정하다

□ You're **still set on** that? 아직도 그걸로 정한 마음 변함없어?

□ If you're **set on** divorce, I can't help you with that.
이혼을 결심했다면 나도 어쩔 수가 없어.

□ I never really **had my heart set on** being a novelist.
소설가가 되길 맘속에 결정한 적이 없어.

□ I wanted to marry you the first time I **set eyes on** you.
널 처음 본 순간 너와 결혼하고 싶었어.

A: Why doesn't she become a doctor? 왜 걔는 의사가 되지 않았어?
B: She is set on becoming a lawyer instead. 대신 변호사가 되기로 맘먹었어.

012 set out 시작하다, 출발하다

set out 역시 앞의 set off와 뜻이 비슷하여 「…를 향해 떠나다」, 「출발하다」, 비유적으로 「…을 시작하다」라는 의미로 쓰인다.

POINT
set out 떠나다, 출발하다, 시작하다
set out to+동사 …하기 시작하다

□ She **set out to** break some records of her own.
걘 자기 자신의 기록을 깨기 시작했어.

□ That evening, she **set out to** break her pattern. 그날 저녁, 걘 자기 패턴을 깼어.

□ They **set out to** find out who loved her. 누가 걜 사랑했는지 알아내기 시작했어.

□ The boss **set out to** find out who farted in the meeting.
사장은 회의중에 누가 방귀를 뀌었는지 알아내기 시작했어.

A: What do you plan to do here? 넌 여기서 무슨 계획을 하고 있니?
B: We've set out to find the missing gold coins. 우린 사라진 금동전들을 찾기로 했어.

013 set up 세우다(establish), (일정 등을) 정하다, 속이다

컴퓨터 setup으로 많이 알려진 숙어. 뭔가 세우거나, 시작[설정]하거나 회의일정을 정하는 것 등 다양한 의미로 쓰인다. 또한 「…을 속이다, 모략에 빠트리다」(make sb be blamed wrongly)라는 뜻으로 자주 쓰인다.

POINT
set sb up (for sth) …을 속여 …하게 하다　set a meeting up for~ 회의를 …로 잡다

- □ I'd like to **set up** an appointment for Thursday. 목요일로 약속을 정하고 싶어.
- □ Is everything all **set up?** 전부 다 준비됐어?
- □ You **set me up!** I'll pay you back. 네가 날 함정에 빠트렸어!, 너에게 갚아줄거야.
- □ She claimed that someone in the room **set her up.**
  그녀는 이방의 누군가가 자신을 함정에 빠트렸다고 주장했다.

A: Can I help you, sir? 무슨 일이시죠, 선생님?
B: I'd like to set up an appointment for next week. 다음 주로 예약을 하고 싶은데요.

014 set sb up (with sb) (…에게) …를 소개시켜주다

남녀간을 이야기할 때 꼭 나오는 표현으로 set sb up with~ 하면 「…을 …에게 소개시켜주다」라는 의미로 set 대신 fix를 써도 된다.

POINT
set[fix] sb up with~ …을 …에게 소개시켜주다
set sb up on a date …을 데이트 시켜주다, 미팅시켜주다

- □ I'm not asking you to **set me up.** 만남을 주선해달라는 얘기가 아니야.
- □ You **set me up with** the woman that I've dumped twice.
  내가 두 번이나 차버린 여자를 소개시켜준거야.
- □ Is it okay with you if I **set him up on a date?** 걔 미팅시켜줘도 너 괜찮겠어?
- □ How could you **set me up with** this creep?
  어떻게 그런 이상한 놈을 소개시켜준거야?

A: Phil is the nicest guy I've ever met. 필은 내가 여태껏 만난 가장 멋진 놈이야.
B: Let's set him up with your sister. 네 여동생에게 소개시켜주자.

More Expressions

set back 뒤로 물러서게 하다, 방해하다

☐ Losing the contract was a setback for our company.
그 계약을 놓쳐서 회사는 퇴보하게 되었어.

set down 내려놓다

☐ Thanks, you can just set it down there. 고마워, 그냥 그거 거기에 내려놓아.

set in 시작하다

☐ The shock set in 12 hours later. 충격이 12시간 후에 시작됐어.

set one's mind to …하기로 맘먹다

☐ I'm sure you could accomplish anything you set your mind to.
네가 맘먹은 건 뭐든지 성취할 수 있을거라 확신해.

44 이것저것 생각이 많은

Mind

mind는 물론 명사로도 많이 쓰이지만 동사로의 쓰임이 비중이 강해 기본동사로 설명해본다. 뭐니 뭐니 해도 가장 중요한 것은 mind는 동사로 「거슬리다」, 「반대하다」라는 부정적 의미로 쓰인다는 걸 알아두어야 한다. 그래서 Do you mind~?하면 "…을 해도 반대하지 않겠어?"라는 뜻이 되고 또한 I don't mind~하면 "…해도 상관하지 않다"라는 뜻이 된다. 물론 change one's mind, keep in mind 등 명사용법도 알아둔다.

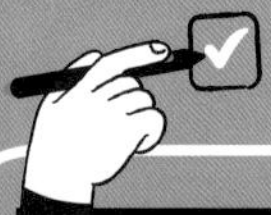

Mind 기본개념

01. (부정,의문문) ...에 거슬리다, 화나다

Do you mind if I use your cell phone? 네 핸드폰 좀 써도 될까?

Do you mind if I sit here for a sec? 여기 잠깐 앉아도 될까?

02. 상관하지 않다(not mind)

I don't mind doing what we're going to do. 우리가 뭘 하든 상관없어.

I don't mind if you smoke in the room. 방에서 담배펴도 괜찮아.

03. (명사) 마음, 정신, 생각

I'm sorry I lost my mind yesterday. 미안해, 어제 내가 정신이 없었어.

I'll keep that in mind. 그렇게 할게요.

001 Do[Would] you mind ~ing? …해도 될까요?

「…하기를 꺼려하느냐」라는 것으로 의역하면 「…해도 될까요?」, 「…하면 안될까?」로 상대의 양해를 구하는 표현. 물론 would를 쓰면 do보다 정중해진다.

POINT

Do[would] you mind ~ing? …해도 될까요?
Do[Would] you mind sb ~ing? …가 …해도 될까요?

- □ **Would you mind** letting me check your bag? 손님 가방 속을 확인해 봐도 될까요?
- □ **Would you mind** watching my bag for a moment? 잠시 가방 좀 봐줄래요?
- □ **Do you mind** picking me up tomorrow? 내일 나 좀 태워 줄 수 있겠니?
- □ **Do you mind** me asking why you didn't go to work?
  왜 출근 안했는지 내가 물어봐도 돼?

A: Do you mind picking me up tomorrow? 내일 나 좀 태워 줄 수 있겠니?
B: Sure, what time? 물론이지, 몇 시에?

002 Do[Would] you mind if ~? …해도 될까요?

이번에는 ~ing 대신에 if절이 와 Would(Do) you mind if 주어+동사?의 형태로 쓰인 경우이다. if 이하에 부탁하는 내용을 말하면 된다.

POINT

Do[Would] you mind if~ ? …해도 될까요?
Do you mind? 괜찮겠어?, (화나서) 그만할래?

- □ **Would you mind if** I smoke here? 여기서 담배펴도 돼요?
- □ **Do you mind if** I take a look around here? 내가 여기 좀 둘러봐도 괜찮겠니?
- □ **Do you mind if** we ask you some questions about her?
  걔에 대해 몇가지 질문해도 돼?
- □ **Do you mind if** I use your bathroom? 화장실 좀 써도 되겠어?

A: Do you mind if I sit here? 여기 앉아도 됩니까?
B: No, go right ahead. 예, 앉으세요.

003 I don't mind~ …해도 상관없어

이번에는 「내가 …을 해도 상관없다」고 말하는 것으로 I don't mind 다음에 명사, ~ing, 혹은 if 주어+동사를 붙이면 된다.

POINT

I don't mind+명사 …가 상관없어
I don't mind (sb) ~ing (…가) …해도 상관없어
I don't mind if S+V …해도 상관없어
I don't mind that S+V …해도 상관없어

- ☐ That's all right. **I don't mind** waiting. 괜찮아. 기다려도 괜찮아.
- ☐ **I don't mind** her hanging around with you. 걔가 너랑 같이 놀아도 상관없어.
- ☐ **I don't mind if** you ask. Go ahead. 네가 물어봐도 상관없어. 어서 물어봐.
- ☐ I'd like to speak to Mr. Cha. **I don't mind** waiting.
  차선생과 이야기하고 싶습니다. 기다려도 괜찮아요.

A: I'd like to smoke a cigarette right now. 난 지금 담배를 피우고 싶어.
B: I don't mind if you smoke here. 여기서 피워도 난 괜찮아.

004 Never mind~ …을 신경쓰지마

Never mind!로 익숙한 표현으로 상대에게 괜찮으니 신경쓰지 말라는 뜻. Never mind 다음에 명사나, ~ing, 그리고 절이 온다는 것을 기억해둔다

POINT

Never mind (~ing)! (…하는 걸) 신경쓰지마!, 맘에 두지마!
Never mind sb[sth]~ …을 신경쓰지마
Never mind that[what, who]~ …을 신경쓰지마

- ☐ **Never mind** that. 그거 신경쓰지마.
- ☐ Well, **never mind** me. It doesn't matter to me.
  그래, 나 신경쓰지마. 나한테는 상관없는 문제야.
- ☐ **Never mind** that we don't have it. 그게 없다고 신경쓰지마.
- ☐ **Never mind** what I want. What do you want?
  내가 원하는 건 신경쓰지마. 넌 뭘 원하는데?

A: How can I make it up to you? 어떻게 배상해드리면 될까요?
B: Never mind... just pay for the damages. 걱정 마시고… 손해배상금만 내세요.

005 I wouldn't mind~ …하고 싶다, …하면 좋겠다

「…하는 것도 괜찮을텐데」라는 표현으로 「내가 …하고 싶다」라는 의미이다. 즉, I would like+명사[to+동사]와 같은 맥락의 표현이라 할 수 있다.

POINT
I wouldn't mind sth …하[먹]고 싶다　　I wouldn't mind ~ing …하고 싶다

☐ **I wouldn't mind** a cup of coffee. 커피한잔 마시고 싶어.

☐ **I wouldn't mind** having some real food sometime.
언젠가 한번 진짜 음식을 먹고 싶어.

☐ **I wouldn't mind** sharing a few things with her. 걔랑 몇가지 공유하고 싶어.

☐ **I wouldn't mind** seeing more of that guy. 그 남자 더 좀 보면 좋겠어.

A: Do you have anything planned for tonight? 오늘 밤 무슨 계획된게 있니?
B: I wouldn't mind going to a nightclub. 나이트클럽에 가도 괜찮아.

006 Do you mind? 그만할래?, 괜찮겠어?

두 가지 의미로 쓰인다. 상대방에게 화가나 그만 좀 할래?라는 의미로 쓰이고 또한 상대방에게 …해도 괜찮겠어라는 말로 상대방의 의향을 물어볼 때도 쓰인다.

POINT
Do you mind? 그만할래?, 괜찮겠어?

☐ I'd like to go for a walk. **Do you mind?** 산책하고 싶은데, 괜찮겠어?

☐ You've been talking throughout the meeting. **Do you mind?**
회의내내 떠드는데 그만 좀 할래?

☐ I really have to go to the bathroom. **Do you mind?**
나 정말 화장실가야 하는데 괜찮겠어?

A: You've been talking throughout the movie. Do you mind?
영화보는 내내 말을 하네? 그만 좀 할래?
B: Oh, sorry. I didn't mean to bother you. 어, 미안. 방해하려는 것은 아니었어.

007 mind one's own business
남의 일에 간섭하지 않다

Mind your own business!(남의 일에 참견 말고 네 일이나 해라!)로 잘 알려진 표현. 반면 mind one's manners, mind one's P's and Q's는 「예절을 지키다」, 「언행을 조심하다」라는 뜻.

POINT

mind one's own business 남의 일에 참견하지 않다
mind one's P's and Q's 행동거지를 조심하다

□ **I'm just minding my own business.** 난 내 일이나 하는 중야.

□ **Mind your P's and Q's!** 행동거지 조심해!

□ I'll thank you to **mind your own business.** 남의 일에 참견 말아줬으면 고맙겠네.

□ Why can't you **mind your own business?** What is your problem?
왜 남의 일에 간섭야? 너 문제가 뭐야?

A: I think I'm going to ask them what they're talking about.
그 사람들이 무슨 얘기하고 있는지 물어봐야겠다.
B: Why don't you mind your own business? 네 일이나 잘하지 그래?

008 if you don't mind 괜찮다면

많이 들어본 표현으로 실제 많이 쓰인다. 상대방에게 뭔가 양해를 구할 때 사용하는 것으로 don't 대신 wouldn't를 써서 if you wouldn't mind라고 해도 된다.

POINT

if you don't[wouldn't] mind 괜찮다면, 폐가 되지 않는다면
if you don't mind my saying so 내가 그렇게 말해도 괜찮다면
if you don't mind me asking 내가 물어봐도 괜찮다면

□ **If you don't mind,** I'm kind of tired now. 괜찮다면 나 지금 좀 피곤해.

□ **If you don't mind,** I'd like to ask you both a few questions.
괜찮다면 너희 둘에게 질문 좀 할게.

□ **If you don't mind** my saying so, you seem a little old to have a baby. 내가 이렇게 말해도 되는지 모르겠지만, 넌 애기낳기엔 좀 늙었어.

□ **If you don't mind** me asking, why were you so interested in this?
내가 물어봐도 괜찮다면 왜 넌 이거에 관심있었어?

A: If you don't mind, I'm going to leave early. 괜찮다면 난 조금 일찍 나갈게.
B: OK, I think I'll leave early too. 오케이, 나도 일찍 갈 생각이야.

009 change one's mind 마음 바꾸다, 변심하다

mind는 동사뿐만 아니라 명사로도 다양한 비중있는 표현들을 만들어 낸다. 그 첫번째로 change one's mind는 「마음을 바꾸다」, 「변심하다」라는 뜻.

POINT

change one's mind 변심하다

- □ What made you **change your mind?** 왜 맘이 바뀐거야?
- □ There's nothing you can do to **change my mind.** 네가 뭐를 해도 내 맘 변치 않아.
- □ You can still **change your mind.** 아직 맘 바꿔도 돼.
- □ Well, call me if you **change your mind.** 그럼, 맘이 바뀌면 전화해.

A: Did you want a vanilla ice cream cone? 바닐라 아이스크림콘을 원했니?
B: I changed my mind. I want chocolate instead. 맘바꿨어. 대신 초콜릿 먹을래.

010 take sb's mind off …을 잊게 하다

「…의 마음을 …에서 떨어지게(off) 하다」는 것으로 「…에 대한 생각이나 걱정을 그만하게 하다」라는 의미가 된다. take 대신 keep, get을 써도 된다.

POINT

take sb's mind off …을 잊게 하다

- □ I bought myself a little gift to **take my mind off** my problems. 내 문제를 잊으려고 나줄 선물을 샀어.
- □ Maybe it'll **take your mind off** Betty. 아마 그게 베티 생각을 잊게 해줄거야.
- □ Just try to really **keep Tom's mind off of it.** 탐이 그 생각에서 벗어나게끔 힘써봐.
- □ I'm just shopping, trying to **get my mind off** things. 내 일들을 잊으려고 쇼핑을 하고 있어.

A: Ray drinks too much alcohol these days. 레이는 요즘 술을 너무 마셔.
B: It takes his mind off the troubles at his home. 술은 걔 집의 여러 고민들을 잊게 해주지.

011 put sth[sb] out of one's mind

…을 일부러 잊다, 신경쓰지 않다

「…을 …의 마음 밖으로(out of one's mind) 놓다」(put)라는 뜻은 결국 「…을 잊다」, 「신경 안 쓰다」라는 말. 반대로 have~ on one's mind하면 「…을 신경쓰다」라는 표현이 된다.

POINT
put[get] sth out of one's mind …을 고의로 생각하지 않다
have[get] sth[a lot] on one's mind 뭔가 생각하고 있다, …을 신경쓰다

□ I just **put** that jerk **out of my mind!** 그 자식 잊어 버렸어!

□ I just can't get past it. I can't **put** her **out of my mind.**
그냥 잊을 수가 없어. 걜 생각하지 않을 수 없어.

□ So just **put** it **out of your mind.** 그냥 잊어버려.

□ Whatever it is, **put** it right **out of your mind.** 그게 무엇이든지간에 그냥 잊어버려.

A: My boss treats me very poorly. 내 보스가 날 형편없이 대해.
B: Put it out of your mind. You can get another job.
잊어버려. 넌 다른 일자리를 찾을 수 있잖아.

012 lose one's mind 정신을 잃다, 미치다

직역하면 「정신을 잃다」(lose)라는 말로 「제 정신이 아니다」, 「미치다」라는 뜻이 된다. go(be) out of one's mind와 같은 뜻이다.

POINT
lose one's mind 미치다 **go[be] out of one's mind** 제 정신이 아니다, 미치다

□ **I'm losing my mind.** 내가 제정신이 아니야.

□ You've got to **be out of your mind!** 너 제정신이 아니구나!

□ What are you doing? **Are you out of your mind?** 뭐해? 너 미쳤어?

□ **I'm losing my mind.** I can't believe I'm doing this.
내가 제정신이 아냐. 내가 왜 이러는지 모르겠어.

A: There's too much homework. I'm losing my mind! 숙제가 너무 많아. 정신이 없어.
B: Calm down. Let's take a look at it. 침착해. 한번 보자.

013 have half a mind to~ …을 할까말까 하다

마음이 반만(half a mind) 있다는 뜻. 아직 선뜻 결정내리지 못한 상태에서 「…을 할까말까 망설이는」 모습을 연상하면 된다. have a good mind~하면 「…을 몹시 하고 싶다」.

POINT

have[get] half a mind to+동사 …을 할까말까 하다
have[get] a good mind to+동사 …을 무척 하고 싶어하다

□ I **have half a mind to** throw this martini right in your face!
이 마티니를 네 얼굴에 부을까 생각중이!

□ I **have half a mind to** get out of here right now.
지금 당장 여기서 나갈까 말까 해.

□ I**'ve got half a mind to** contract the company.
이 회사와 계약을 맺을까 망설이고 있어.

□ I **have half a mind to** call her and tell her that.
걔에게 전화해서 그걸 말해줄까 말까 생각중이야.

A: Barry just started a fight with Cara. 배리가 방금 카라와 싸움을 시작했어.
B: I have half a mind to tell him to leave. 난 걔에게 좀 나가 있으라고 말할까 망설이고 있어.

014 ~ be the last thing on one's mind …을 별로 생각하기 싫다

…의 마음속에 주어가 마지막 것이라는 의미. 뭔가 별로 생각하고 싶지 않은 것을 말할 때 이를 주어자리에 놓고 사용하면 된다. last 대신에 furthest를 써도 된다.

POINT

~ be the last thing on one's mind …을 별로 생각하기 싫다

□ Oh, please, that'**s the last thing on my mind.** 오, 제발. 그건 별로 생각하기 싫어.

□ I'm going to tell her marriage **is the last thing on my mind.**
결혼은 별로 생각하고 싶지 않다고 걔한테 말할거야.

□ Children **were the last thing on her mind.**
걘 아이들을 별로 생각하고 싶지 않아했어.

□ **That's the furthest thing from our mind** right now.
지금 현재로서 그건 별로 생각하고 싶지 않아.

A: That's the last thing on my mind. 그건 별로 생각하기 싫어.
B: Are you sure? 정말이야?

Mind

More Expressions

have sth in mind
…을 염두에 두고 있다(*keep(bear) ~in mind 명심하다)

- ☐ What do you have in mind? 뭘 생각하고 있어?
- ☐ Do you have something else on your mind? 뭐 다른 생각있어?

make up one's mind 결정하다(decide)

- ☐ I haven't made up my mind yet. 아직 결정을 못했어.

slip one's mind …을 깜박잊다

- ☐ It (completely) slipped my mind. 깜박 잊었어.

cross one's mind …가 …의 생각에 떠오르다

- ☐ The thought never crossed my mind. 그 생각이 전혀 나질 않았어.
- ☐ It hasn't even crossed my mind. 난 그 생각이 나지도 않았어.

come to mind 갑자기 …생각이 나다

- ☐ Nothing comes to mind, but I'll check my files.
  아무것도 생각나지 않지만 파일을 확인해볼게.

blow one's mind …을 당황케하다, 놀래키다, 흥분시키다

- ☐ It blew my mind 당황스러웠어.

go[run] through sb's mind 잠시 생각하다

- ☐ I wonder what was going through her mind when she stood there. 걔 거기 서있었을 때 무슨 생각을 했는지 궁금해.

set[put] sb's mind at rest[ease] …의 마음을 편하게 하다

- ☐ You can put your mind at rest. 안심해도 돼.

keep your mind on~ …에 전념하다

- ☐ Then stay here and keep your mind on your job, you hear me? 여기 남아서 네 일에 전념해. 알았어?

- ☐ **Don't mind me. I'm just looking.** 나 신경쓰지마. 그냥 구경하는거야.
- ☐ **Don't mind her[him].** 걔 신경쓰지마.
- ☐ **I'm trying to keep an open mind.** 편견을 갖지 않으려 해.
- ☐ **Out of sight, out of mind.** 눈에서 멀어지면, 마음에서도 멀어지는 법.

45 무엇이든 찾아내고야 마는

Find/Lose

find에서 빼놓을 수 없는 건 keep, leave처럼 쓰여 find~+형용사[ing, pp]로 쓰이면 「…가 …하다는 것을 발견하다」, 즉 「생각하다」라는 뜻으로 쓰인다는 것이다. 또한 find와 find out도 구분해야 하는데 find는 어떤 실체를 발견하는 것이고 find out하면 어떤 사실을 알아낸다는 의미. 또한 의미는 알겠지만 우리말로 옮기기 어려운 find oneself~를 알아보기로 한다.

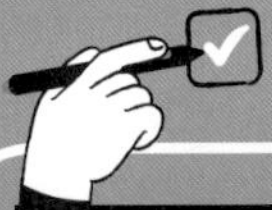

Find 기본개념

01. 찾다, 구하다, 발견하다

I lost my passport. I can't find my passport. 여권을 잃어버렸어. 찾을 수가 없어.

I'm trying to find the National Art Gallery. 국립미술관을 찾으려고 하는데요.

How did you find such a beautiful girlfriend? 어떻게 그런 이쁜 여친을 찾았어?

02. …가 …하다는 것을 알다(find ~ 형용사[pp/~ing])

I find you very attractive. 난 네가 매우 매력적이라 생각해.

I find it hard to believe. 그거 믿기가 어려워.

03. lose (sth) 잃다, 지다

I lost my passport. 여권을 잃어버렸어.

She lost her job last month. 지난달에 직장을 잃었어.

We're losing the game. 우리가 지고 있어.

You're not going to lose him. 넌 걜 잃지 않을거야.

We will win, and you will lose. 우리가 이길 거고 넌 지게 될거야.

001 find sb[sth] …을 찾다

단순히 find sb[sth]하면 「…을 찾다」라는 의미이고 find sb sth하면「…에게 …을 찾아다주다」라는 표현이 된다.

POINT
find sb sth …에게 …을 구해주다 **come to find~** 와서 …찾다
find sth on the internet …을 인터넷에서 찾다

□ Where will I **find** you? 널 어디서 찾지?, 어디 있을건데?

□ You know where to **find** me. 내가 어디 있는지 알고 있지.

□ Have you guys seen Jill? I can't **find** her anywhere. 질 봤어. 어디에도 없던데.

□ I'm trying to **find** Tim before he gets in any more trouble.
팀이 더 어려움에 놓이기 전에 걜 찾을거야.

□ So why'd you come to **find** me last night? 그러면 왜 어젯밤 나를 찾아온거지?

A: If you find her ring, let her know. 걔 반지를 찾으면 걔한테 알려줘.
B: Okay, I'll look around for it. 오케이, 한번 찾아볼게.

002 find sb[sth]~ 형용사[pp/ ~ing] …을 …하다고 생각하다

find의 가장 유명한 문형. find A B의 형태로 A가 B하다라는 의미이다. B의 자리에는 형용사 및 pp 그리고 ~ing 등이 오게 된다.

POINT
find sb[sth]+형용사[pp/~ing] …가 …하다고 생각하다
find it easy[hard, difficult] to+동사 …하는 것이 어렵다고 생각하다

□ The jury **found** her **innocent.** 배심원은 걔가 무죄라 판결했어.

□ I **found** them **kissing** in my car! 걔네들이 내 차에서 키스를 하는거야!

□ I **find** it **difficult to** get the job done by tomorrow.
그 일을 내일까지 끝마치는 건 힘들어.

□ I **found** that **hard to** believe. It came as a shock to me.
그거 믿기 어려운데. 내겐 충격이었어.

□ How did it go? Do you **find** it **interesting?** 어땠어? 그게 재미있어?

□ Why do you **find** it **so easy?** 그게 왜 쉽다고 생각해?

A: What happened at Daniel's trial? 다니엘 재판은 어떻게 되었니?
B: They found him guilty of murder. 살인죄로 유죄 판결을 받았어.

003 find oneself …에 있다, …을 구하다, 갖추다

영어식 표현으로 find oneself하면 「스스로를 발견하다」, 즉 「내가 …하다」라는 의미. 뒤에 장소표현이 오면 「내가 …에 있다」, 바로 명사가 오면 「스스로를 위해 …을 찾다」, 「구하다」라는 뜻이 된다.

POINT

find oneself+형용사 (기분이) …하다

find oneself+명사 …을 갖추다, 구하다

find oneself+전치사+명사 …에 있다, …한 상태에 있다

find oneself ~ing 자신이 …하고 있다

- □ You're going to **find yourself** very alone. 넌 매우 외로워질거야.
- □ She **found herself** in Tony's bedroom. 갠 토니의 침실에 있었어.
- □ **Find yourself** somebody to love. 사랑할 사람을 찾아라.
- □ Honey, have you **found yourself** in a family way? 자기야, 임신했어?
- □ I **found myself** wanting to do something good. 뭔가 좋은 일을 하고 싶어졌어.
- □ You'd better **find yourself** another prom date. 다른 프롬데이트 상대를 구해.

A: I haven't met any guys that I like. 내가 좋아하는 애들은 하나도 못만났어.

B: You're going to find yourself alone. 넌 혼자라는 것을 알게 될거야.

004 find a way 길을 찾다, 방법을 찾다

길을 찾는다는 의미로 비유적으로 「방법을 찾다」라는 뜻으로 많이 쓰인다. 또한 find one's way는 「길을 찾아가다」, 「애써 노력하여 나아가다」, 「달성하다」라는 의미의 표현이 된다.

POINT

find a (better) way to+동사 …할 (좋은) 방법을 찾다

find one's way 길을 찾아가다, 애써 나아가다

- □ She'll get through this. She'll **find a way to** survive.
  걔는 이걸 견딜거야. 생존방법을 찾아낼거야.
- □ We've got to **find a way to** make this work. 이거 작동하게 하는 방법을 찾아야 돼.
- □ You need to **find a better way to** communicate with your wife.
  아내랑 대화하기 위해 더 좋은 방법을 찾아야 돼.
- □ I'm here to help you **find your way** again. 네가 다시 길을 찾는 걸 도와주려고 왔어.
- □ I can **find my way out of** there. 거기서 빠져나올 수 있어.
- □ If she has a good map she could **find her way out of** the woods.
  좋은 지도만 있다면 산에서 길을 찾아 나올 수 있을거야.

A: Tuition for the school has increased again. 학교 수업료가 다시 올랐어.

B: It's hard to find a way to pay for it. 학비 낼 방법을 찾기가 힘들어.

005 find out 사실을 알아내다

find가 구체적인 물체를 찾아내는 것임에 반해 find out~은 「…라는 사실을 알아내다」라는 의미이다. find out 다음에는 명사, that₩절, if절 등 다양하게 올 수 있다.

POINT

find out sth …을 알아내다
find out that 주어+동사 …라는 걸 알아내다
find out if/whether/what/who~ …을 알아내다
find out more about~ …에 대해 더 알아내다

□ If you **find** the document, you'll **find out** the truth.
그 서류를 찾으면 진실을 알아내게 될거야.

□ He **found out** that Jimmy is not his own son.
걔는 지미가 자기 아들이 아니라는 걸 알아냈어.

□ I want you to **find out** if my daughter is using drugs again.
내 딸이 약을 다시 하는지 알아봐줘.

□ We need to **find out** what is going on there. 거기 무슨 일인지 알아내야 돼.

□ What did you **find out?** 뭐 알아낸거 있어?

A: I just found out that I got transferred. 내가 전근되었다는 걸 방금 알았어.
B: I'm sorry to hear that. 그렇다니 정말 유감이네.

006 find fault with …을 비난하다

많이 등장하는 숙어로 find fault with sb하게 되면 「…을 비난하다」, 「…을 탓하다」라는 뜻으로 한 단어로 하면 criticize가 된다.

POINT

find fault with = criticize

□ Please stop **finding fault with** people around you.
주변 사람 탓하는 것 좀 그만해라.

□ It doesn't do any good to sit back and **find fault with** your co-workers. 죽치고 앉아서 동료들 비난해봤자 아무 소용없어.

□ I can't **find fault with** the kitchen. 부엌이 흠잡을 데가 없어.

□ Why do you always pick on me? Is **finding fault with** me your new job? 왜 늘상 날 놀려? 날 탓하는게 네 새로운 일거리야?

A: So, you have a difficult relationship with your dad?
그래, 넌 아빠와 어려운 관계에 있지?
B: He always finds fault with the things I do. 아빤 내가 하는 일에 대해 항상 흠을 잡아요.

007 lose weight 살이 빠지다

운동(work out)을 하거나 다이어트(go on a diet)를 해서 혹은 몸이 안좋아져서 등등 살이 빠지는 것을 말하며 반대로 살이 찌다라고 할 때는 gain weight 혹은 put on weight라고 하면 된다.

POINT
lose weight 살이 빠지다 gain weight(= put on weight) 살이 찌다

□ If I eat less, I'll **lose weight.** 소식하면 살이 빠질거야.

□ You look like you'**ve lost weight** lately. 너 최근에 살이 빠진 것 같아.

□ She's been weak ever since and she'**s lost weight.**
그 후부터 계속 아팠어요. 몸무게도 줄었고요.

□ I **lost weight.** My cholesterol went down. 살이 빠지고 콜레스트롤 수치도 내려갔어.

A: We both ate a lot of food over the holidays. 우리 둘은 휴일에 많은 음식을 먹었어.
B: We'll need to diet so we can lose weight.
우린 체중을 줄이기 위해 다이어트를 할 필요가 있어.

008 lose track of …을 놓치다, 연락이 끊기다

track은 '흔적,' '자취'라는 뜻으로 이를 놓쳤다는 것은 of 이하가 어디 있는지 혹은 무엇을 하고 있는지 모른다는 의미. lose sight of는 단순히 「…을 못보거나」 혹은 다른 일이 바빠 「…을 잊어버리다」라는 뜻으로 쓰인다.

POINT
lose touch[contact] with …와 접촉이 없어지다 lose sight of …을 못보다, 놓치다

□ I guess I **lost track of** everybody after high school.
고등학교 졸업 후에 애들과 다 연락이 끊긴 것 같아.

□ I **lost track of** you, but I always heard about you.
너와 연락이 끊겼지만 네 얘기 항상 들었어.

□ Yeah. I guess I **lost track of** time. 그래. 내가 시간가는 걸 잊은 것 같아.

□ I **lost touch with** many of my old friends. 많은 오랜 친구들과 연락이 끊겼어.

A: Where are all of your elementary school friends? 너 초등학교 친구들은 다 어디 있니?
B: I've lost track of most of them over the years. 시간이 지나면서 대부분 연락이 끊겼어.

009 lose one's temper 화를 내다(get angry)

temper는 성질, 성미라는 단어로 lose one's temper라 하게 되면 순간적으로 이성을 잃고 화를 내는 것을 뜻하다. 그렇게 화가 난 상태에서 「…와 한바탕했다」고 말할 때는 lose one's temper with sb라고 하면 된다.

POINT

lose one's temper 갑자기 화를 벌컥 내다 **lose one's temper with sb** …와 한바탕하다

- □ I am sorry I **lost my temper**, but I was upset. 화를 내서 미안하지만 열 받았어.
- □ I **lost my temper with** the boss. 내가 참지 못하고 사장에게 버럭 화를 냈어.
- □ I **lost my temper** and I was disrespectful to mom.
  난 열 받아서 어머니에게 무례하게 행동했다.
- □ I **lost my temper** and threw away the wedding ring.
  난 화를 내고 결혼반지를 집어던졌어.

A: The two taxis had an accident this morning. 택시 2대가 오늘 아침 사고가 났어.
B: I'll bet the drivers lost their tempers. 운전사들이 흥분했었음이 분명해.

010 be lost 길을 잃다

lose의 수동형으로 be lost하게 되면 길을 잃었다는 의미. 하지만 be lost on sb하게 되면 「…의 이해를 못받다」, be lost in sth하면 「…에 빠져있다」라는 2차적 의미를 갖게 된다.

POINT

be lost (in/on+장소) 길을 잃다
be lost in sth (생각과 관심) …에 빠져 있다
be lost on sb …의 주목[이해]을 받지 못하다
get lost 길을 잃다, (명령문) 꺼지다
Get lost! 꺼져버려!

- □ I think I'm **lost**. 길을 잃은 것 같아요.
- □ If you **get lost** in the maze, don't panic. 미로에서 길을 잃어도 당황하지 마라.
- □ My boss appears **lost in** thought. 사장님이 생각에 잠겨있는 것처럼 보여.
- □ Your joke **is** completely **lost on** us. 네 농담은 우리에게 전혀 먹히지 않아.

A: Can you help me? I'm lost. 좀 도와주실래요? 길을 잃었어요.
B: Sure. Where do you want to go? 그러죠. 어디 가시려고요?

011 have[get] nothing to lose 잃을 게 없다

have nothing to lose는 잃을 게 없다라는 말. 즉 손해볼 게 없다는 뜻으로 한번 부담 없이 부딪쳐 봐도 된다는 의미이다.

POINT **have nothing to lose** 잃을 게 없다

□ You've **got nothing to lose.** 밑져야 본전인데 뭐.

□ I've **got nothing to lose** except you. 널 빼면 난 잃을게 없어.

□ We **have absolutely nothing to lose.** Trust me. 우린 잃을게 하나도 없어. 날 믿어.

□ Come on, do it. You **got nothing to lose.** 자, 어서 해봐. 너 손해볼 것 없잖아.

A: Are you going to join the Marines? 해병대에 입대할거니?

B: Why not? I have nothing to lose. 왜 아니겠어? 난 잃을 게 없잖아.

More Expressions

lost and found 분실물 보관서

□ Where is the lost and found? 분실물보관소가 어디예요?

□ I have got to go and check in the lost and found.
분실물 보관소에 가서 확인해봐야겠어.

find one's tongue 놀란 후 말문을 열다

□ I couldn't find my tongue. 놀라 할 말이 없었어.

be a real find 대단하다, 괜찮은 발견이다

□ She is a real find. 갠 정말 대단해.

46 잊어버리면 어떻해 기억해야지

Forget/Remember

잊을 걸 기억하는 경우도 있고 기억해야 하는 걸 잊을 때도 있다. 이번에는 잊고 기억하는 것을 동시에 알아본다. 특히 주의해야 할 것은 앞으로 해야 할 것을 잊는 것은 forget to+동사, 그리고 이미 한 걸 잊었을 때는 forget about ~ing을 사용한다. 마찬가지로 앞으로 해야 하는 걸 기억하는 건 remember to+동사, 그리고 지나간 것을 기억할 때는 remember ~ing라 한다는 것이다.

Forget/Remember 기본개념

01. forget : 잊다, 기억못하다, …을 잊고 두고 오다

How could I forget? 어떻게 잊겠어?

I forgot to buy her a present. 걔한테 선물사주는거 잊었어.

Don't forget to get me a present. 선물 사다주는거 잊지마.

You forgot? 잊었어?

02. remember : 기억하다

I can't remember which sister. 어느 누인지 기억이 안나.

I know, I remember that! 알아, 기억난다고!

001 forget sb[sth] …을 잊다, …을 두고 오다

forget의 가장 큰 의미는 「…을 잊다」(생각하지 않다)와 「…을 두고 오다」라는 뜻이다. forget 다음에는 사람이나 사물이 온다.

POINT **forget sb[sth]** …을 잊다, …을 두고 오다

- □ I think I **forgot** my receipt. 영수증을 두고 온 것 같아.
- □ We had to go back because I **forgot** my jacket. 자켓을 두고 와서 돌아가야 했어.
- □ I hope that we can **forget** the whole thing. 우리가 모두 다 잊길 바래.
- □ **Forget** her! You don't need her. 걜 잊어! 넌 걔 필요없어.

A: Whoops! I forgot my groceries in the car again. 이런! 차 안에 또 장봐온 걸 두고 왔네.
B: Do you want me to go get them for you? 내가 갖다 줄까?

002 forget about~ …을 잊다, 신경 안쓰다, …하기로 한 걸 잊다

어떤 추상적인 일이나 행동 등을 잊거나 신경 안 쓰다라고 하려면 forget sth사이에 about을 넣어 forget about sth[~ing]이라고 하면 된다. 물론 forget about 다음에 사람이 올 수도 있다.

POINT **forget about+명사[what~]** …을 잊다, 신경안쓰다
forget about ~ing …하기로 한 것을 잊다

- □ I think it's best that we just **forget about** it.
  우리가 그냥 그걸 신경안쓰는게 최선인 것 같아.
- □ You should just **forget about** what I said in the office.
  내가 사무실에서 한 말은 다 잊어.
- □ You can **forget about** Tammy, she left us. 태미는 잊어버려. 우릴 떠났잖아.
- □ I try to **forget about** the people around me.
  난 주변사람들을 잊어버리려고 하고 있어. .

A: I'm going to the bank this afternoon. 오늘 오후 난 은행에 갈거야.
B: Don't forget about the money you need to deposit. 입금할 돈 잊지마.

003 forget to~ …할 것을 잊다

앞으로 …하기로 되어 있는 것, 해야 되는 것을 깜박 잊었다는 표현. forget 다음에 "to+동사"형태로 해야 되는데 하지 않은 것을 말하면 된다.

POINT

I forgot to+동사 …하는 걸 잊었어 **You forgot to+동사** 넌 …하는 걸 잊었어

- □ I **forgot to** pick up my dry cleaning! 세탁물 가져오는 거 잊었어!
- □ I just **forgot to** return his call. 걔 전화와서 한다는 걸 잊었어.
- □ Excuse me? You **forgot to** give me my receipt. 실례지만 영수증 안주셨는데요.
- □ I **forgot to** buy her a birthday present. 그녀의 생일선물 사는 걸 깜박했어.

A: Why didn't you prepare a report? 왜 넌 보고서를 안 만들었어?
B: It's my fault. I forgot to do it. 내 잘못이야. 내가 잊었어.

004 forget that~ …을 잊다

잊어버린 내용을 말하는 것이 길 경우에는 forget 다음에 (that) 주어+동사를 이어 붙이면 된다. that 이하를 잊거나 신경쓰지 말라는 의미.

POINT

I forget (that) 주어+동사 …을 잊었어 **Forget (that) 주어+동사** …을 잊어버려

- □ **You just forgot that** I told you this? 내가 이거 너한테 말한거 잊었어?
- □ **You forgot that** you had that suitcase? 그 가방을 갖고 있는 걸 잊었어?
- □ I can't believe it! **I forgot** you were here. 이럴 수가! 네가 여기 있다는 걸 잊었어.
- □ **Forget that** I said anything. 내가 뭐 얘기하는거 신경쓰지마.

A: I'll be going to New York in December. 12월에 난 뉴욕에 갈거야.
B: Many people forget that it's cold there in the winter.
많은 사람들이 겨울에는 그곳이 춥다는 것을 까먹어.

005 forget what~ …을 잊다

forget 다음에는 that 주어+동사만 오는 것이 아니라 what[how~] 주어+동사도 와서 잊어버린 것을 다양하게 표현할 수 있다.

POINT
I forget what[who] 주어+동사 …을 잊다
I forget how (much, good) 주어+동사 얼마나 …한지 잊다

□ **Don't forget what** we talked about last night. 간밤에 우리가 얘기한거 잊지마.
□ We'**ve forgotten who** he is. 걔가 누군지 잊었어.
□ I **forgot how** much I love driving. 내가 얼마나 운전을 좋아하는지 잊었어.
□ I always **forget how** beautiful you are. 네가 얼마나 예쁜지 늘 잊어.

A: Did you bring the items I wanted? 내가 원했던거 가져왔어?
B: I'm sorry, I forgot what you asked me for. 미안. 네가 뭘 원했는지 잊깜박했어.

006 Don't forget to~ …하는 것을 잊지마라

Don't forget to+동사는 일종의 이중부정으로 상대방에게 「꼭 잊지 말고 …해라」라는 표현이다. 뭔가 부탁하거나 혹은 뭔가 주의를 줄 때 사용하면 된다.

POINT
Don't forget to+동사 …하는 것을 잊지마라 **Don't forget (that) S+V** …하는 것을 잊지마라

□ See you later. **Don't forget to** e-mail me. 나중에 봐. 잊지말고 메일 보내고.
□ Please **don't forget to** make a backup of those files.
그 파일의 복사본을 꼭 만들어 놓아.
□ **Don't forget that** tomorrow is my birthday. 내일이 내 생일인거 잊지마.
□ Hey, kids, **don't forget to** lock the door. 얘들아. 문닫는거 잊지마라.

A: Take care. And don't forget to e-mail me. 조심해. 그리고 잊지 말고 내게 이메일 보내고.
B: I'll do that when I get home! 집에 가서 보낼게!

007 Forget (about) it 잊어버려, 신경쓰지마, 됐어

굳어진 표현으로 상대방이 감사하거나 혹은 사과할 때 괜찮다고 하는 말로 「됐어」, 「신경쓰지마」라는 의미이다. 혹은 상대방의 부탁에 "No"라는 의미로 쓰이기도 한다.

POINT Forget (about) it 잊어버려

- □ Let's just **forget it.** 잊어버리자고.
- □ **Forget it.** You can't understand. 됐어. 넌 이해못해.
- □ Oh, **forget it.** It's not that important. 저기 잊어버려. 그리 중요한 것도 아냐.
- □ **Forget it.** I'm not going to tell you now. 됐네. 너한테 얘기 안할거야.

A: I didn't buy any candy for you. 난 너한테 캔디를 사오지 못했어.
B: Forget about it. I'll buy some later. 됐어. 나중에 내가 사지 뭐.

008 I'll never forget~ 절대 …을 잊지 않을거야

「잊지 않고 가슴 속에 담아두겠다」는 나의 강한 의지의 표현. I'll never forget sth[sb]이라고 하면 된다.

POINT I'll never forget~ …을 절대 잊지 않을거야 You'll never forget~ 넌 …을 절대 못 잊을거야

- □ You should remember this. **I'll never forget** you.
  이거 기억해둬. 널 영원히 잊지 못할거야.
- □ **I will never forget** this. 이걸 절대 잊지 않을거야.
- □ **You will never forget** me. I'm sure about that. 넌 나를 못 잊을거야. 분명해.
- □ I promise you **I will not forget** this. 절대 이거 안 잊을거라 약속할게.

A: Didn't Elise look great tonight? 엘리제가 오늘 밤 멋있지 않았니?
B: I'll never forget the dress she was wearing. 걔가 입었던 의상을 결코 못잊을거야.

009 I almost forgot~ 깜박 잊을 뻔했어

forget 앞에 부사 almost를 붙이면 「거의 잊을 뻔했다」는 말로 아슬아슬하게 잊지 않고 기억해냈다는 말이다. 반대로 totally(completely)를 붙이면 「까마득히 잊고 생각을 못했다」가 된다.

POINT
I almost forgot~ …을 깜박 잊을 뻔했어
I totally[completely] forget~ …을 깜박 잊었어

□ Oh, **I almost forgot.** Your file is here. 어. 깜박할 뻔 했어. 자 여기 네 파일야.

□ **I almost forgot** about her present. 걔 선물을 깜박할 뻔 했어.

□ **We totally forgot about** lunch! 점심 깜빡했어!

□ **I totally forgot.** I'm pregnant! I have to eat for two!
완전히 깜빡했네. 난 임신했으니 2인분을 먹어야 돼!

A: I almost forgot to lock the apartment door. 아파트 문을 잠그는 것을 거의 깜박했어.
B: You've got to be careful about robbers. 강도에 대해 유의해야 돼.

010 remember …을 기억하다

remember가 목적어 없이 단독으로 쓰이는 경우가 있다. 그 중 일상회화에서 빈출하는 표현들만 골라 정리해본다. 잘 기억해두었다가 활용해본다.

POINT
I just remembered 이제 생각이 나네(Now I remember)
You remembered! 너 기억하고 있구나!
I don't remember 기억이 안나
Just remember 기억해봐

□ Oh! I can't believe he **remembered!** 오! 걔가 기억하고 있을 줄 몰랐어!

□ **Remember** back in college. We had a lot of fun.
대학 다닐 때 생각해봐. 우리 재미있었잖아.

□ How can you not **remember** that? 어떻게 그걸 기억을 못해?

□ You don't have to pretend to **remember.** 기억하는 척하지 않아도 돼.

A: Did you take your vitamins this morning? 너 오늘 아침 비타민 복용했니?
B: I don't remember. I'll take them now. 기억을 못하겠네. 지금 먹을게.

011 remember sb[sth] …을 기억하다

이번에는 remember 다음에 sb나 sth이 오는 경우. Remember your manners는 버릇없이 굴지 말고 예의를 지키라는 관용표현.

POINT
You remember~? 너 …가 기억나? remember it[that] …을 기억하다

- □ You **remember** my brother Louis? 내 오빠 루이스 기억나?
- □ You **remember** the necklace I gave you last year? 작년에 준 목걸이 기억나?
- □ I **remember** that, it wasn't so bad. 그거 기억나는데 그리 나쁘지 않았어.
- □ To be honest, I don't **remember** you. 솔직히 말해서, 너 기억이 안나.

A: When is your mom's birthday? 언제가 어머니 생일이니?
B: You tell me. You remember things quite well. 그거야 네가 알지. 너 기억력 좋잖아.

012 remember ~ing …한 것을 기억하다

remember 다음에 명사 대신 ~ing 형태가 오는 경우로 예전 과거에 「…했던 것을 기억한다」는 의미이다. 미래의 일을 기억한다는 remember to+동사와 구분해야 한다.

POINT
remember+ ~ing (예전에)…한 것을 기억하다
Do you remember ~ing? …한게 기억나?

- □ I **remember reading** about this palace. 이 궁전에 관해 읽은게 기억나.
- □ Do you **remember talking** to me yesterday? 어제 내게 얘기했던거 기억나?
- □ Do you **remember having** a conversation with this young man? 이 젊은 사람과 얘기한 기억이 납니까?
- □ I'm sorry, but I don't **remember dating** you. 미안하지만 너와 데이트한게 기억이 안나.

A: I can't remember going home last night. 어제 저녁 집에 간게 기억이 안나.
B: You were half asleep when you left the office. 네가 사무실을 떠날 때 비몽사몽이었어.

013 remember sb[sth] ~ing
…가 …한 것을 기억하다

앞의 경우처럼 과거에 한 행동을 기억한다는 점에서는 동일하지만 내가 한 행동이 아니라 다른 사람 등이 행동한 것을 기억한다는 의미의 표현이다. remember 다음에 sb[sth]+ ~ing을 붙이면 된다.

POINT remember sb[sth] ~ing …가 …한 것을 기억하다

□ I don't **remember you doing** the laundry. 네가 세탁하는 걸 본 적이 없어.

□ I **remember people telling** me about it. 사람들이 그거에 대해 얘기했던게 기억나.

□ You **remember me telling** you that joke, right?
내가 너한테 그 조크한거 기억해, 응?

□ How can you not **remember us kissing?** 어떻게 우리가 키스한 걸 기억못해?

A: I really love to go swimming. 난 정말로 수영하는 것을 좋아해.
B: I remember you swimming at the beach. 난 네가 바닷가에서 수영했던 것을 기억해.

014 remember to~ …할 것을 기억하다

remember+~ing와 달리 remember 다음에 to+동사가 이어지면 「앞으로 …할 것을 잊지 않고 기억하다」라는 뜻이 된다.

POINT remember to do …할 것을 기억하다

□ Did you **remember to** buy the toothpaste? 치약사는 걸 기억했어?

□ **Remember to** e-mail me. 잊지 말고 메일보내.

□ Just **remember to** wake us up before you go. 잊지 말고 너 가기 전에 우리 깨워.

□ **Remember to** speak up and don't turn your backs to the audience. 큰소리로 말하고 관객에게 등을 돌리지마.

A: Damn, I forgot a condom. 젠장, 콘돔 챙기는 걸 깜빡했어.
B: Just remember to keep it safe. 조심하는거 잊지 말라고.

015 remember that ~ …을 기억하다

remember 다음에 절이 올 수도 있는데 특히 You have to remember~, I want you to remember~ 등의 형태로 쓰인다.

POINT

(Do) You remember that~ ? 너 …가 기억나? **Remember that[how]~** …를 기억해
You have to remember that~ …을 기억해야 돼, 명심해야 돼
I want you to remember that~ …을 꼭 기억해

□ Do you **remember that** you said you were going to get me a present? 내게 선물 준다고 한 말 기억나?

□ She told me to always **remember that** the best was yet to come. 걘 항상 더 좋은 날이 올거라는 걸 항상 기억하라고 말했어.

□ You have to **remember** she's a different person when she drinks. 걔 술 마시면 달라지는거 기억해.

□ You have to **remember that** my love for you is real. 너에 대한 내 사랑은 항상 진짜였다는 걸 잊지마.

□ I want you to **remember that** I'm a good person. 내가 좋은 사람이라는 걸 기억해줘.

□ I want you to **remember that** I forgave you. 내가 널 용서했다는 걸 기억해줘.

□ I need you to **remember that** we are all here for you. 우리 모두 널 위해 여기 있다는 걸 기억해줘.

□ I want you to **remember that** I gave you 500 dollars. 네게 500달러 준거 기억하길 바래.

□ **Remember that** you and I aren't friends anymore. 우린 더 이상 친구가 아니라는 걸 기억해.

□ You **remember that** Christmas we had much fun. 우리가 재밌게 보낸 그 크리스마스 기억나?

A: I'm going to take a nap for a while. 난 잠시 낮잠을 자야겠어.
B: Remember that we're going to a movie tonight. 오늘밤 우리 영화 보러가는 것 기억해.

A: How is Tom's mom doing these days? 탐의 엄마는 요즘 어떻게 지내니?
B: Do you remember that she was put in the hospital? 걔 엄마 병원에 입원했던 것 기억하지?

A: I want you to remember that we're having an exam. 넌 우리가 시험을 볼 것이라는 것을 기억하길 바래.
B: All of us will need to study for it. 우린 모두 시험에 대비해 공부할 필요가 있을거야.

016 remember what[how] ~ …한 것을 기억하다

이번에는 that절이 아니라 의문사 what, why, how 등의 의문사를 붙여서 remember what[why, how] 주어+동사의 표현을 연습해본다.

POINT

remember what~ …을 기억하다
remember why~ 왜 …인지 기억하다
remember how~ 어떻게[얼마나] …인지 기억하다

- □ You **remember what** that is? 그게 뭔지 기억나?
- □ Do you **remember why** you dumped the guy? 네가 왜 걜 찼는지 기억해?
- □ Just **remember how** much we all like you. 우리 얼마나 널 좋아하는지 기억해.
- □ Do you **remember how** your father used to be? 네 아빠가 어땠는지 기억하니?
- □ I can't even **remember what** she looks like. 걔가 어떻게 생겼는지 기억도 안나.
- □ I can't even **remember why** we were fighting! 우리가 뭐 때문에 싸웠는지 기억도 안나!
- □ I don't **remember how** we ended up in bed together. 우리가 어떻게 침대로 들어가게 되었는지 기억 안나.
- □ **Remember how** you hate people talking behind your back? 네 뒤에서 욕하는 사람들을 네가 얼마나 싫어하는지 기억해봐.

A: Do you remember what happened during our vacation?
우리 휴가 때 무슨 일이 있었는지 기억하니?
B: Oh yeah, it rained for five days straight. 그래. 5일간 쉬지 않고 비가 왔었지.

A: I don't remember why we're being punished.
난 왜 우리가 처벌을 받았는지 기억을 못하겠어.
B: It's because we skipped school last month. 우리가 지난달 학교를 빼먹어서 그랬지.

A: Remember how we planned the party? 우리가 어떻게 파티를 계획했었는지 기억해?
B: Sure. I'll make the food and you greet the guests.
그럼. 난 음식을 만들고 넌 손님을 맞이한다는거지.

017 remember when~ …한 때를 기억하다

아무래도 시간과 장소에 대한 기억이 많기 마련. 이번에는 의문사 중에서도 when, where를 써서 remember when[where] 주어+동사 형태 및 remember+시간명사+when 주어+동사 형태를 알아본다.

POINT

remember (the day) when~ …한 때를 기억하다
remember where~ 어디서 …했는지 기억하다

- ☐ **Remember when** we went to Central Park?
  우리가 언제 센트럴파크에 갔는지 기억나?
- ☐ **Remember when** I lived with you? 내가 너랑 살던 때 기억나?
- ☐ I **remember the day** I got my first pay check. 첫 월급 받았던 때가 생각나.
- ☐ I **remember when** we first got engaged. 우리가 처음 약혼한 때를 기억해.
- ☐ Do you **remember when** you spent Thanksgiving with us?
  우리랑 추수감사절 함께 보낸거 기억해?
- ☐ Do you **remember where** the car was parked?
  차가 어디에 주차되어있는지 기억해?

A: Remember when we went to the beach? 우리가 바닷가에 갔을 때 기억해?
B: I loved walking along the shore when we were there.
우리가 그곳에 있었을 때 바닷가를 따라 걷는 것을 좋아했지.

018 remember the last time when ~

…한 마지막 때를 기억하다

remember+시간명사+when 주어+동사의 한 경우로 '시간명사'가 the last[first] time인 경우이다. 「언제 마지막[처음]으로 …을 한 것을 기억하다」라는 의미이다.

POINT

remember the last time when~ 마지막으로 …한 때를 기억하다
remember the first time when~ 처음 …한 때를 기억하다

□ I can't **remember the last time** we kissed.
우리가 마지막으로 키스한 때를 기억 못하겠어.

□ I can't **remember the last time** I was out that late.
그렇게 늦게 외출한 마지막 때를 기억 못하겠어.

□ I can't **remember the last time** I was in a bar.
내가 마지막으로 바에 간게 기억안나.

□ Can you **remember the last time** you were alone?
내가 마지막으로 혼자 있었던 때 기억해?

□ I can't **remember the last time** I stayed up all night.
마지막으로 밤샌 때가 기억이 안나.

□ I can't **remember the last time** I had so much fun.
내가 마지막으로 그렇게 재미있었던 때가 기억이 안나.

□ I **remember the first time** I asked a girl out.
내가 여자에게 처음으로 데이트 신청한 때를 기억해.

□ I **remember the first time** I met you. 내가 처음으로 널 만난 때를 기억해.

□ **Remember the first time** that you kissed me?
네가 처음으로 내게 키스한 때 기억나?

□ I **remember the first time** I saw you. 네가 널 처음 봤을 때를 기억해.

A: Let's go to a Mexican restaurant tonight. 오늘밤 멕시코 식당에 가자.
B: I don't remember the last time when we ate Mexican food.
우리가 언제 멕시코 식당에 갔었는지 기억 못하겠어.

More Expressions

before I forget 잊기 전에 말해두는데

□ Before I forget, you got a call from Sam.
잊기 전에 말해두는데 샘이 전화했었어.

Aren't you forgetting~? 뭐 잊지 않았어?

□ Look Peter, aren't you forgetting anything? 피터야, 뭐 잊은거 없어?

be forgetful 깜박 깜박하다

□ I'm afraid I'm becoming forgetful. 점점 깜박하는게 걱정돼.
□ She's very forgetful. She's older than she looks.
걘 무척 깜박깜박해. 겉모습보다 더 늙었어.

forgive and forget 잊고 용서하다

□ Let's forgive and forget it. 그냥 잊고 용서해주자.
□ Forgive and forget. That's my motto. 잊고 용서하는게 내 모토야.

as long as I can remember 내가 기억하는 한

□ I slept more soundly than I have in as long as I can remember.
내가 기억하는 것 이상으로 잠을 푹 잤어.

be remembered for[as]~ …로 기억되다

□ I will be remembered as the one who saved the company.
난 회사를 구한 사람으로 기억될거야.

remember me to sb …에게 안부 전해줘

□ Remember me to your brother. 형한테 안부전해줘.

One thing that we have to remember is that ~
우리가 한 가지 기억해 두어야 할 것은 …야

□ One thing that we have to remember is that we have to help the poor. 우리가 한 가지 기억해두어야 할 것은 가난한 사람들을 도와야 한다는거야.

47 맘아프지만 낼 때 내야지

Pay

「페이가 높아」지라고 하듯 거의 우리말화된 단어. 동사로는 돈을 낸다는 의미로 pay (money) for~형태로 쓰이며 또한 「…에게 돈을 지급하다」라고 할 때는 pay sb money라고 하면 된다. 나아가 비유적으로 어떤 좋은 결과나 이익을 가져오거나 수지가 맞다라는 의미로도 사용된다. 물론 명사로는 급여라는 의미로 쓰여 payraise하면 급여인상이란 뜻이 된다.

Pay 기본개념

01. (물건, 세금 등) 지불하다

I can't afford to pay my rent this month. 이번 달 월세를 낼 돈이 없어.

We'd like to pay separately. 각자 낼게요.

How would you like to pay? 어떻게 지불하실거죠?

We have to pay first. 돈부터 내야죠.

02. (좋은 결과나 이익을) 가져오다, 수지맞다

Working with you doesn't pay. 너랑 일하는 건 돈이 안된다.

You have to keep jogging. It will pay off in the future.
계속 조깅해. 앞으로 네게 도움될거야.

03. (명사) 지불, 지급, 급여

Today's payday. 오늘이 급여일이야.

You can spread your payment out over six months. 6개월이상 분납가능합니다.

001 pay for …의 비용을 지불하다, …의 대가를 치르다(혼나다)

pay는 돈을 지불하다라는 동사. pay for 다음에 돈을 지불하게 되는 이유를 말하면 「…하는데 돈을 지불하다」라는 뜻이 된다. 비유적으로 「…의 대가를 치르다」가 된다.

POINT

pay for sb[sth] …의 비용을 지불하다

- □ Let's go eat something. I'll **pay for** dinner. 가서 뭐 좀 먹자. 저녁 내가 낼게.
- □ Don't worry. He will **pay for** my lawyer. 걱정마. 걔가 내 변호사 비용 댈거야.
- □ We would like to **pay for** your airline ticket. 우리가 항공료를 지불할게요.
- □ You get what you **pay for.** 땀을 흘린 만큼 얻는거야.

A: Can I pay for the parking when I leave? 나갈 때 주차비를 내면 되나요?
B: I'm sorry, but you have to pay now. 죄송합니다만, 지금 내셔야 하거든요.

002 pay for that 그 비용을 지불하다

앞의 경우와 마찬가지이지만 일상회화에서는 지불할 대상이 이미 언급된 경우에는 pay for it[that, this]으로 말하는 경우가 많다.

POINT

pay for that 그 비용을 지불하다, 그 대가를 치르다

- □ You'll **pay for that!** 어디 두고 봅시다!, 너 대가를 치러야 할거야!
- □ How would you like to **pay for this?** 이거 어떻게 지불하실건가요?
- □ How much did you **pay for that?** 그거 얼마 줬어?
- □ How'd you **pay for them?** 어떻게 산거야?

A: Wow, I ate so much food today. 와, 난 오늘 음식을 너무 많이 먹었어.
B: You'll pay for that. Your stomach is going to hurt.
대가를 치루게 될거야. 배탈이 나겠지.

003 pay money for[to]~ …하는데 돈을 지불하다

이번에는 구체적으로 돈을 얼마나 지불했는지 말하는 표현으로 pay for~에서 pay와 for사이에 돈을 집어넣으면 된다.

POINT

pay a lot of[good] money for[to]~ …하는데 많은 돈을 지불하다
pay+숫자(money) for[to]~ …하는데 …를 지불하다

□ I **paid** $500 **for** this dress. 이 옷 사는데 500달러 지불했어.

□ He **paid** a lot of money **for** it. 갠 그거 사는데 많은 돈을 지불했어.

□ He **paid** good money **to** find out how to do that.
갠 그거 하는 방법을 알아내는데 많은 돈을 냈어.

□ Why should I **pay** good money **to** go to your party?
네 파티에 가는데 내가 왜 돈을 많이 내야 돼?

A: She paid $200 for her new phone. 걔는 새 전화기를 2백 불에 샀어.
B: That sounds like a pretty good deal. 정말 잘 산 것처럼 들리네.

004 pay sb money~ …에게 돈을 지불하다

이번엔 돈을 준 사람을 명시하는 것으로 pay sb for[to]~로 쓴다. sb 다음에 돈을 말해도 되며 또한 sb를 빼고 「…하라고 돈을 지불하다」로 써도 된다.

POINT

pay sb+돈 (for[to]~) (…하는데) …에게 …을 지불하다
pay (sb) to+동사[for~] (…에게) …하라고 돈을 지불하다

□ She **paid me** 50 dollars **not to** tell. 갠 얘기하지 말라며 내게 50달러를 줬어.

□ Her father **pays you for** baby-sitting? 걔 아버지가 네게 보모비 주셔?

□ You couldn't **pay me to** do it. 이걸 하라고 돈으로 시킬 수는 없어.

□ He **paid me** 20 dollars **to** post malicious comments.
갠 악플을 올리라고 20달러를 줬어.

A: You will have to pay me $30,000. 3만 달러 내셔야 됩니다.
B: No way. You must be joking. 말도 안 돼. 농담이시겠죠.

005 pay in cash 현금으로 지불하다

돈을 지불하는 방법은 「현금으로 지불하거나」(pay in[with] cash), 「수표로 내거나」(pay by check) 혹은 「카드로 내는」(pay by credit card) 방법 등 3가지가 있다.

POINT

pay by check = pay for sth with a check 수표로 내다
pay (for sth) in cash (…을) 현금으로 내다(with cash)
pay by credit card 카드로 내다(charge sth = buy sth on credit)

- □ Will you be **paying by credit card or with cash?**
  카드로 결제하시겠어요 아니면 현금으로요?
- □ I'll **pay by check.** 수표로 낼게요.
- □ I'm just going to **pay** for this **with a check.** 이거 수표로 낼게요.
- □ Can I **pay in Korean won?** 한국 돈으로 내도 돼요?
- □ Her hotel bill's always **paid in cash.** 걘 항상 호텔비를 현금으로 내요.

A: How would you like to pay for it? You can use your credit card.
지불은 어떻게 하시겠습니까? 신용카드를 사용하셔도 됩니다.
B: I'd like to pay in cash. How much is it? 현금으로 할게요. 얼마죠?

006 pay the bill 계산서를 지불하다

이번에는 좀 달리하여 pay 다음에 직접적으로 돈이 오는게 아니라 돈을 내야 되는 계산서(bill)이라든가 tax(세금), fine(벌금) 등이 목적어로 이어지는 경우이다.

POINT

pay the bill 계산서를 지불하다
pay the price 대가를 치르다
pay a fine 벌금을 내다
pay rent 임대료를 내다

- □ I'd like to **pay the bill,** please. 계산을 좀 하려고요.
- □ I'm broke. I don't money to **pay the bill?** 돈없어. 청구서 낼 돈이 없어.
- □ Waitress, where do I **pay the bill?** 저기요. 어디서 계산하죠?
- □ Just my luck. I have to **pay a fine** for speeding. 내운이 그렇지. 속도위반벌금내야 돼.
- □ Why should I **pay that price?** I didn't even do it. 왜 대가를 치러야 돼? 하지도 않았는데.
- □ You commit a crime, you **pay the price.** 죄를 지었으며 벌을 받아야지.
- □ Can you lend me some money? I've got to **pay rent!** 돈 좀 빌려줘. 월세내야 돼!
- □ I just **paid my credit card bill.** 신용카드비를 냈어.

A: I forgot to pay the electric bill this month. 이번 달 전기료 내는 것을 잊었어.
B: Pay the bill as soon as you can. 가능한 빨리 내라.

007 get paid 지불받다, 임금을 받다

수동태 형태로 get paid하면 근로자가 봉급을 받듯 「어떤 대가로 돈을 받는」 것을 말한다. 구체적으로 돈을 받는 이유는 get paid for+명사(to+동사)라고 한다.

POINT
get paid (+돈) (…을) 지불받다 **get paid for~** …대가로 지불받다

☐ We're not leaving until we **get paid!** 돈을 받기 전에는 떠나지 않을거야!

☐ We work. We **get paid.** You don't owe me anything.
우린 일하고 돈을 받아. 네가 신세진거 없어.

☐ Some guys **get paid** a great deal of money for it.
어떤 사람들은 그거 해주고 많은 돈을 받아.

☐ I **get paid** $10 an hour for this. 난 이거하는데 시급 10달러를 받아.

A: If you ask me, we aren't getting paid enough.
내 의견을 말하자면, 우린 월급을 충분히 받지 못하고 있어.
B: That's true, but we don't have a choice. 맞는 말이지만 어쩔 도리가 없잖아.

008 pay attention 주의를 기울이다

pay attention하면 모르는 사람이 없을 정도로 잘 알려진 표현. 「주의를 기울이다」라는 뜻으로 특히 사람들의 주목을 끌 때 필요한 표현이다. 반대로 「주의를 기울이지 않다」는 pay no attention 하면 된다.

POINT
pay (no) attention (to~) (…에) 주의를 (안) 기울이다
pay one's respects 정중히 방문하여 인사드리다, 조의를 표하다

☐ I need you to **pay attention.** Do you hear me? 주목해봐. 내말 듣고 있니?

☐ She ignored me. She didn't **pay any attention to** me.
걘 날 무시해. 내게 주의를 기울이지도 않았어.

☐ I barely even know her, but I feel like I have to **pay my respects.**
걜 거의 모르지만 조의를 표해야 할 것 같아.

☐ I don't **pay attention to** gossip. 난 가십에 신경쓰지 않아.

A: I need you to pay attention. Do you hear me? 주목해줘. 내말 듣고 있니?
B: Yes! Calm down. I hear you. 응! 진정해. 듣고 있어.

009 **pay back** 돈을 되갚다

pay back하면 글자 그대로 돈을 돌려주는 것을 뜻한다. 즉 「빚진 돈, 빌린 돈을 갚는」 것을 말하며 비유적으로 「복수하다」라는 뜻으로도 쓰인다.

POINT
pay sb back …에게 돈을 되갚다
pay back a loan 대출금을 갚다

- □ I promise I'll **pay you back.** 꼭 돈을 갚을게.
- □ You can **pay me back** whenever you like. 편할때 갚아.
- □ I'll **pay you back** all the money you invested. 네가 투자한 돈 다 돌려줄게.
- □ You don't have to **pay me back.** 돈 갚을 필요없어.

A: Do you promise to pay me back? 돈 갚는다고 약속하는거지?
B: You have my word. 내 약속할게.

010 **pay off** 이익을 내다, 좋은 결과가 되다, 빚을 갚다

pay off는 두 가지 의미로 쓰이는데 상대방에게 진 빚을 갚거나 또는 이익을 내거나 이익처럼 좋은 결과를 가져오는 것을 뜻한다.

POINT
pay off one's debt 빚을 갚다
pay off the credit card 카드비를 결제하다

- □ Don't worry about me **paying off** your debt. 내가 네 빚을 갚는 거 걱정마.
- □ I've **paid off** all my debt. 내 빚을 모두 다 갚았어.
- □ Sending that e-mail **has** finally **paid off.** 이메일을 보낸게 좋은 결과를 낳았어.
- □ I'm going to **pay off** my credit card. 카드빚을 갚을거야.

A: What are you going to do with your tax return? 세금환불받으면 뭐 할거야?
B: I'm going to pay off my credit cards. 카드빚이나 갚아야죠.

pay a visit to 방문하다

☐ I'll pay a visit to the Paul's on my way home.
집에 오는 길에 폴 집에 방문할거야.

pay one's dues 책임을 다하다, 대가를 치르다

☐ I've paid my dues. 난 대가를 치루었어.
☐ I paid my dues but they would give me hard times.
난 책임을 다했는데 걔네들은 날 힘들게 하려고 해.

pay through the nose 바가지 쓰다

☐ You ll pay through the nose if you buy a ticket on the day you're leaving. 너 출발하는 날 표를 구하면 바가지써.

be hell to pay 큰 어려움에 빠질거다

☐ If you change your mind, there's going to be hell to pay.
네가 마음을 바꾸면 큰 어려움에 빠질거야.

pay one's debt to society (불법을 저지른 사람이) 죄값을 치루다

☐ His dad paid his debt to society while he was in prison.
걔 아빠는 감옥에 있으면서 죄값을 치뤘어.

pay raise 임금인상(<-> pay cut 임금삭감)

☐ I got a big pay raise! 난 월급이 엄청 올랐어!

pay check 월급

☐ I got my first pay check yesterday. 어제 첫 월급을 탔어.

48 되든 안되든 시도해보는 Try

노력하다, 시도하다라는 동사로 try hard(열심히 하다), try next time(다음번에 하다), try again(다시 해보다) 등의 표현을 만들어낸다. 또한 뒤에 음식명사가 오면 음식을 한번 먹어보는 것을 그리고 try on하게 되면 옷을 한번 입어본다는 뜻이 된다. 한편 try to+동사하게 되면 「…하려고 하다」라는 뜻이 되고 명사로도 사용돼 give (it) a try하면 시도해보다가 된다.

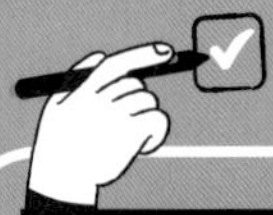

Try 기본개념

01. 시도하다, 노력하다

If you try, you can do it. 노력하면 넌 할 수 있어.

I'm trying really hard. 나도 정말 노력하고 있어.

Just take it easy and try to relax. 걱정하지 말고 긴장을 풀어봐.

02. (음식) 맛보다, 입어보다(~on)

I'd like to try the steak. 고기를 먹어보죠.

May I try it on? 입어봐도 돼요?

03. (명사) 시도

Let's give it a try. 한번 해보자.

Give it a try! 한번 해봐!

001 try something 뭔가 해보다

try에 something이나 everything이란 단어를 붙여 만드는 표현. try something 다음에는 else, new, different와 같은 형용사를, try everything 다음에는 to+동사를 붙이기도 한다.

POINT

try something (else, new) 뭔가 (다른 것, 새로운 것)를 해보다
try everything (to+동사) (…하기 위해) 모든 것을 다하다

- □ Let's **try something else.** 뭔가 다른 것을 해보자.
- □ I've **tried everything.** I give up. 갖가지 다 해봤어. 나 포기할래.
- □ I **tried everything to** make myself feel better.
  내가 기분 좋아지도록 안해본 게 없어.
- □ I should **try something new.** 뭔가 새로운 걸 해봐야겠어.

A: I just can't salsa dance as well as other people. 다른 사람들처럼 살사 댄스를 못추겠어.
B: Try something else. You'll find a hobby you like.
딴 것 해봐. 네가 좋아하는 취미를 찾을 수 있을거야.

002 try+음식명사 …을 먹어보다

try 다음에 음식명사가 오면 「음식을 먹어보다」라는 뜻이 된다. try a steak하면 「고기를 먹어보다」, try some pizza하면 「피자를 좀 맛보다」가 된다.

POINT

try+음식명사 …을 먹어보다
try some (of)+음식명사 …을 좀 먹어보다
I'd like try+음식명사 …을 먹고 싶다

- □ I'd like to take you to **try some Indian food.**
  널 데리고 식당가서 인도음식 맛보고 싶어.
- □ Do you want to **try some of my pie?** 내 파이 좀 먹어볼래?
- □ Go ahead. **Try a piece.** 어서 한 조각 먹어봐.
- □ We came by to **try some of your famous cookies.**
  우리는 너의 유명한 쿠키를 좀 먹어보려 들렀어.

A: You should try Korean food. It's great. 너 한국음식 한번 먹어 봐. 대단해.
B: I've heard that it's quite healthy too. 건강식이라고도 들었어.

003 try it 그걸 해보다

앞서 언급된 것을 대명사, it, that, this 등을 받아 말하는 표현법. "전에 해봤냐?"고 물어볼 땐 Have you tried this before?, "그걸 해야 돼?"라고 하려면 Should we try it?이라고 하면 된다.

POINT

try it 그걸 해보다

□ Why don't you **try it?** 한번 해봐, 이거 한번 먹어볼래?

□ We've already **tried it** twice. 우리 이미 그거 두 번 했어.

□ Andy, you must[have got to] **try this.** 앤디, 너 이거 해봐야 돼.

□ Hey, babe, we **haven't tried it** in the kitchen yet.
야, 자기야, 우리 아직 부엌에서는 안해봤지.

A: What do you think about bungee jumping? 번지점프에 대해 어떻게 생각해.
B: It looks fun. I'd like to try it. 재미있게 보여. 한번 해보려고 해.

004 try (it) again 다시 시도하다

try 다음에 각종 부사가 와서 다양한 표현을 만들 수 있다. 「다시 시도하는」 것은 try again, 「열심히 하다」는 try hard, 그리고 「다음에 하는」 것은 try next time이라고 한다.

POINT

try again 다시하다
try hard 열심히 하다
try next time 다음 번에 하다

□ Don't give up. Let's **try it again.** 포기하지마. 다시 한번 하자.

□ You want to **try it again?** 한 번 더 해볼래?

□ Well, **try harder.** I'm sure you can do it. 그래, 더 열심히 해봐. 넌 할 수 있어.

□ You've got to **try harder** next time. 다음 번에 더 열심히 하라고.

A: I don't know what I'm going to do. 뭘 해야 할지 모르겠어.
B: Don't worry. You can try again! 걱정 마. 다시 한 번 해봐!

005 try to~ …하려고 시도하다, 애쓰다

try 다음에 to+동사가 와서 아직 해보지 않은 것을 「…을 해보다」, 「시도하다」, 「…하려고 애쓰다」라는 뜻이고 반대로 「…하지 않으려고 애쓰다」는 try not to~라 한다. 반면 try ~ing는 「시험 삼아 …해보다」라는 의미.

POINT
try to+동사 …하려고 시도하다, 애쓰다(try and +동사) **try+ ~ing** 시험삼아 …해보다
try hard to+동사 …하려고 무척 애쓰다

- □ I **tried to** help her. 나는 걔를 도와주려고 했어.
- □ I don't get it. What **are** you **trying to** say? 이해못했어. 무슨 말을 하려는거야?
- □ I **tried eating** Korean food. It was delicious. 한국 음식을 먹어봤는데 맛있었어.
- □ She **tried to** kiss me. 그녀가 내게 키스를 하려고 했어.

A: If I had his phone number, I would call him. 걔 전화번호를 알면 전화할텐데.
B: Why don't you try to get his number? 전화번호를 알아내지 그래.

006 I'll try to~ …해보도록 할게

try to+동사를 이용한 표현 중에서 아주 많이 쓰이는 패턴으로 「내가 …을 해 보겠다」는 의미. 반면 I'm trying to+동사는 「내가 지금 …하고 있다」고 자기의 상황을 표현하는 문장이다.

POINT
I'll try to+동사 …해볼게 **I'm trying to+동사** …하는 중이야, …하려고 하고 있어

- □ **I'll try to** make her feel better. 걔 기분좋아지도록 노력할게.
- □ **I'll try to** get back as soon as I can. 가능한 빨리 돌아오도록 할게.
- □ **I'll try to** catch you later. 나중에 다시 이야기하자.
- □ **I'm trying to** make a good impression. 좋은 모습을 보여주려고 하고 있어.

A: I lost my hat at your house yesterday. 난 어제 네 집에서 모자를 잃어버렸어.
B: Oh really? I'll try to find it for you. 정말? 내가 한번 찾아볼게.

007 Are you trying to~ ? …하려는거야?

역시 try to+동사를 뼈대로 만들어진 표현으로 상대방의 의도나 상태를 물어볼 때 쓰는 말. 특히 응용표현인 Are you trying to say[tell me] (that)~?은 알아두면 유용하게 사용할 수 있다.

POINT

Are you trying to+동사? 너 …하려는거야?
Are you trying to say[tell me] that S+V? 너 지금 …라고 말하려는거야?

- □ **Are you trying to** threaten me? 날 협박하려는거야?
- □ What are you doing? **Are you trying to** hurt me?
  뭐 하는거야? 날 아프게 하려고?
- □ **Are you trying to** say that this is wrong? 이게 틀렸다고 말하려는거야?
- □ **Are you trying to** tell me that you're not going? 넌 안 가겠다고 말하는거야?

> A: Are you trying to cook some food? 음식 좀 요리하려고 그러니?
> B: Yeah, I want to make some spaghetti. 응, 스파게티를 좀 만들고 싶어서.

008 What are you trying to~ ? 뭘 …하려는거야?

이번에는 are you trying to+동사 앞에 의문사를 붙여 만든 표현들로 먼저 What are you trying to~?와 Why[Where] are you trying to~?를 알아본다.

POINT

What are you trying to+동사? 뭘 …하려는거야?
What are you trying to do, 동사~? 뭘 하려는거야, …하려고?

- □ **What are you trying to** say? 무슨 말 하는거야?
- □ **What are you trying to** do, hit me? 어쩔려고, 날 칠려고?
- □ **Why are you trying to** get away from me? 왜 내게서 멀어지려는거야?
- □ **What are you trying to** do, kill me? 뭐하려는거야, 날 죽이려고?

> A: Excuse me, I seem to have lost my way. 실례합니다, 길을 잃은 것 같아요.
> B: Where are you trying to go? 어디를 가려고 하는데요?

009 What I'm trying to say is (that)~
내가 말하려는 것은 …이다

자기의 생각이나 의사가 제대로 소통할 수 있도록 다시 한 번 정리할 때 필요한 표현으로 All I'm saying is (that)~ 과 비슷한 뜻이다.

POINT What I'm trying to say is (that)~ 내가 말하려는 것은 …이다

- □ **What I'm trying to say is that** she's not rich.
  내가 말하려는 건 갠 부자가 아니라는거야.
- □ **What I'm trying to say is** I want you to leave.
  내가 말하고자 하는 건 네가 떠나길 바란다는거야.
- □ **What I'm trying to say is that** I didn't mean to hurt you.
  내가 말하려는 건 널 해칠려는 아니었다는거야.
- □ **I guess what I'm trying to say is** I love to drive.
  내가 말하고자 하는 건 운전을 좋아하는거야.

A: I don't understand what you mean. 네가 뭘 말하는지 이해를 못하겠어.
B: What I'm trying to say is I feel lonely. 내가 말하고자 하는 것은 내가 외롭다는거야.

010 Don't try to~ …하려고 하지마

try to+동사를 이용한 마지막 표현으로 상대방에게 「주의」나 「경고」할 때 쓰는 표현. 그냥 Try not to+동사라고 해도 된다.

POINT Don't try to+동사 …하려고 하지마 try not to+동사 …하지 않으려고 애쓰다

- □ **Don't try to** tell me you don't have it. 너한테 없다고 말하지마.
- □ **Don't try to** apologize right now. 지금 당장 사죄하지마.
- □ It's too late. Please **try not to** think about it. 너무 늦었어. 그거 생각하려고 하지마.
- □ **Don't try to** make me feel better. 나 기분좋아지게 하려고 하지마.

A: Teresa and I are going on a first date. 테레사와 난 첫 데이트를 할거야.
B: Don't try to kiss her when the date finishes. 데이트 끝에 키스는 하려고 하지마.

011 try for~ …을 얻으려고 혹은 차지하려고 애쓰다

try for+명사는 「…을 얻기 위해 혹은 …에 달성하려고 애를 쓰다」는 말. try 다음에 to+명사만 오는게 아니라는 사실을 알아둔다.

POINT
try for sth …을 차지하려고 하다, …을 구하려고 애쓰다 **be tried for sth** …으로 재판받다

- □ So do you think you will **try for** another adoption? 그래서 넌 또 입양을 하겠다는거야?
- □ Do you want to **try for** it again? 그거 다시 한번 해볼테야?
- □ You'll **be tried for** the crime you committed. 지은 죄로 재판을 받게 될거야.

A: My uncle is trying for a job at Samsung. 삼촌이 삼성에서 일자리를 구하려고 노력 중이야.
B: Great. I've heard it's a good place to work. 대단하군. 일하기 무척 좋은 곳으로 들었어.

012 let me try~ 내가 …해볼게

내가 자발적으로 「…을 해 보겠다」 혹은 「내가 …을 좀 해볼 테니 좀 기다려 달라」는 맥락으로 쓰인다. 단독으로 Let me try하거나 Let me try+명사(to+동사) 형태로도 사용된다.

POINT
Let me try sth …을 해볼게 **Let me try to+동사** …하도록 해볼게

- □ I believe I can do it. **Let me try.** 내가 할 수 있을 것 같아. 내가 해볼게.
- □ **Let me try** that again. 그거 다시 한번 해볼게.
- □ Does it not taste good? **Let me try** it. 맛없어? 내가 먹어볼게.
- □ **Let me try** to explain it to you in detail. 네게 내가 자세히 설명해볼게.

A: This math homework is really confusing. 이 수학 숙제는 정말로 혼동되네.
B: Let me try to explain it to you. 내가 한번 설명해볼게.

013 try one's best 최선을 다하다

try 다음에 특정명사가 와서 유용한 숙어를 만들어내는 경우. 그밖에 try one's luck은 「운을 시험해보다」, try one's patience는 「인내심을 테스트해보다」라는 뜻이 된다.

POINT

try one's best[luck] 최선을 다하다, 운을 시험해보다
try one's patience 인내심을 테스트해보다

- □ I'm **trying my best**. You can trust me. 최선을 다하고 있어. 날 믿어도 돼.
- □ I will **try my luck**. (되든 안되든) 한번 해봐야겠어.
- □ She went back to the casino to **try her luck** again.
  걘 자기 운을 시험해보기 위해 다시 카지노로 돌아갔어.
- □ You'**re trying my patience**. 너 정말 짜증난다.

> A: My son is not very good at sports. 내 아들은 스포츠를 아주 못해.
> B: Tell him to try his best when he is on a team.
> 팀에 들어가면 최선을 다해보라고 말해 봐.

014 try on …을 한번 입어보다

옷은 몸 위에 걸쳐본다는 점에서 on를 붙여 try on이라고 한다. 옷 등이 자기에게 맞는지 안맞는지 보기 위해서 입어보는 것을 말한다.

POINT

try on …을 한번 입어보다

- □ Would you like to **try it on?** 입어 볼래요?
- □ May I **try on** a pair of shoes? 이 구두 신어봐도 돼요?
- □ Is it okay to **try on** anything I want? 뭐든지 신어봐도 돼요?
- □ Just **try something on**. How about this sweater?
  뭐든 입어봐. 이 스웨터는 어때?

> A: May I try on a pair of shoes? 신발 좀 신어봐도 될까요?
> B: Sure. What size do you need? 물론이죠. 사이즈가 어떻게 되시는데요?

015 try out (제대로 작동되는지) 테스트해보다

뭔가 잘 되는지 시험해본다는 뜻으로 나아가 어떤 선발대회나 오디션에 자기 자신을 시험해본다고 할 때도 사용된다. 이때는 주로 try out for~라고 한다.

POINT

try out 시험해보다 **try out for** (운동선수 등이) 선발시험에 참가하다(audition for)

□ She **is trying out** different cookie recipes.
걘 다른 과자만드는 법을 테스트해보고 있어.

□ You'**re trying out for** the cheerleading squad? 치어리더 뽑는데 참가할거야?

□ She **tried out for** the movie. 걘 영화선발대회에 나갔었어.

□ I'd like to **try out** new recipes this time.
이번에는 새로운 요리법으로 요리를 해보고 싶어.

A: You're one of the best players I know. 넌 내가 알고 있는 최고의 선수중 하나야.
B: You think so? I'm not sure. There're so many guys trying out this season.
그렇게 생각해? 난 모르겠어. 이번 시즌에 들어오는 선수들이 너무 많아.

More Expressions

give it a try 한번 해보다

□ I'll give them a try. 걔들에게 기회를 줘볼거야.
□ Maybe I'll give him a try. 기회나 한번 줘보지.

be worth a try 한번 해볼만하다

□ I guess it's worth a try. 한번 해 봄직도 한데.

Nice try! (비록 목적달성을 하지 못했지만) 잘했어!, 잘 한거야!

□ It's too bad you lost the contest. Nice try.
네가 지다니 안됐네. 하지만 잘했어.

□ **Just try me.** 나한테 한번 (얘기)해봐, 기회를 한번줘봐.

□ **Keep (on) trying** 계속 정진해, 멈추지 말고 계속 노력해.

□ **Mind if I try?** 내가 해도 될까?

49 기다릴 때까지 기다려보는

Wait

wait는 기다린다는 의미로 주로 시간관련 명사 등과 잘 어울린다. wait a minute, wait until 혹은 wait 1 hour처럼 말이다. 또한 wait for~하면 「…을 기다린다」는 필수표현. 한 단계 발전하여 can't wait to+동사하게 되면 「…하는 것을 기다릴 수가 없다」라는 말로 역으로 다시 말하면 「몹시 …하기를 바란다」는 뜻이 된다. 한편 wait on하면 식당 등에서 시중 들다라는 의미로 쓰이지만 원래대로 기다리다라는 의미로 쓰이기도 한다.

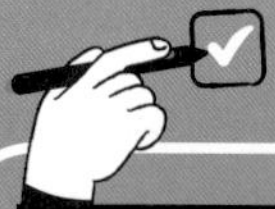

Wait 기본개념

01. 기다리다

Sorry I kept you waiting so long. 오래 기다리게 해서 미안해.

That's all right. I don't mind waiting. 괜찮아. 기다려도 상관없어.

I'll wait outside. 밖에서 기다릴게.

I guess we have to wait until he comes back. 걔가 돌아올 때까지 기다려야 할 것 같아

02. 시중들다(wait on), 기다리다(wait on)

Peter waited on her until 10:00. 피터는 10시까지 걔를 기다렸어.

I told the manager I wouldn't wait on you tonight.
오늘밤 당신 서빙 못한다고 매니저에게 얘기했어요.

How does he wait on tables dressed like that? 어떻게 저렇게 입고 테이블 서빙을 한데?

03. (명사) 기다림, 대기

I'm on a wait list. 난 대기명단에 올라가 있어.

I've been on the wait list since June. 난 6월부터 대기명단에 올라가 있는 중이야.

001 wait until[till] …(할) 때까지 기다리다

언제까지 기다리는지를 언급하는 표현으로 until[till] 다음에는 tomorrow, next week같은 시간 관련 명사가 오거나 혹은 주어+동사의 문장이 올 수 있다.

POINT **wait until[till]+시간명사** …때까지 기다리다 **wait until[till] S+V** …할 때까지 기다리다

- □ We'll **wait until** next weekend. 우린 다음주까지 기다릴거야.
- □ We can't **wait until** Tuesday. We're having a party tonight. 화요일까지 못 기다려. 오늘밤에 파티가 있어.
- □ We'll just **wait until** Allan gets home. 앨런이 집에 올 때까지 기다릴거야.
- □ Let's just **wait until** I'm on leave. 내가 휴가일 때까지 기다리자.

A: I guess we have to wait until he comes back. 걔가 돌아올 때까지 기다려야 할 것 같아.
B: When do you think he'll get back? 언제쯤 돌아올 것 같아?

002 wait a week 일주일 간 기다리다

이번에는 기다리는 시간을 말하는 것으로 wait 다음에 기다리는 시간명사를 붙이면 된다. wait for+시간명사라고 해도 된다.

POINT **I can wait+시간** …동안 기다릴 수 있어 **I've been waiting+시간** …동안 기다렸어

- □ I can **wait a bit longer.** 좀 더 기다릴 수 있어.
- □ Just don't **wait too long.** Okay? 너무 오래 기다리지마, 알았어?
- □ Why did you **wait 2 hours** out there? 왜 밖에서 2시간이나 기다렸어?
- □ **I've been waiting four hours** for you to show up. 네가 오기까지 4시간이나 기다렸어.

A: I waited too long to drink my coffee. 너무 오래 기다린 후 커피를 마셨어.
B: Is it cold? Maybe we should order another one. 차가워? 커피 한 잔 더 시킬까?

003 wait outside 밖에서 기다리다

기다리는 장소를 부사로 표현하는 것으로 밖이나 안에서 기다린다라고 할 때는 wait outside [inside], 그리고 여기[저기]에서 기다린다고 할 때는 wait here[there]라고 하면 된다.

POINT **wait outside[inside]** 밖[안]에서 기다리다 **wait here[there]** 여기서[거기서] 기다리다

- □ Would you **wait outside,** please? 밖에서 기다릴래요?
- □ **Wait out here.** I'll be right back. 여기서 기다려. 곧 돌아올게.
- □ Okay, **wait there,** I'll be over in a second. 좋아. 거기서 기다려. 곧 그리로 갈게.
- □ You should go back to your class and **wait there.** 교실로 돌아가서 거기서 기다려라.

> A: I'm going into the house to talk to Helen. 집에 들어가서 헬렌과 말 좀 해야겠어.
> B: OK, I'll wait outside until you're finished. 오케이, 네가 볼일이 끝날 때가지 난 밖에서 기다릴게.

Wait

004 Wait a minute 잠깐만

잠깐 기다려라는 말로 가는 상대방에게 「잠깐 기다리다」라고 할 때, 상대방의 말을 「잠깐 중단시킬」때 혹은 뭔가 「좋은 생각이 떠올랐을」 때 던질 수 있는 말. minute 대신에 second, moment를 써도 된다.

POINT **wait a minute[second]** 잠깐만

- □ **Wait a second,** that's not what I meant. 잠깐. 내 말은 그게 아닌데.
- □ **Wait a minute.** Hold still. 잠깐 그대로 있어.
- □ **Wait a minute.** What are you talking about? 잠깐만. 너 무슨 말 하는거야?
- □ **Wait a minute.** I forgot something in the car. 잠깐. 차에다 뭘 놓고 내렸어.

> A: I need to buy a new pair of shoes for school. 난 학교에서 쓰게 신발 한켤레를 사야해.
> B: Wait a minute? Didn't you buy shoes last month? 잠깐. 지난달에 사지 않았어?

005 can't wait to~ 몹시 ...하고 싶어하다(=I'm dying to+V)

역설적인 표현법으로 「…을 기다릴 수 없다」는 말은 「…을 몹시 하고 싶다」는 말이다. can't wait to+동사[for+명사]로 쓰며 I'm dying to~와 같은 의미.

POINT

I can't wait to do it 지금 당장이라고 하고 싶어
I can't wait to tell you this 네게 이걸 빨리 말하고 싶어
I can't wait for sb to+동사 …가 …하기를 몹시 바라다
I can't wait until S+V 몹시 …하고 싶다

□ **I can't wait to** see that movie. 그 영화보고 싶어 죽겠어.

□ **I cannot wait to** marry you. I'm so into you.
너랑 빨리 결혼하고 싶어. 네가 너무 좋아.

□ **I cannot wait to** get to New York. 어서 뉴욕에 가고 싶어.

A: I can't wait for the school holiday. 학교 노는 날이 너무 기다려져.
B: What will you do with your free time? 자유시간에 뭐하려고?

006 ~ can[can't] wait 급해(급하지 않아)

이번에는 can't wait는 앞의 표현과 똑같지만 주어가 사물이 오는 경우로 Sth can wait는 기다려도 된다, 즉 「급하지 않다」, 반대로 Sth can't wait하면 기다릴 수 없다, 즉 「급하다」라는 뜻의 표현이 된다.

POINT

This can wait 그건 나중에 해도 돼　**That can't wait** 이건 급해
This[That] can('t) wait until~ …까지 기다려도 된다(안된다)

□ The rest **can wait.** 나머지는 천천히 해도 돼.

□ **Can't** that **wait?** Why don't you double check?
뒤로 미룰 수 없어요? 다시 한번 꼼꼼히 확인해봐요.

□ **Can't** this **wait** until morning? 내일 아침까지 미룰 수 없어?

A: Shall we keep working on the project? 우리 이 프로젝트에 대해 계속 일을 할까?
B: This can wait. Let's go get some dinner. 급하지 않아. 저녁 먹으러 가자.

007 wait one's turn …의 차례를 기다리다

이번에는 turn이 명사로 쓰인 경우로 주로 「차례」, 「순서」라는 뜻으로 사용된다. 따라서 wait one's turn하면 「…의 차례, 순서를 기다리다」라는 뜻이 된다.

POINT

wait one's turn …의 차례를 기다리다

- □ I'm just getting a cookie, so **wait your turn.** 쿠키 사왔으니 차례 기다려.
- □ Well, you'll have to **wait your turn.** 글쎄, 차례를 기다려야 돼요.
- □ Okay, we'll **wait our turn.** 좋아, 우리 차례를 기다리지.
- □ She has no choice but to **wait her turn.** 걔는 자기 차례를 기다리는 수밖에 없어.

A: Come on, hurry up. I need to use the bathroom. 자, 서둘러. 화장실을 써야겠어.
B: Wait your turn. You'll be able to use it soon. 네 차례를 기다려. 곧 쓸 수 있을거야.

Wait

008 keep sb waiting …을 기다리게 하다

약속 장소에 나타나지 않아 sb를 기다리게 한다는 말로 특히 약속에 늦은 사람이 사과하면서 하는 Sorry to have kept you waiting이 많이 쓰인다.

POINT

keep sb waiting …을 기다리게 하다
Sorry to have kept you waiting so long 그렇게 오래 기다리게 해서 미안

- □ I'm so sorry to **keep you waiting.** 기다리게 해서 정말 미안해.
- □ Sorry I **kept you waiting** so long. 너무 오랫동안 기다리게 해서 미안해.
- □ Come on now, don't **keep me waiting.** 이봐, 나 오래 기다리게 하지마.
- □ If you're serious about a guy, **keep him waiting** for at least five dates. 진지하게 만나려면 적어도 5번 데이트할 때까지 기다리게 해.

A: How was Henry and June's date last night? 어젯밤 헨리와 준의 데이트가 어떻게 되었대?
B: June kept him waiting for over an hour. 준이 한 시간 이상 기다리게 했대.

009 wait for …을 기다리다

가장 잘 알려진 숙어로 wait for~하면 「…을 기다리다」라는 뜻. 한 단계 발전해서 wait for sb to+동사로 「…가 …하길 바란다」로 응용되어 사용되기도 한다.

POINT

wait for sb[sth] …을 기다리다 **wait for sb to+동사** …가 …하는 것을 기다리다
wait to+동사 …하는 것을 기다리다

- □ Everyone's **waiting for** us. 다들 우릴 기다리고 있어.
- □ We're all still **waiting for** someone **to** come.
  우리 모두 다른 누가 오기를 기다리고 있어.
- □ I've been **waiting for** this a long time. 이거 오랫동안 기다렸어.
- □ I'm **waiting for** a call from her. 걔 전화 기다리고 있어.
- □ I'm **waiting for** my husband. He's bringing the car.
  남편을 기다리고 있어. 차를 갖고 오고 있어.

A: Could you wait for me in my office? 사무실에 가서 날 기다려주겠니?
B: Sure. I'll go and make myself comfortable. 알았어. 내가 가서 편안하게 있을게.

More Expressions

wait and see 관망하다

☐ Let's wait and see how things go. 일이 어떻게 돼가는지 지켜보자.

wait on 도착하기를 기다리다, 시중들다

☐ I have to wait on all my friends. 나는 내 친구들 다 기다려야 돼.

☐ We were waiting on you to check the desk.
우린 너희들이 와서 책상을 확인해보기를 기다렸어.

wait out …가 끝날 때까지 기다리다

☐ We set up the tents and waited out the storm.
우린 텐트를 세우고 폭풍이 끝날 때까지 기다렸어.

wait up 자지 않고 기다리다

☐ Don't wait up. 자지 않고 기다리다.

☐ **What are you waiting for?** 빨리 해라.

☐ **What are we waiting for?** 빨리 하자.

☐ **Good things come to those who wait.**
기다리면 좋은 일이 생긴다.

50 마지막 희망을 쏘는

Hope/Wish

마지막 단어로 이제 희망을 이야기할 때이다. 먼저 hope는 단순하게 hope to+동사나 hope that~ 형태로 같은 의미로 쓰인다. 하지만 wish는 wish to는 formal한 경우에, 그리고 wish sb sth하면 「…에게 …있길 바란다」는 뜻으로 I wish you good luck, I wish you a Merry Christmas처럼 제한적이다. wish는 I wish 주어+동사가 가장 많이 쓰이는데 이는 현실과 반대되는 희망을 후회스럽게 말할 때 쓰인다.

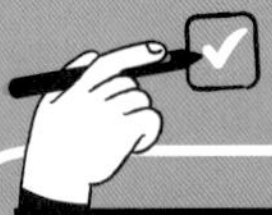

hope/wish 기본개념

01. hope: …하기를 바라다(hope to do) …라면 좋겠다(hope that S+V)

I hope you aren't angry. 네가 화 안내기를 바래.

I hope you'll come again. 네가 다시 오길 바래.

I hope you'll enjoy the party. 네가 파티를 즐기기를 바래.

02. wish : 바라다, 원하다, …했으면 좋겠다고 여기다

I wish you good luck. 행운을 빌어.

I wish we were together. 우리가 함께 있으면 좋을텐데.

03. (명사 hope) 희망, 바람, 기대 (명사 wish) 소원, 소망(for)

My hope is that you won't do that. 내 바람은 네가 그걸 하지 않는거야.

I'm sure my wish will come true. 내 소망은 반드시 이루어질거야.

001 hope to~ …하기를 바라다

자신의 바람과 희망을 표현하는 것으로 hope 다음에 to+동사의 형태로 자신의 희망을 붙이면 된다. 헤어질 때 하는 인사말인 I hope to see you again (sometime)(조만간 한번 봐요)이 가장 유명하다.

POINT

hope to+동사 …하기를 바라다 Hope to see you again 다시 봐요

- □ I **hope to** open my own restaurant. 내 식당을 오픈하고 싶어.
- □ You are the kind of woman I **hope to** marry. 넌 내가 결혼하고픈 그런 여자야.
- □ You **hope to** do that? Sleep on it. 그걸 하고 싶어? 하룻밤 잘 생각해봐.
- □ What do you **hope to** gain by suing him? 걔를 소송해서 뭘 얻기를 바래?

A: Thank you for inviting me. I really enjoyed it. 초대해줘 고마워. 정말 즐거웠어.
B: Glad to hear that. I hope to see you again. 그렇게 말해줘 고마워. 다시 보길 바래.

002 hope that ~ …이길 바라다

자기의 희망사항을 문장으로 말하는 경우로 I hope 다음에 주어+동사를 이어서 말하면 된다. 선물을 주면서 맘에 들길 바란다는 I hope you like it가 대표 표현.

POINT

I hope you enjoyed your meal 식사 맛있게 했길 바래
I hope I haven't disturbed you 방해하지 않았길 바래

- □ **I hope** you two are very happy, I really do. 난 너희 둘이 행복하길 바래, 정말로.
- □ **I hope** I can come back again. 다시 오기를 바래.
- □ **I hope** she gets better soon. 걔가 빨리 나아지면 좋겠어.
- □ **I hope** it's not real. 그게 사실이 아니기를 바래.

A: I hope that we can meet up after school. 방과 후 우리 서로 만나자.
B: Yeah, it would be fun to get together then. 그래, 그때 만나면 재미있겠다.

003 I'm hoping~ …하면 좋겠어, …하고 싶어

단순히 희망하거나 바라는 것이 아니라 「내가 꼭 좀 했으면 좋겠다」라는 뉘앙스로 I'm hoping (that) 주어+동사 혹은 I'm hoping to+동사로 쓴다.

POINT
I'm hoping to+동사 …하고 싶어 　 I'm hoping S+V …하면 좋겠어

- □ **I'm hoping to** sleep with her tonight. 오늘 밤 걔랑 자고 싶어.
- □ You're going home? **I was hoping to** get to know you better.
  집에 가? 너랑 더 친해지고 싶었는데.
- □ **I'm hoping** you'll come. 네가 오면 좋겠어.
- □ **I'm hoping that** Bob will not show up. 밥이 안 왔으면 좋겠어.

A: I'm hoping that I will become very wealthy. 난 아주 부유해지면 좋겠어.
B: You better be prepared to work hard. 먼저 열심히 일할 준비를 하는 편이 나아.

004 hope so 그러길 바라다

so는 앞서 언급된 내용을 받는 것으로 hope so하면 「그렇게 되기를 바라다」라는 뜻이다. 반대로 「그렇지 않기를 바라다」라고 하려면 hope not이라고 하면 된다.

POINT
I hope so 그러길 바래 　 I hope not 그렇지 않기를 바래

- □ **I hope so,** but I can't forget my ex-husband.
  나도 그러길 바라는데 옛 남편을 잊을 수가 없어.
- □ Well, you better **hope so.** 저기, 그렇게 되기를 바래라.
- □ **I hope not,** but I think so. Who knows?
  그렇지 않기를 바라는데 그렇게 생각해. 누가 알겠어?
- □ **Let's hope not.** 그렇지 않기를 바라자고.

A: I bet you will find a new boyfriend soon. 곧 틀림없이 새로운 남친을 만나게 될거야.
B: I hope so, but I can't forget my ex. 나도 그러길 바라는데 옛 남친을 잊을 수가 없어.

005 Hopefully! 바라건대!, 잘하면!, 아마!

단순한 부사이긴 하지만 희망과 기대를 하게 되는 우리들로서는 많이 쓸 수 밖에 없는 표현이다. 자기의 희망사항을 얘기하기에 앞서 말하면 된다.

POINT **hopefully** 바라건대

- □ If she's my friend, **hopefully** she'll understand. 걔가 내 친구라면, 이해해줄거야.
- □ **Hopefully,** John's making some progress. 바람직하게도 존의 일이 진척이 있어.
- □ **Hopefully** I won't need to do that. 그럴 일이 없었으면 좋겠어.
- □ **Hopefully,** once you taste the dessert, you'll never forget about it. 바라건대, 네가 디저트 맛보면 절대 못 잊을거야.

A: I heard you got sick. How do you feel? 아프다고 들었어. 어때?
B: Terrible. Hopefully I will feel better tomorrow. 끔찍해. 바라건대, 내일이면 좋아질거야.

006 There is hope 희망이 있다

희망이 있다, 없다는 There's (no) hope라하고 희망의 내용은 of~이하로 말해주면 된다. 조건절이나 부정문에서는 There is (not) any of~의 형태로 쓰인다.

POINT **There's hope (of~)** (…의) 희망이 있다 **There's no hope** 희망이 없다

- □ She's going to continue to think that **there's hope.**
  걘 희망이 있다고 계속 생각할거야.
- □ Treatment is difficult and risky, but **there is hope.**
  치료가 힘들고 위험하지만 희망이 있어.
- □ Don't say that there is hope when **there is no hope.**
  희망이 없는데 희망이 있다고 말하지마.
- □ **There isn't any hope of** you keeping your mouth shut about this.
  이 문제에 대해 네가 함구할 희망이 없어.

A: Did anyone survive the earthquake? 누가 지진에서 살아남았냐?
B: There is hope that there may be some survivors.
생존자가 조금 있을 것이라는 희망이 있어.

007 get one's hopes up 기대를 올리다, 기대를 부추키다

「…의 희망을 올린다」(get~up)라는 뜻으로 현실가능성 이상으로 희망을 불러일으키는 것을 말한다. 주로 Don't get your hopes up(너무 기대하지마)이라는 문장이 많이 쓰인다.

POINT **get one's hopes up** 기대를 올리다, 기대를 부추키다

□ Don't **get your hopes up,** because probably it's not going to happen. 너무 기대하지마. 그런 일이 일어나지 않을 수도 있어.

□ You shouldn't **get her hopes up** like that. 걔가 그렇게 기대하게끔 하지마.

□ Don't **get your hopes up,** honey. You'll just be disappointed.
자기야 너무 기대하지마. 실망할 수도 있어.

□ You'**re not getting your daughter's hopes up,** are you?
네 딸이 너무 기대에 부풀게 하는거 아니지, 맞아?

A: Rick said he might get a car for his birthday. 릭이 차를 생일선물로 받을 수도 있대.
B: He shouldn't get his hopes up. A car costs too much.
너무 기대하면 안되는데. 차는 너무 비싸잖아.

008 wish to~ …을 바라다

wish to+동사는 「…을 바라다」라는 의미로 앞서 배운 hope to+동사와 같은 의미로 보이지만 hope to와 달리 wish to는 좀 더 formal한 표현으로 좀 공식적인 딱딱한 뉘앙스를 풍긴다.

POINT **wish to+동사** …하고 싶다

□ We **wish to** apologize for the late arrival of this train.
기차연착을 사죄드립니다.

□ I **wish to** speak to him alone. Can you arrange that?
걔랑 단독으로 말하고 싶으니 일정잡아주시겠어요?

□ Do you **wish to** say anything, John? 존 뭐 할말 있습니까?

□ I no longer **wish to** speak with him. 난 더 이상 걔랑 얘기하고 싶지 않아.

A: Many people helped the Thompsons after their house burned.
톰슨네 집이 불타버린 후 많은 사람들이 그들을 도왔어.
B: They wish to thank everyone who helped them.
그들은 도와준 모든 사람들에게 사의를 표하고 싶대.

009 wish sb sth …에게 …을 빌다

formal한 wish to+동사와 달리 wish sb sth은 Wish me luck(행운을 빌어줘)처럼 일상생활에서 많이 사용된다.

POINT

wish sb a Merry Christmas …가 즐거운 성탄을 보내기를 바라다
wish sb luck …에게 행운을 빌어주다

□ I **wish you** a Merry Christmas! Have a lot of fun!
성탄절 즐겁게 보내! 재미있게 보내고!

□ I have to go. **Wish me** luck! 나 가야 돼. 행운을 빌어줘!

□ I just stopped by to **wish you** good luck. 행운을 빌어줄려고 들렸어.

□ I have no special guy to **wish me** happy birthday.
내 생일을 축하해 줄 특별한 사람이 없어.

A: Bobby's team is playing for the championship. 보비 팀이 결승전에 나가 싸운대.
B: That's so exciting. Wish them luck for me. 재미있겠군. 나 대신 행운을 빌어줘.

Hope/Wish

010 I wish ~ …라면 좋겠어

wish의 대표적 용법으로 I hope (that)~이 가능성이 충분한 일을 바라는 것인데 반하여 I wish (that)~은 일어날 가능성이 없을 때, 즉 현재와 반대되는 소망을 표현할 때 사용한다.

POINT

I wish I was~ 내가 …라면 좋겠어 **I wish I had+명사** 내게 …가 있으면 좋겠어
I wish I could+동사 내가 …을 할 수 있다면 좋겠어

□ **I wish** you were here. You would be a big help to me.
같이 왔더라면 정말 좋았을텐데. 내게 큰 도움이 되었을텐데.

□ **I wish** I had a lot of money. 돈이 많았으면 좋을텐데.

□ **I wish** I could stay longer. But I have to go now.
더 남아 있으면 좋을텐데. 하지만 난 이제 가야 돼.

□ **I wish** I could be more helpful. 내가 더 도움이 되면 좋을텐데.

A: What do you want to have for dinner? 저녁으로 뭘 먹을래?
B: I wish I could have a big juicy steak! 육즙이 많은 큰 스테이크를 먹었으면 해.

011 I wish I had~ …했더라면 좋았을텐데 …

이번에는 현재의 이루어질 수 없는 소망이 아니라 과거에 이루어지지 못한 소망을 말할 때, 즉 가슴을 치면서 후회하면서 사용하는 표현이다. I wish I had+pp의 형태로 쓰며 「과거에 …이었더라면 좋았을텐데」라는 뜻이다.

POINT

I wish I had+pp …했더라면 좋았을텐데
I wish I hadn't+pp …하지 안았다면 좋았을텐데

□ **I wish I had** been married to you. 너와 결혼했더라면 좋았을텐데.

□ **I wish I had** done things differently. 일을 달리 처리했더라면 좋았을텐데.

□ **I wish I had** told you before. 너한테 전에 얘기했더라면 좋았을텐데.

□ That's a good point. Now **I wish I hadn't** told Julie.
맞는 말이야. 줄리에게 말안했더라면 좋았을텐데.

□ **I wish he hadn't** asked me out on a date. 걔가 데이트 신청 안했으면 좋았을텐데.

A: I heard you were drunk and broke a window yesterday.
듣자하니 너 어제 취해서 창문을 깼다면서.
B: Yeah. I wish I hadn't done that. 어, 그러지 않았더라면 좋았을 것을.

012 if you wish 원한다면

상대방에게 뭔가 허락하거나 제안할 때 "네가 좋다면, 원한다면"이란 내용의 단서를 다는 표현. 원하는 걸 구체적으로 말하려면 if you wish to+동사를 붙이면 되고 또한 as you wish는 상대방의 말에 "좋을대로 하시라"고 할 때 대답하는 표현이다.

POINT

if you wish 원한다면
if you wish to+동사 …을 원한다면
as you wish 네 마음대로, 좋을대로

□ I can help you with your homework, **if you wish.**
원한다면 네 숙제 도와줄 수 있어.

□ You can go now, **if you wish.** 원한다면 가도 돼.

□ **If you wish to** be a writer, you should read a lot of books.
작가가 되고 싶다면 책을 많이 읽어야 한다.

□ You can use my cell phone, **if you wish.** 원한다면 내 핸폰을 써도 돼.

A: Can I give you a call tomorrow? 내일 전화할 수 있을까?
B: If you wish. Here is my home phone number. 원한다면. 내 집전화번호 여기 있어.

013 I wish sb would~ …가 …했으면 해

sb에게 좀 답답하거나 짜증난 상태에서 말하는 것으로 sb가 지금과 달리 「…했으면 좋겠다」라는 희망을 말하는 표현이다.

POINT

I wish sb would+동사 …가 …했으면 해　　I wish you would 네가 그러길 바래

- □ **I wish you wouldn't** talk like that. 네가 그런 식으로 말 안했으면 해.
- □ Honey, **I wish you would** get over her. 자기야 네가 걜 잊었으면 해.
- □ God, **I wish you would** let this go. 어휴, 네가 이거 그냥 잊었으면 해.
- □ **I wish he would** just tell me the truth. 걔가 내게 사실을 말해주었으면 해.

A: Do you want me to check again? 다시 확인해볼까요?
B: Well yeah, I wish that you would. 어 그래, 그랬으면 좋겠네.

014 I wish I could, but~ 그러고 싶지만 …

상대방에게 정중하게 거절하는 것으로"그러고는 싶지만 난~"라는 의미. but 뒤에는 거절할 수 밖에 없는 사정을 말하면 된다. 비슷한 표현으로는 I'm sorry, but~, I'd love to, but~ 혹은 I'd like to, but ~ 등이 있다.

POINT

I wish I could but I can't. ~ 그러고 싶지만 안돼.
I wish I could+동사, but ~ …하고 싶지만 …해　　I'd like to, but ~ 그러고 싶지만 …해

- □ **I wish I could but** I can't. I have too much work to do.
  그러고 싶지만 안돼. 할 일이 너무 많아.
- □ **I wish I could** come, **but** I'm busy on Friday. 가고 싶지만, 금요일날 바빠.
- □ **I'd like to, but** I have to go right now. 그러고 싶지만 난 지금 바로 가야 돼.
- □ **I wish I could** help you, **but** I can't. 도와주고 싶지만 그럴 수가 없어.
- □ **I'd like to, but** I'm on call today. 그러고 싶은데, 난 오늘 대기해야 돼.
- □ **I'd love to, but** I have to go home early tonight.
  그러고 싶지만 안돼. 오늘 저녁 집에 일찍 가야 돼.
- □ **I'd love to, but** I have to stay home baby sitting the kid.
  그러고 싶지만 안돼. 오늘 저녁 집에서 아기를 돌보아야 돼.

A: Come on over to my house on Sunday afternoon. 일요일 오후 내 집에 놀러와.
B: I wish I could, but I have other plans. 그러고 싶은데 다른 계획이 있어.

More Expressions

hope for the best 잘 되기를 희망하다

□ All we can do is to wait and hope for the best.
우리가 할 수 있는 일은 기다리면서 잘 되기를 바라는거야.

lose hope 희망을 잃다

□ I just can't do it anymore. I've lost hope.
난 더 이상 못하겠어. 희망을 잃었어.

have high hopes of[for]~ …에 큰 기대를 하다

□ You had high hopes for a relationship with this man.
넌 이 남자와 관계에 큰 기대를 했어.

□ I really have high hopes for my band. 내 밴드에 정말 큰 기대를 하고 있어.

hopeless 희망없는, 구제불능인

□ You're hopeless. 넌 구제불능야.

□ It's hopeless. 희망이 없어.

be one's last[only, best] hope of
…의 마지막(유일한, 최고의) 희망이야

□ Your only hope is to somehow get him alive.
네 유일한 희망은 어떻게든 걔를 살리는거야.

□ You are my last hope. Please help me. 넌 나의 마지막 희망야. 제발 도와줘.

□ **You wish!** (상대방이 바라는게 불가능해) 꿈깨!, 행여나!

□ **I wish!** (실제는 아니지만) 정말 그랬으면 좋겠다!

□ **wishing well** 동전을 던지면 소원이 이루어진다는 우물

□ **Who do you wish to speak[talk] to?**
누구랑 통화하시게요?, 누굴 바꿔드릴까요?

□ **Your wish is my command.** 당신의 소망이 나의 사명입니다.

Supplements

More Basic Verbs 27

send
finish/ end
use
hand
meet
hang
show
play
save/ spend
teach/ learn
drop/ catch
cut/ hit
charge/ cost
worry/ care
eat/ drink/ cook
pass/ follow
plan/ prepare
pick/ choose/ decide
buy/ sell/ deal/ afford/ belong
apologize/ excuse/ thank/ appreciate
change/ remain
lend/ borrow/ owe
fill/ file/ fit/ fix
lie/ lay
pull/ draw
ruin/ risk/ hurt
expect

001 send 보내다

send sb sth[sth to sb] …에게 …을 보내다

가장 기본적인 send의 용법. send sth를 토대로 보내는 것(sth)과 받는 사람을 동시에 표시할 때는 send sth to sb 혹은 send sb sth의 형태로 쓰면 된다.

send sb sth …에게 …을 보내다　　send sth to sb …을 …에게 보내다

- □ I didn't **send** him an invitation. 걔한테 초대장을 보내지 않았어.
- □ I should probably **send** a thank-you letter to her. 걔한테 감사카드를 보내야 할 것 같아.

send sb to sth[장소] …로 보내다, …하게 하다(into)

이번에는 보내지는 것이 사물이 아니라 사람(person)인 경우로 send sb to+장소하면 「…로 …를 보내다」, send sb into하면 …상태로 보내다, 즉 「…하게 하다」라는 뜻의 표현이 된다.

send sb to~ …로 보내다　　send sb into …가 …하게 하다
be sent to …로 보내지다

- □ I don't want to **send him** there. 걜 그곳으로 보내기 싫어.
- □ She **was sent to** the warehouse. 걘 창고로 보내졌어.

send an email[one's apologies] 이메일[사죄]을 보내다

보내지는 것, 즉 send의 목적어가 이메일이나 컴퓨터의 파일, 메시지 혹은 라디오 유선 등 컴퓨터나 방송전파 등이 오는 경우로 가장 많이 쓰이는 건 역시 send an email이다.

send (sb) an email (…에게) 이멜을 보내다

- □ Did you get **the e-mail I sent you** the other day? 내가 요전날 보낸 이메일 받았어?
- □ Please **send your mom my apologies,** but I won't be attending.
  어머니께 죄송하다고 해줘. 나 참석못해.

send sb[sth] back 돌려주다, 되돌려주다

받았던 것을 보낸 사람에게 돌려주거나(return sth to where it came from) 왔던 사람을 온 장소로 되돌려 보내는(return sb to where he came from) 것을 말한다.

send sth back 반송하다, 돌려주다　　send sb back 되돌려보내다

- □ Should we **send them something back?** 걔네들에게 그걸 돌려줘야 해?
- □ I have to **send it back.** 그걸 돌려줘야겠어.

send away …을 내쫓다, …을 가지러 보내다, 주문하다(~for)

away는 멀리 떨어지는 것을 말하는 것으로 send away하면 「…에게 떠나도록 하거나」, 「멀리 내쫓는」 것을 말한다. 다만 send away for sth이 되면 「우편으로 …을 주문하다」라는 뜻이 된다.

send (sb) away 내쫓다, …로 보내다 send away for~ 우편으로 주문하다

□ You really want to **send our son away** to the prison?
넌 정말 내 아들을 감방에 넣고 싶은거야?

□ I **sent away for** it. You want one of your own? 나 그거 주문했는데 너도 하나 필요해?

send for …을 가지러[데리러] 보내다

send for a person하게 되면 사람을 보내서 'a person'을 오게 한다는 의미. send for sth는 send an ambulance나 send the latest catalogue 처럼 「…을 불러 오게 하거나」, 「보내달라고」할 때 쓰이는 표현.

send for sb 도움을 청하러 사람을 보내다 send for a doctor 의사를 부르러 사람을 보내다
send for sth …을 청하러 사람을 보내다

□ I **sent for** the office manager. 실장 데리러 보냈어.

send out 발송하다, 파견하다

청첩장을 보내듯 동일한 것을 여러 사람에 발송하거나 혹은 화학물질, 방송 등을 내보내는 것을 뜻한다. 한편 send out 다음에 사람이나 팀이 오면 구조나 수리 등 의 목적으로 사람을 보내는 것을 말한다.

send out sth …을 발송하다 send out+물질, 방송 …을 내보내다, 송출하다
send out+사람(들) 파견하다 send out for+음식 식당 등에 음식배달주문하다

□ How about we **send out** a holiday card this year? 금년에는 할러데이 카드 같이 보낼까?

□ You want a job? You **send out** a resume! 취직하고 싶다고? 그럼 이력서를 보내!

send in 들여보내다

사람을 들여보내거나 우편을 이용하여 이것저것 보낸다고 할 때 사용하면 된다.

send sb in 들여보내다, (경찰, 군인) 파견하다 send sth in (우편으로 제안/이력서) 발송하다
Send her in. 들어오라고 해.

□ **Send in** the man who was waiting in the lobby. 로비에서 기다리고 있는 사람 들여보내.

send over 파견하다, 전송하다, …보내다

send over하면 상대방이 내쪽으로 혹은 내가 상대방 쪽으로 보낸다는 뉘앙스를 표현할 때 사용한다. send over sth하면 「…을 보내다」, 그리고 send sb over하면 「…로 파견하다」라는 뜻.

send over sth …을 보내다 send (sb) over (to) (…로) 파견하다

□ Can you **send over** some money? 돈 좀 보내줄테야?

Supplements

002 finish/end 끝내다, 마치다

finish ~ing …을 끝내다

「…를 끝내다」라는 의미로 finish 다음에 명사가 오지만 「…하기를 끝내다」라는 뜻으로 어떤 동작을 끝내는 것을 말할 때는 finish 다음에 ~ing를 붙이면 된다.

finish sth …을 끝내다
finish ~ing …하기를 끝내다

- □ Did you **finish** checking in to your room? 투숙절차는 다 끝났어?
- □ Is it okay if I **finish** the orange juice? 오렌지 주스 마저 다 마셔도 될까?
- □ How long does it take to **finish** it? 이거 마치는데 얼마나 걸려?

be finished with …을 끝내다

be[have] finished with sth하면 어떤 일을 끝내거나 「…을 다 사용해서 더 이상 필요없다」는 뜻이고 be[have] finished with sb하면 화가 나서 「…와 얘기를 끝내다」, 혹은 「거래를 끝내다」라는 의미를 갖는다.

be[have] finished with sth …을 끝내다, 이용을 다하다
be[have] finished with sb (화나) 얘기를 끝내다, 거래를 끝내다
finish with sb 연인관계를 끝내다

- □ I'**m finished with** the work. 난 일을 다 끝냈어.
- □ I'**m not finished with** you. 아직 할 얘기가 남았어.
- □ I'**m not finished with** the report. 그 리포트를 아직 끝내지 못했어.

finish off 끝내다, 마무리하다

finish off는 거의 finish와 같은 의미로 어떤 일을 마무리하거나 음식을 마저 먹어 끝내다라는 의미. 다만 finish sb off하게 되면 「…의 힘을 다 빼게 해서 녹초가 되게 하다」라는 의미로도 쓰인다.

finish sth off 일마무리하다, 음식 다 먹다
finish off sth by ~ing …함으로써 …을 끝내다
finish off with sth …을 끝내다
finish sb off …를 기진맥진하게 하다

- □ Why don't you **finish off** this pie? 이 파이 마저 먹어.
- □ The guys **finished off** all of the beer in the fridge.
  걔네들이 냉장고에 있는 모든 맥주를 다 마셔 버렸어.

finish on time …을 제 시간에 마치다

끝내긴 끝내돼 예정된 제 시간에 끝낸다고 할 때는 finish 다음에 on time이란 표현을 붙여주면 된다.

I expect him to **finish on time.** 난 걔가 제시간에 마칠거라 기대하고 있어.

If we don't **finish** this report **on time,** I'm going to lose my job.
제 시간에 이 보고서를 끝마치지 못하면 나는 일자리를 잃게 될거야.

finish up …로 끝나다, 결국 …으로 되다

finish up하게 되면 끝으로 어떤 장소에 이르거나 어떤 상태에 놓이는 것을 뜻한다. 또한 finish up 다음에 음식명사가 오면 음식을 다 먹어치우다라는 의미.

finish up in[with~] …(장소, 상태)에 이르게 되다
finish up ~ing …하는 걸 끝내다
finish up+음식 …을 다먹다

□ **Finish up** and we'll go out to eat. 끝내고 우리 외식하러가자.

□ Did you **finish up** the work you were doing? 하던 일 끝냈어?

end up with[~ing] 결국 …으로 끝나다

end up은 finish up의 형태와 마찬가지로 끝나긴 끝났는데 어떤 상태로 끝났는지 말할 때 사용하면 요긴한 표현이다. end up ~ing의 형태가 가장 많이 쓰인다.

end up in[with~] …상태로 끝나다
end up as …로 끝나다
end up ~ing 결국 …하게 되다
end up like …처럼 끝나다

□ I **ended up** getting married and having kids. 결혼도 하고 아이들도 낳게 됐어.

□ You're not going to **end up** alone. 넌 결국 외롭게 끝나지 않을거야.

bring[put] an end to …을 끝내다

end가 명사로 쓰인 경우. bring[put] an end to~하면 end(마침, 끝)를 …에 가져 오거나 놓는다는 의미로 결국 「…을 끝내다」,「 그만두다」라는 표현이 된다.

□ I will just **put an end to** it! 난 그만둘거야!

□ Why don't we **put an end to** this right now? 지금 당장 그만두자.

at the end of …의 끝에

친숙한 숙어로 「…의 끝에」라는 뜻. 특히 at the end of the day는 마침내라는 뜻도 있지만 곰곰이 생각해 본 후에 가장 중요하다고 판단되는 것을 말한다는 의미도 있으니 주의해야 한다.

at the end of the month 이달 말에
at the end of the day 마침내

□ I finally got home **at the end of the day!** 마침내 일을 마치고 집에 돌아왔다!

□ She is sitting **at the end of** the table. 걘 테이블 끝에 앉아 있어.

in the end 결국

역시 잘 알려진 기초표현으로 어느 정도 시간이 흐른 후에라는 뜻으로「결국」,「 마침내」라는 의미로 쓰인다.

It will work out **in the end.** 결국엔 잘 될거야.

In the end, I didn't leave for New York. 결국 난 뉴욕으로 떠나지 않았어.

Supplements

003 use 사용하다, 이용하다

use sth for~ …을 …용도로 사용하다

뭔가 사용하긴 하는데 그 목적이나 용도를 추가적으로 언급할 때 사용하기 좋은 표현이다. use sth for 다음에는 명사나 ~ing을 붙이면 된다.

use sth for sth[~ing] …을 …에[하는데] 사용하다
use sth as sth …을 …로 사용하다
use sth to~ …을 사용하여 …하다

□ Would you mind if I **use** your car **to** visit that client?
고객한테 가봐야 돼서 그러는데 네 차 좀 써도 될까?

be used to+동사 …하는데 사용되다

위의 표현중 use sth to~를 수동형으로 바꾼 것. 아예 기계적으로 be used to+동사는 「…하는데 사용되다」라고 익혀두면 된다. 다만 아래의 be[get] used to+명사 및 used to+동사와는 구분해야 한다.

be used to+동사 …하는데 사용되다
be[get] used to+명사 …에 익숙해지다
used to+동사 …하곤 했다

□ A lawn mower **is used to** cut grass. 잔디깎는 기계는 풀을 베는데 사용돼.
□ We **used to** play together all the time. 우린 항상 함께 놀았었지.
□ You have to **get used to** it. 적응해야지.

use one's head[brain] 머리를 쓰다, 생각을 해보다

좀 자존심 상하는 표현이긴 하지만 상대방을 비난하거나 충고할 때 쓰는 것으로 뭔가 이해를 잘 하도록 혹은 실수를 피하도록 생각을 주의깊게 해보라는 아주 직설적인 표현.

□ **Use your head!** How come you fell for it twice? 머리를 써! 어떻게 두 번이나 넘어가?
□ I expect you to **use your brain** this time. 이번에는 머리쓰길 바래.

get[be] used to~ …에 익숙하다

앞의 be used to+동사와 헷갈릴 수 있는 표현. 가장 다른 점은 to 다음에 동사가 오느냐 아니면 명사[혹은 ~ing]가 오느냐이다.

□ I'm **getting used to** driving at night. 밤운전하는데 적응하고 있어.
□ You have to **get used to** it. 적응해야지.
□ You'll **get used to** it. 곧 익숙해질거야.

used to~ …하곤 했어

헷갈리는 표현 하나 더. used to+동사는 거의 조동사처럼 사용되는 것으로 과거의 동작이나 상태가 그랬었다는 것으로 지금은 그렇지 않다는 의미를 띈다는 점이 특색이다.

□ We **used to** work together. 우리 함께 일했었어.

□ I **used to** be just like you. 나도 전엔 너 같았어.

can[could] use~ …이 필요하다

좀 어려운 표현으로 보통 could use를 쓰는데 can use라 쓰기도 한다. could[can]이 들어있다는 점을 잘 생각해보면 use 다음에 나오는 것을 아직 이용하지 못했다는 것을 의미한다고 볼 수 있다. 즉 use 이하를 이용했으면 한다는 의미로 would like to have~의 뜻이다.

□ I **can use** a Coke. 콜라 좀 마셔야겠어.

□ I **could use** a little help here. 여기 누가 도와주었으면 해.

make (good or bad) use of …을 이용하다

use가 명사로 사용된 표현으로 make use of sth하게 되면 「…을 잘 활용하다」, 「이용하다」라는 뜻이 된다. 물론 활용을 잘할 수도, 못할 수도 있는데 이때는 good, bad란 형용사를 use 앞에 붙이면 된다.

make use of~ …을 이용하다
make good use of~ …을 잘 활용하다
make bad use of~ …을 잘못 이용하다

□ They **made a good use of** extra money. 걔네들은 여분의 돈을 잘 썼어.

□ The children **made good use of** the toys they got. 애들은 받은 장난감을 갖고 잘 썼어.

put ~ to (good) use 이용하다

역시 이용한다는 표현이지만 목적어로 주로 지식(knowledge)이나 기술(skill)을 이용하여 뭔가 원하는 것을 달성한다는 숙어. use 앞에 종종 good을 붙이기도 한다.

□ I think it'd be better if we **put** it all **to good use.** 그걸 잘 이용한다면 더 좋을 것 같아.

It's no use ~ing 해봤자 소용없다

상대방에게 충고할 때 쓰는 표현으로 use 이하를 해봤자 아무 소용이 없으니 하지 말라고 설득할 때 사용하는 표현이다. 그냥 It's no use!라고 해도 된다.

It's no use! 아무 소용없어!
What's the use? 무슨 소용이 있어?
What's the use of ~ing? …해봤자 무슨 소용이 있어?
There's no use (in) ~ing …해봤자 소용없다

□ **It's no use!** 아무 소용없어!

□ Come on, **it's no use** fighting. 이봐, 싸워봤자 소용없어.

004 hand 건네주다, 도움

have (got) to hand it to sb …에게 손들다

구어체 표현으로 sb가 성공을 했거나 뭔가 대단한 일을 했을 경우 감탄하면서 상대방을 칭찬할 때 사용하는 표현.

I've got to hand it to you! 너 정말 대단하구나!

I've got to hand it to you. You are a strong man. 너 정말 대단해. 넌 강한 남자야.

hand down 내리다, 전해주다, 물려주다

후손에게 귀중한 물건이나 지식, 기술 등을 물려주거나 혹은 자기보다 더 어린 아이에게 더 이상 자기가 필요없는 옷이나 장난감 등을 물려주는 것을 말한다.

hand down (to) (…에게) 물려주다

□ Grandma **handed down** some of her jewelry **to** me.
할머니는 보석 몇 개를 내게 물려주셨어.

hand in 제출하다(submit)

뭔가를 준다는 의미이지만 단순히 주는 것이 아니라 학교나 호텔, 회사 등에 제출한다는 뜻이다. term paper(기말 리포트)를 학교에 제출하거나 check out하면서 호텔키를 줄 때 쓰면 된다.

□ Did you **hand in** the report you were working on? 네가 일하던 리포트 제출했어?

hand out (사람들에게) 나누어주다, 배포하다(give out)

역시 뭔가를 준다는 의미이지만 이번에는 여러 사람에게 나눠준다는 뜻을 갖는 표현으로 give out 혹은 distribute와 동의어이다. 혹은 충고(advice)나 정보(information)를 줄 때도 쓸 수 있다.

hand out leaflet 전단지를 나눠주다
hand out drinks 음료수를 나눠주다
handout 유인물, 전단지

□ I stood in the doorway **handing out** pamphlets. 문에 서서 팜플렛을 나눠줬어.

hand over (권리 등을) 양도하다, 넘겨주다

구체적으로 자동차 키나 책 등을 손으로 상대방에게 넘겨주거나 혹은 자기가 책임지고 있던 책임과 권한을 상대방에게 넘겨주는 것을 뜻한다.

have sth over to sb …에게 …을 넘겨주다
hand sth/sb over to sb …에게 …을 양도하다

□ **Hand over** some money to pay the bill. 계산서 지불하게 돈 좀 줘.

give (sb) a hand (…을) 도와주다

hand는 명사로 단순히 손을 뜻하지만 우리도 "손이 달린다," "일손이 필요하다" 등으로 쓰이는 것처럼 「도움」(help)이란 의미로 많이 쓰인다.

give[lend] sb a hand (to~) (…하는데) 도와주다
need[want] a hand (~ing) (…하는데) 도움이 필요하다

☐ Can you **give me a hand?** 좀 도와줄래?

☐ It's my turn to **lend a hand.** 지금은 내가 도와줄 차례인 걸.

have one's hand full 무척 바쁘다

두 손이 비어있지 않다는 의미로 특히 어려운 일로 「무척 바쁘다」(to be extremely busy with a difficult job)라는 뜻이 된다. 바쁜 이유를 말하려면 have one's hands full with sth[sb]이라고 하면 된다.

have one's hands full with sth[sb] …로 아주 바쁘다

☐ I **have my hands full!** 너무 바빠서 다른 일을 할 겨를이 없어!

☐ She must **have had her hands full.** 걔가 무척 바빴던 게 틀림없어.

put sth in the hands of …의 수중에 맡기다

hands는 손에 쥐고 있다는 뜻으로 put sth in the hands of하면 「…을 …의 수중에 맡기다」, 그리고 get one's hand on sth하면 「…을 수중에 확보하다」, 「얻다」라는 의미가 된다.

☐ Don't **put** your fate **in the hands of** others. 네 운명을 다른 사람의 손에 맡기지마.

have[get] sb[sth] on one's hands …가 수중에 있다

「…을 수중에 갖고 있다」는 말로 단순히 시간 등을 갖고 있다라고 할 때도 쓰지만 주로 아주 어려운 일이나 문제 등을 다루어야 할 때도 사용된다.

have time on one's hand 시간이 좀 있다　have sb[sth] on one's hands …가 수중에 있다
have a hand in~ 일조하다, 관여하다

☐ I've **got** a little time **on my hands.** 지금 시간이 별로 없어.

☐ You **have** a lot of time **on your hands.** 너 시간이 남아 돌아가는 구나.

☐ I don't **have** anything **on my hand!** 난 빈털터리야.

get[take] one's hands off …에서 손을 떼다

손(one's hands)을 off 이하에서 뗀다는 말로 동사는 take, get 혹은 keep을 써도 된다. 반대로 A be off one's hands하게 되면 「…의 손에서 벗어난다」라는 뜻으로 A를 책임지지 않는다라는 말이 된다.

keep one's hand off …에서 손을 떼다　A be off one's hands A를 더 이상 책임지지 않다

☐ Stop it! **Get your hands off** me! 그만해! 내게서 손을 떼!

☐ Would you just **take your hands off** me? 내게서 손 좀 치워줄래?

Supplements

005 meet 만나다

I'd like you to meet~ …소개할게

사람을 소개할 때 쓰는 전형적인 표현. I want you to meet sb라고 해도 되는데 바쁘거나 친한 친구들 사이에서는 그냥 이름만 부르기도 한다.

I'd like you to meet my girlfriend. 내 여자 친구 소개할게.

Everybody, there's someone **I'd like you to meet.** 너희들한테 소개할 사람이 있어.

meet the need[satisfaction] 필요를 충족시키다, 만족시켜주다

meet의 목적어로 need, satisfaction, demand, standard 등의 명사가 올 때 meet의 의미는 그 「필요나 기준을 만족시켜주다」라는 뜻이 된다. 같은 맥락의 표현으로 meet the deadline, meet a goal 등이 있다.

meet the needs of~ …의 필요를 충족시키다 meet the deadline [goal] 마감[목표]을 맞추다
meet a goal 목표를 달성하다

□ The hotel didn't **meet our satisfaction.** 그 호텔은 만족스럽지 못했어.

□ The loan **met Jim's needs** while he was a student.
그 대출은 짐이 학생일 때의 필요를 충족시켜줬어.

□ You'll need to hurry to **meet the deadline.** 마감하려면 서둘러야 돼.

make ends meet 수지타산을 맞추다

ends를 「만나게 혹은 맞추게 한다」는 의미. 여기서 ends는 대차대조표상의 차변과 대변을 말하는 것으로 두 개의 끝을 맞춘다는 것은 손해도 안나고 수익도 안나는 상태, 즉 수지타산을 맞춘다는 의미가 된다.

□ We're barely making enough money to **make ends meet.**
우린 간신히 빚이나 안지고 살 정도 밖에 못벌어.

□ We need to save money to **make ends meet.** 수지타산을 맞추기 위해 돈을 모아야 한다.

meet with 회의하다, 만나다, 경험하다, 겪다, 우연히 만나다

meet와 비슷한 표현하지만 좀 formal하게 「만난다」는 의미를 포함하고 있다. 또한 meet with 다음에 success, failure, opposition이 오면 「…상황을 겪다」, 「 부딪히다」라는 뜻이 된다.

meet with sb 공식적으로 만나다 meet with sth (반대, 실패, 성공) 부딪히다, 겪다
meet up with (우연히) 만나다

□ I'd like to **meet with** you this afternoon. 오늘 오후에 만나고 싶어요.

□ I'm here to **meet with** someone from human resources.
인사부에서 나온 분을 만나러 왔어요.

have[attend] a meeting 회의가 있다, 회의에 참석하다

meeting은 회의라는 뜻으로 have a meeting하면 회의를 하고 있다, attend a meeting하면 회의에 참석하다, hold a meeting하면 회의를 개최하다 등등 다양하게 쓰인다.

have a meeting 회의를 하다	attend a meeting 회의에 참석하다
hold a meeting 회의를 개최하다	be in[at] a meeting 회의를 하다

- ☐ Are you going to **attend the meeting?** 회의에 참석할거야?
- ☐ Did you **have a meeting** with her yesterday? 걔랑 어제 회의했어?
- ☐ He's **in a meeting** right now. 걘 지금 회의중이야.

call a meeting 회의를 열다, 소집하다

meeting을 하자고 부른다는 의미로 회의을 열거나 「회의를 소집한다」는 뜻으로 쓰이는 표현이다. 어떤 회의인지 구체적으로 언급하려면 sales meeting, emergency meeting 등으로 바꿔주면 된다.

call a sales meeting 영업회의를 열다	call an emergency meeting 긴급회의를 소집하다

- ☐ Harris wants to **call a meeting** to discuss the new proposals.
  해리스는 새로운 제안들을 의논하기 위해서 회의소집을 원하고 있어.
- ☐ UN Security Council **called an emergency session.** 유엔 안보리가 비상회의를 소집했어.

006 hang 매달다, 놀다

hang in there (어려운 상황) 참고 견디다

벼랑 끝에 매달려 있거나 구조조정의 칼날이 목까지 다가오는 등 어렵고 힘든 상황에 있는 사람에게 격려차원에서 하는 말로 꿋꿋이 견디고 참으라는 조언.

- ☐ I'll be right back. **Hang in there.** 바로 돌아올게. 참고 견뎌.
- ☐ You're going to be all right. Just **hang in there.** 너 괜찮을거야. 그냥 참고 견뎌.

hang around (…와) 어울리다, 어슬렁거리다

특정 장소에서 특정인들과 하지만 특별히 하는 일 없이 시간을 보내거나 혹은 기다리는 것을 말한다. 그냥 hang with라고 해도 된다.

hang around 시간을 보내다, 기다리다	hang around with~ …와 시간을 보내다
hang around with+장소 …에서 시간을 보내다, 기다리다	hang with 사귀다, 어울리다

- ☐ He's just really great to **hang around with.** 걘 같이 어울리기 정말 좋은 애야.

□ We're just hanging around here. 그냥 여기저기서 노는 중이야.

□ It's my last chance to hang with my girlfriend. 내 여자친구와 어울릴 수 있는 마지막 기회야.

□ I'm going to let you hang with Cindy. 신디와 어울리는거 허락해줄게.

hang on 잠시 (끊지 않고) 기다리다, …을 꼭 붙잡다(~to)

on은 지속의 개념으로 hang on하면 잠시만이라는 뜻으로 hold on과 같은 의미로 또한 hang on to하면 「…을 꽉 잡다」, 그리고 hang on sth하게 되면 「…을 의지하거나」, 「…을 계속하는」것을 뜻한다.

Hang on! 잠시만(hold on)
hang on (to) (…를) 꽉 잡다
hang on sth 의지하다, …를 계속하다
hang on sb's words …의 말에 경청하다
hang onto sth …을 계속하다

□ We're going to take care of you. Just hang on. 저희가 잘 돌봐드릴게요. 기다려요.

□ Hang on, don't do this. 잠깐, 이러지마.

□ Will you hang on a second? I've got another call. 잠깐 끊지 말고 기다려. 다른 전화가 와서.

hang out (with) …와 친하게 지내다

hang around와 비슷한 의미로 특별히 하는 일없이 친구들하고 시간을 때우거나 노는 것을 말한다. 그렇게 자주 모여서 시간을 보내는 곳을 hangout이라고 한다.

hang out (with) (…와) 시간을 보내다
hangout 자주 만나는 곳
hang sth out 옷 등을 말리려 밖에 걸다

□ Just hang out with me. 나랑 그냥 놀자.

□ Do you know of any cool places to hang out? 가서 놀만한데 어디 근사한 곳 알아?

hang over (걱정, 근심) 머리를 떠나지 않다

위에 매달려 있다는 뜻으로 주로 협박, 부채 등 부정적인 안좋은 일이 주어로 오고 이런 일들이 머릿속에서 떠나지 않고 근심걱정을 유발한다는 표현이다.

hang over sb's head 머리를 떠나지 않다
hang over sb[sth] 걱정 등이 떠나지 않다
hang over 숙취, 후유증

□ The problem is still hanging over my head. 그 문제가 내 머리 속에서 떠나지 않아.

□ I have a hangover. 술이 아직 안 깼나봐.

□ She woke up with the worst hangover of her life. 걘 최악의 숙취상태로 깨어났어.

hang together 잘 들어맞다, 일치하다

주어에 따라 의미가 달라지는데 어떤 이야기나 계획 등이 hang together하면 「잘맞아 떨어진다」는 것이고 사람들이 주어로 와서 hang together 하면 「서로 도움이 된다」라는 의미가 된다.

(story, plan) hang together 이야기 등이 잘 들어맞다
(people) hang together 서로 도움이 되다

□ The speech doesn't really **hang together.** 그 연설은 정말 앞뒤가 맞지 않아.

□ We must **hang together.** 우리는 서로 뭉쳐야 돼.

hang up 전화를 끊다

예전 전화기는 벽에 걸려있어서 전화를 끊을 때 어떻게 하는지 연상해보면 금방 이해가 되는 표현이다. 특히 hang up on sb는 일방적으로 「전화를 끊어버리는」 것을 뜻한다.

hang up 전화를 끊다
hang up on sb 통화중 …의 전화를 끊어 버리다
hang up sth 옷 등을 걸다

□ Please **hang up** the phone. 제발 전화 좀 끊어.

□ Don't **hang up.** Just listen. 전화 끊지 말고 내 얘기 들어.

get the hang of …을 다루는 법을 알다, 요령을 터득하다

hang이 명사로 쓰인 경우. have 또는 get을 써서 have[get] the hang of~하면 「…을 잘 다루거나 이용하는 요령을 습득하다」라는 빈출 숙어가 된다.

□ Don't worry. You'll **get the hang of it.** 걱정마. 곧 익숙해질거야.

□ Are you **getting the hang of it?** 이제 좀 손에 익었어?

007 show 보여주다

show sb the way …에게 길[방법]을 알려주다

정보나 방법 등을 알려준다는 의미의 show로 show sb the way to+동사하게 되면 「…하는 길을 알려주거나 혹은 …하는 방법을 …에게 알려주다」라는 뜻이 된다.

show sth by[as] sth …을 …에 의해[로] 보여주다
be shown by[as] …에 의해[로] 보여지다

□ Let me **show** you **another way.** 다른 길을 알려줄게요.

□ Please **show** me **the way.** 길을 안내해줘요.

□ I'll **show the way.** 길 안내해드릴게요.

show sb how to~ …에게 …하는 법을 알려주다

앞의 표현과 유사한 것으로 show sb how~의 형태로 …에게 어떻게 하는 건지 알려주다라는 뜻으로 how

다음에는 how to+동사 혹은 how S+V의 형태를 쓰면 된다.

show sb how to~ …에게 …법을 알려주다　show sb how S+V …에게 …것을 알려주다

□ Can you **show** me **how to** go there? 거기 가는 방법 좀 알려줄래요?

□ Please **show** me **how to** play the game. 게임 방법 좀 가르쳐 줘.

□ **Show** me **how** it works. 어떻게 작동되는 건지 직접 보여줘.

The study shows that~ 연구에 의하면 …이다

독해에서도 많이 쓰이는 구문으로 「…임을 증명하다」(prove), 「입증하다」, 「나타내다」라는 뜻의 표현이다. 주로 사물주어가 나올 경우가 많다.

show (sth) that S+V …라고 입증하다　be shown to do …하는 것으로 입증되다
show sth[sb] to be~ …임을 증명하다　It goes to show that~ …임을 증명하다
as shown by[in] …에서 입증되었듯이

□ **It goes to show just** how attractive you are. 네가 얼마나 매력적인지 보여주는 거야.

show an interest in …에 관심을 드러내다

이번에는 show의 목적어로 주로 관심(interest), 감정(emotions), 감사(appreciation) 등 개인의 관심사나 감정을 나타낼 때 사용하는 표현이다.

show one's emotions 감정을 드러내다　show an interest in …에 대한 관심을 나타내다

□ Sandy **showed her true colors** when she got angry. 샌디는 화를 낼 때 본색을 드러냈어.

show sb around 구경시켜주다, 관광시켜주다

around 다음에 주로 집, 사무실, 시내관광지, 쇼핑몰 등 상대방이 흥미를 느끼고 유익할 것 같다고 생각되는 곳을 같이 둘러보면서 구경시켜준다는 의미.

show sb around+장소명사 …을 구경시켜주다

□ I'm going to **show** him **around** town. 내가 걔 시내구경시켜 줄거야.

□ Let me **show** you **around.** 내가 구경시켜 줄게요.

show off 자랑하다(boast)

주로 목적어없이 그냥 show off하면 「으스대다」라는 의미로 부정적인 의미로 쓰인다. 또한 show off sth 혹은 show sth off하게 되면 「뭔가 자부심을 느껴 자랑하다」가 되고 만약 사물이 주어인 경우에는 「…을 돋보이게 하다」라는 뜻이 된다.

show off 자랑하다　show sth off …을 자랑하다
사물주어+show sth off 돋보이게 하다

□ He wanted to **show off** his new girlfriend, Alma.
걘 새로운 여친인 앨머를 자랑하고 싶어했어.

show up (회의, 모임 등에) 모습을 드러내다

약속장소나 회의시간에 사람들이 기다리는 장소에 나타나는 것, 즉 도착하거나 오는 것을 말한다. 구어체로 어렵게 나타나다라는 우리말로 생각하지 말고 그냥 오다 정도로 생각하면 된다. 더 구어체에서는 up을 빼고 그냥 show라고만 해도 된다.

show up for~ …에 나타나다, 오다   no show (약속장소에) 나타나지 않은 사람

□ What time do you think you will **show up?** 몇 시에 올 수 있어?

□ She never **showed up** again. 걘 다시는 나타나지 않았어.

008 play 놀다, 운동[연주]하다

play+운동명 …운동을 하다

play 다음에 스포츠 운동경기명(basketball, baseball, hockey)이나 게임명(computer games, cards)이 나오는 경우로 이때 중요한 점은 관사를 붙이지 않는다는 점이다.

play soccer 축구를 하다   play computer games 컴퓨터 게임을 하다
play games on one's cell phone 핸드폰으로 게임을 하다

□ I sprained my ankle while **playing basketball.** 농구하다 발목삐었어.

play the+악기명 …악기를 연주하다

play 다음에 악기명이 오는 경우, 이때는 관사를 악기명 앞에 붙인다는 점이 앞의 play+운동과 다른 점이다. 또한 play는 MP3 files처럼 음악을 듣기 위해 기계를 튼다는 뜻으로도 쓰인다.

play the piano 피아노를 치다   play MP3 (files) MP3음악을 틀다

□ She is good at **playing the violin.** 걔는 바이올린을 잘 켠다.

□ You used to like **playing the piano.** 넌 피아노치는 걸 좋아하곤 했는데.

play a part[role] in …의 역할을 하다

연극영화 쪽 이야기라면 극이나 영화에서 「…역할을 맡는다」라는 뜻이고 일상생활에서 쓰이면 「…에 큰 역할을 하다」라는 뜻이 된다.

play a large part in ~ing …하는데 큰 역할을 하다

□ Fred's illness **played a part in** his decision to retire.
프레드의 병이 퇴직하는데 큰 역할을 했어.

play it safe 안전하게 하다, 신중을 기하다

play it safe, play it cool로 유명한 이 표현들에서 play는 behave라는 뜻으로 따라서 play it safe는 「신중을 기하다」(avoid risks), play it cool은 「침착하게 행동하다」(take it easy)라는 표현이 된다.

play it safe 안전하게 행동하다(avoid risks) play it cool 침착하게 행동하다(take it easy)

☐ If life is short, it's dumb to **play it safe.** 인생이 짧다면 안전하게만 가는 것은 어리석은 짓이야.

☐ You can **play it safe** if it works for you. 네게 맞다면 신중을 기해라.

play dumb 멍청한 척하다

연극영화에서 play는 무슨 캐릭터의 역할을 맡는다는 점에서 play 다음에 dumb, dead, the fool 처럼의 명사를 붙여 실제는 아니지만 「…인 척하다」(pretend)라는 용법으로 쓰이기도 한다.

play God 신처럼 행동하다 play dead 죽은 척하다
play dumb 바보처럼 행동하다

☐ Don't **play dumb!** 어리석게 굴지마!

☐ Don't **play dumb with** me! 날 바보 취급하지마!

play games 게임을 하다, 수작부리다

play games하면 자기의 목적을 달성하기 위해 자신의 본 감정을 숨기는 것을 뜻하는 표현으로 부정적인 표현이다. 나쁜 의미의 게임을 하다, 즉 「수작부리다」라는 의미가 된다. 하지만 단수로 play the game하면 정정당당 게임, 즉 페어플레이를 한다는 뜻이 된다.

play games with sb …에게 장난치다, 수작부리다 play the game 정정당당한 게임을 하다

☐ Don't **play games with** me! 날 가지고 놀 생각은 마!

☐ I don't **play games.** 수작 부리는거 아니야.

play hooky 무단결석하다(play truant)

학교가기 싫어하는 아이들의 간절한 바람. 병결이 아니라 무단으로 말도 없이 땡땡이치는 것을 뜻하는 것으로 play truant라고도 한다. truant는 무단 결석생을 hooky는 학교나 직장을 꾀부려서 빼먹는 것을 말한다.

play hooky form (work, school) (직장/학교)무단결근[석]하다 play truant 무단으로 빠지다

☐ I don't feel like going to school so I'll **play hooky.** 학교 가기 싫어서 땡땡이 쳤어.

play hard to get 잡기 힘든척 연기하다, 관심없는 척하다

play는 「연극을 하다」라는 뜻이 있는데 이 때문에 「실제와 다르게 행동한다」는 의미의 표현을 많이 생산한다. play hard to get 또한 그중 하나로 주로 남녀간에 관심있으면서 관심없는 척 튕겨보거나 비싸게 구는 걸 말한다.

play hard to get 튕기다

□ Don't start **playing hard to get** again, John. 존 또 관심없는 척 하지마.

play by oneself 혼자 놀다

직장생활하랴 학원다니랴 바쁜 세상 혼자서 놀때가 더욱 많아졌다. 이렇게 요즘 세상에서는 혼자노는 것을 잘해야(be very good at playing by himself) 한다. 그런데 영어실력이 미천하여 여친에게 어제밤에 혼자 놀았다고 하면서 I played with myself last night하면 좀 곤란….

play by oneself 혼자서 놀다	play with oneself 자위하다

□ If you don't want to **play by yourself,** you should make friends.
혼자 놀고 싶지 않으면 친구를 사귀어야 해.

play a trick on sb 장난치다, 놀리다

만우절에 꼭 해야 하는 것으로 play a trick[tricks] on sb하면 「…을 골탕먹이다」라는 뜻이 된다. 또한 「농담을 하다」라고 할 때는 play a joke on sb라 하면 된다.

play a trick[tricks] on sb 골탕먹이다	play a joke on sb 장난치다, 놀리다

□ I thought you **were playing a trick on me.** 네가 나를 골탕먹이는 거라고 생각했지.

009 save/spend

절약하다, 저축하다/ 소비하다

save one's life 생명을 구하다

글자그대로 죽어가는 목숨을 심폐소생술로 구해주거나 혹은 어렵고 곤란한 처지에 있는 사람을 도와준다는 의미를 갖는 표현. 목숨이 아니라 체면을 구해줬다고 할 때는 save (one's) face라고 하면 된다.

save sb from sth …로부터 …를 구하다	save (one's) face 체면을 살리다
You saved my life (어려운 상황에서 도와준 상대방에게) 덕분에 살았어	

□ Thank you so much, Kate. You **saved my life.** 정말 고마워, 케이트. 너 때문에 살았어.

□ You want me to **save your life?** 나보고 네 목숨을 구해달라는 거야?

□ There was no way to **save face** after I made the mistake.
실수 한 후에 체면을 살릴 길이 없었어.

save (about)+돈 …을 저축하다(save enough to+동사, save for)

나중에 멋진 자동차를 뽑거나 컴퓨터를 사거나 하려고 은행 등에 돈을 저축하다라는 표현으로 저축하는 목표를 말할 때는 save 다음에 to+동사나 아니면 save (up) 다음에 for+명사 형태로 적어주면 된다.

save to+동사 …하려고 저축하다
save enough to~ …할 정도의 충분한 돈을 저축하다
save up (for) (…을) 사려고[대비해] 저축하다

☐ I'm **saving for** a notebook computer. 노트북 컴퓨터 살려고 저축해.

☐ She wants to **save enough to** buy a car. 걘 차살 돈을 충분히 모으길 바래.

save sb sth(sth for sb) …에 쓰려고 비축하다, 남겨두다

역시 나중에 쓰려고 아끼고 비축하는 것을 말하는 표현으로 이번에는 돈뿐만아니라 에너지, 음식물 및 시간 등 다양한 명사가 올 수 있다.

save sb sth …에게 …을 남겨두다
save sth for sth …을 위해 …을 남겨두다
save (sb) time (…의) 시간을 아껴주다

☐ Hey, **save us** some pizza. 야, 우리 먹을 피자 좀 남겨놔.

☐ I'll **save you** a parking spot. 네가 주차할 공간 남겨놓을게.

☐ I'll **save you** a seat. 자리 맡아놓을게.

☐ Yeah, **save it for** the cab, okay? 그래, 택시에서 얘기하자, 알았지?

☐ That's okay. You can **save it for** later. 좋아. 나중을 위해서 남겨놔.

☐ I'm going to **save you** some time. 너 시간 좀 아껴줄게.

☐ I will **save you** a lot of time and energy. 네가 많은 시간과 에너지를 아끼도록 해줄게.

save sb ~ing …가 …하지 못하게 하다, …하는 것을 덜어주다

save가 구해주고 아껴준다는 의미에서 상대방이 어떤 수고나 불편함을 덜어준다는 의미로도 쓰인다. 특히 save sb the trouble[bother] ~ing의 형태로 많이 쓰이는데 이는「…가 …하는 번거로움을 덜어준다」는 의미이다.

save sb ~ing …가 …하지 않아도 되게 하다
save oneself 자기 몸을 아끼다, 수고를 아끼다
save (sb) the trouble of ~ing (…가) …할 수고를 면하게 하다

☐ Honey, let me **save you the trouble.** 자기야, 네 수고 덜어줄게.

☐ I'm just trying to **save you from** wasting your time. 네가 시간 낭비하는 걸 덜어주려는거야.

spend money 돈을 쓰다

spend의 가장 기본적 의미는 consumer의 주된 사명인 돈을 쓰다라는 뜻이다. 돈을 목적어로 받고 돈의 사용처는 for[on]+명사 혹은 ~ing의 형태로 써주면 된다.

spend money on [for] sb[sth] …에 돈을 쓰다
spend money ~ing …하는데 돈을 쓰다

☐ You shouldn't **spend so much money.** 그렇게 돈을 많이 쓰면 안돼.

☐ How did you **spend so much money?** 어떻게 그렇게 많은 돈을 썼어?

Stop spending my money! 내 돈 그만 써!

□ I can't believe you're going to **spend 250 dollars on the lottery!**
로또에 250 달러를 쓰다니!

spend+시간명사+~ing …하는데 시간을 보내다

spend의 목적어가 돈이 아니라 life나 time 등의 시간명사가 오는 경우로 세월이나 시간을 「…하면서 보낸다」고 할 때 사용하는 표현이다.

spend+시간명사 ~ing …하는데 시간을 보내다　　spend time on sth …에 시간을 보내다
spend (much) time with[together] …와[함께] 시간을 보내다
spend one's life with[together] …와[함께] 일생을 보내다

□ I will **spend the rest of my life** trying to make you feel better.
남은 평생 함께 하면서 널 기분 좋게 할거야.

□ I want to **spend my life with** you. 난 너와 인생을 함께 하고 싶어.

□ I want to **spend more time with** my family. 가족과 함께 시간을 보내고 싶어.

spend the day[night] with[together] …와[함께] 하루 [밤]을 보내다

앞의 경우와 마찬가지 이지만 이번에는 day, night 혹은 Christmas Day, New Year's Day 등 특정명사가 spend의 목적어로 오는 경우이다.

spend Christmas with[together] …와 크리스마스를 보내다
spend the night with sb …와 밤새 잠자리하다, 하룻밤 묵다

□ I want to **spend the night with** Becky. 난 베키와 하루밤을 보내고 싶어.

□ Why don't you **spend Christmas with** me? 크리스마스 함께 보내자.

□ I would love to **spend New Year's with** you. 너랑 새해를 보내고 싶어.

□ I had to **spend all day** clearing our stuff. 하루 종일 물건 치우는데 소비해야 했어.

010 teach/learn 가르치다/ 배우다

teach sb sth …에게 …을 가르쳐주다

teach는 선생님의 몫. 학교에서 강의하거나 혹은 일반적으로 「…에게 …을 가르쳐주거나 알려준다」는 의미로 다양한 형태로 쓰인다. 특히 「…학교에서 강의한다」고 할 때 전치사없이 teach school[college]를 쓰기도 한다.

teach+과목 at+학교 …에서 …을 가르치다
teach school [college] …에서 강의하다
teach sb sth …에게 …을 가르쳐주다
teach sth to sb …에게 …을 가르치다
teach sb about~ …에게 …관해 가르쳐주다

□ Let me **teach you** a new game. 새로운 게임 알려줄게.

□ Did your teacher **teach you that** in your class? 선생님이 수업시간에 그걸 알려주셨어?

□ It's my job to **teach you about** responsibility. 책임에 대해 네게 가르쳐주는 게 나의 의무야.

teach sb how to~ …에게 …(하는 법)을 가르치다

이번에는 「…에게 …하는 방법을 알려주거나 가르쳐준다」는 뜻으로 가르쳐주는 내용은 to+동사, how to+동사 혹은 that S+V의 절의 형태로 이어 쓰면 된다.

teach sb to+동사 …에게 …하도록 가르치다
teach sb how to~ …에게 …하는 법을 알려주다
teach sb that S+V …에게 …를 알려주다

□ I'm just going to **teach him how to** make pizza. 걔한테 피자 만드는 법을 알려줄거야.

□ I'm trying to **teach her how to** drive. 걔한테 운전하는 법을 가르쳐 줄려고 해.

That'll teach sb~ …에게 …을 깨닫게 하다

teach는 꼭 사람만이 할 수 있는 것은 아니다. 뼈아픈 경험 등에서도 '가르침'을 받을 수 있는데 주로 주어명사로는 experience나 that[it]의 대명사가 온다.

The experience taught sb sth[to do] 경험으로 …을 깨닫다
It taught me that S+V …라는 것을 깨달았다

□ **That'll teach her[him]!** 그래도 싸지, 당연한 대가야, 좋은 공부가 될 거야.

□ I got a speeding ticket. **That'll teach me** not to drive fast.
속도위반 딱지 끊겼어. 과속하지 않도록 깨닫게 해줄거야.

I was taught that~ …을 배웠어

teach가 수동태로 쓰인 경우로 be taught that S+V의 형태로 쓰이는 주어가 that 이하의 사실을 깨달았다는 뜻이 된다.

□ **I was taught that** it's important to be polite. 예의바른게 중요하단 걸 배웠어.

teach sb a lesson 본 때를 보여주다

teach sb a lesson하면 숙어로 「…에게 교훈을 주다」, 「한수 가르치다」라는 의미로 못된 짓을 한 상대방을 혼내겠다(punish)는 의미이다.

teach sb a lesson 혼내다
need to be taught a lesson 혼 좀 나봐야 한다

□ I'll **teach him a lesson.** 걔 버르장머리를 고쳐놓을거야.

□ I'm going to go down there and **teach that guy a lesson.** 거기 가서 그 자식 본 때를 보여줄거야.

learn about …에 관해 배우다

teach하는 사람이 있으면 learn하는 사람이 있게 마련. learn 또한 teach와는 정반대로 「배우다」, 「알게 되다」, 「깨닫다」라는 의미로 사용된다.

learn sth …을 배우다
learn (sth) from sb …에게서 (…을) 배우다
learn that S+V 알게 되다, 깨닫다
learn about sth …에 관해 배우다
learn from sth …로부터 배우다

□ You have a lot to **learn about** men. 넌 남자에 대해 알아야 될게 많아.

□ I'm here to **learn about** cooking. 요리 배우러 여기 왔는데요.

learn how to do …하는 법을 배우다

배운 내용을 to+동사나 how to+동사로 표현하는 것으로 「…하는 것을 배우거」나 「…하는 방법을 배우다」라고 할 때 사용하면 된다.

learn to+동사 …하는 것을 배우다
learn how to+동사 …하는 법을 배우다

□ It'll take you three or four months to **learn how to** ride a bike.
자전거 배우는데 3, 4달 걸릴거야.

□ **Learn how to** hide your feelings! 네 감정을 숨기는 걸 배워!

learn a[one's] lesson 교훈을 얻다

lesson이 teach와 어울려 그랬듯 마찬가지로 learn a lesson하면 반대로 교훈을 얻다라는 뜻이 된다.

lesson learned 교훈을 얻다

□ **Haven't** you **learned your lesson** yet? 아직 따끔한 맛을 못 봤어?

□ **I've learned my lesson.** 교훈을 얻었어.

011 drop/catch

떨어지다, 떨어뜨리다/ 붙잡다

drop a line[note] 짧은 편지를 쓰다

line이나 note에서도 느낄 수 있고 또한 send 대신 drop을 쓴데서 알 수 있듯이 정식 편지가 아니라 간단히 몇 자 적어서 보내는 것을 뜻한다.

drop sb a line when~ …하면 몇 자 적어보내다
drop (sb) a line [note] to+동사 …하기 위해 몇자 적어보내다

□ **Drop me a line.** 나한테 편지[이멜] 좀 써.

□ I'll **drop you a line.** 편지할게.

drop by (아는 사람을 불시에) 방문하다, 들르다

drop by하면 약속시간을 정하지 않고 들르는 것. 역시 가벼운 터치의 drop을 써서 잠깐 부담없이 들르는 (make a short visit) 것을 말한다.

drop by for sth …로 잠깐 들르다 　 drop by for~ 잠깐 들러서 …하다
drop in (on sb) 잠깐 들르다

□ **Drop by** for a drink (sometime). 언제 한 번 들러, 놀러와라.

□ **Drop in** sometime. 근처에 오면 한 번 들러.

drop off 내리다, 내려주다

drop off하면 차로 다른 목적지로 가는 도중에 데려간 사람을 중간에 내려주거나 물건을 갖다주는 것을 말한다.

drop sb[sth] off 차로 데려가 내려주다 　 drop sb at[in] …에서 내려주다
drop sb off on one's way home 집에 가는 길에 내려주다

□ I'll **drop you off** at your house tonight. 오늘밤에 집에 내려주고 갈게.

□ Why don't you just **drop me off,** and you can come back.
날 내려주고 넌 다시 돌아와라.

drop out 탈락하다, (학교) 그만두다

학교나 회사 등 단체생활에서 이탈하는 것을 말하는데 특히 학교를 끝까지 이수하지 않고 중퇴하는 것을 말할 때 많이 사용된다.

drop out of college 대학을 중퇴하다 　 dropout 중퇴자

□ The best thing for me to do is to **drop out of college** and get a job.
내게 최선의 방법은 학교를 그만두고 취직하는거야.

catch a cold 감기에 걸리다

떨어지는 drop과는 정반대의 동사로 기본적 의미는 뭔가 사물이나 사람을 붙잡는 것을 뜻한다. 특히 catch 다음에 병명이 오면 병에 걸렸다는 의미.

catch malaria 말라리아에 걸리다 　 catch+병명+from~ …로부터 병에 걸리다

□ I think **I'm catching a cold.** Achoo! 감기가 올려나봐, 에취!

catch sb ~ing …가 …하는 것을 잡다

상대방이 모르는 상태에서 상대방이 뭔가 하고 있는 것을 본다는 것으로 상대방의 입장에서는 들켰다라는 뜻이 된다. 특히 catch sb in the act는 뭔가 못된 짓을 하다 들켰을 때 사용하는 표현이다.

catch sb ~ing …가 …하는 것을 몰래 보다 catch sb in the act (of ~ing) …짓하는 걸 보다

- □ You **caught me.** 들켰다.
- □ You **caught me** doing it with Tammy. What's the big deal? 내가 태미와 그거하는거 들켰는데 그게 뭐 대수야?
- □ She **caught me** in bed with Jill. 내가 질과 침대에 있는 걸 걔한테 들켰어.

be[get] caught in …을 만나다, …에 잡히다

이번에는 수동태형으로 be[get] caught in하게 되면 in 이하의 상태에 꼼짝달싹 못하게 잡혀있는(get stuck) 상태를 말한다. 그냥 get caught하게 되면 범죄자가 붙잡히는 것을 뜻한다.

sb be[get] caught in …에 꼼짝달싹 못하다 be[get] caught in a shower 불시에 소나기를 만나다
be[get] caught in a traffic jam 차가 막히다 get caught 붙잡히다

- □ I **got caught in** a shower on my way home. 집에 오다 소나기를 만났어.
- □ We **were caught in** a traffic jam. 우린 교통 혼잡에 꽉 막혔어.

catch on …에 달라붙다, 걸리다, 이해하다, 유행하다

계속(on) 따라잡는다는 얘기는 인기를 끌거나 유행하고 있다는 것을 뜻하는 것으로 한 케이블 방송국의 이름이 Catch On인 것을 떠올려 봐도 된다. 또한 「…을 잘 이해하고 있다」는 것을 뜻하기도 한다.

catch on (with) 유행하다 catch on (to) 이해하다, 깨닫다

- □ Wow, you **catch on** quick. 와, 너 정말 이해 빠르네.
- □ Excellent idea! You'**re catching on.** 좋은 생각이야! 머리 잘 돌아가네.
- □ My house **caught on** fire. 우리 집에 불이 번졌어.

catch up with …을 따라잡다

바짝(up) 따라간다는 의미에서 앞서가는 사람이나 차를 혹은 「밀린 일이나 부족한 것을 해서 따라잡는다」는 뜻의 표현. 문맥에 따라 「나중에 얘기하는」 것일 수도 있고 또한 「체포하다」라는 뜻으로도 쓰이니 다양한 용법을 이해해두어야 한다.

catch up with~ (밀린 일, 앞서가는 사람) 따라잡다, 나중에 얘기하다
catch up with sb 체포하다, 영향을 주다

- □ I'll **catch up with** you in the gym. 체육관에서 보자.
- □ **Catch up with** you later! 나중에 보자!

012 cut/hit 베다, 자르다/ 때리다, 치다

cut corners (시간, 경비 등을) 절약하다

코너를 돌지않고 지름길로 간다는 의미에서 시간, 경비, 노력 등의 줄일 수 있는 부분을 줄여 효율화시키는 것을 뜻한다.

cut corners to+동사 …하려고 절약하다　　cut cost 경비를 절감하다

□ I had to **cut corners** to save money. 돈을 저축하려고 절약해야 했어.

□ This was **a real buy.** 이건 정말 잘 산 물건이야.

cut a deal 계약을 성사시키다

비즈니스 거래를 성사시키다(make a business deal)라는 의미로 구체적으로 계약내용을 말하려면 cut a deal ~ing형태로 써주면 된다.

cut a deal ~ing …하는 계약을 성사시키다

□ I **cut** Sally **a deal** when she came to my shop. 샐리가 내 가게에 왔을 때 계약을 성사시켰어.

be cut out for~ …할 자질이 있다, …에 적합하다

좀 어려워보이긴 하지만 어떤 사람이 '…일에 자질'이 있어 적합한 사람인지 아닌지를 언급할 때 딱 써야 되는 표현. for 다음에 일이나 업무를 쓰면 된다. 여기서 cut out는 잘라내서 뭔가를 만들어내는 것을 뜻한다.

□ She**'s cut out for** this job. 걘 이 일을 하는데 제격이야.

□ You**'re not cut out to** be a physician. 넌 의사로서 적합한 사람은 아냐.

cut back on 줄이다, 삭감하다

cut back, cut back sth 혹은 cut back on sth으로 쓰이는 이 표현은 주로 「지출되는 경비를 줄이다」라는 의미로 회사사장이 무척 좋아하는 표현. 또한 「건강을 위해 먹는 음식을 줄인다」는 뜻으로도 사용된다.

cut back (sth) (…을) 줄이다　　cut back on …을 줄이다

□ We're going to **cut back on** shopping too. 쇼핑도 역시 줄일거야.

cut down on 줄이다, 삭감하다

cut back on과 같은 의미로 사용되나 주로 건강을 위해 음식, 술, 담배 등을 줄인다는 뜻으로 사용된다.

cut down (sth) …의 양을 줄이다　　cut down (on) 감소하다, 줄이다, 건강위해 음식 줄이다

□ She's trying to get me to **cut down on** sugar. 걘 나의 설탕섭취를 줄이려고 애쓰고 있어.

cut it out 잘라내다

잘라서 버린다는 의미로 뭔가 그만두게 하거나 건강을 위해 음식이나 습관 등을 끊는다라는 의미를 갖는다. 특히 구어체에서는 Cut it out!이란 형태가 많이 쓰이는데 이는 「그만둬!」라는 뜻으로 말도 안되는 상대방의 말을 자를 때 사용된다.

Don't do that! Cut it out! 그러지마! 그만둬!

This is useless. We're going to have to cut it out. 이건 필요없어. 잘라내야 돼.

cut off 잘라내다, 중단하다

잘라서 분리한다(off)는 의미로 잘라내다, 전기나 가스 등의 공급이 「중단되다」, 「친구와 우정을 중단하다」등 다양하게 사용된다.

cut sth off 잘라내다	get cut off 전화가 끊기다
be cut off (장소나 사람) 고립되다	cut sb off 우정을 끊내다, 말참견하다, (차)위험하게 끼어들다

☐ **I was cut off.** 전화가 끊기다.

☐ **I don't mean to cut you off.** 말을 끊으려고 했던 건 아니에요.

hit the road 출발하다

구어체 표현으로 여행을 떠나다, 출발하다 등 길을 나서는 것을 뜻하며 또한 hit+장소명사의 형태로 「…에 도착하다」라는 뜻으로도 쓰인다는 점을 알아둔다.

hit the road 출발하다	hit+장소명사 …에 도착하다
hit the book 공부를 하다	

☐ **I am going to hit the road.** 나 출발할거야.

☐ **I'd better hit the road.** 그만 출발해야겠어.

hit the ceiling 격노하다(get angry)

ceiling은 천장이란 뜻으로 펄쩍 뛰어 올라 천장을 칠 정도면 엄청 열받을 때이다. ceiling 대신 roof를 써도 된다.

hit the ceiling [roof] 격노하다	hit the sack[hay] 잠자다
hit the spot 딱 원하는 것이다	

☐ **My wife hit the ceiling when she saw the bill.** 아내가 영수증을 보고 노발대발했어.

hit it off (with) (…와) 금새 친해지다

천생연분인지 만나자마자 바로 좋아진다는 표현으로 천생연분인 상대방을 말하려면 hit it off with sb라 하면 된다.

hit it off (with sb) (…와) 금새 친해지다

☐ **They really hit it off.** 걔네들은 바로 좋아하더라고.

Supplements

hit on 갑자기 어떤 생각이 떠오르다(come up with), 유혹하다

우연히 묘안이나 새로운 생각이 떠오를 때 쓰는 표현. 하지만 남녀간에 쓰일 때에는 「유혹한다」는 의미로도 쓰인다.

hit on[upon] sth 갑자기 아이디어가 떠오르다　　It hit me that~ …라는 생각이 갑자기 들다
hit on sb 성적으로 유혹하다

□ Are you **hitting on** me? 지금 날 꼬시는 거냐?

□ I **hit on** a new idea while watching TV. 난 TV보다가 새로운 생각이 떠올랐어.

013 charge/cost

부과하다, 청구하다/ 가격이 …이다

charge sb money …에게 …을 청구하다

판매한 물건이나 서비스에 대한 비용을 청구하다라는 의미. 물건이나 서비스의 내용은 for 다음에 붙여주면 된다.

charge (sb) money (for~) (…에게) (…에 대한) 비용을 청구하다
charge for~ …에 대한 비용청구를 하다　　charge rent[an entrance fee] 임대료[입장료]를 청구하다

□ How much did you **charge**? 얼마예요?

□ I **charge** seven hundred dollars an hour. 시간당 7백달러 입니다.

□ He **charged** me twenty bucks. 걘 내게 20달러를 청구했어.

charge sth on sb's account …의 계좌에 달아놓다

charge는 비용을 청구하다라는 뜻외에 외상[신용카드]으로 산다는 뜻이 있다. 우리말로는 현금지급을 하지 않고 호텔방, 은행계좌, 혹은 신용카드로 구입하는 것을 말한다. 그래서 계산할 때 흔히 듣는 Cash or charge?하는데 이때의 charge는 신용카드결제를 뜻한다.

charge sth to sb's room 방으로 …비용을 달아놓다
charge sth on sb's account 계좌에 달아놓다
charge sth on~ 신용카드로 …을 내다
(Will that be) Cash or charge? 현금요 아니면 신용카드로요?

□ Would you like to pay **by cash or charge?** 현금으로 낼래요 아님 신용카드로 낼래요?

□ I'll **charge** it, please. 카드로 할게요.

be charged with …으로 기소되다

charge는 계산할 때만 쓰는 동사가 아니다. 욕심이 많은 동사로 여러 의미로 쓰이는데 그중 하나가 비난하거나 고소하는 것을 뜻하는 경우이다.

charge sb with sth …을 …로 기소[비난]하다　　be charged with~ …로 기소되다, 비난받다

- □ **I was charged with** stealing a cell phone. 핸드폰 훔친죄로 기소됐어.
- □ You'll **be charged with** murder. 살인죄로 기소될거야.

be in charge of …을 책임지고 있다

charge는 동사뿐만아니라 명사로도 쓰임이 많은데 가장 많이 쓰이는 경우는 역시 요금 그리고 여기서 쓰이는 책임이라는 의미이다. 「…을 맡고 있다」, 「책임지고 있다」라는 의미의 be in charge of를 꼭 알아둔다.

be in charge of …을 책임지다　　take charge (of) (…의) 책임을 지다
put sb in charge of …에게 …의 책임을 지우다

- □ **I'm not in charge of** the lab. 난 이 실험실 책임자가 아니야.
- □ The boss **put** me **in charge of** that. 사장이 내게 그걸 맡으라고 했어.
- □ The way you'**re taking charge** is very impressive.
  네가 책임지고 있는 방식이 매우 인상적이야.

free of charge 무료로

charge는 물건이나 서비스를 받기 위해 내는 요금, 비용이라는 말로 free of charge하면 돈을 내지 않고 물건이나 서비스를 받아 볼 수 있다는 말이다. with no charge와 같은 말.

free of charge 무료로　　with no charge 무료로
at no extra charge 추가비용없이

- □ Take whatever you want. **Free of charge.** 마음에 드는 거 아무거나 골라. 무료야.

cost sb money …에게 …의 비용이 들게 하다

cost는 동사로 cost sb+돈의 형태로 물건이나 서비스가 주어로 와서 그것을 사는데 「…가 …의 돈이 들었다」라는 표현이다.

cost sb+money …에게 …의 비용이 들게 하다　　not cost sb a penny 비용이 하나도 안들다

- □ Your mistake **cost me** a lot of money. 네 실수 땜에 돈 많이 까먹었어.
- □ That's going to **cost you** $5,000. 5천 달러 들거야.

cost a fortune 비용이 엄청 들다

구체적으로 돈의 액수를 말하는 대신 cost 다음에 재산이라는 뜻의 fortune 또는 소중한 신체발부인 an arm and a leg를 붙여서 돈이 엄청 들었다고 비유적으로 말하는 경우이다.

Supplements

cost a fortune 비용이 엄청들다	cost (sb) an arm and a leg 비용이 엄청들다

□ It's so pretty. This must have **cost him a fortune.** 정말 예쁘네. 걔 돈 많이 들어갔겠다.

cost sb sth …에게 …을 희생하게 하다, 잃게 하다

이번엔 돈이 아닌 일반 명사가 오는 경우. 돈으로 지불하는 것과 마찬가지로 명사를 지불한다는 의미로 결국 「…을 잃다」라는 뜻이 되는데 주로 job, life, marriage 등의 명사가 오게 된다.

□ It will **cost you** your job. 네 직장을 내놔야 할거야.

□ It might **cost you** your life. 네 목숨을 내놔야 할지도 몰라.

cover the cost (of) …의 비용을 대다

cost가 명사로는 값[비용] 또는 노력[희생]이라는 의미로 쓰인다. 여기서 cost는 값이라는 뜻으로 cover the cost of하게 되면 「…하는데 드는 비용을 대다」라는 표현이 된다.

cover the cost of …의 비용을 대다	pay the cost of …의 비용을 지불하다
at the cost of …의 비용으로	

□ Who's going to **cover the cost of** repairs? 수리비는 누가 댈거야?

□ I'll **pay the cost of** a new computer. 새로운 컴퓨터 값 내가 댈게.

014 worry/care

걱정하다/ 좋아하다, 걱정하다

worry about …을 걱정하다

우리말 걱정하다라는 말에 가장 적합한 표현으로 worry about 다음에 걱정하는 사람이나 사물을 넣으면 된다. 물론 worry that~의 형태로 걱정하는 내용을 문장으로 붙여도 된다.

worry about sth[sb] …을 걱정하다	worry that S+V …을 걱정하다

□ You **worry about** me too much. 넌 내 걱정을 너무 많이 해.

□ She **worries about** everything. 걘 걱정 안 하는 게 없어.

□ You don't have to **worry about** a thing. 걱정 할 필요 전혀 없어.

be worried about[that~] …에 대해 걱정하다

앞에서는 worry가 자동사였지만 이번에는 타동사로 상대방을 걱정하게 한다는 뜻으로도 쓰인다. 이를 수동태로 be worried about하게 되면 주어가 「…을 걱정한다」는 뜻이 된다.

be worried about sth[sb] …을 걱정하다	be worried that S+V …을 걱정하다

□ **You're so worried about me.** 넌 날 너무 걱정해.

□ **We're worried about getting sued.** 소송당할까봐 걱정야.

□ **I'm so worried that I might fail the exam.** 시험에 떨어질까 걱정야.

Don't worry (about) (…을) 걱정마

앞의 worry about과 같은 표현이지만 Don't worry~는 구어체에서 아주 많이 쓰이는 형태이므로 따로 정리하기로 한다.

Not to worry 걱정안해도 돼	Don't worry about sth[sb] …을 걱정하지마
Don't worry if S+V …을 걱정안해도 돼	

□ **Don't worry, you can count on me.** 걱정마. 나만 믿어.

□ **Don't worry about a thing.** 전혀 걱정하지 마세요.

□ **Don't worry. It's our treat.** 걱정마. 우리가 낼게.

□ **Not to worry, she's fine.** 걱정마. 걘 괜찮을거야.

care about …을 걱정하다, 근심하다

care는 중요하기 때문에 혹은 좋아하기 때문에 관심도 갖고 신경쓰고 걱정을 한다는 뜻의 동사로 care about, care what~ 등의 형태로 쓰인다.

care about sb 좋아해 관심을 갖다	care what[how~]~ …을 신경쓰다
care about sth 중요하기 때문에 관심을 갖고 걱정하다	

□ **I can see how much you care about Becky.** 네가 얼마나 베키를 생각하는지 알겠어.

□ **You still care about me.** 너 아직 나 생각하는구나.

care for (긍정) 돌보다, (부정/의문) …을 좋아하다, 원하다

care for는 언뜻 복잡해보이기도 하지만 care for sb[sth]이 「돌보다」라는 뜻외에는 care for sb의 긍정이든 부정이든 의문문이든 「좋아하다」, 「원하다」라고 해석하면 된다.

care for sb[sth] 돌보다, 좋아하다	not care for sb[sth] …을 좋아하지 않다
not care to+동사 …하고 싶어하지 않다	Would you care for~? …을 좋아하세요
Would you care to~? …할래요?	

□ **(Would you) Care for some coffee?** 커피 드릴까요?

□ **I don't care for his style.** 난 걔 스타일이 마음에 안 들어.

□ **Would you care to join us?** 우리랑 같이 할래?

I don't care about~ 난 …가 상관없어

care about를 활용한 다양한 표현들로 I don't care about~/I don't care if[what]~ 혹은 의문문 형태로

Supplements

Would you care if~? 등을 익혀두기로 한다.

I don't care about~ …가 상관없다 | I don't care what [if~] …이든 아니든 상관없어
Would[Do] you care if~ …해도 돼?

□ **I don't care about** any of that! 아무런 상관없어!

□ **I don't care if** she's fat or thin. 난 걔가 뚱뚱하든 날씬하든 상관안해.

□ **I don't care who** he sleeps with. 걔가 누구랑 자는지 관심없어.

□ **Do you care if** I join you? 내가 껴도 돼요?

couldn't careless [if]~ (…에) 전혀 관심없다

직역을 해보면 바로 의미를 캐치할 수 있다. 이보다 더 적게(less) 신경을(care) 쓸 수 없다(couldn't)라는 말로 다시 말하자면 조금도 신경 안쓴다라는 뜻이 된다. 신경 안쓰는 건 about 혹은 what[if] 다음에 서술하면 된다.

couldn't careless about~ …에 전혀 개의치 않다
couldn't careless what[if]~ …을 전혀 상관하지 않다

□ **I couldn't careless.** 알게 뭐람.

□ **I couldn't careless if** she comes or not. 걔가 오든 말든 난 상관없어.

Who cares about[what~]~? …을 누가 신경이나 쓰나?

반어적 표현으로 부정적 단어는 들어있지 않지만 내용상 부정적으로 아무도 신경도 쓰지 않는다라는 뜻의 표현이다.

Who cares! 누가 신경이나 쓴대! | ~ for all I care [know] …하든 말든 난 상관없다

□ **Who cares what** they think? 걔네들 생각에 대해 누가 신경이나 쓰나?

□ **Who cares!** 누가 신경이나 쓴대!

take care of …를 돌보다, …을 처리하다

care가 명사로 사용된 경우로 take care of 다음에 사람이 나오면 「돌보다」, 그리고 e-mail 등이 나오면 그 일을 「처리하다」라는 뜻으로 쓰인다.

take care 조심하다, (인사) 건강히 잘 지내 | take care of 돌보다, 처리하다, (비용) 계산하다

□ Let me **take care of** it. 나한테 맡겨.

□ Let me **take care of** the bill. 내가 계산할게.

□ I'll **take care of** your son while you're out. 너 외출할 때 니 아들 봐줄게.

015

eat/ drink/ cook

마시다/ 먹다/ 요리하다

eat lunch[dinner] 점심[저녁]을 먹다

이번에는 eat 다음에 lunch, dinner, breakfast 등의 식사명이 목적어로 오는 경우. 모두 관사없이 바로 이어진다는 점에 유의한다.

□ What do you want to **eat** for lunch today? 오늘 점심으로 뭘 먹을테야?

get something to eat 먹다

something to eat은 먹을 것이란 말로 food를 뜻한다. 따라서 get[have] something to eat은 get[have] food라는 말로 음식을 먹다라는 뜻이 된다.

□ Do you want to **get something to eat?** 너 뭐 좀 먹을래?

□ Let's **have something to eat.** 뭐 좀 먹자.

got drunk 술 취하다

과음하면 술 취하게 마련. 가장 흔히 쓰는 표현은 get drunk이다. drunk와 drunken은 같은 pp 형태이나 drunken이 형용사로 주로 사용된다.

be drunk 취하다	DUI(driving under the influence) 음주운전
drunken driving 음주운전	drink and drive 음주운전하다

□ I **got drunk** easily. 난 쉽게 취해.

□ He's **drunk as** a skunk[lord]. 고주망태로 취해있어.

drink and drive 음주운전하다

과음보다 더 나쁜건 음주운전. 자기뿐만 아니라 다른 사람의 생명까지도 위태롭게 하기 때문이다. 보통 drink and drive 혹은 DUI라는 약어를 많이 쓴다.

□ Don't **drink and drive.** 음주운전 하지마라.

□ You're **drunk** right now. 너 지금 취했어.

drink coffee[tea, wine] 커피[차, 와인]를 마시다

drink는 뭔가 액체형태의 것을 마신다는 의미로 꼭 술만 먹을 때 쓰는 동사는 아니다. 물마시다는 drink water, 커피를 마시다는 drink coffee라고 하면 된다.

drink water 물을 마시다	drink coffee[tea] 커피[차]를 마시다

□ I am not supposed to **drink coffee.** 난 커피를 마시면 안돼.

□ Do you like to **drink juice?** 주스 마시는 거 좋아해?

get[want] something to drink 마실 것을 갖다주다

something to drink는 마실 것이란 의미로 get[have] something to drink하게 되면 마실 것을 마시다라는 뜻이 된다.

- □ Would you like **something to drink?** 뭐 좀 마실래요?
- □ Can I **get** you **something to drink?** 마실 것 좀 줄까?

have[get] a drink 한잔 마시다

술이나 음료를 마신다고 할 때 a drink 앞에 동사로 have, get, 또는 take를 쓰면 된다. 물론 여러잔 마실 때는 drinks나 some drinks라 하면 된다.

have[get] a drink 술을 마시다
have[get] some drinks 술 좀 마시다
take a drink (of) (…를) 한잔 마시다
have drinks with~ …와 술을 마시다
have another drink 한 잔 더 마시다

- □ She's **having drinks** with her date. 걘 데이트 상대와 술 마시고 있어.
- □ He's **taking a drink of** his soda. 걘 자기 음료를 마시고 있어.

go out for a drink 술마시러 (나가다)

have a drink는 술이나 음료를 마시는 거지만 이번에는 for a drink라는 어구로 '술마시러'라는 목적을 분명히 밝히고 나가던지(go out) 만나던지(meet, join) 혹은 들르던지(drop by) 하라고 할 때 쓰는 표현들이다.

join sb for a drink 만나서 술마시다
get together for a drink 만나서 술마시다
take sb for a drink …을 데리고 나가 술마시다

- □ How about **going out for a drink** tonight? 오늘 저녁 한잔 할까?
- □ **Drop by for a drink** (sometime). 언제 술하러 한 번 들러.

get[buy] sb a drink …에게 술을 주(사)다

술은 서로 사주고 얻어먹고 해야 맛이 나는 법. 술을 사준다고 할 때는 get이나 buy를 써서 get[buy] sb a drink라고 하면 된다.

get sb a drink …에게 술사주다
buy sb a drink 술을 사주다

- □ Why don't you **buy her a drink?** 걔한테 술 한잔 사.
- □ I'll **buy you a drink** and explain. 술 한잔 사면서 설명해줄게.

cook sth for sb …에게 …를 요리해주다

cook은 음식재료를 열(heat)을 이용하여 요리를 만든다는 의미.

- □ Mom is **cooking** fish **for** us. 엄마는 우리한테 생선을 요리해주고 있어.

cook sb a meal(dinner, breakfast) …에게 식사를 요리해주다

요리내용이 구체적으로 나오지 않고 단지 「…에게 요리를 해준다」는 의미로 쓰이는 경우이다.

cook (sb) a meal 식사를 요리다
cook (sb) dinner 저녁을 요리하다
cook (sb) breakfast 아침을 요리하다

□ I'll **cook you dinner.** 저녁 만들어줄게.

□ My wife loves to **cook for** our children. 아내는 애들에게 요리해주는 걸 좋아해.

016 pass/follow

지나가다, 건네주다/ 따라가다

pass sb sth …에게 …를 넘기다

'pass me the salt'라는 표현으로 유명한 pass의 이 용법은 손으로 상대방에게 건네주는 것을 말한다. 사람을 뒤로 보낼 때는 to sb라 한다.

pass sb sth …에게 …을 건네주다
pass sth to sb …을 …에게 건네주다

□ Could you **pass me that** please? 그것 좀 줄테야?

pass the exam 시험에 통과하다

pass는 뒤에 각종 시험이나 법률안 등을 목적어로 받아 「시험에 합격하다」 혹은 「법률안을 통과시키다」라는 뜻으로도 쓰인다. 단연 많이 쓰이는 표현은 역시 pass the exam이다.

pass the exam 시험에 합격하다
pass the driving test 운전면허시험에 합격하다
pass a law 법안을 통과시키다

□ Do you think she'll **pass the exam?** 그녀가 시험에 합격할 것 같니?

□ You'll **pass the exam** if you study. 넌 공부하면 시험에 붙을거야.

pass away 돌아가시다

죽다라고 할 때는 die를 쓰지만 어른이나 공손하게 표현하고자 할 때는 die 대신 pass away라고 한다.

□ I'm very sorry to tell you your mother **has passed away.**
이런 말을 하게 돼서 유감이지만 어머님이 방금 돌아가셨습니다.

pass by …의 옆을 지나가다

'지나간다'라는 원래의 의미에 맞는 숙어로 pass by~ 하면 「…의 옆을 지나가는」것으로 by 다음에는 사람이나 사물 등이 올 수 있다. 단 pass sb by하면 주어가 sb에 아무런 도움도 주지 못하고 그냥 지나가버리는 것을 뜻한다.

pass by sth[sb] …의 옆을 지나가다　　pass sb by …가 그냥 지나가버리다

□ You just **passed by** me without saying hi? 인사도 없이 지나가는거야?

□ Tom saw a woman **pass by** with a baby. 탐은 한 여인이 애를 데리고 지나가는 것을 봤어.

pass out 실신하다

졸도해서 의식을 잃는(unconscious) 것을 말하는 것으로 특히 운전중에(behind[at] the wheel)에 이러면 위험천만!

sb pass out 실신하다　　pass sth out …을 나눠주다

□ He **passed out** behind the wheel. 걘 운전대에서 실신했어.

pass through 지나가다, 통과하다, 경험하다

지나가되 「…을 거쳐서 지나간다」는 표현으로 터널을 통과한다는 pass through a tunnel. 또한 여행중 잠시 한 곳을 거쳐간다고 할 때도 쓴다. 비유적으로 「경험하다」라는 의미로도 사용된다.

□ The last train **passed through** here an hour ago. 마지막 열차가 1시간 전에 지나갔어요.

pass up 거절하다, (기회를) 놓치다

pass up 다음에는 chance, opportunity 혹은 offer 등 기회에 관련된 단어들이 나와서 그런 기회들을 살리지 못하고 놓친다는 의미로 쓰인다.

pass up a chance [opportunity] to~ …할 기회를 놓치다

□ Don't **pass up your chance.** 기회를 놓치지 마라.

follow suit 선례를 따르다

다른 사람이 앞서 한 대로 그대로 따라한다는 말. 특히 가족내 존경할 만한 사람이 밟아간 길을 따라간다고 할 때는 follow in one's footsteps라 하면 된다.

follow suit 선례를 따르다　　follow in one's footsteps …의 길을 따라가다

□ I'll **follow suit.** 나도 그럴게요.

□ She went back to eating and her guests **followed suit.**
걘 다시 먹기 시작했고 손님들은 걔를 따라했어.

follow the rules[example] 규칙[선례]를 따르다

앞의 표현과 유사한 것으로 follow 다음에 rules, example 혹은 lead 등의 명사가 와서 「…을 따르다」라는 의미가 된다.

follow the rules 규칙을 따르다
follow the example of …의 선례를 따르다
follow the lead of …를 따라하다

□ We expect you to **follow Jeff's example.** 제프의 전례를 따랐으면 해.

follow up 후속조치를 하다

계속 뒤따라가서 정보를 수집하는 등 더 알아내기 위해 후속조치를 하는 것을 말한다. 후속조치를 해야 되는 대상은 on 이하에, 그리고 방법은 with~이하에 적어주면 된다. 예를 들어 한 사건에 이멜로 후속조치를 취하다라고 하려면 'follow up on the case with an email'라 하면 된다.

follow up (on) (…에) 후속조치를 취하다

□ She needed to **follow up** after her proposal was accepted.
갠 자기 제안이 수락된 후 후속조치를 해야 했어.

□ Did the doctor **follow up** after your operation? 의사가 네 수술 후의 후속조치를 했어?

as follows 다음과 같이

뭔가 중요한 얘기나 본론을 꺼내기 앞서 미리 한번 뜸을 드리는 표현으로 「…은 다음과 같다」라는 의미이다.

□ The main idea is **as follows.** 주된 아이디어는 다음과 같아요.

017 plan/prepare
계획을 세우다 / 준비하다

plan to do …할 작정이다(plan on ~ing)

plan이 치밀한 계획을 세우다라는 뜻도 있지만 일상생활에서는 plant to+동사/on ~ing의 형태로 단순히 앞으로 어떻게 할 예정이나 의도를 말할 때 많이 쓰인다. 이때는 will이나 be going to의 대용품을 봐도 된다.

plan to+동사 …할 계획이다
plan on ~ing …할 계획이다
plan out 면밀히 계획하다

□ I **plan to** stay for a week. 일주일간 머물거야.

□ I thought you **had** this all **planned out.** 난 네가 이걸 다 면밀히 계획한 줄 알았어.

as planned 계획대로

세상일이 다 이렇게 되면 얼마나 좋을까…. as planned는 원래 처음에 계획한대로라는 의미로 go의 과거형을 써서 went as planned하면 「계획대로 되었다」라는 뜻이 된다.

as planned 계획대로 go as planned 계획대로 되다

□ If all **goes as planned,** I will not be here anymore.
모든 게 계획대로 되면 난 더 이상 여기 없을거야.

make a plan 계획을 세우다

단어 그대로 보고 이해할 수 있는 표현으로 make a plan[plans] for[to~]하면 「…할 계획을 세우다」, 「…할 준비를 하다」라는 뜻이 된다.

work out a plan for 계획을 세우다 make a plan [plans] for …의 계획[준비]을 하다

□ I've already **made other plans.** 난 이미 다른 계획이 있어.

□ I wish I could, but I'**ve made plans to** walk around.
나도 그러고 싶은데 산책할 계획이라서 말이야.

have a plan 계획이 있다

계획을 세웠으면 계획이 있기 마련. have [got] a plan for~하면 「…에 대한 계획이나 일정이 있다」는 말로 부정형은 not have a plan, 강조하려면 not have any plan이라고 하면 된다.

have a plan for 계획이 있다 not have any plan for 아무런 계획이 없다

□ Do you **have any plans?** 무슨 계획있어?

□ Do you **have any plans** for summer vacation? 여름 휴가계획 있어?

□ I'**ve got plans.** 계획이 있어.

□ No, you were right. I **don't have a plan.** 아냐, 네 말이 맞아. 난 아무런 계획도 없어.

be against[for] the plan 그 계획에 반대[찬성]야

뭔가 찬성할 때는 for, 반대할 때는 against라는 것은 잘 알려진 사실. 이를 이용하여 계획에 찬성한다고 할 때는 be for the plan, 반대한다고 할 때는 be against the plan이라고 하면 된다.

be for the plan 그 계획에 찬성이다 be against the plan 그 계획에 반대이다

□ I'**m against the plan.** 전 그 계획에 반대합니다.

~plan is to~ …의 계획은 …하는 거야

계획의 구체적인 내용을 말할 때 쓰는 표현으로 Our[My] plan is to+동사의 형태로 사용하면 된다.

□ **Our plan is to** leave in ten minutes. 계획은 10분 안에 떠나는거야.

□ **Her plan is to** hook you up with her sister. 걔의 계획은 자기 동생과 널 엮어줄려는거야.

prepare (sb) for (…에게) …을 준비하다

앞으로의 일을 계획하고 일정을 준비한다는 의미로 prepare for sth 혹은 prepare to+동사의 형태로 쓰면

된다.

prepare (sb) for sth …을 준비하다　　　prepare to~ …할 준비를 하다

□ I've **been preparing for** that my entire life! 평생 이걸 준비해왔어!

□ I want you to **prepare to** go to the party. 너 파티갈 준비를 해라.

prepare sth (for) …을 준비하다

something을 사용할 수 있도록 준비해놓는다는 뜻으로 그 용도는 for 이하에 쓸 수도 있는데 이 때는 사람이나 사물이 올 수 있다.

prepare sth for~ …을 위해 …을 준비하다

□ I tried my best to **prepare this meal for** you. 널 위해 이 음식을 준비하는데 최선을 다 했어.

have sth prepared …을 준비하게 하다

사역동사인 have를 써서 have sth pp의 형태를 이용한 표현. 이같은 표현을 쓰는 이유는 prepare의 주체가 주어가 아니라 제 3자가 실제적으로 준비하는 것이기 때문이다.

□ How **would** you **like** your steak **prepared?** 고기를어떻게해드릴까요?

□ Did he **have** a speech **prepared?** 걔 연설 준비했어?

be prepared to[for] …에 준비되다

이번에는 수동태형으로 be prepared to+동사/for+명사하게 되면 「…할 준비가 되어 있다」고 말할 때 사용되는 표현이다.

□ I **am prepared to** let that go. 그걸 잊어버릴 준비가 됐어.

□ It's fine. I'**m prepared for** this. 좋아. 난 준비 됐어.

018 pick/ choose/ decide

고르다/ 선택하다/ 결정하다

pick on 괴롭히다

pick on sb처럼 pick on 다음에 사람이 오면 주로 「…을 비난하면서 지속적으로 괴롭히거나 못살게 구는」(treat sb badly or unfairly) 것을 말한다.

pick on sb 못살게 굴다　　　pick on sb[sth] …을 선택하다

☐ Why **are you picking on** me? 왜 날 괴롭히는 거야?

☐ Stop **picking on** me. 날 못살게 굴지 마, 놀리지 마.

pick out 고르다, 선택하다

손으로 잡아서 밖으로 꺼낸다는 뜻에서 출발하여 다양한 의미의 표현을 만들어내지만 여럿 가운데 골라내다(select) 혹은 「…을 찾아내다」, 「알아보다」(recognize)라는 의미로 가장 많이 쓰인다.

pick sb[sth] out 골라내다, 식별하다

☐ Can you help me **pick out** an engagement ring? 약혼반지 고르는거 도와줄래?

pick up 들어올리다, 사다, 차로 태워주다, 향상하다, (속도)내다

손으로 집어 들어올리는 모습을 연상하면서 상상력을 발휘하여 이같은 모습이 어떤 의미를 띌 수 있는지 곰곰이 생각해봐야 이 다양한 의미를 그나마 이해할 수 있다.

pick sb[sth] up 들어올리다, 일으키다

pick oneself up 일어나다

pick sth up 깨끗이 치우다, 얻다, 가게에서 사다, 병에 걸리다

pick sth up 알아차리다, 배우다, (소리 등) 감지하다, 전화받다

pick sb up 차로 픽업하다

pick up speed 속도를 내다

sth pick up (상황, 경제) 나아지다, 향상되다

☐ I **picked it up** at a flea market for $5. 벼룩시장에서 5달러에 샀어.

☐ Who's going to **pick it up**? 술값은 누가내지?

☐ I think things **are picking up**. 상황이 나아질 거예요.

choose between[from~] …사이에서 고르다

여러개 중에서 혹은 여러 사람 중에서 선택하고 고른다는 의미의 choose를 써서 다양하게 문장을 만들어 볼 수 있다.

choose from …중에서 고르다

choose sb[sth] to do …가 …하도록 선택하다

choose sb[sth] for~ …로 …를 선택하다

be chosen as[for] …로 선택되다

☐ Jill **was chosen as** the president of our class. 질은 반장으로 뽑혔어.

choose to ~ …하기로 선택하다

choose 다음에 선택한 것이 sb[sth]가 아니라 어떤 행위일 경우 부정사 to+동사를 붙여 쓰면 된다. 「…하기로 결정하고 선택했다」는 뜻.

☐ He **chose to** live alone. 걘 혼자 살기로 했어.

have a choice 선택권이 있다

choose의 명사형 choice는 여러 동사와 어울려 오히려 choose보다 더 많이 쓰이는 표현들을 양산한다. have a choice는 선택할 수 있는 기회가 있다는 것이고 make a choice하면 「결정하다」, 「선택하다」라는

뜻으로 의미가 다르다.

have a[the] choice of …을 선택할 수 있다	have a choice between …사이에 선택권이 있다
make a choice 선택하다	leave sb with no choice …에게 선택권을 주지 않다

□ I don't think you **have a choice.** 너 선택권이 없어.

□ You're right. He **made his choice.** 맞아. 걘 자기가 선택 한거야.

have no choice but to~ …할 수 밖에 없다

역시 choice를 이용한 유명한 표현. 소시적부터 귀에 따갑게 익혀온 have no choice but to+동사는 '…을 할 수 밖에 없는 어쩔 수 없는 상황'을 어필할 때 사용하는 것으로 잘 써보도록 하자.

have no choice but to+동사 …할 수 밖에 없다	have little choice but to+동사 …할 수 밖에 없다

□ **I had no choice but to** get divorced. 난 이혼할 수밖에 없었어.

□ **I had no choice but to** use force. 난 완력을 쓸 수밖에 없었어.

be sb's choice …의 선택이다

누가 결정할 문제라는 점을 말하기 위한 표현으로 choice 앞에 결정을 누가 하는지를 말하는 소유격 one's를 넣어 쓴다는 점이 특징이다.

be one's choice …의 선택이다	It's one's choice to+동사 …하는 건 …의 선택이다

□ I mean it **was your choice.** 내 말은 그건 네 선택이었어.

decide to do …하기로 결정하다

decide 다음에 반드시 to+동사의 형태로 써서 표현하면 된다. '결정했다'라고 말할 때는 결정하기 전까지 계속 생각한 것으로 decided 및 have decided to~의 현재완료형으로 쓰이는 경우가 많다.

□ **I've decided to** go to Chicago without you. 난 너 없이 시카고에 가기로 결정했어.

decide that ~ …하기로 결정하다

결정한 내용이 길어 문장의 형태로 써야 할 경우이다. decide that S+V 혹은 decide what[who~] S+V 형태로 풀어서 쓰면 된다.

decide that S+V …을 결정하다	decide what[who, how] to~ …을 결정하다

□ **I decided** I wanted to come to your party. 네 파티에 가기로 결정했어.

□ **I decided** I'm going to go with her. 걔랑 같이 가기로 결정했어.

make a decision 결정하다

decide와 같은 의미이지만 영어에서는 한단어로 사용하는 것보다는 해당동사의 명사형을 사용해서 만든 동사구를 선호하는 경우가 많은데 make a decision도 그 대표적 예.

□ She's trying to **make a decision** about something. 걘 뭔가 결정을 하려고 해.

Supplements

019 buy/ sell/ deal/ afford/ belong

사다/ 팔다, 판매하다/ 거래하다/ …할 여유가 있다/ …에 속하다

buy sb sth …에게 …을 사주다

돈을 주고 산다는 의미로 「…로부터 사다」라고 할 때는 buy sth from~ 그리고 돈을 얼마 지불했는지를 말할 때는 buy sth for+돈이란 형식을 사용하면 된다.

buy sb sth …에게 …를 사주다
buy (sth) from sb …로부터 (…을) 사다
buy sth for sb[sth] …에게 …를 사주다
buy sth for+가격 …을 …에 사다

☐ Let me **buy you a drink.** 술 한잔 사죠.

☐ I'll **buy you something** at the duty free shop, if you want.
필요하면 면세점에서 뭐 좀 사올게.

buy sth on credit …을 외상으로 사다

돈이 없을 때는 나중에 지급할 것을 약속하고 물건을 가져오게 되는데 이처럼 외상으로 물건을 구입한다고 할 때는 buy sth on credit이라고 하면 된다. 신용(credit)으로 산다는 것으로 신용카드구매도 일종의 외상 구입이다.

☐ I'd like to **buy it on credit.** 카드로 사고 싶은데요.

☐ No one **bought this on credit.** 이걸 카드로 사는 사람 없어요.

sell sb sth(sth to sb) …에게 …을 팔다

buy의 반의어로 sell은 물건이나 서비스를 판매하다라는 뜻이다. 다만 물건이 아니라 어떤 계획안 등을 상대방이 받아들이도록 납득시킬 때도 쓰인다는 점을 알아둔다.

sell sb sth …에게 …을 팔다
sell sth for+가격 …의 가격으로 …을 팔다
sell sth to sb …에게 …을 팔다

☐ I'm going to **sell him a coat.** 걔한테 코트를 팔거야.

☐ She **sells candy to** kids. 걘 캔디를 아이들에게 팔아.

☐ He's not going to **sell his car for** one thousand dollars.
걘 천달러에 자기 차를 팔지 않을거야.

sell sth on[over] the internet …을 인터넷을 통해 팔다

통신기술의 발달에 힘입어 인터넷이나 스마트폰으로 물건을 살 수 있는 현재의 상황을 반영한 표현.

☐ It's a good idea to **sell** ice **over the Internet.** 얼음을 인터넷을 통해 파는 건 좋은 생각이야.

be sold out (of~) (…가) 매진되다

sell의 수동태를 써서 be sold out이란 형태로 쓰이면 「다 팔렸다」, 「매진되었다」라는 뜻으로 쓰인다.

be sold out fast 빨리 매진되다   sb be sold out of sth …가 다 팔렸다

□ **We're sold out for the first time.** 우리는 처음으로 매진됐어.

□ **Were they sold out of winter coats?** 겨울코트가 다 팔렸어?

deal with …을 다루다

deal이 동사로 쓰일 경우에는 deal with라는 숙어를 집중적으로 알아두어야 한다. with 다음에는 sb[sth]가 오며 「문제를 풀다」, 「취급하다」, 「잘 다루다」 등 다양한 의미로 쓰이기 때문이다.

deal with sb[sth] …을 다루다, 처리하다, 상대하다   deal with a problem 어떤 문제를 다루다

□ **He's a difficult man to deal with.** 걔는 다루기 어려운 사람야.

□ **Deal with it.** 정신차려, 왜 이렇게 눈치가 없어.

make a deal 거래하다, 타협하다

make a deal with하면 「…와 거래하다」라는 뜻이 되며 make 대신에 do, strike, cut 등의 동사를 대신 써도 된다. 다만 close a deal하면 거래를 끝내는 것이 아니라 「거래를 성공적으로 마치다」라는 뜻임을 명심하자.

make[do] a deal (with) 거래하다   strike[cut] a deal 거래하다
close a deal 거래를 성공적으로 종결짓다

□ **I'll make a deal with you.** 너와 거래할게.

□ **Let's make a deal.** 이렇게 하자.

be no big deal 큰 일이 아니다

big deal하면 큰 거래라는 뜻. 자연 비유적으로 「큰 일」이라는 의미가 된다. 주로 부정의 형태로 be no big deal하면 대수롭지 않은 일이다, 별로 신경안써도 된다는 뜻의 표현이 된다.

□ **That's no big deal.** 별거 아냐.

□ **What's the big deal?** 별거 아니네?, 무슨 큰 일이라도 난거야?

□ **Don't worry! It's no big deal.** 걱정 마! 별거 아냐.

can('t) afford+명사[동사] …할 여유가 있[없]다

경제적으로'명사'를 살 여유가 있다, 혹은 없다라고 할 때 꼭 쓰는 표현. 꼭 can이나 be able to와 어울려 쓰이며 명사자리에는 돈으로 살 수 있는 물건 뿐만 아니라 시간 등 다른 명사들 그리고 to+동사가 올 수도 있다.

□ **We just can't afford it right now.** 당장 그 여유가 없어.

□ **I can't afford to buy you a house.** 네게 집 사줄 여유가 없어.

belong to …에 속하다

belong하면 belong to가 생각날 정도로 유명한 표현. to 다음에는 sb[sth]가 올 수 있으며 의미는 「…의 속하다」, 「…의 것이다」라는 의미이다.

belong to sb …의 것이다 belong to sth …의 소속이다

□ You **belong to** me. You're mine. 넌 나에게 속해. 넌 내꺼야.

020 apologize/ excuse/ thank/ appreciate

사과하다/ 변명하다, 용서하다/ 고마워하다/ 감사하다

apologize to sb (for ~) …에게 (…을) 사과하다

apologize는 저지른「잘못에 대해 사과한다」는 동사로 사과를 하는 대상은 to sb로, 사과해야 하는 짓은 for sth 혹은 for ~ing로 적어주면 된다. 경우에 따라 그냥 apologize만 쓸 수도 있고 to sb만 혹은 to sb for~를 다 쓸 수도 있다.

apologize for sth [~ing] …을 사과하다 apologize to sb …에게 사과하다
apologize to sb for~ …에게 …에 대해 사과하다

□ I came to **apologize to** you. 네게 사과하러 왔어.

□ I **apologize for** that. 그거 사과할게요.

□ I just want to **apologize for** that. 그것에 대해 사과할게요.

accept apologies 사과를 받아들이다

apologize란 단어를 써가면서 사과를 하면 웬만해서 받아주는 게 인지상정. 이때 상대방의 사과를 받아준다고 할 때는 apologize의 복수명사형인 apologies를 써서 accept one's apologies라고 하면 된다.

accept one's apologies 사과를 받아들이다
accept one's sincere apologies 진지한 사과를 받아들이다

□ Please **accept my apologies.** 사과를 받아 주십시오.

□ Will you **accept my apologies?** 내 사과를 받아줄래요?

excuse sb for~ …에 대해 …을 용서하다

excuse는 또한 forgive처럼 용서하다란 용법으로도 쓰이는데 이때는 무례함이나 부주의 등 심각한 죄가 아닌 경우에 사용한다.

excuse sb …을 용서하다	excuse sb for sth [~ing] …에 대해 …을 용서하다

□ Please **excuse me for** being late. 늦어서 미안해.

□ **Excuse me for** being so selfish. 너무 이기적이어서 미안해.

excuse sb …를 양해하다

좀 낯설기는 하지만 실제 회화에서 같이 있다 자리를 잠시 비울 때 혹은 상대방에게 자리를 비켜달라고 할 때 매우 긴요하게 써먹을 수 있는 표현이다.

excuse sb …를 비켜주다	excuse sb from sth[~ing] …가 …하는 것을 면해주다
be excused from ~ing …에서 잠깐 자리 비우다, …을 하지 않다	
sb be excused …가 자리를 비워도 되다, 가도 된다	
if you'll excuse me 양해를 해주신다면, (자리를 뜨면서) 괜찮다면	

□ May I **be excused** for a moment? 잠깐 자리를 비워도 될까요?

□ Could you **excuse us** for a second? 자리 좀 비켜줄래요?

□ You'**re excused** now. 이제 가봐도 좋다.

□ If you'll **excuse me,** I'm going to go back to the office. 괜찮다면 사무실로 돌아갈게요.

make an[one's] excuse for …에 대한 이유를 대다

make an excuse[excuses] for~하면 「…에 대한 변명을 하다」라는 뜻이 된다. for 다음에는 sth이나 ~ing를 써서 변명하게 된 짓을 적으면 된다.

make an excuse for sth[~ing] …에 대한 이유를 대다
have an excuse for sth[~ing] …에 대한 핑계를 대다
find[look for] an excuse for sth [~ing] …할 구실을 찾다

□ Jamie **made an excuse for** being late. 제이미는 늦은 거에 대해 변명거리를 댔어.

have no excuse …에 대해 변명할 말이 없다

이젠 반대로 변명거리가 없다라고 할 때 쓰는 표현으로 have no excuse for~하면 「…에 대한 변명거리가 없다」, 또한 There's no excuse for~하면 한 짓이 넘 못돼서 그런 이유로는 이해할 수 없다고 할 때 사용한다.

run out of excuses 변명거리가 다 떨어지다	have no excuse for~ …에 대해 변명의 여지가 없다
There is no excuse for~ …에 대한 이유가 안된다	

□ I just **ran out of excuses.** 이젠 변명거리도 다 떨어졌어요.

□ I **have no excuse for** not coming home yesterday. 어제 외박한 거 변명할 말이 없어.

say thank you (to sb) (…에게) 감사하다고 말하다

'thank you'를 명사화하여 say thank you하면 감사하다는 말을 하다, 그리고 다음에 to sb를 붙이면 「…에게 감사하다고 말하다」라는 뜻이 되며, not know how to thank you하면 너무 고마워서 어떻게 감사

해야 할 줄 모르겠다는 표현이다.

say thank you to~ …에게 감사하다고 말하다 　 not know how to thank you 너무 감사하다

☐ I just wanted to **say thank you.** 감사하다고 말하고 싶었어.

☐ I just stopped by to **say thank you.** 감사하다고 말하려고 들렸어.

appreciate it[that, that] …가 고마워

thank보다 좀 더 공손하고 점잖게 감사하다고 말할 때 사용되는 단어로 appreciate 다음에 구체적인 명사(support, help)를 써도 되고 목적어가 고마운 행위가 아니라 고마운 행위를 해준 사람을 말하려면 appreciate sb ~ing의 형태로 사용하면 된다.

I appreciate it[this, that] 그거 고마워 　 I appreciate this, but ~ 이거 고맙지만…

☐ I really **appreciate this.** 정말 고마워.

☐ This is great. I really **appreciate it.** 대단해. 정말 고마워.

☐ **I appreciate** you giving me a hand. 도와줘서 고마워.

I'd appreciate it if you~ …해주면 고맙겠어

편지나 이멜의 결구로 많이 알려진 표현으로 가정법이 사용된 표현. I would가 사용되었고 그래서 if 다음에 동사는 would[could]+동사 혹은 과거형을 써야 한다. 감사표현이라기 보다는 부탁하는 표현에 가깝다.

☐ **I would really appreciate it if** you didn't tell Dad about this.
아빠에게 그 얘기 안 했으면 정말 고맙겠어.

021 change/ remain

변화하다/ 여전히 …이다, 남다

change sth …을 바꾸다

바꿀 수 있는 건 다 목적어로 와서 기존의 것을 새로운 것으로 바꾼다는 의미. 그렇다고 change the baby를 듣고서 애기가 맘에 안든다고 바꾼다고 생각하면 오산. 이는 애기 기저귀를 갈아준다는 뜻.

change to …로 바뀌다 　 change into …로 바뀌다, 변하다

☐ I'd like to **change my flight.** 비행편을 바꾸고 싶어요.

☐ I recently **changed jobs.** 최근에 직업을 바꿨어.

☐ Could we **change the subject, please?** 우리 주제 좀 바꿀까?

☐ Would you **change the oil, please?** 엔진오일 좀 바꿔주세요.

change A (to B) A를 (B로) 바꾸다

기존의 것을 다른 것으로 바꾼다는 표현. 경우에 따라 to 대신 into를 쓸 수도 있다. 또한 좀 복잡해 보이지만 뭔가를 A에서 B로 바꾼다고 할 때 change sth from A to B를 쓰기도 한다.

change A (in)to B A를 B로 바꾸다, 변화시키다 change sth from A to B …을 A에서 B로 바꾸다

□ I have to **change** my ticket **from** economy **to** business class.
일반석 비행기표를 비즈니스 석으로 바꿔야겠어.

change one's mind (about~) (…에 대한) 마음을 바꾸다

이미 결정난 일이나 계획 등을 뒤집기 위해 변심한다는 말씀. 변심대상을 말하려면 change one's mind 다음에 about sth를 붙여주면 된다.

change one's mind about …에 대한 맘을 바꾸다 have a change of heart 마음[태도]을 바꾸다

□ I guess she'**s changed her mind.** 걔가 마음을 바꿨나 봐.

□ Why did you **change your mind?** 왜 네 마음을 바꿨어?

□ I'**ve had a change of heart.** I don't want to see you anymore.
마음이 바뀌었어. 널 더 이상 보고 싶지 않아.

□ Why the sudden **change of heart?** 왜 급작스럽게 변심했어?

get changed 옷을 갈아입다

get은 안끼는 데가 없을 정도로 마당발 동사이다. get changed하면 그냥 동사로 옷을 갈아입다(change clothes)로 생각하면 된다.

get changed 옷을 갈아입다 get dressed 옷을 입다
get undressed 옷을 벗다

□ I'm going to **get changed.** 옷 갈아 입을게.

□ Go **get changed!** 가서 옷 갈아입어!

make a change 변경하다, 변화하다

change를 명사로 하여 동사 change의 의미로 만드는 경우로 이때 명사 change와 어울리는 건 make a change. 기존보다 더 좋은 쪽으로 바꾸고 수정하는 것을 의미한다.

make a change to sth …로 변경하다

□ We need to **make a change.** 우린 변경해야 돼.

□ Starting tomorrow, you have to **make a change.** 내일부터 넌 변해야 돼.

make change 잔돈으로 바꾸다

change는 명사의 두번째 의미로 잔돈이란 의미가 있다. make change하면 잔돈을 주는 것으로 make change for 다음에는 사람이나 돈이 올 수 있다. make a change와 헷갈리지 말 것.

make change for+돈 …를 잔돈으로 바꿔주다 make change for+사람 …에게 잔돈을 주다
get change for a dollar 1달러 지폐를 잔돈으로 바꾸다

□ Do you have enough money to **make change for** a 100 dollar bill?
100 달러 지폐를 바꿔줄 잔돈이 충분히 있나요?

□ Here is **your change** and receipt. 여기 잔돈하고 영수증이요.

remain+형용사 …인 채로 남아있다

remain silent에서 볼 수 있듯이 remain은 주로 remain+형용사의 형태로 쓰이는데 의미는 앞의 change처럼 변화하지 않고 계속 형용사의 상태로 계속 있다라는 뜻이다.

remain+형용사/pp …인 채로 남다 remain+명사 …로 남다

□ Please **remain calm.** 조용히 해.

□ **Remain where** you are. 거기 그대로 있어.

□ The donor asked to **remain anonymous.** 기부자는 익명으로 해달라고 했어.

The question remains 문제가 남아있다

사물주어가 나오고 remain으로 끝나거나 혹은 to be+pp의 형태가 붙는 경우이다. 여러 문제를 처리했으나 아직도 「…가 남아있다」, 아직도 「…해야 할게 남아있다」라는 의미의 표현이다.

sth remains …가 (여전히) 남아있다 sth remains to be+pp 여전히 …가 …되어야 한다

□ **The question remains,** is she going to get married? 문제가 남아있어. 걔가 결혼할까?

remain at[by, behind] …에 머물다

remain 다음에 구체적으로 장소부사구(전치사+명사)가 와서 「…가 …장소에 머무른다」는 뜻이다. remain at home, remain in Korea 등으로 쓸 수 있다.

remain+장소부사구 …에 남아 있다 remain in bed 침대에 있다
remain at home 집에 남아 있다

□ Bob has chosen to **remain at home.** 밥은 집에 남아있기로 했어.

□ My wife decided to **remain by my side.** 아내는 내 옆에 남기로 했어.

022

lend/ borrow/ owe

빌려주다/빌리다/신세지다

lend sb sth …에게 …을 빌려주다

개인이나 기관이 「…에게 빌려주다」라는 말로 borrow와 반대되는 동사이다. 주의할 점은 빌려주는 것은 돈뿐만이 아니라 책이나 의자나 다른 것이 될 수도 있다는 점이다.

lend sb sth …에게 …을 빌려주다 lend sth to sb …에게 …을 빌려주다

- □ If you want, I can **lend you some money.** 원한다면 돈 빌려줄 수 있어.
- □ **Lending friends money** is always a mistake. 친구에게 돈을 빌려주는 건 항상 실수야.
- □ Could you **lend me forty bucks?** 나한테 40달러 빌려줄 수 있어?

lend a hand 도움을 빌려주다

lend는 빌려준다는 의미에서 도움 등을 상대방에게 주거나 「제공한다」는 의미 또한 갖는데 lend a hand뿐만 아니라 lend one's support도 함께 알아둔다.

lend a hand with~ …하는데 도와주다 lend (one's) support to …에게 도와주다

- □ Can you **lend me a hand?** 나 좀 도와줄래?
- □ She asked me if I could **lend a hand.** 걘 내가 도와줄 수 있는지 물어봤어.

borrow sth from sb …에게서 …을 빌리다

lend와는 정반대의 동사로 남에게서 「…을 빌리다」라는 뜻으로 역시 빌리는 것은 돈뿐만 아니라 다양한 명사가 올 수 있다. 또한 lend와 달리 borrow는 borrow sb sth의 형태로는 쓰이지 않는다.

borrow sth from sb …에게서 빌리다 borrow sth from~ …에서 (어휘 등) 차용하다

- □ I need to **borrow** some money. 돈 좀 빌려야겠어.
- □ I'll never **borrow** a dress **from** you again. 다신 절대로 네게서 옷을 빌리지 않을게.

owe sb+(money) …에게 …만큼의 빚을 지다

어떤 물건이나 서비스를 받고 나서 그에 대한 값을 지불하다 혹은 「…에게 …만큼의 돈을 빚지고 있다」고 말할 때 쓰는 표현이다.

owe sb money …에게 …의 돈을 빚지고 있다 owe sb for sth …에게 …의 신세를 지고 있다
owe sth to sb …에게 …의 빚을 지고 있다

- □ **How much do I owe you?** 내가 얼마를 내면 되지?
- □ Now, you **owe me** fifteen bucks. 이제 내게 15달러 빚졌어.

owe sb sth …에게 …만큼의 빚을 지다

이번에는 구체적으로 물건을 사거나 돈을 빌리지는 않았지만 상대방이 베푼 호의나 도움 등으로 신세를 지고 있다는 의미로 쓰일 때로 sth에는 신세진 내용을 쓰면 된다.

owe sb sth …에게 …의 신세를 지고 있다

- ☐ You didn't **owe me anything.** 넌 내게 빚진 게 없어.

I owe you one 신세가 많구나

앞의 표현인 owe sb sth형태에 속하는 것으로 관용적으로 아주 많이 사용되는 표현이다. I owe you one으로 굳어진 형태로 사용된다.

owe sb big time …에게 신세를 많이 지다
owe sb a lot 신세를 많이 지다
owe sb a great deal …에게 신세를 많이 지다

- ☐ It was a great idea. **I really owe you one.** 좋은 생각였어. 네게 정말 신세졌어.
- ☐ Thanks for coming over. **I owe you one.** 와줘서 고마워. 신세 많이졌어.
- ☐ **You guys owe me big time.** 너희들 내게 신세 많이 졌어.
- ☐ She says you **owe her big time.** 걔가 네가 자기한테 신세 많이 졌다고 하더라.

owe sb an apology …에게 사과해야 된다

역시 owe sb sth의 구문에 속하는 것. 하지만 이번에는 sth자리에 특정명사, 즉 apology, explanation, truth 등이 와서 사과, 설명, 진실을 빚졌다는 말이다. 다시 말하자면 아직 못한 사과, 설명, 진실 등을 말하겠다는 뜻이다.

- ☐ You **owe me an apology.** 너 나한테 사과해야 돼.
- ☐ I **owe you an apology.** 네게 사과해야 돼.
- ☐ Do I **owe her an apology?** 내가 걔한테 사과해야 하는 거야?

owe it to sb (to do) …의 덕택이다, …하는 것이 …에 대한 의무이다

'그의 용감함 덕분에 살았다'라는 뜻의 owe my life to his bravery, '걔가 생명의 은인이다'가 owe my life to her로 쓰이듯 「…에(게) …을 신세지고 있다」는 표현은 owe it to~의 형태로 많이 쓰인다.

owe sth to sb[sth] …은 …의 덕택이다
owe it all to sb 다 …의 덕택이다
owe everything to~ 모든 게 다 …의 덕택이다
owe it to sb to+동사 …하는 것은 …의 덕택이다
owe it to oneself to+동사 …할 의무가 있다

- ☐ I **owe it to** my colleagues. 동료들 덕이에요.
- ☐ I felt like I **owed it to** him. 이거 걔 덕택인 것 같아.

023

fill/ file/ fit/ fix

채우다/철하다/ 맞다, 적합하다/ 고치다, 고정시키다

fill sth …을 채우다

fill은 「…에 …으로 (가득) 채우다」라는 뜻으로 주로 fill A with B의 형태로 쓰이는데 이것의 수동태형인 be filled with 또한 많이 쓰인다.

fill sth …을 채우다	fill sth with …을 …로 채우다
be filled with …로 가득차다	

□ The music **filled** the room. 음악이 방을 가득 채웠어.

□ The house **is filled with** guests. 집에는 손님들로 가득찼어.

fill in 서류에 적어 넣다, 채우다, 알리다, 대리하다

역시 채우기는 하되 어떤 공간이 아니라 종이 서류에 「필요한 사항을 작성하는」 것을 말한다. fill in은 또한 다른 의미로도 쓰이는데 fill sb in on하게 되면 멀리 있는 사람에게 최근 「진행소식을 전해주다」라는 뜻이 된다.

fill in sth 서류에 기입하다	fill sb in (on) (멀리있는 사람에게) 최근 소식을 알려주다
fill in for sb …의 일을 대신하다	

□ You can **fill in** all the information on the form. 양식서에 모든 정보를 적으세요.

□ Whatever you've got going on, **fill me in.** 뭘 하든 내게 알려줘.

fill out 기입하다

fill out 역시 registration form(등록신청서), customs declaration form(세관신고서) 등 공식 「서류에 필요한 기재사항을 적는」 것을 말한다.

fill out sth (공식서류에) 기입하다	sb[sb's body] fill out 몸이 나다

□ I've got some paperwork for you to **fill out.** 네가 작성해야 하는 서류가 있어.

fill up (기름) 넣다

fill up은 특히 자동차에 「기름을 넣다」라는 뜻인데 특히 fill it up형태로 많이 쓰인다. 또한 fill up은 자동차 외에도 뭔가 채워넣는 것을 뜻하는데 특히 뱃속도 포함되어 「포식하다」(eat one's fill; fill one's stomach)란 의미도 갖는다.

fill (the car) up (with) …기름으로 (…에) 넣다	fill up (with) …올 가득차다, 가득 채우다
fill (oneself) up (with/on) (…로) 포식하다	

□ I ran out of gas. Where can we **fill up?** 기름이 없어. 어디서 기름넣지?

fit (sb)+(well, perfectly) (…에게 옷이) 맞다

fit은 먼저 동사로 옷의 크기가 「…에게 잘 맞는다」라고 할 때 쓰인다. 자동사로 Sth fit, 타동사로 fit sb well 등으로 사용된다.

fit sb well (옷사이즈) …에게 잘 맞다
clothes fit 옷이 딱맞다
be fitted for+옷 …의 사이즈를 맞추다(가공하다)

□ It **fits me perfectly.** 내게 완벽하게 맞아.

□ I bought some clothes that **actually fit.** 정말 딱 맞는 옷을 샀어.

fit for[to] …에 적절한

fit이 「건강한」, 혹은 「적절[합]한」이라는 뜻의 형용사로 쓰인 경우로 (be) fit for~[to do~]의 형태로 쓰인다.

fit for sth[~ing]~ …에 적절한, 적합한
fit to do sth …할 정도로 건강한, 적합한

□ This house **is fit for** a sale. 이 집은 판매하기에 적절하다.

□ I don't think he'**s fit for** being a soldier. 걔가 군인으로 적합치 않은 것 같아.

get fixed 수리되다(get something fixed …을 수리하다)

모든 걸 자기가 수리할 수 없기 때문에 다른 사람에게 수리를 시켜 수리한다는 의미의 get sth fixed라는 표현이 사용된다.

get fixed 수리되다
get sth fixed …을 수리하다

□ That's how it **got fixed!** 그렇게 수리된거야!

□ I never did **get my shoes fixed.** 내 신발을 수선한 적이 없어.

fix one's hair[make-up] 머리[화장]을 손질하다

fix 다음에 머리나 화장(make up)이란 단어가 나오면 머리를 손질하거나 화장을 하는 것을 말한다.

fix one's hair for 머리를 손질하다
fix one's make up 화장을 하다
fix one's face 얼굴화장을 하다

□ Sally **is fixing her hair** in her room. 샐리는 자기방에서 머리 만지고 있어.

□ My sister **is just fixing her makeup.** 내 누이는 화장을 손질하고 있어.

fix 요리나 식사를 준비하다

또하나 fix의 중요한 용법으로는 fix 다음에 lunch, dinner 등의 명사나 drink 등의 음식물 명사가 나오는 경우로「음식을 준비하다」(prepare)라는 뜻이 된다.

fix+식사명[음식] …을 준비하다
fix sb sth …에게 …을 준비해주다
fix oneself sth …을 먹다

□ She **is fixing lunch** in the kitchen. 걘 부엌에서 점심을 준비하고 있어.

□ I'm going to **fix you a drink.** 술 한잔 준비해줄게.

fix up 회의 일정등을 잡다, 방이나 건물을 치장하거나 수리하다

fix up은 회의나 행사 「일정을 잡거나」, 방 등을 「수리하다」라는 두 개의 중요한 의미를 갖는다.

fix sb[sth] up 회의 등을 준비하다, 수리하다 fix for sb to+동사 …가 …하도록 정하다

□ The landlord's, trying to **fix up** the place for the new tenant.
집주인은 새로 세들어오는 사람을 위해 집을 수리하고 있어.

fix up with 소개시켜주다, 제공하다

기본적 의미는 뭔가 준비해준다는 것은 같으나 with 다음에 사물이 오면 「…에게 …을 제공해주는」 것이고 with 다음에 사람이 오면 「…에게 …을 소개시켜준다」는 뜻이 된다.

fix sb[sth] up with sth …을 제공해주다 fix sb[sth] up with sb …에게 …을 소개해주다

□ Yesterday he asked me to **fix him up with** somebody.
어제 걘 내게 사람을 소개시켜달라고 했어.

024 lie/ lay

눕다, 거짓말하다 / 놓다, 눕히다

lie on[in] …에 눕다(과거형은 lay)

lie는 자동사로「눕다」라는 뜻이며 어디에 어떻게 눕느냐에 따라 뒤에 전치사나 부사가 이어진다. 동사의 변화형은 lie–lay–lain이다.

lie on[in] …에 눕다
lie back 반드시 눕다, 뒤로 기대다
lie down 드러눕다, 굴복하다, 감수하다

□ Tony **is lying on** the couch watching TV. 토니는 TV를 보면서 소파에 누워있어.

□ She **lay back** with her eyes closed. 걘 두 눈을 감고 반드시 누워있었어.

lie in …에 있다

이번에는 사람이 누워있는 것이 아니라 어떤 문제나 책임 등이 어디에 놓여 있다고 말하는 것으로 주어가 주로 blame, responsibility 등의 단어가 온다.

sth lie with sb (실수/책임 등) …에게 있다 sth lie with[in] sth (문제/해답 등) …에 놓여있다

☐ My happiness **lies in** being with my family. 나의 행복은 나의 가족과 함께 있는거야.

lie to[about] …에게[…에 관해] 거짓말하다

형태와 발음은 똑같고 다만 동사 변화가(lie–lied–lied) 다른 동사로 용법은 단순하게 lie to sb, lie about sth만 알아두면 된다.

lie to sb …에게 거짓말하다　　lie about sth …에 대해 거짓말하다

☐ You **lied to** me! 넌 거짓말했어!

☐ I'm sorry that I **lied to** you before. 전에 거짓말해서 미안해.

☐ Everybody **lies on** their resume. 다들 이력서에 거짓말을 해.

tell a lie (to) (…에게) 거짓말하다

거짓말하다라는 단어 lie는 동사 뿐만 아니라 명사로도 사용되는데 tell a lie의 형태로 가장 많이 쓰이며 뒤에 사람이 올 경우에는 to를, 사물이 올 경우에는 about sth을 붙이면 된다.

tell a lie to sb …에게 거짓말하다　　tell a lie about sth …에 대해 거짓말하다

☐ You shouldn't **tell a lie to** a client. 고객에게 거짓말해선 안돼.

lay sth on …을 …에 놓다

lay는 타동사로 「…을 내려놓다」라는 뜻으로 동사변화형은 lay–laid–laid다. 한 단계 더 나아가 lay cable하면 케이블을 설치하다, lay carpet하면 카펫을 설치하다라는 뜻이 된다.

☐ Ron **laid his head on** the table. 론은 머리를 테이블에 올려놨어.

lay the groundwork 기반을 다지다

이번에는 단순히 내려놓는 것이 아니라 뭔가 성공할 수 있도록 「기반을 닦다」, 「다져놓다」라는 의미로 lay 다음에 groundwork 혹은 foundation을 말하면 되고 이루어야 되는 단어는 for 다음에 연결시켜주면 된다.

lay the groundwork for …의 기반을 다지다　　lay the foundation for …의 기반을 다지다

☐ This report will **lay the groundwork for** the new rules.
이 보고서는 새로운 규칙을 세우는데 기반을 다질거야.

lay emphasis[stress] on …을 강조하다

lay 다음에 목적어로 추상명사인 emphasis나 stress가 와서 lay emphasis[stress]하면 「강조하다」라는 뜻이 된다. 강조하고픈 내용은 on~ 이하에 넣어주면 된다.

lay emphasis on sth[~ing] …을 강조하다　　lay stress on sth [~ing] …을 강조하다

☐ My boss **lays a lot of stress on** completing projects.
사장은 프로젝트를 완성하는데 많은 강조를 하고 있어.

lay down 내려놓다, 눕히다, 규정하다, 세우다

단순히 물건을 내려놓거나 혹은 rules나 standards 등의 명사와 어우러져 「규정하다」등의 뜻으로 쓰인다. 특히 비록 비문법적으로 잘못된 쓰임이지만 lie down의 의미로도 많이 쓰인다는 점을 눈여겨 봐야 한다.

lay sth down …을 내려놓다
lay down 눕다
lay down (rules, standards) 규정이나 기준을 세우다

□ I just want to **lay down** a couple of ground rules. 몇몇 기본 원칙을 세워놓고 싶어.

lay off 그만두게 하다, 그만두다

기본적으로 경기불황 등의 외부적 요인으로 회사에서 「감원한다」는 의미이고 또한 뭔가 하던 일 등을 「중단한다」는 뜻으로도 쓰이는 표현이다.

lay off sb …을 감원하다
lay off (sb) …을 괴롭히는 걸 그만두다
lay off (~ing) (…을) 그만두다, 중단하다

□ We're going to **be laying off** people in every department.
모든 부서별로 몇 사람씩 자를꺼야.

□ Could you **lay off,** please? 그만 좀 할래요?

lay out 가지런히 늘어놓다, 펼쳐놓다

lay out는 밖으로 내려놓다라는 뜻에서 「…을 잘 펼쳐놓다」라는 의미를 기본적으로 가지며 그 밖에 돈을 많이 쓰다, 자세히 설명하다 등의 여러의미로 사용된다. 우리말의 레이아웃(layout)을 연상하면 된다.

□ I have **laid out** clean towels on the floor of the bathroom.
화장실 바닥에 깨끗한 타올을 늘어놓았어.

025 pull/ draw
잡아당기다/ 그리다, 끌다

pull oneself together 기운내다, 똑바로 하다

pull은 잡아당기다라는 의미. 따라서 pull oneself together는 충격과 분노의 감정으로 흩어져버린 감정들을 하나로 모두 잡아당기다라는 뜻으로 「정신을 가다듬다」라는 뜻의 표현이다.

pull oneself together 정신을 가다듬다
pull together 합심하다, 협력하다
pull together sth …을 합쳐서 통합하다

□ Let's **pull it together.** 진정하자.

☐ **Pull yourself together!** Have some pride. 기운내고 자부심을 좀 가져.

☐ It's going to work! **Pull yourself together.** 제대로 될거야! 기운내.

pull sb's leg 놀리다

글자그대로 해석해보면 의미가 떠오르는 쉬운 표현. 다른 사람의 다리를 잡아당긴다는 말로 상대방에게 농담으로(for a joke) 말도 안되는 얘기를 해서 놀려댄다는 의미.

☐ You'**re pulling my leg.** 나 놀리는 거지. 농담이지?

☐ I thought he **was pulling my leg.** 난 걔가 날 놀리는 줄 알았어.

pull over 차를 도로가에 대고 세우다

누굴 내려주려고 혹은 경찰의 지시대로 차를 길가에 붙일 때 쓰는 표현이 pull over이고 pull up은 마부가 마차를 세울 때처럼 「차를 세운다」는 뜻이다.

pull over 차를 도로가에 세우다	pull up 차를 멈추다, (의자를) 당겨 앉다, 끌어올리다

☐ We're here. **Pull over.** 우리 다 왔어. 차세워.

☐ **Pull over** right here, driver! 여기 차 세워요, 기사아저씨!

☐ **Pull over to** the side of the road. 길 한쪽에 차를 세워.

☐ Tim **pulled up** in front of Jane's house. 팀은제인 집앞에차를세웠어.

pull off 성공하다

pull off가 가장 많이 쓰이는 뜻은 뭔가 「어려운 일을 성취했을」 때로 pull it off의 형태로도 자주 볼 수 있다. 그밖에 「차를 옆에 대다」, 혹은 「옷을 빨리 잡아당겨 벗는다」라는 뜻도 갖고 있다.

pull sth off 어려운 것을 해내다	pull it off 시도하는 것에 성공하다
pull off (the road) 차를 옆에 대다	

☐ The thieves **pulled off** a bank robbery. 도둑들이 은행터는데 성공했어.

☐ I don't think you will be able to **pull it off.** 네가 성공할 것 같지 않아.

pull out 잡아빼다

기본적으로 뭔가 기존의 상태에서 빠지거나 빼낸다는 말로 회사가 안되는 사업부분을 그만두거나, 회사가 파산직전에 빠져나와 이직하거나 혹은 차를 옆으로 빼내 앞차를 추월하는 것 등을 뜻한다.

pull out 잡아빼다, 빠지다, 빠져나오다	pull out (차) 옆으로 빠져나가다, 역을 빠져나가다
pull out all the stops 최선을 다하다	

☐ We'**re pulling out** all the stops. 최선을 다하고 있어요.

☐ **Have** you **had** your wisdom teeth **pulled out?** 사랑니 뽑았어?

draw (sb) a picture of~ …을 그리다

가장 기본적인 draw의 의미는 연필이나 펜으로 그림을 그리다라는 뜻. 그리는 대상을 바로 목적어로 써도 되고 아니면 draw a picture of~라 써도 된다. 한편 draw sb a map하면 「…에게 약도를 그려준다」는 의미.

draw sb[sth] …을 그리다 draw a picture of~ …을 그리다
draw sb a map …에게 약도를 그려주다

□ She **drew a picture of** you! 걔가 널 그렸어!

□ Could you **draw me a map?** 약도 좀 그려주실래요?

draw (sb's) attention to (…의) 주의를 끌다

draw는 끌다, 잡아당기다라는 뜻에서 유추할 수 있듯 draw sb's attention하면 「…의 주의를 끌다」, 그리고 draw a conclusion를 「결론에 다다르다」라는 뜻의 표현이 된다. 또한 같은 맥락에서 draw는 attract라는 의미로도 쓰인다.

draw sb' s attention to …의 주의를 끌다 draw a conclusion 결론에 다다르다
be drawn to …에게 끌리다

□ The guide **drew our attention to** the famous painting.
가이드는 유명 그림에 우리의 주의를 기울이게 했어.

draw near[closer] 가까이 가다

draw는 원래 끌어들인다는 뜻으로 draw near[closer]하면 시간이나 공간상 가까워지는 것을 뜻한다.

□ She was shy at first, but she **drew near** later on.
갠 처음엔 수줍어했지만 나중에는 가까이 왔어.

draw back 뒤로 물러서다

draw back하면 놀라서 몸을 뒤로 물러선다는 의미로 비유적으로 뭔가 하지 않기로 결정하는 것을 말한다.

draw back 뒤로 물러서다 drawback 결점
draw back from sth[~ing] 불안해서 …하지 않기로 하다

□ The group **drew back from** the volcano. 사람들은 화산으로부터 물러섰어.

draw out 끌어내다, 은행에서 인출하다

밖으로 잡아 당기다는 말로 물리적으로 뭔가를 끌어내거나 혹은 은행에서 돈을 인출하다(withdraw)라는 의미로 쓰인다.

draw sb[sth] out …을 끌어내다, 격려하여 말을 더하게 하다 draw out+돈 …을 인출하다

□ She will **draw out** money to pay you back. 갠 네게 돈을 갚기 위해 돈을 인출했어.

026 ruin/ risk/ hurt

망치다/ 위험을 무릅쓰다/ 아프게하다

ruin sth ~ …을 망치다

ruin은 파멸시키다의 의미로 좀 끔찍한 경우에 쓰는 동사로 알고 있지만 의외로 실생활에서 저녁시간을 망치거나, 주말을 망치거나 등의 경우에 자주 쓰인다. 그냥 단순히 ruin it이라는 어구로도 많이 쓰인다.

ruin something …을 망치다
ruin one's life 인생을 망치다
ruin it 그걸 망치다
ruin one's weekend …의 주말을 망치다
ruin one's party 파티를 망치다

- □ **You've ruined it!** 네가 망쳤어!
- □ You **ruined everything.** 네가 다 망쳤어.
- □ I hate you! You **ruined my life!** 네가 싫어! 네가 내 인생을 망쳐놨어!
- □ You **ruined my weekend** with Julie. 네가 줄리와의 주말을 망쳤어.

be[get] ruined 망치다

ruin이 수동태로 쓰인 경우. 주어에 망친 것들이 나오고 다음에 be ruined 혹은 get ruined를 사용하면 된다.

- □ So nothing **got ruined?** 그래 아무것도 망치지 않았어?
- □ Everything**'s ruined.** 모든 게 망쳤어.

risk sth …을 위태롭게 하다

risk는 거의 우리말화된 단어로 risk something하면 「…을 위태롭게 하다」라는 뜻이 되며 또한 risk sb ~ing하게 되면 「…가 …하는 위험을 하다」라는 뜻이 된다.

risk sth …을 위태롭게 하다
risk sb ~ing …가 …하는 위험을 하게 하다
risk sth ~ing[to+동사] …의 위험 감수하며 …을 하다

- □ I can't believe I'**m risking** this again. 내가 다시 이걸 위험하게 하다니.
- □ What's the big deal? Let's **risk it.** 뭐가 그리 대수야? 한번 해보는 거지.

risk ~ing 감히 …하다

risk는 위험을 무릅쓰다라는 뜻에서 risk ~ing하게 되면 「…할 위험에 빠지다」 혹은 문맥에 따라 안좋은 결과가 나올 걸 예상하면서도 「…을 하다」라는 의미로 쓰인다.

risk ~ing …할 위험에 빠지다, 감히 …하다

- □ Did you **risk slapping** his face? 감히 걔 빰을 때린거야?

☐ I don't want to **risk you** running into Dad.
네가 아버지와 마주치는 위험에 처하게 되는 걸 원치 않아.

take[run] risk 위험을 무릅쓰다

risk가 명사로 쓰인 경우. 다양한 동사와 어울려 다양한 숙어를 만들어내는데 take 또는 run a risk하면 위험을 알면서도 무릅쓰다라는 뜻이 된다.

turn[run] a risk 위험을 무릅쓰다
take[run] the risk of ~ing …하는 위험을 무릅쓰다
be worth the risk 위험을 감수할 가치가 있다
reduce the risk of …의 위험을 감소시키다

☐ She wouldn't be afraid of **taking a little risk.** 걘 조금 위험을 무릅쓰는 건 두려워하지 않을거야.

(sb) hurt+신체부위 (…가) …을 다치다

hurt는 자신 또는 다른 사람을 다치거나 다치게 하는 것을 말하는 것으로 어느 특정 신체부위가 다쳤다고 말할 때는 사람주어가 「…을 다쳤다」, 혹은 사물이 「…신체 부위를 아프게 하다」 그리고 마지막으로 신체부위가 주어로 쓰이는 경우도 있다.

sb hurt+신체부위 …을 다치다
sth hurt+신체부위 … 때문에 …가 아프다
신체부위+hurt …가 아프다
get hurt 다치다(hurt oneself)
hurt like hell 엄청 아프다

☐ My leg still **hurts.** 다리가 아직도 아파.

☐ You **got hurt** playing golf with my dad? 우리 아빠랑 골프치다 다쳤어?

(sb) hurt sb (…가) …을 아프게 하다

이번에는 특정 신체부위를 말하지 않고 「…가 …을 아프게 한다」는 뜻으로 물리적으로 아프게 할 뿐만 아니라 정신적으로 아프게 할 때도 쓰는 표현이다. 주어 및 hurt의 목적어가 전부 사람이 나온다는 게 특징이다.

☐ **You're hurting me.** 네가 날 아프게 해.

☐ He's not going to **hurt you!** 걘 널 아프게 하지 않을거야!

☐ Did I **hurt you** in some way? 어떻게 내가 당신을 아프게 했나요?

☐ Listen, I don't want to **hurt her.** 저기, 난 걜 아프게 하고 싶지 않아.

Sb is hurt …가 아프다

sb is hurt는 hurt가 수동태로 쓰여서 주어가 아프다라는 뜻이고 sb is hurting은 hurt가 자동사로 쓰인 것으로 주어가 불행한 일을 겪어 마음이 아프다라는 뜻이다.

sb is[get] hurt 아프다, 다치다, 기분이 안좋다, 피해를 보다
sb is hurting …가 상심이 크다, 마음이 아프다

☐ I know **you're hurt.** 네가 아프다는 거 알아.

☐ You're angry. **You're hurting.** 화도 나고, 상심도 크겠지.

☐ I'm not sure **she's hurting.** 걔가 마음이 아픈지 모르겠어.

It[This, That] hurts …가 아프다

좀 특이한 형태로 주어로 It[This, That]의 대명사가 오고 그냥 목적어없이 쓰거나 혹은 ~hurt sb의 형태로 아프거나 「…을 아프게 하다」라는 뜻으로 쓰이는 경우이다.

It[This, That] hurt …가 아프다　　It[This, That] hurt sb …을 아프게 하다

- □ **It hurts** (like hell). 너무 아파.
- □ That had to **hurt!** 아팠겠다!
- □ Does it still **hurt?** 아직도 아파?
- □ **It hurt** her so much when he left. 그가 떠났을 때 걘 무척 상심이 컸어.

027 expect 기대하다, 예상하다

expect to do …하기를 기대하다

expect는 뭔가 예상하거나 계획했던 것들이 이루어지기를 기대한다는 의미로 그 희망사항은 to+동사, 혹은 that S+V로 말해주면 된다.

expect to+동사 …하기를 기대하다　　expect that ~ …을 기대하다

- □ I didn't **expect to** see you here. 여기서 널 만날 줄 생각도 못했어.
- □ Clair is not the one who I **expected to** fall in love with.
  클레어는 내가 사랑에 빠지리라고 예상 못했던 사람이야.
- □ I **expect that** she will make a recovery. 걔가 회복될거라 생각해.
- □ I **never expected** they weren't going to show up.
  걔네들이 나타나지 않으리라고 예상못했어.

expect sb to~ …가 …하기를 기대하다

이번에는 주어가 스스로 어떻게 하는 걸 기대하는 것이 아니라 다른 사람이 to+동사하기를 기대한다는 의미의 표현.

expect sb[sth] to+동사 …가 …하리라 예상하다

- □ Do you **expect me to** believe that? 내가 그말을 믿을 거 같니?
- □ You're kidding me! You **expect her to** dump me? 설마! 걔가 날 찰거라 생각해?

expect company …가 오기를 기다리다

여기서 company는 회사가 아니라 동행, 일행이란 의미로 expect company하면 「올 사람이 있다」라는 의

미. 그렇게해서 왔으면 have company라고 하는데 이는 「일행이 있다」, 「손님이 와 있다」라는 뜻이다.

expect sth from sb …에게서 …를 요구하다
expect sb to+동사 …가 …할 것을 요구하다
expect a lot of sb …에게 많은 걸 요구하다

□ **I'm expecting somebody.** 누가 오기로 되어 있는데요.

□ **I'm expecting company.** 더 올 사람 있어요.

□ **I've been expecting you.** 널 기다리고 있었어.

expect (a child) 임신하다

여자만이 기대할 수 있는 것으로 진행형은 be expecting (a baby 혹은 a child)하면 「임신하다」라는 뜻으로 곧 애기를 낳게(have a baby)된다는 뜻이다.

□ I heard Eva **is expecting.** 에바가 임신했대.

□ **Are you expecting** (a child)? 너 임신했어?

expect sb back …가 돌아오는 걸 예상하다

찾는 사람이 없어서 언제 돌아올 건지 얘기할 때 꼭 써야 하는 표현이 바로 expect sb back이다. 특히 전화걸었는데 외출중이라고 할 때 긴요하게 써먹을 수 있다.

□ When do you **expect him back?** 언제 돌아오실까요?

□ I didn't **expect her back** for at least two more days.
난 걔가 적어도 이틀이상 동안 돌아오지 않을거라 생각했어.

be expected to do …할 것으로 예상되다

expect가 수동태로 쓰인 것으로 be expected to+동사하게 되면 주어가 to+동사를 할 것으로 예상된다는 희망적인 표현.

□ She **was expected to** attend the meeting. 걘 회의에 참가할 것으로 기대되었어.

□ His parents **expected him to** do well at college.
걔 부모님은 걔가 대학생활을 잘 하기를 바랬어.

What do you expect to~? 뭘 …하기를 바라는 거야

expect를 응용한 표현으로 What do you expect to~?하게 되면 상대방에게 뭘 기대하는 거냐, 그리고 What do you expect sb to~?하게 되면 「…가 뭘 하기를 기대하느냐?」라는 뜻이 된다.

What do you expect to+동사? 뭐하기를 바라느냐?
What do you expect sb to+동사? …가 뭐하기를 바라느냐?

□ **What do you expect to** see there? 가서 뭘 보길 바라는 거야?

□ **What do you expect me to** do? 내가 뭘 하길 바래?

Supplements

~than I expected 내가 예상했던 것 보다 더

역시 응용표현들로 뭔가 예상보다 더하다고 할 때는 ~than I expected를 그리고 예상대로 됐다고 하려면 as expected를 쓰면 된다.

- □ **He's taller than I expected.** 걔는 내가 예상한 것보다 키가 컸어.
- □ **She's more cute than I expected.** 걘 내가 예상했던 것 보다 더 예뻐.

MEMO

MEMO